WEBSTER'S
NEW WORLD™

575+ German Verbs

WEBSTER'S NEW WORLD™

575+ German Verbs

by Edward Swick

WILEY

Wiley Publishing, Inc.

Webster's New World® 575+ German Verbs

Copyright © 2006 by Wiley, Hoboken, NJ

Published by Wiley, Hoboken, NJ
Published simultaneously in Canada

For general information on our other products and services or to obtain technical support, please contact our Customer Care Department within the U.S. at 800-762-2974, outside the U.S. at 317-572-3993, or fax 317-572-4002.

Wiley also publishes its books in a variety of electronic formats. Some content that appears in print may not be available in electronic books. For more information about Wiley products, please visit our web site at www.wiley.com.

Library of Congress Cataloging-in-Publication Data:

Swick, Edward.
    Webster's new world 575+ German verbs / by Edward Swick.
        p. cm.
    Includes bibliographical references and index.
            ISBN-13: 978-0-7645-9915-6 (pbk.)
            ISBN-10: 0-7645-9915-1
    1.   German language--Verb. 2. German language--Self-instruction. I. Title.
    PF3271.S933 2006
    438.2'421--dc22
                                    2005031023

ISBN-13: 978-0-7645-9915-6

ISBN-10: 0-7645-9915-1

Manufactured in the United States

10 9 8 7 6 5 4 3 2 1

ACKNOWLEDGMENTS

With much gratitude to Sabine McNulty for all her help and suggestions.

TABLE OF CONTENTS

INTRODUCTION

German verbs, like English verbs, provide the action of a sentence as well as the number, tense, and mood of that action. In other words, verbs play a very significant role in language. This book is designed to give you quick access to the conjugations and functions of verbs and is a complete reference to the 575 most commonly used German verbs. Each of these verbs is conjugated in all the persons (first-person singular and plural, second-person singular and plural, and third-person singular and plural) in the three moods (indicative, subjunctive, and imperative), and in all the tenses (present, past, present perfect, past perfect, future, and future perfect). The verbs are presented in alphabetical order in 575 charts followed by examples and idiomatic uses of the verbs. There is also a Verb Usage Review, an appendix of 1,500 other verbs that are cross-referenced to the charts, an appendix of irregular verb forms as a quick reference, and an index of English and German verbs.

Verb Usage Review

In this section, you'll find a review of German verbs and their tenses, moods, and conjugations. The verb charts give you the complete conjugation of each verb, but the Verb Usage Review shows you how and when to use the various moods and tenses.

First, you'll encounter the German subject pronouns and their English counterparts. German and English differ in that, in the present tense, English has only one conjugational ending that is different and is used in the third-person singular. That ending is –s (see third-person singular below).

	Singular	*Plural*
First person	I talk	we talk
Second person	you talk	you talk
Third person	he talks	they talk

In the German present tense, each person has a unique ending that must be used with all regular verbs and, in some cases, there are alternatives to these endings with irregular verbs.

I also identify the principal parts of the verbs for you. The principal parts are particularly important with irregular verbs, which often break the patterns that exist with regular verbs. Fortunately for English speakers, relating to the irregularities of German verbs is often relatively simple, because English and German are brother and sister languages and frequently have the same kind of irregularities. For example:

English	sing	sang	sung
German	singen	sang	gesungen

You'll also encounter irregular verbs that are completely different from English verbs, as well as tense forms and usages that are unique to German.

Although German and English have the same tenses, German often applies them in ways that are different from English. Understanding these differences is important in understanding German verbs. This is particularly true when looking at the subjunctive mood, because English is moving away from using this mood, while the subjunctive mood still functions as a critical aspect of verbs in the German language. Take this into consideration when using the verb charts.

The indicative mood is the first of the three moods that I present. It is used to provide facts and information in the form of statements or questions. The indicative mood can occur in any of the tenses: present, past, present perfect, past perfect, future, or future perfect. You'll see how each tense in the indicative mood is formed, so when you refer to one of the verb charts, you'll understand the kinds of conjugations presented there.

The subjunctive mood is used extensively in German. You'll find that it has a function that does not exist in English: indirect discourse. This is the retelling of a statement made or a question posed by someone else. *Direct discourse* is the quote of someone's words:

> Mary said, "John found ten dollars."

Indirect discourse occurs when another speaker says what was stated in direct discourse:

> Mary said that John found ten dollars.

In German, indirect discourse requires a special subjunctive conjugation. The subjunctive is also used in conditional statements and in statements of wish or desire.

The imperative mood is a command. Unlike English, which has one command form, German has three forms of the imperative: one for the second-person singular informal *(du)*, one for the second-person plural informal *(ihr)*, and one for the second-person formal *(Sie)*.

Participles occur in German. They are both present and past participles. But you'll discover that English and German use present participles quite differently. German has no progressive tense and, therefore, does not use a participle in that kind of verbal expression. Present participles tend to be used as modifiers. But past participles have a similar function in both languages.

Verb Charts

The verb charts, which make up the bulk of this book, consist of 575 fully conjugated verbs in alphabetical order by their infinitive. The sample verb chart below shows the infinitive and its meaning, the past participle, followed by the complete conjugation in all the tenses. If the verb is reflexive, it is identified as such by the reflexive pronoun *sich* in the infinitive. I chose the verbs for these charts because of their high-frequency usage in the language. Some of the verbs have no prefix; others have inseparable prefixes *(be–, er–, emp–, ent–, ge–, ver–,* and *zer–);* and still others have separable prefixes (for example, *an–, auf–, ein–, vor–,* and *zu–).*

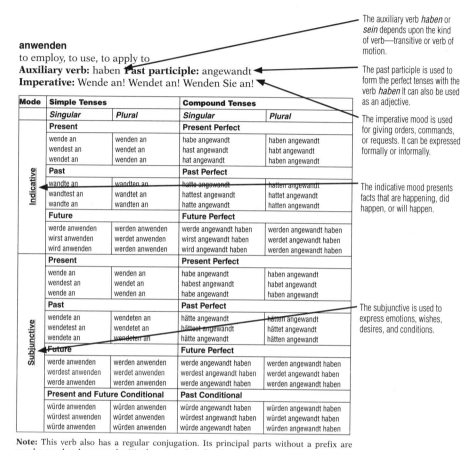

anwenden
to employ, to use, to apply to
Auxiliary verb: haben **Past participle:** angewandt
Imperative: Wende an! Wendet an! Wenden Sie an!

The auxiliary verb *haben* or *sein* depends upon the kind of verb—transitive or verb of motion.

The past participle is used to form the perfect tenses with the verb *haben* It can also be used as an adjective.

The imperative mood is used for giving orders, commands, or requests. It can be expressed formally or informally.

The indicative mood presents facts that are happening, did happen, or will happen.

The subjunctive is used to express emotions, wishes, desires, and conditions.

Mode	Simple Tenses		Compound Tenses	
	Singular	*Plural*	*Singular*	*Plural*
Indicative	**Present**		**Present Perfect**	
	wende an	wenden an	habe angewandt	haben angewandt
	wendest an	wendet an	hast angewandt	habt angewandt
	wendet an	wenden an	hat angewandt	haben angewandt
	Past		**Past Perfect**	
	wandte an	wandten an	hatte angewandt	hatten angewandt
	wandtest an	wandtet an	hattest angewandt	hattet angewandt
	wandte an	wandten an	hatte angewandt	hatten angewandt
	Future		**Future Perfect**	
	werde anwenden	werden anwenden	werde angewandt haben	werden angewandt haben
	wirst anwenden	werdet anwenden	wirst angewandt haben	werdet angewandt haben
	wird anwenden	werden anwenden	wird angewandt haben	werden angewandt haben
Subjunctive	**Present**		**Present Perfect**	
	wende an	wenden an	habe angewandt	haben angewandt
	wendest an	wendet an	habest angewandt	habet angewandt
	wende an	wenden an	habe angewandt	haben angewandt
	Past		**Past Perfect**	
	wendete an	wendeten an	hätte angewandt	hätten angewandt
	wendetest an	wendetet an	hättest angewandt	hättet angewandt
	wendete an	wendeten an	hätte angewandt	hätten angewandt
	Future		**Future Perfect**	
	werde anwenden	werden anwenden	werde angewandt haben	werden angewandt haben
	werdest anwenden	werdet anwenden	werdest angewandt haben	werdet angewandt haben
	werde anwenden	werden anwenden	werde angewandt haben	werden angewandt haben
	Present and Future Conditional		**Past Conditional**	
	würde anwenden	würden anwenden	würde angewandt haben	würden angewandt haben
	würdest anwenden	würdet anwenden	würdest angewandt haben	würdet angewandt haben
	würde anwenden	würden anwenden	würde angewandt haben	würden angewandt haben

Note: This verb also has a regular conjugation. Its principal parts without a prefix are *wendet, wendete, hat gewendet. Wenden* means "turn" or "turn over."

A note points out differences that occur with the illustrated verb when there is a change of prefix, when the verb has two forms (regular and irregular) and when both auxiliaries *haben* and *sein* can be used. It also explains how a verb directed to the chart relates to the one illustrated in the chart.

EXAMPLES

Hier muss man diese Formel anwenden.
Hast du das Desinfektionsmittel richtig angewandt?

Here you have to use this formula.
Did you apply the disinfectant correctly?

All the verb charts end with example sentences in German, translated into English. These sentences demonstrate the meaning and function of the verb in the chart. The verbs are conjugated in various tenses and moods and are sometimes shown in high-frequency idioms.

Appendix of Additional Verbs

The Appendix of Additional Verbs contains 1,500 German verbs with a quick reference to a fully conjugated verb in the verb charts that has an equivalent conjugation. For example, the German verb *kosten* (to cost) will refer to *arbeiten* (to work), because it has an equivalent conjugation. In this way, you'll learn many other verbs instead of being referred to the same pattern verb over and over again.

Appendix of Irregular Verb Forms

The Appendix of Irregular Verb Forms helps you locate the infinitive to which the irregular verb form belongs. It shows the spelling changes that occur in the present tense, past tense, and participle, as well as the infinitive from which those verbs were derived. This appendix will direct you to the fully conjugated verb. For example, *fährt* will direct you to *fahren*.

English-German Verb Index

This index lists, in alphabetical order, the English verbs found in this book with their German translation. A reference to the fully conjugated verb or equivalent verb is also given.

VERB USAGE REVIEW

This section presents the conjugations of German verbs in an easy-to-understand format. It will help you learn how the tenses are formed and how they relate to English tenses. It will also help you understand why some changes are necessary in the conjugations of certain German verbs, and why other changes have to be memorized. You should read this section first. It will give you a strong foundation on the conjugation of the different types of German verbs, making the conjugations in the verb charts more logical and easier to learn. In order to conjugate a verb, you need to know the subject pronouns, so let's start with a review of these.

Subject Pronouns

A **noun** is a word used to name a person, thing, place, quality, or idea. For example:

Max plays soccer.
The new restaurant across the street is quite good.

A **subject pronoun** takes the place of a subject noun in order to avoid the repetition of the noun. For example:

He plays soccer.
It is quite good.

Before you can use verbs, you need to know the subject pronouns, because subject pronouns always signal how to conjugate a verb. For example:

I play.
She plays.

In German, the subject pronouns are singular or plural and identify a person, an object, or an idea.

Because nouns have to be in the nominative case to be the subject of a sentence, pronouns must also be in the nominative case when they are the subject of a sentence. Table 1 shows the German subject pronouns in the nominative case and their corresponding English subject pronouns.

Table 1   German Subject Pronouns and Their Corresponding English Subject Pronouns

	Singular		Plural	
	German	*English*	*German*	*English*
First person	*ich*	I	*wir*	we
Second person	*du*	you	*ihr*	you
	Sie	you	*Sie*	you
Third person	*er*	he	*sie*	they
	sie	she		
	es	it		

German has three forms of the word "you": *du, ihr,* and *Sie.* Use informal *du* with children, family members, and close friends. The pronoun *ihr* is also informal and is the plural of *du.* Formal *Sie* is always capitalized and is used with people with whom you are on a formal basis: adults unfamiliar to you, your doctor, a new neighbor, the clerk at the store, and so on.

The three third-person singular pronouns—*er, sie,* and *es*—are, respectively, masculine, feminine, and neuter. But they do not just replace nouns that refer to males, females, and inanimate objects. Many masculine and feminine nouns refer to inanimate objects and are, therefore, replaced by the appropriate subject pronoun *er* or *sie.* And some neuter nouns refer to living things and must be replaced by *es.* For example:

Masculine Nouns	Appropriate Pronoun Replacement
der Mann (the man)	*er* (he)
der Tisch (the table)	*er* (it)
der Wagen (the car)	*er* (it)

Feminine Nouns	Appropriate Pronoun Replacement
die Frau (the woman)	*sie* (she)
die Zeitung (the newspaper)	*sie* (it)
die Lampe (the lamp)	*sie* (it)

Neuter Nouns	Appropriate Pronoun Replacement
das Haus (the house)	*es* (it)
das Kind (the child)	*es* (he/she)
das Pferd (the horse)	*es* (he/she/it)

In the plural, gender is not considered, and all nouns whether masculine, feminine, or neuter are replaced by plural *sie.*

The third-person singular pronoun *man* is used where "one" or "you" would be said in English. English uses the pronoun "one" in formal statements. The pronoun "you" is informal or casual. But both English pronouns are translated into German as *man.* On occasion, *man* is said in German where "they" or "people" are used.

Das sagt man nicht laut.	One doesn't say that out loud.
	You don't say that out loud.
	People don't say that out loud.
Man kann das Wasser hier nicht trinken.	One can't drink the water here.
	You can't drink the water here.
Man fährt in Deutschland oft mit dem Fahrrad.	One often goes by bicycle in Germany.
	People often go by bicycle in Germany.
Man hat gesagt, dass der Fluss viel Land überschwemmt habe.	They said that the river flooded a lot of land.

Be aware that *man* is only used in the nominative case. In the other cases, use the respective forms of *ein–* (for example, *einem, einen,* and so on).

The Basics on Verbs

The verb is the main element of speech and expresses existence (for example, to be), action (to work), feeling (to laugh), movement (to go), or process (to build). It is part of the sentence that commands, emphasizes, declares, denies, or questions something. It is also the part of the sentence that requires a variety of ending changes—the conjugations. In German, the verb has to agree with the subject in number (singular or plural) and person (first, second, or third), and it also expresses time (present, past, or future) and mood (indicative, subjunctive, or imperative). The time of the verb, or the *tense,* tells when the action takes place, but the mood of the verb tells us about the attitude or disposition of the speaker, which can be considered as real (indicative); doubtful, conditional, or wished for (subjunctive); or an order (imperative).

In English, the infinitive form of a verb is most often expressed by the particle word "to" plus the verb (for example, "to talk" or "to see"). Sometimes the infinitive is expressed without the particle word "to" in certain kinds of sentences. Compare the following pair of sentences and the kind of infinitive used:

> I ran <u>to open</u> the door for Tom.
> I should <u>open</u> the door for Tom.

In German, infinitives will end in *–n, –eln, –ern,* or *–en.* For example:

–n	*sein* (to be)
–eln	*basteln* (to do handicraft)
–ern	*hämmern* (to hammer)
–en	*kaufen* (to buy)

When conjugational endings are added to the stem of an infinitive, they define the person, number, tense, and mood of the verb. Those endings tell you when the action takes place, who is doing the action, and what the mood or attitude of the speaker is. When looking up a verb in the dictionary, you will always find it listed under its infinitive form.

As in English, German verbs are classified as either regular or irregular (or weak or strong). In the conjugation of a **regular verb,** the stem does not change. **Irregular verbs** undergo changes in the stem when conjugated. Sometimes, irregular verbs may also have changes in their endings—that is, their conjugations do not follow the pattern suggested by the form of the infinitive. Fortunately for English speakers learning German, English and German are brother and sister languages—they often share the same pattern of irregularity. Compare the present, past, and present perfect tense of a regular verb and an irregular verb in the two languages.

Regular Verb		Irregular Verb	
English	**German**	**English**	**German**
he learns	*er lernt*	he drinks	*er trinkt*
he learned	*er lernte*	he drank	*er trank*
he has learned	*er hat gelernt*	he has drunk	*er hat getrunken*

PARTICIPLES

In English, participles are verb forms that are used with the auxiliary verbs "be" and "have" to form the progressive and perfect tenses and the passive voice. The present participle in English ends in "–ing" (for example, "going" and "seeing") and is used with a form of "to be" to form the present and past progressive tenses. For example:

> They are <u>running</u> a marathon.
> The boy was <u>crying</u>.

But present participles can also be used as adjectives and modify nouns.

> I hear the sound of <u>running</u> water.
> He tried to calm the <u>crying</u> boy.

The English past participle is used to form the compound or perfect tenses and, for regular verbs, ends in *–ed* (talked, listened). Past participles of irregular verbs have a variety of forms but many end in *–en* ("spoken" from "speak, "seen" from "see"). For example:

> Have you <u>talked</u> with Dad about it yet?
> She has <u>spoken</u> for over an hour.

GERMAN PRESENT PARTICIPLE

In German, the present participle is formed quite simply. Just add *–d* to the end of an infinitive (for example, *laufen* becomes *laufend, singen* becomes *singend*). But this verb form is not used in a progressive tense like English present participles. German present participles are used as modifiers and require the appropriate adjective endings for gender, number, and case like other adjectives. For example:

> *Kennst du den schlafenden Mann?*   Do you know the sleeping man?
> *„Der fliegende Holländer" ist eine Oper.* "The Flying Dutchman" is an opera.

GERMAN PAST PARTICIPLE

The past participle in German is used far more extensively than the present participle. It's needed to form the compound or perfect tenses. It's also used to form the passive voice with *werden* and can be used as an adjective as well. If a past participle is used as an adjective, it must agree in gender, case, and number with the noun it modifies. The German past participle of regular verbs is formed by adding the prefix *ge–* and the suffix *–t* to the stem of the infinitive. The stem is the infinitive minus the ending *–en*. So *stellen* becomes **gestellt**, and *suchen* becomes **gesucht**. For example:

*Wohin hast du den Eimer **gestellt**?*	Where did you put the pail?
*Wir haben den Hund **gesucht**.*	We have looked for the dog.

There is a large group of verbs, most of which come to German from foreign sources. These verbs end in *–ieren*. Their conjugation is regular, but they do not require a *ge–* prefix when formed as past participles. For example:

Present Tense

er studiert (he studies)
er arrangiert (he arranges)
er marschiert (he marches)

Present Pefect Tense

er hat studiert (he has studied)
er hat arrangiert (he has arranged)
er ist marschiert (he has marched)

Don't confuse verbs that end in *–ieren* with true German verbs that appear to have the same ending, for example *verlieren*. This German verb is treated like other verbs. In the case of *verlieren*, the verb is irregular.

Present Tense

er verliert (he loses)

Present Perfect Tense

er hat verloren (he has lost)

Past participles can act as modifiers. When they are adjectives modifying a noun, they must show the appropriate adjective ending for gender, number, and case. For example:

*Er ist ein **gelehrter** Mann.*	He's an educated man.
*Die **gerettete** Frau war ihre Mutter.*	The rescued woman was her mother.

Some German verbs form irregular past participles. The past participle is formed by adding the prefix *ge–* and the suffix *–en* to the stem of many irregular verbs. Often there is also a vowel change in the stem of the verb. The following list shows some commonly used verbs that form irregular past participles.

Infinitive

bieten
bleiben
brechen
singen
stehlen
nennen

Irregular Past Participle

geboten
geblieben
gebrochen
gesungen
gestohlen
genannt

Here are some example sentences with irregular past participles.

Wer hat diesen Brief geschrieben?	Who has written this letter?
Karl hat mir geholfen.	Karl has helped me.

The German Tenses

German has six tenses, and they are very similar in makeup and use to the English tenses. The main difference between tense usage in the two languages is that German has no progressive tenses (I am going, we were helping). In the perfect tenses,

English uses the auxiliary verb "to have" with a past participle. German, however, has two auxiliaries for the perfect tenses: *haben* and *sein*.

First, look at Table 2, which shows the verb *fragen* (to ask) in the six tenses with its English counterparts. This verb uses *haben* as its auxiliary.

Table 2 The Six German Tenses with *fragen*

Tense	German	English	
Present Indicative	*ich frage*	I ask	I am asking
	du fragst	you ask	you are asking
	er fragt	he asks	he is asking
	wir fragen	we ask	we are asking
	ihr fragt	you ask	you are asking
	sie fragen	they ask	they are asking
Past Indicative	*ich fragte*	I asked	I was asking
	du fragtest	you asked	you were asking
	er fragte	he asked	he was asking
	wir fragten	we asked	we were asking
	ihr fragtet	you asked	you were asking
	sie fragten	they asked	they were asking
Present Perfect Indicative	*ich habe gefragt*	I have asked	I have been asking
	du hast gefragt	you have asked	you have been asking
	er hat gefragt	he has asked	he has been asking
	wir haben gefragt	we have asked	we have been asking
	ihr habt gefragt	you have asked	you have been asking
	sie haben gefragt	they have asked	they have been asking
Past Perfect Indicative	*ich hatte gefragt*	I had asked	I had been asking
	du hattest gefragt	you had asked	you had been asking
	er hatte gefragt	he had asked	he has been asking
	wir hatten gefragt	we had asked	we had been asking
	ihr hattet gefragt	you had asked	you had been asking
	sie hatten gefragt	they had asked	they had been asking
Future Indicative	*ich werde fragen*	I will ask	I will be asking
	du wirst fragen	you will ask	you will be asking
	er wird fragen	he will ask	he will be asking
	wir werden fragen	we will ask	we will be asking
	ihr werdet fragen	you will ask	you will be asking
	sie werden fragen	they will ask	they will be asking
Future Perfect Indicative	*ich werde gefragt haben*	I will have asked	I will have been asking
	du wirst gefragt haben	you will have asked	you will have been asking
	er wird gefragt haben	he will have asked	he will have been asking
	wir werden gefragt haben	we will have asked	we will have been asking
	ihr werdet gefragt haben	you will have asked	you will have been asking
	sie werden gefragt haben	they will have asked	they will have been asking

Each of those tense forms can also appear in the subjunctive mood. The German subjunctive mood consists of the **present subjunctive** (or subjunctive I) and the **past subjunctive** (or subjunctive II). The present subjunctive is frequently used in indirect discourse when retelling what someone else has stated. The past subjunctive is used to express a wish, a desire, or a condition. In Table 3, you will find the verb *fragen* in its various subjunctive tenses.

Table 3 The German Subjunctive Tenses with *fragen*

Tense	German	English	
Present Subjunctive	ich frage	I ask	I am asking
	du fragest	you ask	you are asking
	er frage	he asks	he is asking
	wir fragen	we ask	we are asking
	ihr fraget	you ask	you are asking
	sie fragen	they ask	they are asking
Past Subjunctive	ich fragte	(if) I asked	(if) I were asking
	du fragtest	you asked	you were asking
	er fragte	he asked	he were asking
	wir fragten	we asked	we were asking
	ihr fragtet	you asked	you were asking
	sie fragten	they asked	they were asking
Present Perfect Subjunctive	ich habe gefragt	I have asked	I have been asking
	du habest gefragt	you have asked	you have been asking
	er habe gefragt	he has asked	he has been asking
	wir haben gefragt	we have asked	we have been asking
	ihr habet gefragt	you have asked	you have been asking
	sie haben gefragt	they have asked	they have been asking
Past Perfect Subjunctive	ich hätte gefragt	I had asked	I had been asking
	du hättest gefragt	you had asked	you had been asking
	er hättet gefragt	he had asked	he has been asking
	wir hätten gefragt	we had asked	we had been asking
	ihr hättet gefragt	you had asked	you had been asking
	sie hätten gefragt	they had asked	they had been asking
Future Subjunctive	ich werde fragen	I will ask	I will be asking
	du werdest fragen	you will ask	you will be asking
	er werde fragen	he will ask	he will be asking
	wir werden fragen	we will ask	we will be asking
	ihr werdet fragen	you will ask	you will be asking
	sie werden fragen	they will ask	they will be asking
Future Perfect Subjunctive	ich werde gefragt haben	I will have asked	I will have been asking
	du werdest gefragt haben	you will have asked	you will have been asking
	er werde gefragt haben	he will have asked	he will have been asking
	wir werden gefragt haben	we will have asked	we will have been asking
	ihr werdet gefragt haben	you will have asked	you will have been asking
	sie werden gefragt haben	they will have asked	they will have been asking
Present Conditional	ich würde fragen	I would ask	I would be asking
	du würdest fragen	you would ask	you would be asking
	er würde fragen	he would ask	he would be asking
	wir würden fragen	we would ask	we would be asking
	ihr würdet fragen	you would ask	you would be asking
	sie würden fragen	they would ask	they would be asking
Past Conditional	ich würde gefragt haben	I would have asked	I would have been asking
	du würdest gefragt haben	you would have asked	you would have been asking
	er würde gefragt haben	he would have asked	he would have been asking
	wir würden gefragt haben	we would have asked	we would have been asking
	ihr würdet gefragt haben	you would have asked	you would have been asking
	sie würden gefragt haben	they would have asked	they would have been asking

Now look at Tables 4 and 5, which provide all the conjugational forms with the verb *reisen* (to travel). This verb uses *sein* as its auxiliary in the perfect tenses.

Table 4 The Six German Tenses with *reisen*

Tense	German	English	
Present Indicative	ich reise	I travel	I am traveling
	du reist	you travel	you are traveling
	er reist	he travels	he is traveling
	wir reisen	we travel	we are traveling
	ihr reist	you travel	you are traveling
	sie reisen	they travel	they are traveling
Past Indicative	ich reiste	I traveled	I was traveling
	du reistest	you traveled	you were traveling
	er reiste	he traveled	he was traveling
	wir reisten	we traveled	we were traveling
	ihr reistet	you traveled	you were traveling
	sie reisten	they traveled	they were traveling
Present Perfect Indicative	ich bin gereist	I have traveled	I have been traveling
	du bist gereist	you have traveled	you have been traveling
	er ist gereist	he has traveled	he has been traveling
	wir sind gereist	we have traveled	we have been traveling
	ihr seid gereist	you have traveled	you have been traveling
	sie sind gereist	they have traveled	they have been traveling
Past Perfect Indicative	ich war gereist	I had traveled	I had been traveling
	du warst gereist	you had traveled	you had been traveling
	er war gereist	he had traveled	he has been traveling
	wir waren gereist	we had traveled	we had been traveling
	ihr wart gereist	you had traveled	you had been traveling
	sie waren gereist	they had traveled	they had been traveling
Future Indicative	ich werde reisen	I will travel	I will be traveling
	du wirst reisen	you will travel	you will be traveling
	er wird reisen	he will travel	he will be traveling
	wir werden reisen	we will travel	we will be traveling
	ihr werdet reisen	you will travel	you will be traveling
	sie werden reisen	they will travel	they will be traveling
Future Perfect Indicative	ich werde gereist sein	I will have traveled	I will have been traveling
	du wirst gereist sein	you will have traveled	you will have been traveling
	er wird gereist sein	he will have traveled	he will have been traveling
	wir werden gereist sein	we will have traveled	we will have been traveling
	ihr werdet gereist sein	you will have traveled	you will have been traveling
	sie werden gereist sein	they will have traveled	they will have been traveling

In Table 5, you will find the verb *reisen* in its various subjunctive tenses.

Table 5   The German Subjunctive Tenses with *reisen*

Tense	German	English	
Present Subjunctive	*ich reise*	I travel	I am traveling
	du reisest	you travel	you are traveling
	er reise	he travels	he is traveling
	wir reisen	we travel	we are traveling
	ihr reiset	you travel	you are traveling
	sie reisen	they travel	they are traveling
Past Subjunctive	*ich reiste*	(if) I traveled	(if) I were traveling
	du reistest	you traveled	you were traveling
	er reiste	he traveled	he were traveling
	wir reisten	we traveled	we were traveling
	ihr reistet	you traveled	you were traveling
	sie reisten	they traveled	they were traveling
Present Perfect Subjunctive	*ich sei gereist*	I have traveled	I have been traveling
	du seiest gereist	you have traveled	you have been traveling
	er sei gereist	he has traveled	he has been traveling
	wir seien gereist	we have traveled	we have been traveling
	ihr seiet gereist	you have traveled	you have been traveling
	sie seien gereist	they have traveled	they have been traveling
Past Perfect Subjunctive	*ich wäre gereist*	I had traveled	I had been traveling
	du wärest gereist	you had traveled	you had been traveling
	er wäre gereist	he had traveled	he has been traveling
	wir wären gereist	we had traveled	we had been traveling
	ihr wäret gereist	you had traveled	you had been traveling
	sie wären gereist	they had traveled	they had been traveling
Future Subjunctive	*ich werde reisen*	I will travel	I will be traveling
	du werdest reisen	you will travel	you will be traveling
	er werde reisen	he will travel	he will be traveling
	wir werden reisen	we will travel	we will be traveling
	ihr werdet reisen	you will travel	you will be traveling
	sie werden reisen	they will travel	they will be traveling
Present Conditional	*ich würde reisen*	I would travel	I would be traveling
	du würdest reisen	you would travel	you would be traveling
	er würde reisen	he would travel	he would be traveling
	wir würden reisen	we would travel	we would be traveling
	ihr würdet reisen	you would travel	you would be traveling
	sie würden reisen	they would travel	they would be traveling
Future Perfect Subjunctive	*ich werde gereist sein*	I will have traveled	I will have been traveling
	du werdest gereist sein	you will have traveled	you will have been traveling
	er werde gereist sein	he will have traveled	he will have been traveling
	wir werden gereist sein	we will have traveled	we will have been traveling
	ihr werdet gereist sein	you will have traveled	you will have been traveling
	sie werden gereist sein	they will have traveled	they will have been traveling

continues

Table 5 *(continued)*

Tense	German	English	
Present Conditional	*ich würde reisen*	I would travel	I would be traveling
	du würdest reisen	you would travel	you would be traveling
	er würde reisen	he would travel	he would be traveling
	wir würden reisen	we would travel	we would be traveling
	ihr würdet reisen	you would travel	you would be traveling
	sie würden reisen	they would travel	they would be traveling
Past Conditional	*ich würde gereist sein*	I would have traveled	I would have been traveling
	du würdest gereist sein	you would have traveled	you would have been traveling
	er würde gereist sein	he would have traveled	he would have been traveling
	wir würden gereist sein	we would have traveled	we would have been traveling
	ihr würdet gereist sein	you would have traveled	you would have been traveling
	sie würden gereist sein	they would have traveled	they would have been traveling

Note: Infinitives that end in *–ern* and *–eln* can break the conjugational pattern in the present tense in the spoken, colloquial language. In the first-person singular, the vowel *e* before the letters *r* and *l* is often omitted:

Present-Tense Conjugation

ich hämmere
ich wechsele

Conjugation in the Spoken Language

ich hämmre
ich wechsle

The verb charts provide the full present-tense conjugation. The conjugation for the spoken, colloquial language is not shown.

The Indicative Mood

The indicative mood states real facts indicating something that happened, is happening, or will happen. It is the mood that we use the most. For example:

> I speak German.
> We worked in Berlin.
> They will travel to Switzerland.

In German, as in English, the indicative tenses state real facts in the past, present, or future. For example:

> *Ich spreche Deutsch.* I speak German
> *Wir arbeiteten in Berlin.* We worked in Berlin.
> *Sie werden in die Schweiz fahren.* They will travel to Switzerland.

In German, the six tenses are present, past, present perfect, past perfect, future, and future perfect.

INDICATIVE PRESENT TENSE

The German present tense expresses:

- General activities going on in the present time:

  Ich liebe klassische Musik.   I love classical music.

- Habits or habitual activities:

  Jeden Tag spielen wir Schach.   Every day we play chess.

- The English progressive tense:

  Wir fahren nach Hause.   We're driving home.

- The future tense if the future is understood by context or by an adverb indicating the future tense:

  Morgen kommt Oma zu Besuch.   Tomorrow granny is coming for a visit.

PRESENT TENSE OF REGULAR VERBS

Infinitives of regular verbs end in *–eln, –ern,* or *–en.* The present-tense conjugation of such infinitives is identical in each type with only a small variation made to make pronunciation easier. The present-tense endings are exemplified in the following chart.

Nominative Pronouns	basteln (do handicrafts)	hämmern (hammer)	spielen (play)
ich	bastele	hämmere	spiele
du	bastelst	hämmerst	spielst
er, sie, es	bastelt	hämmert	spielt
wir	basteln	hämmern	spielen
ihr	bastelt	hämmert	spielt
sie, Sie	basteln	hämmern	spielen

Other regular verbs with infinitives formed like the examples in the preceding chart follow this conjugational pattern in the present tense.

When a verb stem ends in *–s, –ss, –ß, –z,* or *–tz,* the second-person singular conjugation is formed by adding only *–t.* For example:

heizen	du heizt	heat
passen	du passt	fit
putzen	du putzt	polish
reisen	du reist	travel
schließen	du schließt	close

And when a verb stem ends in *–d* or *–t,* add the vowel *–e* before the conjugational ending in the second-person singular and third-person singular.

entscheiden	du entscheidest, er entscheidet	decide
bitten	du bittest, er bittet	request

IRREGULARITIES IN THE PRESENT TENSE: VOWEL CHANGE

Although the conjugational endings of the present tense do not change, the vowel *e* in the stem of the verb sometimes shifts to *i* or *ie*. The following examples are of commonly used verbs. Notice that the vowel change only occurs in the second- and third-person singular.

Nominative Pronouns	geben (go)	brechen (break)	sehen (see)	stehlen (steal)
ich	gebe	breche	sehe	stehle
du	**gibst**	**brichst**	**siehst**	**stiehlst**
er, sie, es	**gibt**	**bricht**	**sieht**	**stiehlt**
wir	geben	brechen	sehen	stehlen
ihr	gebt	brecht	seht	stehlt
sie, Sie	geben	brechen	sehen	stehlen

IRREGULARITIES IN THE PRESENT TENSE: ADDITION OF THE *UMLAUT*

Once again, the conjugational endings of the present tense do not change. Instead of a vowel change, another present-tense irregularity is the addition of an umlaut over the vowel *a* and in one instance the vowel *o*. Notice again that these changes occur only in the second- and third-person singular.

Nominative Pronouns	fahren (drive)	schlafen (sleep)	braten (roast)	stoßen (push)
ich	fahre	schlafe	brate	stoße
du	**fährst**	**schläfst**	**brätst**	**stößt**
er, sie, es	**fährt**	**schläft**	**brät**	**stößt**
wir	fahren	schlafen	braten	stoßen
ihr	fahrt	schlaft	bratet	stoßt
sie, Sie	fahren	schlafen	braten	stoßen

MODAL AUXILIARIES IN THE PRESENT TENSE

The modal auxiliaries have a unique conjugation in the present tense: The singular and plural conjugations are formed differently.

Nominative Pronouns	dürfen (may)	müssen (must)	können (can)
ich	darf	muss	kann
du	darfst	musst	kannst
er, sie, es	darf	muss	kann
wir	dürfen	müssen	können
ihr	dürft	müsst	könnt
sie, Sie	dürfen	müssen	können

Nominative Pronouns	wollen (want)	sollen (should)	mögen (like)
ich	will	soll	mag
du	willst	sollst	magst
er, sie, es	will	soll	mag
wir	wollen	sollen	mögen
ihr	wollt	sollt	mögt
sie, Sie	wollen	sollen	mögen

The modal auxiliaries are normally used with another verb (an infinitive) in a sentence:

Ich will nach Hause <u>gehen</u>.   I want to go home.
Kannst du mir <u>helfen</u>?   Can you help me?

THREE IMPORTANT VERBS IN THE PRESENT TENSE

The verbs *haben, sein,* and *werden* have a special place in the German system of conjugations. They are the building blocks of various tenses and are the auxiliaries of all other verbs. Their present-tense conjugations are irregular.

Nominative Pronouns	haben (have)	sein (be)	werden (will become)
ich	habe	bin	werde
du	hast	bist	wirst
er, sie, es	hat	ist	wird
wir	haben	sind	werden
ihr	habt	seid	werdet
sie, Sie	haben	sind	werden

Note that when *werden* is used alone in a sentence it means "to become" or "to get." For example:

Er wird wieder gesund.   He's getting well again.

THE REGULAR PAST TENSE

The regular past tense is formed from the stem of a verb plus the suffix *–te* and the appropriate conjugational ending. Notice in the past tense that the first-person singular *(ich)* and the third-person singular *(er, sie, es)* are always the same. Some examples of the regular past-tense follow:

Nominative Pronouns	lernen (learn)	machen (make)	besuchen (visit)
ich	lernte	machte	besuchte
du	lerntest	machtest	besuchtest
er, sie, es	lernte	machte	besuchte
wir	lernten	machten	besuchten
ihr	lerntet	machtet	besuchtet
sie, Sie	lernten	machten	besuchten

Such past-tense verbs are used in sentences in much the same way as they are in English:

>*Ich lernte das Gedicht auswendig.*   I learned the poem by heart.

But in German there is a tendency to use the simple past tense for narratives, so the simple past tense is found most frequently in the written language. Spoken German tends to use the present perfect tense to express actions in the past.

THE IRREGULAR PAST TENSE

Past-tense irregularities occur from vowel changes. In addition, most verbs do not use the –*te* suffix as part of the conjugation. Consider the following examples and take note of the vowel change from the infinitive to the past tense.

Nominative Pronouns	sehen (see)	fahren (drive)	bleiben (stay)	fangen (catch)
ich	sah	fuhr	blieb	fing
du	sahst	fuhrst	bliebst	fingst
er, sie, es	sah	fuhr	blieb	fing
wir	sahen	fuhren	blieben	fingen
ihr	saht	fuhrt	bliebt	fingt
sie, Sie	sahen	fuhren	blieben	fingen

A few verbs add the suffix –*te* as part of their past-tense irregular conjugation, thereby mixing regular and irregular features.

Nominative Pronouns	denken (think)	nennen (name)	senden (send)	kennen (know)
ich	dachte	nannte	sandte	kannte
du	dachtest	nanntest	sandtest	kanntest
er, sie, es	dachte	nannte	sandte	kannte
wir	dachten	nannten	sandten	kannten
ihr	dachtet	nanntet	sandtet	kanntet
sie, Sie	dachten	nannten	sandten	kannten

The modal auxiliaries follow a similar pattern in the past tense. Notice that the modal auxiliaries do not have an umlaut in the past-tense conjugation.

Nominative Pronouns	dürfen (may)	müssen (must)	können (can)
ich	durfte	musste	konnte
du	durftest	musstest	konntest
er, sie, es	durfte	musste	konnte
wir	durften	mussten	konnten
ihr	durftet	musstet	konntet
sie, Sie	durften	mussten	konnten

Nominative Pronouns	wollen (want)	sollen (should)	mögen (like)
ich	wollte	sollte	mochte
du	wolltest	solltest	mochtest
er, sie, es	wollte	sollte	mochte
wir	wollten	sollten	mochten
ihr	wolltet	solltet	mochtet
sie, Sie	wollten	sollten	mochten

The irregular past tense functions in sentences the same way as the regular past tense:

Er blieb an der Ecke stehen.	He remained standing on the corner.
Kannten Sie den Lehrer?	Did you know the teacher?
Ich konnte es nicht verstehen.	I couldn't understand it.

THE FUTURE TENSE

There are no irregularities in the future tense beyond the conjugation of *werden*. The verb *werden* is conjugated in the present tense, and an infinitive is placed at the end of the sentence. Now the sentence has a future-tense meaning.

Ich werde es <u>kaufen</u>.	I will buy it.
Wirst du in die Schweiz <u>reisen</u>?	Will you travel to Switzerland?
Er wird mir <u>helfen</u>.	He will help me.
Wir werden zu Hause <u>bleiben</u>.	We will stay home.
Was werdet ihr <u>tun</u>?	What will you do?
Sie werden Onkel Peter <u>besuchen</u>.	They will visit Uncle Peter.

This pattern for the future tense can be repeated with innumerable infinitives. The future tense describes an action taking place in the future.

THE PRESENT PERFECT TENSE: REGULAR PARTICIPLES

The present perfect tense consists of a present-tense conjugation of *haben* or *sein* and a past participle placed at the end of the sentence. The verb *haben* is the auxiliary for **transitive verbs** (verbs that have a direct object), and *sein* is the auxiliary for **verbs of motion,** verbs that describe a state or a radical change out of the control of the speaker (to be, to become, to die, and so on.). This tense describes an action begun in the past and completed in the present.

Regular participles of verbs that have no prefix (*machen, stellen,* and so on) are formed by adding the prefix *ge–* and the suffix *–t* to the stem of the verb. For example:

machen (make)	*ge + mach + t = gemacht*
suchen (seek)	*ge + such + t = gesucht*
hassen (hate)	*ge + hass + t = gehasst*

If the infinitive has an inseparable prefix (*be–, er–, emp–, ent–, ge–, ver–, zer–*), the addition of the prefix *ge–* is avoided.

besuchen (visit)	*besuch + t = besucht*
verlernen (unlearn)	*verlern + t = verlernt*
zerstören (destroy)	*zerstör + t = zerstört*

If the infinitive has a separable prefix (for example, *ab–, an–, fort–, mit–, weg–, zu–,* and so on), the prefix *ge–* is placed between the separable prefix and the stem of the verb:

anlegen (lay on)	*an + ge + leg + t = angelegt*
aufregen (excite)	*auf + ge + reg + t = aufgeregt*
zumachen (close)	*zu + ge + mach + t = zugemacht*

Look at the present perfect tense conjugation of the following transitive verb, which requires the auxiliary *haben,* and the accompanying verb of motion, which requires the auxiliary *sein.*

kaufen (to buy)	**reisen (to travel)**
ich habe gekauft	ich bin gereist
du hast gekauft	du bist gereist
er hat gekauft	er ist gereist
wir haben gekauft	wir sind gereist
ihr habt gekauft	ihr seid gereist
sie haben gekauft	sie sind gereist

THE PRESENT PERFECT TENSE: IRREGULAR PARTICIPLES

Most irregular participles are formed by the addition of the prefix *ge–* and the suffix *–en.* In many cases, the vowel in the stem of the verb changes. Look at the variety of irregular participles in the examples that follow.

Infinitive	**Irregular Participle**
beißen (bite)	gebissen
bleiben (stay)	geblieben
finden (find)	gefunden
gehen (go)	gegangen
sprechen (speak)	gesprochen

Some irregular participles end in *–t.*

Infinitive	**Irregular Participle**
bringen (bring)	gebracht
denken (think)	gedacht
kennen (know)	gekannt
nennen (name)	genannt
senden (send)	gesandt

Just like regular participles, irregular participles can have an inseparable or a separable prefix.

Infinitive	**Irregular Participle**
sprechen (speak)	*gesprochen*
versprechen (promise)	*versprochen*
aussprechen (pronounce)	*ausgesprochen*

And, depending upon their meaning and usage, irregular participles can require either *haben* or *sein* as their auxiliary.

schlagen (to hit)	**kommen (to come)**
ich habe geschlagen	*ich bin gekommen*
du hast geschlagen	*du bist gekommen*
er hat geschlagen	*er ist gekommen*
wir haben geschlagen	*wir sind gekommen*
ihr habt geschlagen	*ihr seid gekommen*
sie haben geschlagen	*sie sind gekommen*

THE PAST PERFECT TENSE

The past perfect tense is identical to the present perfect tense in structure, except that the auxiliaries (*haben* and *sein)* are conjugated in the past tense. The past perfect tense describes an action begun and completed in the past.

denken (to think)	**ankommen (to arrive)**
ich hatte gedacht	*ich war angekommen*
du hattest gedacht	*du warst angekommen*
er hatte gedacht	*er war angekommen*
wir hatten gedacht	*wir waren angekommen*
ihr hattet gedacht	*ihr wart angekommen*
sie hatten gedacht	*sie waren angekommen*

THE FUTURE PERFECT TENSE

The German future perfect tense describes an action that will begin and will be completed in the future. It is formed from a present tense conjugation of *werden* and a past participle followed directly by either *haben* or *sein* and placed at the end of the sentence. Here are some examples:

Bis morgen werde ich den Roman fertiggelesen haben.	By tomorrow I will have finished reading the novel.
Wenn wir uns wieder treffen, wirst du Arzt geworden sein.	When we meet again, you'll have become a physician.

Haben, Sein, and Werden

Having a firm grasp of these three verbs is important: They are the essentials for forming the perfect and future tenses. Look at their formations in the various tenses in the third-person singular.

haben	*sein*	*werden*
er hat	*er ist*	*er wird*
er hatte	*er war*	*er wurde*
er hat gehabt	*er ist gewesen*	*er ist geworden*
er hatte gehabt	*er war gewesen*	*er war geworden*
er wird haben	*er wird sein*	*er wird werden*
er wird gehabt haben	*er wird gewesen sein*	*er wird geworden sein*

Now let's look at how the indicative mood will look in the verb charts. The example is given with the verb *kaufen* (to buy). It requires the auxiliary *haben*.

Mode	Simple Tenses		Compound Tenses	
	Singular	*Plural*	*Singular*	*Plural*
Indicative	**Present**		**Present Perfect**	
	kaufe	kaufen	habe gekauft	haben gekauft
	kaufst	kauft	hast gekauft	habt gekauft
	kauft	kaufen	hat gekauft	haben gekauft
	Past		**Past Perfect**	
	kaufte	kauften	hatte gekauft	hatten gekauft
	kauftest	kauftet	hattest gekauft	hattet gekauft
	kaufte	kauften	hatte gekauft	hatten gekauft
	Future		**Future Perfect**	
	werde kaufen	werden kaufen	werde gekauft haben	werden gekauft haben
	wirst kaufen	werdet kaufen	wirst gekauft haben	werdet gekauft haben
	wird kaufen	werden kaufen	wird gekauft haben	werden gekauft haben

Compare that chart with the following verb chart for the verb *kommen,* which requires *sein* as its auxiliary.

Mode	Simple Tenses		Compound Tenses	
	Singular	*Plural*	*Singular*	*Plural*
Indicative	**Present**		**Present Perfect**	
	komme	kommen	bin gekommen	sind gekommen
	kommst	kommt	bist gekommen	seid gekommen
	kommt	kommen	ist gekommen	sind gekommen
	Past		**Past Perfect**	
	kam	kamen	war gekommen	waren gekommen
	kamst	kamt	warst gekommen	wart gekommen
	kam	kamen	war gekommen	waren gekommen
	Future		**Future Perfect**	
	werde kommen	werden kommen	werde gekommen sein	werden gekommen sein
	wirst kommen	werdet kommen	wirst gekommen sein	werdet gekommen sein
	wird kommen	werden kommen	wird gekommen sein	werden gekommen sein

The Passive Voice

Some style manuals say that the passive voice is a structure to be avoided. But despite that warning, it continues to occur frequently in English and has an important function.

It is formed from a conjugation of "to be" and a past participle and is especially helpful when you want to avoid "placing the blame" for an action on someone or something. In the active voice, the person who carries out an action is quite apparent.

> John hit Bill in the nose.
> Mr. Miller fired all the salespeople.

But if the passive is used, the guilty parties for the action (John and Mr. Miller) can be omitted.

> Bill was hit in the nose.
> All the salespeople were fired.

Of course, the guilty parties can be included in a prepositional phrase if desired.

> Bill was hit in the nose by John.
> All the salespeople were fired by Mr. Miller.

The same thing occurs in the German passive voice.

The German passive voice is formed from a conjugation of *werden* plus a past participle of a transitive verb. The transitive verb is important, because a transitive verb can have a direct object, and direct objects become the subject of passive-voice sentences. Look at the following active-voice sentences and take note of the direct object (the accusative case).

> *Karl besucht den alten Professor.*   Karl visits the old professor.

When you change this active sentence to the passive voice, *Professor* becomes the subject and is, therefore, in the nominative case, and the verb *besucht* becomes a past participle. Karl becomes the object of the dative preposition *von*.

> *Der alte Professor wird von Karl besucht.*   The old professor is visited by Karl.

This example sentence is in the present tense. Let's look at the same sentence in all the tenses.

> **Present:** *Der alte Professor wird von Karl besucht.*
> **Past:** *Der alte Professor wurde von Karl besucht.*
> **Present Perfect:** *Der alte Professor ist von Karl besucht worden.*
> **Past Perfect:** *Der alte Professor war von Karl besucht worden.*
> **Future:** *Der alte Professor wird von Karl besucht werden.*
> **Future Perfect:** *Der alte Professor wird von Karl besucht worden sein.*

The past participle in such a structure can be any transitive verb, but the conjugation of *werden* is static. For example, in the third-person singular: *wird* + past participle, *wurde* + past participle, *ist* + past participle + *worden*, *war* + past participle + *worden*, *wird* + past participle + *werden*, and *wird* + past participle + *worden sein*.

If you change a present-tense active sentence to the passive voice, the passive-voice sentence should be in the present tense. If you change a past-tense active sentence to the passive voice, the passive-voice sentence should be in the past tense. The same is true of the other tenses. Here are some examples:

Active: *Ich küsste seine Schwester.* I kissed his sister.
Passive: *Seine Schwester wurde von mir geküsst.* His sister was kissed by me.
Active: *Er hat das Auto gekauft.* He has bought the car.
Passive: *Das Auto ist von ihm gekauft worden.* The car has been bought by him.
Active: *Sie wird das Geld stehlen.* She will steal the money.
Passive: *Das Geld wird von ihr gestohlen werden.* The money will be stolen by her.

German transitive verbs can have accusative-case objects. But there are also dative-case objects. They occur with dative verbs. When an active sentence with a dative object is made passive, the dative object remains in the dative case. The other parts of the passive-voice sentence are formed normally. Here are some examples:

Active: *Sie dankten **ihm** für die Geschenke.* They thanked him for the gifts.
Passive: ***Ihm** wurde für die Geschenke gedankt.* He was thanked for the gifts.

Dative Verbs

German has a concept that does not exist in English. Certain objects of verbs are in the dative case instead of the accusative case, because the verbs are *dative verbs*. You need to use care when using dative verbs, because their objects in sentences appear as direct objects when translated into English. For example:

Ich habe meinem Onkel dafür gedankt. I thanked my uncle for it.

In the German sentence, *meinem Onkel* is in the dative case, but in the English sentence, *my uncle* is a direct object. And direct objects in German are expressed in the accusative case. Therefore, distinguishing dative verbs from transitive verbs that require an accusative direct object is essential.

Some of the most commonly used dative verbs are:

begegnen	to encounter
danken	to thank
dienen	to serve
drohen	to threaten

entfliehen	to flee from
entlaufen	to run away
folgen	to follow
gefallen	to please, to like
gehorchen	to obey
gehören	to belong to
glauben	to believe
gleichen	to resemble, to equal
gratulieren	to congratulate
helfen	to help
imponieren	to impress
nähern (sich)	to approach
nützen	to be useful
raten	to advise
schaden	to harm
schmeicheln	to flatter
vertrauen	to trust
widersprechen	to contradict
zusehen	to watch
zutrauen	to entrust

No matter the form of a sentence (statement or question), and no matter the tense of the sentence, a dative verb will require a dative object. For example:

Present: *Er hilft seinem Bruder.*	He helps his brother.
Past: *Er half seinem Bruder.*	He helped his brother.
Present Perfect: *Er hat seinem Bruder geholfen.*	He has helped his brother.
Past Perfect: *Er hatte seinem Bruder geholfen.*	He had helped his brother.
Future: *Er wird seinem Bruder helfen.*	He will help his brother.
Future Perfect: *Er wird seinem Bruder geholfen haben.*	He will have helped his brother.

Even when a dative verb is used together in a sentence with a modal auxiliary, a dative verb will still require a dative object. Let's look at a few examples.

Ich kann dir damit helfen.	I can help you with that.
Sie wollte ihm glauben.	She wanted to believe him.
Er hat dem Fremden folgen müssen.	He had to follow the stranger.

Compare some example sentences with dative indirect objects and dative objects caused by a dative verb.

Indirect object: *Erik gab **seiner Freundin** eine Rose.*	Erik gave his girlfriend a rose.
Dative object: *Erik glaubte **seiner Freundin** nicht.*	Erik didn't believe his girlfriend.

Indirect object: *Ich zeige **dir** die Bilder.*	I show you the pictures.
Dative object: *Ich helfe **dir** arbeiten.*	I help you work.

Accusative Reflexive Pronouns

A *reflexive pronoun* in English is the object of a verb or a preposition and is the same number and gender as the subject of the sentence. For example:

I enjoyed **myself** at your party.

The subject, "I," and the reflexive pronoun, "myself," refer to the same person. You do not use a reflexive pronoun if the subject is a different person from the object. Compare the following two sentences:

We bought **them** some flowers. (Different people are involved in this action.)
We bought **ourselves** some flowers. (The same people are involved in this action.)

Compare the English and German reflexive pronouns in the following list.

English		German	
Subject Pronoun	*Reflexive*	*Subject Pronoun*	*Accusative Reflexive*
I	myself	*ich*	*mich*
you	yourself	*du*	*dich*
he	himself	*er*	*sich*
she	herself	*sie*	*sich*
it	itself	*es*	*sich*
we	ourselves	*wir*	*uns*
you	yourselves	*ihr*	*euch*
you	yourself/yourselves	*Sie*	*sich*
they	themselves	*sie*	*sich*

If a German verb requires an accusative-case object (a direct object), the accusative-case reflexive pronouns listed in the preceding chart can be used when the subject and object are the same person. Notice how the reflexive pronoun changes in the following example sentences:

Ich benehme mich schlecht.	I behave myself badly.
Du benimmst dich schlecht.	You behave yourself badly.
Er benimmt sich schlecht.	He behaves himself badly.
Wir benehmen uns schlecht.	We behave ourselves badly.
Ihr benehmt euch schlecht.	You behave yourselves badly.
Sie benehmen sich schlecht.	They behave themselves badly.

As the tenses change, the reflexive pronoun remains directly after the present- or past-tense form of the verb and in the other tenses behind the auxiliary *(haben* or *werden),* and the conjugations occur normally.

Er wäscht sich.	He washes himself.
Er wusch sich.	He washed himself.
Er hat sich gewaschen.	He has washed himself.
Er hatte sich gewaschen.	He had washed himself.
Er wird sich waschen.	He will wash himself.
Er wird sich gewaschen haben.	He will have washed himself.

All verbs that have an accusative reflexive pronoun will use *haben* as their auxiliary.

In some cases, German reflexive verbs do not have matching English reflexive verbs, and the translation will therefore not include a reflexive. For example:

Wir beeilen uns.	We hurry.
Ich freue mich.	I'm glad.
Sie erinnert sich an ihn.	She remembers him.

Dative Reflexive Pronouns

Some German verbs are so-called **dative verbs,** because they require a dative object instead of an accusative object. The dative case also is used for indirect objects. Here are just a few examples of German verbs that require a dative object in sentences:

Ich <u>helfe</u> dem Mann.	I help the man.
Hast du deiner Tante <u>gedankt</u>?	Did you thank your aunt?
Ich <u>zeigte</u> ihm den neuen Computer.	I showed him the new computer.

When the subject and dative object are the same person, a dative reflexive pronoun is used. Compare the English and German reflexive pronouns in the following chart.

English		German	
Subject Pronoun	**Reflexive**	**Subject Pronoun**	**Dative Reflexive**
I	myself	*ich*	*mir*
you	yourself	*du*	*dir*
he	himself	*er*	*sich*
she	herself	*sie*	*sich*
it	itself	*es*	*sich*
we	ourselves	*wir*	*uns*
you	yourselves	*ihr*	*euch*
you	yourself/yourselves	*Sie*	*sich*
they	themselves	*sie*	*sich*

Consider the following pairs of sentences, which show a dative object pronoun that is not the same person as the subject and a dative reflexive pronoun that is the same person as the subject.

Different Persons

*Er hat **ihr** widersprochen.* (He contradicted her.)
*Ich helfe **ihm**, so gut ich kann.* (I help him as well as I can.)
*Du verzeihst **uns** diese Dummheit nicht.* (You don't forgive us for this stupidity.)
*Wir bestellen **ihnen** Suppe und Brot.* (We order soup and bread for them.)

Same Person

*Er hat **sich** widersprochen.* (He contradicted himself.)
*Ich helfe **mir**, so gut ich kann.* (I help mself as well as I can.)
*Du verzeihst **dir** diese Dummheit nicht.* (You don't forgive yourself for this stupidity.)
*Wir bestellen **uns** Suppe und Brot.* (We order soup and bread for ourselves.)

The dative reflexive pronouns follow the present or past tense form of the verb and in the other tenses stand behind the auxiliary *(haben* or *werden),* and the conjugations occur normally:

Ich kaufe mir einen Schlips.	I buy myself a tie.
Ich kaufte mir einen Schlips.	I bought myself a tie.
Ich habe mir einen Schlips gekauft.	I have bought myself a tie.
Ich hatte mir einen Schlips gekauft.	I had bought myself a tie.
Ich werde mir einen Schlips kaufen.	I will buy myself a tie.
Ich werde mir einen Schlips gekauft haben.	I will have bought myself a tie.

In the verb charts, reflexive verbs are identified, but the reflexive pronouns are not shown in the conjugations of the tenses. If the verb in question is used primarily with a reflexive pronoun, the reflexive pronoun *sich* will precede the infinitive:

sich beeilen

If the verb is used more often without a reflexive pronoun but has an occasional reflexive usage, the reflexive pronoun *sich* will be in parentheses and follow the infinitive:

stützen (sich)

IMPERSONAL EXPRESSIONS

In addition to the dative verbs, there are a few impersonal verbal expressions that often begin with the pronoun *es* and that require the use of the dative case:

es fällt dir ein	it occurs to you
es gefällt dem Mann	the man likes it
es geht Ihnen gut	you feel well
es gelingt mir	I succeed, I manage to do something
es genügt der Dame	the lady is satisfied with something
es glückt ihm	he prospers, he succeeds
es kommt ihr vor	it appears to her
es kommt mir darauf an	it is important to me
es passt mir gut	it fits me well
es scheint ihr	it seems to her
es schmeckt mir	it tastes good to me
es steht ihnen gut	they look good in it

Although the impersonal expressions most frequently appear in this form, they are not used exclusively with the pronoun *es.* Most any noun that makes sense can be used as the subject of these verbs.

Dieses Restaurant hat mir sehr gut gefallen.	I liked this restaurant a lot.
Dieses Hemd passt dir nicht.	This shirt doesn't fit you.

These expressions cannot always be translated word-for-word into English. You have to know two things: how the German expression is used and what it means in English. Compare the following impersonal expressions in German with their English meaning:

Es gelang mir nicht, meine | I didn't succeed in finishing my
Hausarbeit rechtzeitig zu beendigen. | homework on time.
Es fiel ihm ein, dass es schon | It occurred to him that it was already
zu spät war. | too late.

Double Infinitives

Double-infinitive structures occur in the present-perfect, past-perfect, future, and future-perfect tenses. They occur with modal auxiliaries and with the verbs *helfen, hören, lassen, sehen, gehen,* and *lernen.* In the present and past tenses, the double infinitive does not occur.

When using a modal auxiliary or *helfen, hören, lassen, sehen, gehen,* and *lernen,* there is often a second verbal element at the end of the sentence—an infinitive.

Ich muss der armen Frau <u>helfen</u>. | I have to help the poor woman.
Gudrun lernte Geige <u>spielen</u>. | Gudrun learned to play the violin.

When such sentences are stated in the perfect or future tenses, the final element becomes a **double infinitive,** so named because two infinitives stand next to one another. In the perfect tenses, a participle is normally required. But with the modal auxiliaries and with *helfen, hören, lassen, sehen, gehen,* and *lernen,* the verbs appear as infinitives. Look at these examples in the future tense:

Er wird es nicht <u>verstehen können</u>. | He won't be able to understand it.
Ich werde den Wagen <u>reparieren lassen</u>. | I'll have the car repaired.

Now look at the use of the double-infinitive structure in the present-perfect tense:

Wir haben es nicht <u>tun wollen</u>. | We haven't wanted to do it.
Hast du sie <u>singen hören</u>? | Have you heard her sing?

Although a past participle is normally used in the perfect tenses, a double-infinitive structure is used in its place with the modal auxiliaries and *helfen, hören, lassen, sehen, gehen,* and *lernen.* Compare the following sentences in all the tenses.

No Modal Auxiliary Used	Modal Auxiliary wollen
Wir reisen nach Spanien. (We travel to Spain.)	*Wir wollen nach Spanien reisen.* (We want to travel to Spain.)
Wir reisten nach Spanien.	*Wir wollten nach Spanien reisen.* (We wanted to travel to Spain.)
Wir sind nach Spanien gereist.	*Wir haben nach Spanien reisen wollen.* (We have wanted to travel to Spain.)
Wir waren nach Spanien gereist.	*Wir hatten nach Spanien reisen wollen.* (We had wanted to travel to Spain.)
Wir werden nach Spanien reisen.	*Wir werden nach Spanien reisen wollen.* (We will want to travel to Spain.)
Wir werden nach Spanien gereist sein.	*Wir werden nach Spanien haben reisen wollen.* (We will have wanted to travel to Spain.)

Notice that when a modal auxiliary or *helfen, hören, lassen, sehen, gehen,* or *lernen* are used in such sentences, the auxiliary verb is always *haben* in the perfect tenses.

If a modal auxiliary and another verb are used in the same sentence with *helfen, hören, lassen, sehen, gehen,* or *lernen,* a double infinitive will occur in the present and past tenses. For example:

Ich kann die Kinder singen hören.   I can hear the children singing.
Ich konnte die Kinder singen hören.   I could hear the children singing.

The Subjunctive Mood

The conjugation of the subjunctive mood always has the same endings with the notable exception of the verb *sein* in the present subjunctive. Compare the subjunctive endings with *sein.*

Subjunctive Endings					sein	
ich	–e	wir	–en	ich sei	wir seien
du	–est	ihr	–et	du seiest	ihr seiet
er	–e	sie	–en	er sei	sie seien

The present subjunctive (subjunctive I) is formed from the stem of the infinitive followed by the subjunctive endings shown in the preceding chart. There is no difference between regular and irregular verbs in this conjugation.

Regular Verb machen (make, do)

ich mache
du machest
er mache
wir machen
ihr machet
sie machen

Irregular Verb sehen (see)

sehe
sehest
sehe
sehen
sehet
sehen

Modal auxiliaries follow the same pattern: They add the subjunctive endings to the stem of the infinitive.

müssen (must)

ich müsse
du müssest
er müsse
wir müssen
ihr müsset
sie müssen

können (can)

könne
könnest
könne
können
könnet
können

wollen (want)

wolle
wollest
wolle
wollen
wollet
wollen

The past subjunctive (subjunctive II) is formed from the past tense of the verb followed by the subjunctive endings shown in the preceding chart. Regular verbs in subjunctive II are identical to the regular past tense.

Regular Verb machen (make, do)

ich machte
du machtest
er machte

Regular Verb bestellen (order)

bestellte
bestelltest
bestellte

wir machten	*bestellten*
ihr machtet	*bestelltet*
sie machten	*bestellten*

Irregular verbs in subjunctive II add the subjunctive endings to the irregular past-tense stem. If the verb has a vowel that can be given an umlaut (*a, o, u*), an umlaut is added to the verb.

Irregular Verb gehen (go)	**Irregular Verb sprechen (speak)**
ich ginge	*spräche*
du gingest	*sprächest*
er ginge	*spräche*
wir gingen	*sprächen*
ihr ginget	*sprächet*
sie gingen	*sprächen*

Those irregular verbs that require the *–te* suffix (*nennen, brennen, kennen,* and so on) change the vowel *a* of the irregular past tense stem to the vowel *e* in subjunctive II.

nennen (name)	**brennen (burn)**	**senden (send)**
ich nennte	*brennte*	*sendete*
du nenntest	*brenntest*	*sendetest*
er nennte	*brennte*	*sendete*
wir nennten	*brennten*	*sendeten*
ihr nenntet	*brenntet*	*sendetet*
sie nennten	*brennten*	*sendeten*

The modal auxiliaries in the subjunctive II conjugation resemble the past tense. However, the modal auxiliary infinitives that contain an umlaut keep the umlaut in the subjunctive II conjugation.

müssen (must)	**können (can)**	**wollen (want)**
ich müsste	*könnte*	*wollte*
du müsstest	*könntest*	*wolltest*
er müsste	*könnte*	*wollte*
wir müssten	*könnten*	*wollten*
ihr müsstet	*könntet*	*wolltet*
sie müssten	*könnten*	*wollten*

Haben, sein, and *werden* are three important verbs. Let's look at their conjugations in both the present (I) and past (II) subjunctive.

haben		**sein**		**werden**	
I	**II**	**I**	**II**	**I**	**II**
habe	*hätte*	*sei*	*wäre*	*werde*	*würde*
habest	*hättest*	*seiest*	*wärest*	*werdest*	*würdest*
habe	*hätte*	*sei*	*wäre*	*werde*	*würde*
haben	*hätten*	*seien*	*wären*	*werden*	*würden*
habet	*hättet*	*seiet*	*wäret*	*werdet*	*würdet*
haben	*hätten*	*seien*	*wären*	*werden*	*würden*

Now let's look at the transitive verb *kaufen* (to buy) in all the subjunctive tenses. This verb requires *haben* as its auxiliary in the perfect tenses.

	Present		Present Perfect	
Subjunctive	kaufe	kaufen	habe gekauft	haben gekauft
	kaufest	kaufet	habest gekauft	habet gekauft
	kaufe	kaufen	habe gekauft	haben gekauft
	Past		**Past Perfect**	
	kaufte	kauften	hätte gekauft	hätten gekauft
	kauftest	kauftet	hättest gekauft	hättet gekauft
	kaufte	kauften	hätte gekauft	hätten gekauft
	Future		**Future Perfect**	
	werde kaufen	werden kaufen	werde gekauft haben	werden gekauft haben
	werdest kaufen	werdet kaufen	werdest gekauft haben	werdet gekauft haben
	werde kaufen	werden kaufen	werde gekauft haben	werden gekauft haben
	Present and Future Conditional		**Past Conditional**	
	würde kaufen	würden kaufen	würde gekauft haben	würden gekauft haben
	würdest kaufen	würdet kaufen	würdest gekauft haben	würdet gekauft haben
	würde kaufen	würden kaufen	würde gekauft haben	würde gekauft haben

The following example is the verb of motion *kommen* (to come) in all the subjunctive tenses. This verb requires *sein* as its auxiliary in the perfect tenses.

	Present		Present Perfect	
Subjunctive	komme	kommen	sei gekommen	seien gekommen
	kommest	kommet	seiest gekommen	seiet gekommen
	komme	kommen	sei gekommen	seien gekommen
	Past		**Past Perfect**	
	käme	kämen	wäre gekommen	wären gekommen
	kämest	kämet	wärest gekommen	wäret gekommen
	käme	kämen	wäre gekommen	wären gekommen
	Future		**Future Perfect**	
	werde kommen	werden kommen	werde gekommen sein	werden gekommen sein
	werdest kommen	werdet kommen	werdest gekommen sein	werdet gekommen sein
	werde kommen	werden kommen	werde gekommen sein	werden gekommen sein
	Present and Future Conditional		**Past Conditional**	
	würde kommen	würden kommen	würde gekommen sein	würden gekommen sein
	würdest kommen	würdet kommen	würdest gekommen sein	würdet gekommen sein
	würde kommen	würden kommen	würde gekommen sein	würden gekommen sein

SUBJUNCTIVE AND INDIRECT DISCOURSE

Indirect discourse is a statement that tells what someone else has said. **Direct discourse** is a quote. Indirect discourse is the reporting of that quote. For example:

> **Direct discourse:** Tom has a cold today.
> **Indirect discourse:** Mary told me that Tom has a cold today.

In German indirect discourse, the verb is usually conjugated in the present subjunctive (I). If the present subjunctive is identical to the indicative conjugation, a switch is made to the past subjunctive (II) conjugation. You will discover with experience that the present subjunctive (I) is found primarily in the written language with indirect discourse. In the spoken language, it is common to use the past subjunctive (II) in indirect discourse. Let's look at some examples.

Direct discourse: *Ich habe keine Zeit.* (I don't have any time.)
Indirect discourse: *Frau Bauer sagte, dass sie keine Zeit **habe**.* (Mrs. Bauer said that she doesn't have any time.)

Direct discourse: *Er schreibt Onkel Peter einen Brief.* (He writes Uncle Peter a letter.)
Indirect discourse: *Er sagte, dass er Onkel Peter einen Brief **schreibe**.* (He said that he is writing Uncle Peter a letter.)

If the quote is a question, it will appear as an indirect question:

Direct question: *Wer singt so schlecht?* (Who is singing so badly?)
Indirect question: *Karl fragte, wer so schlecht **singe**.* (Karl asked who is singing so badly.)

If there is no interrogative word (*wer, was, warum,* and so on) in the question, the question is reported following the conjunction *ob* (whether, if):

Direct question: *Kann der Junge es verstehen?* (Can the boy understand it?)
Indirect question: *Der Lehrer fragte, ob der Junge es verstehen **könne**.* (The teacher asked whether the boy can understand it.)

When the present subjunctive (I) is identical to the indicative conjugation, you should use the past subjunctive (II) conjugation in its place. For example:

Er sagte, dass sie kein Deutsch   He said that they don't speak German.
<u>*sprechen*</u>.

The subjunctive I conjugation *sie sprechen* is identical to the indicative present-tense conjugation *sie sprechen*. In such a case, change to *sie sprächen:*

Er sagte, dass sie kein Deutsch <u>sprächen.</u>

If the verb in the direct quote is in the past, present-perfect, or past-perfect tense, state the verb in indirect discourse in the present-perfect or past-perfect subjunctive. For example:

Direct discourse: *Sie **waren** gestern in der Stadt.* (They were in the city yesterday.)
Indirect discourse: *Der Vater sagte, dass sie gestern in der Stadt **gewesen seien**.* (The father said that they were in the city yesterday.)

Now compare the same statement as it would appear in written form and as it would be stated in the spoken language.

Written: *Der Rechtsanwalt sagte, dass der Mann unschuldig sei.* (The lawyer said that the man is innocent.)
Spoken: *Der Rechtsanwalt sagte, dass der Mann unschuldig wäre.* (The lawyer said that the man is innocent.)

SUBJUNCTIVE WITH *ALS OB* (*ALS WENN*)

Als ob means "as if." The clause that follows *als ob* (or *als wenn*) requires the conjugated verb in that clause to be in the past subjunctive (II). This conjunction, like *dass,* causes the verb to be placed at the end of the clause. Let's look at some examples:

Sie tat so, als ob sie eine Schönheitskönigin wäre.	She acted as if she were a beauty queen.
Der Lehrer lachte, als ob die Schülerin eine Dummheit gesagt hätte.	The teacher laughed as if the pupil had said something stupid.
Der neue Angestelle arbeitete, als ob er viel Zeit hätte.	The new employee worked as if he had a lot of time.

SUBJUNCTIVE WITH *WENN*

The past-subjunctive (II) conjugation is used with *wenn* when it means "if." *Wenn* can be used in a single clause that expresses feeling or an emotional idea, and the verb in the sentence must then be in the past subjunctive (II). For example:

Wenn du doch wieder zu Hause wärest!	If only you were back home again.
Wenn er doch seine Frau nie verlassen hätte!	If only he had never left his wife!

The same conjunction is used to combine two sentences into one. The *if* clause sets a condition, and the second clause reports the result. Look at an example in English:

> If you had come on time, you would have met Mr. Jones.
> **Condition:** If you had come on time, . . .
> **Result: . . .** you would have met Mr. Jones.

This idea of condition and result also occurs in German. But the conjugated verb in each of the two clauses is conjugated in the past subjunctive (II). The clause that expresses the result is often formed with *würden* (would) and an infinitive. When there is more than one verb in the clause (such as with modal auxiliaries), the verb *würden* can be avoided. For example:

Wenn die Hauptstadt nicht so weit wäre, <u>würden</u> wir dorthin fahren.	If the capital weren't so far, we'd drive there.
Wenn sie Zeit hätte, <u>würde</u> sie wahrscheinlich mitkommen.	If she had time, she would probably come along.
Ich <u>würde</u> den Artikel lesen, wenn er interessanter wäre.	I'd read the article if it were more interesting.
Wenn ich mehr Geld hätte, <u>könnte</u> ich einen neuen Wagen kaufen.	If I had more money, I could buy a new car.

Also, if the verbs are structured in the past-perfect tense, the verb *würde* can be avoided:

Wenn sie schneller <u>gelaufen wären</u>, <u>*hätten*</u> *sie den Bus nicht <u>verpasst</u>.*	If they had run faster, they wouldn't have missed the bus.

The Imperative Mood

Imperatives are commands or requests. In German, commands are given in three ways: one way for each of the pronouns that means "you." *Du* is informal and singular. *Ihr* is informal and plural. And *Sie* is formal and can be singular or plural. The relationship you have with a person determines which form of "you" to use, and that form of "you" also determines the kind of imperative that should be used when giving a command to someone.

With children, family members, and close friends, use the *du* imperative. For most verbs, it is formed from the stem of the infinitive with the ending *–e*. (It is very common to omit that ending, particularly in the everyday colloquial language.) For example:

Komme mit!	Come along.
Trinke!	Drink.
Verkaufe den Wagen!	Sell the car!

or

Komm mit!	
Trink!	
Verkauf den Wagen!	

In the case of verbs that make a vowel change in the present tense (*sehen* becomes *sieht*, *geben* becomes *gibt*), that same vowel change occurs in the *du* imperative. But the *–e* ending is not added. For example:

Sprich Deutsch!	Speak German.
Gib mir das Buch!	Give me the book.
Hilf ihm!	Help him.

Notice that German imperative statements end with an exclamation mark.

In the *ihr* imperative, the present-tense conjugation with the pronoun *ihr* is, in most cases, the command form:

Sprecht lauter!	Speak louder.
Lacht nicht!	Don't laugh.
Steigt ein!	Get on.

In the *Sie* imperative, the verb is conjugated for *Sie* and followed by the pronoun *Sie:*

Stehen Sie auf!   Stand up.
Kommen Sie mit!   Come along.
Hören Sie zu!   Listen.

If the verb has an inseparable prefix, the prefix remains in position in the imperative. Separable prefixes, however, separate as they do in the present-tense conjugation. Look at these examples for the three forms of imperative.

Imperative	Inseparable Prefix	Separable Prefix
du	Besuche ihn!	Höre damit auf!
ihr	Besucht ihn!	Hört damit auf!
Sie	Besuchen Sie ihn!	Hören Sie damit auf!

The verbs *haben, sein,* and *werden* always require a special look. Some examples in the imperative:

du	*Habe!*	*Sei!*	*Werde!*
ihr	*Habt!*	*Seid!*	*Werdet!*
Sie	*Haben Sie!*	*Seien Sie!*	*Werden Sie!*

The omission of the final *–e* of the *du* imperative occurs with certain irregular verbs as illustrated earlier and with many regular verbs as well. Regular verbs that do not end in *–eln, –ern, –nen, –igen,* or *–men* can omit the final *–e.* Consider the following examples:

fragen	*Frage!* or *Frag!*	ask
lachen	*Lache!* or *Lach!*	laugh

but

lächeln	*Lächele!*	smile
kümmern	*Kümmere!*	worry
öffnen	*Öffne!*	open
reinigen	*Reinige!*	clean
atmen	*Atme!*	breathe

It is very common to omit the medial *–e–* in the imperative of verbs ending in *–eln* and *–ern: Lächle! Kümmre!* In the verb charts, you will encounter such verbs in their full form.

Another very impersonal imperative is formed from the infinitive of a verb. It is used most often on signs or by an official or person of authority who is giving a general command to a group or crowd. For example, the conductor on the platform says the following when a train is pulling into the station:

Zurückbleiben!   Keep back.

Or you might see the following message on a sign in a bank:

Bitte von links anstellen!   Please form a line on the left.

And the following is the sign you hang on the doorknob of the door to your hotel room:

Bitte nicht stören!   Please do not disturb.

Some commands include the person who gives the command. In English, they begin with "let's" and are followed by an infinitive.

Let's go home now.
Let's make a reservation for dinner tonight.

The German counterpart of this kind of imperative is the conjugation of a verb with the pronoun *wir*, but the verb and the pronoun switch places.

Present-Tense Conjugation	**"Let's" as an Imperative**
wir gehen	*Gehen wir!* (Let's go.)
wir singen	*Singen wir!* (Let's sing.)

A similar expression is formed with the verb *lassen*. But when you use *lassen* in an imperative, you have to consider the relationship you have with the person(s) to whom you are giving the command:

du	*Lass!*
ihr	*Lasst!*
Sie	*Lassen Sie!*

When you include the accusative pronoun *uns* in such a command, you have another way of saying "let's." For example:

du	*Lass uns sofort gehen!*	Let's go immediately.
ihr	*Lasst uns darüber sprechen!*	Let's talk about that.

Prefixes and Verbs

Prefixes play an important role in German conjugations and particularly in the change or nuance of meaning of verbs. This occurs to a lesser degree in English. For example:

to come, to become, to overcome
to press, to repress, to impress
to cover, to recover, to discover

German prefixes belong to three types: inseparable prefixes, separable prefixes, and a few prefixes that serve as both inseparable and separable.

INSEPARABLE PREFIXES

The inseparable prefixes are *be–, er–, emp–, ent–, ver–,* and *zer–*. They are called inseparable quite simply because they are not removed from their position at the beginning of a verb during conjugation. Let's look at a few verbs in the various tenses to illustrate this concept.

bekommen **(receive)**	**erwarten** **(expect)**	**verstehen** **(understand)**
er bekommt	erwartet	versteht
er bekam	erwartete	verstand
er hat bekommen	hat erwartet	hat verstanden
er hatte bekommen	hatte erwartet	hatte verstanden
er wird bekommen	wird erwarten	wird verstehen
er wird bekommen haben	wird erwartet haben	wird verstanden haben

SEPARABLE PREFIXES

The list of separable prefixes is long, because they come from various adverbs and prepositions but act, of course, as prefixes. A few commonly used separable prefixes are: *ab–, an–, auf–, aus–, bei–, heraus–, mit–, vor–, weg–,* and *zu–*. Except when a verb with a separable prefix is in infinitive form, the prefix is separated from the infinitive. In the present and past tenses, the prefix detaches and is placed at the end of the sentence. In participles, the prefix is separated from the participle by *ge* and the combination of those elements is written as one word.

Let's look at a few verbs in the various tenses to illustrate this concept.

ankommen **(arrive)**	**vorstellen** **(introduce)**	**zumachen** **(close)**
er kommt an	stellt vor	macht zu
er kam an	stellte vor	machte zu
er ist angekommen	hat vorgestellt	hat zugemacht
er war angekommen	hatte vorgestellt	hatte zugemacht
er wird ankommen	wird vorstellen	wird zumachen
er wird angekommen sein	wird vorgestellt haben	wird zugemacht haben

Notice that the stress is on the prefix of a verb with a separable prefix. But the stress is on the stem of the verb with an inseparable prefix, as in the following:

ánkommen   *bekómmen*

SEPARABLE-INSEPARABLE PREFIXES

There is a small list of prefixes that are primarily separable prefixes. But in a few instances they act like inseparable prefixes. You can identify how they are used by the stressed syllable of the verb as noted earlier. These prefixes are: *durch–, hinter–, über–, um–, unter–, voll–, wider–,* and *wieder–*. A list of example verbs where these prefixes are inseparable follows:

durchdríngen (to penetrate)
unterbréchen (to interrupt)
hinterfrágen (to question)
vollénden (to complete)
überráschen (to surprise)

widerspréchen (to contradict)
umármen (to embrace)
wiederhólen (to repeat)

In the verb charts, you'll find an accent mark on the stem of such infinitives to help you identify them as having an inseparable prefix, as in *widerspréchen*.

VERBS WITH MORE THAN ONE PREFIX

Many German verbs have more than one prefix attached to the verb. The first prefix in the combination is the one that determines whether the verb should be conjugated as a verb with a separable prefix or as a verb with an inseparable prefix. For example, *veranlassen* (to cause) has two prefixes: *ver–* and *an–*. Because *ver–* is the first prefix in the combination, the verb is conjugated as a verb with an inseparable prefix with the following principal parts: *veranlasst, veranlasste, hat veranlasst*.

The verb *vorbereiten* (to prepare) has two prefixes: *vor–* and *be–*. Because *vor–* is a separable prefix in the combination, the verb is conjugated as a verb with a separable prefix with the following principal parts: *bereitet vor, bereitete vor, hat vorbereitet*. Note that the inclusion of the inseparable prefix *be–* means that *ge–* is not needed in the participle.

PREFIXES AND THE VERB CHARTS

In Appendix A, you'll find an extensive list of verbs that are not fully illustrated in all the tenses. But the appendix will direct you to the page of a verb that has an "equivalent conjugation." That means that the way the verb in Appendix A changes in each tense is the same as the one in the chart. For example, you'll find the verb *achten* in the verb charts. In Appendix A, one of the many additional verbs is *deuten*. If you want to know the conjugation of *deuten* in all the tenses, you'll be directed to the page where *achten* is shown, because *deuten* has a conjugation that is like the one illustrated for *achten*. Let's look at these two verbs in the third-person singular indicative to see how they compare.

achten (pay attention, respect)	**deuten (point, interpret)**
achtet	*deutet*
achtete	*deutete*
hat geachtet	*hat gedeutet*
hatte geachtet	*hatte gedeutet*
wird achten	*wird deuten*
wird geachtet haben	*wird gedeutet haben*

Of course, the charts also provide the various tenses in the subjunctive. In both the indicative and subjunctive, *deuten* follows the same conjugational patterns as *achten*.

In some cases, you'll be directed to a verb that has the equivalent conjugation of another verb that you've found in Appendix A, but the equivalent verb may have a prefix—an inseparable or a separable prefix. Knowing the rules of prefixes will help you to identify the conjugational forms without being confused by the prefixes.

For example, if you want to know the conjugation of the verbs *betrachten* and *hindeuten*, you'll once again be directed to the page where *achten* is located. Compare the conjugation of *achten* with that of *betrachten* (with an inseparable prefix) and *hindeuten* (with a separable prefix).

achten (pay attention)	betrachten (consider)	hindeuten (hint at)
achtet	betrachtet	deutet hin
achtete	betrachtete	deutete hin
hat geachtet	hat betrachtet	hat hingedeutet
hatte geachtet	hatte betrachtet	hatte hingedeutet
wird achten	wird betrachten	wird hindeuten
wird geachtet haben	wird betrachtet haben	wird hingedeutet haben

The three verbs follow the same conjugational patterns, and the inseparable and separable prefixes act in their own prescribed way. Knowing how the prefixes function will help you to use the charts effectively.

The Personal Pronouns: Subjects in the Nominative Case

You're certainly quite familiar with the personal pronouns: *ich, du, er, sie, es, wir, ihr, sie,* and *Sie.* They've been used in the illustrations and examples of this section of the book. In the charts, however, the pronouns will not be shown, but the order of the conjugated verbs will always be the same. Compare the order of the subject pronouns with the order of the conjugations in the verb charts.

Order of the Pronouns		Order of the Conjugation	
Singular	*Plural*	*Singular*	*Plural*
ich (first person)	wir (first person)	(ich) gehe	(wir) gehen
du (second person)	ihr (second person)	(du) gehst	(ihr) geht
er (third person)	sie (third person)	(er) geht	(sie) gehen

The third-person singular *er* is also the conjugation required for *sie* singular and *es*, as well as for all singular nouns and the impersonal pronoun *man*. The third-person plural *sie* is also the conjugation required for *Sie* formal as well as for all plural nouns. In the verb charts, the pronouns do not appear. The present-tense conjugation of *gehen* will look like this:

Singular	*Plural*
gehe	gehen
gehst	geht
geht	gehen

VERB CHARTS

The charts in this section identify the German infinitive, its English meaning(s), the appropriate auxiliary (*haben* or *sein*) for the past participle, the past participle, and the imperative forms where applicable. All charts are followed by a series of example sentences in German and English that show the different usages and meanings of the specific verb.

abspülen
to rinse off, to wash off
Auxiliary verb: haben   **Past participle:** abgespült
Imperative: Spüle ab! Spült ab! Spülen Sie ab!

Mode	Simple Tenses		Compound Tenses	
	Singular	*Plural*	*Singular*	*Plural*
Indicative	**Present**		**Present Perfect**	
	spüle ab	spülen ab	habe abgespült	haben abgespült
	spülst ab	spült ab	hast abgespült	habt abgespült
	spült ab	spülen ab	hat abgespült	haben abgespült
	Past		**Past Perfect**	
	spülte ab	spülten ab	hatte abgespült	hatten abgespült
	spültest ab	spültet ab	hattest abgespült	hattet abgespült
	spülte ab	spülten ab	hatte abgespült	hatten abgespült
	Future		**Future Perfect**	
	werde abspülen	werden abspülen	werde abgespült haben	werden abgespült haben
	wirst abspülen	werdet abspülen	wirst abgespült haben	werdet abgespült haben
	wird abspülen	werden abspülen	wird abgespült haben	werden abgespült haben
Subjunctive	**Present**		**Present Perfect**	
	spüle ab	spülen ab	habe abgespült	haben abgespült
	spülest ab	spület ab	habest abgespült	habet abgespült
	spüle ab	spülen ab	habe abgespült	haben abgespült
	Past		**Past Perfect**	
	spülte ab	spülten ab	hätte abgespült	hätten abgespült
	spültest ab	spültet ab	hättest abgespült	hättet abgespült
	spülte ab	spülten ab	hätte abgespült	hätten abgespült
	Future		**Future Perfect**	
	werde abspülen	werden abspülen	werde abgespült haben	werden abgespült haben
	werdest abspülen	werdet abspülen	werdest abgespült haben	werdet abgespült haben
	werde abspülen	werden abspülen	werde abgespült haben	werden abgespült haben
	Present and Future Conditional		**Past Conditional**	
	würde abspülen	würden abspülen	würde abgespült haben	würden abgespült haben
	würdest abspülen	würdet abspülen	würdest abgespült haben	würdet abgespült haben
	würde abspülen	würden abspülen	würde abgespült haben	würden abgespült haben

EXAMPLES

Ich werde die Teller abspülen.
Werner hat die Tassen schon abgespült.

I'll rinse off the plates.
Werner already washed the cups.

achten
to pay attention, to regard, to respect
Auxiliary verb: haben   **Past participle:** geachtet
Imperative: Achte! Achtet! Achten Sie!

Mode	Simple Tenses		Compound Tenses	
	Singular	*Plural*	*Singular*	*Plural*
Indicative	**Present**		**Present Perfect**	
	achte	achten	habe geachtet	haben geachtet
	achtest	achtet	hast geachtet	habt geachtet
	achtet	achten	hat geachtet	haben geachtet
	Past		**Past Perfect**	
	achtete	achteten	hatte geachtet	hatten geachtet
	achtetest	achtetet	hattest geachtet	hattet geachtet
	achtete	achteten	hatte geachtet	hatten geachtet
	Future		**Future Perfect**	
	werde achten	werden achten	werde geachtet haben	werden geachtet haben
	wirst achten	werdet achten	wirst geachtet haben	werdet geachtet haben
	wird achten	werden geachtet haben	wird geachtet haben	werden geachtet haben
Subjunctive	**Present**		**Present Perfect**	
	achte	achten	habe geachtet	haben geachtet
	achtest	achtet	habest geachtet	habet geachtet
	achte	achten	habe geachtet	haben geachtet
	Past		**Past Perfect**	
	achtete	achteten	hätte geachtet	hätten geachtet
	achtetest	achtetet	hättest geachtet	hättet geachtet
	achtete	achteten	hätte geachtet	hätten geachtet
	Future		**Future Perfect**	
	werde achten	werden achten	werde achten	werden achten
	werdest achten	werdet achten	werdest achten	werdet achten
	werde achten	werden achten	werde achten	werden achten
	Present and Future Conditional		**Past Conditional**	
	würde achten	würden achten	würde geachtet haben	würden geachtet haben
	würdest achten	würdet achten	würdest geachtet haben	würdet geachtet haben
	würde achten	würden achten	würde geachtet haben	würden geachtet haben

EXAMPLES

Achten Sie darauf, niemand zu beleidigen!
Sie hat nicht auf die Regeln der neuen
Rechtschreibung geachtet.

Pay attention not to insult anyone.
She didn't heed the rules for the new
orthography.

ahnen

to surmise, to suspect, to have a feeling
Auxiliary verb: haben **Past participle:** geahnt
Imperative: Ahne! Ahnt! Ahnen Sie!

Mode	Simple Tenses		Compound Tenses	
	Singular	*Plural*	*Singular*	*Plural*
Indicative	**Present**		**Present Perfect**	
	ahne	ahnen	habe geahnt	haben geahnt
	ahnst	ahnt	hast geahnt	habt geahnt
	ahnt	ahnen	hat geahnt	haben geahnt
	Past		**Past Perfect**	
	ahnte	ahnten	hatte geahnt	hatten geahnt
	ahntest	ahntet	hattest geahnt	hattet geahnt
	ahnte	ahnten	hatte geahnt	hatten geahnt
	Future		**Future Perfect**	
	werde ahnen	werden ahnen	werde geahnt haben	werden geahnt haben
	wirst ahnen	werdet ahnen	wirst geahnt haben	werdet geahnt haben
	wird ahnen	werden geahnt haben	wird geahnt haben	werden geahnt haben
Subjunctive	**Present**		**Present Perfect**	
	ahne	ahnen	habe geahnt	haben geahnt
	ahnest	ahnet	habest geahnt	habet geahnt
	ahne	ahnen	habe geahnt	haben geahnt
	Past		**Past Perfect**	
	ahnte	ahnten	hätte geahnt	hätten geahnt
	ahntest	ahntet	hättest geahnt	hättet geahnt
	ahnte	ahnten	hätte geahnt	hätten geahnt
	Future		**Future Perfect**	
	werde ahnen	werden ahnen	werde ahnen	werden ahnen
	werdest ahnen	werdet ahnen	werdest ahnen	werdet ahnen
	werde ahnen	werden ahnen	werde ahnen	werden ahnen
	Present and Future Conditional		**Past Conditional**	
	würde ahnen	würden ahnen	würde geahnt haben	würden geahnt haben
	würdest ahnen	würdet ahnen	würdest geahnt haben	würdet geahnt haben
	würde ahnen	würden ahnen	würde geahnt haben	würden geahnt haben

EXAMPLES

Ich ahnte nichts Gutes.
Das habe ich bereits im Voraus geahnt.

I had a foreboding of something bad.
I had a feeling about it from the start.

anbieten
to offer
Auxiliary verb: haben   **Past participle:** angeboten
Imperative: Biete an! Bietet an! Bieten Sie an!

Mode	Simple Tenses		Compound Tenses	
	Singular	*Plural*	*Singular*	*Plural*
Indicative	**Present**		**Present Perfect**	
	biete an	bieten an	habe angeboten	haben angeboten
	bietest an	bietet an	hast angeboten	habt angeboten
	bietet an	bieten an	hat angeboten	haben angeboten
	Past		**Past Perfect**	
	bot an	boten an	hatte angeboten	hatten angeboten
	botest an	botet an	hattest angeboten	hattet angeboten
	bot an	boten an	hatte angeboten	hatten angeboten
	Future		**Future Perfect**	
	werde anbieten	werden anbieten	werde angeboten haben	werden angeboten haben
	wirst anbieten	werdet anbieten	wirst angeboten haben	werdet angeboten haben
	wird anbieten	werden anbieten	wird angeboten haben	werden angeboten haben
Subjunctive	**Present**		**Present Perfect**	
	biete an	bieten an	habe angeboten	haben angeboten
	bietest an	bietet an	habest angeboten	habet angeboten
	biete an	bieten an	habe angeboten	haben angeboten
	Past		**Past Perfect**	
	böte an	böten an	hätte angeboten	hätten angeboten
	bötest an	bötet an	hättest angeboten	hättet angeboten
	böte an	böten an	hätte angeboten	hätten angeboten
	Future		**Future Perfect**	
	werde anbieten	werden anbieten	werde angeboten haben	werden angeboten haben
	werdest anbieten	werdet anbieten	werdest angeboten haben	werdet angeboten haben
	werde anbieten	werden anbieten	werde angeboten haben	werden angeboten haben
	Present and Future Conditional		**Past Conditional**	
	würde anbieten	würden anbieten	würde angeboten haben	würden angeboten haben
	würdest anbieten	würdet anbieten	würdest angeboten haben	würdet angeboten haben
	würde anbieten	würden anbieten	würde angeboten haben	würden angeboten haben

EXAMPLES

Sie bot mir einen neuen Plan an.   She offered me a new plan.
Eine gute Gelegenheit hat sich angeboten. A good opportunity was in the offing.

ändern (sich)
to change, to alter, to amend
Auxiliary verb: haben   **Past participle:** geändert
Imperative: Ändere! Ändert! Ändern Sie!

Mode	Simple Tenses		Compound Tenses	
	Singular	*Plural*	*Singular*	*Plural*
Indicative	**Present**		**Present Perfect**	
	ändere	ändern	habe geändert	haben geändert
	änderst	ändert	hast geändert	habt geändert
	ändert	ändern	hat geändert	haben geändert
	Past		**Past Perfect**	
	änderte	änderten	hatte geändert	hatten geändert
	ändertest	ändertet	hattest geändert	hattet geändert
	änderte	änderten	hatte geändert	hatten geändert
	Future		**Future Perfect**	
	werde ändern	werden ändern	werde geändert haben	werden geändert haben
	wirst ändern	werdet ändern	wirst geändert haben	werdet geändert haben
	wird ändern	werden geändert haben	wird geändert haben	werden geändert haben
Subjunctive	**Present**		**Present Perfect**	
	ändere	ändern	habe geändert	haben geändert
	änderst	ändert	habest geändert	habet geändert
	ändere	ändern	habe geändert	haben geändert
	Past		**Past Perfect**	
	änderte	änderten	hätte geändert	hätten geändert
	ändertest	ändertet	hättest geändert	hättet geändert
	änderte	änderten	hätte geändert	hätten geändert
	Future		**Future Perfect**	
	werde ändern	werden ändern	werde ändern	werden ändern
	werdest ändern	werdet ändern	werdest ändern	werdet ändern
	werde ändern	werden ändern	werde ändern	werden ändern
	Present and Future Conditional		**Past Conditional**	
	würde ändern	würden ändern	würde geändert haben	würden geändert haben
	würdest ändern	würdet ändern	würdest geändert haben	würdet geändert haben
	würde ändern	würden ändern	würde geändert haben	würden geändert haben

EXAMPLES

Das lässt sich leider nicht ändern.   Unfortunately, it can't be changed.
Martin hat seine Meinung wieder geändert.   Martin changed his mind again.

anfangen
to begin, to start
Auxiliary verb: haben   **Past participle:** angefangen
Imperative: Fange an! Fangt an! Fangen Sie an!

Mode	Simple Tenses		Compound Tenses	
	Singular	*Plural*	*Singular*	*Plural*
Indicative	**Present**		**Present Perfect**	
	fange an	fangen an	habe angefangen	haben angefangen
	fängst an	fangt an	hast angefangen	habt angefangen
	fängt an	fangen an	hat angefangen	haben angefangen
	Past		**Past Perfect**	
	fing an	fingen an	hatte angefangen	hatten angefangen
	fingst an	fingt an	hattest angefangen	hattet angefangen
	fing an	fingen an	hatte angefangen	hatten angefangen
	Future		**Future Perfect**	
	werde anfangen	werden anfangen	werde angefangen haben	werden angefangen haben
	wirst anfangen	werdet anfangen	wirst angefangen haben	werdet angefangen haben
	wird anfangen	werden anfangen	wird angefangen haben	werden angefangen haben
Subjunctive	**Present**		**Present Perfect**	
	fange an	fangen an	habe angefangen	haben angefangen
	fangest an	fanget an	habest angefangen	habet angefangen
	fange an	fangen an	habe angefangen	haben angefangen
	Past		**Past Perfect**	
	finge an	fingen an	hätte angefangen	hätten angefangen
	fingest an	finget an	hättest angefangen	hättet angefangen
	finge an	fingen an	hätte angefangen	hätten angefangen
	Future		**Future Perfect**	
	werde anfangen	werden anfangen	werde angefangen haben	werden angefangen haben
	werdest anfangen	werdet anfangen	werdest angefangen haben	werdet angefangen haben
	werde anfangen	werden anfangen	werde angefangen haben	werden angefangen haben
	Present and Future Conditional		**Past Conditional**	
	würde anfangen	würden anfangen	würde angefangen haben	würden angefangen haben
	würdest anfangen	würdet anfangen	würdest angefangen haben	würdet angefangen haben
	würde anfangen	würden anfangen	würde angefangen haben	würden angefangen haben

EXAMPLES

Wann fangt ihr mit dem neuen Plan an? When are you starting with the new plan?
Morgen fangen sie damit an. They're starting with it tomorrow.
Hast du noch nicht angefangen? Haven't you started yet?

ankommen
to arrive, to approach
Auxiliary verb: sein **Past participle:** angekommen
Imperative: Komme an! Kommt an! Kommen Sie an!

Mode	Simple Tenses		Compound Tenses	
	Singular	*Plural*	*Singular*	*Plural*
Indicative	**Present**		**Present Perfect**	
	komme an	kommen an	bin angekommen	sind angekommen
	kommst an	kommt an	bist angekommen	seid angekommen
	kommt an	kommen an	ist angekommen	sind angekommen
	Past		**Past Perfect**	
	kam an	kamen an	war angekommen	waren angekommen
	kamst an	kamt an	warst angekommen	wart angekommen
	kam an	kamen an	war angekommen	waren angekommen
	Future		**Future Perfect**	
	werde ankommen	werden ankommen	werde angekommen sein	werden angekommen sein
	wirst ankommen	werdet ankommen	wirst angekommen sein	werdet angekommen sein
	wird ankommen	werden ankommen	wird angekommen sein	werden angekommen sein
Subjunctive	**Present**		**Present Perfect**	
	komme an	kommen an	sei angekommen	seien angekommen
	kommest an	kommet an	seiest angekommen	seiet angekommen
	komme an	kommen an	sei angekommen	seien angekommen
	Past		**Past Perfect**	
	käme an	kämen an	wäre angekommen	wären angekommen
	kämest an	kämet an	wärest angekommen	wäret angekommen
	käme an	kämen an	wäre angekommen	wären angekommen
	Future		**Future Perfect**	
	werde ankommen	werden ankommen	werde angekommen sein	werden angekommen sein
	werdest ankommen	werdet ankommen	werdest angekommen sein	werdet angekommen sein
	werde ankommen	werden ankommen	werde angekommen sein	werden angekommen sein
	Present and Future Conditional		**Past Conditional**	
	würde ankommen	würden ankommen	würde angekommen sein	würden angekommen sein
	würdest ankommen	würdet ankommen	würdest angekommen sein	würdet angekommen sein
	würde ankommen	würden ankommen	würde angekommen sein	würden angekommen sein

EXAMPLES

Papa kommt morgen um sechs an.
Der Gast ist noch nicht angekommen.
Wann kommt der Zug an?

Dad arrives at six tomorrow.
The guest hasn't arrived yet.
When does the train arrive?

anrufen
to call, to telephone
Auxiliary verb: haben   **Past participle:** angerufen
Imperative: Rufe an! Ruft an! Rufen Sie an!

Mode	Simple Tenses		Compound Tenses	
	Singular	*Plural*	*Singular*	*Plural*
	Present		**Present Perfect**	
Indicative	rufe an	rufen an	habe angerufen	haben angerufen
	rufst an	ruft an	hast angerufen	habt angerufen
	ruft an	rufen an	hat angerufen	haben angerufen
	Past		**Past Perfect**	
	rief an	riefen an	hatte angerufen	hatten angerufen
	riefst an	rieft an	hattest angerufen	hattet angerufen
	rief an	riefen an	hatte angerufen	hatten angerufen
	Future		**Future Perfect**	
	werde anrufen	werden anrufen	werde angerufen haben	werden angerufen haben
	wirst anrufen	werdet anrufen	wirst angerufen haben	werdet angerufen haben
	wird anrufen	werden anrufen	wird angerufen haben	werden angerufen haben
Subjunctive	**Present**		**Present Perfect**	
	rufe an	rufen an	habe angerufen	haben angerufen
	rufest an	rufet an	habest angerufen	habet angerufen
	rufe an	rufen an	habe angerufen	haben angerufen
	Past		**Past Perfect**	
	riefe an	riefen an	hätte angerufen	hätten angerufen
	riefest an	riefet an	hättest angerufen	hättet angerufen
	riefe an	riefen an	hätte angerufen	hätten angerufen
	Future		**Future Perfect**	
	werde anrufen	werden anrufen	werde angerufen haben	werden angerufen haben
	werdest anrufen	werdet anrufen	werdest angerufen haben	werdet angerufen haben
	werde anrufen	werden anrufen	werde angerufen haben	werden angerufen haben
	Present and Future Conditional		**Past Conditional**	
	würde anrufen	würden anrufen	würde angerufen haben	würden angerufen haben
	würdest anrufen	würdet anrufen	würdest angerufen haben	würdet angerufen haben
	würde anrufen	würden anrufen	würde angerufen haben	würden angerufen haben

EXAMPLES

Oma hat um zehn Uhr angerufen.
Er wird mich morgen anrufen.
Rufen Sie an, wenn Sie Zeit haben.

Granny phoned at ten o'clock.
He'll call me up tomorrow.
Give me a call when you have time.

antasten
to touch, to handle, to question
Auxiliary verb: haben **Past participle:** angetastet
Imperative: Taste an! Tastet an! Tasten Sie an!

Mode	Simple Tenses		Compound Tenses	
	Singular	*Plural*	*Singular*	*Plural*
Indicative	**Present**		**Present Perfect**	
	taste an	tasten an	habe angetastet	haben angetastet
	tastest an	tastet an	hast angetastet	habt angetastet
	tastet an	tasten an	hat angetastet	haben angetastet
	Past		**Past Perfect**	
	tastete an	tasteten an	hatte angetastet	hatten angetastet
	tastetest an	tastetet an	hattest angetastet	hattet angetastet
	tastete an	tasteten an	hatte angetastet	hatten angetastet
	Future		**Future Perfect**	
	werde antasten	werden antasten	werde angetastet haben	werden angetastet haben
	wirst antasten	werdet antasten	wirst angetastet haben	werdet angetastet haben
	wird antasten	werden antasten	wird angetastet haben	werden angetastet haben
Subjunctive	**Present**		**Present Perfect**	
	taste an	tasten an	habe angetastet	haben angetastet
	tastest an	tastet an	habest angetastet	habet angetastet
	taste an	tasten an	habe angetastet	haben angetastet
	Past		**Past Perfect**	
	tastete an	tasteten an	hätte angetastet	hätten angetastet
	tastetest an	tastetet an	hättest angetastet	hättet angetastet
	tastete an	tasteten an	hätte angetastet	hätten angetastet
	Future		**Future Perfect**	
	werde antasten	werden antasten	werde angetastet haben	werden angetastet haben
	werdest antasten	werdet antasten	werdest angetastet haben	werdet angetastet haben
	werde antasten	werden antasten	werde angetastet haben	werden angetastet haben
	Present and Future Conditional		**Past Conditional**	
	würde antasten	würden antasten	würde angetastet haben	würden angetastet haben
	würdest antasten	würdet antasten	würdest angetastet haben	würdet angetastet haben
	würde antasten	würden antasten	würde angetastet haben	würden angetastet haben

EXAMPLES

Der Artikel tastete den guten Ruf des Politkers an.

The article questioned the good reputation of the politician.

Dieses Bankkonto darf nicht angetastet werden.

This bank account may not be touched.

antworten

to answer, to reply

Auxiliary verb: haben   **Past participle:** geantwortet

Imperative: Antworte! Antwortet! Antworten Sie!

Mode	Simple Tenses		Compound Tenses	
	Singular	*Plural*	*Singular*	*Plural*
Indicative	**Present**		**Present Perfect**	
	antworte	antworten	habe geantwortet	haben geantwortet
	antwortest	antwortet	hast geantwortet	habt geantwortet
	antwortet	antworten	hat geantwortet	haben geantwortet
	Past		**Past Perfect**	
	antwortete	antworteten	hatte geantwortet	hatten geantwortet
	antwortetest	antwortetet	hattest geantwortet	hattet geantwortet
	antwortete	antworteten	hatte geantwortet	hatten geantwortet
	Future		**Future Perfect**	
	werde antworten	werden antworten	werde geantwortet haben	werden geantwortet haben
	wirst antworten	werdet antworten	wirst geantwortet haben	werdet geantwortet haben
	wird antworten	werden antworten	wird geantwortet haben	werden geantwortet haben
Subjunctive	**Present**		**Present Perfect**	
	antworte	antworten	habe geantwortet	haben geantwortet
	antwortest	antwortet	habest geantwortet	habet geantwortet
	antworte	antworten	habe geantwortet	haben geantwortet
	Past		**Past Perfect**	
	antwortete	antworteten	hätte geantwortet	hätten geantwortet
	antwortetest	antwortetet	hättest geantwortet	hättet geantwortet
	antwortete	antworteten	hätte geantwortet	hätten geantwortet
	Future		**Future Perfect**	
	werde antworten	werden antworten	werde antworten	werden antworten
	werdest antworten	werdet antworten	werdest antworten	werdet antworten
	werde antworten	werden antworten	werde antworten	werden antworten
	Present and Future Conditional		**Past Conditional**	
	würde antworten	würden antworten	würde geantwortet haben	würden geantwortet haben
	würdest antworten	würdet antworten	würdest geantwortet haben	würdet geantwortet haben
	würde antworten	würden antworten	würde geantwortet haben	würden geantwortet haben

EXAMPLES

Es wäre gut, wenn du mir sofort antworten könntest.	It would be good if you could answer me right away.
Antworten Sie auf deutsch!	Answer in German.

anziehen (sich)
to dress, to put on (clothes)
Auxiliary verb: haben   **Past participle:** angezogen
Imperative: Ziehe an! Zieht an! Ziehen Sie an!

Mode	Simple Tenses		Compound Tenses	
	Singular	*Plural*	*Singular*	*Plural*
Indicative	**Present**		**Present Perfect**	
	ziehe an	ziehen an	habe angezogen	haben angezogen
	ziehst an	zieht an	hast angezogen	habt angezogen
	zieht an	ziehen an	hat angezogen	haben angezogen
	Past		**Past Perfect**	
	zog an	zogen an	hatte angezogen	hatten angezogen
	zogst an	zogt an	hattest angezogen	hattet angezogen
	zog an	zogen an	hatte angezogen	hatten angezogen
	Future		**Future Perfect**	
	werde anziehen	werden anziehen	werde angezogen haben	werden angezogen haben
	wirst anziehen	werdet anziehen	wirst angezogen haben	werdet angezogen haben
	wird anziehen	werden anziehen	wird angezogen haben	werden angezogen haben
Subjunctive	**Present**		**Present Perfect**	
	ziehe an	ziehen an	habe angezogen	haben angezogen
	ziehest an	ziehet an	habest angezogen	habet angezogen
	ziehe an	ziehen an	habe angezogen	haben angezogen
	Past		**Past Perfect**	
	zöge an	zögen an	hätte angezogen	hätten angezogen
	zögest an	zöget an	hättest angezogen	hättet angezogen
	zöge an	zögen an	hätte angezogen	hätten angezogen
	Future		**Future Perfect**	
	werde anziehen	werden anziehen	werde angezogen haben	werden angezogen haben
	werdest anziehen	werdet anziehen	werdest angezogen haben	werdet angezogen haben
	werde anziehen	werden anziehen	werde angezogen haben	werden angezogen haben
	Present and Future Conditional		**Past Conditional**	
	würde anziehen	würden anziehen	würde angezogen haben	würden angezogen haben
	würdest anziehen	würdet anziehen	würdest angezogen haben	würdet angezogen haben
	würde anziehen	würden anziehen	würde angezogen haben	würden angezogen haben

EXAMPLES

Papa soll seinen Regenmantel anziehen.
Dad should put on his raincoat.
Hast du dich noch nicht angezogen?
Haven't you gotten dressed yet?

arbeiten
to work
Auxiliary verb: haben   **Past participle:** gearbeitet
Imperative: Arbeite! Arbeitet! Arbeiten Sie!

Mode	Simple Tenses		Compound Tenses	
	Singular	*Plural*	*Singular*	*Plural*
Indicative	**Present**		**Present Perfect**	
	arbeite	arbeiten	habe gearbeitet	haben gearbeitet
	arbeitest	arbeitet	hast gearbeitet	habt gearbeitet
	arbeitet	arbeiten	hat gearbeitet	haben gearbeitet
	Past		**Past Perfect**	
	arbeitete	arbeiteten	hatte gearbeitet	hatten gearbeitet
	arbeitetest	arbeitetet	hattest gearbeitet	hattet gearbeitet
	arbeitete	arbeiteten	hatte gearbeitet	hatten gearbeitet
	Future		**Future Perfect**	
	werde arbeiten	werden arbeiten	werde gearbeitet haben	werden gearbeitet haben
	wirst arbeiten	werdet arbeiten	wirst gearbeitet haben	werdet gearbeitet haben
	wird arbeiten	werden arbeiten	wird gearbeitet haben	werden gearbeitet haben
Subjunctive	**Present**		**Present Perfect**	
	arbeite	arbeiten	habe gearbeitet	haben gearbeitet
	arbeitest	arbeitet	habest gearbeitet	habet gearbeitet
	arbeite	arbeiten	habe gearbeitet	haben gearbeitet
	Past		**Past Perfect**	
	arbeitete	arbeiteten	hätte gearbeitet	hätten gearbeitet
	arbeitetest	arbeitetet	hättest gearbeitet	hättet gearbeitet
	arbeitete	arbeiteten	hätte gearbeitet	hätten gearbeitet
	Future		**Future Perfect**	
	werde arbeiten	werden arbeiten	werde arbeiten	werden arbeiten
	werdest arbeiten	werdet arbeiten	werdest arbeiten	werdet arbeiten
	werde arbeiten	werden arbeiten	werde arbeiten	werden arbeiten
	Present and Future Conditional		**Past Conditional**	
	würde arbeiten	würden arbeiten	würde gearbeitet haben	würden gearbeitet haben
	würdest arbeiten	würdet arbeiten	würdest gearbeitet haben	würdet gearbeitet haben
	würde arbeiten	würden arbeiten	würde gearbeitet haben	würden gearbeitet haben

EXAMPLES

Onkel Heinz arbeitet in der Hauptstadt.
Mit wem haben Sie gearbeitet?
Wo wirst du arbeiten?

Uncle Heinz works in the capital.
With whom did you work?
Where will you work?

ärgern (sich)
to annoy, to irritate, to vex
Auxiliary verb: haben   **Past participle:** geärgert
Imperative: Ärgere! Ärgert! Ärgern Sie!

Mode	Simple Tenses		Compound Tenses	
	Singular	*Plural*	*Singular*	*Plural*
Indicative	**Present**		**Present Perfect**	
	ärgere	ärgern	habe geärgert	haben geärgert
	ärgerst	ärgert	hast geärgert	habt geärgert
	ärgert	ärgern	hat geärgert	haben geärgert
	Past		**Past Perfect**	
	ärgerte	ärgerten	hatte geärgert	hatten geärgert
	ärgertest	ärgertet	hattest geärgert	hattet geärgert
	ärgerte	ärgerten	hatte geärgert	hatten geärgert
	Future		**Future Perfect**	
	werde ärgern	werden ärgern	werde geärgert haben	werden geärgert haben
	wirst ärgern	werdet ärgern	wirst geärgert haben	werdet geärgert haben
	wird ärgern	werden ärgern	wird geärgert haben	werden geärgert haben
Subjunctive	**Present**		**Present Perfect**	
	ärgere	ärgern	habe geärgert	haben geärgert
	ärgerst	ärgert	habest geärgert	habet geärgert
	ärgere	ärgern	habe geärgert	haben geärgert
	Past		**Past Perfect**	
	ärgerte	ärgerten	hätte geärgert	hätten geärgert
	ärgertest	ärgertet	hättest geärgert	hättet geärgert
	ärgerte	ärgerten	hätte geärgert	hätten geärgert
	Future		**Future Perfect**	
	werde ärgern	werden ärgern	werde ärgern	werden ärgern
	werdest ärgern	werdet ärgern	werdest ärgern	werdet ärgern
	werde ärgern	werden ärgern	werde ärgern	werden ärgern
	Present and Future Conditional		**Past Conditional**	
	würde ärgern	würden ärgern	würde geärgert haben	würden geärgert haben
	würdest ärgern	würdet ärgern	würdest geärgert haben	würdet geärgert haben
	würde ärgern	würden ärgern	würde geärgert haben	würden geärgert haben

EXAMPLES
Ärgere dich nicht darüber!   Don't get annoyed over it.
Sie hat uns mit ihrem schlechten Benehmen geärgert.   She irritated us with her bad behavior.

arrangieren

to arrange

Auxiliary verb: haben **Past participle:** arrangiert
Imperative: Arrangiere! Arrangiert! Arrangieren Sie!

Mode	Simple Tenses		Compound Tenses	
	Singular	*Plural*	*Singular*	*Plural*
Indicative	**Present**		**Present Perfect**	
	arrangiere	arrangieren	habe arrangiert	haben arrangiert
	arrangierst	arrangiert	hast arrangiert	habt arrangiert
	arrangiert	arrangieren	hat arrangiert	haben arrangiert
	Past		**Past Perfect**	
	arrangierte	arrangierten	hatte arrangiert	hatten arrangiert
	arrangiertest	arrangiertet	hattest arrangiert	hattet arrangiert
	arrangierte	arrangierten	hatte arrangiert	hatten arrangiert
	Future		**Future Perfect**	
	werde arrangieren	werden arrangieren	werde arrangiert haben	werden arrangiert haben
	wirst arrangieren	werdet arrangieren	wirst arrangiert haben	werdet arrangiert haben
	wird arrangieren	werden arrangieren	wird arrangiert haben	werden arrangiert haben
Subjunctive	**Present**		**Present Perfect**	
	arrangiere	arrangieren	habe arrangiert	haben arrangiert
	arrangierest	arrangieret	habest arrangiert	habet arrangiert
	arrangiere	arrangieren	habe arrangiert	haben arrangiert
	Past		**Past Perfect**	
	arrangierte	arrangierten	hätte arrangiert	hätten arrangiert
	arrangiertest	arrangiertet	hättest arrangiert	hättet arrangiert
	arrangierte	arrangierten	hätte arrangiert	hätten arrangiert
	Future		**Future Perfect**	
	werde arrangieren	werden arrangieren	werde arrangieren	werden arrangieren
	werdest arrangieren	werdet arrangieren	werdest arrangieren	werdet arrangieren
	werde arrangieren	werden arrangieren	werde arrangieren	werden arrangieren
	Present and Future Conditional		**Past Conditional**	
	würde arrangieren	würden arrangieren	würde arrangiert haben	würden arrangiert haben
	würdest arrangieren	würdet arrangieren	würdest arrangiert haben	würdet arrangiert haben
	würde arrangieren	würden arrangieren	würde arrangiert haben	würden arrangiert haben

Note: Infinitives that end in –*ieren* do not require a *ge*– prefix on the past participle.

EXAMPLES

Wer hat diesen interessanten Ausflug arrangiert?

Who arranged this interesting excursion?

Klaus arrangierte ein Treffen mit dem Bürgermeister.

Klaus arranged a meeting with the mayor.

atmen
to breathe
Auxiliary verb: haben **Past participle:** geatmet
Imperative: Atme! Atmet! Atmen Sie!

Mode	Simple Tenses		Compound Tenses	
	Singular	*Plural*	*Singular*	*Plural*
Indicative	**Present**		**Present Perfect**	
	atme	atmen	habe geatmet	haben geatmet
	atmest	atmet	hast geatmet	habt geatmet
	atmet	atmen	hat geatmet	haben geatmet
	Past		**Past Perfect**	
	atmete	atmeten	hatte geatmet	hatten geatmet
	atmetest	atmetet	hattest geatmet	hattet geatmet
	atmete	atmeten	hatte geatmet	hatten geatmet
	Future		**Future Perfect**	
	werde atmen	werden atmen	werde geatmet haben	werden geatmet haben
	wirst atmen	werdet atmen	wirst geatmet haben	werdet geatmet haben
	wird atmen	werden atmen	wird geatmet haben	werden geatmet haben
Subjunctive	**Present**		**Present Perfect**	
	atme	atmen	habe geatmet	haben geatmet
	atmest	atmet	habest geatmet	habet geatmet
	atme	atmen	habe geatmet	haben geatmet
	Past		**Past Perfect**	
	atmete	atmeten	hätte geatmet	hätten geatmet
	atmetest	atmetet	hättest geatmet	hättet geatmet
	atmete	atmeten	hätte geatmet	hätten geatmet
	Future		**Future Perfect**	
	werde atmen	werden atmen	werde atmen	werden atmen
	werdest atmen	werdet atmen	werdest atmen	werdet atmen
	werde atmen	werden atmen	werde atmen	werden atmen
	Present and Future Conditional		**Past Conditional**	
	würde atmen	würden atmen	würde geatmet haben	würden geatmet haben
	würdest atmen	würdet atmen	würdest geatmet haben	würdet geatmet haben
	würde atmen	würden atmen	würde geatmet haben	würden geatmet haben

EXAMPLES

Kannst du jetzt durch die Nase atmen?
Der Kranke hat leichter geatmet.

Can you breathe through your nose now?
The patient breathed easier.

aufräumen
to tidy up, to put in order, to clear away
Auxiliary verb: haben   **Past participle:** aufgeräumt
Imperative: Räume auf! Räumt auf! Räumen Sie auf!

Mode	Simple Tenses		Compound Tenses	
	Singular	*Plural*	*Singular*	*Plural*
Indicative	**Present**		**Present Perfect**	
	räume auf	räumen auf	habe aufgeräumt	haben aufgeräumt
	räumst auf	räumt auf	hast aufgeräumt	habt aufgeräumt
	räumt auf	räumen auf	hat aufgeräumt	haben aufgeräumt
	Past		**Past Perfect**	
	räumte auf	räumten auf	hatte aufgeräumt	hatten aufgeräumt
	räumtest auf	räumtet auf	hattest aufgeräumt	hattet aufgeräumt
	räumte auf	räumten auf	hatte aufgeräumt	hatten aufgeräumt
	Future		**Future Perfect**	
	werde aufräumen	werden aufräumen	werde aufgeräumt haben	werden aufgeräumt haben
	wirst aufräumen	werdet aufräumen	wirst aufgeräumt haben	werdet aufgeräumt haben
	wird aufräumen	werden aufräumen	wird aufgeräumt haben	werden aufgeräumt haben
Subjunctive	**Present**		**Present Perfect**	
	räume auf	räumen auf	habe aufgeräumt	haben aufgeräumt
	räumest auf	räumet auf	habest aufgeräumt	habet aufgeräumt
	räume auf	räumen auf	habe aufgeräumt	haben aufgeräumt
	Past		**Past Perfect**	
	räumte auf	räumten auf	hätte aufgeräumt	hätten aufgeräumt
	räumtest auf	räumtet auf	hättest aufgeräumt	hättet aufgeräumt
	räumte auf	räumten auf	hätte aufgeräumt	hätten aufgeräumt
	Future		**Future Perfect**	
	werde aufräumen	werden aufräumen	werde aufgeräumt haben	werden aufgeräumt haben
	werdest aufräumen	werdet aufräumen	werdest aufgeräumt haben	werdet aufgeräumt haben
	werde aufräumen	werden aufräumen	werde aufgeräumt haben	werden aufgeräumt haben
	Present and Future Conditional		**Past Conditional**	
	würde aufräumen	würden aufräumen	würde aufgeräumt haben	würden aufgeräumt haben
	würdest aufräumen	würdet aufräumen	würdest aufgeräumt haben	würdet aufgeräumt haben
	würde aufräumen	würden aufräumen	würde aufgeräumt haben	würden aufgeräumt haben

EXAMPLES

Räumt bitte euer Spielzeug auf!
Martin hat sein Zimmer aufgeräumt.

Put away your toys, please.
Martin tidied up his room.

aufregen (sich)

to stir up, to rouse, to excite

Auxiliary verb: haben   **Past participle:** aufgeregt

Imperative: Rege auf! Regt auf! Regen Sie auf!

Mode	Simple Tenses		Compound Tenses	
	Singular	*Plural*	*Singular*	*Plural*
Indicative	**Present**		**Present Perfect**	
	rege auf	regen auf	habe aufgeregt	haben aufgeregt
	regst auf	regt auf	hast aufgeregt	habt aufgeregt
	regt auf	regen auf	hat aufgeregt	haben aufgeregt
	Past		**Past Perfect**	
	regte auf	regten auf	hatte aufgeregt	hatten aufgeregt
	regtest auf	regtet auf	hattest aufgeregt	hattet aufgeregt
	regte auf	regten auf	hatte aufgeregt	hatten aufgeregt
	Future		**Future Perfect**	
	werde aufregen	werden aufregen	werde aufgeregt haben	werden aufgeregt haben
	wirst aufregen	werdet aufregen	wirst aufgeregt haben	werdet aufgeregt haben
	wird aufregen	werden aufregen	wird aufgeregt haben	werden aufgeregt haben
Subjunctive	**Present**		**Present Perfect**	
	rege auf	regen auf	habe aufgeregt	haben aufgeregt
	regest auf	reget auf	habest aufgeregt	habet aufgeregt
	rege auf	regen auf	habe aufgeregt	haben aufgeregt
	Past		**Past Perfect**	
	regte auf	regten auf	hätte aufgeregt	hätten aufgeregt
	regtest auf	regtet auf	hättest aufgeregt	hättet aufgeregt
	regte auf	regten auf	hätte aufgeregt	hätten aufgeregt
	Future		**Future Perfect**	
	werde aufregen	werden aufregen	werde aufgeregt haben	werden aufgeregt haben
	werdest aufregen	werdet aufregen	werdest aufgeregt haben	werdet aufgeregt haben
	werde aufregen	werden aufregen	werde aufgeregt haben	werden aufgeregt haben
	Present and Future Conditional		**Past Conditional**	
	würde aufregen	würden aufregen	würde aufgeregt haben	würden aufgeregt haben
	würdest aufregen	würdet aufregen	würdest aufgeregt haben	würdet aufgeregt haben
	würde aufregen	würden aufregen	würde aufgeregt haben	würden aufgeregt haben

Note: This verb is often expressed with a reflexive pronoun. Look at the first example below.

EXAMPLES

Regen Sie sich nicht auf!
Die Wissenschaftler machten eine aufregende Entdeckung.

Don't get mad.
The scientists made an exciting discovery.

aufwachen
to wake up, to awaken
Auxiliary verb: sein   **Past participle:** aufgewacht
Imperative: Wache auf! Wacht auf! Wachen Sie auf!

Mode	Simple Tenses		Compound Tenses	
	Singular	*Plural*	*Singular*	*Plural*
Indicative	**Present**		**Present Perfect**	
	wache auf	wachen auf	bin aufgewacht	sind aufgewacht
	wachst auf	wacht auf	bist aufgewacht	seid aufgewacht
	wacht auf	wachen auf	ist aufgewacht	sind aufgewacht
	Past		**Past Perfect**	
	wachte auf	wachten auf	war aufgewacht	waren aufgewacht
	wachtest auf	wachtet auf	warst aufgewacht	wart aufgewacht
	wachte auf	wachten auf	war aufgewacht	waren aufgewacht
	Future		**Future Perfect**	
	werde aufwachen	werden aufwachen	werde aufgewacht sein	werden aufgewacht sein
	wirst aufwachen	werdet aufwachen	wirst aufgewacht sein	werdet aufgewacht sein
	wird aufwachen	werden aufwachen	wird aufgewacht sein	werden aufgewacht sein
Subjunctive	**Present**		**Present Perfect**	
	wache auf	wachen auf	sei aufgewacht	seien aufgewacht
	wachest auf	wachet auf	seiest aufgewacht	seiet aufgewacht
	wache auf	wachen auf	sei aufgewacht	seien aufgewacht
	Past		**Past Perfect**	
	wachte auf	wachten auf	wäre aufgewacht	wären aufgewacht
	wachtest auf	wachtet auf	wärest aufgewacht	wäret aufgewacht
	wachte auf	wachten auf	wäre aufgewacht	wären aufgewacht
	Future		**Future Perfect**	
	werde aufwachen	werden aufwachen	werde aufgewacht sein	werden aufgewacht sein
	werdest aufwachen	werdet aufwachen	werdest aufgewacht sein	werdet aufgewacht sein
	werde aufwachen	werden aufwachen	werde aufgewacht sein	werden aufgewacht sein
	Present and Future Conditional		**Past Conditional**	
	würde aufwachen	würden aufwachen	würde aufgewacht sein	würden aufgewacht sein
	würdest aufwachen	würdet aufwachen	würdest aufgewacht sein	würdet aufgewacht sein
	würde aufwachen	würden aufwachen	würde aufgewacht sein	würden aufgewacht sein

EXAMPLES

Kinder, wacht auf! Es ist schon zehn.
Onkel Heinz ist noch nicht aufgewacht.

Children, get up. It's already ten.
Uncle Heinz hasn't woken up yet.

ausfüllen
to fill out, to fill up, to complete
Auxiliary verb: haben **Past participle:** ausgefüllt
Imperative: Fülle aus! Füllt aus! Füllen Sie aus!

Mode	Simple Tenses		Compound Tenses	
	Singular	*Plural*	*Singular*	*Plural*
Indicative	**Present**		**Present Perfect**	
	fülle aus	füllen aus	habe ausgefüllt	haben ausgefüllt
	füllst aus	füllt aus	hast ausgefüllt	habt ausgefüllt
	füllt aus	füllen aus	hat ausgefüllt	haben ausgefüllt
	Past		**Past Perfect**	
	füllte aus	füllten aus	hatte ausgefüllt	hatten ausgefüllt
	fülltest aus	fülltet aus	hattest ausgefüllt	hattet ausgefüllt
	füllte aus	füllten aus	hatte ausgefüllt	hatten ausgefüllt
	Future		**Future Perfect**	
	werde ausfüllen	werden ausfüllen	werde ausgefüllt haben	werden ausgefüllt haben
	wirst ausfüllen	werdet ausfüllen	wirst ausgefüllt haben	werdet ausgefüllt haben
	wird ausfüllen	werden ausfüllen	wird ausgefüllt haben	werden ausgefüllt haben
Subjunctive	**Present**		**Present Perfect**	
	fülle aus	füllen aus	habe ausgefüllt	haben ausgefüllt
	füllest aus	füllet aus	habest ausgefüllt	habet ausgefüllt
	fülle aus	füllen aus	habe ausgefüllt	haben ausgefüllt
	Past		**Past Perfect**	
	füllte aus	füllten aus	hätte ausgefüllt	hätten ausgefüllt
	fülltest aus	fülltet aus	hättest ausgefüllt	hättet ausgefüllt
	füllte aus	füllten aus	hätte ausgefüllt	hätten ausgefüllt
	Future		**Future Perfect**	
	werde ausfüllen	werden ausfüllen	werde ausgefüllt haben	werden ausgefüllt haben
	werdest ausfüllen	werdet ausfüllen	werdest ausgefüllt haben	werdet ausgefüllt haben
	werde ausfüllen	werden ausfüllen	werde ausgefüllt haben	werden ausgefüllt haben
	Present and Future Conditional		**Past Conditional**	
	würde ausfüllen	würden ausfüllen	würde ausgefüllt haben	würden ausgefüllt haben
	würdest ausfüllen	würdet ausfüllen	würdest ausgefüllt haben	würdet ausgefüllt haben
	würde ausfüllen	würden ausfüllen	würde ausgefüllt haben	würden ausgefüllt haben

EXAMPLES

Ich musste ein langes Formular ausfüllen.
Füllen Sie bitte diesen Fragebogen aus.

I had to fill out a long form.
Please fill out this questionnaire.

ausgeben

to spend, to give out, to distribute
Auxiliary verb: haben   **Past participle:** ausgegeben
Imperative: Gib aus! Gebt aus! Geben Sie aus!

Mode	Simple Tenses		Compound Tenses	
	Singular	*Plural*	*Singular*	*Plural*
Indicative	**Present**		**Present Perfect**	
	gebe aus	geben aus	habe ausgegeben	haben ausgegeben
	gibst aus	gebt aus	hast ausgegeben	habt ausgegeben
	gibt aus	geben aus	hat ausgegeben	haben ausgegeben
	Past		**Past Perfect**	
	gab aus	gaben aus	hatte ausgegeben	hatten ausgegeben
	gabst aus	gabt aus	hattest ausgegeben	hattet ausgegeben
	gab aus	gaben aus	hatte ausgegeben	hatten ausgegeben
	Future		**Future Perfect**	
	werde ausgeben	werden ausgeben	werde ausgegeben haben	werden ausgegeben haben
	wirst ausgeben	werdet ausgeben	wirst ausgegeben haben	werdet ausgegeben haben
	wird ausgeben	werden ausgeben	wird ausgegeben haben	werden ausgegeben haben
Subjunctive	**Present**		**Present Perfect**	
	gebe aus	geben aus	habe ausgegeben	haben ausgegeben
	gebest aus	gebet aus	habest ausgegeben	habet ausgegeben
	gebe aus	geben aus	habe ausgegeben	haben ausgegeben
	Past		**Past Perfect**	
	gäbe aus	gäben aus	hätte ausgegeben	hätten ausgegeben
	gäbest aus	gäbet aus	hättest ausgegeben	hättet ausgegeben
	gäbe aus	gäben aus	hätte ausgegeben	hätten ausgegeben
	Future		**Future Perfect**	
	werde ausgeben	werden ausgeben	werde ausgegeben haben	werden ausgegeben haben
	werdest ausgeben	werdet ausgeben	werdest ausgegeben haben	werdet ausgegeben haben
	werde ausgeben	werden ausgeben	werde ausgegeben haben	werden ausgegeben haben
	Present and Future Conditional		**Past Conditional**	
	würde ausgeben	würden ausgeben	würde ausgegeben haben	würden ausgegeben haben
	würdest ausgeben	würdet ausgeben	würdest ausgegeben haben	würdet ausgegeben haben
	würde ausgeben	würden ausgeben	würde ausgegeben haben	würden ausgegeben haben

EXAMPLES

Ich habe mehr als zwanzig Euro ausgegeben. — I spent more than twenty euros.

Werden Sie wirklich soviel dafür ausgeben? — Will you really spend so much for it?

auslüften

to air out, to ventilate

Auxiliary verb: haben   **Past participle:** ausgelüftet

Imperative: Lüfte aus! Lüftet aus! Lüften Sie aus!

Mode	Simple Tenses		Compound Tenses	
	Singular	*Plural*	*Singular*	*Plural*
Indicative	**Present**		**Present Perfect**	
	lüfte aus	lüften aus	habe ausgelüftet	haben ausgelüftet
	lüftest aus	lüftet aus	hast ausgelüftet	habt ausgelüftet
	lüftet aus	lüften aus	hat ausgelüftet	haben ausgelüftet
	Past		**Past Perfect**	
	lüftete aus	lüfteten aus	hatte ausgelüftet	hatten ausgelüftet
	lüftetest aus	lüftetet aus	hattest ausgelüftet	hattet ausgelüftet
	lüftete aus	lüfteten aus	hatte ausgelüftet	hatten ausgelüftet
	Future		**Future Perfect**	
	werde auslüften	werden auslüften	werde ausgelüftet haben	werden ausgelüftet haben
	wirst auslüften	werdet auslüften	wirst ausgelüftet haben	werdet ausgelüftet haben
	wird auslüften	werden auslüften	wird ausgelüftet haben	werden ausgelüftet haben
Subjunctive	**Present**		**Present Perfect**	
	lüfte aus	lüften aus	habe ausgelüftet	haben ausgelüftet
	lüftest aus	lüftet aus	habest ausgelüftet	habet ausgelüftet
	lüfte aus	lüften aus	habe ausgelüftet	haben ausgelüftet
	Past		**Past Perfect**	
	lüftete aus	lüfteten aus	hätte ausgelüftet	hätten ausgelüftet
	lüftetest aus	lüftetet aus	hättest ausgelüftet	hättet ausgelüftet
	lüftete aus	lüfteten aus	hätte ausgelüftet	hätten ausgelüftet
	Future		**Future Perfect**	
	werde auslüften	werden auslüften	werde ausgelüftet haben	werden ausgelüftet haben
	werdest auslüften	werdet auslüften	werdest ausgelüftet haben	werdet ausgelüftet haben
	werde auslüften	werden auslüften	werde ausgelüftet haben	werden ausgelüftet haben
	Present and Future Conditional		**Past Conditional**	
	würde auslüften	würden auslüften	würde ausgelüftet haben	würden ausgelüftet haben
	würdest auslüften	würdet auslüften	würdest ausgelüftet haben	würdet ausgelüftet haben
	würde auslüften	würden auslüften	würde ausgelüftet haben	würden ausgelüftet haben

Note: Without the prefix *aus–*, the principal parts of this verb are *lüftet, lüftete, hat gelüftet*.

EXAMPLES

Mach die Fenster auf! Wir müssen dieses Zimmer auslüften.	Open the windows. We have to air out this room.
Das Raucherabteil muss besser gelüftet werden.	The smoking compartment has to be better ventilated.

ausrüsten
to outfit, to equip
Auxiliary verb: haben **Past participle:** ausgerüstet
Imperative: Rüste aus! Rüstet aus! Rüsten Sie aus!

Mode	Simple Tenses		Compound Tenses	
	Singular	*Plural*	*Singular*	*Plural*
Indicative	**Present**		**Present Perfect**	
	rüste aus	rüsten aus	habe ausgerüstet	haben ausgerüstet
	rüstest aus	rüstet aus	hast ausgerüstet	habt ausgerüstet
	rüstet aus	rüsten aus	hat ausgerüstet	haben ausgerüstet
	Past		**Past Perfect**	
	rüstete aus	rüsteten aus	hatte ausgerüstet	hatten ausgerüstet
	rüstetest aus	rüstetet aus	hattest ausgerüstet	hattet ausgerüstet
	rüstete aus	rüsteten aus	hatte ausgerüstet	hatten ausgerüstet
	Future		**Future Perfect**	
	werde ausrüsten	werden ausrüsten	werde ausgerüstet haben	werden ausgerüstet haben
	wirst ausrüsten	werdet ausrüsten	wirst ausgerüstet haben	werdet ausgerüstet haben
	wird ausrüsten	werden ausrüsten	wird ausgerüstet haben	werden ausgerüstet haben
Subjunctive	**Present**		**Present Perfect**	
	rüste aus	rüsten aus	habe ausgerüstet	haben ausgerüstet
	rüstest aus	rüstet aus	habest ausgerüstet	habet ausgerüstet
	rüste aus	rüsten aus	habe ausgerüstet	haben ausgerüstet
	Past		**Past Perfect**	
	rüstete aus	rüsteten aus	hätte ausgerüstet	hätten ausgerüstet
	rüstetest aus	rüstetet aus	hättest ausgerüstet	hättet ausgerüstet
	rüstete aus	rüsteten aus	hätte ausgerüstet	hätten ausgerüstet
	Future		**Future Perfect**	
	werde ausrüsten	werden ausrüsten	werde ausgerüstet haben	werden ausgerüstet haben
	werdest ausrüsten	werdet ausrüsten	werdest ausgerüstet haben	werdet ausgerüstet haben
	werde ausrüsten	werden ausrüsten	werde ausgerüstet haben	werden ausgerüstet haben
	Present and Future Conditional		**Past Conditional**	
	würde ausrüsten	würden ausrüsten	würde ausgerüstet haben	würden ausgerüstet haben
	würdest ausrüsten	würdet ausrüsten	würdest ausgerüstet haben	würdet ausgerüstet haben
	würde ausrüsten	würden ausrüsten	würde ausgerüstet haben	würden ausgerüstet haben

EXAMPLES

Man will die Soldaten besser ausrüsten.
Dieser Laden hat uns für unsere Reise ausgerüstet.

They want to equip the soldiers better.
This store fitted us out for our trip.

aussehen
to look like
Auxiliary verb: haben   **Past participle:** ausgesehen
Imperative: Sieh aus! Seht aus! Sehen Sie aus!

Mode	Simple Tenses		Compound Tenses	
	Singular	*Plural*	*Singular*	*Plural*
Indicative	**Present**		**Present Perfect**	
	sehe aus	sehen aus	habe ausgesehen	haben ausgesehen
	siehst aus	seht aus	hast ausgesehen	habt ausgesehen
	sieht aus	sehen aus	hat ausgesehen	haben ausgesehen
	Past		**Past Perfect**	
	sah aus	sahen aus	hatte ausgesehen	hatten ausgesehen
	sahst aus	saht aus	hattest ausgesehen	hattet ausgesehen
	sah aus	sahen aus	hatte ausgesehen	hatten ausgesehen
	Future		**Future Perfect**	
	werde aussehen	werden aussehen	werde ausgesehen haben	werden ausgesehen haben
	wirst aussehen	werdet aussehen	wirst ausgesehen haben	werdet ausgesehen haben
	wird aussehen	werden aussehen	wird ausgesehen haben	werden ausgesehen haben
Subjunctive	**Present**		**Present Perfect**	
	sehe aus	sehen aus	habe ausgesehen	haben ausgesehen
	sehest aus	sehet aus	habest ausgesehen	habet ausgesehen
	sehe aus	sehen aus	habe ausgesehen	haben ausgesehen
	Past		**Past Perfect**	
	sähe aus	sähen aus	hätte ausgesehen	hätten ausgesehen
	sähest aus	sähet aus	hättest ausgesehen	hättet ausgesehen
	sähe aus	sähen aus	hätte ausgesehen	hätten ausgesehen
	Future		**Future Perfect**	
	werde aussehen	werden aussehen	werde ausgesehen haben	werden ausgesehen haben
	werdest aussehen	werdet aussehen	werdest ausgesehen haben	werdet ausgesehen haben
	werde aussehen	werden aussehen	werde ausgesehen haben	werden ausgesehen haben
	Present and Future Conditional		**Past Conditional**	
	würde aussehen	würden aussehen	würde ausgesehen haben	würden ausgesehen haben
	würdest aussehen	würdet aussehen	würdest ausgesehen haben	würdet ausgesehen haben
	würde aussehen	würden aussehen	würde ausgesehen haben	würden ausgesehen haben

EXAMPLES

Die alte Frau sieht krank aus.   The old woman looks sick.
Er hat immer stark ausgesehen.   He always looked strong.

aussteigen
to get out, to get off, to alight
Auxiliary verb: sein   **Past participle:** ausgestiegen
Imperative: Steige aus! Steigt aus! Steigen Sie aus!

Mode	Simple Tenses		Compound Tenses	
	Singular	*Plural*	*Singular*	*Plural*
Indicative	**Present**		**Present Perfect**	
	steige aus	steigen aus	bin ausgestiegen	sind ausgestiegen
	steigst aus	steigt aus	bist ausgestiegen	seid ausgestiegen
	steigt aus	steigen aus	ist ausgestiegen	sind ausgestiegen
	Past		**Past Perfect**	
	stieg aus	stiegen aus	war ausgestiegen	waren ausgestiegen
	stiegst aus	stiegt aus	warst ausgestiegen	wart ausgestiegen
	stieg aus	stiegen aus	war ausgestiegen	waren ausgestiegen
	Future		**Future Perfect**	
	werde aussteigen	werden aussteigen	werde ausgestiegen sein	werden ausgestiegen sein
	wirst aussteigen	werdet aussteigen	wirst ausgestiegen sein	werdet ausgestiegen sein
	wird aussteigen	werden aussteigen	wird ausgestiegen sein	werden ausgestiegen sein
Subjunctive	**Present**		**Present Perfect**	
	steige aus	steigen aus	sei ausgestiegen	seien ausgestiegen
	steigest aus	steiget aus	seiest ausgestiegen	seiet ausgestiegen
	steige aus	steigen aus	sei ausgestiegen	seien ausgestiegen
	Past		**Past Perfect**	
	stiege aus	stiegen aus	wäre ausgestiegen	wären ausgestiegen
	stiegest aus	stieget aus	wärest ausgestiegen	wäret ausgestiegen
	stiege aus	stiegen aus	wäre ausgestiegen	wären ausgestiegen
	Future		**Future Perfect**	
	werde aussteigen	werden aussteigen	werde ausgestiegen sein	werden ausgestiegen sein
	werdest aussteigen	werdet aussteigen	werdest ausgestiegen sein	werdet ausgestiegen sein
	werde aussteigen	werden aussteigen	werde ausgestiegen sein	werden ausgestiegen sein
	Present and Future Conditional		**Past Conditional**	
	würde aussteigen	würden aussteigen	würde ausgestiegen sein	würden ausgestiegen sein
	würdest aussteigen	würdet aussteigen	würdest ausgestiegen sein	würdet ausgestiegen sein
	würde aussteigen	würden aussteigen	würde ausgestiegen sein	würden ausgestiegen sein

EXAMPLES

Wir steigen in der Marktstraße aus.
We'll get off on Market Street.

Sagen Sie mir Bescheid, wo ich aussteigen soll.
Let me know where I should get out.

austauschen

to exchange, to change

Auxiliary verb: haben   **Past participle:** ausgetauscht

Imperative: Tausche aus! Tauscht aus! Tauschen Sie aus!

Mode	Simple Tenses		Compound Tenses	
	Singular	*Plural*	*Singular*	*Plural*
Indicative	**Present**		**Present Perfect**	
	tausche aus	tauschen aus	habe ausgetauscht	haben ausgetauscht
	tauschst aus	tauscht aus	hast ausgetauscht	habt ausgetauscht
	tauscht aus	tauschen aus	hat ausgetauscht	haben ausgetauscht
	Past		**Past Perfect**	
	tauschte aus	tauschten aus	hatte ausgetauscht	hatten ausgetauscht
	tauschtest aus	tauschtet aus	hattest ausgetauscht	hattet ausgetauscht
	tauschte aus	tauschten aus	hatte ausgetauscht	hatten ausgetauscht
	Future		**Future Perfect**	
	werde austauschen	werden austauschen	werde ausgetauscht haben	werden ausgetauscht haben
	wirst austauschen	werdet austauschen	wirst ausgetauscht haben	werdet ausgetauscht haben
	wird austauschen	werden austauschen	wird ausgetauscht haben	werden ausgetauscht haben
Subjunctive	**Present**		**Present Perfect**	
	tausche aus	tauschen aus	habe ausgetauscht	haben ausgetauscht
	tauschest aus	tauschet aus	habest ausgetauscht	habet ausgetauscht
	tausche aus	tauschen aus	habe ausgetauscht	haben ausgetauscht
	Past		**Past Perfect**	
	tauschte aus	tauschten aus	hätte ausgetauscht	hätten ausgetauscht
	tauschtest aus	tauschtet aus	hättest ausgetauscht	hättet ausgetauscht
	tauschte aus	tauschten aus	hätte ausgetauscht	hätten ausgetauscht
	Future		**Future Perfect**	
	werde austauschen	werden austauschen	werde ausgetauscht haben	werden ausgetauscht haben
	werdest austauschen	werdet austauschen	werdest ausgetauscht haben	werdet ausgetauscht haben
	werde austauschen	werden austauschen	werde ausgetauscht haben	werden ausgetauscht haben
	Present and Future Conditional		**Past Conditional**	
	würde austauschen	würden austauschen	würde ausgetauscht haben	würden ausgetauscht haben
	würdest austauschen	würdet austauschen	würdest ausgetauscht haben	würdet ausgetauscht haben
	würde austauschen	würden austauschen	würde ausgetauscht haben	würden ausgetauscht haben

EXAMPLE

Die Professoren haben ihre Gedanken ausgetauscht.

The professors exchanged ideas.

backen
to bake
Auxiliary verb: haben **Past participle:** gebacken
Imperative: Backe! Backt! Backen Sie!

Mode	Simple Tenses		Compound Tenses	
	Singular	*Plural*	*Singular*	*Plural*
Indicative	**Present**		**Present Perfect**	
	backe	backen	habe gebacken	haben gebacken
	bäckst	backt	hast gebacken	habt gebacken
	bäckt	backen	hat gebacken	haben gebacken
	Past		**Past Perfect**	
	buk	buken	hatte gebacken	hatten gebacken
	bukst	bukt	hattest gebacken	hattet gebacken
	buk	buken	hatte gebacken	hatten gebacken
	Future		**Future Perfect**	
	werde backen	werden backen	werde gebacken haben	werden gebacken haben
	wirst backen	werdet backen	wirst gebacken haben	werdet gebacken haben
	wird backen	werden backen	wird gebacken haben	werden gebacken haben
Subjunctive	**Present**		**Present Perfect**	
	backe	backen	habe gebacken	haben gebacken
	backest	backet	habest gebacken	habet gebacken
	backe	backen	habe gebacken	haben gebacken
	Past		**Past Perfect**	
	büke	büken	hätte gebacken	hätten gebacken
	bükest	büket	hättest gebacken	hättet gebacken
	büke	büken	hätte gebacken	hätten gebacken
	Future		**Future Perfect**	
	werde backen	werden backen	werde gebacken haben	werden gebacken haben
	werdest backen	werdet backen	werdest gebacken haben	werdet gebacken haben
	werde backen	werden backen	werde gebacken haben	werden gebacken haben
	Present and Future Conditional		**Past Conditional**	
	würde backen	würden backen	würde gebacken haben	würden gebacken haben
	würdest backen	würdet backen	würdest gebacken haben	würdet gebacken haben
	würde backen	würden backen	würde gebacken haben	würden gebacken haben

Note: In the past-tense indicative and subjunctive, this verb often appears as
backte, backtest, backte, backten, backtet, backten.

EXAMPLES

Morgen wird Oma eine schöne Torte backen.	Tomorrow grandma is going to bake a nice cream cake.
Wer hat diesen Schokoladenkuchen gebacken?	Who baked this chocolate cake?

baden

to bathe

Auxiliary verb: haben   **Past participle:** gebadet

Imperative: Bade! Badet! Baden Sie!

Mode	Simple Tenses		Compound Tenses	
	Singular	*Plural*	*Singular*	*Plural*
Indicative	**Present**		**Present Perfect**	
	bade	baden	habe gebadet	haben gebadet
	badest	badet	hast gebadet	habt gebadet
	badet	baden	hat gebadet	haben gebadet
	Past		**Past Perfect**	
	badete	badeten	hatte gebadet	hatten gebadet
	badetest	badetet	hattest gebadet	hattet gebadet
	badete	badeten	hatte gebadet	hatten gebadet
	Future		**Future Perfect**	
	werde baden	werden baden	werde gebadet haben	werden gebadet haben
	wirst baden	werdet baden	wirst gebadet haben	werdet gebadet haben
	wird baden	werden baden	wird gebadet haben	werden gebadet haben
Subjunctive	**Present**		**Present Perfect**	
	bade	baden	habe gebadet	haben gebadet
	badest	badet	habest gebadet	habet gebadet
	bade	baden	habe gebadet	haben gebadet
	Past		**Past Perfect**	
	badete	badeten	hätte gebadet	hätten gebadet
	badetest	badetet	hättest gebadet	hättet gebadet
	badete	badeten	hätte gebadet	hätten gebadet
	Future		**Future Perfect**	
	werde baden	werden baden	werde gebadet haben	werden gebadet haben
	werdest baden	werdet baden	werdest gebadet haben	werdet gebadet haben
	werde baden	werden baden	werde gebadet haben	werden gebadet haben
	Present and Future Conditional		**Past Conditional**	
	würde baden	würden baden	würde gebadet haben	würde gebadet haben
	würdest baden	würdet baden	würde gebadet haben	würde gebadet haben
	würde baden	würden baden	würde gebadet haben	würde gebadet haben

EXAMPLES

Karl badet sich jeden Tag.   Karl bathes every day.

Gestern haben wir im See gebadet.   Yesterday we bathed in the lake.

basteln
to work on a handicraft, to tinker
Auxiliary verb: haben   **Past participle:** gebastelt
Imperative: Bastele! Bastelt! Basteln Sie!

Mode	Simple Tenses		Compound Tenses	
	Singular	*Plural*	*Singular*	*Plural*
Indicative	**Present**		**Present Perfect**	
	bastele	basteln	habe gebastelt	haben gebastelt
	bastelst	bastelt	hast gebastelt	habt gebastelt
	bastelt	basteln	hat gebastelt	haben gebastelt
	Past		**Past Perfect**	
	bastelte	bastelten	hatte gebastelt	hatten gebastelt
	basteltest	basteltet	hattest gebastelt	hattet gebastelt
	bastelte	bastelten	hatte gebastelt	hatten gebastelt
	Future		**Future Perfect**	
	werde basteln	werden basteln	werde gebastelt haben	werden gebastelt haben
	wirst basteln	werdet basteln	wirst gebastelt haben	werdet gebastelt haben
	wird basteln	werden basteln	wird gebastelt haben	werden gebastelt haben
Subjunctive	**Present**		**Present Perfect**	
	bastele	basteln	habe gebastelt	haben gebastelt
	bastelst	bastelt	habest gebastelt	habet gebastelt
	bastele	basteln	habe gebastelt	haben gebastelt
	Past		**Past Perfect**	
	bastelte	bastelten	hätte gebastelt	hätten gebastelt
	basteltest	basteltet	hättest gebastelt	hättet gebastelt
	bastelte	bastelten	hätte gebastelt	hätten gebastelt
	Future		**Future Perfect**	
	werde basteln	werden basteln	werde gebastelt haben	werden gebastelt haben
	werdest basteln	werdet basteln	werdest gebastelt haben	werdet gebastelt haben
	werde basteln	werden basteln	werde gebastelt haben	werden gebastelt haben
	Present and Future Conditional		**Past Conditional**	
	würde basteln	würden basteln	würde gebastelt haben	würden gebastelt haben
	würdest basteln	würdet basteln	würdest gebastelt haben	würdet gebastelt haben
	würde basteln	würden basteln	würde gebastelt haben	würden gebastelt haben

EXAMPLES

Mein kleiner Bruder bastelt gern Modellflugzeuge.

My little brother likes to build model airplanes.

In meiner Freizeit bastele ich an einem alten Auto.

In my spare time I tinker around with an old car.

bauen
to build
Auxiliary verb: haben   **Past participle:** gebaut
Imperative: Baue! Baut! Bauen Sie!

Mode	Simple Tenses		Compound Tenses	
	Singular	*Plural*	*Singular*	*Plural*
Indicative	**Present**		**Present Perfect**	
	baue	bauen	habe gebaut	haben gebaut
	baust	baut	hast gebaut	habt gebaut
	baut	bauen	hat gebaut	haben gebaut
	Past		**Past Perfect**	
	baute	bauten	hatte gebaut	hatten gebaut
	bautest	bautet	hattest gebaut	hattet gebaut
	baute	bauten	hatte gebaut	hatten gebaut
	Future		**Future Perfect**	
	werde bauen	werden bauen	werde gebaut haben	werden gebaut haben
	wirst bauen	werdet bauen	wirst gebaut haben	werdet gebaut haben
	wird bauen	werden bauen	wird gebaut haben	werden gebaut haben
Subjunctive	**Present**		**Present Perfect**	
	baue	bauen	habe gebaut	haben gebaut
	bauest	bauet	habest gebaut	habet gebaut
	baue	bauen	habe gebaut	haben gebaut
	Past		**Past Perfect**	
	baute	bauten	hätte gebaut	hätten gebaut
	bautest	bautet	hättest gebaut	hättet gebaut
	böte an	bauten	hätte gebaut	hätten gebaut
	Future		**Future Perfect**	
	werde bauen	werden bauen	werde gebaut haben	werden gebaut haben
	werdest bauen	werdet bauen	werdest gebaut haben	werdet gebaut haben
	werde bauen	werden bauen	werde gebaut haben	werden gebaut haben
	Present and Future Conditional		**Past Conditional**	
	würde bauen	würden bauen	würde gebaut haben	würden gebaut haben
	würdest bauen	würdet bauen	würdest gebaut haben	würdet gebaut haben
	würde bauen	würden bauen	würde gebaut haben	würden gebaut haben

EXAMPLES

Ein kleines Haus wird in der Schillerstraße gebaut.

A little house is being built on Schiller Street.

Meine Eltern wollen ein neues Haus bauen.

My parents want to build a new house.

sich beeilen
to hurry, to hasten
Auxiliary verb: haben **Past participle:** beeilt
Imperative: Beeile dich! Beeilt euch! Beeilen Sie sich!

Mode	Simple Tenses		Compound Tenses	
	Singular	*Plural*	*Singular*	*Plural*
Indicative	**Present**		**Present Perfect**	
	beeile	beeilen	habe beeilt	haben beeilt
	beeilst	beeilt	hast beeilt	habt beeilt
	beeilt	beeilen	hat beeilt	haben beeilt
	Past		**Past Perfect**	
	beeilte	beeilten	hatte beeilt	hatten beeilt
	beeiltest	beeiltet	hattest beeilt	hattet beeilt
	beeilte	beeilten	hatte beeilt	hatten beeilt
	Future		**Future Perfect**	
	werde beeilen	werden beeilen	werde beeilt haben	werden beeilt haben
	wirst beeilen	werdet beeilen	wirst beeilt haben	werdet beeilt haben
	wird beeilen	werden beeilen	wird beeilt haben	werden beeilt haben
Subjunctive	**Present**		**Present Perfect**	
	beeile	beeilen	habe beeilt	haben beeilt
	beeilest	beeilet	habest beeilt	habet beeilt
	beeile	beeilen	habe beeilt	haben beeilt
	Past		**Past Perfect**	
	beeilte	beeilten	hätte beeilt	hätten beeilt
	beeiltest	beeiltet	hättest beeilt	hättet beeilt
	beeilte	beeilten	hätte beeilt	hätten beeilt
	Future		**Future Perfect**	
	werde beeilen	werden beeilen	werde beeilt haben	werden beeilt haben
	werdest beeilen	werdet beeilen	werdest beeilt haben	werdet beeilt haben
	werde beeilen	werden beeilen	werde beeilt haben	werden beeilt haben
	Present and Future Conditional		**Past Conditional**	
	würde beeilen	würden beeilen	würde beeilt haben	würden beeilt haben
	würdest beeilen	würdet beeilen	würdest beeilt haben	würdet beeilt haben
	würde beeilen	würden beeilen	würde beeilt haben	würden beeilt haben

Note: This verb is used with a reflexive pronoun to say that someone is in a hurry.

EXAMPLES

Wir müssen uns beeilen. Der Zug fährt in zehn Minuten ab.
We have to hurry. The train leaves in ten minutes.

Ich beeilte mich, um pünktlich zur Arbeit zu kommen.
I hurried to get to work on time.

beenden

to end, to finish, to conclude
Auxiliary verb: haben   **Past participle:** beendet
Imperative: Beende! Beendet! Beenden Sie!

Mode	Simple Tenses		Compound Tenses	
	Singular	*Plural*	*Singular*	*Plural*
Indicative	**Present**		**Present Perfect**	
	beende	beenden	habe beendet	haben beendet
	beendest	beendet	hast beendet	habt beendet
	beendet	beenden	hat beendet	haben beendet
	Past		**Past Perfect**	
	beendete	beendeten	hatte beendet	hatten beendet
	beendetest	beendetet	hattest beendet	hattet beendet
	beendete	beendeten	hatte beendet	hatten beendet
	Future		**Future Perfect**	
	werde beenden	werden beenden	werde beendet haben	werden beendet haben
	wirst beenden	werdet beenden	wirst beendet haben	werdet beendet haben
	wird beenden	werden beenden	wird beendet haben	werden beendet haben
Subjunctive	**Present**		**Present Perfect**	
	beende	beenden	habe beendet	haben beendet
	beendest	beendet	habest beendet	habet beendet
	beende	beenden	habe beendet	haben beendet
	Past		**Past Perfect**	
	beendete	beendeten	hätte beendet	hätten beendet
	beendetest	beendetet	hättest beendet	hättet beendet
	beendete	beendeten	hätte beendet	hätten beendet
	Future		**Future Perfect**	
	werde beenden	werden beenden	werde beendet haben	werden beendet haben
	werdest beenden	werdet beenden	werdest beendet haben	werdet beendet haben
	werde beenden	werden beenden	werde beendet haben	werden beendet haben
	Present and Future Conditional		**Past Conditional**	
	würde beenden	würden beenden	würde beendet haben	würden beendet haben
	würdest beenden	würdet beenden	würdest beendet haben	würdet beendet haben
	würde beenden	würden beenden	würde beendet haben	würden beendet haben

Note: With the prefix *ver– (verenden),* this verb requires the auxiliary *sein* in the perfect tenses.

EXAMPLES

Jetzt sollten wir unser Gespräch beenden.	We should end our conversation now.
Der Professor hat die Vorlesung früh beendet.	The professor ended the lecture early.

befehlen
to order, to command
Auxiliary verb: haben   **Past participle:** befohlen
Imperative: Befiehl! Befehlt! Befehlen Sie!

Mode	Simple Tenses		Compound Tenses	
	Singular	*Plural*	*Singular*	*Plural*
Indicative	**Present**		**Present Perfect**	
	befehle	befehlen	habe befohlen	haben befohlen
	befiehlst	befehlt	hast befohlen	habt befohlen
	befiehlt	befehlen	hat befohlen	haben befohlen
	Past		**Past Perfect**	
	befahl	befahlen	hatte befohlen	hatten befohlen
	befahlst	befahlt	hattest befohlen	hattet befohlen
	befahl	befahlen	hatte befohlen	hatten befohlen
	Future		**Future Perfect**	
	werde befehlen	werden befehlen	werde befohlen haben	werden befohlen haben
	wirst befehlen	werdet befehlen	wirst befohlen haben	werdet befohlen haben
	wird befehlen	werden befehlen	wird befohlen haben	werden befohlen haben
Subjunctive	**Present**		**Present Perfect**	
	befehle	befehlen	habe befohlen	haben befohlen
	befehlest	befehlet	habest befohlen	habet befohlen
	befehle	befehlen	habe befohlen	haben befohlen
	Past		**Past Perfect**	
	beföhle	beföhlen	hätte befohlen	hätten befohlen
	beföhlest	beföhlet	hättest befohlen	hättet befohlen
	beföhle	beföhlen	hätte befohlen	hätten befohlen
	Future		**Future Perfect**	
	werde befehlen	werden befehlen	werde befohlen haben	werden befohlen haben
	werdest befehlen	werdet befehlen	werdest befohlen haben	werdet befohlen haben
	werde befehlen	werden befehlen	werde befohlen haben	werden befohlen haben
	Present and Future Conditional		**Past Conditional**	
	würde befehlen	würden befehlen	würde befohlen haben	würden befohlen haben
	würdest befehlen	würdet befehlen	würdest befohlen haben	würdet befohlen haben
	würde befehlen	würden befehlen	würde befohlen haben	würden befohlen haben

EXAMPLES

Der Hauptmann befiehlt den Soldaten den Gegner anzugreifen.

The captain orders the soldiers to attack the enemy.

Der König befahl dem Ritter den Drachen zu töten.

The king ordered the knight to kill the dragon.

befestigen
to attach, to fasten, to fix
Auxiliary verb: haben   **Past participle:** befestigt
Imperative: Befestige! Befestigt! Befestigen Sie!

Mode	Simple Tenses		Compound Tenses	
	Singular	*Plural*	*Singular*	*Plural*
Indicative	**Present**		**Present Perfect**	
	befestige	befestigen	habe befestigt	haben befestigt
	befestigst	befestigt	hast befestigt	habt befestigt
	befestigt	befestigen	hat befestigt	haben befestigt
	Past		**Past Perfect**	
	befestigte	befestigten	hatte befestigt	hatten befestigt
	befestigtest	befestigtet	hattest befestigt	hattet befestigt
	befestigte	befestigten	hatte befestigt	hatten befestigt
	Future		**Future Perfect**	
	werde befestigen	werden befestigen	werde befestigt haben	werden befestigt haben
	wirst befestigen	werdet befestigen	wirst befestigt haben	werdet befestigt haben
	wird befestigen	werden befestigen	wird befestigt haben	werden befestigt haben
Subjunctive	**Present**		**Present Perfect**	
	befestige	befestigen	habe befestigt	haben befestigt
	befestigest	befestiget	habest befestigt	habet befestigt
	befestige	befestigen	habe befestigt	haben befestigt
	Past		**Past Perfect**	
	befestigte	befestigten	hätte befestigt	hätten befestigt
	befestigtest	befestigtet	hättest befestigt	hättet befestigt
	befestigte	befestigten	hätte befestigt	hätten befestigt
	Future		**Future Perfect**	
	werde befestigen	werden befestigen	werde befestigt haben	werden befestigt haben
	werdest befestigen	werdet befestigen	werdest befestigt haben	werdet befestigt haben
	werde befestigen	werden befestigen	werde befestigt haben	werden befestigt haben
	Present and Future Conditional		**Past Conditional**	
	würde befestigen	würden befestigen	würde befestigt haben	würden befestigt haben
	würdest befestigen	würdet befestigen	würdest befestigt haben	würdet befestigt haben
	würde befestigen	würden befestigen	würde befestigt haben	würden befestigt haben

EXAMPLES

Das neue Dach wurde mit Nägeln befestigt.   The new roof was fastened with nails.
Diese Mauern müssen befestigt werden.   These walls must be fortified.

begegnen

to meet, to encounter, to happen upon
Auxiliary verb: sein   **Past participle:** begegnet
Imperative: Begegne! Begegnet! Begegnen Sie!

Mode	Simple Tenses		Compound Tenses	
	Singular	*Plural*	*Singular*	*Plural*
Indicative	**Present**		**Present Perfect**	
	begegne	begegnen	bin begegnet	sind begegnet
	begegnest	begegnet	bist begegnet	seid begegnet
	begegnet	begegnen	ist begegnet	sind begegnet
	Past		**Past Perfect**	
	begegnete	begegneten	war begegnet	waren begegnet
	begegnetest	begegnetet	warst begegnet	wart begegnet
	begegnete	begegneten	war begegnet	waren begegnet
	Future		**Future Perfect**	
	werde begegnen	werden begegnen	werde begegnet sein	werden begegnet sein
	wirst begegnen	werdet begegnen	wirst begegnet sein	werdet begegnet sein
	wird begegnen	werden begegnen	wird begegnet sein	werden begegnet sein
Subjunctive	**Present**		**Present Perfect**	
	begegne	begegnen	sei begegnet	seien begegnet
	begegnest	begegnet	seiest begegnet	seiet begegnet
	begegne	begegnen	sei begegnet	seien begegnet
	Past		**Past Perfect**	
	begegnete	begegneten	wäre begegnet	wären begegnet
	begegnetest	begegnetet	wärest begegnet	wäret begegnet
	begegnete	begegneten	wäre begegnet	wären begegnet
	Future		**Future Perfect**	
	werde begegnen	werden begegnen	werde begegnet sein	werden begegnet sein
	werdest begegnen	werdet begegnen	werdest begegnet sein	werdet begegnet sein
	werde begegnen	werden begegnen	werde begegnet sein	werden begegnet sein
	Present and Future Conditional		**Past Conditional**	
	würde begegnen	würden begegnen	würde begegnet sein	würden begegnet sein
	würdest begegnen	würdet begegnen	würdest begegnet sein	würdet begegnet sein
	würde begegnen	würden begegnen	würde begegnet sein	würden begegnet sein

Note: *Begegnen* is a dative verb and requires a dative object.

EXAMPLES

Ich bin Herrn Bauer im Stadtpark begegnet.   I met Mr. Bauer in the city park.
Wir begegneten ständig unserem Lehrer.   We kept on running into our teacher.

beginnen
to begin, to start
Auxiliary verb: haben **Past participle:** begonnen
Imperative: Beginne! Beginnt! Beginnen Sie!

Mode	Simple Tenses		Compound Tenses	
	Singular	*Plural*	*Singular*	*Plural*
Indicative	**Present**		**Present Perfect**	
	beginne	beginnen	habe begonnen	haben begonnen
	beginnst	beginnt	hast begonnen	habt begonnen
	beginnt	beginnen	hat begonnen	haben begonnen
	Past		**Past Perfect**	
	begann	begannen	hatte begonnen	hatten begonnen
	begannst	begannt	hattest begonnen	hattet begonnen
	begann	begannen	hatte begonnen	hatten begonnen
	Future		**Future Perfect**	
	werde beginnen	werden beginnen	werde begonnen haben	werden begonnen haben
	wirst beginnen	werdet beginnen	wirst begonnen haben	werdet begonnen haben
	wird beginnen	werden beginnen	wird begonnen haben	werden begonnen haben
Subjunctive	**Present**		**Present Perfect**	
	beginne	beginnen	habe begonnen	haben begonnen
	beginnest	beginnet	habest begonnen	habet begonnen
	beginne	beginnen	habe begonnen	haben begonnen
	Past		**Past Perfect**	
	begönne	begönnen	hätte begonnen	hätten begonnen
	begönnest	begönnet	hättest begonnen	hättet begonnen
	begönne	begönnen	hätte begonnen	hätten begonnen
	Future		**Future Perfect**	
	werde beginnen	werden beginnen	werde begonnen haben	werden begonnen haben
	werdest beginnen	werdet beginnen	werdest begonnen haben	werdet begonnen haben
	werde beginnen	werden beginnen	werde begonnen haben	werden begonnen haben
	Present and Future Conditional		**Past Conditional**	
	würde beginnen	würden beginnen	würde begonnen haben	würden begonnen haben
	würdest beginnen	würdet beginnen	würdest begonnen haben	würdet begonnen haben
	würde beginnen	würden beginnen	würde begonnen haben	würden begonnen haben

Note: The dialectical form of the past subjunctive *begänne* is also common.

EXAMPLES

Wann beginnt die nächste Vorstellung?   When does the next show start?
Martin hatte begonnen ein Lied vorzusingen.   Martin had begun to sing a song.

begleiten

to accompany, to escort
Auxiliary verb: haben **Past participle:** begleitet
Imperative: Begleite! Begleitet! Begleiten Sie!

Mode	Simple Tenses		Compound Tenses	
	Singular	*Plural*	*Singular*	*Plural*
Indicative	**Present**		**Present Perfect**	
	begleite	begleiten	habe begleitet	haben begleitet
	begleitest	begleitet	hast begleitet	habt begleitet
	begleitet	begleiten	hat begleitet	haben begleitet
	Past		**Past Perfect**	
	begleitete	begleiteten	hatte begleitet	hatten begleitet
	begleitetest	begleitetet	hattest begleitet	hattet begleitet
	begleitete	begleiteten	hatte begleitet	hatten begleitet
	Future		**Future Perfect**	
	werde begleiten	werden begleiten	werde begleitet haben	werden begleitet haben
	wirst begleiten	werdet begleiten	wirst begleitet haben	werdet begleitet haben
	wird begleiten	werden begleiten	wird begleitet haben	werden begleitet haben
Subjunctive	**Present**		**Present Perfect**	
	begleite	begleiten	habe begleitet	haben begleitet
	begleitest	begleitet	habest begleitet	habet begleitet
	begleite	begleiten	habe begleitet	haben begleitet
	Past		**Past Perfect**	
	begleitete	begleiteten	hätte begleitet	hätten begleitet
	begleitetest	begleitetet	hättest begleitet	hättet begleitet
	begleitete	begleiteten	hätte begleitet	hätten begleitet
	Future		**Future Perfect**	
	werde begleiten	werden begleiten	werde begleitet haben	werden begleitet haben
	werdest begleiten	werdet begleiten	werdest begleitet haben	werdet begleitet haben
	werde begleiten	werden begleiten	werde begleitet haben	werden begleitet haben
	Present and Future Conditional		**Past Conditional**	
	würde begleiten	würden begleiten	würde begleitet haben	würden begleitet haben
	würdest begleiten	würdet begleiten	würdest begleitet haben	würdet begleitet haben
	würde begleiten	würden begleiten	würde begleitet haben	würden begleitet haben

Note: Do not confuse this verb with the irregular verb *gleiten (gleitet, glitt, geglitten)*.

EXAMPLES

Karl hat die alte Dame nach Hause begleitet.	Karl escorted the old lady home.
Die Königin lässt sich immer zur Kirche begleiten.	The queen always has someone accompany her to church.

behalten
to keep, to retain
Auxiliary verb: haben   **Past participle:** behalten
Imperative: Behalte! Behaltet! Behalten Sie!

Mode	Simple Tenses		Compound Tenses	
	Singular	*Plural*	*Singular*	*Plural*
Indicative	**Present**		**Present Perfect**	
	behalte	behalten	habe behalten	haben behalten
	behältst	behaltet	hast behalten	habt behalten
	behält	behalten	hat behalten	haben behalten
	Past		**Past Perfect**	
	behielt	behielten	hatte behalten	hatten behalten
	behieltst	behieltet	hattest behalten	hattet behalten
	behielt	behielten	hatte behalten	hatten behalten
	Future		**Future Perfect**	
	werde behalten	werden behalten	werde behalten haben	werden behalten haben
	wirst behalten	werdet behalten	wirst behalten haben	werdet behalten haben
	wird behalten	werden behalten	wird behalten haben	werden behalten haben
Subjunctive	**Present**		**Present Perfect**	
	behalte	behalten	habe behalten	haben behalten
	behaltest	behaltet	habest behalten	habet behalten
	behalte	behalten	habe behalten	haben behalten
	Past		**Past Perfect**	
	behielte	behielten	hätte behalten	hätten behalten
	behieltest	behieltet	hättest behalten	hättet behalten
	behielte	behielten	hätte behalten	hätten behalten
	Future		**Future Perfect**	
	werde behalten	werden behalten	werde behalten haben	werden behalten haben
	werdest behalten	werdet behalten	werdest behalten haben	werdet behalten haben
	werde behalten	werden behalten	werde behalten haben	werden behalten haben
	Present and Future Conditional		**Past Conditional**	
	würde behalten	würden behalten	würde behalten haben	würden behalten haben
	würdest behalten	würdet behalten	würdest behalten haben	würdet behalten haben
	würde behalten	würden behalten	würde behalten haben	würden behalten haben

EXAMPLES

Du musst deine Fassung behalten.	You have to keep your composure.
Thomas behielt die 50 Euro, die er gefunden hatte.	Thomas kept the 50 euros that he found.

behandeln
to handle, to treat, to manage
Auxiliary verb: haben **Past participle:** behandelt
Imperative: Behandele! Behandelt! Behandeln Sie!

Mode	Simple Tenses		Compound Tenses	
	Singular	*Plural*	*Singular*	*Plural*
Indicative	**Present**		**Present Perfect**	
	behandele	behandeln	habe behandelt	haben behandelt
	behandelst	behandelt	hast behandelt	habt behandelt
	behandelt	behandeln	hat behandelt	haben behandelt
	Past		**Past Perfect**	
	behandelte	behandelten	hatte behandelt	hatten behandelt
	behandeltest	behandeltet	hattest behandelt	hattet behandelt
	behandelte	behandelten	hatte behandelt	hatten behandelt
	Future		**Future Perfect**	
	werde behandeln	werden behandeln	werde behandelt haben	werden behandelt haben
	wirst behandeln	werdet behandeln	wirst behandelt haben	werdet behandelt haben
	wird behandeln	werden behandeln	wird behandelt haben	werden behandelt haben
Subjunctive	**Present**		**Present Perfect**	
	behandele	behandeln	habe behandelt	haben behandelt
	behandelst	behandelt	habest behandelt	habet behandelt
	behandele	behandeln	habe behandelt	haben behandelt
	Past		**Past Perfect**	
	behandelte	behandelten	hätte behandelt	hätten behandelt
	behandeltest	behandeltet	hättest behandelt	hättet behandelt
	behandelte	behandelten	hätte behandelt	hätten behandelt
	Future		**Future Perfect**	
	werde behandeln	werden behandeln	werde behandelt haben	werden behandelt haben
	werdest behandeln	werdet behandeln	werdest behandelt haben	werdet behandelt haben
	werde behandeln	werden behandeln	werde behandelt haben	werden behandelt haben
	Present and Future Conditional		**Past Conditional**	
	würde behandeln	würden behandeln	würde behandelt haben	würden behandelt haben
	würdest behandeln	würdet behandeln	würdest behandelt haben	würdet behandelt haben
	würde behandeln	würden behandeln	würde behandelt haben	würden behandelt haben

EXAMPLES

Warum behandelst du mich wie ein kleines Kind?   Why do you treat me like a little child?
Doktor Meyer hat uns beide behandelt.   Dr. Meyer treated us both.

beißen
to bite, to sting, to smart
Auxiliary verb: haben   **Past participle:** gebissen
Imperative: Beiße! Beißt! Beißen Sie!

Mode	Simple Tenses		Compound Tenses	
	Singular	*Plural*	*Singular*	*Plural*
Indicative	**Present**		**Present Perfect**	
	beiße	beißen	habe gebissen	haben gebissen
	beißt	beißt	hast gebissen	habt gebissen
	beißt	beißen	hat gebissen	haben gebissen
	Past		**Past Perfect**	
	biss	bissen	hatte gebissen	hatten gebissen
	bissest	bisst	hattest gebissen	hattet gebissen
	biss	bissen	hatte gebissen	hatten gebissen
	Future		**Future Perfect**	
	werde beißen	werden beißen	werde gebissen haben	werden gebissen haben
	wirst beißen	werdet beißen	wirst gebissen haben	werdet gebissen haben
	wird beißen	werden beißen	wird gebissen haben	werden gebissen haben
Subjunctive	**Present**		**Present Perfect**	
	beiße	beißen	habe gebissen	haben gebissen
	beißest	beißet	habest gebissen	habet gebissen
	beiße	beißen	habe gebissen	haben gebissen
	Past		**Past Perfect**	
	bisse	bissen	hätte gebissen	hätten gebissen
	bissest	bisset	hättest gebissen	hättet gebissen
	bisse	bissen	hätte gebissen	hätten gebissen
	Future		**Future Perfect**	
	werde beißen	werden beißen	werde gebissen haben	werden gebissen haben
	werdest beißen	werdet beißen	werdest gebissen haben	werdet gebissen haben
	werde beißen	werden beißen	werde gebissen haben	werden gebissen haben
	Present and Future Conditional		**Past Conditional**	
	würde beißen	würden beißen	würde gebissen haben	würden gebissen haben
	würdest beißen	würdet beißen	würdest gebissen haben	würdet gebissen haben
	würde beißen	würden beißen	würde gebissen haben	würden gebissen haben

EXAMPLES

Manchmal muss man in den sauren Apfel beißen.

Sometimes you have to swallow a bitter pill.

Vorsicht! Das ist ein bissiger Hund!

Careful! That dog bites!

bekommen
to receive, to get
Auxiliary verb: haben   **Past participle:** bekommen
Imperative: Bekomme! Bekommt! Bekommen Sie!

Mode	Simple Tenses		Compound Tenses	
	Singular	*Plural*	*Singular*	*Plural*
Indicative	**Present**		**Present Perfect**	
	bekomme	bekommen	habe bekommen	haben bekommen
	bekommst	bekommt	hast bekommen	habt bekommen
	bekommt	bekommen	hat bekommen	haben bekommen
	Past		**Past Perfect**	
	bekam	bekamen	hatte bekommen	hatten bekommen
	bekamst	bekamt	hattest bekommen	hattet bekommen
	bekam	bekamen	hatte bekommen	hatten bekommen
	Future		**Future Perfect**	
	werde bekommen	werden bekommen	werde bekommen haben	werden bekommen haben
	wirst bekommen	werdet bekommen	wirst bekommen haben	werdet bekommen haben
	wird bekommen	werden bekommen	wird bekommen haben	werden bekommen haben
Subjunctive	**Present**		**Present Perfect**	
	bekomme	bekommen	habe bekommen	haben bekommen
	bekommest	bekommet	habest bekommen	habet bekommen
	bekomme	bekommen	habe bekommen	haben bekommen
	Past		**Past Perfect**	
	bekäme	bekämen	hätte bekommen	hätten bekommen
	bekämest	bekämet	hättest bekommen	hättet bekommen
	bekäme	bekämen	hätte bekommen	hätten bekommen
	Future		**Future Perfect**	
	werde bekommen	werden bekommen	werde bekommen haben	werden bekommen haben
	werdest bekommen	werdet bekommen	werdest bekommen haben	werdet bekommen haben
	werde bekommen	werden bekommen	werde bekommen haben	werden bekommen haben
	Present and Future Conditional		**Past Conditional**	
	würde bekommen	würden bekommen	würde bekommen haben	würden bekommen haben
	würdest bekommen	würdet bekommen	würdest bekommen haben	würdet bekommen haben
	würde bekommen	würden bekommen	würde bekommen haben	würden bekommen haben

EXAMPLES

Kann ich ein Zimmer bekommen?   Can I have a room?
Gestern haben wir einen Brief von ihm bekommen.   Yesterday we got a letter from him.

bellen

to bark

Auxiliary verb: haben   **Past participle:** gebellt

Imperative: Belle! Bellt! Bellen Sie!

Mode	Simple Tenses		Compound Tenses	
	Singular	*Plural*	*Singular*	*Plural*
Indicative	**Present**		**Present Perfect**	
	belle	bellen	habe gebellt	haben gebellt
	bellst	bellt	hast gebellt	habt gebellt
	bellt	bellen	hat gebellt	haben gebellt
	Past		**Past Perfect**	
	bellte	bellten	hatte gebellt	hatten gebellt
	belltest	belltet	hattest gebellt	hattet gebellt
	bellte	bellten	hatte gebellt	hatten gebellt
	Future		**Future Perfect**	
	werde bellen	werden bellen	werde gebellt haben	werden gebellt haben
	wirst bellen	werdet bellen	wirst gebellt haben	werdet gebellt haben
	wird bellen	werden bellen	wird gebellt haben	werden gebellt haben
Subjunctive	**Present**		**Present Perfect**	
	belle	bellen	habe gebellt	haben gebellt
	bellest	bellet	habest gebellt	habet gebellt
	belle	bellen	habe gebellt	haben gebellt
	Past		**Past Perfect**	
	bellte	bellten	hätte gebellt	hätten gebellt
	belltest	belltet	hättest gebellt	hättet gebellt
	bellte	bellten	hätte gebellt	hätten gebellt
	Future		**Future Perfect**	
	werde bellen	werden bellen	werde gebellt haben	werden gebellt haben
	werdest bellen	werdet bellen	werdest gebellt haben	werdet gebellt haben
	werde bellen	werden bellen	werde gebellt haben	werden gebellt haben
	Present and Future Conditional		**Past Conditional**	
	würde bellen	würden bellen	würde gebellt haben	würden gebellt haben
	würdest bellen	würdet bellen	würdest gebellt haben	würdet gebellt haben
	würde bellen	würden bellen	würde gebellt haben	würden gebellt haben

EXAMPLES

Warum bellen die Hunde so?
Why are the dogs barking like that?

Der alte Hund sah den Fremden an der Tür aber konnte nicht bellen.
The old dog saw the stranger at the door but couldn't bark.

belohnen

to reward
Auxiliary verb: haben   **Past participle:** belohnt
Imperative: Belohne! Belohnt! Belohnen Sie!

Mode	Simple Tenses		Compound Tenses	
	Singular	*Plural*	*Singular*	*Plural*
Indicative	**Present**		**Present Perfect**	
	belohne	belohnen	habe belohnt	haben belohnt
	belohnst	belohnt	hast belohnt	habt belohnt
	belohnt	belohnen	hat belohnt	haben belohnt
	Past		**Past Perfect**	
	belohnte	belohnten	hatte belohnt	hatten belohnt
	belohntest	belohntet	hattest belohnt	hattet belohnt
	belohnte	belohnten	hatte belohnt	hatten belohnt
	Future		**Future Perfect**	
	werde belohnen	werden belohnen	werde belohnt haben	werden belohnt haben
	wirst belohnen	werdet belohnen	wirst belohnt haben	werdet belohnt haben
	wird belohnen	werden belohnen	wird belohnt haben	werden belohnt haben
Subjunctive	**Present**		**Present Perfect**	
	belohne	belohnen	habe belohnt	haben belohnt
	belohnest	belohnet	habest belohnt	habet belohnt
	belohne	belohnen	habe belohnt	haben belohnt
	Past		**Past Perfect**	
	belohnte	belohnten	hätte belohnt	hätten belohnt
	belohntest	belohntet	hättest belohnt	hättet belohnt
	belohnte	belohnten	hätte belohnt	hätten belohnt
	Future		**Future Perfect**	
	werde belohnen	werden belohnen	werde belohnt haben	werden belohnt haben
	werdest belohnen	werdet belohnen	werdest belohnt haben	werdet belohnt haben
	werde belohnen	werden belohnen	werde belohnt haben	werden belohnt haben
	Present and Future Conditional		**Past Conditional**	
	würde belohnen	würden belohnen	würde belohnt haben	würden belohnt haben
	würdest belohnen	würdet belohnen	würdest belohnt haben	würdet belohnt haben
	würde belohnen	würden belohnen	würde belohnt haben	würden belohnt haben

EXAMPLES

Herr Weidner belohnte den Finder seiner Schlüssel mit 50 Euro.

Mr. Weidner gave the man who found his keys a reward of 50 euros.

Lukas wurde für sein gutes Benehmen belohnt.

Lukas was rewarded for his good behavior.

bemerken

to notice, to observe, to remark
Auxiliary verb: haben   **Past participle:** bemerkt
Imperative: Bemerke! Bemerkt! Bemerken Sie!

Mode	Simple Tenses		Compound Tenses	
	Singular	*Plural*	*Singular*	*Plural*
Indicative	**Present**		**Present Perfect**	
	bemerke	bemerken	habe bemerkt	haben bemerkt
	bemerkst	bemerkt	hast bemerkt	habt bemerkt
	bemerkt	bemerken	hat bemerkt	haben bemerkt
	Past		**Past Perfect**	
	bemerkte	bemerkten	hatte bemerkt	hatten bemerkt
	bemerktest	bemerktet	hattest bemerkt	hattet bemerkt
	bemerkte	bemerkten	hatte bemerkt	hatten bemerkt
	Future		**Future Perfect**	
	werde bemerken	werden bemerken	werde bemerkt haben	werden bemerkt haben
	wirst bemerken	werdet bemerken	wirst bemerkt haben	werdet bemerkt haben
	wird bemerken	werden bemerken	wird bemerkt haben	werden bemerkt haben
Subjunctive	**Present**		**Present Perfect**	
	bemerke	bemerken	habe bemerkt	haben bemerkt
	bemerkest	bemerket	habest bemerkt	habet bemerkt
	bemerke	bemerken	habe bemerkt	haben bemerkt
	Past		**Past Perfect**	
	bemerkte	bemerkten	hätte bemerkt	hätten bemerkt
	bemerktest	bemerktet	hättest bemerkt	hättet bemerkt
	bemerkte	bemerkten	hätte bemerkt	hätten bemerkt
	Future		**Future Perfect**	
	werde bemerken	werden bemerken	werde bemerkt haben	werden bemerkt haben
	werdest bemerken	werdet bemerken	werdest bemerkt haben	werdet bemerkt haben
	werde bemerken	werden bemerken	werde bemerkt haben	werden bemerkt haben
	Present and Future Conditional		**Past Conditional**	
	würde bemerken	würden bemerken	würde bemerkt haben	würden bemerkt haben
	würdest bemerken	würdet bemerken	würdest bemerkt haben	würdet bemerkt haben
	würde bemerken	würden bemerken	würde bemerkt haben	würden bemerkt haben

EXAMPLES

Niemand hat den Diebstahl bemerkt.
Er tat, als ob er mich nicht bemerkte.

No one noticed the theft.
He acted as if he didn't notice me.

beneiden
to envy
Auxiliary verb: haben   **Past participle:** beneidet
Imperative: Beneide! Beneidet! Beneiden Sie!

Mode	Simple Tenses		Compound Tenses	
	Singular	*Plural*	*Singular*	*Plural*
Indicative	**Present**		**Present Perfect**	
	beneide	beneiden	habe beneidet	haben beneidet
	beneidest	beneidet	hast beneidet	habt beneidet
	beneidet	beneiden	hat beneidet	haben beneidet
	Past		**Past Perfect**	
	beneidete	beneideten	hatte beneidet	hatten beneidet
	beneidetest	beneidetet	hattest beneidet	hattet beneidet
	beneidete	beneideten	hatte beneidet	hatten beneidet
	Future		**Future Perfect**	
	werde beneiden	werden beneiden	werde beneidet haben	werden beneidet haben
	wirst beneiden	werdet beneiden	wirst beneidet haben	werdet beneidet haben
	wird beneiden	werden beneiden	wird beneidet haben	werden beneidet haben
Subjunctive	**Present**		**Present Perfect**	
	beneide	beneiden	habe beneidet	haben beneidet
	beneidest	beneidet	habest beneidet	habet beneidet
	beneide	beneiden	habe beneidet	haben beneidet
	Past		**Past Perfect**	
	beneidete	beneideten	hätte beneidet	hätten beneidet
	beneidetest	beneidetet	hättest beneidet	hättet beneidet
	beneidete	beneideten	hätte beneidet	hätten beneidet
	Future		**Future Perfect**	
	werde beneiden	werden beneiden	werde beneidet haben	werden beneidet haben
	werdest beneiden	werdet beneiden	werdest beneidet haben	werdet beneidet haben
	werde beneiden	werden beneiden	werde beneidet haben	werden beneidet haben
	Present and Future Conditional		**Past Conditional**	
	würde beneiden	würden beneiden	würde beneidet haben	würden beneidet haben
	würdest beneiden	würdet beneiden	würdest beneidet haben	würdet beneidet haben
	würde beneiden	würden beneiden	würde beneidet haben	würden beneidet haben

EXAMPLES

Alle beneiden ihn.
Sonja hat sie um ihre Stelle beneidet.

Everyone envies him.
Sonja envied her for her job.

benutzen
to use, to employ
Auxiliary verb: haben   **Past participle:** benutzt
Imperative: Benutze! Benutzt! Benutzen Sie!

Mode	Simple Tenses		Compound Tenses	
	Singular	*Plural*	*Singular*	*Plural*
Indicative	**Present**		**Present Perfect**	
	benutze	benutzen	habe benutzt	haben benutzt
	benutzt	benutzt	hast benutzt	habt benutzt
	benutzt	benutzen	hat benutzt	haben benutzt
	Past		**Past Perfect**	
	benutzte	benutzten	hatte benutzt	hatten benutzt
	benutztest	benutztet	hattest benutzt	hattet benutzt
	benutzte	benutzten	hatte benutzt	hatten benutzt
	Future		**Future Perfect**	
	werde benutzen	werden benutzen	werde benutzt haben	werden benutzt haben
	wirst benutzen	werdet benutzen	wirst benutzt haben	werdet benutzt haben
	wird benutzen	werden benutzen	wird benutzt haben	werden benutzt haben
Subjunctive	**Present**		**Present Perfect**	
	benutze	benutzen	habe benutzt	haben benutzt
	benutzest	benutzet	habest benutzt	habet benutzt
	benutze	benutzen	habe benutzt	haben benutzt
	Past		**Past Perfect**	
	benutzte	benutzten	hätte benutzt	hätten benutzt
	benutztest	benutztet	hättest benutzt	hättet benutzt
	benutzte	benutzten	hätte benutzt	hätten benutzt
	Future		**Future Perfect**	
	werde benutzen	werden benutzen	werde benutzt haben	werden benutzt haben
	werdest benutzen	werdet benutzen	werdest benutzt haben	werdet benutzt haben
	werde benutzen	werden benutzen	werde benutzt haben	werden benutzt haben
	Present and Future Conditional		**Past Conditional**	
	würde benutzen	würden benutzen	würde benutzt haben	würden benutzt haben
	würdest benutzen	würdet benutzen	würdest benutzt haben	würdet benutzt haben
	würde benutzen	würden benutzen	würde benutzt haben	würden benutzt haben

Note: This verb is also commonly spelled with an *umlaut: benützen.*

EXAMPLES

In Deutschland habe ich oft den Bus benutzt. In Germany I often used the bus.
Wir benützen nur umweltfreundliche   We only use environmentally-friendly
Produkte.   products.

beschäftigen (sich)
to occupy (oneself), to keep busy
Auxiliary verb: haben   **Past participle:** beschäftigt
Imperative: Beschäftige dich! Beschäftigt euch! Beschäftigen Sie sich!

Mode	Simple Tenses		Compound Tenses	
	Singular	*Plural*	*Singular*	*Plural*
Indicative	**Present**		**Present Perfect**	
	beschäftige	beschäftigen	habe beschäftigt	haben beschäftigt
	beschäftigst	beschäftigt	hast beschäftigt	habt beschäftigt
	beschäftigt	beschäftigen	hat beschäftigt	haben beschäftigt
	Past		**Past Perfect**	
	beschäftigte	beschäftigten	hatte beschäftigt	hatten beschäftigt
	beschäftigtest	beschäftigtet	hattest beschäftigt	hattet beschäftigt
	beschäftigte	beschäftigten	hatte beschäftigt	hatten beschäftigt
	Future		**Future Perfect**	
	werde beschäftigen	werden beschäftigen	werde beschäftigt haben	werden beschäftigt haben
	wirst beschäftigen	werdet beschäftigen	wirst beschäftigt haben	werdet beschäftigt haben
	wird beschäftigen	werden beschäftigen	wird beschäftigt haben	werden beschäftigt haben
Subjunctive	**Present**		**Present Perfect**	
	beschäftige	beschäftigen	habe beschäftigt	haben beschäftigt
	beschäftigest	beschäftiget	habest beschäftigt	habet beschäftigt
	beschäftige	beschäftigen	habe beschäftigt	haben beschäftigt
	Past		**Past Perfect**	
	beschäftigte	beschäftigten	hätte beschäftigt	hätten beschäftigt
	beschäftigtest	beschäftigtet	hättest beschäftigt	hättet beschäftigt
	beschäftigte	beschäftigten	hätte beschäftigt	hätten beschäftigt
	Future		**Future Perfect**	
	werde beschäftigen	werden beschäftigen	werde beschäftigt haben	werden beschäftigt haben
	werdest beschäftigen	werdet beschäftigen	werdest beschäftigt haben	werdet beschäftigt haben
	werde beschäftigen	werden beschäftigen	werde beschäftigt haben	werden beschäftigt haben
	Present and Future Conditional		**Past Conditional**	
	würde beschäftigen	würden beschäftigen	würde beschäftigt haben	würden beschäftigt haben
	würdest beschäftigen	würdet beschäftigen	würdest beschäftigt haben	würdet beschäftigt haben
	würde beschäftigen	würden beschäftigen	würde beschäftigt haben	würden beschäftigt haben

EXAMPLES

Ich beschäftige mich zur Zeit mit einem wichtigen Projekt.
Er ist noch sehr beschäftigt damit.

I'm currently occupied with an important project.
He's still very busy with it.

beschreiben
to describe
Auxiliary verb: haben   **Past participle:** beschrieben
Imperative: Beschreibe! Beschreibt! Beschreiben Sie!

Mode	Simple Tenses		Compound Tenses	
	Singular	*Plural*	*Singular*	*Plural*
Indicative	**Present**		**Present Perfect**	
	beschreibe	beschreiben	habe beschrieben	haben beschrieben
	beschreibst	beschreibt	hast beschrieben	habt beschrieben
	beschreibt	beschreiben	hat beschrieben	haben beschrieben
	Past		**Past Perfect**	
	beschrieb	beschrieben	hatte beschrieben	hatten beschrieben
	beschriebst	beschriebt	hattest beschrieben	hattet beschrieben
	beschrieb	beschrieben	hatte beschrieben	hatten beschrieben
	Future		**Future Perfect**	
	werde beschreiben	werden beschreiben	werde beschrieben haben	werden beschrieben haben
	wirst beschreiben	werdet beschreiben	wirst beschrieben haben	werdet beschrieben haben
	wird beschreiben	werden beschreiben	wird beschrieben haben	werden beschrieben haben
Subjunctive	**Present**		**Present Perfect**	
	beschreibe	beschreiben	habe beschrieben	haben beschrieben
	beschreibest	beschreibet	habest beschrieben	habet beschrieben
	beschreibe	beschreiben	habe beschrieben	haben beschrieben
	Past		**Past Perfect**	
	beschriebe	beschrieben	hätte beschrieben	hätten beschrieben
	beschriebest	beschriebet	hättest beschrieben	hättet beschrieben
	beschriebe	beschrieben	hätte beschrieben	hätten beschrieben
	Future		**Future Perfect**	
	werde beschreiben	werden beschreiben	werde beschrieben haben	werden beschrieben haben
	werdest beschreiben	werdet beschreiben	werdest beschrieben haben	werdet beschrieben haben
	werde beschreiben	werden beschreiben	werde beschrieben haben	werden beschrieben haben
	Present and Future Conditional		**Past Conditional**	
	würde beschreiben	würden beschreiben	würde beschrieben haben	würden beschrieben haben
	würdest beschreiben	würdet beschreiben	würdest beschrieben haben	würdet beschrieben haben
	würde beschreiben	würden beschreiben	würde beschrieben haben	würden beschrieben haben

EXAMPLES

Kannst du das Alltagsleben in Berlin beschreiben?   Can you describe daily life in Berlin?
Die Zeugen haben den Dieb beschrieben.   The witnesses described the thief.

besichtigen
to inspect, to view, to go sightseeing
Auxiliary verb: haben   **Past participle:** besichtigt
Imperative: Besichtige! Besichtigt! Besichtigen Sie!

Mode	Simple Tenses		Compound Tenses	
	Singular	*Plural*	*Singular*	*Plural*
Indicative	**Present**		**Present Perfect**	
	besichtige	besichtigen	habe besichtigt	haben besichtigt
	besichtigst	besichtigt	hast besichtigt	habt besichtigt
	besichtigt	besichtigen	hat besichtigt	haben besichtigt
	Past		**Past Perfect**	
	besichtigte	besichtigten	hatte besichtigt	hatten besichtigt
	besichtigtest	besichtigtet	hattest besichtigt	hattet besichtigt
	besichtigte	besichtigten	hatte besichtigt	hatten besichtigt
	Future		**Future Perfect**	
	werde besichtigen	werden besichtigen	werde besichtigt haben	werden besichtigt haben
	wirst besichtigen	werdet besichtigen	wirst besichtigt haben	werdet besichtigt haben
	wird besichtigen	werden besichtigen	wird besichtigt haben	werden besichtigt haben
Subjunctive	**Present**		**Present Perfect**	
	besichtige	besichtigen	habe besichtigt	haben besichtigt
	besichtigest	besichtiget	habest besichtigt	habet besichtigt
	besichtige	besichtigen	habe besichtigt	haben besichtigt
	Past		**Past Perfect**	
	besichtigte	besichtigten	hätte besichtigt	hätten besichtigt
	besichtigtest	besichtigtet	hättest besichtigt	hättet besichtigt
	besichtigte	besichtigten	hätte besichtigt	hätten besichtigt
	Future		**Future Perfect**	
	werde besichtigen	werden besichtigen	werde besichtigt haben	werden besichtigt haben
	werdest besichtigen	werdet besichtigen	werdest besichtigt haben	werdet besichtigt haben
	werde besichtigen	werden besichtigen	werde besichtigt haben	werden besichtigt haben
	Present and Future Conditional		**Past Conditional**	
	würde besichtigen	würden besichtigen	würde besichtigt haben	würden besichtigt haben
	würdest besichtigen	würdet besichtigen	würdest besichtigt haben	würdet besichtigt haben
	würde besichtigen	würden besichtigen	würde besichtigt haben	würden besichtigt haben

EXAMPLE

Morgen werden sie das alte Rathaus besichtigen.   Tomorrow they're going to take a tour of the old city hall.

besiegen

to conquer, to defeat

Auxiliary verb: haben   **Past participle:** besiegt

Imperative: Besiege! Besiegt! Besiegen Sie!

Mode	Simple Tenses		Compound Tenses	
	Singular	*Plural*	*Singular*	*Plural*
Indicative	**Present**		**Present Perfect**	
	besiege	besiegen	habe besiegt	haben besiegt
	besiegst	besiegt	hast besiegt	habt besiegt
	besiegt	besiegen	hat besiegt	haben besiegt
	Past		**Past Perfect**	
	besiegte	besiegten	hatte besiegt	hatten besiegt
	besiegtest	besiegtet	hattest besiegt	hattet besiegt
	besiegte	besiegten	hatte besiegt	hatten besiegt
	Future		**Future Perfect**	
	werde besiegen	werden besiegen	werde besiegt haben	werden besiegt haben
	wirst besiegen	werdet besiegen	wirst besiegt haben	werdet besiegt haben
	wird besiegen	werden besiegen	wird besiegt haben	werden besiegt haben
Subjunctive	**Present**		**Present Perfect**	
	besiege	besiegen	habe besiegt	haben besiegt
	besiegest	besieget	habest besiegt	habet besiegt
	besiege	besiegen	habe besiegt	haben besiegt
	Past		**Past Perfect**	
	besiegte	besiegten	hätte besiegt	hätten besiegt
	besiegtest	besiegtet	hättest besiegt	hättet besiegt
	besiegte	besiegten	hätte besiegt	hätten besiegt
	Future		**Future Perfect**	
	werde besiegen	werden besiegen	werde besiegt haben	werden besiegt haben
	werdest besiegen	werdet besiegen	werdest besiegt haben	werdet besiegt haben
	werde besiegen	werden besiegen	werde besiegt haben	werden besiegt haben
	Present and Future Conditional		**Past Conditional**	
	würde besiegen	würden besiegen	würde besiegt haben	würden besiegt haben
	würdest besiegen	würdet besiegen	würdest besiegt haben	würdet besiegt haben
	würde besiegen	würden besiegen	würde besiegt haben	würden besiegt haben

EXAMPLES

Warum konnten sie den Gegner nicht besiegen?
Der Feind ist endlich besiegt worden.

Why couldn't they defeat the opponent?
The enemy has finally been conquered.

sich besinnen

to recollect, to call to mind, to think of
Auxiliary verb: haben   **Past participle:** besonnen
Imperative: Besinne dich! Besinnt euch! Besinnen Sie sich!

Mode	Simple Tenses		Compound Tenses	
	Singular	*Plural*	*Singular*	*Plural*
Indicative	**Present**		**Present Perfect**	
	besinne	besinnen	habe besonnen	haben besonnen
	besinnst	besinnt	hast besonnen	habt besonnen
	besinnt	besinnen	hat besonnen	haben besonnen
	Past		**Past Perfect**	
	besann	besannen	hatte besonnen	hatten besonnen
	besannst	besannt	hattest besonnen	hattet besonnen
	besann	besannen	hatte besonnen	hatten besonnen
	Future		**Future Perfect**	
	werde besinnen	werden besinnen	werde besonnen haben	werden besonnen haben
	wirst besinnen	werdet besinnen	wirst besonnen haben	werdet besonnen haben
	wird besinnen	werden besinnen	wird besonnen haben	werden besonnen haben
Subjunctive	**Present**		**Present Perfect**	
	besinne	besinnen	habe besonnen	haben besonnen
	besinnest	besinnet	habest besonnen	habet besonnen
	besinne	besinnen	habe besonnen	haben besonnen
	Past		**Past Perfect**	
	besänne	besännen	hätte besonnen	hätten besonnen
	besännest	besännet	hättest besonnen	hättet besonnen
	besänne	besännen	hätte besonnen	hätten besonnen
	Future		**Future Perfect**	
	werde besinnen	werden besinnen	werde besonnen haben	werden besonnen haben
	werdest besinnen	werdet besinnen	werdest besonnen haben	werdet besonnen haben
	werde besinnen	werden besinnen	werde besonnen haben	werden besonnen haben
	Present and Future Conditional		**Past Conditional**	
	würde besinnen	würden besinnen	würde besonnen haben	würden besonnen haben
	würdest besinnen	würdet besinnen	würdest besonnen haben	würdet besonnen haben
	würde besinnen	würden besinnen	würde besonnen haben	würden besonnen haben

EXAMPLES

Er lief ins brennende Haus, ohne sich zu besinnen.

He ran into the burning house without thinking.

Ich besann mich auf meine Stärken.

I remembered what my strengths were.

bestellen
to order
Auxiliary verb: haben **Past participle:** bestellt
Imperative: Bestelle! Bestellt! Bestellen Sie!

Mode	Simple Tenses		Compound Tenses	
	Singular	*Plural*	*Singular*	*Plural*
Indicative	**Present**		**Present Perfect**	
	bestelle	bestellen	habe bestellt	haben bestellt
	bestellst	bestellt	hast bestellt	habt bestellt
	bestellt	bestellen	hat bestellt	haben bestellt
	Past		**Past Perfect**	
	bestellte	bestellten	hatte bestellt	hatten bestellt
	bestelltest	bestelltet	hattest bestellt	hattet bestellt
	bestellte	bestellten	hatte bestellt	hatten bestellt
	Future		**Future Perfect**	
	werde bestellen	werden bestellen	werde bestellt haben	werden bestellt haben
	wirst bestellen	werdet bestellen	wirst bestellt haben	werdet bestellt haben
	wird bestellen	werden bestellen	wird bestellt haben	werden bestellt haben
Subjunctive	**Present**		**Present Perfect**	
	bestelle	bestellen	habe bestellt	haben bestellt
	bestellest	bestellet	habest bestellt	habet bestellt
	bestelle	bestellen	habe bestellt	haben bestellt
	Past		**Past Perfect**	
	bestellte	bestellten	hätte bestellt	hätten bestellt
	bestelltest	bestelltet	hättest bestellt	hättet bestellt
	bestellte	bestellten	hätte bestellt	hätten bestellt
	Future		**Future Perfect**	
	werde bestellen	werden bestellen	werde bestellt haben	werden bestellt haben
	werdest bestellen	werdet bestellen	werdest bestellt haben	werdet bestellt haben
	werde bestellen	werden bestellen	werde bestellt haben	werden bestellt haben
	Present and Future Conditional		**Past Conditional**	
	würde bestellen	würden bestellen	würde bestellt haben	würden bestellt haben
	würdest bestellen	würdet bestellen	würdest bestellt haben	würdet bestellt haben
	würde bestellen	würden bestellen	würde bestellt haben	würden bestellt haben

Note: The verb *verhallen* has a regular conjugation like the one illustrated above but requires *sein* as its auxiliary in the perfect tenses.

EXAMPLES

Herr Schmidt hat die teure Ware nicht bestellen wollen.	Mr. Schmidt didn't want to order the expensive goods.
Ich habe eine Bratwurst und ein Bier bestellt.	I ordered a sausage and a beer.

bestimmen

to decide, to determine
Auxiliary verb: haben   **Past participle:** bestimmt
Imperative: Bestimme! Bestimmt! Bestimmen Sie!

Mode	Simple Tenses		Compound Tenses	
	Singular	*Plural*	*Singular*	*Plural*
Indicative	**Present**		**Present Perfect**	
	bestimme	bestimmen	habe bestimmt	haben bestimmt
	bestimmst	bestimmt	hast bestimmt	habt bestimmt
	bestimmt	bestimmen	hat bestimmt	haben bestimmt
	Past		**Past Perfect**	
	bestimmte	bestimmten	hatte bestimmt	hatten bestimmt
	bestimmtest	bestimmtet	hattest bestimmt	hattet bestimmt
	bestimmte	bestimmten	hatte bestimmt	hatten bestimmt
	Future		**Future Perfect**	
	werde bestimmen	werden bestimmen	werde bestimmt haben	werden bestimmt haben
	wirst bestimmen	werdet bestimmen	wirst bestimmt haben	werdet bestimmt haben
	wird bestimmen	werden bestimmen	wird bestimmt haben	werden bestimmt haben
Subjunctive	**Present**		**Present Perfect**	
	bestimme	bestimmen	habe bestimmt	haben bestimmt
	bestimmest	bestimmet	habest bestimmt	habet bestimmt
	bestimme	bestimmen	habe bestimmt	haben bestimmt
	Past		**Past Perfect**	
	bestimmte	bestimmten	hätte bestimmt	hätten bestimmt
	bestimmtest	bestimmtet	hättest bestimmt	hättet bestimmt
	bestimmte	bestimmten	hätte bestimmt	hätten bestimmt
	Future		**Future Perfect**	
	werde bestimmen	werden bestimmen	werde bestimmt haben	werden bestimmt haben
	werdest bestimmen	werdet bestimmen	werdest bestimmt haben	werdet bestimmt haben
	werde bestimmen	werden bestimmen	werde bestimmt haben	werden bestimmt haben
	Present and Future Conditional		**Past Conditional**	
	würde bestimmen	würden bestimmen	würde bestimmt haben	würden bestimmt haben
	würdest bestimmen	würdet bestimmen	würdest bestimmt haben	würdet bestimmt haben
	würde bestimmen	würden bestimmen	würde bestimmt haben	würden bestimmt haben

EXAMPLES

Sie hat das Geld für mich bestimmt.
Der Richter bestimmt, wann er aus dem Gefängnis entlassen werden kann.

She intended the money for me.
The judge will decide when he can be released from prison.

besuchen
to visit, to attend
Auxiliary verb: haben   **Past participle:** besucht
Imperative: Besuche! Besucht! Besuchen Sie!

Mode	Simple Tenses		Compound Tenses	
	Singular	*Plural*	*Singular*	*Plural*
Indicative	**Present**		**Present Perfect**	
	besuche	besuchen	habe besucht	haben besucht
	besuchst	besucht	hast besucht	habt besucht
	besucht	besuchen	hat besucht	haben besucht
	Past		**Past Perfect**	
	besuchte	besuchten	hatte besucht	hatten besucht
	besuchtest	besuchtet	hattest besucht	hattet besucht
	besuchte	besuchten	hatte besucht	hatten besucht
	Future		**Future Perfect**	
	werde besuchen	werden besuchen	werde besucht haben	werden besucht haben
	wirst besuchen	werdet besuchen	wirst besucht haben	werdet besucht haben
	wird besuchen	werden besuchen	wird besucht haben	werden besucht haben
Subjunctive	**Present**		**Present Perfect**	
	besuche	besuchen	habe besucht	haben besucht
	besuchest	besuchet	habest besucht	habet besucht
	besuche	besuchen	habe besucht	haben besucht
	Past		**Past Perfect**	
	besuchte	besuchten	hätte besucht	hätten besucht
	besuchtest	besuchtet	hättest besucht	hättet besucht
	besuchte	besuchten	hätte besucht	hätten besucht
	Future		**Future Perfect**	
	werde besuchen	werden besuchen	werde besucht haben	werden besucht haben
	werdest besuchen	werdet besuchen	werdest besucht haben	werdet besucht haben
	werde besuchen	werden besuchen	werde besucht haben	werden besucht haben
	Present and Future Conditional		**Past Conditional**	
	würde besuchen	würden besuchen	würde besucht haben	würden besucht haben
	würdest besuchen	würdet besuchen	würdest besucht haben	würdet besucht haben
	würde besuchen	würden besuchen	würde besucht haben	würden besucht haben

EXAMPLES

Ich werde Onkel Heinrich im Krankenhaus besuchen.

I'm going to visit Uncle Heinrich in the hospital.

Sie besucht eine Schule in Rahlstedt.

She attends a school in Rahlstedt.

beten

to pray, to say in prayer
Auxiliary verb: haben **Past participle:** gebetet
Imperative: Bete! Betet! Beten Sie!

Mode	Simple Tenses		Compound Tenses	
	Singular	*Plural*	*Singular*	*Plural*
Indicative	**Present**		**Present Perfect**	
	bete	beten	habe gebetet	haben gebetet
	betest	betet	hast gebetet	habt gebetet
	betet	beten	hat gebetet	haben gebetet
	Past		**Past Perfect**	
	betete	beteten	hatte gebetet	hatten gebetet
	betetest	betetet	hattest gebetet	hattet gebetet
	betete	beteten	hatte gebetet	hatten gebetet
	Future		**Future Perfect**	
	werde beten	werden beten	werde gebetet haben	werden gebetet haben
	wirst beten	werdet beten	wirst gebetet haben	werdet gebetet haben
	wird beten	werden beten	wird gebetet haben	werden gebetet haben
Subjunctive	**Present**		**Present Perfect**	
	bete	beten	habe gebetet	haben gebetet
	betest	betet	habest gebetet	habet gebetet
	bete	beten	habe gebetet	haben gebetet
	Past		**Past Perfect**	
	betete	beteten	hätte gebetet	hätten gebetet
	betetest	betetet	hättest gebetet	hättet gebetet
	betete	beteten	hätte gebetet	hätten gebetet
	Future		**Future Perfect**	
	werde beten	werden beten	werde gebetet haben	werden gebetet haben
	werdest beten	werdet beten	werdest gebetet haben	werdet gebetet haben
	werde beten	werden beten	werde gebetet haben	werden gebetet haben
	Present and Future Conditional		**Past Conditional**	
	würde beten	würden beten	würde gebetet haben	würden gebetet haben
	würdest beten	würdet beten	würdest gebetet haben	würdet gebetet haben
	würde beten	würden beten	würde gebetet haben	würden gebetet haben

EXAMPLES

Die arme Familie betet um Hilfe.	The poor family prays for help.
Die Kinder beten, bevor sie ins Bett gehen.	The children pray before going to bed.

betrügen
to cheat, to deceive
Auxiliary verb: haben   **Past participle:** betrogen
Imperative: Betrüge! Betrügt! Betrügen Sie!

Mode	Simple Tenses		Compound Tenses	
	Singular	*Plural*	*Singular*	*Plural*
Indicative	**Present**		**Present Perfect**	
	betrüge	betrügen	habe betrogen	haben betrogen
	betrügst	betrügt	hast betrogen	habt betrogen
	betrügt	betrügen	hat betrogen	haben betrogen
	Past		**Past Perfect**	
	betrog	betrogen	hatte betrogen	hatten betrogen
	betrogst	betrogt	hattest betrogen	hattet betrogen
	betrog	betrogen	hatte betrogen	hatten betrogen
	Future		**Future Perfect**	
	werde betrügen	werden betrügen	werde betrogen haben	werden betrogen haben
	wirst betrügen	werdet betrügen	wirst betrogen haben	werdet betrogen haben
	wird betrügen	werden betrügen	wird betrogen haben	werden betrogen haben
Subjunctive	**Present**		**Present Perfect**	
	betrüge	betrügen	habe betrogen	haben betrogen
	betrügest	betrüget	habest betrogen	habet betrogen
	betrüge	betrügen	habe betrogen	haben betrogen
	Past		**Past Perfect**	
	betröge	betrögen	hätte betrogen	hätten betrogen
	betrögest	betröget	hättest betrogen	hättet betrogen
	betröge	betrögen	hätte betrogen	hätten betrogen
	Future		**Future Perfect**	
	werde betrügen	werden betrügen	werde betrogen haben	werden betrogen haben
	werdest betrügen	werdet betrügen	werdest betrogen haben	werdet betrogen haben
	werde betrügen	werden betrügen	werde betrogen haben	werden betrogen haben
	Present and Future Conditional		**Past Conditional**	
	würde betrügen	würden betrügen	würde betrogen haben	würden betrogen haben
	würdest betrügen	würdet betrügen	würdest betrogen haben	würdet betrogen haben
	würde betrügen	würden betrügen	würde betrogen haben	würden betrogen haben

EXAMPLES

Der Wirt ist um 50 Euro betrogen worden. The innkeeper was cheated out of 50 euros.
Der Student betrog in seiner Prüfung. The student cheated on his exam.

betteln
to beg
Auxiliary verb: haben **Past participle:** gebettelt
Imperative: Bettele! Bettelt! Betteln Sie!

Mode	Simple Tenses		Compound Tenses	
	Singular	*Plural*	*Singular*	*Plural*
Indicative	**Present**		**Present Perfect**	
	bettele	betteln	habe gebettelt	haben gebettelt
	bettelst	bettelt	hast gebettelt	habt gebettelt
	bettelt	betteln	hat gebettelt	haben gebettelt
	Past		**Past Perfect**	
	bettelte	bettelten	hatte gebettelt	hatten gebettelt
	betteltest	betteltet	hattest gebettelt	hattet gebettelt
	bettelte	bettelten	hatte gebettelt	hatten gebettelt
	Future		**Future Perfect**	
	werde betteln	werden betteln	werde gebettelt haben	werden gebettelt haben
	wirst betteln	werdet betteln	wirst gebettelt haben	werdet gebettelt haben
	wird betteln	werden betteln	wird gebettelt haben	werden gebettelt haben
Subjunctive	**Present**		**Present Perfect**	
	bettele	betteln	habe gebettelt	haben gebettelt
	bettlest	bettelt	habest gebettelt	habet gebettelt
	bettele	betteln	habe gebettelt	haben gebettelt
	Past		**Past Perfect**	
	bettelte	bettelten	hätte gebettelt	hätten gebettelt
	betteltest	betteltet	hättest gebettelt	hättet gebettelt
	bettelte	bettelten	hätte gebettelt	hätten gebettelt
	Future		**Future Perfect**	
	werde betteln	werden betteln	werde gebettelt haben	werden gebettelt haben
	werdest betteln	werdet betteln	werdest gebettelt haben	werdet gebettelt haben
	werde betteln	werden betteln	werde gebettelt haben	werden gebettelt haben
	Present and Future Conditional		**Past Conditional**	
	würde betteln	würden betteln	würde gebettelt haben	würden gebettelt haben
	würdest betteln	würdet betteln	würdest gebettelt haben	würdet gebettelt haben
	würde betteln	würden betteln	würde gebettelt haben	würden gebettelt haben

EXAMPLES

Der Hund bettelte um ein Stückchen von meiner Schokolade.

The dog begged for a little piece of my chocolate.

Betteln ist verboten.

Begging is not allowed.

beugen (sich)
to bend
Auxiliary verb: haben **Past participle:** gebeugt
Imperative: Beuge! Beugt! Beugen Sie!

Mode	Simple Tenses		Compound Tenses	
	Singular	*Plural*	*Singular*	*Plural*
Indicative	**Present**		**Present Perfect**	
	beuge	beugen	habe gebeugt	haben gebeugt
	beugst	beugt	hast gebeugt	habt gebeugt
	beugt	beugen	hat gebeugt	haben gebeugt
	Past		**Past Perfect**	
	beugte	beugten	hatte gebeugt	hatten gebeugt
	beugtest	beugtet	hattest gebeugt	hattet gebeugt
	beugte	beugten	hatte gebeugt	hatten gebeugt
	Future		**Future Perfect**	
	werde beugen	werden beugen	werde gebeugt haben	werden gebeugt haben
	wirst beugen	werdet beugen	wirst gebeugt haben	werdet gebeugt haben
	wird beugen	werden beugen	wird gebeugt haben	werden gebeugt haben
Subjunctive	**Present**		**Present Perfect**	
	beuge	beugen	habe gebeugt	haben gebeugt
	beugest	beuget	habest gebeugt	habet gebeugt
	beuge	beugen	habe gebeugt	haben gebeugt
	Past		**Past Perfect**	
	beugte	beugten	hätte gebeugt	hätten gebeugt
	beugtest	beugtet	hättest gebeugt	hättet gebeugt
	beugte	beugten	hätte gebeugt	hätten gebeugt
	Future		**Future Perfect**	
	werde beugen	werden beugen	werde gebeugt haben	werden gebeugt haben
	werdest beugen	werdet beugen	werdest gebeugt haben	werdet gebeugt haben
	werde beugen	werden beugen	werde gebeugt haben	werden gebeugt haben
	Present and Future Conditional		**Past Conditional**	
	würde beugen	würden beugen	würde gebeugt haben	würden gebeugt haben
	würdest beugen	würdet beugen	würdest gebeugt haben	würdet gebeugt haben
	würde beugen	würden beugen	würde gebeugt haben	würden gebeugt haben

EXAMPLES

Beuge dich nicht aus dem Fenster!
Die Bäume beugten sich im Wind.

Don't lean out the window.
The trees bent in the wind.

beurteilen
to judge, to criticize
Auxiliary verb: haben   **Past participle:** beurteilt
Imperative: Beurteile! Beurteilt! Beurteilen Sie!

Mode	Simple Tenses		Compound Tenses	
	Singular	*Plural*	*Singular*	*Plural*
Indicative	**Present**		**Present Perfect**	
	beurteile	beurteilen	habe beurteilt	haben beurteilt
	beurteilst	beurteilt	hast beurteilt	habt beurteilt
	beurteilt	beurteilen	hat beurteilt	haben beurteilt
	Past		**Past Perfect**	
	beurteilte	beurteilten	hatte beurteilt	hatten beurteilt
	beurteiltest	beurteiltet	hattest beurteilt	hattet beurteilt
	beurteilte	beurteilten	hatte beurteilt	hatten beurteilt
	Future		**Future Perfect**	
	werde beurteilen	werden beurteilen	werde beurteilt haben	werden beurteilt haben
	wirst beurteilen	werdet beurteilen	wirst beurteilt haben	werdet beurteilt haben
	wird beurteilen	werden beurteilen	wird beurteilt haben	werden beurteilt haben
Subjunctive	**Present**		**Present Perfect**	
	beurteile	beurteilen	habe beurteilt	haben beurteilt
	beurteilest	beurteilet	habest beurteilt	habet beurteilt
	beurteile	beurteilen	habe beurteilt	haben beurteilt
	Past		**Past Perfect**	
	beurteilte	beurteilten	hätte beurteilt	hätten beurteilt
	beurteiltest	beurteiltet	hättest beurteilt	hättet beurteilt
	beurteilte	beurteilten	hätte beurteilt	hätten beurteilt
	Future		**Future Perfect**	
	werde beurteilen	werden beurteilen	werde beurteilt haben	werden beurteilt haben
	werdest beurteilen	werdet beurteilen	werdest beurteilt haben	werdet beurteilt haben
	werde beurteilen	werden beurteilen	werde beurteilt haben	werden beurteilt haben
	Present and Future Conditional		**Past Conditional**	
	würde beurteilen	würden beurteilen	würde beurteilt haben	würden beurteilt haben
	würdest beurteilen	würdet beurteilen	würdest beurteilt haben	würdet beurteilt haben
	würde beurteilen	würden beurteilen	würde beurteilt haben	würden beurteilt haben

EXAMPLES

Wie hat er die Situation beurteilt?
Der Rechtsanwalt beurteilte die Lage als hoffnungslos.

How did he judge the situation?
The lawyer judged the circumstances as hopeless.

bewegen (sich) [1]
to move, to budge
Auxiliary verb: haben   **Past participle:** bewegt
Imperative: Bewege! Bewegt! Bewegen Sie!

Mode	Simple Tenses		Compound Tenses	
	Singular	*Plural*	*Singular*	*Plural*
Indicative	**Present**		**Present Perfect**	
	bewege	bewegen	habe bewegt	haben bewegt
	bewegst	bewegt	hast bewegt	habt bewegt
	bewegt	bewegen	hat bewegt	haben bewegt
	Past		**Past Perfect**	
	bewegte	bewegten	hatte bewegt	hatten bewegt
	bewegtest	bewegtet	hattest bewegt	hattet bewegt
	bewegte	bewegten	hatte bewegt	hatten bewegt
	Future		**Future Perfect**	
	werde bewegen	werden bewegen	werde bewegt haben	werden bewegt haben
	wirst bewegen	werdet bewegen	wirst bewegt haben	werdet bewegt haben
	wird bewegen	werden bewegen	wird bewegt haben	werden bewegt haben
Subjunctive	**Present**		**Present Perfect**	
	bewege	bewegen	habe bewegt	haben bewegt
	bewegest	beweget	habest bewegt	habet bewegt
	bewege	bewegen	habe bewegt	haben bewegt
	Past		**Past Perfect**	
	bewegte	bewegten	hätte bewegt	hätten bewegt
	bewegtest	bewegtet	hättest bewegt	hättet bewegt
	bewegte	bewegten	hätte bewegt	hätten bewegt
	Future		**Future Perfect**	
	werde bewegen	werden bewegen	werde bewegt haben	werden bewegt haben
	werdest bewegen	werdet bewegen	werdest bewegt haben	werdet bewegt haben
	werde bewegen	werden bewegen	werde bewegt haben	werden bewegt haben
	Present and Future Conditional		**Past Conditional**	
	würde bewegen	würden bewegen	würde bewegt haben	würden bewegt haben
	würdest bewegen	würdet bewegen	würdest bewegt haben	würdet bewegt haben
	würde bewegen	würden bewegen	würde bewegt haben	würden bewegt haben

Note: Do not confuse this verb with the one that follows. Both have the infinitive *bewegen*. This verb has a regular conjugation.

EXAMPLES

Der verwundete Mann versucht sich zu bewegen.	The wounded man tries to move.
Der Tisch ließ sich einfach nicht bewegen.	The table simply wouldn't budge.

bewegen [2]
to prompt, to induce
Auxiliary verb: haben   **Past participle:** bewogen
Imperative: Bewege! Bewegt! Bewegen Sie!

Mode	Simple Tenses		Compound Tenses	
	Singular	*Plural*	*Singular*	*Plural*
Indicative	**Present**		**Present Perfect**	
	bewege	bewegen	habe bewogen	haben bewogen
	bewegst	bewegt	hast bewogen	habt bewogen
	bewegt	bewegen	hat bewogen	haben bewogen
	Past		**Past Perfect**	
	bewog	bewogen	hatte bewogen	hatten bewogen
	bewogst	bewogt	hattest bewogen	hattet bewogen
	bewog	bewogen	hatte bewogen	hatten bewogen
	Future		**Future Perfect**	
	werde bewegen	werden bewegen	werde bewogen haben	werden bewogen haben
	wirst bewegen	werdet bewegen	wirst bewogen haben	werdet bewogen haben
	wird bewegen	werden bewegen	wird bewogen haben	werden bewogen haben
Subjunctive	**Present**		**Present Perfect**	
	bewege	bewegen	habe bewogen	haben bewogen
	bewegest	beweget	habest bewogen	habet bewogen
	bewege	bewegen	habe bewogen	haben bewogen
	Past		**Past Perfect**	
	bewöge	bewögen	hätte bewogen	hätten bewogen
	bewögest	bewöget	hättest bewogen	hättet bewogen
	bewöge	bewögen	hätte bewogen	hätten bewogen
	Future		**Future Perfect**	
	werde bewegen	werden bewegen	werde bewogen haben	werden bewogen haben
	werdest bewegen	werdet bewegen	werdest bewogen haben	werdet bewogen haben
	werde bewegen	werden bewegen	werde bewogen haben	werden bewogen haben
	Present and Future Conditional		**Past Conditional**	
	würde bewegen	würden bewegen	würde bewogen haben	würden bewogen haben
	würdest bewegen	würdet bewegen	würdest bewogen haben	würdet bewogen haben
	würde bewegen	würden bewegen	würde bewogen haben	würden bewogen haben

Note: Do not confuse this verb with the preceding one. Both have the infinitive *bewegen*. This verb has an irregular conjugation.

EXAMPLE

Was hat dich dazu bewogen?   What prompted you to do that?

beweisen
to prove
Auxiliary verb: haben   **Past participle:** bewiesen
Imperative: Beweise! Beweist! Beweisen Sie!

Mode	Simple Tenses		Compound Tenses	
	Singular	*Plural*	*Singular*	*Plural*
Indicative	**Present**		**Present Perfect**	
	beweise	beweisen	habe bewiesen	haben bewiesen
	beweist	beweist	hast bewiesen	habt bewiesen
	beweist	beweisen	hat bewiesen	haben bewiesen
	Past		**Past Perfect**	
	bewies	bewiesen	hatte bewiesen	hatten bewiesen
	bewiesest	bewiest	hattest bewiesen	hattet bewiesen
	bewies	bewiesen	hatte bewiesen	hatten bewiesen
	Future		**Future Perfect**	
	werde beweisen	werden beweisen	werde bewiesen haben	werden bewiesen haben
	wirst beweisen	werdet beweisen	wirst bewiesen haben	werdet bewiesen haben
	wird beweisen	werden beweisen	wird bewiesen haben	werden bewiesen haben
Subjunctive	**Present**		**Present Perfect**	
	beweise	beweisen	habe bewiesen	haben bewiesen
	beweisest	beweiset	habest bewiesen	habet bewiesen
	beweise	beweisen	habe bewiesen	haben bewiesen
	Past		**Past Perfect**	
	bewiese	bewiesen	hätte bewiesen	hätten bewiesen
	bewiesest	bewieset	hättest bewiesen	hättet bewiesen
	bewiese	bewiesen	hätte bewiesen	hätten bewiesen
	Future		**Future Perfect**	
	werde beweisen	werden beweisen	werde bewiesen haben	werden bewiesen haben
	werdest beweisen	werdet beweisen	werdest bewiesen haben	werdet bewiesen haben
	werde beweisen	werden beweisen	werde bewiesen haben	werden bewiesen haben
	Present and Future Conditional		**Past Conditional**	
	würde beweisen	würden beweisen	würde bewiesen haben	würden bewiesen haben
	würdest beweisen	würdet beweisen	würdest bewiesen haben	würdet bewiesen haben
	würde beweisen	würden beweisen	würde bewiesen haben	würden bewiesen haben

EXAMPLES

Ihre Schuld muss vor Gericht bewiesen werden.	Your guilt has to be proven in court.
Wie können Sie so eine merkwürdige Theorie beweisen?	How can you prove such a strange theory?

bezahlen

to pay

Auxiliary verb: haben   **Past participle:** bezahlt
Imperative: Bezahle! Bezahlt! Bezahlen Sie!

Mode	Simple Tenses		Compound Tenses	
	Singular	*Plural*	*Singular*	*Plural*
Indicative	**Present**		**Present Perfect**	
	bezahle	bezahlen	habe bezahlt	haben bezahlt
	bezahlst	bezahlt	hast bezahlt	habt bezahlt
	bezahlt	bezahlen	hat bezahlt	haben bezahlt
	Past		**Past Perfect**	
	bezahlte	bezahlten	hatte bezahlt	hatten bezahlt
	bezahltest	bezahltet	hattest bezahlt	hattet bezahlt
	bezahlte	bezahlten	hatte bezahlt	hatten bezahlt
	Future		**Future Perfect**	
	werde bezahlen	werden bezahlen	werde bezahlt haben	werden bezahlt haben
	wirst bezahlen	werdet bezahlen	wirst bezahlt haben	werdet bezahlt haben
	wird bezahlen	werden bezahlen	wird bezahlt haben	werden bezahlt haben
Subjunctive	**Present**		**Present Perfect**	
	bezahle	bezahlen	habe bezahlt	haben bezahlt
	bezahlest	bezahlet	habest bezahlt	habet bezahlt
	bezahle	bezahlen	habe bezahlt	haben bezahlt
	Past		**Past Perfect**	
	bezahlte	bezahlten	hätte bezahlt	hätten bezahlt
	bezahltest	bezahltet	hättest bezahlt	hättet bezahlt
	bezahlte	bezahlten	hätte bezahlt	hätten bezahlt
	Future		**Future Perfect**	
	werde bezahlen	werden bezahlen	werde bezahlt haben	werden bezahlt haben
	werdest bezahlen	werdet bezahlen	werdest bezahlt haben	werdet bezahlt haben
	werde bezahlen	werden bezahlen	werde bezahlt haben	werden bezahlt haben
	Present and Future Conditional		**Past Conditional**	
	würde bezahlen	würden bezahlen	würde bezahlt haben	würden bezahlt haben
	würdest bezahlen	würdet bezahlen	würdest bezahlt haben	würdet bezahlt haben
	würde bezahlen	würden bezahlen	würde bezahlt haben	würden bezahlt haben

EXAMPLES

Wo kann ich diese Sachen bezahlen?
Er hat schon im Voraus bezahlt.

Where can I pay for these things?
He already paid in advance.

biegen
to bend, to curve
Auxiliary verb: haben   **Past participle:** gebogen
Imperative: Biege! Biegt! Biegen Sie!

Mode	Simple Tenses		Compound Tenses	
	Singular	*Plural*	*Singular*	*Plural*
Indicative	**Present**		**Present Perfect**	
	biege	biegen	habe gebogen	haben gebogen
	biegst	biegt	hast gebogen	habt gebogen
	biegt	biegen	hat gebogen	haben gebogen
	Past		**Past Perfect**	
	bog	bogen	hatte gebogen	hatten gebogen
	bogst	bogt	hattest gebogen	hattet gebogen
	bog	bogen	hatte gebogen	hatten gebogen
	Future		**Future Perfect**	
	werde biegen	werden biegen	werde gebogen haben	werden gebogen haben
	wirst biegen	werdet biegen	wirst gebogen haben	werdet gebogen haben
	wird biegen	werden biegen	wird gebogen haben	werden gebogen haben
Subjunctive	**Present**		**Present Perfect**	
	biege	biegen	habe gebogen	haben gebogen
	biegest	bieget	habest gebogen	habet gebogen
	biege	biegen	habe gebogen	haben gebogen
	Past		**Past Perfect**	
	böge	bögen	hätte gebogen	hätten gebogen
	bögest	böget	hättest gebogen	hättet gebogen
	böge	bögen	hätte gebogen	hätten gebogen
	Future		**Future Perfect**	
	werde biegen	werden biegen	werde gebogen haben	werden gebogen haben
	werdest biegen	werdet biegen	werdest gebogen haben	werdet gebogen haben
	werde biegen	werden biegen	werde gebogen haben	werden gebogen haben
	Present and Future Conditional		**Past Conditional**	
	würde biegen	würden biegen	würde gebogen haben	würden gebogen haben
	würdest biegen	würdet biegen	würdest gebogen haben	würdet gebogen haben
	würde biegen	würden biegen	würde gebogen haben	würden gebogen haben

EXAMPLES

Die eiserne Stange ließ sich nicht biegen.   The iron post couldn't be bent.
Das Auto bog langsam um die Ecke.   The car slowly turned the corner.

bieten
to offer
Auxiliary verb: haben   **Past participle:** geboten
Imperative: Biete! Bietet! Bieten Sie!

Mode	Simple Tenses		Compound Tenses	
	Singular	*Plural*	*Singular*	*Plural*
Indicative	**Present**		**Present Perfect**	
	biete	bieten	habe geboten	haben geboten
	bietest	bietet	hast geboten	habt geboten
	bietet	bieten	hat geboten	haben geboten
	Past		**Past Perfect**	
	bot	boten	hatte geboten	hatten geboten
	botest	botet	hattest geboten	hattet geboten
	bot	boten	hatte geboten	hatten geboten
	Future		**Future Perfect**	
	werde bieten	werden bieten	werde geboten haben	werden geboten haben
	wirst bieten	werdet bieten	wirst geboten haben	werdet geboten haben
	wird bieten	werden bieten	wird geboten haben	werden geboten haben
Subjunctive	**Present**		**Present Perfect**	
	biete	bieten	habe geboten	haben geboten
	bietest	bietet	habest geboten	habet geboten
	biete	bieten	habe geboten	haben geboten
	Past		**Past Perfect**	
	böte	böten	hätte geboten	hätten geboten
	bötest	bötet	hättest geboten	hättet geboten
	böte	böten	hätte geboten	hätten geboten
	Future		**Future Perfect**	
	werde bieten	werden bieten	werde geboten haben	werden geboten haben
	werdest bieten	werdet bieten	werdest geboten haben	werdet geboten haben
	werde bieten	werden bieten	werde geboten haben	werden geboten haben
	Present and Future Conditional		**Past Conditional**	
	würde bieten	würden bieten	würde geboten haben	würden geboten haben
	würdest bieten	würdet bieten	würdest geboten haben	würdet geboten haben
	würde bieten	würden bieten	würde geboten haben	würden geboten haben

Note: With inseparable prefixes, the principal parts of this verb are, for example, *gebietet, gebot, hat geboten*. With separable prefixes, the principal parts are, for example, *bietet an, bot an, hat angeboten*. The verb *triefen* has a similar conjugation and the following principal parts: *trieft, troff, ist getroffen* (sometimes *getrieft*).

EXAMPLES

Ich muss bereit sein, wenn sich eine Gelegenheit bietet.	I have to be ready if an opportunity arises.
Das Leben in diesem Dorf bietet nichts.	Life in this village offers nothing.

bilden
to form, to shape, to model
Auxiliary verb: haben **Past participle:** gebildet
Imperative: Bilde! Bildet! Bilden Sie!

Mode	Simple Tenses		Compound Tenses	
	Singular	*Plural*	*Singular*	*Plural*
Indicative	**Present**		**Present Perfect**	
	bilde	bilden	habe gebildet	haben gebildet
	bildest	bildet	hast gebildet	habt gebildet
	bildet	bilden	hat gebildet	haben gebildet
	Past		**Past Perfect**	
	bildete	bildeten	hatte gebildet	hatten gebildet
	bildetest	bildetet	hattest gebildet	hattet gebildet
	bildete	bildeten	hatte gebildet	hatten gebildet
	Future		**Future Perfect**	
	werde bilden	werden bilden	werde gebildet haben	werden gebildet haben
	wirst bilden	werdet bilden	wirst gebildet haben	werdet gebildet haben
	wird bilden	werden bilden	wird gebildet haben	werden gebildet haben
Subjunctive	**Present**		**Present Perfect**	
	bilde	bilden	habe gebildet	haben gebildet
	bildest	bildet	habest gebildet	habet gebildet
	bilde	bilden	habe gebildet	haben gebildet
	Past		**Past Perfect**	
	bildete	bildeten	hätte gebildet	hätten gebildet
	bildetest	bildetet	hättest gebildet	hättet gebildet
	bildete	bildeten	hätte gebildet	hätten gebildet
	Future		**Future Perfect**	
	werde bilden	werden bilden	werde gebildet haben	werden gebildet haben
	werdest bilden	werdet bilden	werdest gebildet haben	werdet gebildet haben
	werde bilden	werden bilden	werde gebildet haben	werden gebildet haben
	Present and Future Conditional		**Past Conditional**	
	würde bilden	würden bilden	würde gebildet haben	würden gebildet haben
	würdest bilden	würdet bilden	würdest gebildet haben	würdet gebildet haben
	würde bilden	würden bilden	würde gebildet haben	würden gebildet haben

EXAMPLES

Im Garten haben die Kinder einen Kreis gebildet.

The children formed a circle in the garden.

Zuerst bildet der Bildhauer eine Figur aus Wachs.

First the sculptor forms a figure out of wax.

binden
to tie, to bind
Auxiliary verb: haben   **Past participle:** gebunden
Imperative: Binde! Bindet! Binden Sie!

Mode	Simple Tenses		Compound Tenses	
	Singular	*Plural*	*Singular*	*Plural*
Indicative	**Present**		**Present Perfect**	
	binde	binden	habe gebunden	haben gebunden
	bindest	bindet	hast gebunden	habt gebunden
	bindet	binden	hat gebunden	haben gebunden
	Past		**Past Perfect**	
	band	banden	hatte gebunden	hatten gebunden
	bandest	bandet	hattest gebunden	hattet gebunden
	band	banden	hatte gebunden	hatten gebunden
	Future		**Future Perfect**	
	werde binden	werden binden	werde gebunden haben	werden gebunden haben
	wirst binden	werdet binden	wirst gebunden haben	werdet gebunden haben
	wird binden	werden binden	wird gebunden haben	werden gebunden haben
Subjunctive	**Present**		**Present Perfect**	
	binde	binden	habe gebunden	haben gebunden
	bindest	bindet	habest gebunden	habet gebunden
	binde	binden	habe gebunden	haben gebunden
	Past		**Past Perfect**	
	bände	bänden	hätte gebunden	hätten gebunden
	bändest	bändet	hättest gebunden	hättet gebunden
	bände	bänden	hätte gebunden	hätten gebunden
	Future		**Future Perfect**	
	werde binden	werden binden	werde gebunden haben	werden gebunden haben
	werdest binden	werdet binden	werdest gebunden haben	werdet gebunden haben
	werde binden	werden binden	werde gebunden haben	werden gebunden haben
	Present and Future Conditional		**Past Conditional**	
	würde binden	würden binden	würde gebunden haben	würden gebunden haben
	würdest binden	würdet binden	würdest gebunden haben	würdet gebunden haben
	würde binden	würden binden	würde gebunden haben	würden gebunden haben

EXAMPLES

Kannst du mir helfen, diesen Schlips zu binden?	Can you help me tie this tie?
Mein Ehrenwort ist bindend.	My word of honor is binding.
Ich fühle mich an mein Versprechen gebunden.	I feel bound to my promise.

bitten

to ask, to request, to beg

Auxiliary verb: haben   **Past participle:** gebeten

Imperative: Bitte! Bittet! Bitten Sie!

Mode	Simple Tenses		Compound Tenses	
	Singular	*Plural*	*Singular*	*Plural*
Indicative	**Present**		**Present Perfect**	
	bitte	biten	habe gebeten	haben gebeten
	bittest	bittet	hast gebeten	habt gebeten
	bittet	bitten	hat gebeten	haben gebeten
	Past		**Past Perfect**	
	bat	baten	hatte gebeten	hatten gebeten
	batest	batet	hattest gebeten	hattet gebeten
	bat	baten	hatte gebeten	hatten gebeten
	Future		**Future Perfect**	
	werde bitten	werden bitten	werde gebeten haben	werden gebeten haben
	wirst bitten	werdet bitten	wirst gebeten haben	werdet gebeten haben
	wird bitten	werden bitten	wird gebeten haben	werden gebeten haben
Subjunctive	**Present**		**Present Perfect**	
	bitte	bitten	habe gebeten	haben gebeten
	bittest	bittet	habest gebeten	habet gebeten
	bitte	bitten	habe gebeten	haben gebeten
	Past		**Past Perfect**	
	bäte	bäten	hätte gebeten	hätten gebeten
	bätest	bätet	hättest gebeten	hättet gebeten
	bäte	bäten	hätte gebeten	hätten gebeten
	Future		**Future Perfect**	
	werde bitten	werden bitten	werde gebeten haben	werden gebeten haben
	werdest bitten	werdet bitten	werdest gebeten haben	werdet gebeten haben
	werde bitten	werden bitten	werde gebeten haben	werden gebeten haben
	Present and Future Conditional		**Past Conditional**	
	würde bitten	würden bitten	würde gebeten haben	würden gebeten haben
	würdest bitten	würdet bitten	würdest gebeten haben	würdet gebeten haben
	würde bitten	würden bitten	würde gebeten haben	würden gebeten haben

EXAMPLES

Ich bitte dich um Verzeihung.	I beg your pardon.
Mein Freund hat mich gebeten ihn um acht abzuholen.	My friend asked me to pick him up at eight.

blasen
to blow
Auxiliary verb: haben **Past participle:** geblasen
Imperative: Blase! Blast! Blasen Sie!

Mode	Simple Tenses		Compound Tenses	
	Singular	*Plural*	*Singular*	*Plural*
Indicative	**Present**		**Present Perfect**	
	blase	blasen	habe geblasen	haben geblasen
	bläst	blast	hast geblasen	habt geblasen
	bläst	blasen	hat geblasen	haben geblasen
	Past		**Past Perfect**	
	blies	bliesen	hatte geblasen	hatten geblasen
	bliesest	bliest	hattest geblasen	hattet geblasen
	blies	bliesen	hatte geblasen	hatten geblasen
	Future		**Future Perfect**	
	werde blasen	werden blasen	werde geblasen haben	werden geblasen haben
	wirst blasen	werdet blasen	wirst geblasen haben	werdet geblasen haben
	wird blasen	werden blasen	wird geblasen haben	werden geblasen haben
Subjunctive	**Present**		**Present Perfect**	
	blase	blasen	habe geblasen	haben geblasen
	blasest	blaset	habest geblasen	habet geblasen
	blase	blasen	habe geblasen	haben geblasen
	Past		**Past Perfect**	
	bliese	bliesen	hätte geblasen	hätten geblasen
	bliesest	blieset	hättest geblasen	hättet geblasen
	bliese	bliesen	hätte geblasen	hätten geblasen
	Future		**Future Perfect**	
	werde blasen	werden blasen	werde geblasen haben	werden geblasen haben
	werdest blasen	werdet blasen	werdest geblasen haben	werdet geblasen haben
	werde blasen	werden blasen	werde geblasen haben	werden geblasen haben
	Present and Future Conditional		**Past Conditional**	
	würde blasen	würden blasen	würde geblasen haben	würden geblasen haben
	würdest blasen	würdet blasen	würdest geblasen haben	würdet geblasen haben
	würde blasen	würden blasen	würde geblasen haben	würden geblasen haben

EXAMPLES

Der Wind bläst heute heftiger als gestern.

The wind is blowing harder today than yesterday.

Der Jäger blies ins Horn.

The hunter blew his horn.

bleiben
to remain, to stay
Auxiliary verb: sein   **Past participle:** geblieben
Imperative: Bleibe! Bleibt! Bleiben Sie!

Mode	Simple Tenses		Compound Tenses	
	Singular	*Plural*	*Singular*	*Plural*
Indicative	**Present**		**Present Perfect**	
	bleibe	bleiben	bin geblieben	sind geblieben
	bleibst	bleibt	bist geblieben	seid geblieben
	bleibt	bleiben	ist geblieben	sind geblieben
	Past		**Past Perfect**	
	blieb	blieben	war geblieben	waren geblieben
	bliebst	bliebt	warst geblieben	wart geblieben
	blieb	blieben	war geblieben	waren geblieben
	Future		**Future Perfect**	
	werde bleiben	werden bleiben	werde geblieben sein	werden geblieben sein
	wirst bleiben	werdet bleiben	wirst geblieben sein	werdet geblieben sein
	wird bleiben	werden bleiben	wird geblieben sein	werden geblieben sein
Subjunctive	**Present**		**Present Perfect**	
	bleibe	bleiben	sei geblieben	seien geblieben
	bleibest	bleibet	seiest geblieben	seiet geblieben
	bleibe	bleiben	sei geblieben	seien geblieben
	Past		**Past Perfect**	
	bliebe	blieben	wäre geblieben	wären geblieben
	bliebest	bliebet	wärest geblieben	wäret geblieben
	bliebe	blieben	wäre geblieben	wären geblieben
	Future		**Future Perfect**	
	werde bleiben	werden bleiben	werde geblieben sein	werden geblieben sein
	werdest bleiben	werdet bleiben	werdest geblieben sein	werdet geblieben sein
	werde bleiben	werden bleiben	werde geblieben sein	werden geblieben sein
	Present and Future Conditional		**Past Conditional**	
	würde bleiben	würden bleiben	würde geblieben sein	würden geblieben sein
	würdest bleiben	würdet bleiben	würdest geblieben sein	würdet geblieben sein
	würde bleiben	würden bleiben	würde geblieben sein	würden geblieben sein

Note: With inseparable prefixes, the principal parts are, for example, *verbleibt, verblieb, ist verblieben.* With separable prefixes, the principal parts are, for example, *bleibt weg, blieb weg, ist weggeblieben.*

EXAMPLES

Der Chef bleibt bei seiner Meinung.
Wo ist Ihr Vetter geblieben?

The boss persists in his opinion.
What's become of your cousin?

blitzen
to flash lightning, to take pictures with a flash
Auxiliary verb: haben   **Past participle:** geblitzt
Imperative: Blitze! Blitzt! Blitzen Sie!

Mode	Simple Tenses		Compound Tenses	
	Singular	*Plural*	*Singular*	*Plural*
Indicative	**Present**		**Present Perfect**	
	blitze	blitzen	habe geblitzt	haben geblitzt
	blitzt	blitzt	hast geblitzt	habt geblitzt
	blitzt	blitzen	hat geblitzt	haben geblitzt
	Past		**Past Perfect**	
	blitzte	blitzten	hatte geblitzt	hatten geblitzt
	blitztest	blitztet	hattest geblitzt	hattet geblitzt
	blitzte	blitzten	hatte geblitzt	hatten geblitzt
	Future		**Future Perfect**	
	werde blitzen	werden blitzen	werde geblitzt haben	werden geblitzt haben
	wirst blitzen	werdet blitzen	wirst geblitzt haben	werdet geblitzt haben
	wird blitzen	werden blitzen	wird geblitzt haben	werden geblitzt haben
Subjunctive	**Present**		**Present Perfect**	
	blitze	blitzen	habe geblitzt	haben geblitzt
	blitzest	blitzet	habest geblitzt	habet geblitzt
	blitze	blitzen	habe geblitzt	haben geblitzt
	Past		**Past Perfect**	
	blitzte	blitzten	hätte geblitzt	hätten geblitzt
	blitztest	blitztet	hättest geblitzt	hättet geblitzt
	blitzte	blitzten	hätte geblitzt	hätten geblitzt
	Future		**Future Perfect**	
	werde blitzen	werden blitzen	werde geblitzt haben	werden geblitzt haben
	werdest blitzen	werdet blitzen	werdest geblitzt haben	werdet geblitzt haben
	werde blitzen	werden blitzen	werde geblitzt haben	werden geblitzt haben
	Present and Future Conditional		**Past Conditional**	
	würde blitzen	würden blitzen	würde geblitzt haben	würden geblitzt haben
	würdest blitzen	würdet blitzen	würdest geblitzt haben	würdet geblitzt haben
	würde blitzen	würden blitzen	würde geblitzt haben	würden geblitzt haben

Note: This verb is most commonly used with the third-person singular pronoun *es*.

EXAMPLE

Es blitzt.   Lightning is flashing.

blühen
to bloom, to flower
Auxiliary verb: haben   **Past participle:** geblüht
Imperative: Blühe! Blüht! Blühen Sie!

Mode	Simple Tenses		Compound Tenses	
	Singular	*Plural*	*Singular*	*Plural*
Indicative	**Present**		**Present Perfect**	
	blühe	blühen	habe geblüht	haben geblüht
	blühst	blüht	hast geblüht	habt geblüht
	blüht	blühen	hat geblüht	haben geblüht
	Past		**Past Perfect**	
	blühte	blühten	hatte geblüht	hatten geblüht
	blühtest	blühtet	hattest geblüht	hattet geblüht
	blühte	blühten	hatte geblüht	hatten geblüht
	Future		**Future Perfect**	
	werde blühen	werden blühen	werde geblüht haben	werden geblüht haben
	wirst blühen	werdet blühen	wirst geblüht haben	werdet geblüht haben
	wird blühen	werden blühen	wird geblüht haben	werden geblüht haben
Subjunctive	**Present**		**Present Perfect**	
	blühe	blühen	habe geblüht	haben geblüht
	blühest	blühet	habest geblüht	habet geblüht
	blühe	blühen	habe geblüht	haben geblüht
	Past		**Past Perfect**	
	blühte	blühten	hätte geblüht	hätten geblüht
	blühtest	blühtet	hättest geblüht	hättet geblüht
	blühte	blühten	hätte geblüht	hätten geblüht
	Future		**Future Perfect**	
	werde blühen	werden blühen	werde geblüht haben	werden geblüht haben
	werdest blühen	werdet blühen	werdest geblüht haben	werdet geblüht haben
	werde blühen	werden blühen	werde geblüht haben	werden geblüht haben
	Present and Future Conditional		**Past Conditional**	
	würde blühen	würden blühen	würde geblüht haben	würden geblüht haben
	würdest blühen	würdet blühen	würdest geblüht haben	würdet geblüht haben
	würde blühen	würden blühen	würde geblüht haben	würden geblüht haben

EXAMPLES

Endlich blüht das neue Geschäft.
In unserem Garten werden Nelken und Rosen blühen.

The new business is finally prospering.
Carnations and roses will bloom in our garden.

borgen

to borrow, to lend
Auxiliary verb: haben   **Past participle:** geborgt
Imperative: Borge! Borgt! Borgen Sie!

Mode	Simple Tenses		Compound Tenses	
	Singular	*Plural*	*Singular*	*Plural*
Indicative	**Present**		**Present Perfect**	
	borge	borgen	habe geborgt	haben geborgt
	borgst	borgt	hast geborgt	habt geborgt
	borgt	borgen	hat geborgt	haben geborgt
	Past		**Past Perfect**	
	borgte	borgten	hatte geborgt	hatten geborgt
	borgtest	borgtet	hattest geborgt	hattet geborgt
	borgte	borgten	hatte geborgt	hatten geborgt
	Future		**Future Perfect**	
	werde borgen	werden borgen	werde geborgt haben	werden geborgt haben
	wirst borgen	werdet borgen	wirst geborgt haben	werdet geborgt haben
	wird borgen	werden borgen	wird geborgt haben	werden geborgt haben
Subjunctive	**Present**		**Present Perfect**	
	borge	borgen	habe geborgt	haben geborgt
	borgest	borget	habest geborgt	habet geborgt
	borge	borgen	habe geborgt	haben geborgt
	Past		**Past Perfect**	
	borgte	borgten	hätte geborgt	hätten geborgt
	borgtest	borgtet	hättest geborgt	hättet geborgt
	borgte	borgten	hätte geborgt	hätten geborgt
	Future		**Future Perfect**	
	werde borgen	werden borgen	werde geborgt haben	werden geborgt haben
	werdest borgen	werdet borgen	werdest geborgt haben	werdet geborgt haben
	werde borgen	werden borgen	werde geborgt haben	werden geborgt haben
	Present and Future Conditional		**Past Conditional**	
	würde borgen	würden borgen	würde geborgt haben	würden geborgt haben
	würdest borgen	würdet borgen	würdest geborgt haben	würdet geborgt haben
	würde borgen	würden borgen	würde geborgt haben	würden geborgt haben

EXAMPLES

Mein Bruder hat sich den Sportwagen nur geborgt.	My brother only borrowed the sports car.
Darf ich deinen Regenschirm borgen?	May I borrow your umbrella?

braten

to roast, to fry
Auxiliary verb: haben   **Past participle:** gebraten
Imperative: Brate! Bratet! Braten Sie!

Mode	Simple Tenses		Compound Tenses	
	Singular	*Plural*	*Singular*	*Plural*
Indicative	**Present**		**Present Perfect**	
	brate	braten	habe gebraten	haben gebraten
	brätst	bratet	hast gebraten	habt gebraten
	brät	braten	hat gebraten	haben gebraten
	Past		**Past Perfect**	
	briet	brieten	hatte gebraten	hatten gebraten
	brietst	brietet	hattest gebraten	hattet gebraten
	briet	brieten	hatte gebraten	hatten gebraten
	Future		**Future Perfect**	
	werde braten	werden braten	werde gebraten haben	werden gebraten haben
	wirst braten	werdet braten	wirst gebraten haben	werdet gebraten haben
	wird braten	werden braten	wird gebraten haben	werden gebraten haben
Subjunctive	**Present**		**Present Perfect**	
	brate	braten	habe gebraten	haben gebraten
	bratest	bratet	habest gebraten	habet gebraten
	brate	braten	habe gebraten	haben gebraten
	Past		**Past Perfect**	
	briete	brieten	hätte gebraten	hätten gebraten
	brietest	brietet	hättest gebraten	hättet gebraten
	briete	brieten	hätte gebraten	hätten gebraten
	Future		**Future Perfect**	
	werde braten	werden braten	werde gebraten haben	werden gebraten haben
	werdest braten	werdet braten	werdest gebraten haben	werdet gebraten haben
	werde braten	werden braten	werde gebraten haben	werden gebraten haben
	Present and Future Conditional		**Past Conditional**	
	würde braten	würden braten	würde gebraten haben	würden gebraten haben
	würdest braten	würdet braten	würdest gebraten haben	würdet gebraten haben
	würde braten	würden braten	würde gebraten haben	würden gebraten haben

EXAMPLES

Dieses Schweinefleisch ist zu wenig gebraten.
This pork is underdone.

Onkel Heinz brät die Würstchen in Öl.
Uncle Heinz fries the sausages in oil.

Ich habe das Fleisch nur kurz gebraten.
I fried the meat only briefly.

brauchen

to need

Auxiliary verb: haben   **Past participle:** gebraucht

Imperative: Brauche! Braucht! Brauchen Sie!

Mode	Simple Tenses		Compound Tenses	
	Singular	*Plural*	*Singular*	*Plural*
Indicative	**Present**		**Present Perfect**	
	brauche	brauchen	habe gebraucht	haben gebraucht
	brauchst	braucht	hast gebraucht	habt gebraucht
	braucht	brauchen	hat gebraucht	haben gebraucht
	Past		**Past Perfect**	
	brauchte	brauchten	hatte gebraucht	hatten gebraucht
	brauchtest	brauchtet	hattest gebraucht	hattet gebraucht
	brauchte	brauchten	hatte gebraucht	hatten gebraucht
	Future		**Future Perfect**	
	werde brauchen	werden brauchen	werde gebraucht haben	werden gebraucht haben
	wirst brauchen	werdet brauchen	wirst gebraucht haben	werdet gebraucht haben
	wird brauchen	werden brauchen	wird gebraucht haben	werden gebraucht haben
Subjunctive	**Present**		**Present Perfect**	
	brauche	brauchen	habe gebraucht	haben gebraucht
	brauchest	brauchet	habest gebraucht	habet gebraucht
	brauche	brauchen	habe gebraucht	haben gebraucht
	Past		**Past Perfect**	
	brauchte	brauchten	hätte gebraucht	hätten gebraucht
	brauchtest	brauchtet	hättest gebraucht	hättet gebraucht
	brauchte	brauchten	hätte gebraucht	hätten gebraucht
	Future		**Future Perfect**	
	werde brauchen	werden brauchen	werde gebraucht haben	werden gebraucht haben
	werdest brauchen	werdet brauchen	werdest gebraucht haben	werdet gebraucht haben
	werde brauchen	werden brauchen	werde gebraucht haben	werden gebraucht haben
	Present and Future Conditional		**Past Conditional**	
	würde brauchen	würden brauchen	würde gebraucht haben	würden gebraucht haben
	würdest brauchen	würdet brauchen	würdest gebraucht haben	würdet gebraucht haben
	würde brauchen	würden brauchen	würde gebraucht haben	würden gebraucht haben

EXAMPLES

Du brauchst es nur zu sagen.

You only need to mention it.

Sie dürfen nicht nach Hause gehen. Der Chef braucht Sie noch.

You can't go home. The boss still needs you.

brechen
to break, to vomit
Auxiliary verb: haben   **Past participle:** gebrochen
Imperative: Brich! Brecht! Brechen Sie!

Mode	Simple Tenses		Compound Tenses	
	Singular	*Plural*	*Singular*	*Plural*
Indicative	**Present**		**Present Perfect**	
	breche	brechen	habe gebrochen	haben gebrochen
	brichst	brecht	hast gebrochen	habt gebrochen
	bricht	brechen	hat gebrochen	haben gebrochen
	Past		**Past Perfect**	
	brach	brachen	hatte gebrochen	hatten gebrochen
	brachst	bracht	hattest gebrochen	hattet gebrochen
	brach	brachen	hatte gebrochen	hatten gebrochen
	Future		**Future Perfect**	
	werde brechen	werden brechen	werde gebrochen haben	werden gebrochen haben
	wirst brechen	werdet brechen	wirst gebrochen haben	werdet gebrochen haben
	wird brechen	werden brechen	wird gebrochen haben	werden gebrochen haben
Subjunctive	**Present**		**Present Perfect**	
	breche	brechen	habe gebrochen	haben gebrochen
	brechest	brechet	habest gebrochen	habet gebrochen
	breche	brechen	habe gebrochen	haben gebrochen
	Past		**Past Perfect**	
	bräche	brächen	hätte gebrochen	hätten gebrochen
	brächest	brächet	hättest gebrochen	hättet gebrochen
	bräche	brächen	hätte gebrochen	hätten gebrochen
	Future		**Future Perfect**	
	werde brechen	werden brechen	werde gebrochen haben	werden gebrochen haben
	werdest brechen	werdet brechen	werdest gebrochen haben	werdet gebrochen haben
	werde brechen	werden brechen	werde gebrochen haben	werden gebrochen haben
	Present and Future Conditional		**Past Conditional**	
	würde brechen	würden brechen	würde gebrochen haben	würden gebrochen haben
	würdest brechen	würdet brechen	würdest gebrochen haben	würdet gebrochen haben
	würde brechen	würden brechen	würde gebrochen haben	würden gebrochen haben

Note: With inseparable prefixes, the principal parts are, for example, *verbricht, verbrach, hat verbrochen*. With separable prefixes, the principal parts are, for example, *bricht durch, brach durch, ist durchgebrochen*.

EXAMPLES

Der Junge hat sich den Arm gebrochen.   The boy broke his arm.
Der kranke Mann hat oft brechen müssen.   The sick man had to vomit often.

brennen
to burn
Auxiliary verb: haben   **Past participle:** gebrannt
Imperative: Brenne! Brennt! Brennen Sie!

Mode	Simple Tenses		Compound Tenses	
	Singular	*Plural*	*Singular*	*Plural*
Indicative	**Present**		**Present Perfect**	
	brenne	brennen	habe gebrannt	haben gebrannt
	brennst	brennt	hast gebrannt	habt gebrannt
	brennt	brennen	hat gebrannt	haben gebrannt
	Past		**Past Perfect**	
	brannte	brannten	hatte gebrannt	hatten gebrannt
	branntest	branntet	hattest gebrannt	hattet gebrannt
	brannte	brannten	hatte gebrannt	hatten gebrannt
	Future		**Future Perfect**	
	werde brennen	werden brennen	werde gebrannt haben	werden gebrannt haben
	wirst brennen	werdet brennen	wirst gebrannt haben	werdet gebrannt haben
	wird brennen	werden brennen	wird gebrannt haben	werden gebrannt haben
Subjunctive	**Present**		**Present Perfect**	
	brenne	brennen	habe gebrannt	haben gebrannt
	brennest	brennet	habest gebrannt	habet gebrannt
	brenne	brennen	habe gebrannt	haben gebrannt
	Past		**Past Perfect**	
	brennte	brennten	hätte gebrannt	hätten gebrannt
	brenntest	brenntet	hättest gebrannt	hättet gebrannt
	brennte	brennten	hätte gebrannt	hätten gebrannt
	Future		**Future Perfect**	
	werde brennen	werden brennen	werde gebrannt haben	werden gebrannt haben
	werdest brennen	werdet brennen	werdest gebrannt haben	werdet gebrannt haben
	werde brennen	werden brennen	werde gebrannt haben	werden gebrannt haben
	Present and Future Conditional		**Past Conditional**	
	würde brennen	würden brennen	würde gebrannt haben	würden gebrannt haben
	würdest brennen	würdet brennen	würdest gebrannt haben	würdet gebrannt haben
	würde brennen	würden brennen	würde gebrannt haben	würden gebrannt haben

EXAMPLES

Mir haben die Augen gebrannt.　　　My eyes were burning.
Es brennt im Stadtzentrum.　　　There's a fire downtown.

bringen
to bring
Auxiliary verb: haben   **Past participle:** gebracht
Imperative: Bringe! Bringt! Bringen Sie!

Mode	Simple Tenses		Compound Tenses	
	Singular	*Plural*	*Singular*	*Plural*
Indicative	**Present**		**Present Perfect**	
	bringe	bringen	habe gebracht	haben gebracht
	bringst	bringt	hast gebracht	habt gebracht
	bringt	bringen	hat gebracht	haben gebracht
	Past		**Past Perfect**	
	brachte	brachten	hatte gebracht	hatten gebracht
	brachtest	brachtet	hattest gebracht	hattet gebracht
	brachte	brachten	hatte gebracht	hatten gebracht
	Future		**Future Perfect**	
	werde bringen	werden bringen	werde gebracht haben	werden gebracht haben
	wirst bringen	werdet bringen	wirst gebracht haben	werdet gebracht haben
	wird bringen	werden bringen	wird gebracht haben	werden gebracht haben
Subjunctive	**Present**		**Present Perfect**	
	bringe	bringen	habe gebracht	haben gebracht
	bringest	bringet	habest gebracht	habet gebracht
	bringe	bringen	habe gebracht	haben gebracht
	Past		**Past Perfect**	
	brächte	brächten	hätte gebracht	hätten gebracht
	brächtest	brächtet	hättest gebracht	hättet gebracht
	brächte	brächten	hätte gebracht	hätten gebracht
	Future		**Future Perfect**	
	werde bringen	werden bringen	werde gebracht haben	werden gebracht haben
	werdest bringen	werdet bringen	werdest gebracht haben	werdet gebracht haben
	werde bringen	werden bringen	werde gebracht haben	werden gebracht haben
	Present and Future Conditional		**Past Conditional**	
	würde bringen	würden bringen	würde gebracht haben	würden gebracht haben
	würdest bringen	würdet bringen	würdest gebracht haben	würdet gebracht haben
	würde bringen	würden bringen	würde gebracht haben	würden gebracht haben

Note: With inseparable prefixes, the principal parts are, for example, *verbringt, verbrachte, hat verbracht*. With separable prefixes, the principal parts are, for example, *bringt um, brachte um, hat umgebracht*.

EXAMPLES

Um vierzehn Uhr werde ich meine Tante zum Bahnhof bringen.

At two p.m. I'll take my aunt to the railroad station.

danken
to thank
Auxiliary verb: haben   **Past participle:** gedankt
Imperative: Danke! Dankt! Danken Sie!

Mode	Simple Tenses		Compound Tenses	
	Singular	*Plural*	*Singular*	*Plural*
Indicative	**Present**		**Present Perfect**	
	danke	danken	habe gedankt	haben gedankt
	dankst	dankt	hast gedankt	habt gedankt
	dankt	danken	hat gedankt	haben gedankt
	Past		**Past Perfect**	
	dankte	dankten	hatte gedankt	hatten gedankt
	danktest	danktet	hattest gedankt	hattet gedankt
	dankte	dankten	hatte gedankt	hatten gedankt
	Future		**Future Perfect**	
	werde danken	werden danken	werde gedankt haben	werden gedankt haben
	wirst danken	werdet danken	wirst gedankt haben	werdet gedankt haben
	wird danken	werden danken	wird gedankt haben	werden gedankt haben
Subjunctive	**Present**		**Present Perfect**	
	danke	danken	habe gedankt	haben gedankt
	dankest	danket	habest gedankt	habet gedankt
	danke	danken	habe gedankt	haben gedankt
	Past		**Past Perfect**	
	dankte	dankten	hätte gedankt	hätten gedankt
	danktest	danktet	hättest gedankt	hättet gedankt
	dankte	dankten	hätte gedankt	hätten gedankt
	Future		**Future Perfect**	
	werde danken	werden danken	werde gedankt haben	werden gedankt haben
	werdest danken	werdet danken	werdest gedankt haben	werdet gedankt haben
	werde danken	werden danken	werde gedankt haben	werden gedankt haben
	Present and Future Conditional		**Past Conditional**	
	würde danken	würden danken	würde gedankt haben	würden gedankt haben
	würdest danken	würdet danken	würdest gedankt haben	würdet gedankt haben
	würde danken	würden danken	würde gedankt haben	würden gedankt haben

EXAMPLES

Paul soll seinem Onkel für den neuen Schlips danken.

Paul should thank his uncle for the new tie.

„Danke schön," sagte Gudrun, als sie das Geschenk bekam.

"Thank you," Gudrun said when she received the gift.

darstellen
to represent, to state, to portray
Auxiliary verb: haben   **Past participle:** dargestellt
Imperative: Stelle dar! Stellt dar! Stellen Sie dar!

Mode	Simple Tenses		Compound Tenses	
	Singular	*Plural*	*Singular*	*Plural*
Indicative	**Present**		**Present Perfect**	
	stelle dar	stellen dar	habe dargestellt	haben dargestellt
	stellst dar	stellt dar	hast dargestellt	habt dargestellt
	stellt dar	stellen dar	hat dargestellt	haben dargestellt
	Past		**Past Perfect**	
	stellte dar	stellten dar	hatte dargestellt	hatten dargestellt
	stelltest dar	stelltet dar	hattest dargestellt	hattet dargestellt
	stellte dar	stellten dar	hatte dargestellt	hatten dargestellt
	Future		**Future Perfect**	
	werde darstellen	werden darstellen	werde dargestellt haben	werden dargestellt haben
	wirst darstellen	werdet darstellen	wirst dargestellt haben	werdet dargestellt haben
	wird darstellen	werden darstellen	wird dargestellt haben	werden dargestellt haben
Subjunctive	**Present**		**Present Perfect**	
	stelle dar	stellen dar	habe dargestellt	haben dargestellt
	stellest dar	stellet dar	habest dargestellt	habet dargestellt
	stelle dar	stellen dar	habe dargestellt	haben dargestellt
	Past		**Past Perfect**	
	stellte dar	stellten dar	hätte dargestellt	hätten dargestellt
	stelltest dar	stelltet dar	hättest dargestellt	hättet dargestellt
	stellte dar	stellten dar	hätte dargestellt	hätten dargestellt
	Future		**Future Perfect**	
	werde darstellen	werden darstellen	werde dargestellt haben	werden dargestellt haben
	werdest darstellen	werdet darstellen	werdest dargestellt haben	werdet dargestellt haben
	werde darstellen	werden darstellen	werde dargestellt haben	werden dargestellt haben
	Present and Future Conditional		**Past Conditional**	
	würde darstellen	würden darstellen	würde dargestellt haben	würden dargestellt haben
	würdest darstellen	würdet darstellen	würdest dargestellt haben	würdet dargestellt haben
	würde darstellen	würden darstellen	würde dargestellt haben	würden dargestellt haben

EXAMPLES

Sie haben diesen Fall falsch dargestellt.
Das Bild stellt Mozart als Kind dar.

You've misrepresented this case.
The painting portrays Mozart as a child.

dauern

to last, to continue
Auxiliary verb: haben **Past participle:** gedauert
Imperative: N/A

Mode	Simple Tenses		Compound Tenses	
	Singular	*Plural*	*Singular*	*Plural*
Indicative	**Present**		**Present Perfect**	
	dauert	dauern	hat gedauert	haben gedauert
	Past		**Past Perfect**	
	dauerte	dauerten	hatte gedauert	hatten gedauert
	Future		**Future Perfect**	
	wird dauern	werden dauern	wird gedauert haben	werden gedauert haben
Subjunctive	**Present**		**Present Perfect**	
	dauere	dauern	habe gedauert	haben gedauert
	Past		**Past Perfect**	
	dauerte	dauerten	hätte gedauert	hätten gedauert
	Future		**Future Perfect**	
	werde dauern	werden dauern	werde gedauert haben	werden gedauert haben
	Present and Future Conditional		**Past Conditional**	
	würde dauern	würden dauern	würde gedauert haben	würden gedauert haben

Note: This verb is ordinarily used in the third person.

EXAMPLES

Das Schauspiel hat mehr als vier Stunden gedauert.	The play lasted more than four hours.
Wie lange dauert der Film?	How long does the movie last?

decken

to cover

Auxiliary verb: haben   **Past participle:** gedeckt
Imperative: Decke! Deckt! Decken Sie!

Mode	Simple Tenses		Compound Tenses	
	Singular	*Plural*	*Singular*	*Plural*
Indicative	**Present**		**Present Perfect**	
	decke	decken	habe gedeckt	haben gedeckt
	deckst	deckt	hast gedeckt	habt gedeckt
	deckt	decken	hat gedeckt	haben gedeckt
	Past		**Past Perfect**	
	deckte	deckten	hatte gedeckt	hatten gedeckt
	decktest	decktet	hattest gedeckt	hattet gedeckt
	deckte	deckten	hatte gedeckt	hatten gedeckt
	Future		**Future Perfect**	
	werde decken	werden decken	werde gedeckt haben	werden gedeckt haben
	wirst decken	werdet decken	wirst gedeckt haben	werdet gedeckt haben
	wird decken	werden decken	wird gedeckt haben	werden gedeckt haben
Subjunctive	**Present**		**Present Perfect**	
	decke	decken	habe gedeckt	haben gedeckt
	deckest	decket	habest gedeckt	habet gedeckt
	decke	decken	habe gedeckt	haben gedeckt
	Past		**Past Perfect**	
	deckte	deckten	hätte gedeckt	hätten gedeckt
	decktest	decktet	hättest gedeckt	hättet gedeckt
	deckte	deckten	hätte gedeckt	hätten gedeckt
	Future		**Future Perfect**	
	werde decken	werden decken	werde gedeckt haben	werden gedeckt haben
	werdest decken	werdet decken	werdest gedeckt haben	werdet gedeckt haben
	werde decken	werden decken	werde gedeckt haben	werden gedeckt haben
	Present and Future Conditional		**Past Conditional**	
	würde decken	würden decken	würde gedeckt haben	würden gedeckt haben
	würdest decken	würdet decken	würdest gedeckt haben	würdet gedeckt haben
	würde decken	würden decken	würde gedeckt haben	würden gedeckt haben

EXAMPLES

Der große Tisch im Esszimmer ist schon gedeckt.	The large table in the dining room is already set.
Du kannst das Kind mit meinem Mantel zudecken.	You can cover the child with my coat.

denken
to think
Auxiliary verb: haben **Past participle:** gedacht
Imperative: Denke! Denkt! Denken Sie!

Mode	Simple Tenses		Compound Tenses	
	Singular	*Plural*	*Singular*	*Plural*
Indicative	**Present**		**Present Perfect**	
	denke	denken	habe gedacht	haben gedacht
	denkst	denkt	hast gedacht	habt gedacht
	denkt	denken	hat gedacht	haben gedacht
	Past		**Past Perfect**	
	dachte	dachten	hatte gedacht	hatten gedacht
	dachtest	dachtet	hattest gedacht	hattet gedacht
	dachte	dachten	hatte gedacht	hatten gedacht
	Future		**Future Perfect**	
	werde denken	werden denken	werde gedacht haben	werden gedacht haben
	wirst denken	werdet denken	wirst gedacht haben	werdet gedacht haben
	wird denken	werden denken	wird gedacht haben	werden gedacht haben
Subjunctive	**Present**		**Present Perfect**	
	denke	denken	habe gedacht	haben gedacht
	denkest	denket	habest gedacht	habet gedacht
	denke	denken	habe gedacht	haben gedacht
	Past		**Past Perfect**	
	dächte	dächten	hätte gedacht	hätten gedacht
	dächtest	dächtet	hättest gedacht	hättet gedacht
	dächte	dächten	hätte gedacht	hätten gedacht
	Future		**Future Perfect**	
	werde denken	werden denken	werde gedacht haben	werden gedacht haben
	werdest denken	werdet denken	werdest gedacht haben	werdet gedacht haben
	werde denken	werden denken	werde gedacht haben	werden gedacht haben
	Present and Future Conditional		**Past Conditional**	
	würde denken	würden denken	würde gedacht haben	würden gedacht haben
	würdest denken	würdet denken	würdest gedacht haben	würdet gedacht haben
	würde denken	würden denken	würde gedacht haben	würden gedacht haben

EXAMPLES

Ich habe oft an Großmutter gedacht.
Denk nicht mehr daran!

I have often thought of grandmother.
Don't think about it anymore.

dichten

to compose poetry

Auxiliary verb: haben   **Past participle:** gedichtet

Imperative: Dichte! Dichtet! Dichten Sie!

Mode	Simple Tenses		Compound Tenses	
	Singular	*Plural*	*Singular*	*Plural*
Indicative	**Present**		**Present Perfect**	
	dichte	dichten	habe gedichtet	haben gedichtet
	dichtest	dichtet	hast gedichtet	habt gedichtet
	dichtet	dichten	hat gedichtet	haben gedichtet
	Past		**Past Perfect**	
	dichtete	dichteten	hatte gedichtet	hatten gedichtet
	dichtetest	dichtetet	hattest gedichtet	hattet gedichtet
	dichtete	dichteten	hatte gedichtet	hatten gedichtet
	Future		**Future Perfect**	
	werde dichten	werden dichten	werde gedichtet haben	werden gedichtet haben
	wirst dichten	werdet dichten	wirst gedichtet haben	werdet gedichtet haben
	wird dichten	werden dichten	wird gedichtet haben	werden gedichtet haben
Subjunctive	**Present**		**Present Perfect**	
	dichte	dichten	habe gedichtet	haben gedichtet
	dichtest	dichtet	habest gedichtet	habet gedichtet
	dichte	dichten	habe gedichtet	haben gedichtet
	Past		**Past Perfect**	
	dichtete	dichteten	hätte gedichtet	hätten gedichtet
	dichtetest	dichtetet	hättest gedichtet	hättet gedichtet
	dichtete	dichteten	hätte gedichtet	hätten gedichtet
	Future		**Future Perfect**	
	werde dichten	werden dichten	werde gedichtet haben	werden gedichtet haben
	werdest dichten	werdet dichten	werdest gedichtet haben	werdet gedichtet haben
	werde dichten	werden dichten	werde gedichtet haben	werden gedichtet haben
	Present and Future Conditional		**Past Conditional**	
	würde dichten	würden dichten	würde gedichtet haben	würden gedichtet haben
	würdest dichten	würdet dichten	würdest gedichtet haben	würdet gedichtet haben
	würde dichten	würden dichten	würde gedichtet haben	würden gedichtet haben

EXAMPLES

Goethe hat als junger Mann zu dichten angefangen.

Goethe began writing poetry as a young man.

Deutschland ist das Land der Dichter und Denker.

Germany is the land of poets and philosophers.

dienen

to serve

Auxiliary verb: haben   **Past participle:** gedient
Imperative: Diene! Dient! Dienen Sie!

Mode	Simple Tenses		Compound Tenses	
	Singular	*Plural*	*Singular*	*Plural*
Indicative	**Present**		**Present Perfect**	
	diene	dienen	habe gedient	haben gedient
	dienst	dient	hast gedient	habt gedient
	dient	dienen	hat gedient	haben gedient
	Past		**Past Perfect**	
	diente	dienten	hatte gedient	hatten gedient
	dientest	dientet	hattest gedient	hattet gedient
	diente	dienten	hatte gedient	hatten gedient
	Future		**Future Perfect**	
	werde dienen	werden dienen	werde gedient haben	werden gedient haben
	wirst dienen	werdet dienen	wirst gedient haben	werdet gedient haben
	wird dienen	werden dienen	wird gedient haben	werden gedient haben
Subjunctive	**Present**		**Present Perfect**	
	diene	dienen	habe gedient	haben gedient
	dienest	dienet	habest gedient	habet gedient
	diene	dienen	habe gedient	haben gedient
	Past		**Past Perfect**	
	diente	dienten	hätte gedient	hätten gedient
	dientest	dientet	hättest gedient	hättet gedient
	diente	dienten	hätte gedient	hätten gedient
	Future		**Future Perfect**	
	werde dienen	werden dienen	werde gedient haben	werden gedient haben
	werdest dienen	werdet dienen	werdest gedient haben	werdet gedient haben
	werde dienen	werden dienen	werde gedient haben	werden gedient haben
	Present and Future Conditional		**Past Conditional**	
	würde dienen	würden dienen	würde gedient haben	würden gedient haben
	würdest dienen	würdet dienen	würdest gedient haben	würdet gedient haben
	würde dienen	würden dienen	würde gedient haben	würden gedient haben

Note: The verb *dienen* is a dative verb.

EXAMPLES

Die Hauptfigur des Romans dient bei einer reichen Dame.
Wie kann ich Ihnen dienen?

The main character in the novel is in the service of a rich lady.
How can I serve you?

donnern
to thunder
Auxiliary verb: haben **Past participle:** gedonnert
Imperative: N/A

Mode	Simple Tenses		Compound Tenses	
	Singular	*Plural*	*Singular*	*Plural*
Indicative	**Present**		**Present Perfect**	
	donnert		hat gedonnert	
	Past		**Past Perfect**	
	donnerte		hatte gedonnert	
	Future		**Future Perfect**	
	wird donnern		wird gedonnert haben	
Subjunctive	**Present**		**Present Perfect**	
	donnere		habe gedonnert	
	Past		**Past Perfect**	
	donnerte		hätte gedonnert	
	Future		**Future Perfect**	
	werde donnern		werde gedonnert haben	
	Present and Future Conditional		**Past Conditional**	
	würde donnern		würde gedonnert haben	

Note: This verb is used primarily in the third-person singular with the pronoun *es*. It is an impersonal expression. The verb can be used with other persons in a figurative sense.

EXAMPLE

Es blitzt und donnert.   There's lightning and thunder.

drängen

to shove, to press, to urge
Auxiliary verb: haben   **Past participle:** gedrängt
Imperative: Dränge! Drängt! Drängen Sie!

Mode	Simple Tenses		Compound Tenses	
	Singular	*Plural*	*Singular*	*Plural*
Indicative	**Present**		**Present Perfect**	
	dränge	drängen	habe gedrängt	haben gedrängt
	drängst	drängt	hast gedrängt	habt gedrängt
	drängt	drängen	hat gedrängt	haben gedrängt
	Past		**Past Perfect**	
	drängte	drängten	hatte gedrängt	hatten gedrängt
	drängtest	drängtet	hattest gedrängt	hattet gedrängt
	drängte	drängten	hatte gedrängt	hatten gedrängt
	Future		**Future Perfect**	
	werde drängen	werden drängen	werde gedrängt haben	werden gedrängt haben
	wirst drängen	werdet drängen	wirst gedrängt haben	werdet gedrängt haben
	wird drängen	werden drängen	wird gedrängt haben	werden gedrängt haben
Subjunctive	**Present**		**Present Perfect**	
	dränge	drängen	habe gedrängt	haben gedrängt
	drängest	dränget	habest gedrängt	habet gedrängt
	dränge	drängen	habe gedrängt	haben gedrängt
	Past		**Past Perfect**	
	drängte	drängten	hätte gedrängt	hätten gedrängt
	drängtest	drängtet	hättest gedrängt	hättet gedrängt
	drängte	drängten	hätte gedrängt	hätten gedrängt
	Future		**Future Perfect**	
	werde drängen	werden drängen	werde gedrängt haben	werden gedrängt haben
	werdest drängen	werdet drängen	werdest gedrängt haben	werdet gedrängt haben
	werde drängen	werden drängen	werde gedrängt haben	werden gedrängt haben
	Present and Future Conditional		**Past Conditional**	
	würde drängen	würden drängen	würde gedrängt haben	würden gedrängt haben
	würdest drängen	würdet drängen	würdest gedrängt haben	würdet gedrängt haben
	würde drängen	würden drängen	würde gedrängt haben	würden gedrängt haben

EXAMPLES

Die Zuschauer drängten auf die Bühne.
Felix wurde von seinen Eltern dazu gedrängt, in die Armee einzutreten.

The spectators rushed onto the stage.
Felix was pressured by his parents to go into the army.

dringen
to urge, to press forward
Auxiliary verb: haben   **Past participle:** gedrungen
Imperative: Dringe! Dringt! Dringen Sie!

Mode	Simple Tenses		Compound Tenses	
	Singular	*Plural*	*Singular*	*Plural*
Indicative	**Present**		**Present Perfect**	
	dringe	dringen	habe gedrungen	haben gedrungen
	dringst	dringt	hast gedrungen	habt gedrungen
	dringt	dringen	hat gedrungen	haben gedrungen
	Past		**Past Perfect**	
	drang	drangen	hatte gedrungen	hatten gedrungen
	drangst	drangt	hattest gedrungen	hattet gedrungen
	drang	drangen	hatte gedrungen	hatten gedrungen
	Future		**Future Perfect**	
	werde dringen	werden dringen	werde gedrungen haben	werden gedrungen haben
	wirst dringen	werdet dringen	wirst gedrungen haben	werdet gedrungen haben
	wird dringen	werden dringen	wird gedrungen haben	werden gedrungen haben
Subjunctive	**Present**		**Present Perfect**	
	dringe	dringen	habe gedrungen	haben gedrungen
	dringest	dringet	habest gedrungen	habet gedrungen
	dringe	dringen	habe gedrungen	haben gedrungen
	Past		**Past Perfect**	
	dränge	drängen	hätte gedrungen	hätten gedrungen
	drängest	dränget	hättest gedrungen	hättet gedrungen
	dränge	drängen	hätte gedrungen	hätten gedrungen
	Future		**Future Perfect**	
	werde dringen	werden dringen	werde gedrungen haben	werden gedrungen haben
	werdest dringen	werdet dringen	werdest gedrungen haben	werdet gedrungen haben
	werde dringen	werden dringen	werde gedrungen haben	werden gedrungen haben
	Present and Future Conditional		**Past Conditional**	
	würde dringen	würden dringen	würde gedrungen haben	würden gedrungen haben
	würdest dringen	würdet dringen	würdest gedrungen haben	würdet gedrungen haben
	würde dringen	würden dringen	würde gedrungen haben	würden gedrungen haben

EXAMPLES

Wir müssen durch diese dichte Menge dringen.	We have to force our way through this dense crowd.
Es ist dringend.	It's urgent.
Das Sonnenlicht drang ins Zimmer.	The sunlight streamed into the room.

drohen

to threaten, to menace

Auxiliary verb: haben   **Past participle:** gedroht
Imperative: Drohe! Droht! Drohen Sie!

Mode	Simple Tenses		Compound Tenses	
	Singular	*Plural*	*Singular*	*Plural*
Indicative	**Present**		**Present Perfect**	
	drohe	drohen	habe gedroht	haben gedroht
	drohst	droht	hast gedroht	habt gedroht
	droht	drohen	hat gedroht	haben gedroht
	Past		**Past Perfect**	
	drohte	drohten	hatte gedroht	hatten gedroht
	drohtest	drohtet	hattest gedroht	hattet gedroht
	drohte	drohten	hatte gedroht	hatten gedroht
	Future		**Future Perfect**	
	werde drohen	werden drohen	werde gedroht haben	werden gedroht haben
	wirst drohen	werdet drohen	wirst gedroht haben	werdet gedroht haben
	wird drohen	werden drohen	wird gedroht haben	werden gedroht haben
Subjunctive	**Present**		**Present Perfect**	
	drohe	drohen	habe gedroht	haben gedroht
	drohest	drohet	habest gedroht	habet gedroht
	drohe	drohen	habe gedroht	haben gedroht
	Past		**Past Perfect**	
	drohte	drohten	hätte gedroht	hätten gedroht
	drohtest	drohtet	hättest gedroht	hättet gedroht
	drohte	drohten	hätte gedroht	hätten gedroht
	Future		**Future Perfect**	
	werde drohen	werden drohen	werde gedroht haben	werden gedroht haben
	werdest drohen	werdet drohen	werdest gedroht haben	werdet gedroht haben
	werde drohen	werden drohen	werde gedroht haben	werden gedroht haben
	Present and Future Conditional		**Past Conditional**	
	würde drohen	würden drohen	würde gedroht haben	würden gedroht haben
	würdest drohen	würdet drohen	würdest gedroht haben	würdet gedroht haben
	würde drohen	würden drohen	würde gedroht haben	würden gedroht haben

EXAMPLES

Der Politiker drohte damit, die Zeitung zu verklagen.	The politician threatened to bring a suit against the newspaper.
Der Richter hat ihm mit dem Todesurteil gedroht.	The judge threatened him with the death penalty.

drucken

to print, to impress

Auxiliary verb: haben   **Past participle:** gedruckt
Imperative: Drucke! Druckt! Drucken Sie!

Mode	Simple Tenses		Compound Tenses	
	Singular	*Plural*	*Singular*	*Plural*
Indicative	**Present**		**Present Perfect**	
	drucke	drucken	habe gedruckt	haben gedruckt
	druckst	druckt	hast gedruckt	habt gedruckt
	druckt	drucken	hat gedruckt	haben gedruckt
	Past		**Past Perfect**	
	druckte	druckten	hatte gedruckt	hatten gedruckt
	drucktest	drucktet	hattest gedruckt	hattet gedruckt
	druckte	druckten	hatte gedruckt	hatten gedruckt
	Future		**Future Perfect**	
	werde drucken	werden drucken	werde gedruckt haben	werden gedruckt haben
	wirst drucken	werdet drucken	wirst gedruckt haben	werdet gedruckt haben
	wird drucken	werden drucken	wird gedruckt haben	werden gedruckt haben
Subjunctive	**Present**		**Present Perfect**	
	drucke	drucken	habe gedruckt	haben gedruckt
	druckest	drucket	habest gedruckt	habet gedruckt
	drucke	drucken	habe gedruckt	haben gedruckt
	Past		**Past Perfect**	
	druckte	druckten	hätte gedruckt	hätten gedruckt
	drucktest	drucktet	hättest gedruckt	hättet gedruckt
	druckte	druckten	hätte gedruckt	hätten gedruckt
	Future		**Future Perfect**	
	werde drucken	werden drucken	werde gedruckt haben	werden gedruckt haben
	werdest drucken	werdet drucken	werdest gedruckt haben	werdet gedruckt haben
	werde drucken	werden drucken	werde gedruckt haben	werden gedruckt haben
	Present and Future Conditional		**Past Conditional**	
	würde drucken	würden drucken	würde gedruckt haben	würden gedruckt haben
	würdest drucken	würdet drucken	würdest gedruckt haben	würdet gedruckt haben
	würde drucken	würden drucken	würde gedruckt haben	würden gedruckt haben

EXAMPLES

Der Dieb lügt wie gedruckt.

The thief is a bald-faced liar.

Gutenberg druckte die erste Bibel.

Gutenberg printed the first Bible.

Ihre Bücher sind gewöhnlich in Deutschland gedruckt worden.

Her books were usually printed in Germany.

drücken

to press, to squeeze, to oppress
Auxiliary verb: haben   **Past participle:** gedrückt
Imperative: Drücke! Drückt! Drücken Sie!

Mode	Simple Tenses		Compound Tenses	
	Singular	*Plural*	*Singular*	*Plural*
Indicative	**Present**		**Present Perfect**	
	drücke	drücken	habe gedrückt	haben gedrückt
	drückst	drückt	hast gedrückt	habt gedrückt
	drückt	drücken	hat gedrückt	haben gedrückt
	Past		**Past Perfect**	
	drückte	drückten	hatte gedrückt	hatten gedrückt
	drücktest	drücktet	hattest gedrückt	hattet gedrückt
	drückte	drückten	hatte gedrückt	hatten gedrückt
	Future		**Future Perfect**	
	werde drücken	werden drücken	werde gedrückt haben	werden gedrückt haben
	wirst drücken	werdet drücken	wirst gedrückt haben	werdet gedrückt haben
	wird drücken	werden drücken	wird gedrückt haben	werden gedrückt haben
Subjunctive	**Present**		**Present Perfect**	
	drücke	drücken	habe gedrückt	haben gedrückt
	drückest	drücket	habest gedrückt	habet gedrückt
	drücke	drücken	habe gedrückt	haben gedrückt
	Past		**Past Perfect**	
	drückte	drückten	hätte gedrückt	hätten gedrückt
	drücktest	drücktet	hättest gedrückt	hättet gedrückt
	drückte	drückten	hätte gedrückt	hätten gedrückt
	Future		**Future Perfect**	
	werde drücken	werden drücken	werde gedrückt haben	werden gedrückt haben
	werdest drücken	werdet drücken	werdest gedrückt haben	werdet gedrückt haben
	werde drücken	werden drücken	werde gedrückt haben	werden gedrückt haben
	Present and Future Conditional		**Past Conditional**	
	würde drücken	würden drücken	würde gedrückt haben	würden gedrückt haben
	würdest drücken	würdet drücken	würdest gedrückt haben	würdet gedrückt haben
	würde drücken	würden drücken	würde gedrückt haben	würden gedrückt haben

EXAMPLES

Er drückte mir ein bisschen Geld in die Hand.

He put some money in my hand.

Man muss diese Taste drücken, um den Computer anzustellen.

You have to press this button to turn on the computer.

dulden

to endure, to bear, to tolerate
Auxiliary verb: haben   **Past participle:** geduldet
Imperative: Dulde! Duldet! Dulden Sie!

Mode	Simple Tenses		Compound Tenses	
	Singular	*Plural*	*Singular*	*Plural*
Indicative	**Present**		**Present Perfect**	
	dulde	dulden	habe geduldet	haben geduldet
	duldest	duldet	hast geduldet	habt geduldet
	duldet	dulden	hat geduldet	haben geduldet
	Past		**Past Perfect**	
	duldete	duldeten	hatte geduldet	hatten geduldet
	duldetest	duldetet	hattest geduldet	hattet geduldet
	duldete	duldeten	hatte geduldet	hatten geduldet
	Future		**Future Perfect**	
	werde dulden	werden dulden	werde geduldet haben	werden geduldet haben
	wirst dulden	werdet dulden	wirst geduldet haben	werdet geduldet haben
	wird dulden	werden dulden	wird geduldet haben	werden geduldet haben
Subjunctive	**Present**		**Present Perfect**	
	dulde	dulden	habe geduldet	haben geduldet
	duldest	duldet	habest geduldet	habet geduldet
	dulde	dulden	habe geduldet	haben geduldet
	Past		**Past Perfect**	
	duldete	duldeten	hätte geduldet	hätten geduldet
	duldetest	duldetet	hättest geduldet	hättet geduldet
	duldete	duldeten	hätte geduldet	hätten geduldet
	Future		**Future Perfect**	
	werde dulden	werden dulden	werde geduldet haben	werden geduldet haben
	werdest dulden	werdet dulden	werdest geduldet haben	werdet geduldet haben
	werde dulden	werden dulden	werde geduldet haben	werden geduldet haben
	Present and Future Conditional		**Past Conditional**	
	würde dulden	würden dulden	würde geduldet haben	würden geduldet haben
	würdest dulden	würdet dulden	würdest geduldet haben	würdet geduldet haben
	würde dulden	würden dulden	würde geduldet haben	würden geduldet haben

EXAMPLES

Ich dulde es nicht, dass du meinen Fotoapparat benutzt.

I won't put up with your using my camera.

Mutter kann sein schlechtes Benehmen nicht mehr dulden.

Mother can't tolerate his bad behavior any longer.

dürfen
to be allowed, may
Auxiliary verb: haben   **Past participle:** gedurft
Imperative: N/A

Mode	Simple Tenses		Compound Tenses	
	Singular	*Plural*	*Singular*	*Plural*
Indicative	**Present**		**Present Perfect**	
	darf	dürfen	habe gedurft	haben gedurft
	darfst	dürft	hast gedurft	habt gedurft
	darf	dürfen	hat gedurft	haben gedurft
	Past		**Past Perfect**	
	durfte	durften	hatte gedurft	hatten gedurft
	durftest	durftet	hattest gedurft	hattet gedurft
	durfte	durften	hatte gedurft	hatten gedurft
	Future		**Future Perfect**	
	werde dürfen	werden dürfen	werde gedurft haben	werden gedurft haben
	wirst dürfen	werdet dürfen	wirst gedurft haben	werdet gedurft haben
	wird dürfen	werden dürfen	wird gedurft haben	werden gedurft haben
Subjunctive	**Present**		**Present Perfect**	
	dürfe	dürfen	habe gedurft	haben gedurft
	dürfest	dürfet	habest gedurft	habet gedurft
	dürfe	dürfen	habe gedurft	haben gedurft
	Past		**Past Perfect**	
	dürfte	dürften	hätte gedurft	hätten gedurft
	dürftest	dürftet	hättest gedurft	hättet gedurft
	dürfte	dürften	hätte gedurft	hätten gedurft
	Future		**Future Perfect**	
	werde dürfen	werden dürfen	werde gedurft haben	werden gedurft haben
	werdest dürfen	werdet dürfen	werdest gedurft haben	werdet gedurft haben
	werde dürfen	werden dürfen	werde gedurft haben	werden gedurft haben
	Present and Future Conditional		**Past Conditional**	
	würde dürfen	würden dürfen	würde gedurft haben	würden gedurft haben
	würdest dürfen	würdet dürfen	würdest gedurft haben	würdet gedurft haben
	würde dürfen	würden dürfen	würde gedurft haben	würden gedurft haben

Note: This verb is a modal auxiliary. In the perfect and future tenses, when there is a second verb in the sentence, a double-infinitive structure is required: *Haben Sie mit ihm sprechen dürfen?* ("Were you allowed to speak with him?").

EXAMPLES

Darf ich bitten?   May I have this dance?
Sie dürfen nicht alles sagen, was Sie wollen.   You may not say everything you want.

duzen (sich)
to address a person informally with *du*
Auxiliary verb: haben   **Past participle:** geduzt
Imperative: Duze! Duzt! Duzen Sie!

Mode	Simple Tenses		Compound Tenses	
	Singular	*Plural*	*Singular*	*Plural*
Indicative	**Present**		**Present Perfect**	
	duze	duzen	habe geduzt	haben geduzt
	duzt	duzt	hast geduzt	habt geduzt
	duzt	duzen	hat geduzt	haben geduzt
	Past		**Past Perfect**	
	duzte	duzten	hatte geduzt	hatten geduzt
	duztest	duztet	hattest geduzt	hattet geduzt
	duzte	duzten	hatte geduzt	hatten geduzt
	Future		**Future Perfect**	
	werde duzen	werden duzen	werde geduzt haben	werden geduzt haben
	wirst duzen	werdet duzen	wirst geduzt haben	werdet geduzt haben
	wird duzen	werden duzen	wird geduzt haben	werden geduzt haben
Subjunctive	**Present**		**Present Perfect**	
	duze	duzen	habe geduzt	haben geduzt
	duzest	duzet	habest geduzt	habet geduzt
	duze	duzen	habe geduzt	haben geduzt
	Past		**Past Perfect**	
	duzte	duzten	hätte geduzt	hätten geduzt
	duztest	duztet	hättest geduzt	hättet geduzt
	duzte	duzten	hätte geduzt	hätten geduzt
	Future		**Future Perfect**	
	werde duzen	werden duzen	werde geduzt haben	werden geduzt haben
	werdest duzen	werdet duzen	werdest geduzt haben	werdet geduzt haben
	werde duzen	werden duzen	werde geduzt haben	werden geduzt haben
	Present and Future Conditional		**Past Conditional**	
	würde duzen	würden duzen	würde geduzt haben	würden geduzt haben
	würdest duzen	würdet duzen	würdest geduzt haben	würdet geduzt haben
	würde duzen	würden duzen	würde geduzt haben	würden geduzt haben

EXAMPLE

Man darf alle Kinder duzen.   You can say *du* to all children.

einfallen
to fall in, to occur to, to invade
Auxiliary verb: sein   **Past participle:** eingefallen
Imperative: Falle ein! Fallt ein! Fallen Sie ein!

Mode	Simple Tenses		Compound Tenses	
	Singular	*Plural*	*Singular*	*Plural*
Indicative	**Present**		**Present Perfect**	
	falle ein	fallen ein	bin eingefallen	sind eingefallen
	fällst ein	fallt ein	bist eingefallen	seid eingefallen
	fällt ein	fallen ein	ist eingefallen	sind eingefallen
	Past		**Past Perfect**	
	fiel ein	fielen ein	war eingefallen	waren eingefallen
	fielst ein	fielt ein	warst eingefallen	wart eingefallen
	fiel ein	fielen ein	war eingefallen	waren eingefallen
	Future		**Future Perfect**	
	werde einfallen	werden einfallen	werde eingefallen sein	werden eingefallen sein
	wirst einfallen	werdet einfallen	wirst eingefallen sein	werdet eingefallen sein
	wird einfallen	werden einfallen	wird eingefallen sein	werden eingefallen sein
Subjunctive	**Present**		**Present Perfect**	
	falle ein	fallen ein	sei eingefallen	seien eingefallen
	fallest ein	fallet ein	seiest eingefallen	seiet eingefallen
	falle ein	fallen ein	sei eingefallen	seien eingefallen
	Past		**Past Perfect**	
	fiele ein	fielen ein	wäre eingefallen	wären eingefallen
	fielest ein	fielet ein	wärest eingefallen	wäret eingefallen
	fiele ein	fielen ein	wäre eingefallen	wären eingefallen
	Future		**Future Perfect**	
	werde einfallen	werden einfallen	werde eingefallen sein	werden eingefallen sein
	werdest einfallen	werdet einfallen	werdest eingefallen sein	werdet eingefallen sein
	werde einfallen	werden einfallen	werde eingefallen sein	werden eingefallen sein
	Present and Future Conditional		**Past Conditional**	
	würde einfallen	würden einfallen	würde eingefallen sein	würden eingefallen sein
	würdest einfallen	würdet einfallen	würdest eingefallen sein	würdet eingefallen sein
	würde einfallen	würden einfallen	würde eingefallen sein	würden eingefallen sein

EXAMPLES

Nach dem Erdbeben ist unser Haus eingefallen.

After the earthquake our house collapsed.

Ist dir der Name des Schauspielers nicht eingefallen?

Didn't you recall the name of the actor?

Die Armee droht in die Stadt einzufallen.

The army is threatening to invade the city.

einladen

to invite

Auxiliary verb: haben   **Past participle:** eingeladen
Imperative: Lade ein! Ladet ein! Laden Sie ein!

Mode	Simple Tenses		Compound Tenses	
	Singular	*Plural*	*Singular*	*Plural*
Indicative	**Present**		**Present Perfect**	
	lade ein	laden ein	habe eingeladen	haben eingeladen
	lädst ein	ladet ein	hast eingeladen	habt eingeladen
	lädt ein	laden ein	hat eingeladen	haben eingeladen
	Past		**Past Perfect**	
	lud ein	luden ein	hatte eingeladen	hatten eingeladen
	ludst ein	ludet ein	hattest eingeladen	hattet eingeladen
	lud ein	luden ein	hatte eingeladen	hatten eingeladen
	Future		**Future Perfect**	
	werde einladen	werden einladen	werde eingeladen haben	werden eingeladen haben
	wirst einladen	werdet einladen	wirst eingeladen haben	werdet eingeladen haben
	wird einladen	werden einladen	wird eingeladen haben	werden eingeladen haben
Subjunctive	**Present**		**Present Perfect**	
	lade ein	laden ein	habe eingeladen	haben eingeladen
	ladest ein	ladet ein	habest eingeladen	habet eingeladen
	lade ein	laden ein	habe eingeladen	haben eingeladen
	Past		**Past Perfect**	
	lüde ein	lüden ein	hätte eingeladen	hätten eingeladen
	lüdest ein	lüdet ein	hättest eingeladen	hättet eingeladen
	lüde ein	lüden ein	hätte eingeladen	hätten eingeladen
	Future		**Future Perfect**	
	werde einladen	werden einladen	werde eingeladen haben	werden eingeladen haben
	werdest einladen	werdet einladen	werdest eingeladen haben	werdet eingeladen haben
	werde einladen	werden einladen	werde eingeladen haben	werden eingeladen haben
	Present and Future Conditional		**Past Conditional**	
	würde einladen	würden einladen	würde eingeladen haben	würden eingeladen haben
	würdest einladen	würdet einladen	würdest eingeladen haben	würdet eingeladen haben
	würde einladen	würden einladen	würde eingeladen haben	würden eingeladen haben

EXAMPLES

Der Rechtsanwalt hat uns zum Mittagessen eingeladen.

The lawyer invited us to lunch.

Wen lädst du zum Tanz ein?

Whom are you asking to the dance?

einschlafen
to fall asleep
Auxiliary verb: sein **Past participle:** eingeschlafen
Imperative: Schlafe ein! Schlaft ein! Schlafen Sie ein!

Mode	Simple Tenses		Compound Tenses	
	Singular	*Plural*	*Singular*	*Plural*
Indicative	**Present**		**Present Perfect**	
	schlafe ein	schlafen ein	bin eingeschlafen	sind eingeschlafen
	schläfst ein	schlaft ein	bist eingeschlafen	seid eingeschlafen
	schläft ein	schlafen ein	ist eingeschlafen	sind eingeschlafen
	Past		**Past Perfect**	
	schlief ein	schliefen ein	war eingeschlafen	waren eingeschlafen
	schliefst ein	schlieft ein	warst eingeschlafen	wart eingeschlafen
	schlief ein	schliefen ein	war eingeschlafen	waren eingeschlafen
	Future		**Future Perfect**	
	werde einschlafen	werden einschlafen	werde eingeschlafen sein	werden eingeschlafen sein
	wirst einschlafen	werdet einschlafen	wirst eingeschlafen sein	werdet eingeschlafen sein
	wird einschlafen	werden einschlafen	wird eingeschlafen sein	werden eingeschlafen sein
Subjunctive	**Present**		**Present Perfect**	
	schlafe ein	schlafen ein	sei eingeschlafen	seien eingeschlafen
	schlafest ein	schlafet ein	seiest eingeschlafen	seiet eingeschlafen
	schlafe ein	schlafen ein	sei eingeschlafen	seien eingeschlafen
	Past		**Past Perfect**	
	schliefe ein	schliefen ein	wäre eingeschlafen	wären eingeschlafen
	schliefest ein	schliefet ein	wärest eingeschlafen	wäret eingeschlafen
	schliefe ein	schliefen ein	wäre eingeschlafen	wären eingeschlafen
	Future		**Future Perfect**	
	werde einschlafen	werden einschlafen	werde eingeschlafen sein	werden eingeschlafen sein
	werdest einschlafen	werdet einschlafen	werdest eingeschlafen sein	werdet eingeschlafen sein
	werde einschlafen	werden einschlafen	werde eingeschlafen sein	werden eingeschlafen sein
	Present and Future Conditional		**Past Conditional**	
	würde einschlafen	würden einschlafen	würde eingeschlafen sein	würden eingeschlafen sein
	würdest einschlafen	würdet einschlafen	würdest eingeschlafen sein	würdet eingeschlafen sein
	würde einschlafen	würden einschlafen	würde eingeschlafen sein	würden eingeschlafen sein

EXAMPLES

Großvater schläft immer im Kino ein.

Grandfather always falls asleep at the movies.

Meine Füße sind eingeschlafen.

My feet fell asleep.

einsteigen
to get on (a vehicle), to board
Auxiliary verb: sein   **Past participle:** eingestiegen
Imperative: Steige ein! Steigt ein! Steigen Sie ein!

Mode	Simple Tenses		Compound Tenses	
	Singular	*Plural*	*Singular*	*Plural*
Indicative	**Present**		**Present Perfect**	
	steige ein	steigen ein	bin eingestiegen	sind eingestiegen
	steigst ein	steigt ein	bist eingestiegen	seid eingestiegen
	steigt ein	steigen ein	ist eingestiegen	sind eingestiegen
	Past		**Past Perfect**	
	stieg ein	stiegen ein	war eingestiegen	waren eingestiegen
	stiegst ein	stiegt ein	warst eingestiegen	wart eingestiegen
	stieg ein	stiegen ein	war eingestiegen	waren eingestiegen
	Future		**Future Perfect**	
	werde einsteigen	werden einsteigen	werde eingestiegen sein	werden eingestiegen sein
	wirst einsteigen	werdet einsteigen	wirst eingestiegen sein	werdet eingestiegen sein
	wird einsteigen	werden einsteigen	wird eingestiegen sein	werden eingestiegen sein
Subjunctive	**Present**		**Present Perfect**	
	steige ein	steigen ein	sei eingestiegen	seien eingestiegen
	steigest ein	steiget ein	seiest eingestiegen	seiet eingestiegen
	steige ein	steigen ein	sei eingestiegen	seien eingestiegen
	Past		**Past Perfect**	
	stiege ein	stiegen ein	wäre eingestiegen	wären eingestiegen
	stiegest ein	stieget ein	wärest eingestiegen	wäret eingestiegen
	stiege ein	stiegen ein	wäre eingestiegen	wären eingestiegen
	Future		**Future Perfect**	
	werde einsteigen	werden einsteigen	werde eingestiegen sein	werden eingestiegen sein
	werdest einsteigen	werdet einsteigen	werdest eingestiegen sein	werdet eingestiegen sein
	werde einsteigen	werden einsteigen	werde eingestiegen sein	werden eingestiegen sein
	Present and Future Conditional		**Past Conditional**	
	würde einsteigen	würden einsteigen	würde eingestiegen sein	würden eingestiegen sein
	würdest einsteigen	würdet einsteigen	würdest eingestiegen sein	würdet eingestiegen sein
	würde einsteigen	würden einsteigen	würde eingestiegen sein	würden eingestiegen sein

EXAMPLES

Sagen Sie mir bitte, wo ich in die U-Bahn einsteigen kann.

Please tell me where I can get on the subway.

Steigen wir in diesen Bus ein!

Let's get on this bus.

entdecken
to discover, to find out
Auxiliary verb: haben   **Past participle:** entdeckt
Imperative: Entdecke! Entdeckt! Entdecken Sie!

Mode	Simple Tenses		Compound Tenses	
	Singular	*Plural*	*Singular*	*Plural*
Indicative	**Present**		**Present Perfect**	
	entdecke	entdecken	habe entdeckt	haben entdeckt
	entdeckst	entdeckt	hast entdeckt	habt entdeckt
	entdeckt	entdecken	hat entdeckt	haben entdeckt
	Past		**Past Perfect**	
	entdeckte	entdeckten	hatte entdeckt	hatten entdeckt
	entdecktest	entdecktet	hattest entdeckt	hattet entdeckt
	entdeckte	entdeckten	hatte entdeckt	hatten entdeckt
	Future		**Future Perfect**	
	werde entdecken	werden entdecken	werde entdeckt haben	werden entdeckt haben
	wirst entdecken	werdet entdecken	wirst entdeckt haben	werdet entdeckt haben
	wird entdecken	werden entdecken	wird entdeckt haben	werden entdeckt haben
Subjunctive	**Present**		**Present Perfect**	
	entdecke	entdecken	habe entdeckt	haben entdeckt
	entdeckest	entdecket	habest entdeckt	habet entdeckt
	entdecke	entdecken	habe entdeckt	haben entdeckt
	Past		**Past Perfect**	
	entdeckte	entdeckten	hätte entdeckt	hätten entdeckt
	entdecktest	entdecktet	hättest entdeckt	hättet entdeckt
	entdeckte	entdeckten	hätte entdeckt	hätten entdeckt
	Future		**Future Perfect**	
	werde entdecken	werden entdecken	werde entdeckt haben	werden entdeckt haben
	werdest entdecken	werdet entdecken	werdest entdeckt haben	werdet entdeckt haben
	werde entdecken	werden entdecken	werde entdeckt haben	werden entdeckt haben
	Present and Future Conditional		**Past Conditional**	
	würde entdecken	würden entdecken	würde entdeckt haben	würden entdeckt haben
	würdest entdecken	würdet entdecken	würdest entdeckt haben	würdet entdeckt haben
	würde entdecken	würden entdecken	würde entdeckt haben	würden entdeckt haben

EXAMPLES

Haben Kolumbus oder die Skandinavier Amerika entdeckt?
Ich entdeckte ein paar Fehler in Ihrer Arbeit.

Did Columbus or the Scandinavians discover America?
I discovered a couple of errors in your work.

entfernen
to remove, to take away
Auxiliary verb: haben   **Past participle:** entfernt
Imperative: Entferne! Entfernt! Entfernen Sie!

Mode	Simple Tenses		Compound Tenses	
	Singular	*Plural*	*Singular*	*Plural*
Indicative	**Present**		**Present Perfect**	
	entferne	entfernen	habe entfernt	haben entfernt
	entfernst	entfernt	hast entfernt	habt entfernt
	entfernt	entfernen	hat entfernt	haben entfernt
	Past		**Past Perfect**	
	entfernte	entfernten	hatte entfernt	hatten entfernt
	entferntest	entferntet	hattest entfernt	hattet entfernt
	entfernte	entfernten	hatte entfernt	hatten entfernt
	Future		**Future Perfect**	
	werde entfernen	werden entfernen	werde entfernt haben	werden entfernt haben
	wirst entfernen	werdet entfernen	wirst entfernt haben	werdet entfernt haben
	wird entfernen	werden entfernen	wird entfernt haben	werden entfernt haben
Subjunctive	**Present**		**Present Perfect**	
	entferne	entfernen	habe entfernt	haben entfernt
	entfernest	entfernet	habest entfernt	habet entfernt
	entferne	entfernen	habe entfernt	haben entfernt
	Past		**Past Perfect**	
	entfernte	entfernten	hätte entfernt	hätten entfernt
	entferntest	entferntet	hättest entfernt	hättet entfernt
	entfernte	entfernten	hätte entfernt	hätten entfernt
	Future		**Future Perfect**	
	werde entfernen	werden entfernen	werde entfernt haben	werden entfernt haben
	werdest entfernen	werdet entfernen	werdest entfernt haben	werdet entfernt haben
	werde entfernen	werden entfernen	werde entfernt haben	werden entfernt haben
	Present and Future Conditional		**Past Conditional**	
	würde entfernen	würden entfernen	würde entfernt haben	würden entfernt haben
	würdest entfernen	würdet entfernen	würdest entfernt haben	würdet entfernt haben
	würde entfernen	würden entfernen	würde entfernt haben	würden entfernt haben

EXAMPLES

Können diese Flecke aus meiner Bluse entfernt werden?
Can these spots be removed from my blouse?

Das ist leider eine entfernte Möglichkeit.
Unfortunately, that's a remote possibility.

Bitte entferne dich nicht von der Gruppe!
Please don't wander away from the group.

entfliehen
to flee from, to escape
Auxiliary verb: sein   **Past participle:** entflohen
Imperative: Entfliehe! Entflieht! Entfliehen Sie!

Mode	Simple Tenses		Compound Tenses	
	Singular	*Plural*	*Singular*	*Plural*
Indicative	**Present**		**Present Perfect**	
	entfliehe	entfliehen	bin entflohen	sind entflohen
	entfliehst	entflieht	bist entflohen	seid entflohen
	entflieht	entfliehen	ist entflohen	sind entflohen
	Past		**Past Perfect**	
	entfloh	entflohen	war entflohen	waren entflohen
	entflohst	entfloht	warst entflohen	wart entflohen
	entfloh	entflohen	war entflohen	waren entflohen
	Future		**Future Perfect**	
	werde entfliehen	werden entfliehen	werde entflohen sein	werden entflohen sein
	wirst entfliehen	werdet entfliehen	wirst entflohen sein	werdet entflohen sein
	wird entfliehen	werden entfliehen	wird entflohen sein	werden entflohen sein
Subjunctive	**Present**		**Present Perfect**	
	entfliehe	entfliehen	sei entflohen	seien entflohen
	entfliehest	entfliehet	seiest entflohen	seiet entflohen
	entfliehe	entfliehen	sei entflohen	seien entflohen
	Past		**Past Perfect**	
	entflöhe	entflöhen	wäre entflohen	wären entflohen
	entflöhest	entflöhet	wärest entflohen	wäret entflohen
	entflöhe	entflöhen	wäre entflohen	wären entflohen
	Future		**Future Perfect**	
	werde entfliehen	werden entfliehen	werde entflohen sein	werden entflohen sein
	werdest entfliehen	werdet entfliehen	werdest entflohen sein	werdet entflohen sein
	werde entfliehen	werden entfliehen	werde entflohen sein	werden entflohen sein
	Present and Future Conditional		**Past Conditional**	
	würde entfliehen	würden entfliehen	würde entflohen sein	würden entflohen sein
	würdest entfliehen	würdet entfliehen	würdest entflohen sein	würdet entflohen sein
	würde entfliehen	würden entfliehen	würde entflohen sein	würden entflohen sein

EXAMPLES

Der verhaftete Mann ist aus dem Gefängnis entflohen.
The arrested man has escaped from the prison.

Deutsche Touristen entfliehen dem Winter gern in Spanien.
German tourists like to escape to Spain in the winter.

entfremden (sich)
to estrange, to alienate
Auxiliary verb: haben   **Past participle:** entfremdet
Imperative: Entfremde! Entfremdet! Entfremden Sie!

Mode	Simple Tenses		Compound Tenses	
	Singular	*Plural*	*Singular*	*Plural*
Indicative	**Present**		**Present Perfect**	
	entfremde	entfremden	habe entfremdet	haben entfremdet
	entfremdest	entfremdet	hast entfremdet	habt entfremdet
	entfremdet	entfremden	hat entfremdet	haben entfremdet
	Past		**Past Perfect**	
	entfremdete	entfremdeten	hatte entfremdet	hatten entfremdet
	entfremdetest	entfremdetet	hattest entfremdet	hattet entfremdet
	entfremdete	entfremdeten	hatte entfremdet	hatten entfremdet
	Future		**Future Perfect**	
	werde entfremden	werden entfremden	werde entfremdet haben	werden entfremdet haben
	wirst entfremden	werdet entfremden	wirst entfremdet haben	werdet entfremdet haben
	wird entfremden	werden entfremden	wird entfremdet haben	werden entfremdet haben
Subjunctive	**Present**		**Present Perfect**	
	entfremde	entfremden	habe entfremdet	haben entfremdet
	entfremdest	entfremdet	habest entfremdet	habet entfremdet
	entfremde	entfremden	habe entfremdet	haben entfremdet
	Past		**Past Perfect**	
	entfremdete	entfremdeten	hätte entfremdet	hätten entfremdet
	entfremdetest	entfremdetet	hättest entfremdet	hättet entfremdet
	entfremdete	entfremdeten	hätte entfremdet	hätten entfremdet
	Future		**Future Perfect**	
	werde entfremden	werden entfremden	werde entfremdet haben	werden entfremdet haben
	werdest entfremden	werdet entfremden	werdest entfremdet haben	werdet entfremdet haben
	werde entfremden	werden entfremden	werde entfremdet haben	werden entfremdet haben
	Present and Future Conditional		**Past Conditional**	
	würde entfremden	würden entfremden	würde entfremdet haben	würden entfremdet haben
	würdest entfremden	würdet entfremden	würdest entfremdet haben	würdet entfremdet haben
	würde entfremden	würden entfremden	würde entfremdet haben	würden entfremdet haben

EXAMPLES

Niemand versteht, warum er sich von seinen Freunden entfremdet hat.

No one understands why he alienated himself from his friends.

Angelika hat sich von ihrem Mann entfremdet.

Angelika has been feeling estranged from her husband.

enthaupten
to behead
Auxiliary verb: haben   **Past participle:** enthauptet
Imperative: Enthaupte! Enthauptet! Enthaupten Sie!

Mode	Simple Tenses		Compound Tenses	
	Singular	*Plural*	*Singular*	*Plural*
Indicative	**Present**		**Present Perfect**	
	enthaupte	enthaupten	habe enthauptet	haben enthauptet
	enthauptest	enthauptet	hast enthauptet	habt enthauptet
	enthauptet	enthaupten	hat enthauptet	haben enthauptet
	Past		**Past Perfect**	
	enthauptete	enthaupteten	hatte enthauptet	hatten enthauptet
	enthauptetest	enthauptetet	hattest enthauptet	hattet enthauptet
	enthauptete	enthaupteten	hatte enthauptet	hatten enthauptet
	Future		**Future Perfect**	
	werde enthaupten	werden enthaupten	werde enthauptet haben	werden enthauptet haben
	wirst enthaupten	werdet enthaupten	wirst enthauptet haben	werdet enthauptet haben
	wird enthaupten	werden enthaupten	wird enthauptet haben	werden enthauptet haben
Subjunctive	**Present**		**Present Perfect**	
	enthaupte	enthaupten	habe enthauptet	haben enthauptet
	enthauptest	enthauptet	habest enthauptet	habet enthauptet
	enthaupte	enthaupten	habe enthauptet	haben enthauptet
	Past		**Past Perfect**	
	enthauptete	enthaupteten	hätte enthauptet	hätten enthauptet
	enthauptetest	enthauptetet	hättest enthauptet	hättet enthauptet
	enthauptete	enthaupteten	hätte enthauptet	hätten enthauptet
	Future		**Future Perfect**	
	werde enthaupten	werden enthaupten	werde enthauptet haben	werden enthauptet haben
	werdest enthaupten	werdet enthaupten	werdest enthauptet haben	werdet enthauptet haben
	werde enthaupten	werden enthaupten	werde enthauptet haben	werden enthauptet haben
	Present and Future Conditional		**Past Conditional**	
	würde enthaupten	würden enthaupten	würde enthauptet haben	würden enthauptet haben
	würdest enthaupten	würdet enthaupten	würdest enthauptet haben	würdet enthauptet haben
	würde enthaupten	würden enthaupten	würde enthauptet haben	würden enthauptet haben

EXAMPLES

Die Rebellen haben den alten König enthauptet.

The rebel troops have beheaded the old king.

Enthauptung ist heutzutage ungesetzlich.

Beheading is illegal nowadays.

entrüsten (sich)
to feel enraged
Auxiliary verb: haben   **Past participle:** entrüstet
Imperative: Entrüste! Entrüstet! Entrüsten Sie!

Mode	Simple Tenses		Compound Tenses	
	Singular	*Plural*	*Singular*	*Plural*
	Present		**Present Perfect**	
Indicative	entrüste	entrüsten	habe entrüstet	haben entrüstet
	entrüstest	entrüstet	hast entrüstet	habt entrüstet
	entrüstet	entrüsten	hat entrüstet	haben entrüstet
	Past		**Past Perfect**	
	entrüstete	entrüsteten	hatte entrüstet	hatten entrüstet
	entrüstetest	entrüstetet	hattest entrüstet	hattet entrüstet
	entrüstete	entrüsteten	hatte entrüstet	hatten entrüstet
	Future		**Future Perfect**	
	werde entrüsten	werden entrüsten	werde entrüstet haben	werden entrüstet haben
	wirst entrüsten	werdet entrüsten	wirst entrüstet haben	werdet entrüstet haben
	wird entrüsten	werden entrüsten	wird entrüstet haben	werden entrüstet haben
Subjunctive	**Present**		**Present Perfect**	
	entrüste	entrüsten	habe entrüstet	haben entrüstet
	entrüstest	entrüstet	habest entrüstet	habet entrüstet
	entrüste	entrüsten	habe entrüstet	haben entrüstet
	Past		**Past Perfect**	
	entrüstete	entrüsteten	hätte entrüstet	hätten entrüstet
	entrüstetest	entrüstetet	hättest entrüstet	hättet entrüstet
	entrüstete	entrüsteten	hätte entrüstet	hätten entrüstet
	Future		**Future Perfect**	
	werde entrüsten	werden entrüsten	werde entrüstet haben	werden entrüstet haben
	werdest entrüsten	werdet entrüsten	werdest entrüstet haben	werdet entrüstet haben
	werde entrüsten	werden entrüsten	werde entrüstet haben	werden entrüstet haben
	Present and Future Conditional		**Past Conditional**	
	würde entrüsten	würden entrüsten	würde entrüstet haben	würden entrüstet haben
	würdest entrüsten	würdet entrüsten	würdest entrüstet haben	würdet entrüstet haben
	würde entrüsten	würden entrüsten	würde entrüstet haben	würden entrüstet haben

EXAMPLES

Der unerwartete Angriff hat die ganze Nation entrüstet.

The unexpected attack enraged the whole nation.

Er entrüstete sich über den hohen Preis.

He expressed his anger at the high price.

entscheiden (sich)
to decide
Auxiliary verb: haben   **Past participle:** entschieden
Imperative: Entscheide! Entscheidet! Entscheiden Sie!

Mode	Simple Tenses		Compound Tenses	
	Singular	*Plural*	*Singular*	*Plural*
Indicative	**Present**		**Present Perfect**	
	entscheide	entscheiden	habe entschieden	haben entschieden
	entscheidest	entscheidet	hast entschieden	habt entschieden
	entscheidet	entscheiden	hat entschieden	haben entschieden
	Past		**Past Perfect**	
	entschied	entschieden	hatte entschieden	hatten entschieden
	entschiedest	entschiedet	hattest entschieden	hattet entschieden
	entschied	entschieden	hatte entschieden	hatten entschieden
	Future		**Future Perfect**	
	werde entscheiden	werden entscheiden	werde entschieden haben	werden entschieden haben
	wirst entscheiden	werdet entscheiden	wirst entschieden haben	werdet entschieden haben
	wird entscheiden	werden entscheiden	wird entschieden haben	werden entschieden haben
Subjunctive	**Present**		**Present Perfect**	
	entscheide	entscheiden	habe entschieden	haben entschieden
	entscheidest	entscheidet	habest entschieden	habet entschieden
	entscheide	entscheiden	habe entschieden	haben entschieden
	Past		**Past Perfect**	
	entschiede	entschieden	hätte entschieden	hätten entschieden
	entschiedest	entschiedet	hättest entschieden	hättet entschieden
	entschiede	entschieden	hätte entschieden	hätten entschieden
	Future		**Future Perfect**	
	werde entscheiden	werden entscheiden	werde entschieden haben	werden entschieden haben
	werdest entscheiden	werdet entscheiden	werdest entschieden haben	werdet entschieden haben
	werde entscheiden	werden entscheiden	werde entschieden haben	werden entschieden haben
	Present and Future Conditional		**Past Conditional**	
	würde entscheiden	würden entscheiden	würde entschieden haben	würden entschieden haben
	würdest entscheiden	würdet entscheiden	würdest entschieden haben	würdet entschieden haben
	würde entscheiden	würden entscheiden	würde entschieden haben	würden entschieden haben

EXAMPLES

Ich habe mich für das rote Kleid entschieden.
Der Bauingenieur entscheidet über den Bau
der Brücke.

I decided in favor of the red dress.
The engineer will decide about the
construction of the bridge.

entschuldigen (sich)

to excuse

Auxiliary verb: haben **Past participle:** entschuldigt
Imperative: Entschuldige! Entschuldigt! Entschuldigen Sie!

Mode	Simple Tenses		Compound Tenses	
	Singular	*Plural*	*Singular*	*Plural*
Indicative	**Present**		**Present Perfect**	
	entschuldige	entschuldigen	habe entschuldigt	haben entschuldigt
	entschuldigst	entschuldigt	hast entschuldigt	habt entschuldigt
	entschuldigt	entschuldigen	hat entschuldigt	haben entschuldigt
	Past		**Past Perfect**	
	entschuldigte	entschuldigten	hatte entschuldigt	hatten entschuldigt
	entschuldigtest	entschuldigtet	hattest entschuldigt	hattet entschuldigt
	entschuldigte	entschuldigten	hatte entschuldigt	hatten entschuldigt
	Future		**Future Perfect**	
	werde entschuldigen	werden entschuldigen	werde entschuldigt haben	werden entschuldigt haben
	wirst entschuldigen	werdet entschuldigen	wirst entschuldigt haben	werdet entschuldigt haben
	wird entschuldigen	werden entschuldigen	wird entschuldigt haben	werden entschuldigt haben
Subjunctive	**Present**		**Present Perfect**	
	entschuldige	entschuldigen	habe entschuldigt	haben entschuldigt
	entschuldigest	entschuldiget	habest entschuldigt	habet entschuldigt
	entschuldige	entschuldigen	habe entschuldigt	haben entschuldigt
	Past		**Past Perfect**	
	entschuldigte	entschuldigten	hätte entschuldigt	hätten entschuldigt
	entschuldigtest	entschuldigtet	hättest entschuldigt	hättet entschuldigt
	entschuldigte	entschuldigten	hätte entschuldigt	hätten entschuldigt
	Future		**Future Perfect**	
	werde entschuldigen	werden entschuldigen	werde entschuldigt haben	werden entschuldigt haben
	werdest entschuldigen	werdet entschuldigen	werdest entschuldigt haben	werdet entschuldigt haben
	werde entschuldigen	werden entschuldigen	werde entschuldigt haben	werden entschuldigt haben
	Present and Future Conditional		**Past Conditional**	
	würde entschuldigen	würden entschuldigen	würde entschuldigt haben	würden entschuldigt haben
	würdest entschuldigen	würdet entschuldigen	würdest entschuldigt haben	würdet entschuldigt haben
	würde entschuldigen	würden entschuldigen	würde entschuldigt haben	würden entschuldigt haben

EXAMPLES

Er will sich bei Ihnen entschuldigen.	He wants to apologize to you.
Das lässt sich nicht entschuldigen.	There's no excuse for that.
Bitte entschuldigen Sie die Störung.	Please pardon the interruption.

entspannen (sich)
to relax
Auxiliary verb: haben   **Past participle:** entspannt
Imperative: Entspanne! Entspannt! Entspannen Sie!

Mode	Simple Tenses		Compound Tenses	
	Singular	*Plural*	*Singular*	*Plural*
Indicative	**Present**		**Present Perfect**	
	entspanne	entspannen	habe entspannt	haben entspannt
	entspannst	entspannt	hast entspannt	habt entspannt
	entspannt	entspannen	hat entspannt	haben entspannt
	Past		**Past Perfect**	
	entspannte	entspannten	hatte entspannt	hatten entspannt
	entspanntest	entspanntet	hattest entspannt	hattet entspannt
	entspannte	entspannten	hatte entspannt	hatten entspannt
	Future		**Future Perfect**	
	werde entspannen	werden entspannen	werde entspannt haben	werden entspannt haben
	wirst entspannen	werdet entspannen	wirst entspannt haben	werdet entspannt haben
	wird entspannen	werden entspannen	wird entspannt haben	werden entspannt haben
Subjunctive	**Present**		**Present Perfect**	
	entspanne	entspannen	habe entspannt	haben entspannt
	entspannest	entspannet	habest entspannt	habet entspannt
	entspanne	entspannen	habe entspannt	haben entspannt
	Past		**Past Perfect**	
	entspannte	entspannten	hätte entspannt	hätten entspannt
	entspanntest	entspanntet	hättest entspannt	hättet entspannt
	entspannte	entspannten	hätte entspannt	hätten entspannt
	Future		**Future Perfect**	
	werde entspannen	werden entspannen	werde entspannt haben	werden entspannt haben
	werdest entspannen	werdet entspannen	werdest entspannt haben	werdet entspannt haben
	werde entspannen	werden entspannen	werde entspannt haben	werden entspannt haben
	Present and Future Conditional		**Past Conditional**	
	würde entspannen	würden entspannen	würde entspannt haben	würden entspannt haben
	würdest entspannen	würdet entspannen	würdest entspannt haben	würdet entspannt haben
	würde entspannen	würden entspannen	würde entspannt haben	würden entspannt haben

EXAMPLES

Entspanne dich erst einmal!	Relax for a moment.
Nach so viel Arbeit muss ich mich wirklich entspannen.	After so much work I really have to relax.

entwickeln (sich)
to develop, to unfold
Auxiliary verb: haben   **Past participle:** entwickelt
Imperative: Entwickele! Entwickelt! Entwickeln Sie!

Mode	Simple Tenses		Compound Tenses	
	Singular	*Plural*	*Singular*	*Plural*
Indicative	**Present**		**Present Perfect**	
	entwickele	entwickeln	habe entwickelt	haben entwickelt
	entwickelst	entwickelt	hast entwickelt	habt entwickelt
	entwickelt	entwickeln	hat entwickelt	haben entwickelt
	Past		**Past Perfect**	
	entwickelte	entwickelten	hatte entwickelt	hatten entwickelt
	entwickeltest	entwickeltet	hattest entwickelt	hattet entwickelt
	entwickelte	entwickelten	hatte entwickelt	hatten entwickelt
	Future		**Future Perfect**	
	werde entwickeln	werden entwickeln	werde entwickelt haben	werden entwickelt haben
	wirst entwickeln	werdet entwickeln	wirst entwickelt haben	werdet entwickelt haben
	wird entwickeln	werden entwickeln	wird entwickelt haben	werden entwickelt haben
Subjunctive	**Present**		**Present Perfect**	
	entwickele	entwickeln	habe entwickelt	haben entwickelt
	entwickelst	entwickelt	habest entwickelt	habet entwickelt
	entwickele	entwickeln	habe entwickelt	haben entwickelt
	Past		**Past Perfect**	
	entwickelte	entwickelten	hätte entwickelt	hätten entwickelt
	entwickeltest	entwickeltet	hättest entwickelt	hättet entwickelt
	entwickelte	entwickelten	hätte entwickelt	hätten entwickelt
	Future		**Future Perfect**	
	werde entwickeln	werden entwickeln	werde entwickelt haben	werden entwickelt haben
	werdest entwickeln	werdet entwickeln	werdest entwickelt haben	werdet entwickelt haben
	werde entwickeln	werden entwickeln	werde entwickelt haben	werden entwickelt haben
	Present and Future Conditional		**Past Conditional**	
	würde entwickeln	würden entwickeln	würde entwickelt haben	würden entwickelt haben
	würdest entwickeln	würdet entwickeln	würdest entwickelt haben	würdet entwickelt haben
	würde entwickeln	würden entwickeln	würde entwickelt haben	würden entwickelt haben

Note: With separable prefixes the principal parts of this verb are, for example, *wickelt aus, wickelte aus, hat ausgewickelt.*

EXAMPLES

Es entwickelt sich gut.   Things are turning out well.
Ich möchte diese Filme entwickeln lassen.   I'd like to have this film developed.

erben
to inherit
Auxiliary verb: haben **Past participle:** geerbt
Imperative: Erbe! Erbt! Erben Sie!

Mode	Simple Tenses		Compound Tenses	
	Singular	*Plural*	*Singular*	*Plural*
Indicative	**Present**		**Present Perfect**	
	erbe	erben	habe geerbt	haben geerbt
	erbst	erbt	hast geerbt	habt geerbt
	erbt	erben	hat geerbt	haben geerbt
	Past		**Past Perfect**	
	erbte	erbten	hatte geerbt	hatten geerbt
	erbtest	erbtet	hattest geerbt	hattet geerbt
	erbte	erbten	hatte geerbt	hatten geerbt
	Future		**Future Perfect**	
	werde erben	werden erben	werde geerbt haben	werden geerbt haben
	wirst erben	werdet erben	wirst geerbt haben	werdet geerbt haben
	wird erben	werden erben	wird geerbt haben	werden geerbt haben
Subjunctive	**Present**		**Present Perfect**	
	erbe	erben	habe geerbt	haben geerbt
	erbest	erbet	habest geerbt	habet geerbt
	erbe	erben	habe geerbt	haben geerbt
	Past		**Past Perfect**	
	erbte	erbten	hätte geerbt	hätten geerbt
	erbtest	erbtet	hättest geerbt	hättet geerbt
	erbte	erbten	hätte geerbt	hätten geerbt
	Future		**Future Perfect**	
	werde erben	werden erben	werde geerbt haben	werden geerbt haben
	werdest erben	werdet erben	werdest geerbt haben	werdet geerbt haben
	werde erben	werden erben	werde geerbt haben	werden geerbt haben
	Present and Future Conditional		**Past Conditional**	
	würde erben	würden erben	würde geerbt haben	würden geerbt haben
	würdest erben	würdet erben	würdest geerbt haben	würdet geerbt haben
	würde erben	würden erben	würde geerbt haben	würden geerbt haben

EXAMPLES

Sie hat alles von ihrem Vater geerbt.
She inherited everything from her father.

Wer wird ihr ganzes Vermögen erben?
Who will inherit her entire estate?

erfinden
to invent, to discover
Auxiliary verb: haben   **Past participle:** erfunden
Imperative: Erfinde! Erfindet! Erfinden Sie!

Mode	Simple Tenses		Compound Tenses	
	Singular	*Plural*	*Singular*	*Plural*
Indicative	**Present**		**Present Perfect**	
	erfinde	erfinden	habe erfunden	haben erfunden
	erfindest	erfindet	hast erfunden	habt erfunden
	erfindet	erfinden	hat erfunden	haben erfunden
	Past		**Past Perfect**	
	erfand	erfanden	hatte erfunden	hatten erfunden
	erfandest	erfandet	hattest erfunden	hattet erfunden
	erfand	erfanden	hatte erfunden	hatten erfunden
	Future		**Future Perfect**	
	werde erfinden	werden erfinden	werde erfunden haben	werden erfunden haben
	wirst erfinden	werdet erfinden	wirst erfunden haben	werdet erfunden haben
	wird erfinden	werden erfinden	wird erfunden haben	werden erfunden haben
Subjunctive	**Present**		**Present Perfect**	
	erfinde	erfinden	habe erfunden	haben erfunden
	erfindest	erfindet	habest erfunden	habet erfunden
	erfinde	erfinden	habe erfunden	haben erfunden
	Past		**Past Perfect**	
	erfände	erfänden	hätte erfunden	hätten erfunden
	erfändest	erfändet	hättest erfunden	hättet erfunden
	erfände	erfänden	hätte erfunden	hätten erfunden
	Future		**Future Perfect**	
	werde erfinden	werden erfinden	werde erfunden haben	werden erfunden haben
	werdest erfinden	werdet erfinden	werdest erfunden haben	werdet erfunden haben
	werde erfinden	werden erfinden	werde erfunden haben	werden erfunden haben
	Present and Future Conditional		**Past Conditional**	
	würde erfinden	würden erfinden	würde erfunden haben	würden erfunden haben
	würdest erfinden	würdet erfinden	würdest erfunden haben	würdet erfunden haben
	würde erfinden	würden erfinden	würde erfunden haben	würden erfunden haben

EXAMPLES

Wer hat den ersten Fernsehapparat erfunden? — Who invented the first television set?
Diese Firma erfindet umweltfreundliche Produkte. — This company is inventing environmentally-friendly products.

erfrischen (sich)
to refresh
Auxiliary verb: haben   **Past participle:** erfrischt
Imperative: Erfrische! Erfrischt! Erfrischen Sie!

Mode	Simple Tenses		Compound Tenses	
	Singular	*Plural*	*Singular*	*Plural*
Indicative	**Present**		**Present Perfect**	
	erfrische	erfrischen	habe erfrischt	haben erfrischt
	erfrischst	erfrischt	hast erfrischt	habt erfrischt
	erfrischt	erfrischen	hat erfrischt	haben erfrischt
	Past		**Past Perfect**	
	erfrischte	erfrischten	hatte erfrischt	hatten erfrischt
	erfrischtest	erfrischtet	hattest erfrischt	hattet erfrischt
	erfrischte	erfrischten	hatte erfrischt	hatten erfrischt
	Future		**Future Perfect**	
	werde erfrischen	werden erfrischen	werde erfrischt haben	werden erfrischt haben
	wirst erfrischen	werdet erfrischen	wirst erfrischt haben	werdet erfrischt haben
	wird erfrischen	werden erfrischen	wird erfrischt haben	werden erfrischt haben
Subjunctive	**Present**		**Present Perfect**	
	erfrische	erfrischen	habe erfrischt	haben erfrischt
	erfrischest	erfrischet	habest erfrischt	habet erfrischt
	erfrische	erfrischen	habe erfrischt	haben erfrischt
	Past		**Past Perfect**	
	erfrischte	erfrischten	hätte erfrischt	hätten erfrischt
	erfrischtest	erfrischtet	hättest erfrischt	hättet erfrischt
	erfrischte	erfrischten	hätte erfrischt	hätten erfrischt
	Future		**Future Perfect**	
	werde erfrischen	werden erfrischen	werde erfrischt haben	werden erfrischt haben
	werdest erfrischen	werdet erfrischen	werdest erfrischt haben	werdet erfrischt haben
	werde erfrischen	werden erfrischen	werde erfrischt haben	werden erfrischt haben
	Present and Future Conditional		**Past Conditional**	
	würde erfrischen	würden erfrischen	würde erfrischt haben	würden erfrischt haben
	würdest erfrischen	würdet erfrischen	würdest erfrischt haben	würdet erfrischt haben
	würde erfrischen	würden erfrischen	würde erfrischt haben	würden erfrischt haben

EXAMPLES

Er erfrischt sich unter einer kühlen Dusche.   He refreshes himself under a cool shower.
Dieses Getränk ist sehr erfrischend.   This drink is very refreshing.

ergänzen
to complete, to replenish, to fill in
Auxiliary verb: haben **Past participle:** ergänzt
Imperative: Ergänze! Ergänzt! Ergänzen Sie!

Mode	Simple Tenses		Compound Tenses	
	Singular	*Plural*	*Singular*	*Plural*
Indicative	**Present**		**Present Perfect**	
	ergänze	ergänzen	habe ergänzt	haben ergänzt
	ergänzt	ergänzt	hast ergänzt	habt ergänzt
	ergänzt	ergänzen	hat ergänzt	haben ergänzt
	Past		**Past Perfect**	
	ergänzte	ergänzten	hatte ergänzt	hatten ergänzt
	ergänztest	ergänztet	hattest ergänzt	hattet ergänzt
	ergänzte	ergänzten	hatte ergänzt	hatten ergänzt
	Future		**Future Perfect**	
	werde ergänzen	werden ergänzen	werde ergänzt haben	werden ergänzt haben
	wirst ergänzen	werdet ergänzen	wirst ergänzt haben	werdet ergänzt haben
	wird ergänzen	werden ergänzen	wird ergänzt haben	werden ergänzt haben
Subjunctive	**Present**		**Present Perfect**	
	ergänze	ergänzen	habe ergänzt	haben ergänzt
	ergänzest	ergänzet	habest ergänzt	habet ergänzt
	ergänze	ergänzen	habe ergänzt	haben ergänzt
	Past		**Past Perfect**	
	ergänzte	ergänzten	hätte ergänzt	hätten ergänzt
	ergänztest	ergänztet	hättest ergänzt	hättet ergänzt
	ergänzte	ergänzten	hätte ergänzt	hätten ergänzt
	Future		**Future Perfect**	
	werde ergänzen	werden ergänzen	werde ergänzt haben	werden ergänzt haben
	werdest ergänzen	werdet ergänzen	werdest ergänzt haben	werdet ergänzt haben
	werde ergänzen	werden ergänzen	werde ergänzt haben	werden ergänzt haben
	Present and Future Conditional		**Past Conditional**	
	würde ergänzen	würden ergänzen	würde ergänzt haben	würden ergänzt haben
	würdest ergänzen	würdet ergänzen	würdest ergänzt haben	würdet ergänzt haben
	würde ergänzen	würden ergänzen	würde ergänzt haben	würden ergänzt haben

EXAMPLES

Die Studenten müssen hier die Verben ergänzen.

The students have to fill in the verbs here.

Ich möchte meine Sammlung ergänzen und habe deshalb noch zwei neue Briefmarken dazu gekauft.

I want to complete my collection, and therefore bought two more stamps.

erinnern (sich)

to remember, to remind
Auxiliary verb: haben   **Past participle:** erinnert
Imperative: Erinnere! Erinnert! Erinnern Sie!

Mode	Simple Tenses		Compound Tenses	
	Singular	*Plural*	*Singular*	*Plural*
Indicative	**Present**		**Present Perfect**	
	erinnere	erinnern	habe erinnert	haben erinnert
	erinnerst	erinnert	hast erinnert	habt erinnert
	erinnert	erinnern	hat erinnert	haben erinnert
	Past		**Past Perfect**	
	erinnerte	erinnerten	hatte erinnert	hatten erinnert
	erinnertest	erinnertet	hattest erinnert	hattet erinnert
	erinnerte	erinnerten	hatte erinnert	hatten erinnert
	Future		**Future Perfect**	
	werde erinnern	werden erinnern	werde erinnert haben	werden erinnert haben
	wirst erinnern	werdet erinnern	wirst erinnert haben	werdet erinnert haben
	wird erinnern	werden erinnern	wird erinnert haben	werden erinnert haben
Subjunctive	**Present**		**Present Perfect**	
	erinnere	erinnern	habe erinnert	haben erinnert
	erinnerst	erinnert	habest erinnert	habet erinnert
	erinnere	erinnern	habe erinnert	haben erinnert
	Past		**Past Perfect**	
	erinnerte	erinnerten	hätte erinnert	hätten erinnert
	erinnertest	erinnertet	hättest erinnert	hättet erinnert
	erinnerte	erinnerten	hätte erinnert	hätten erinnert
	Future		**Future Perfect**	
	werde erinnern	werden erinnern	werde erinnert haben	werden erinnert haben
	werdest erinnern	werdet erinnern	werdest erinnert haben	werdet erinnert haben
	werde erinnern	werden erinnern	werde erinnert haben	werden erinnert haben
	Present and Future Conditional		**Past Conditional**	
	würde erinnern	würden erinnern	würde erinnert haben	würden erinnert haben
	würdest erinnern	würdet erinnern	würdest erinnert haben	würdet erinnert haben
	würde erinnern	würden erinnern	würde erinnert haben	würden erinnert haben

EXAMPLES

Wenn ich mich recht erinnere, wohnst du noch bei deinen Eltern.

If I remember correctly, you still live with your parents.

Erinnern Sie mich bitte daran, dass ich Herrn Vogt anrufe.

Please remind me to call Mr. Vogt.

erkälten (sich)
to cool, to catch cold
Auxiliary verb: haben **Past participle:** erkältet
Imperative: Erkälte! Erkältet! Erkälten Sie!

Mode	Simple Tenses		Compound Tenses	
	Singular	*Plural*	*Singular*	*Plural*
Indicative	**Present**		**Present Perfect**	
	erkälte	erkälten	habe erkältet	haben erkältet
	erkältest	erkältet	hast erkältet	habt erkältet
	erkältet	erkälten	hat erkältet	haben erkältet
	Past		**Past Perfect**	
	erkältete	erkälteten	hatte erkältet	hatten erkältet
	erkältetest	erkältetet	hattest erkältet	hattet erkältet
	erkältete	erkälteten	hatte erkältet	hatten erkältet
	Future		**Future Perfect**	
	werde erkälten	werden erkälten	werde erkältet haben	werden erkältet haben
	wirst erkälten	werdet erkälten	wirst erkältet haben	werdet erkältet haben
	wird erkälten	werden erkälten	wird erkältet haben	werden erkältet haben
Subjunctive	**Present**		**Present Perfect**	
	erkälte	erkälten	habe erkältet	haben erkältet
	erkältest	erkältet	habest erkältet	habet erkältet
	erkälte	erkälten	habe erkältet	haben erkältet
	Past		**Past Perfect**	
	erkältete	erkälteten	hätte erkältet	hätten erkältet
	erkältetest	erkältetet	hättest erkältet	hättet erkältet
	erkältete	erkälteten	hätte erkältet	hätten erkältet
	Future		**Future Perfect**	
	werde erkälten	werden erkälten	werde erkältet haben	werden erkältet haben
	werdest erkälten	werdet erkälten	werdest erkältet haben	werdet erkältet haben
	werde erkälten	werden erkälten	werde erkältet haben	werden erkältet haben
	Present and Future Conditional		**Past Conditional**	
	würde erkälten	würden erkälten	würde erkältet haben	würden erkältet haben
	würdest erkälten	würdet erkälten	würdest erkältet haben	würdet erkältet haben
	würde erkälten	würden erkälten	würde erkältet haben	würden erkältet haben

EXAMPLES

Werner ist wieder stark erkältet.
Du hast dich wahrscheinlich beim Schwimmen erkältet.

Werner has a bad cold again.
You probably caught a cold swimming.

erklären
to explain, to declare
Auxiliary verb: haben   **Past participle:** erklärt
Imperative: Erkläre! Erklärt! Erklären Sie!

Mode	Simple Tenses		Compound Tenses	
	Singular	*Plural*	*Singular*	*Plural*
Indicative	**Present**		**Present Perfect**	
	erkläre	erklären	habe erklärt	haben erklärt
	erklärst	erklärt	hast erklärt	habt erklärt
	erklärt	erklären	hat erklärt	haben erklärt
	Past		**Past Perfect**	
	erklärte	erklärten	hatte erklärt	hatten erklärt
	erklärtest	erklärtet	hattest erklärt	hattet erklärt
	erklärte	erklärten	hatte erklärt	hatten erklärt
	Future		**Future Perfect**	
	werde erklären	werden erklären	werde erklärt haben	werden erklärt haben
	wirst erklären	werdet erklären	wirst erklärt haben	werdet erklärt haben
	wird erklären	werden erklären	wird erklärt haben	werden erklärt haben
Subjunctive	**Present**		**Present Perfect**	
	erkläre	erklären	habe erklärt	haben erklärt
	erklärest	erkläret	habest erklärt	habet erklärt
	erkläre	erklären	habe erklärt	haben erklärt
	Past		**Past Perfect**	
	erklärte	erklärten	hätte erklärt	hätten erklärt
	erklärtest	erklärtet	hättest erklärt	hättet erklärt
	erklärte	erklärten	hätte erklärt	hätten erklärt
	Future		**Future Perfect**	
	werde erklären	werden erklären	werde erklärt haben	werden erklärt haben
	werdest erklären	werdet erklären	werdest erklärt haben	werdet erklärt haben
	werde erklären	werden erklären	werde erklärt haben	werden erklärt haben
	Present and Future Conditional		**Past Conditional**	
	würde erklären	würden erklären	würde erklärt haben	würden erklärt haben
	würdest erklären	würdet erklären	würdest erklärt haben	würdet erklärt haben
	würde erklären	würden erklären	würde erklärt haben	würden erklärt haben

EXAMPLES

Sie werden den Krieg erklären.
They're going to declare war.

Kannst du mir erklären, wie diese Maschine funktioniert?
Can you explain to me how this machine works?

erlauben
to allow, to permit
Auxiliary verb: haben   **Past participle:** erlaubt
Imperative: Erlaube! Erlaubt! Erlauben Sie!

Mode	Simple Tenses		Compound Tenses	
	Singular	*Plural*	*Singular*	*Plural*
	Present		**Present Perfect**	
	erlaube	erlauben	habe erlaubt	haben erlaubt
	erlaubst	erlaubt	hast erlaubt	habt erlaubt
	erlaubt	erlauben	hat erlaubt	haben erlaubt
Indicative	**Past**		**Past Perfect**	
	erlaubte	erlaubten	hatte erlaubt	hatten erlaubt
	erlaubtest	erlaubtet	hattest erlaubt	hattet erlaubt
	erlaubte	erlaubten	hatte erlaubt	hatten erlaubt
	Future		**Future Perfect**	
	werde erlauben	werden erlauben	werde erlaubt haben	werden erlaubt haben
	wirst erlauben	werdet erlauben	wirst erlaubt haben	werdet erlaubt haben
	wird erlauben	werden erlauben	wird erlaubt haben	werden erlaubt haben
	Present		**Present Perfect**	
	erlaube	erlauben	habe erlaubt	haben erlaubt
	erlaubest	erlaubet	habest erlaubt	habet erlaubt
	erlaube	erlauben	habe erlaubt	haben erlaubt
Subjunctive	**Past**		**Past Perfect**	
	erlaubte	erlaubten	hätte erlaubt	hätten erlaubt
	erlaubtest	erlaubtet	hättest erlaubt	hättet erlaubt
	erlaubte	erlaubten	hätte erlaubt	hätten erlaubt
	Future		**Future Perfect**	
	werde erlauben	werden erlauben	werde erlaubt haben	werden erlaubt haben
	werdest erlauben	werdet erlauben	werdest erlaubt haben	werdet erlaubt haben
	werde erlauben	werden erlauben	werde erlaubt haben	werden erlaubt haben
	Present and Future Conditional		**Past Conditional**	
	würde erlauben	würden erlauben	würde erlaubt haben	würden erlaubt haben
	würdest erlauben	würdet erlauben	würdest erlaubt haben	würdet erlaubt haben
	würde erlauben	würden erlauben	würde erlaubt haben	würden erlaubt haben

EXAMPLES

Das kannst du dir erlauben.
Vater wird mir erlauben morgen einkaufen zu gehen.

You can afford it.
Father will allow me to go shopping tomorrow.

erledigen
to bring to a conclusion, to settle
Auxiliary verb: haben   **Past participle:** erledigt
Imperative: Erledige! Erledigt! Erledigen Sie!

Mode	Simple Tenses		Compound Tenses	
	Singular	*Plural*	*Singular*	*Plural*
Indicative	**Present**		**Present Perfect**	
	erledige	erledigen	habe erledigt	haben erledigt
	erledigst	erledigt	hast erledigt	habt erledigt
	erledigt	erledigen	hat erledigt	haben erledigt
	Past		**Past Perfect**	
	erledigte	erledigten	hatte erledigt	hatten erledigt
	erledigtest	erledigtet	hattest erledigt	hattet erledigt
	erledigte	erledigten	hatte erledigt	hatten erledigt
	Future		**Future Perfect**	
	werde erledigen	werden erledigen	werde erledigt haben	werden erledigt haben
	wirst erledigen	werdet erledigen	wirst erledigt haben	werdet erledigt haben
	wird erledigen	werden erledigen	wird erledigt haben	werden erledigt haben
Subjunctive	**Present**		**Present Perfect**	
	erledige	erledigen	habe erledigt	haben erledigt
	erledigest	erlediget	habest erledigt	habet erledigt
	erledige	erledigen	habe erledigt	haben erledigt
	Past		**Past Perfect**	
	erledigte	erledigten	hätte erledigt	hätten erledigt
	erledigtest	erledigtet	hättest erledigt	hättet erledigt
	erledigte	erledigten	hätte erledigt	hätten erledigt
	Future		**Future Perfect**	
	werde erledigen	werden erledigen	werde erledigt haben	werden erledigt haben
	werdest erledigen	werdet erledigen	werdest erledigt haben	werdet erledigt haben
	werde erledigen	werden erledigen	werde erledigt haben	werden erledigt haben
	Present and Future Conditional		**Past Conditional**	
	würde erledigen	würden erledigen	würde erledigt haben	würden erledigt haben
	würdest erledigen	würdet erledigen	würdest erledigt haben	würdet erledigt haben
	würde erledigen	würden erledigen	würde erledigt haben	würden erledigt haben

EXAMPLES

Für heute haben wir unsere Arbeit erledigt.
Die Sache erledigt sich hiermit.

We've concluded our work for today.
The matter is herewith concluded.

erleichtern

to ease, to lighten

Auxiliary verb: haben   **Past participle:** erleichtert

Imperative: Erleichtere! Erleichtert! Erleichtern Sie!

Mode	Simple Tenses		Compound Tenses	
	Singular	*Plural*	*Singular*	*Plural*
Indicative	**Present**		**Present Perfect**	
	erleichtere	erleichtere	habe erleichtert	haben erleichtert
	erleichterst	erleichtert	hast erleichtert	habt erleichtert
	erleichtert	erleichtern	hat erleichtert	haben erleichtert
	Past		**Past Perfect**	
	erleichterte	erleichterten	hatte erleichtert	hatten erleichtert
	erleichtertest	erleichtertet	hattest erleichtert	hattet erleichtert
	erleichterte	erleichterten	hatte erleichtert	hatten erleichtert
	Future		**Future Perfect**	
	werde erleichtern	werden erleichtern	werde erleichtert haben	werden erleichtert haben
	wirst erleichtern	werdet erleichtern	wirst erleichtert haben	werdet erleichtert haben
	wird erleichtern	werden erleichtern	wird erleichtert haben	werden erleichtert haben
Subjunctive	**Present**		**Present Perfect**	
	erleichtere	erleichtern	habe erleichtert	haben erleichtert
	erleichterst	erleichtert	habest erleichtert	habet erleichtert
	erleichtere	erleichtern	habe erleichtert	haben erleichtert
	Past		**Past Perfect**	
	erleichterte	erleichterten	hätte erleichtert	hätten erleichtert
	erleichtertest	erleichtertet	hättest erleichtert	hättet erleichtert
	erleichterte	erleichterten	hätte erleichtert	hätten erleichtert
	Future		**Future Perfect**	
	werde erleichtern	werden erleichtern	werde erleichtert haben	werden erleichtert haben
	werdest erleichtern	werdet erleichtern	werdest erleichtert haben	werdet erleichtert haben
	werde erleichtern	werden erleichtern	werde erleichtert haben	werden erleichtert haben
	Present and Future Conditional		**Past Conditional**	
	würde erleichtern	würden erleichtern	würde erleichtert haben	würden erleichtert haben
	würdest erleichtern	würdet erleichtern	würdest erleichtert haben	würdet erleichtert haben
	würde erleichtern	würden erleichtern	würde erleichtert haben	würden erleichtert haben

EXAMPLES

Der Arzt versuchte ihre Schmerzen zu erleichtern.

The doctor tried to ease her pain.

Die gute Nachricht hat uns sehr erleichtert.

We were very relieved by the good news.

ernähren (sich)
to nourish, to feed, to subsist
Auxiliary verb: haben   **Past participle:** ernährt
Imperative: Ernähre! Ernährt! Ernähren Sie!

Mode	Simple Tenses		Compound Tenses	
	Singular	*Plural*	*Singular*	*Plural*
Indicative	**Present**		**Present Perfect**	
	ernähre	ernähren	habe ernährt	haben ernährt
	ernährst	ernährt	hast ernährt	habt ernährt
	ernährt	ernähren	hat ernährt	haben ernährt
	Past		**Past Perfect**	
	ernährte	ernährten	hatte ernährt	hatten ernährt
	ernährtest	ernährtet	hattest ernährt	hattet ernährt
	ernährte	ernährten	hatte ernährt	hatten ernährt
	Future		**Future Perfect**	
	werde ernähren	werden ernähren	werde ernährt haben	werden ernährt haben
	wirst ernähren	werdet ernähren	wirst ernährt haben	werdet ernährt haben
	wird ernähren	werden ernähren	wird ernährt haben	werden ernährt haben
Subjunctive	**Present**		**Present Perfect**	
	ernähre	ernähren	habe ernährt	haben ernährt
	ernährest	ernähret	habest ernährt	habet ernährt
	ernähre	ernähren	habe ernährt	haben ernährt
	Past		**Past Perfect**	
	ernährte	ernährten	hätte ernährt	hätten ernährt
	ernährtest	ernährtet	hättest ernährt	hättet ernährt
	ernährte	ernährten	hätte ernährt	hätten ernährt
	Future		**Future Perfect**	
	werde ernähren	werden ernähren	werde ernährt haben	werden ernährt haben
	werdest ernähren	werdet ernähren	werdest ernährt haben	werdet ernährt haben
	werde ernähren	werden ernähren	werde ernährt haben	werden ernährt haben
	Present and Future Conditional		**Past Conditional**	
	würde ernähren	würden ernähren	würde ernährt haben	würden ernährt haben
	würdest ernähren	würdet ernähren	würdest ernährt haben	würdet ernährt haben
	würde ernähren	würden ernähren	würde ernährt haben	würden ernährt haben

EXAMPLES

Der Sportler ernährte sich nur von Gemüse und Fleisch.

The athlete ate only vegetables and meat.

Wie können wir so viele Flüchtlinge ernähren?

How can we feed so many refugees?

eröffnen

to open, to inaugurate
Auxiliary verb: haben   **Past participle:** eröffnet
Imperative: Eröffne! Eröffnet! Eröffnen Sie!

Mode	Simple Tenses		Compound Tenses	
	Singular	*Plural*	*Singular*	*Plural*
Indicative	**Present**		**Present Perfect**	
	eröffne	eröffnen	habe eröffnet	haben eröffnet
	eröffnest	eröffnet	hast eröffnet	habt eröffnet
	eröffnet	eröffnen	hat eröffnet	haben eröffnet
	Past		**Past Perfect**	
	eröffnete	eröffneten	hatte eröffnet	hatten eröffnet
	eröffnetest	eröffnete	hattest eröffnet	hattet eröffnet
	eröffnete	eröffneten	hatte eröffnet	hatten eröffnet
	Future		**Future Perfect**	
	werde eröffnen	werden eröffnen	werde eröffnet haben	werden eröffnet haben
	wirst eröffnen	werdet eröffnen	wirst eröffnet haben	werdet eröffnet haben
	wird eröffnen	werden eröffnen	wird eröffnet haben	werden eröffnet haben
Subjunctive	**Present**		**Present Perfect**	
	eröffne	eröffnen	habe eröffnet	haben eröffnet
	eröffnest	eröffnet	habest eröffnet	habet eröffnet
	eröffne	eröffnen	habe eröffnet	haben eröffnet
	Past		**Past Perfect**	
	eröffnete	eröffneten	hätte eröffnet	hätten eröffnet
	eröffnetest	eröffnete	hättest eröffnet	hättet eröffnet
	eröffnete	eröffneten	hätte eröffnet	hätten eröffnet
	Future		**Future Perfect**	
	werde eröffnen	werden eröffnen	werde eröffnet haben	werden eröffnet haben
	werdest eröffnen	werdet eröffnen	werdest eröffnet haben	werdet eröffnet haben
	werde eröffnen	werden eröffnen	werde eröffnet haben	werden eröffnet haben
	Present and Future Conditional		**Past Conditional**	
	würde eröffnen	würden eröffnen	würde eröffnet haben	würden eröffnet haben
	würdest eröffnen	würdet eröffnen	würdest eröffnet haben	würdet eröffnet haben
	würde eröffnen	würden eröffnen	würde eröffnet haben	würden eröffnet haben

EXAMPLES

In der Nähe des Rathauses ist ein neues Kaufhaus eröffnet worden.

A new department store opened in the vicinity of city hall.

Die Ausstellung wurde schon letzte Woche eröffnet.

The exhibition was opened last week.

erröten
to blush, to redden
Auxiliary verb: sein   **Past participle:** errötet
Imperative: Erröte! Errötet! Erröten Sie!

Mode	Simple Tenses		Compound Tenses	
	Singular	*Plural*	*Singular*	*Plural*
Indicative	**Present**		**Present Perfect**	
	erröte	erröten	bin errötet	sind errötet
	errötest	errötet	bist errötet	seid errötet
	errötet	erröten	ist errötet	sind errötet
	Past		**Past Perfect**	
	errötete	erröteten	war errötet	waren errötet
	errötetest	errötetet	warst errötet	wart errötet
	errötete	erröteten	war errötet	waren errötet
	Future		**Future Perfect**	
	werde erröten	werden erröten	werde errötet sein	werden errötet sein
	wirst erröten	werdet erröten	wirst errötet sein	werdet errötet sein
	wird erröten	werden erröten	wird errötet sein	werden errötet sein
Subjunctive	**Present**		**Present Perfect**	
	erröte	erröten	sei errötet	seien errötet
	errötest	errötet	seiest errötet	seiet errötet
	erröte	erröten	sei errötet	seien errötet
	Past		**Past Perfect**	
	errötete	erröteten	wäre errötet	wären errötet
	errötetest	errötetet	wärest errötet	wäret errötet
	errötete	erröteten	wäre errötet	wären errötet
	Future		**Future Perfect**	
	werde erröten	werden erröten	werde errötet sein	werden errötet sein
	werdest erröten	werdet erröten	werdest errötet sein	werdet errötet sein
	werde erröten	werden erröten	werde errötet sein	werden errötet sein
	Present and Future Conditional		**Past Conditional**	
	würde erröten	würden erröten	würde errötet sein	würden errötet sein
	würdest erröten	würdet erröten	würdest errötet sein	würdet errötet sein
	würde erröten	würden erröten	würde errötet sein	würden errötet sein

EXAMPLES

Erröten macht die Hässlichen schön.   Blushing gives beauty to the plainest.
Warum errötet sie?   Why is she blushing?

erscheinen
to appear, to be published
Auxiliary verb: sein   **Past participle:** erschienen
Imperative: Erscheine! Erscheint! Erscheinen Sie!

Mode	Simple Tenses		Compound Tenses	
	Singular	*Plural*	*Singular*	*Plural*
Indicative	**Present**		**Present Perfect**	
	erscheine	erscheinen	bin erschienen	sind erschienen
	erscheinst	erscheint	bist erschienen	seid erschienen
	erscheint	erscheinen	ist erschienen	sind erschienen
	Past		**Past Perfect**	
	erschien	erschienen	war erschienen	waren erschienen
	erschienst	erschient	warst erschienen	wart erschienen
	erschien	erschienen	war erschienen	waren erschienen
	Future		**Future Perfect**	
	werde erscheinen	werden erscheinen	werde erschienen sein	werden erschienen sein
	wirst erscheinen	werdet erscheinen	wirst erschienen sein	werdet erschienen sein
	wird erscheinen	werden erscheinen	wird erschienen sein	werden erschienen sein
Subjunctive	**Present**		**Present Perfect**	
	erscheine	erscheinen	sei erschienen	seien erschienen
	erscheinest	erscheinet	seiest erschienen	seiet erschienen
	erscheine	erscheinen	sei erschienen	seien erschienen
	Past		**Past Perfect**	
	erschiene	erschienen	wäre erschienen	wären erschienen
	erschienest	erschienet	wärest erschienen	wäret erschienen
	erschiene	erschienen	wäre erschienen	wären erschienen
	Future		**Future Perfect**	
	werde erscheinen	werden erscheinen	werde erschienen sein	werden erschienen sein
	werdest erscheinen	werdet erscheinen	werdest erschienen sein	werdet erschienen sein
	werde erscheinen	werden erscheinen	werde erschienen sein	werden erschienen sein
	Present and Future Conditional		**Past Conditional**	
	würde erscheinen	würden erscheinen	würde erschienen sein	würden erschienen sein
	würdest erscheinen	würdet erscheinen	würdest erschienen sein	würdet erschienen sein
	würde erscheinen	würden erscheinen	würde erschienen sein	würden erschienen sein

EXAMPLES

Sein nächster Roman wird am Montag erscheinen.

His next novel is coming out on Monday.

Diese Idee erscheint mir ausgezeichnet.

This idea seems excellent to me.

erschöpfen
to exhaust
Auxiliary verb: haben   **Past participle:** erschöpft
Imperative: Erschöpfe! Erschöpft! Erschöpfen Sie!

Mode	Simple Tenses		Compound Tenses	
	Singular	*Plural*	*Singular*	*Plural*
Indicative	**Present**		**Present Perfect**	
	erschöpfe	erschöpfen	habe erschöpft	haben erschöpft
	erschöpfst	erschöpft	hast erschöpft	habt erschöpft
	erschöpft	erschöpfen	hat erschöpft	haben erschöpft
	Past		**Past Perfect**	
	erschöpfte	erschöpften	hatte erschöpft	hatten erschöpft
	erschöpftest	erschöpftet	hattest erschöpft	hattet erschöpft
	erschöpfte	erschöpften	hatte erschöpft	hatten erschöpft
	Future		**Future Perfect**	
	werde erschöpfen	werden erschöpfen	werde erschöpft haben	werden erschöpft haben
	wirst erschöpfen	werdet erschöpfen	wirst erschöpft haben	werdet erschöpft haben
	wird erschöpfen	werden erschöpfen	wird erschöpft haben	werden erschöpft haben
Subjunctive	**Present**		**Present Perfect**	
	erschöpfe	erschöpfen	habe erschöpft	haben erschöpft
	erschöpfest	erschöpfet	habest erschöpft	habet erschöpft
	erschöpfe	erschöpfen	habe erschöpft	haben erschöpft
	Past		**Past Perfect**	
	erschöpfte	erschöpften	hätte erschöpft	hätten erschöpft
	erschöpftest	erschöpftet	hättest erschöpft	hättet erschöpft
	erschöpfte	erschöpften	hätte erschöpft	hätten erschöpft
	Future		**Future Perfect**	
	werde erschöpfen	werden erschöpfen	werde erschöpft haben	werden erschöpft haben
	werdest erschöpfen	werdet erschöpfen	werdest erschöpft haben	werdet erschöpft haben
	werde erschöpfen	werden erschöpfen	werde erschöpft haben	werden erschöpft haben
	Present and Future Conditional		**Past Conditional**	
	würde erschöpfen	würden erschöpfen	würde erschöpft haben	würden erschöpft haben
	würdest erschöpfen	würdet erschöpfen	würdest erschöpft haben	würdet erschöpft haben
	würde erschöpfen	würden erschöpfen	würde erschöpft haben	würden erschöpft haben

EXAMPLES

Meine Geduld ist endlich erschöpft. — My patience is finally exhausted.
Das kalte Wetter wird die Arbeiter erschöpfen. — The cold weather is going to exhaust the workers.

erschrecken
to be frightened, to be shocked
Auxiliary verb: sein   **Past participle:** erschrocken
Imperative: Erschrick! Erschreckt! Erschrecken Sie!

Mode	Simple Tenses		Compound Tenses	
	Singular	*Plural*	*Singular*	*Plural*
Indicative	**Present**		**Present Perfect**	
	erschrecke	erschrecken	bin erschrocken	sind erschrocken
	erschrickst	erschreckt	bist erschrocken	seid erschrocken
	erschrickt	erschrecken	ist erschrocken	sind erschrocken
	Past		**Past Perfect**	
	erschrak	erschraken	war erschrocken	waren erschrocken
	erschrakst	erschrakt	warst erschrocken	wart erschrocken
	erschrak	erschraken	war erschrocken	waren erschrocken
	Future		**Future Perfect**	
	werde erschrecken	werden erschrecken	werde erschrocken sein	werden erschrocken sein
	wirst erschrecken	werdet erschrecken	wirst erschrocken sein	werdet erschrocken sein
	wird erschrecken	werden erschrecken	wird erschrocken sein	werden erschrocken sein
Subjunctive	**Present**		**Present Perfect**	
	erschrecke	erschrecken	sei erschrocken	seien erschrocken
	erschreckest	erschrecket	seiest erschrocken	seiet erschrocken
	erschrecke	erschrecken	sei erschrocken	seien erschrocken
	Past		**Past Perfect**	
	erschräke	erschräken	wäre erschrocken	wären erschrocken
	erschräkest	erschräket	wärest erschrocken	wäret erschrocken
	erschräke	erschräken	wäre erschrocken	wären erschrocken
	Future		**Future Perfect**	
	werde erschrecken	werden erschrecken	werde erschrocken sein	werden erschrocken sein
	werdest erschrecken	werdet erschrecken	werdest erschrocken sein	werdet erschrocken sein
	werde erschrecken	werden erschrecken	werde erschrocken sein	werden erschrocken sein
	Present and Future Conditional		**Past Conditional**	
	würde erschrecken	würden erschrecken	würde erschrocken sein	würden erschrocken sein
	würdest erschrecken	würdet erschrecken	würdest erschrocken sein	würdet erschrocken sein
	würde erschrecken	würden erschrecken	würde erschrocken sein	würden erschrocken sein

Note: The same infinitive, *erschrecken*, is conjugated as a regular verb (like *entdecken*) with the auxiliary *haben* when it means "to frighten" or "to startle."

EXAMPLES

Sie ist plötzlich erschrocken, als sie ein Geräusch aus der Küche hörte.	She was suddenly frightened when she heard a noise in the kitchen.
Ich erschrak, als ich den Zustand des Patienten sah.	I was shocked when I saw the condition of the patient.

ertragen
to bear, to suffer, to tolerate
Auxiliary verb: haben **Past participle:** ertragen
Imperative: Ertrage! Ertragt! Ertragen Sie!

Mode	Simple Tenses		Compound Tenses	
	Singular	*Plural*	*Singular*	*Plural*
Indicative	**Present**		**Present Perfect**	
	ertrage	ertragen	habe ertragen	haben ertragen
	erträgst	ertragt	hast ertragen	habt ertragen
	erträgt	ertragen	hat ertragen	haben ertragen
	Past		**Past Perfect**	
	ertrug	ertrugen	hatte ertragen	hatten ertragen
	ertrugst	ertrugt	hattest ertragen	hattet ertragen
	ertrug	ertrugen	hatte ertragen	hatten ertragen
	Future		**Future Perfect**	
	werde ertragen	werden ertragen	werde ertragen haben	werden ertragen haben
	wirst ertragen	werdet ertragen	wirst ertragen haben	werdet ertragen haben
	wird ertragen	werden ertragen	wird ertragen haben	werden ertragen haben
Subjunctive	**Present**		**Present Perfect**	
	ertrage	ertragen	habe ertragen	haben ertragen
	ertragest	ertraget	habest ertragen	habet ertragen
	ertrage	ertragen	habe ertragen	haben ertragen
	Past		**Past Perfect**	
	ertrüge	ertrügen	hätte ertragen	hätten ertragen
	ertrügest	ertrüget	hättest ertragen	hättet ertragen
	ertrüge	ertrügen	hätte ertragen	hätten ertragen
	Future		**Future Perfect**	
	werde ertragen	werden ertragen	werde ertragen haben	werden ertragen haben
	werdest ertragen	werdet ertragen	werdest ertragen haben	werdet ertragen haben
	werde ertragen	werden ertragen	werde ertragen haben	werden ertragen haben
	Present and Future Conditional		**Past Conditional**	
	würde ertragen	würden ertragen	würde ertragen haben	würden ertragen haben
	würdest ertragen	würdet ertragen	würdest ertragen haben	würdet ertragen haben
	würde ertragen	würden ertragen	würde ertragen haben	würden ertragen haben

EXAMPLES

Ich werde das nicht länger ertragen.
I won't put up with this any longer.

Er konnte es noch nie ertragen, wenn jemand unhöflich ist.
He could never bear people who are impolite.

ertrinken

to drown

Auxiliary verb: sein **Past participle:** ertrunken
Imperative: Ertrinke! Ertrinkt! Ertrinken Sie!

Mode	Simple Tenses		Compound Tenses	
	Singular	*Plural*	*Singular*	*Plural*
Indicative	**Present**		**Present Perfect**	
	ertrinke	ertrinken	bin ertrunken	sind ertrunken
	ertrinkst	ertrinkt	bist ertrunken	seid ertrunken
	ertrinkt	ertrinken	ist ertrunken	sind ertrunken
	Past		**Past Perfect**	
	ertrank	ertranken	war ertrunken	waren ertrunken
	ertrankst	ertrankt	warst ertrunken	wart ertrunken
	ertrank	ertranken	war ertrunken	waren ertrunken
	Future		**Future Perfect**	
	werde ertrinken	werden ertrinken	werde ertrunken sein	werden ertrunken sein
	wirst ertrinken	werdet ertrinken	wirst ertrunken sein	werdet ertrunken sein
	wird ertrinken	werden ertrinken	wird ertrunken sein	werden ertrunken sein
Subjunctive	**Present**		**Present Perfect**	
	ertrinke	ertrinken	sei ertrunken	seien ertrunken
	ertrinkest	ertrinket	seiest ertrunken	seiet ertrunken
	ertrinke	ertrinken	sei ertrunken	seien ertrunken
	Past		**Past Perfect**	
	ertränke	ertränken	wäre ertrunken	wären ertrunken
	ertränkest	ertränket	wärest ertrunken	wäret ertrunken
	ertränke	ertränken	wäre ertrunken	wären ertrunken
	Future		**Future Perfect**	
	werde ertrinken	werden ertrinken	werde ertrunken sein	werden ertrunken sein
	werdest ertrinken	werdet ertrinken	werdest ertrunken sein	werdet ertrunken sein
	werde ertrinken	werden ertrinken	werde ertrunken sein	werden ertrunken sein
	Present and Future Conditional		**Past Conditional**	
	würde ertrinken	würden ertrinken	würde ertrunken sein	würden ertrunken sein
	würdest ertrinken	würdet ertrinken	würdest ertrunken sein	würdet ertrunken sein
	würde ertrinken	würden ertrinken	würde ertrunken sein	würden ertrunken sein

EXAMPLES

Der Polizist hat den Ertrunkenen am Strand gefunden.	The policeman found the drowned man on the beach.
Der arme Kerl ist beim Schwimmen ertrunken.	The poor fellow drowned while swimming.

erwarten

to expect, to await

Auxiliary verb: haben   **Past participle:** erwartet

Imperative: Erwarte! Erwartet! Erwarten Sie!

Mode	Simple Tenses		Compound Tenses	
	Singular	*Plural*	*Singular*	*Plural*
Indicative	**Present**		**Present Perfect**	
	erwarte	erwarten	habe erwartet	haben erwartet
	erwartest	erwartet	hast erwartet	habt erwartet
	erwartet	erwarten	hat erwartet	haben erwartet
	Past		**Past Perfect**	
	erwartete	erwarteten	hatte erwartet	hatten erwartet
	erwartetest	erwartetet	hattest erwartet	hattet erwartet
	erwartete	erwarteten	hatte erwartet	hatten erwartet
	Future		**Future Perfect**	
	werde erwarten	werden erwarten	werde erwartet haben	werden erwartet haben
	wirst erwarten	werdet erwarten	wirst erwartet haben	werdet erwartet haben
	wird erwarten	werden erwarten	wird erwartet haben	werden erwartet haben
Subjunctive	**Present**		**Present Perfect**	
	erwarte	erwarten	habe erwartet	haben erwartet
	erwartest	erwartet	habest erwartet	habet erwartet
	erwarte	erwarten	habe erwartet	haben erwartet
	Past		**Past Perfect**	
	erwartete	erwarteten	hätte erwartet	hätten erwartet
	erwartetest	erwartetet	hättest erwartet	hättet erwartet
	erwartete	erwarteten	hätte erwartet	hätten erwartet
	Future		**Future Perfect**	
	werde erwarten	werden erwarten	werde erwartet haben	werden erwartet haben
	werdest erwarten	werdet erwarten	werdest erwartet haben	werdet erwartet haben
	werde erwarten	werden erwarten	werde erwartet haben	werden erwartet haben
	Present and Future Conditional		**Past Conditional**	
	würde erwarten	würden erwarten	würde erwartet haben	würden erwartet haben
	würdest erwarten	würdet erwarten	würdest erwartet haben	würdet erwartet haben
	würde erwarten	würden erwarten	würde erwartet haben	würden erwartet haben

EXAMPLES

Das lässt sich kaum erwarten.	You can hardly expect that.
Wir erwarten von euch, dass ihr euch besser benehmt.	We expect that you will be behaving better.

erzählen
to tell, to relate
Auxiliary verb: haben   **Past participle:** erzählt
Imperative: Erzähle! Erzählt! Erzählen Sie!

Mode	Simple Tenses		Compound Tenses	
	Singular	*Plural*	*Singular*	*Plural*
Indicative	**Present**		**Present Perfect**	
	erzähle	erzählen	habe erzählt	haben erzählt
	erzählst	erzählt	hast erzählt	habt erzählt
	erzählt	erzählen	hat erzählt	haben erzählt
	Past		**Past Perfect**	
	erzählte	erzählten	hatte erzählt	hatten erzählt
	erzähltest	erzähltet	hattest erzählt	hattet erzählt
	erzählte	erzählten	hatte erzählt	hatten erzählt
	Future		**Future Perfect**	
	werde erzählen	werden erzählen	werde erzählt haben	werden erzählt haben
	wirst erzählen	werdet erzählen	wirst erzählt haben	werdet erzählt haben
	wird erzählen	werden erzählen	wird erzählt haben	werden erzählt haben
Subjunctive	**Present**		**Present Perfect**	
	erzähle	erzählen	habe erzählt	haben erzählt
	erzählest	erzählet	habest erzählt	habet erzählt
	erzähle	erzählen	habe erzählt	haben erzählt
	Past		**Past Perfect**	
	erzählte	erzählten	hätte erzählt	hätten erzählt
	erzähltest	erzähltet	hättest erzählt	hättet erzählt
	erzählte	erzählten	hätte erzählt	hätten erzählt
	Future		**Future Perfect**	
	werde erzählen	werden erzählen	werde erzählt haben	werden erzählt haben
	werdest erzählen	werdet erzählen	werdest erzählt haben	werdet erzählt haben
	werde erzählen	werden erzählen	werde erzählt haben	werden erzählt haben
	Present and Future Conditional		**Past Conditional**	
	würde erzählen	würden erzählen	würde erzählt haben	würden erzählt haben
	würdest erzählen	würdet erzählen	würdest erzählt haben	würdet erzählt haben
	würde erzählen	würden erzählen	würde erzählt haben	würden erzählt haben

EXAMPLES

Erzählen Sie bitte etwas über Ihre Reise!
Tante Gerda hat den Kindern einige Märchen erzählt.

Please tell something about your trip.
Aunt Gerda told the children a few fairy tales.

erziehen
to bring up, to raise, to educate
Auxiliary verb: haben **Past participle:** erzogen
Imperative: Erziehe! Erzieht! Erziehen Sie!

Mode	Simple Tenses		Compound Tenses	
	Singular	*Plural*	*Singular*	*Plural*
Indicative	**Present**		**Present Perfect**	
	erziehe	erziehen	habe erzogen	haben erzogen
	erziehst	erzieht	hast erzogen	habt erzogen
	erzieht	erziehen	hat erzogen	haben erzogen
	Past		**Past Perfect**	
	erzog	erzogen	hatte erzogen	hatten erzogen
	erzogst	erzogt	hattest erzogen	hattet erzogen
	erzog	erzogen	hatte erzogen	hatten erzogen
	Future		**Future Perfect**	
	werde erziehen	werden erziehen	werde erzogen haben	werden erzogen haben
	wirst erziehen	werdet erziehen	wirst erzogen haben	werdet erzogen haben
	wird erziehen	werden erziehen	wird erzogen haben	werden erzogen haben
Subjunctive	**Present**		**Present Perfect**	
	erziehe	erziehen	habe erzogen	haben erzogen
	erziehest	erziehet	habest erzogen	habet erzogen
	erziehe	erziehen	habe erzogen	haben erzogen
	Past		**Past Perfect**	
	erzöge	erzögen	hätte erzogen	hätten erzogen
	erzögest	erzöget	hättest erzogen	hättet erzogen
	erzöge	erzögen	hätte erzogen	hätten erzogen
	Future		**Future Perfect**	
	werde erziehen	werden erziehen	werde erzogen haben	werden erzogen haben
	werdest erziehen	werdet erziehen	werdest erzogen haben	werdet erzogen haben
	werde erziehen	werden erziehen	werde erzogen haben	werden erzogen haben
	Present and Future Conditional		**Past Conditional**	
	würde erziehen	würden erziehen	würde erzogen haben	würden erzogen haben
	würdest erziehen	würdet erziehen	würdest erzogen haben	würdet erzogen haben
	würde erziehen	würden erziehen	würde erzogen haben	würden erzogen haben

EXAMPLES

Ihre Kinder sind gut erzogen. Their children have been raised well.
Herr Bauer muss seinen Sohn allein erziehen. Mr. Bauer has to raise his son alone.

essen
to eat
Auxiliary verb: haben   **Past participle:** gegessen
Imperative: Iss! Esst! Essen Sie!

Mode	Simple Tenses		Compound Tenses	
	Singular	*Plural*	*Singular*	*Plural*
Indicative	**Present**		**Present Perfect**	
	esse	essen	habe gegessen	haben gegessen
	isst	esst	hast gegessen	habt gegessen
	isst	essen	hat gegessen	haben gegessen
	Past		**Past Perfect**	
	aß	aßen	hatte gegessen	hatten gegessen
	aßt	aßt	hattest gegessen	hattet gegessen
	aß	aßen	hatte gegessen	hatten gegessen
	Future		**Future Perfect**	
	werde essen	werden essen	werde gegessen haben	werden gegessen haben
	wirst essen	werdet essen	wirst gegessen haben	werdet gegessen haben
	wird essen	werden essen	wird gegessen haben	werden gegessen haben
Subjunctive	**Present**		**Present Perfect**	
	esse	essen	habe gegessen	haben gegessen
	essest	esset	habest gegessen	habet gegessen
	esse	essen	habe gegessen	haben gegessen
	Past		**Past Perfect**	
	äße	äßen	hätte gegessen	hätten gegessen
	äßest	äßet	hättest gegessen	hättet gegessen
	äße	äßen	hätte gegessen	hätten gegessen
	Future		**Future Perfect**	
	werde essen	werden essen	werde gegessen haben	werden gegessen haben
	werdest essen	werdet essen	werdest gegessen haben	werdet gegessen haben
	werde essen	werden essen	werde gegessen haben	werden gegessen haben
	Present and Future Conditional		**Past Conditional**	
	würde essen	würden essen	würde gegessen haben	würden gegessen haben
	würdest essen	würdet essen	würdest gegessen haben	würdet gegessen haben
	würde essen	würden essen	würde gegessen haben	würden gegessen haben

EXAMPLE

Was gibt's heute zu essen?   What do we have to eat today?

fahren

to drive, to travel
Auxiliary verb: sein   **Past participle:** gefahren
Imperative: Fahre! Fahrt! Fahren Sie!

Mode	Simple Tenses		Compound Tenses	
	Singular	*Plural*	*Singular*	*Plural*
Indicative	**Present**		**Present Perfect**	
	fahre	fahren	bin gefahren	sind gefahren
	fährst	fahrt	bist gefahren	seid gefahren
	fährt	fahren	ist gefahren	sind gefahren
	Past		**Past Perfect**	
	fuhr	fuhren	war gefahren	waren gefahren
	fuhrst	fuhrt	warst gefahren	wart gefahren
	fuhr	fuhren	war gefahren	waren gefahren
	Future		**Future Perfect**	
	werde fahren	werden fahren	werde gefahren sein	werden gefahren sein
	wirst fahren	werdet fahren	wirst gefahren sein	werdet gefahren sein
	wird fahren	werden fahren	wird gefahren sein	werden gefahren sein
Subjunctive	**Present**		**Present Perfect**	
	fahre	fahren	sei gefahren	seien gefahren
	fahrest	fahret	seiest gefahren	seiet gefahren
	fahre	fahren	sei gefahren	seien gefahren
	Past		**Past Perfect**	
	führe	führen	wäre gefahren	wären gefahren
	führest	führet	wärest gefahren	wäret gefahren
	führe	führen	wäre gefahren	wären gefahren
	Future		**Future Perfect**	
	werde fahren	werden fahren	werde gefahren sein	werden gefahren sein
	werdest fahren	werdet fahren	werdest gefahren sein	werdet gefahren sein
	werde fahren	werden fahren	werde gefahren sein	werden gefahren sein
	Present and Future Conditional		**Past Conditional**	
	würde fahren	würden fahren	würde gefahren sein	würden gefahren sein
	würdest fahren	würdet fahren	würdest gefahren sein	würdet gefahren sein
	würde fahren	würden fahren	würde gefahren sein	würden gefahren sein

Note: With inseparable prefixes, the principal parts of this verb are, for example, *verfährt, verfuhr, ist verfahren*. With separable prefixes, the principal parts are, for example, *fährt ab, fuhr ab, ist abgefahren*. With the inseparable prefix *er–* this verb becomes transitive and requires the auxiliary *haben* in the perfect tenses. It then means "to experience": *Er ist ein erfahrener Mann* ("He's an experienced man"). When *über– (überfahren)* is an inseparable prefix, the verb means "to run over" and requires *haben* as its auxiliary.

EXAMPLES

Wir sind mit der Eisenbahn dorthin gefahren.	We traveled there by train.
Im Sommer fahren wir nach Dänemark.	In summer we're going to Denmark.

fallen
to fall, to drop
Auxiliary verb: sein   **Past participle:** gefallen
Imperative: Falle! Fallt! Fallen Sie!

Mode	Simple Tenses		Compound Tenses	
	Singular	*Plural*	*Singular*	*Plural*
Indicative	**Present**		**Present Perfect**	
	falle	fallen	bin gefallen	sind gefallen
	fällst	fallt	bist gefallen	seid gefallen
	fällt	fallen	ist gefallen	sind gefallen
	Past		**Past Perfect**	
	fiel	fielen	war gefallen	waren gefallen
	fielst	fielt	warst gefallen	wart gefallen
	fiel	fielen	war gefallen	waren gefallen
	Future		**Future Perfect**	
	werde fallen	werden fallen	werde gefallen sein	werden gefallen sein
	wirst fallen	werdet fallen	wirst gefallen sein	werdet gefallen sein
	wird fallen	werden fallen	wird gefallen sein	werden gefallen sein
Subjunctive	**Present**		**Present Perfect**	
	falle	fallen	sei gefallen	seien gefallen
	fallest	fallet	seiest gefallen	seiet gefallen
	falle	fallen	sei gefallen	seien gefallen
	Past		**Past Perfect**	
	fiele	fielen	wäre gefallen	wären gefallen
	fielest	fielet	wärest gefallen	wäret gefallen
	fiele	fielen	wäre gefallen	wären gefallen
	Future		**Future Perfect**	
	werde fallen	werden fallen	werde gefallen sein	werden gefallen sein
	werdest fallen	werdet fallen	werdest gefallen sein	werdet gefallen sein
	werde fallen	werden fallen	werde gefallen sein	werden gefallen sein
	Present and Future Conditional		**Past Conditional**	
	würde fallen	würden fallen	würde gefallen sein	würden gefallen sein
	würdest fallen	würdet fallen	würdest gefallen sein	würdet gefallen sein
	würde fallen	würden fallen	würde gefallen sein	würden gefallen sein

Note: With inseparable prefixes, the principal parts are, for example, *verfällt, verfiel, ist verfallen*. With the prefix *be–*, this verb becomes transitive. The principal parts are *befällt, befiel, hat befallen*. With separable prefixes, the principal parts are, for example, *fällt aus, fiel aus, ist ausgefallen*.

EXAMPLES

Die ganze Erbschaft fiel an seinen jüngsten Bruder.	The entire inheritance fell to his youngest brother.
Passt auf, dass ihr die Teller nicht fallen lasst.	Be careful not to drop the plates.

falten
to fold
Auxiliary verb: haben **Past participle:** gefaltet
Imperative: Falte! Faltet! Falten Sie!

Mode	Simple Tenses		Compound Tenses	
	Singular	*Plural*	*Singular*	*Plural*
Indicative	**Present**		**Present Perfect**	
	falte	falten	habe gefaltet	haben gefaltet
	faltest	faltet	hast gefaltet	habt gefaltet
	faltet	falten	hat gefaltet	haben gefaltet
	Past		**Past Perfect**	
	faltete	falteten	hatte gefaltet	hatten gefaltet
	faltetest	faltetet	hattest gefaltet	hattet gefaltet
	faltete	falteten	hatte gefaltet	hatten gefaltet
	Future		**Future Perfect**	
	werde falten	werden falten	werde gefaltet haben	werden gefaltet haben
	wirst falten	werdet falten	wirst gefaltet haben	werdet gefaltet haben
	wird falten	werden falten	wird gefaltet haben	werden gefaltet haben
Subjunctive	**Present**		**Present Perfect**	
	falte	falten	habe gefaltet	haben gefaltet
	faltest	faltet	habest gefaltet	habet gefaltet
	falte	falten	habe gefaltet	haben gefaltet
	Past		**Past Perfect**	
	faltete	falteten	hätte gefaltet	hätten gefaltet
	faltetest	faltetet	hättest gefaltet	hättet gefaltet
	faltete	falteten	hätte gefaltet	hätten gefaltet
	Future		**Future Perfect**	
	werde falten	werden falten	werde gefaltet haben	werden gefaltet haben
	werdest falten	werdet falten	werdest gefaltet haben	werdet gefaltet haben
	werde falten	werden falten	werde gefaltet haben	werden gefaltet haben
	Present and Future Conditional		**Past Conditional**	
	würde falten	würden falten	würde gefaltet haben	würden gefaltet haben
	würdest falten	würdet falten	würdest gefaltet haben	würdet gefaltet haben
	würde falten	würden falten	würde gefaltet haben	würden gefaltet haben

EXAMPLES

Der fromme Mann faltet die Hände.
Die Handtücher müssen noch gefaltet werden.

The pious man folds his hands.
The towels still have to be folded.

fangen

to catch, to capture
Auxiliary verb: haben   **Past participle:** gefangen
Imperative: Fange! Fangt! Fangen Sie!

Mode	Simple Tenses		Compound Tenses	
	Singular	*Plural*	*Singular*	*Plural*
Indicative	**Present**		**Present Perfect**	
	fange	fangen	habe gefangen	haben gefangen
	fängst	fangt	hast gefangen	habt gefangen
	fängt	fangen	hat gefangen	haben gefangen
	Past		**Past Perfect**	
	fing	fingen	hatte gefangen	hatten gefangen
	fingst	fingt	hattest gefangen	hattet gefangen
	fing	fingen	hatte gefangen	hatten gefangen
	Future		**Future Perfect**	
	werde fangen	werden fangen	werde gefangen haben	werden gefangen haben
	wirst fangen	werdet fangen	wirst gefangen haben	werdet gefangen haben
	wird fangen	werden fangen	wird gefangen haben	werden gefangen haben
Subjunctive	**Present**		**Present Perfect**	
	fange	fangen	habe gefangen	haben gefangen
	fangest	fanget	habest gefangen	habet gefangen
	fange	fangen	habe gefangen	haben gefangen
	Past		**Past Perfect**	
	finge	fingen	hätte gefangen	hätten gefangen
	fingest	finget	hättest gefangen	hättet gefangen
	finge	fingen	hätte gefangen	hätten gefangen
	Future		**Future Perfect**	
	werde fangen	werden fangen	werde gefangen haben	werden gefangen haben
	werdest fangen	werdet fangen	werdest gefangen haben	werdet gefangen haben
	werde fangen	werden fangen	werde gefangen haben	werden gefangen haben
	Present and Future Conditional		**Past Conditional**	
	würde fangen	würden fangen	würde gefangen haben	würden gefangen haben
	würdest fangen	würdet fangen	würdest gefangen haben	würdet gefangen haben
	würde fangen	würden fangen	würde gefangen haben	würden gefangen haben

EXAMPLES

Unsere Katze hat gestern eine Maus
gefangen.

Our cat caught a mouse yesterday.

Der Torwart fängt den Ball auf der Torlinie.

The goalie catches the ball on the goal line.

färben
to color, to dye
Auxiliary verb: haben   **Past participle:** gefärbt
Imperative: Färbe! Färbt! Färben Sie!

Mode	Simple Tenses		Compound Tenses	
	Singular	*Plural*	*Singular*	*Plural*
Indicative	**Present**		**Present Perfect**	
	färbe	färben	habe gefärbt	haben gefärbt
	färbst	färbt	hast gefärbt	habt gefärbt
	färbt	färben	hat gefärbt	haben gefärbt
	Past		**Past Perfect**	
	färbte	färbten	hatte gefärbt	hatten gefärbt
	färbtest	färbtet	hattest gefärbt	hattet gefärbt
	färbte	färbten	hatte gefärbt	hatten gefärbt
	Future		**Future Perfect**	
	werde färben	werden färben	werde gefärbt haben	werden gefärbt haben
	wirst färben	werdet färben	wirst gefärbt haben	werdet gefärbt haben
	wird färben	werden färben	wird gefärbt haben	werden gefärbt haben
Subjunctive	**Present**		**Present Perfect**	
	färbe	färben	habe gefärbt	haben gefärbt
	färbest	färbet	habest gefärbt	habet gefärbt
	färbe	färben	habe gefärbt	haben gefärbt
	Past		**Past Perfect**	
	färbte	färbten	hätte gefärbt	hätten gefärbt
	färbtest	färbtet	hättest gefärbt	hättet gefärbt
	färbte	färbten	hätte gefärbt	hätten gefärbt
	Future		**Future Perfect**	
	werde färben	werden färben	werde gefärbt haben	werden gefärbt haben
	werdest färben	werdet färben	werdest gefärbt haben	werdet gefärbt haben
	werde färben	werden färben	werde gefärbt haben	werden gefärbt haben
	Present and Future Conditional		**Past Conditional**	
	würde färben	würden färben	würde gefärbt haben	würden gefärbt haben
	würdest färben	würdet färben	würdest gefärbt haben	würdet gefärbt haben
	würde färben	würden färben	würde gefärbt haben	würden gefärbt haben

EXAMPLES

Meine Tante will ihr Haar schwarz färben.	My aunt wants to color her hair black.
Hast du deine Augenbrauen gefärbt?	Did you dye your eyebrows?

fassen

to grasp, to seize
Auxiliary verb: haben **Past participle:** gefasst
Imperative: Fasse! Fasst! Fassen Sie!

Mode	Simple Tenses		Compound Tenses	
	Singular	*Plural*	*Singular*	*Plural*
Indicative	**Present**		**Present Perfect**	
	fasse	fassen	habe gefasst	haben gefasst
	fasst	fasst	hast gefasst	habt gefasst
	fasst	fassen	hat gefasst	haben gefasst
	Past		**Past Perfect**	
	fasste	fassten	hatte gefasst	hatten gefasst
	fasstest	fasstet	hattest gefasst	hattet gefasst
	fasste	fassten	hatte gefasst	hatten gefasst
	Future		**Future Perfect**	
	werde fassen	werden fassen	werde gefasst haben	werden gefasst haben
	wirst fassen	werdet fassen	wirst gefasst haben	werdet gefasst haben
	wird fassen	werden fassen	wird gefasst haben	werden gefasst haben
Subjunctive	**Present**		**Present Perfect**	
	fasse	fassen	habe gefasst	haben gefasst
	fassest	fasset	habest gefasst	habet gefasst
	fasse	fassen	habe gefasst	haben gefasst
	Past		**Past Perfect**	
	fasste	fassten	hätte gefasst	hätten gefasst
	fasstest	fasstet	hättest gefasst	hättet gefasst
	fasste	fassten	hätte gefasst	hätten gefasst
	Future		**Future Perfect**	
	werde fassen	werden fassen	werde gefasst haben	werden gefasst haben
	werdest fassen	werdet fassen	werdest gefasst haben	werdet gefasst haben
	werde fassen	werden fassen	werde gefasst haben	werden gefasst haben
	Present and Future Conditional		**Past Conditional**	
	würde fassen	würden fassen	würde gefasst haben	würden gefasst haben
	würdest fassen	würdet fassen	würdest gefasst haben	würdet gefasst haben
	würde fassen	würden fassen	würde gefasst haben	würden gefasst haben

EXAMPLES

Ich konnte es nicht fassen, dass meine Freunde ohne mich gegangen waren.

I couldn't believe that my friends had gone without me.

Der Dieb wurde endlich von der Polizei gefasst.

The thief was finally seized by the police.

fasten
to fast
Auxiliary verb: haben **Past participle:** gefastet
Imperative: Faste! Fastet! Fasten Sie!

Mode	Simple Tenses		Compound Tenses	
	Singular	*Plural*	*Singular*	*Plural*
Indicative	**Present**		**Present Perfect**	
	faste	fasten	habe gefastet	haben gefastet
	fastest	fastet	hast gefastet	habt gefastet
	fastet	fasten	hat gefastet	haben gefastet
	Past		**Past Perfect**	
	fastete	fasteten	hatte gefastet	hatten gefastet
	fastetest	fastetet	hattest gefastet	hattet gefastet
	fastete	fasteten	hatte gefastet	hatten gefastet
	Future		**Future Perfect**	
	werde fasten	werden fasten	werde gefastet haben	werden gefastet haben
	wirst fasten	werdet fasten	wirst gefastet haben	werdet gefastet haben
	wird fasten	werden fasten	wird gefastet haben	werden gefastet haben
Subjunctive	**Present**		**Present Perfect**	
	faste	fasten	habe gefastet	haben gefastet
	fastest	fastet	habest gefastet	habet gefastet
	faste	fasten	habe gefastet	haben gefastet
	Past		**Past Perfect**	
	fastete	fasteten	hätte gefastet	hätten gefastet
	fastetest	fastetet	hättest gefastet	hättet gefastet
	fastete	fasteten	hätte gefastet	hätten gefastet
	Future		**Future Perfect**	
	werde fasten	werden fasten	werde gefastet haben	werden gefastet haben
	werdest fasten	werdet fasten	werdest gefastet haben	werdet gefastet haben
	werde fasten	werden fasten	werde gefastet haben	werden gefastet haben
	Present and Future Conditional		**Past Conditional**	
	würde fasten	würden fasten	würde gefastet haben	würden gefastet haben
	würdest fasten	würdet fasten	würdest gefastet haben	würdet gefastet haben
	würde fasten	würden fasten	würde gefastet haben	würden gefastet haben

EXAMPLES

Jeden Frühling fasten die Leute in diesem
Stamm eine Woche lang.

The people in this tribe fast for one week
every spring.

Er fastet aus religiösen Gründen.

He fasts for religious reasons.

fechten
to fence
Auxiliary verb: haben   **Past participle:** gefochten
Imperative: Ficht! Fechtet! Fechten Sie!

Mode	Simple Tenses		Compound Tenses	
	Singular	*Plural*	*Singular*	*Plural*
Indicative	**Present**		**Present Perfect**	
	fechte	fechten	habe gefochten	haben gefochten
	fichtst	fechtet	hast gefochten	habt gefochten
	ficht	fechten	hat gefochten	haben gefochten
	Past		**Past Perfect**	
	focht	fochten	hatte gefochten	hatten gefochten
	fochtest	fochtet	hattest gefochten	hattet gefochten
	focht	fochten	hatte gefochten	hatten gefochten
	Future		**Future Perfect**	
	werde fechten	werden fechten	werde gefochten haben	werden gefochten haben
	wirst fechten	werdet fechten	wirst gefochten haben	werdet gefochten haben
	wird fechten	werden fechten	wird gefochten haben	werden gefochten haben
Subjunctive	**Present**		**Present Perfect**	
	fechte	fechten	habe gefochten	haben gefochten
	fechtest	fechtet	habest gefochten	habet gefochten
	fechte	fechten	habe gefochten	haben gefochten
	Past		**Past Perfect**	
	föchte	föchten	hätte gefochten	hätten gefochten
	föchtest	föchtet	hättest gefochten	hättet gefochten
	föchte	föchten	hätte gefochten	hätten gefochten
	Future		**Future Perfect**	
	werde fechten	werden fechten	werde gefochten haben	werden gefochten haben
	werdest fechten	werdet fechten	werdest gefochten haben	werdet gefochten haben
	werde fechten	werden fechten	werde gefochten haben	werden gefochten haben
	Present and Future Conditional		**Past Conditional**	
	würde fechten	würden fechten	würde gefochten haben	würden gefochten haben
	würdest fechten	würdet fechten	würdest gefochten haben	würdet gefochten haben
	würde fechten	würden fechten	würde gefochten haben	würden gefochten haben

EXAMPLES

Er wurde beim Fechten verwundet. He was wounded fencing.
Ich kenne wenige Leute, die fechten können. I know few people who know how to fence.

fehlen
to miss, to be absent
Auxiliary verb: haben   **Past participle:** gefehlt
Imperative: Fehle! Fehlt! Fehlen Sie!

Mode	Simple Tenses		Compound Tenses	
	Singular	*Plural*	*Singular*	*Plural*
Indicative	**Present**		**Present Perfect**	
	fehle	fehlen	habe gefehlt	haben gefehlt
	fehlst	fehlt	hast gefehlt	habt gefehlt
	fehlt	fehlen	hat gefehlt	haben gefehlt
	Past		**Past Perfect**	
	fehlte	fehlten	hatte gefehlt	hatten gefehlt
	fehltest	fehltet	hattest gefehlt	hattet gefehlt
	fehlte	fehlten	hatte gefehlt	hatten gefehlt
	Future		**Future Perfect**	
	werde fehlen	werden fehlen	werde gefehlt haben	werden gefehlt haben
	wirst fehlen	werdet fehlen	wirst gefehlt haben	werdet gefehlt haben
	wird fehlen	werden fehlen	wird gefehlt haben	werden gefehlt haben
Subjunctive	**Present**		**Present Perfect**	
	fehle	fehlen	habe gefehlt	haben gefehlt
	fehlest	fehlet	habest gefehlt	habet gefehlt
	fehle	fehlen	habe gefehlt	haben gefehlt
	Past		**Past Perfect**	
	fehlte	fehlten	hätte gefehlt	hätten gefehlt
	fehltest	fehltet	hättest gefehlt	hättet gefehlt
	fehlte	fehlten	hätte gefehlt	hätten gefehlt
	Future		**Future Perfect**	
	werde fehlen	werden fehlen	werde gefehlt haben	werden gefehlt haben
	werdest fehlen	werdet fehlen	werdest gefehlt haben	werdet gefehlt haben
	werde fehlen	werden fehlen	werde gefehlt haben	werden gefehlt haben
	Present and Future Conditional		**Past Conditional**	
	würde fehlen	würden fehlen	würde gefehlt haben	würden gefehlt haben
	würdest fehlen	würdet fehlen	würdest gefehlt haben	würdet gefehlt haben
	würde fehlen	würden fehlen	würde gefehlt haben	würden gefehlt haben

EXAMPLES

Dieser Zeitschrift fehlen die ersten zehn Seiten.	This magazine is missing the first ten pages.
Wer fehlt heute?	Who's absent today?

feiern
to celebrate
Auxiliary verb: haben   **Past participle:** gefeiert
Imperative: Feiere! Feiert! Feiern Sie!

Mode	Simple Tenses		Compound Tenses	
	Singular	*Plural*	*Singular*	*Plural*
Indicative	**Present**		**Present Perfect**	
	feiere	feiern	habe gefeiert	haben gefeiert
	feierst	feiert	hast gefeiert	habt gefeiert
	feiert	feiern	hat gefeiert	haben gefeiert
	Past		**Past Perfect**	
	feierte	feierten	hatte gefeiert	hatten gefeiert
	feiertest	feiertet	hattest gefeiert	hattet gefeiert
	feierte	feierten	hatte gefeiert	hatten gefeiert
	Future		**Future Perfect**	
	werde feiern	werden feiern	werde gefeiert haben	werden gefeiert haben
	wirst feiern	werdet feiern	wirst gefeiert haben	werdet gefeiert haben
	wird feiern	werden feiern	wird gefeiert haben	werden gefeiert haben
Subjunctive	**Present**		**Present Perfect**	
	feiere	feiern	habe gefeiert	haben gefeiert
	feierst	feiert	habest gefeiert	habet gefeiert
	feiere	feiern	habe gefeiert	haben gefeiert
	Past		**Past Perfect**	
	feierte	feierten	hätte gefeiert	hätten gefeiert
	feiertest	feiertet	hättest gefeiert	hättet gefeiert
	feierte	feierten	hätte gefeiert	hätten gefeiert
	Future		**Future Perfect**	
	werde feiern	werden feiern	werde gefeiert haben	werden gefeiert haben
	werdest feiern	werdet feiern	werdest gefeiert haben	werdet gefeiert haben
	werde feiern	werden feiern	werde gefeiert haben	werden gefeiert haben
	Present and Future Conditional		**Past Conditional**	
	würde feiern	würden feiern	würde gefeiert haben	würden gefeiert haben
	würdest feiern	würdet feiern	würdest gefeiert haben	würdet gefeiert haben
	würde feiern	würden feiern	würde gefeiert haben	würden gefeiert haben

EXAMPLES

Das junge Ehepaar hat seine Hochzeit im Hotel Adler gefeiert.
The young couple celebrated their wedding at Hotel Adler.

Die Deutschen feiern am 24. Dezember Weihnachten.
Germans celebrate Christmas on December 24.

feststellen

to ascertain, to determine, to establish
Auxiliary verb: haben   **Past participle:** festgestellt
Imperative: Stelle fest! Stellt fest! Stellen Sie fest!

Mode	Simple Tenses		Compound Tenses	
	Singular	*Plural*	*Singular*	*Plural*
Indicative	**Present**		**Present Perfect**	
	stelle fest	stellen fest	habe festgestellt	haben festgestellt
	stellst fest	stellt fest	hast festgestellt	habt festgestellt
	stellt fest	stellen fest	hat festgestellt	haben festgestellt
	Past		**Past Perfect**	
	stellte fest	stellten fest	hatte festgestellt	hatten festgestellt
	stelltest fest	stelltet fest	hattest festgestellt	hattet festgestellt
	stellte fest	stellten fest	hatte festgestellt	hatten festgestellt
	Future		**Future Perfect**	
	werde feststellen	werden feststellen	werde festgestellt haben	werden festgestellt haben
	wirst feststellen	werdet feststellen	wirst festgestellt haben	werdet festgestellt haben
	wird feststellen	werden feststellen	wird festgestellt haben	werden festgestellt haben
Subjunctive	**Present**		**Present Perfect**	
	stelle fest	stellen fest	habe festgestellt	haben festgestellt
	stellest fest	stellet fest	habest festgestellt	habet festgestellt
	stelle fest	stellen fest	habe festgestellt	haben festgestellt
	Past		**Past Perfect**	
	stellte fest	stellten fest	hätte festgestellt	hätten festgestellt
	stelltest fest	stelltet fest	hättest festgestellt	hättet festgestellt
	stellte fest	stellten fest	hätte festgestellt	hätten festgestellt
	Future		**Future Perfect**	
	werde feststellen	werden feststellen	werde festgestellt haben	werden festgestellt haben
	werdest feststellen	werdet feststellen	werdest festgestellt haben	werdet festgestellt haben
	werde feststellen	werden feststellen	werde festgestellt haben	werden festgestellt haben
	Present and Future Conditional		**Past Conditional**	
	würde feststellen	würden feststellen	würde festgestellt haben	würden festgestellt haben
	würdest feststellen	würdet feststellen	würdest festgestellt haben	würdet festgestellt haben
	würde feststellen	würden feststellen	würde festgestellt haben	würden festgestellt haben

EXAMPLES

Haben sie den Täter noch nicht festgestellt?

Haven't they determined who the culprit is yet?

Er stellte fest, dass die Theorie richtig ist.

He established that the theory is correct.

finden
to find
Auxiliary verb: haben   **Past participle:** gefunden
Imperative: Finde! Findet! Finden Sie!

Mode	Simple Tenses		Compound Tenses	
	Singular	*Plural*	*Singular*	*Plural*
Indicative	**Present**		**Present Perfect**	
	finde	finden	habe gefunden	haben gefunden
	findest	findet	hast gefunden	habt gefunden
	findet	finden	hat gefunden	haben gefunden
	Past		**Past Perfect**	
	fand	fanden	hatte gefunden	hatten gefunden
	fandest	fandet	hattest gefunden	hattet gefunden
	fand	fanden	hatte gefunden	hatten gefunden
	Future		**Future Perfect**	
	werde finden	werden finden	werde gefunden haben	werden gefunden haben
	wirst finden	werdet finden	wirst gefunden haben	werdet gefunden haben
	wird finden	werden finden	wird gefunden haben	werden gefunden haben
Subjunctive	**Present**		**Present Perfect**	
	finde	finden	habe gefunden	haben gefunden
	findest	findet	habest gefunden	habet gefunden
	finde	finden	habe gefunden	haben gefunden
	Past		**Past Perfect**	
	fände	fänden	hätte gefunden	hätten gefunden
	fändest	fändet	hättest gefunden	hättet gefunden
	fände	fänden	hätte gefunden	hätten gefunden
	Future		**Future Perfect**	
	werde finden	werden finden	werde gefunden haben	werden gefunden haben
	werdest finden	werdet finden	werdest gefunden haben	werdet gefunden haben
	werde finden	werden finden	werde gefunden haben	werden gefunden haben
	Present and Future Conditional		**Past Conditional**	
	würde finden	würden finden	würde gefunden haben	würden gefunden haben
	würdest finden	würdet finden	würdest gefunden haben	würdet gefunden haben
	würde finden	würden finden	würde gefunden haben	würden gefunden haben

Note: With inseparable prefixes, the principal parts are, for example, *erfindet, erfand, hat erfunden*. With separable prefixes, the principal parts are, for example, *findet statt, fand statt, hat stattgefunden*.

EXAMPLES

Ich finde diesen Wein ausgezeichnet.	I think this wine is excellent.
Die Kinder können ihre Handschuhe nicht finden.	The children can't find their gloves.

fletschen

to show one's teeth, to snarl

Auxiliary verb: haben   **Past participle:** gefletscht

Imperative: Fletsche! Fletscht! Fletschen Sie!

Mode	Simple Tenses		Compound Tenses	
	Singular	*Plural*	*Singular*	*Plural*
Indicative	**Present**		**Present Perfect**	
	fletsche	fletschen	habe gefletscht	haben gefletscht
	fletschst	fletscht	hast gefletscht	habt gefletscht
	fletscht	fletschen	hat gefletscht	haben gefletscht
	Past		**Past Perfect**	
	fletschte	fletschten	hatte gefletscht	hatten gefletscht
	fletschtest	fletschtet	hattest gefletscht	hattet gefletscht
	fletschte	fletschten	hatte gefletscht	hatten gefletscht
	Future		**Future Perfect**	
	werde fletschen	werden fletschen	werde gefletscht haben	werden gefletscht haben
	wirst fletschen	werdet fletschen	wirst gefletscht haben	werdet gefletscht haben
	wird fletschen	werden fletschen	wird gefletscht haben	werden gefletscht haben
Subjunctive	**Present**		**Present Perfect**	
	fletsche	fletschen	habe gefletscht	haben gefletscht
	fletschest	fletschet	habest gefletscht	habet gefletscht
	fletsche	fletschen	habe gefletscht	haben gefletscht
	Past		**Past Perfect**	
	fletschte	fletschten	hätte gefletscht	hätten gefletscht
	fletschtest	fletschtet	hättest gefletscht	hättet gefletscht
	fletschte	fletschten	hätte gefletscht	hätten gefletscht
	Future		**Future Perfect**	
	werde fletschen	werden fletschen	werde gefletscht haben	werden gefletscht haben
	werdest fletschen	werdet fletschen	werdest gefletscht haben	werdet gefletscht haben
	werde fletschen	werden fletschen	werde gefletscht haben	werden gefletscht haben
	Present and Future Conditional		**Past Conditional**	
	würde fletschen	würden fletschen	würde gefletscht haben	würden gefletscht haben
	würdest fletschen	würdet fletschen	würdest gefletscht haben	würdet gefletscht haben
	würde fletschen	würden fletschen	würde gefletscht haben	würden gefletscht haben

EXAMPLE

Der bissige Hund hat die Zähne gefletscht.   The mean dog snarled.

fliegen
to fly

Auxiliary verb: sein   **Past participle:** geflogen
Imperative: Fliege! Fliegt! Fliegen Sie!

Mode	Simple Tenses		Compound Tenses	
	Singular	*Plural*	*Singular*	*Plural*
Indicative	**Present**		**Present Perfect**	
	fliege	fliegen	bin geflogen	sind geflogen
	fliegst	fliegt	bist geflogen	seid geflogen
	fliegt	fliegen	ist geflogen	sind geflogen
	Past		**Past Perfect**	
	flog	flogen	war geflogen	waren geflogen
	flogst	flogt	warst geflogen	wart geflogen
	flog	flogen	war geflogen	waren geflogen
	Future		**Future Perfect**	
	werde fliegen	werden fliegen	werde geflogen sein	werden geflogen sein
	wirst fliegen	werdet fliegen	wirst geflogen sein	werdet geflogen sein
	wird fliegen	werden fliegen	wird geflogen sein	werden geflogen sein
Subjunctive	**Present**		**Present Perfect**	
	fliege	fliegen	sei geflogen	seien geflogen
	fliegest	flieget	seiest geflogen	seiet geflogen
	fliege	fliegen	sei geflogen	seien geflogen
	Past		**Past Perfect**	
	flöge	flögen	wäre geflogen	wären geflogen
	flögest	flöget	wärest geflogen	wäret geflogen
	flöge	flögen	wäre geflogen	wären geflogen
	Future		**Future Perfect**	
	werde fliegen	werden fliegen	werde geflogen sein	werden geflogen sein
	werdest fliegen	werdet fliegen	werdest geflogen sein	werdet geflogen sein
	werde fliegen	werden fliegen	werde geflogen sein	werden geflogen sein
	Present and Future Conditional		**Past Conditional**	
	würde fliegen	würden fliegen	würde geflogen sein	würden geflogen sein
	würdest fliegen	würdet fliegen	würdest geflogen sein	würdet geflogen sein
	würde fliegen	würden fliegen	würde geflogen sein	würden geflogen sein

Note: If *fliegen* is used as a transitive verb, its auxiliary in the perfect tenses will be *haben* (see the second example below). With separable prefixes, the principal parts are, for example, *fliegt aus, flog aus, ist ausgeflogen.*

EXAMPLES

Die Touristen werden mit einer deutschen Fluggesellschaft nach Berlin fliegen.

The tourists will fly to Berlin on a German airline.

Der junge Pilot hat zum ersten Mal einen Düsenjäger geflogen.

The young pilot flew a jet fighter for the first time.

fliehen

to flee, to escape
Auxiliary verb: sein **Past participle:** geflohen
Imperative: Fliehe! Flieht! Fliehen Sie!

Mode	Simple Tenses		Compound Tenses	
	Singular	*Plural*	*Singular*	*Plural*
Indicative	**Present**		**Present Perfect**	
	fliehe	fliehen	bin geflohen	sind geflohen
	fliehst	flieht	bist geflohen	seid geflohen
	flieht	fliehen	ist geflohen	sind geflohen
	Past		**Past Perfect**	
	floh	flohen	war geflohen	waren geflohen
	flohst	floht	warst geflohen	wart geflohen
	floh	flohen	war geflohen	waren geflohen
	Future		**Future Perfect**	
	werde fliehen	werden fliehen	werde geflohen sein	werden geflohen sein
	wirst fliehen	werdet fliehen	wirst geflohen sein	werdet geflohen sein
	wird fliehen	werden fliehen	wird geflohen sein	werden geflohen sein
Subjunctive	**Present**		**Present Perfect**	
	fliehe	fliehen	sei geflohen	seien geflohen
	fliehest	fliehet	seiest geflohen	seiet geflohen
	fliehe	fliehen	sei geflohen	seien geflohen
	Past		**Past Perfect**	
	flöhe	flöhen	wäre geflohen	wären geflohen
	flöhest	flöhet	wärest geflohen	wäret geflohen
	flöhe	flöhen	wäre geflohen	wären geflohen
	Future		**Future Perfect**	
	werde fliehen	werden fliehen	werde geflohen sein	werden geflohen sein
	werdest fliehen	werdet fliehen	werdest geflohen sein	werdet geflohen sein
	werde fliehen	werden fliehen	werde geflohen sein	werden geflohen sein
	Present and Future Conditional		**Past Conditional**	
	würde fliehen	würden fliehen	würde geflohen sein	würden geflohen sein
	würdest fliehen	würdet fliehen	würdest geflohen sein	würdet geflohen sein
	würde fliehen	würden fliehen	würde geflohen sein	würden geflohen sein

EXAMPLES

Die Bevölkerung ist vor der angreifenden Armee geflohen.
The population fled from the attacking army.

Die Flüchtlinge versuchen in den Wald zu fliehen.
The refugees try to flee into the woods.

fließen
to flow, to run
Auxiliary verb: sein **Past participle:** geflossen
Imperative: Fließe! Fließt! Fließen Sie!

Mode	Simple Tenses		Compound Tenses	
	Singular	*Plural*	*Singular*	*Plural*
Indicative	**Present**		**Present Perfect**	
	fließe	fließen	bin geflossen	sind geflossen
	fließt	fließt	bist geflossen	seid geflossen
	fließt	fließen	ist geflossen	sind geflossen
	Past		**Past Perfect**	
	floss	flossen	war geflossen	waren geflossen
	flossest	flosst	warst geflossen	wart geflossen
	floss	flossen	war geflossen	waren geflossen
	Future		**Future Perfect**	
	werde fließen	werden fließen	werde geflossen sein	werden geflossen sein
	wirst fließen	werdet fließen	wirst geflossen sein	werdet geflossen sein
	wird fließen	werden fließen	wird geflossen sein	werden geflossen sein
Subjunctive	**Present**		**Present Perfect**	
	fließe	fließen	sei geflossen	seien geflossen
	fließest	fließet	seiest geflossen	seiet geflossen
	fließe	fließen	sei geflossen	seien geflossen
	Past		**Past Perfect**	
	flösse	flössen	wäre geflossen	wären geflossen
	flössest	flösset	wärest geflossen	wäret geflossen
	flösse	flössen	wäre geflossen	wären geflossen
	Future		**Future Perfect**	
	werde fließen	werden fließen	werde geflossen sein	werden geflossen sein
	werdest fließen	werdet fließen	werdest geflossen sein	werdet geflossen sein
	werde fließen	werden fließen	werde geflossen sein	werden geflossen sein
	Present and Future Conditional		**Past Conditional**	
	würde fließen	würden fließen	würde geflossen sein	würden geflossen sein
	würdest fließen	würdet fließen	würdest geflossen sein	würdet geflossen sein
	würde fließen	würden fließen	würde geflossen sein	würden geflossen sein

EXAMPLES

In welche Richtung fließt die Oder?
Die Flüsse fließen in die Nordsee.

In what direction does the Oder flow?
The rivers flow into the North Sea.

fluchen

to curse, to swear
Auxiliary verb: haben   **Past participle:** geflucht
Imperative: Fluche! Flucht! Fluchen Sie!

Mode	Simple Tenses		Compound Tenses	
	Singular	*Plural*	*Singular*	*Plural*
Indicative	**Present**		**Present Perfect**	
	fluche	fluchen	habe geflucht	haben geflucht
	fluchst	flucht	hast geflucht	habt geflucht
	flucht	fluchen	hat geflucht	haben geflucht
	Past		**Past Perfect**	
	fluchte	fluchten	hatte geflucht	hatten geflucht
	fluchtest	fluchtet	hattest geflucht	hattet geflucht
	fluchte	fluchten	hatte geflucht	hatten geflucht
	Future		**Future Perfect**	
	werde fluchen	werden fluchen	werde geflucht haben	werden geflucht haben
	wirst fluchen	werdet fluchen	wirst geflucht haben	werdet geflucht haben
	wird fluchen	werden fluchen	wird geflucht haben	werden geflucht haben
Subjunctive	**Present**		**Present Perfect**	
	fluche	fluchen	habe geflucht	haben geflucht
	fluchest	fluchet	habest geflucht	habet geflucht
	fluche	fluchen	habe geflucht	haben geflucht
	Past		**Past Perfect**	
	fluchte	fluchten	hätte geflucht	hätten geflucht
	fluchtest	fluchtet	hättest geflucht	hättet geflucht
	fluchte	fluchten	hätte geflucht	hätten geflucht
	Future		**Future Perfect**	
	werde fluchen	werden fluchen	werde geflucht haben	werden geflucht haben
	werdest fluchen	werdet fluchen	werdest geflucht haben	werdet geflucht haben
	werde fluchen	werden fluchen	werde geflucht haben	werden geflucht haben
	Present and Future Conditional		**Past Conditional**	
	würde fluchen	würden fluchen	würde geflucht haben	würden geflucht haben
	würdest fluchen	würdet fluchen	würdest geflucht haben	würdet geflucht haben
	würde fluchen	würden fluchen	würde geflucht haben	würden geflucht haben

EXAMPLES

Ich hörte sie über ihre Schulden fluchen.   I heard them cursing their debts.
Großvater kann nicht sprechen, ohne zu fluchen.   Grandfather can't talk without cursing.

flüchten

to flee, to escape

Auxiliary verb: sein   **Past participle:** geflüchtet

Imperative: Flüchte! Flüchtet! Flüchten Sie!

Mode	Simple Tenses		Compound Tenses	
	Singular	*Plural*	*Singular*	*Plural*
Indicative	**Present**		**Present Perfect**	
	flüchte	flüchten	bin geflüchtet	sind geflüchtet
	flüchtest	flüchtet	bist geflüchtet	seid geflüchtet
	flüchtet	flüchten	ist geflüchtet	sind geflüchtet
	Past		**Past Perfect**	
	flüchtete	flüchteten	war geflüchtet	waren geflüchtet
	flüchtetest	flüchtetet	warst geflüchtet	wart geflüchtet
	flüchtete	flüchteten	war geflüchtet	waren geflüchtet
	Future		**Future Perfect**	
	werde flüchten	werden flüchten	werde geflüchtet sein	werden geflüchtet sein
	wirst flüchten	werdet flüchten	wirst geflüchtet sein	werdet geflüchtet sein
	wird flüchten	werden flüchten	wird geflüchtet sein	werden geflüchtet sein
Subjunctive	**Present**		**Present Perfect**	
	flüchte	flüchten	sei geflüchtet	seien geflüchtet
	flüchtest	flüchtet	seiest geflüchtet	seiet geflüchtet
	flüchte	flüchten	sei geflüchtet	seien geflüchtet
	Past		**Past Perfect**	
	flüchtete	flüchteten	wäre geflüchtet	wären geflüchtet
	flüchtetest	flüchtetet	wärest geflüchtet	wäret geflüchtet
	flüchtete	flüchteten	wäre geflüchtet	wären geflüchtet
	Future		**Future Perfect**	
	werde flüchten	werden flüchten	werde geflüchtet sein	werden geflüchtet sein
	werdest flüchten	werdet flüchten	werdest geflüchtet sein	werdet geflüchtet sein
	werde flüchten	werden flüchten	werde geflüchtet sein	werden geflüchtet sein
	Present and Future Conditional		**Past Conditional**	
	würde flüchten	würden flüchten	würde geflüchtet sein	würden geflüchtet sein
	würdest flüchten	würdet flüchten	würdest geflüchtet sein	würdet geflüchtet sein
	würde flüchten	würden flüchten	würde geflüchtet sein	würden geflüchtet sein

EXAMPLES

Der Angeklagte versuchte nach Kanada zu fliehen.

The defendant tried to escape to Canada.

Die Gefangenen sind geflüchtet.

The prisoners fled.

flüstern
to whisper
Auxiliary verb: haben **Past participle:** geflüstert
Imperative: Flüstere! Flüstert! Flüstern Sie!

Mode	Simple Tenses		Compound Tenses	
	Singular	*Plural*	*Singular*	*Plural*
Indicative	**Present**		**Present Perfect**	
	flüstere	flüstern	habe geflüstert	haben geflüstert
	flüsterst	flüstert	hast geflüstert	habt geflüstert
	flüstert	flüstern	hat geflüstert	haben geflüstert
	Past		**Past Perfect**	
	flüsterte	flüsterten	hatte geflüstert	hatten geflüstert
	flüstertest	flüstertet	hattest geflüstert	hattet geflüstert
	flüsterte	flüsterten	hatte geflüstert	hatten geflüstert
	Future		**Future Perfect**	
	werde flüstern	werden flüstern	werde geflüstert haben	werden geflüstert haben
	wirst flüstern	werdet flüstern	wirst geflüstert haben	werdet geflüstert haben
	wird flüstern	werden flüstern	wird geflüstert haben	werden geflüstert haben
Subjunctive	**Present**		**Present Perfect**	
	flüstere	flüstern	habe geflüstert	haben geflüstert
	flüsterst	flüstert	habest geflüstert	habet geflüstert
	flüstere	flüstern	habe geflüstert	haben geflüstert
	Past		**Past Perfect**	
	flüsterte	flüsterten	hätte geflüstert	hätten geflüstert
	flüstertest	flüstertet	hättest geflüstert	hättet geflüstert
	flüsterte	flüsterten	hätte geflüstert	hätten geflüstert
	Future		**Future Perfect**	
	werde flüstern	werden flüstern	werde geflüstert haben	werden geflüstert haben
	werdest flüstern	werdet flüstern	werdest geflüstert haben	werdet geflüstert haben
	werde flüstern	werden flüstern	werde geflüstert haben	werden geflüstert haben
	Present and Future Conditional		**Past Conditional**	
	würde flüstern	würden flüstern	würde geflüstert haben	würden geflüstert haben
	würdest flüstern	würdet flüstern	würdest geflüstert haben	würdet geflüstert haben
	würde flüstern	würden flüstern	würde geflüstert haben	würden geflüstert haben

EXAMPLES

Die Jungen stehen an der Ecke und flüstern. — The boys stand on the corner and whisper.
Kennst du den alten Film *Bettgeflüster?* — Do you know the old movie *Pillow Talk?*

folgen
to follow
Auxiliary verb: sein   **Past participle:** gefolgt
Imperative: Folge! Folgt! Folgen Sie!

Mode	Simple Tenses		Compound Tenses	
	Singular	*Plural*	*Singular*	*Plural*
Indicative	**Present**		**Present Perfect**	
	folge	folgen	bin gefolgt	sind gefolgt
	folgst	folgt	bist gefolgt	seid gefolgt
	folgt	folgen	ist gefolgt	sind gefolgt
	Past		**Past Perfect**	
	folgte	folgten	war gefolgt	waren gefolgt
	folgtest	folgtet	warst gefolgt	wart gefolgt
	folgte	folgten	war gefolgt	waren gefolgt
	Future		**Future Perfect**	
	werde folgen	werden folgen	werde gefolgt sein	werden gefolgt sein
	wirst folgen	werdet folgen	wirst gefolgt sein	werdet gefolgt sein
	wird folgen	werden folgen	wird gefolgt sein	werden gefolgt sein
Subjunctive	**Present**		**Present Perfect**	
	folge	folgen	sei gefolgt	seien gefolgt
	folgest	folget	seiest gefolgt	seiet gefolgt
	folge	folgen	sei gefolgt	seien gefolgt
	Past		**Past Perfect**	
	folgte	folgten	wäre gefolgt	wären gefolgt
	folgtest	folgtet	wärest gefolgt	wäret gefolgt
	folgte	folgten	wäre gefolgt	wären gefolgt
	Future		**Future Perfect**	
	werde folgen	werden folgen	werde gefolgt sein	werden gefolgt sein
	werdest folgen	werdet folgen	werdest gefolgt sein	werdet gefolgt sein
	werde folgen	werden folgen	werde gefolgt sein	werden gefolgt sein
	Present and Future Conditional		**Past Conditional**	
	würde folgen	würden folgen	würde gefolgt sein	würden gefolgt sein
	würdest folgen	würdet folgen	würdest gefolgt sein	würdet gefolgt sein
	würde folgen	würden folgen	würde gefolgt sein	würden gefolgt sein

Note: When this verb means "to obey" or "to listen to," it requires the auxiliary *haben* in the perfect tenses: *Er hat seinem Vater gefolgt* ("He listened to his father"). *Folgen* is a dative verb.

EXAMPLES

Wir sind dem Fremden in den Wald gefolgt. — We followed the stranger into the woods.
Der alte Hund folgte seinem Herrn. — The old dog followed his master.

fordern
to demand, to ask
Auxiliary verb: haben   **Past participle:** gefordert
Imperative: Fordere! Fordert! Fordern Sie!

Mode	Simple Tenses		Compound Tenses	
	Singular	*Plural*	*Singular*	*Plural*
Indicative	**Present**		**Present Perfect**	
	fordere	fordern	habe gefordert	haben gefordert
	forderst	fordert	hast gefordert	habt gefordert
	fordert	fordern	hat gefordert	haben gefordert
	Past		**Past Perfect**	
	forderte	forderten	hatte gefordert	hatten gefordert
	fordertest	fordertet	hattest gefordert	hattet gefordert
	forderte	forderten	hatte gefordert	hatten gefordert
	Future		**Future Perfect**	
	werde fordern	werden fordern	werde gefordert haben	werden gefordert haben
	wirst fordern	werdet fordern	wirst gefordert haben	werdet gefordert haben
	wird fordern	werden fordern	wird gefordert haben	werden gefordert haben
Subjunctive	**Present**		**Present Perfect**	
	fordere	fordern	habe gefordert	haben gefordert
	forderst	fordert	habest gefordert	habet gefordert
	fordere	fordern	habe gefordert	haben gefordert
	Past		**Past Perfect**	
	forderte	forderten	hätte gefordert	hätten gefordert
	fordertest	fordertet	hättest gefordert	hättet gefordert
	forderte	forderten	hätte gefordert	hätten gefordert
	Future		**Future Perfect**	
	werde fordern	werden fordern	werde gefordert haben	werden gefordert haben
	werdest fordern	werdet fordern	werdest gefordert haben	werdet gefordert haben
	werde fordern	werden fordern	werde gefordert haben	werden gefordert haben
	Present and Future Conditional		**Past Conditional**	
	würde fordern	würden fordern	würde gefordert haben	würden gefordert haben
	würdest fordern	würdet fordern	würdest gefordert haben	würdet gefordert haben
	würde fordern	würden fordern	würde gefordert haben	würden gefordert haben

EXAMPLES

Die Entführer forderten 2 Millionen Euro.	The kidnappers demanded 2 million euros.
Er hat für seine Arbeit einen höheren Lohn gefordert.	He demanded a higher wage for his work.

fördern

to further, to promote
Auxiliary verb: haben   **Past participle:** gefördert
Imperative: Fördere! Fördert! Fördern Sie!

Mode	Simple Tenses		Compound Tenses	
	Singular	*Plural*	*Singular*	*Plural*
Indicative	**Present**		**Present Perfect**	
	fördere	fördern	habe gefördert	haben gefördert
	förderst	fördert	hast gefördert	habt gefördert
	fördert	fördern	hat gefördert	haben gefördert
	Past		**Past Perfect**	
	förderte	förderten	hatte gefördert	hatten gefördert
	fördertest	fördertet	hattest gefördert	hattet gefördert
	förderte	förderten	hatte gefördert	hatten gefördert
	Future		**Future Perfect**	
	werde fördern	werden fördern	werde gefördert haben	werden gefördert haben
	wirst fördern	werdet fördern	wirst gefördert haben	werdet gefördert haben
	wird fördern	werden fördern	wird gefördert haben	werden gefördert haben
Subjunctive	**Present**		**Present Perfect**	
	fördere	fördern	habe gefördert	haben gefördert
	förderst	fördert	habest gefördert	habet gefördert
	fördere	fördern	habe gefördert	haben gefördert
	Past		**Past Perfect**	
	förderte	förderten	hätte gefördert	hätten gefördert
	fördertest	fördertet	hättest gefördert	hättet gefördert
	förderte	förderten	hätte gefördert	hätten gefördert
	Future		**Future Perfect**	
	werde fördern	werden fördern	werde gefördert haben	werden gefördert haben
	werdest fördern	werdet fördern	werdest gefördert haben	werdet gefördert haben
	werde fördern	werden fördern	werde gefördert haben	werden gefördert haben
	Present and Future Conditional		**Past Conditional**	
	würde fördern	würden fördern	würde gefördert haben	würden gefördert haben
	würdest fördern	würdet fördern	würdest gefördert haben	würdet gefördert haben
	würde fördern	würden fördern	würde gefördert haben	würden gefördert haben

EXAMPLES

Sie haben die neue Rechtschreibung gefördert.   They promoted the new orthography.
Die Universität möchte den jungen Pianisten   The university would like to promote the
fördern.   young pianist.

forschen

to search, to investigate, to do research
Auxiliary verb: haben   **Past participle:** geforscht
Imperative: Forsche! Forscht! Forschen Sie!

Mode	Simple Tenses		Compound Tenses	
	Singular	*Plural*	*Singular*	*Plural*
Indicative	**Present**		**Present Perfect**	
	forsche	forschen	habe geforscht	haben geforscht
	forschst	forscht	hast geforscht	habt geforscht
	forscht	forschen	hat geforscht	haben geforscht
	Past		**Past Perfect**	
	forschte	forschten	hatte geforscht	hatten geforscht
	forschtest	forschtet	hattest geforscht	hattet geforscht
	forschte	forschten	hatte geforscht	hatten geforscht
	Future		**Future Perfect**	
	werde forschen	werden forschen	werde geforscht haben	werden geforscht haben
	wirst forschen	werdet forschen	wirst geforscht haben	werdet geforscht haben
	wird forschen	werden forschen	wird geforscht haben	werden geforscht haben
Subjunctive	**Present**		**Present Perfect**	
	forsche	forschen	habe geforscht	haben geforscht
	forschest	forschet	habest geforscht	habet geforscht
	forsche	forschen	habe geforscht	haben geforscht
	Past		**Past Perfect**	
	forschte	forschten	hätte geforscht	hätten geforscht
	forschtest	forschtet	hättest geforscht	hättet geforscht
	forschte	forschten	hätte geforscht	hätten geforscht
	Future		**Future Perfect**	
	werde forschen	werden forschen	werde geforscht haben	werden geforscht haben
	werdest forschen	werdet forschen	werdest geforscht haben	werdet geforscht haben
	werde forschen	werden forschen	werde geforscht haben	werden geforscht haben
	Present and Future Conditional		**Past Conditional**	
	würde forschen	würden forschen	würde geforscht haben	würden geforscht haben
	würdest forschen	würdet forschen	würdest geforscht haben	würdet geforscht haben
	würde forschen	würden forschen	würde geforscht haben	würden geforscht haben

EXAMPLES

Ein Philosoph forscht nach Wahrheit.

A philosopher seeks truth.

Die Wissenschaftler haben lange nach einem Heilmittel geforscht.

The scientists searched long for a cure.

fortsetzen

to carry on, to continue

Auxiliary verb: haben   **Past participle:** fortgesetzt

Imperative: Setze fort! Setzt fort! Setzen Sie fort!

Mode	Simple Tenses		Compound Tenses	
	Singular	*Plural*	*Singular*	*Plural*
Indicative	**Present**		**Present Perfect**	
	setze fort	setzen fort	habe fortgesetzt	haben fortgesetzt
	setzt fort	setzt fort	hast fortgesetzt	habt fortgesetzt
	setzt fort	setzen fort	hat fortgesetzt	haben fortgesetzt
	Past		**Past Perfect**	
	setzte fort	setzten fort	hatte fortgesetzt	hatten fortgesetzt
	setztest fort	setztet fort	hattest fortgesetzt	hattet fortgesetzt
	setzte fort	setzten fort	hatte fortgesetzt	hatten fortgesetzt
	Future		**Future Perfect**	
	werde fortsetzen	werden fortsetzen	werde fortgesetzt haben	werden fortgesetzt haben
	wirst fortsetzen	werdet fortsetzen	wirst fortgesetzt haben	werdet fortgesetzt haben
	wird fortsetzen	werden fortsetzen	wird fortgesetzt haben	werden fortgesetzt haben
Subjunctive	**Present**		**Present Perfect**	
	setze fort	setzen fort	habe fortgesetzt	haben fortgesetzt
	setzest fort	setzet fort	habest fortgesetzt	habet fortgesetzt
	setze fort	setzen fort	habe fortgesetzt	haben fortgesetzt
	Past		**Past Perfect**	
	setzte fort	setzten fort	hätte fortgesetzt	hätten fortgesetzt
	setztest fort	setztet fort	hättest fortgesetzt	hättet fortgesetzt
	setzte fort	setzten fort	hätte fortgesetzt	hätten fortgesetzt
	Future		**Future Perfect**	
	werde fortsetzen	werden fortsetzen	werde fortgesetzt haben	werden fortgesetzt haben
	werdest fortsetzen	werdet fortsetzen	werdest fortgesetzt haben	werdet fortgesetzt haben
	werde fortsetzen	werden fortsetzen	werde fortgesetzt haben	werden fortgesetzt haben
	Present and Future Conditional		**Past Conditional**	
	würde fortsetzen	würden fortsetzen	würde fortgesetzt haben	würden fortgesetzt haben
	würdest fortsetzen	würdet fortsetzen	würdest fortgesetzt haben	würdet fortgesetzt haben
	würde fortsetzen	würden fortsetzen	würde fortgesetzt haben	würden fortgesetzt haben

EXAMPLES

Wir müssen diese wichtigen Experimente fortsetzen.

We have to continue these important experiments.

Sie hat die Forschung fortgesetzt.

She has resumed the research.

fragen

to ask

Auxiliary verb: haben   **Past participle:** gefragt
Imperative: Frage! Fragt! Fragen Sie!

Mode	Simple Tenses		Compound Tenses	
	Singular	*Plural*	*Singular*	*Plural*
Indicative	**Present**		**Present Perfect**	
	frage	fragen	habe gefragt	haben gefragt
	fragst	fragt	hast gefragt	habt gefragt
	fragt	fragen	hat gefragt	haben gefragt
	Past		**Past Perfect**	
	fragte	fragten	hatte gefragt	hatten gefragt
	fragtest	fragtet	hattest gefragt	hattet gefragt
	fragte	fragten	hatte gefragt	hatten gefragt
	Future		**Future Perfect**	
	werde fragen	werden fragen	werde gefragt haben	werden gefragt haben
	wirst fragen	werdet fragen	wirst gefragt haben	werdet gefragt haben
	wird fragen	werden fragen	wird gefragt haben	werden gefragt haben
Subjunctive	**Present**		**Present Perfect**	
	frage	fragen	habe gefragt	haben gefragt
	fragest	fraget	habest gefragt	habet gefragt
	frage	fragen	habe gefragt	haben gefragt
	Past		**Past Perfect**	
	fragte	fragten	hätte gefragt	hätten gefragt
	fragtest	fragtet	hättest gefragt	hättet gefragt
	fragte	fragten	hätte gefragt	hätten gefragt
	Future		**Future Perfect**	
	werde fragen	werden fragen	werde gefragt haben	werden gefragt haben
	werdest fragen	werdet fragen	werdest gefragt haben	werdet gefragt haben
	werde fragen	werden fragen	werde gefragt haben	werden gefragt haben
	Present and Future Conditional		**Past Conditional**	
	würde fragen	würden fragen	würde gefragt haben	würden gefragt haben
	würdest fragen	würdet fragen	würdest gefragt haben	würdet gefragt haben
	würde fragen	würden fragen	würde gefragt haben	würden gefragt haben

EXAMPLES

Hat jemand nach uns gefragt?	Did anyone ask about us?
Erdöl ist sehr gefragt.	Oil is in much demand.

fressen

to eat, to feed (animals)

Auxiliary verb: haben   **Past participle:** gefressen
Imperative: Friss! Fresst! Fressen Sie!

Mode	Simple Tenses		Compound Tenses	
	Singular	*Plural*	*Singular*	*Plural*
Indicative	**Present**		**Present Perfect**	
	fresse	fressen	habe gefressen	haben gefressen
	frisst	fresst	hast gefressen	habt gefressen
	frisst	fressen	hat gefressen	haben gefressen
	Past		**Past Perfect**	
	fraß	fraßen	hatte gefressen	hatten gefressen
	fraßest	fraßt	hattest gefressen	hattet gefressen
	fraß	fraßen	hatte gefressen	hatten gefressen
	Future		**Future Perfect**	
	werde fressen	werden fressen	werde gefressen haben	werden gefressen haben
	wirst fressen	werdet fressen	wirst gefressen haben	werdet gefressen haben
	wird fressen	werden fressen	wird gefressen haben	werden gefressen haben
Subjunctive	**Present**		**Present Perfect**	
	fresse	fressen	habe gefressen	haben gefressen
	fressest	fresset	habest gefressen	habet gefressen
	fresse	fressen	habe gefressen	haben gefressen
	Past		**Past Perfect**	
	fräße	fräßen	hätte gefressen	hätten gefressen
	fräßest	fräßet	hättest gefressen	hättet gefressen
	fräße	fräßen	hätte gefressen	hätten gefressen
	Future		**Future Perfect**	
	werde fressen	werden fressen	werde gefressen haben	werden gefressen haben
	werdest fressen	werdet fressen	werdest gefressen haben	werdet gefressen haben
	werde fressen	werden fressen	werde gefressen haben	werden gefressen haben
	Present and Future Conditional		**Past Conditional**	
	würde fressen	würden fressen	würde gefressen haben	würden gefressen haben
	würdest fressen	würdet fressen	würdest gefressen haben	würdet gefressen haben
	würde fressen	würden fressen	würde gefressen haben	würden gefressen haben

EXAMPLES

Hat der Hund deute schon zu fressen bekommen?   Did the dog already get fed today?
Das sind fleischfressende Tiere.   Those animals are carnivores.

freuen (sich)

to be glad, to be happy
Auxiliary verb: haben   **Past participle:** gefreut
Imperative: Freue! Freut! Freuen Sie!

Mode	Simple Tenses		Compound Tenses	
	Singular	*Plural*	*Singular*	*Plural*
Indicative	**Present**		**Present Perfect**	
	freue	freuen	habe gefreut	haben gefreut
	freust	freut	hast gefreut	habt gefreut
	freut	freuen	hat gefreut	haben gefreut
	Past		**Past Perfect**	
	freute	freuten	hatte gefreut	hatten gefreut
	freutest	freutet	hattest gefreut	hattet gefreut
	freute	freuten	hatte gefreut	hatten gefreut
	Future		**Future Perfect**	
	werde freuen	werden freuen	werde gefreut haben	werden gefreut haben
	wirst freuen	werdet freuen	wirst gefreut haben	werdet gefreut haben
	wird freuen	werden freuen	wird gefreut haben	werden gefreut haben
Subjunctive	**Present**		**Present Perfect**	
	freue	freuen	habe gefreut	haben gefreut
	freuest	freuet	habest gefreut	habet gefreut
	freue	freuen	habe gefreut	haben gefreut
	Past		**Past Perfect**	
	freute	freuten	hätte gefreut	hätten gefreut
	freutest	freutet	hättest gefreut	hättet gefreut
	freute	freuten	hätte gefreut	hätten gefreut
	Future		**Future Perfect**	
	werde freuen	werden freuen	werde gefreut haben	werden gefreut haben
	werdest freuen	werdet freuen	werdest gefreut haben	werdet gefreut haben
	werde freuen	werden freuen	werde gefreut haben	werden gefreut haben
	Present and Future Conditional		**Past Conditional**	
	würde freuen	würden freuen	würde gefreut haben	würden gefreut haben
	würdest freuen	würdet freuen	würdest gefreut haben	würdet gefreut haben
	würde freuen	würden freuen	würde gefreut haben	würden gefreut haben

Note: When not reflexive, this verb is usually used as a third-person impersonal expression with the pronoun *es: Es freut mich Sie kennenzulernen* ("I'm pleased to meet you").

EXAMPLES

Wir freuen uns über deinen Besuch.	We're happy about your visit.
Er freut sich schon darauf, eine Reise nach Spanien zu machen.	He's already looking forward to his trip to Spain.

frieren
to freeze
Auxiliary verb: haben   **Past participle:** gefroren
Imperative: Friere! Friert! Frieren Sie!

Mode	Simple Tenses		Compound Tenses	
	Singular	*Plural*	*Singular*	*Plural*
	Present		**Present Perfect**	
Indicative	friere	frieren	habe gefroren	haben gefroren
	frierst	friert	hast gefroren	habt gefroren
	friert	frieren	hat gefroren	haben gefroren
	Past		**Past Perfect**	
	fror	froren	hatte gefroren	hatten gefroren
	frorst	frort	hattest gefroren	hattet gefroren
	fror	froren	hatte gefroren	hatten gefroren
	Future		**Future Perfect**	
	werde frieren	werden frieren	werde gefroren haben	werden gefroren haben
	wirst frieren	werdet frieren	wirst gefroren haben	werdet gefroren haben
	wird frieren	werden frieren	wird gefroren haben	werden gefroren haben
Subjunctive	**Present**		**Present Perfect**	
	friere	frieren	habe gefroren	haben gefroren
	frierest	frieret	habest gefroren	habet gefroren
	friere	frieren	habe gefroren	haben gefroren
	Past		**Past Perfect**	
	fröre	frören	hätte gefroren	hätten gefroren
	frörest	fröret	hättest gefroren	hättet gefroren
	fröre	frören	hätte gefroren	hätten gefroren
	Future		**Future Perfect**	
	werde frieren	werden frieren	werde gefroren haben	werden gefroren haben
	werdest frieren	werdet frieren	werdest gefroren haben	werdet gefroren haben
	werde frieren	werden frieren	werde gefroren haben	werden gefroren haben
	Present and Future Conditional		**Past Conditional**	
	würde frieren	würden frieren	würde gefroren haben	würden gefroren haben
	würdest frieren	würdet frieren	würdest gefroren haben	würdet gefroren haben
	würde frieren	würden frieren	würde gefroren haben	würden gefroren haben

Note: With the prefix *er–*, this verb requires *sein* as its auxiliary in the perfect tenses: *ist erfroren.*

EXAMPLES

Heute morgen hat es gefroren.
Ich friere. Mach bitte das Fenster zu!

There was a freeze this morning.
I'm freezing. Please close the window.

frühstücken
to have breakfast
Auxiliary verb: haben   **Past participle:** gefrühstückt
Imperative: Frühstücke! Frühstückt! Frühstücken Sie!

Mode	Simple Tenses		Compound Tenses	
	Singular	*Plural*	*Singular*	*Plural*
Indicative	**Present**		**Present Perfect**	
	frühstücke	frühstücken	habe gefrühstückt	haben gefrühstückt
	frühstückst	frühstückt	hast gefrühstückt	habt gefrühstückt
	frühstückt	frühstücken	hat gefrühstückt	haben gefrühstückt
	Past		**Past Perfect**	
	frühstückte	frühstückten	hatte gefrühstückt	hatten gefrühstückt
	frühstücktest	frühstücktet	hattest gefrühstückt	hattet gefrühstückt
	frühstückte	frühstückten	hatte gefrühstückt	hatten gefrühstückt
	Future		**Future Perfect**	
	werde frühstücken	werden frühstücken	werde gefrühstückt haben	werden gefrühstückt haben
	wirst frühstücken	werdet frühstücken	wirst gefrühstückt haben	werdet gefrühstückt haben
	wird frühstücken	werden frühstücken	wird gefrühstückt haben	werden gefrühstückt haben
Subjunctive	**Present**		**Present Perfect**	
	frühstücke	frühstücken	habe gefrühstückt	haben gefrühstückt
	frühstückest	frühstücket	habest gefrühstückt	habet gefrühstückt
	frühstücke	frühstücken	habe gefrühstückt	haben gefrühstückt
	Past		**Past Perfect**	
	frühstückte	frühstückten	hätte gefrühstückt	hätten gefrühstückt
	frühstücktest	frühstücktet	hättest gefrühstückt	hättet gefrühstückt
	frühstückte	frühstückten	hätte gefrühstückt	hätten gefrühstückt
	Future		**Future Perfect**	
	werde frühstücken	werden frühstücken	werde gefrühstückt haben	werden gefrühstückt haben
	werdest frühstücken	werdet frühstücken	werdest gefrühstückt haben	werdet gefrühstückt haben
	werde frühstücken	werden frühstücken	werde gefrühstückt haben	werden gefrühstückt haben
	Present and Future Conditional		**Past Conditional**	
	würde frühstücken	würden frühstücken	würde gefrühstückt haben	würden gefrühstückt haben
	würdest frühstücken	würdet frühstücken	würdest gefrühstückt haben	würdet gefrühstückt haben
	würde frühstücken	würden frühstücken	würde gefrühstückt haben	würden gefrühstückt haben

EXAMPLES

Um wieviel Uhr frühstückt ihr?
Die Kinder haben noch nicht gefrühstückt.

At what time do you have breakfast?
The children haven't eaten breakfast yet.

fühlen (sich)

to feel, to perceive

Auxiliary verb: haben   **Past participle:** gefühlt
Imperative: Fühle! Fühlt! Fühlen Sie!

Mode	Simple Tenses		Compound Tenses	
	Singular	*Plural*	*Singular*	*Plural*
Indicative	**Present**		**Present Perfect**	
	fühle	fühlen	habe gefühlt	haben gefühlt
	fühlst	fühlt	hast gefühlt	habt gefühlt
	fühlt	fühlen	hat gefühlt	haben gefühlt
	Past		**Past Perfect**	
	fühlte	fühlten	hatte gefühlt	hatten gefühlt
	fühltest	fühltet	hattest gefühlt	hattet gefühlt
	fühlte	fühlten	hatte gefühlt	hatten gefühlt
	Future		**Future Perfect**	
	werde fühlen	werden fühlen	werde gefühlt haben	werden gefühlt haben
	wirst fühlen	werdet fühlen	wirst gefühlt haben	werdet gefühlt haben
	wird fühlen	werden fühlen	wird gefühlt haben	werden gefühlt haben
Subjunctive	**Present**		**Present Perfect**	
	fühle	fühlen	habe gefühlt	haben gefühlt
	fühlest	fühlet	habest gefühlt	habet gefühlt
	fühle	fühlen	habe gefühlt	haben gefühlt
	Past		**Past Perfect**	
	fühlte	fühlten	hätte gefühlt	hätten gefühlt
	fühltest	fühltet	hättest gefühlt	hättet gefühlt
	fühlte	fühlten	hätte gefühlt	hätten gefühlt
	Future		**Future Perfect**	
	werde fühlen	werden fühlen	werde gefühlt haben	werden gefühlt haben
	werdest fühlen	werdet fühlen	werdest gefühlt haben	werdet gefühlt haben
	werde fühlen	werden fühlen	werde gefühlt haben	werden gefühlt haben
	Present and Future Conditional		**Past Conditional**	
	würde fühlen	würden fühlen	würde gefühlt haben	würden gefühlt haben
	würdest fühlen	würdet fühlen	würdest gefühlt haben	würdet gefühlt haben
	würde fühlen	würden fühlen	würde gefühlt haben	würden gefühlt haben

EXAMPLES

Die Krankenschwester hat dem Patienten den Puls gefühlt.

The nurse felt the patient's pulse.

Tante Luise fühlt sich müde.

Aunt Luise feels tired.

führen
to lead, to conduct, to guide
Auxiliary verb: haben   **Past participle:** geführt
Imperative: Führe! Führt! Führen Sie!

Mode	Simple Tenses		Compound Tenses	
	Singular	*Plural*	*Singular*	*Plural*
Indicative	**Present**		**Present Perfect**	
	führe	führen	habe geführt	haben geführt
	führst	führt	hast geführt	habt geführt
	führt	führen	hat geführt	haben geführt
	Past		**Past Perfect**	
	führte	führten	hatte geführt	hatten geführt
	führtest	führtet	hattest geführt	hattet geführt
	führte	führten	hatte geführt	hatten geführt
	Future		**Future Perfect**	
	werde führen	werden führen	werde geführt haben	werden geführt haben
	wirst führen	werdet führen	wirst geführt haben	werdet geführt haben
	wird führen	werden führen	wird geführt haben	werden geführt haben
Subjunctive	**Present**		**Present Perfect**	
	führe	führen	habe geführt	haben geführt
	führest	führet	habest geführt	habet geführt
	führe	führen	habe geführt	haben geführt
	Past		**Past Perfect**	
	führte	führten	hätte geführt	hätten geführt
	führtest	führtet	hättest geführt	hättet geführt
	führte	führten	hätte geführt	hätten geführt
	Future		**Future Perfect**	
	werde führen	werden führen	werde geführt haben	werden geführt haben
	werdest führen	werdet führen	werdest geführt haben	werdet geführt haben
	werde führen	werden führen	werde geführt haben	werden geführt haben
	Present and Future Conditional		**Past Conditional**	
	würde führen	würden führen	würde geführt haben	würden geführt haben
	würdest führen	würdet führen	würdest geführt haben	würdet geführt haben
	würde führen	würden führen	würde geführt haben	würden geführt haben

EXAMPLES

Wir haben ein Gespräch mit dem neuen Bundeskanzler geführt.

We had a conversation with the new federal chancellor.

Wohin führt dieser Weg?

Where does this path lead?

füttern
to feed
Auxiliary verb: haben **Past participle:** gefüttert
Imperative: Füttere! Füttert! Füttern Sie!

Mode	Simple Tenses		Compound Tenses	
	Singular	*Plural*	*Singular*	*Plural*
Indicative	**Present**		**Present Perfect**	
	füttere	füttern	habe gefüttert	haben gefüttert
	fütterst	füttert	hast gefüttert	habt gefüttert
	füttert	füttern	hat gefüttert	haben gefüttert
	Past		**Past Perfect**	
	fütterte	fütterten	hatte gefüttert	hatten gefüttert
	füttertest	füttertet	hattest gefüttert	hattet gefüttert
	fütterte	fütterten	hatte gefüttert	hatten gefüttert
	Future		**Future Perfect**	
	werde füttern	werden füttern	werde gefüttert haben	werden gefüttert haben
	wirst füttern	werdet füttern	wirst gefüttert haben	werdet gefüttert haben
	wird füttern	werden füttern	wird gefüttert haben	werden gefüttert haben
Subjunctive	**Present**		**Present Perfect**	
	füttere	füttern	habe gefüttert	haben gefüttert
	fütterst	füttert	habest gefüttert	habet gefüttert
	füttere	füttern	habe gefüttert	haben gefüttert
	Past		**Past Perfect**	
	fütterte	fütterten	hätte gefüttert	hätten gefüttert
	füttertest	füttertet	hättest gefüttert	hättet gefüttert
	fütterte	fütterten	hätte gefüttert	hätten gefüttert
	Future		**Future Perfect**	
	werde füttern	werden füttern	werde gefüttert haben	werden gefüttert haben
	werdest füttern	werdet füttern	werdest gefüttert haben	werdet gefüttert haben
	werde füttern	werden füttern	werde gefüttert haben	werden gefüttert haben
	Present and Future Conditional		**Past Conditional**	
	würde füttern	würden füttern	würde gefüttert haben	würden gefüttert haben
	würdest füttern	würdet füttern	würdest gefüttert haben	würdet gefüttert haben
	würde füttern	würden füttern	würde gefüttert haben	würden gefüttert haben

EXAMPLE

Karl musste ihm die Kühe und Schweine füttern helfen.

Karl had to help him feed the cows and pigs.

gähnen

to yawn, to gape
Auxiliary verb: haben   **Past participle:** gegähnt
Imperative: Gähne! Gähnt! Gähnen Sie!

Mode	Simple Tenses		Compound Tenses	
	Singular	*Plural*	*Singular*	*Plural*
Indicative	**Present**		**Present Perfect**	
	gähne	gähnen	habe gegähnt	haben gegähnt
	gähnst	gähnt	hast gegähnt	habt gegähnt
	gähnt	gähnen	hat gegähnt	haben gegähnt
	Past		**Past Perfect**	
	gähnte	gähnten	hatte gegähnt	hatten gegähnt
	gähntest	gähntet	hattest gegähnt	hattet gegähnt
	gähnte	gähnten	hatte gegähnt	hatten gegähnt
	Future		**Future Perfect**	
	werde gähnen	werden gähnen	werde gegähnt haben	werden gegähnt haben
	wirst gähnen	werdet gähnen	wirst gegähnt haben	werdet gegähnt haben
	wird gähnen	werden gähnen	wird gegähnt haben	werden gegähnt haben
Subjunctive	**Present**		**Present Perfect**	
	gähne	gähnen	habe gegähnt	haben gegähnt
	gähnest	gähnet	habest gegähnt	habet gegähnt
	gähne	gähnen	habe gegähnt	haben gegähnt
	Past		**Past Perfect**	
	gähnte	gähnten	hätte gegähnt	hätten gegähnt
	gähntest	gähntet	hättest gegähnt	hättet gegähnt
	gähnte	gähnten	hätte gegähnt	hätten gegähnt
	Future		**Future Perfect**	
	werde gähnen	werden gähnen	werde gegähnt haben	werden gegähnt haben
	werdest gähnen	werdet gähnen	werdest gegähnt haben	werdet gegähnt haben
	werde gähnen	werden gähnen	werde gegähnt haben	werden gegähnt haben
	Present and Future Conditional		**Past Conditional**	
	würde gähnen	würden gähnen	würde gegähnt haben	würden gegähnt haben
	würdest gähnen	würdet gähnen	würdest gegähnt haben	würdet gegähnt haben
	würde gähnen	würden gähnen	würde gegähnt haben	würden gegähnt haben

EXAMPLES

Warum muss Onkel Peter so laut gähnen?
Am Ende des Weges sahen sie einen
gähnenden Abgrund.

Why must Uncle Peter yawn so loudly?
At the end of the path, they saw a gaping
chasm.

gebären
to bear, to give birth to
Auxiliary verb: haben **Past participle:** geboren
Imperative: Gebäre! Gebärt! Gebären Sie!

Mode	Simple Tenses		Compound Tenses	
	Singular	*Plural*	*Singular*	*Plural*
Indicative	**Present**		**Present Perfect**	
	gebäre	gebären	habe geboren	haben geboren
	gebärst / gebierst	gebärt	hast geboren	habt geboren
	gebärt / gebiert	gebären	hat geboren	haben geboren
	Past		**Past Perfect**	
	gebar	gebaren	hatte geboren	hatten geboren
	gebarst	gebart	hattest geboren	hattet geboren
	gebar	gebaren	hatte geboren	hatten geboren
	Future		**Future Perfect**	
	werde gebären	werden gebären	werde geboren haben	werden geboren haben
	wirst gebären	werdet gebären	wirst geboren haben	werdet geboren haben
	wird gebären	werden gebären	wird geboren haben	werden geboren haben
Subjunctive	**Present**		**Present Perfect**	
	gebäre	gebären	habe geboren	haben geboren
	gebärest	gebäret	habest geboren	habet geboren
	gebäre	gebären	habe geboren	haben geboren
	Past		**Past Perfect**	
	gebäre	gebären	hätte geboren	hätten geboren
	gebärest	gebäret	hättest geboren	hättet geboren
	gebäre	gebären	hätte geboren	hätten geboren
	Future		**Future Perfect**	
	werde gebären	werden gebären	werde geboren haben	werden geboren haben
	werdest gebären	werdet gebären	werdest geboren haben	werdet geboren haben
	werde gebären	werden gebären	werde geboren haben	werden geboren haben
	Present and Future Conditional		**Past Conditional**	
	würde gebären	würden gebären	würde geboren haben	würden geboren haben
	würdest gebären	würdet gebären	würdest geboren haben	würdet geboren haben
	würde gebären	würden gebären	würde geboren haben	würden geboren haben

EXAMPLES

Wolfgang Amadeus Mozart wurde in Österreich geboren.

Wolfgang Amadeus Mozart was born in Austria.

Maria hat Zwillinge geboren.

Maria had twins.

geben

to give

Auxiliary verb: haben **Past participle:** gegeben
Imperative: Gib! Gebt! Geben Sie!

Mode	Simple Tenses		Compound Tenses	
	Singular	*Plural*	*Singular*	*Plural*
Indicative	**Present**		**Present Perfect**	
	gebe	geben	habe gegeben	haben gegeben
	gibst	gebt	hast gegeben	habt gegeben
	gibt	geben	hat gegeben	haben gegeben
	Past		**Past Perfect**	
	gab	gaben	hatte gegeben	hatten gegeben
	gabst	gabt	hattest gegeben	hattet gegeben
	gab	gaben	hatte gegeben	hatten gegeben
	Future		**Future Perfect**	
	werde geben	werden geben	werde gegeben haben	werden gegeben haben
	wirst geben	werdet geben	wirst gegeben haben	werdet gegeben haben
	wird geben	werden geben	wird gegeben haben	werden gegeben haben
Subjunctive	**Present**		**Present Perfect**	
	gebe	geben	habe gegeben	haben gegeben
	gebest	gebet	habest gegeben	habet gegeben
	gebe	geben	habe gegeben	haben gegeben
	Past		**Past Perfect**	
	gäbe	gäben	hätte gegeben	hätten gegeben
	gäbest	gäbet	hättest gegeben	hättet gegeben
	gäbe	gäben	hätte gegeben	hätten gegeben
	Future		**Future Perfect**	
	werde geben	werden geben	werde gegeben haben	werden gegeben haben
	werdest geben	werdet geben	werdest gegeben haben	werdet gegeben haben
	werde geben	werden geben	werde gegeben haben	werden gegeben haben
	Present and Future Conditional		**Past Conditional**	
	würde geben	würden geben	würde gegeben haben	würden gegeben haben
	würdest geben	würdet geben	würdest gegeben haben	würdet gegeben haben
	würde geben	würden geben	würde gegeben haben	würden gegeben haben

Note: The phrase *es gibt* means "there is." Its subject is always the pronoun *es*, and its principal parts are *es gibt, es gab, es hat gegeben*. With inseparable prefixes, the principal parts of this verb are, for example, *vergibt, vergab, hat vergeben*. With separable prefixes, the principal parts are, for example, *gibt aus, gab aus, hat ausgegeben*.

EXAMPLES

Der Schauspieler hat gestern vier Interviews gegeben.	The actor gave four interviews yesterday.
Zur Zeit gibt es auf dem Markt kein frisches Gemüse.	At the moment, there are no fresh vegetables at the market.

gebrauchen
to use, to employ
Auxiliary verb: haben   **Past participle:** gebraucht
Imperative: Gebrauche! Gebraucht! Gebrauchen Sie!

Mode	Simple Tenses		Compound Tenses	
	Singular	*Plural*	*Singular*	*Plural*
Indicative	**Present**		**Present Perfect**	
	gebrauche	gebrauchen	habe gebraucht	haben gebraucht
	gebrauchst	gebraucht	hast gebraucht	habt gebraucht
	gebraucht	gebrauchen	hat gebraucht	haben gebraucht
	Past		**Past Perfect**	
	gebrauchte	gebrauchten	hatte gebraucht	hatten gebraucht
	gebrauchtest	gebrauchtet	hattest gebraucht	hattet gebraucht
	gebrauchte	gebrauchten	hatte gebraucht	hatten gebraucht
	Future		**Future Perfect**	
	werde gebrauchen	werden gebrauchen	werde gebraucht haben	werden gebraucht haben
	wirst gebrauchen	werdet gebrauchen	wirst gebraucht haben	werdet gebraucht haben
	wird gebrauchen	werden gebrauchen	wird gebraucht haben	werden gebraucht haben
Subjunctive	**Present**		**Present Perfect**	
	gebrauche	gebrauchen	habe gebraucht	haben gebraucht
	gebrauchest	gebrauchet	habest gebraucht	habet gebraucht
	gebrauche	gebrauchen	habe gebraucht	haben gebraucht
	Past		**Past Perfect**	
	gebrauchte	gebrauchten	hätte gebraucht	hätten gebraucht
	gebrauchtest	gebrauchtet	hättest gebraucht	hättet gebraucht
	gebrauchte	gebrauchten	hätte gebraucht	hätten gebraucht
	Future		**Future Perfect**	
	werde gebrauchen	werden gebrauchen	werde gebraucht haben	werden gebraucht haben
	werdest gebrauchen	werdet gebrauchen	werdest gebraucht haben	werdet gebraucht haben
	werde gebrauchen	werden gebrauchen	werde gebraucht haben	werden gebraucht haben
	Present and Future Conditional		**Past Conditional**	
	würde gebrauchen	würden gebrauchen	würde gebraucht haben	würden gebraucht haben
	würdest gebrauchen	würdet gebrauchen	würdest gebraucht haben	würdet gebraucht haben
	würde gebrauchen	würden gebrauchen	würde gebraucht haben	würden gebraucht haben

EXAMPLES

Dieser Entwurf ist nicht zu gebrauchen.
Den Anrufbeantworter können wir gut gebrauchen.

This design is of no use.
We can make good use of the answering machine.

gefallen
to please, to like
Auxiliary verb: haben   **Past participle:** gefallen
Imperative: Gefalle! Gefallt! Gefallen Sie!

Mode	Simple Tenses		Compound Tenses	
	Singular	*Plural*	*Singular*	*Plural*
Indicative	**Present**		**Present Perfect**	
	gefalle	gefallen	habe gefallen	haben gefallen
	gefällst	gefallt	hast gefallen	habt gefallen
	gefällt	gefallen	hat gefallen	haben gefallen
	Past		**Past Perfect**	
	gefiel	gefielen	hatte gefallen	hatten gefallen
	gefielst	gefielt	hattest gefallen	hattet gefallen
	gefiel	gefielen	hatte gefallen	hatten gefallen
	Future		**Future Perfect**	
	werde gefallen	werden gefallen	werde gefallen haben	werden gefallen haben
	wirst gefallen	werdet gefallen	wirst gefallen haben	werdet gefallen haben
	wird gefallen	werden gefallen	wird gefallen haben	werden gefallen haben
Subjunctive	**Present**		**Present Perfect**	
	gefalle	gefallen	habe gefallen	haben gefallen
	gefallest	gefallet	habest gefallen	habet gefallen
	gefalle	gefallen	habe gefallen	haben gefallen
	Past		**Past Perfect**	
	gefiele	gefielen	hätte gefallen	hätten gefallen
	gefielest	gefielet	hättest gefallen	hättet gefallen
	gefiele	gefielen	hätte gefallen	hätten gefallen
	Future		**Future Perfect**	
	werde gefallen	werden gefallen	werde gefallen haben	werden gefallen haben
	werdest gefallen	werdet gefallen	werdest gefallen haben	werdet gefallen haben
	werde gefallen	werden gefallen	werde gefallen haben	werden gefallen haben
	Present and Future Conditional		**Past Conditional**	
	würde gefallen	würden gefallen	würde gefallen haben	würden gefallen haben
	würdest gefallen	würdet gefallen	würdest gefallen haben	würdet gefallen haben
	würde gefallen	würden gefallen	würde gefallen haben	würden gefallen haben

Note: *Gefallen* is a dative verb.

EXAMPLES

Wie gefällt Ihnen dieser Hut?　　　　　How do you like this hat?
Das werde ich mir nicht gefallen lassen.　　I won't put up with that.

gehen

to go

Auxiliary verb: sein   **Past participle:** gegangen
Imperative: Gehe! Geht! Gehen Sie!

Mode	Simple Tenses		Compound Tenses	
	Singular	*Plural*	*Singular*	*Plural*
Indicative	**Present**		**Present Perfect**	
	gehe	gehen	bin gegangen	sind gegangen
	gehst	geht	bist gegangen	seid gegangen
	geht	gehen	ist gegangen	sind gegangen
	Past		**Past Perfect**	
	ging	gingen	war gegangen	waren gegangen
	gingst	gingt	warst gegangen	wart gegangen
	ging	gingen	war gegangen	waren gegangen
	Future		**Future Perfect**	
	werde gehen	werden gehen	werde gegangen sein	werden gegangen sein
	wirst gehen	werdet gehen	wirst gegangen sein	werdet gegangen sein
	wird gehen	werden gehen	wird gegangen sein	werden gegangen sein
Subjunctive	**Present**		**Present Perfect**	
	gehe	gehen	sei gegangen	seien gegangen
	gehest	gehet	seiest gegangen	seiet gegangen
	gehe	gehen	sei gegangen	seien gegangen
	Past		**Past Perfect**	
	ginge	gingen	wäre gegangen	wären gegangen
	gingest	ginget	wärest gegangen	wäret gegangen
	ginge	gingen	wäre gegangen	wären gegangen
	Future		**Future Perfect**	
	werde gehen	werden gehen	werde gegangen sein	werden gegangen sein
	werdest gehen	werdet gehen	werdest gegangen sein	werdet gegangen sein
	werde gehen	werden gehen	werde gegangen sein	werden gegangen sein
	Present and Future Conditional		**Past Conditional**	
	würde gehen	würden gehen	würde gegangen sein	würden gegangen sein
	würdest gehen	würdet gehen	würdest gegangen sein	würdet gegangen sein
	würde gehen	würden gehen	würde gegangen sein	würden gegangen sein

Note: With the prefix *be–* the verb *gehen* becomes transitive and means "to commit." The auxiliary for *begehen* is *haben: Er hat ein Verbrechen begangen* ("He committed a crime"). With separable prefixes, the principal parts of this verb are, for example, *geht weg, ging weg, ist weggegangen.*

EXAMPLES

Nächstes Jahr gehen die Kinder zur Schule.   Next year the children are going to school.
Wie geht es Ihnen?   How are you?

gehorchen

to obey

Auxiliary verb: haben **Past participle:** gehorcht
Imperative: Gehorche! Gehorcht! Gehorchen Sie!

Mode	Simple Tenses		Compound Tenses	
	Singular	*Plural*	*Singular*	*Plural*
Indicative	**Present**		**Present Perfect**	
	gehorche	gehorchen	habe gehorcht	haben gehorcht
	gehorchst	gehorcht	hast gehorcht	habt gehorcht
	gehorcht	gehorchen	hat gehorcht	haben gehorcht
	Past		**Past Perfect**	
	gehorchte	gehorchten	hatte gehorcht	hatten gehorcht
	gehorchtest	gehorchtet	hattest gehorcht	hattet gehorcht
	gehorchte	gehorchten	hatte gehorcht	hatten gehorcht
	Future		**Future Perfect**	
	werde gehorchen	werden gehorchen	werde gehorcht haben	werden gehorcht haben
	wirst gehorchen	werdet gehorchen	wirst gehorcht haben	werdet gehorcht haben
	wird gehorchen	werden gehorchen	wird gehorcht haben	werden gehorcht haben
Subjunctive	**Present**		**Present Perfect**	
	gehorche	gehorchen	habe gehorcht	haben gehorcht
	gehorchest	gehorchet	habest gehorcht	habet gehorcht
	gehorche	gehorchen	habe gehorcht	haben gehorcht
	Past		**Past Perfect**	
	gehorchte	gehorchten	hätte gehorcht	hätten gehorcht
	gehorchtest	gehorchtet	hättest gehorcht	hättet gehorcht
	gehorchte	gehorchten	hätte gehorcht	hätten gehorcht
	Future		**Future Perfect**	
	werde gehorchen	werden gehorchen	werde gehorcht haben	werden gehorcht haben
	werdest gehorchen	werdet gehorchen	werdest gehorcht haben	werdet gehorcht haben
	werde gehorchen	werden gehorchen	werde gehorcht haben	werden gehorcht haben
	Present and Future Conditional		**Past Conditional**	
	würde gehorchen	würden gehorchen	würde gehorcht haben	würden gehorcht haben
	würdest gehorchen	würdet gehorchen	würdest gehorcht haben	würdet gehorcht haben
	würde gehorchen	würden gehorchen	würde gehorcht haben	würden gehorcht haben

EXAMPLES

Die Schüler gehorchten dem Lehrer nicht.
Er hat seinem Vater nie gehorcht.

The pupils did not obey the teacher.
He never obeyed his father.

gehören
to belong to
Auxiliary verb: haben   **Past participle:** gehört
Imperative: Gehöre! Gehört! Gehören Sie!

Mode	Simple Tenses		Compound Tenses	
	Singular	*Plural*	*Singular*	*Plural*
Indicative	**Present**		**Present Perfect**	
	gehöre	gehören	habe gehört	haben gehört
	gehörst	gehört	hast gehört	habt gehört
	gehört	gehören	hat gehört	haben gehört
	Past		**Past Perfect**	
	gehörte	gehörten	hatte gehört	hatten gehört
	gehörtest	gehörtet	hattest gehört	hattet gehört
	gehörte	gehörten	hatte gehört	hatten gehört
	Future		**Future Perfect**	
	werde gehören	werden gehören	werde gehört haben	werden gehört haben
	wirst gehören	werdet gehören	wirst gehört haben	werdet gehört haben
	wird gehören	werden gehören	wird gehört haben	werden gehört haben
Subjunctive	**Present**		**Present Perfect**	
	gehöre	gehören	habe gehört	haben gehört
	gehörest	gehöret	habest gehört	habet gehört
	gehöre	gehören	habe gehört	haben gehört
	Past		**Past Perfect**	
	gehörte	gehörten	hätte gehört	hätten gehört
	gehörtest	gehörtet	hättest gehört	hättet gehört
	gehörte	gehörten	hätte gehört	hätten gehört
	Future		**Future Perfect**	
	werde gehören	werden gehören	werde gehört haben	werden gehört haben
	werdest gehören	werdet gehören	werdest gehört haben	werdet gehört haben
	werde gehören	werden gehören	werde gehört haben	werden gehört haben
	Present and Future Conditional		**Past Conditional**	
	würde gehören	würden gehören	würde gehört haben	würden gehört haben
	würdest gehören	würdet gehören	würdest gehört haben	würdet gehört haben
	würde gehören	würden gehören	würde gehört haben	würden gehört haben

Note: *Gehören* is a dative verb.

EXAMPLES

Wem gehören diese Handschuhe?
To whom do these gloves belong?

Dieser Wagen hat einmal einem reichen Amerikaner gehört.
This car once belonged to a rich American.

gelingen

to succeed, to manage to do
Auxiliary verb: sein   **Past participle:** gelungen
Imperative: N/A

Mode	Simple Tenses		Compound Tenses	
	Singular	*Plural*	*Singular*	*Plural*
Indicative	**Present**		**Present Perfect**	
	gelingt		ist gelungen	
	Past		**Past Perfect**	
	gelang		war gelungen	
	Future		**Future Perfect**	
	wird gelingen		wird gelungen sein	
Subjunctive	**Present**		**Present Perfect**	
	gelinge		sei gelungen	
	Past		**Past Perfect**	
	gelänge		wäre gelungen	
	Future		**Future Perfect**	
	werde gelingen		würde gelungen sein	
	Present and Future Conditional		**Past Conditional**	
	würde gelingen		würde gelungen sein	

Note: This verb is used as a third-person impersonal expression with the pronoun *es.* The object of the verb must be in the dative case: *Es gelingt mir* ("I succeed") or *Es gelang uns nicht* ("We didn't manage to do it").

EXAMPLES

Die Experimente sind ihm nicht gelungen.	His experiments didn't succeed.
Hoffentlich gelingt es mir einen neuen Wagen zu kaufen.	I hope I succeed in buying a new car.

gelten

to be valid, to be worth

Auxiliary verb: haben   **Past participle:** gegolten
Imperative: Gilt! Geltet! Gelten Sie!

Mode	Simple Tenses		Compound Tenses	
	Singular	*Plural*	*Singular*	*Plural*
Indicative	**Present**		**Present Perfect**	
	gelte	gelten	habe gegolten	haben gegolten
	giltst	geltet	hast gegolten	habt gegolten
	gilt	gelten	hat gegolten	haben gegolten
	Past		**Past Perfect**	
	galt	galten	hatte gegolten	hatten gegolten
	galtest	galtet	hattest gegolten	hattet gegolten
	galt	galten	hatte gegolten	hatten gegolten
	Future		**Future Perfect**	
	werde gelten	werden gelten	werde gegolten haben	werden gegolten haben
	wirst gelten	werdet gelten	wirst gegolten haben	werdet gegolten haben
	wird gelten	werden gelten	wird gegolten haben	werden gegolten haben
Subjunctive	**Present**		**Present Perfect**	
	gelte	gelten	habe gegolten	haben gegolten
	geltest	geltet	habest gegolten	habet gegolten
	gelte	gelten	habe gegolten	haben gegolten
	Past		**Past Perfect**	
	gälte	gälten	hätte gegolten	hätten gegolten
	gältest	gältet	hättest gegolten	hättet gegolten
	gälte	gälten	hätte gegolten	hätten gegolten
	Future		**Future Perfect**	
	werde gelten	werden gelten	werde gegolten haben	werden gegolten haben
	werdest gelten	werdet gelten	werdest gegolten haben	werdet gegolten haben
	werde gelten	werden gelten	werde gegolten haben	werden gegolten haben
	Present and Future Conditional		**Past Conditional**	
	würde gelten	würden gelten	würde gegolten haben	würden gegolten haben
	würdest gelten	würdet gelten	würdest gegolten haben	würdet gegolten haben
	würde gelten	würden gelten	würde gegolten haben	würden gegolten haben

Note: The past subjunctive is also commonly expressed as *gölte, göltest, gölte, gölten, göltet, gölten*.

EXAMPLES

Der junge Professor galt als intelligent, aber er verstand seine Studenten nicht.

The young professor was considered intelligent, but he didn't understand his students.

Ihr Visum gilt nicht mehr.

Your visa isn't valid anymore.

genesen

to get well, to recover
Auxiliary verb: sein   **Past participle:** genesen
Imperative: Genese! Genest! Genesen Sie!

Mode	Simple Tenses		Compound Tenses	
	Singular	*Plural*	*Singular*	*Plural*
Indicative	**Present**		**Present Perfect**	
	genese	genesen	bin genesen	sind genesen
	genest	genest	bist genesen	seid genesen
	genest	genesen	ist genesen	sind genesen
	Past		**Past Perfect**	
	genas	genasen	war genesen	waren genesen
	genasest	genast	warst genesen	wart genesen
	genas	genasen	war genesen	waren genesen
	Future		**Future Perfect**	
	werde genesen	werden genesen	werde genesen sein	werden genesen sein
	wirst genesen	werdet genesen	wirst genesen sein	werdet genesen sein
	wird genesen	werden genesen	wird genesen sein	werden genesen sein
Subjunctive	**Present**		**Present Perfect**	
	genese	genesen	sei genesen	seien genesen
	genesest	geneset	seiest genesen	seiet genesen
	genese	genesen	sei genesen	seien genesen
	Past		**Past Perfect**	
	genäse	genäsen	wäre genesen	wären genesen
	genäsest	genäset	wärest genesen	wäret genesen
	genäse	genäsen	wäre genesen	wären genesen
	Future		**Future Perfect**	
	werde genesen	werden genesen	werde genesen sein	werden genesen sein
	werdest genesen	werdet genesen	werdest genesen sein	werdet genesen sein
	werde genesen	werden genesen	werde genesen sein	werden genesen sein
	Present and Future Conditional		**Past Conditional**	
	würde genesen	würden genesen	würde genesen sein	würden genesen sein
	würdest genesen	würdet genesen	würdest genesen sein	würdet genesen sein
	würde genesen	würden genesen	würde genesen sein	würden genesen sein

EXAMPLES

Die alte Frau wird bald genesen sein.
Nach drei Wochen war Frau Helsberg völlig von ihrer Krankheit genesen.

The old woman will soon be well.
In three weeks Mrs. Helsberg was completely recovered from her illness.

genießen
to enjoy
Auxiliary verb: haben   **Past participle:** genossen
Imperative: Genieße! Genießt! Genießen Sie!

Mode	Simple Tenses		Compound Tenses	
	Singular	*Plural*	*Singular*	*Plural*
Indicative	**Present**		**Present Perfect**	
	genieße	genießen	habe genossen	haben genossen
	genießt	genießt	hast genossen	habt genossen
	genießt	genießen	hat genossen	haben genossen
	Past		**Past Perfect**	
	genoss	genossen	hatte genossen	hatten genossen
	genossest	genosst	hattest genossen	hattet genossen
	genoss	genossen	hatte genossen	hatten genossen
	Future		**Future Perfect**	
	werde genießen	werden genießen	werde genossen haben	werden genossen haben
	wirst genießen	werdet genießen	wirst genossen haben	werdet genossen haben
	wird genießen	werden genießen	wird genossen haben	werden genossen haben
Subjunctive	**Present**		**Present Perfect**	
	genieße	genießen	habe genossen	haben genossen
	genießest	genießet	habest genossen	habet genossen
	genieße	genießen	habe genossen	haben genossen
	Past		**Past Perfect**	
	genösse	genössen	hätte genossen	hätten genossen
	genössest	genösset	hättest genossen	hättet genossen
	genösse	genössen	hätte genossen	hätten genossen
	Future		**Future Perfect**	
	werde genießen	werden genießen	werde genossen haben	werden genossen haben
	werdest genießen	werdet genießen	werdest genossen haben	werdet genossen haben
	werde genießen	werden genießen	werde genossen haben	werden genossen haben
	Present and Future Conditional		**Past Conditional**	
	würde genießen	würden genießen	würde genossen haben	würden genossen haben
	würdest genießen	würdet genießen	würdest genossen haben	würdet genossen haben
	würde genießen	würden genießen	würde genossen haben	würden genossen haben

EXAMPLES

Das warme Bier ist nicht zu genießen.
You can't enjoy warm beer.

Im Park haben wir die Sonne und frische Luft genossen.
We enjoyed the sun and fresh air in the park.

genügen
to suffice, to be enough
Auxiliary verb: haben   **Past participle:** genügt
Imperative: Genüge! Genügt! Genügen Sie!

Mode	Simple Tenses		Compound Tenses	
	Singular	*Plural*	*Singular*	*Plural*
Indicative	**Present**		**Present Perfect**	
	genüge	genügen	habe genügt	haben genügt
	genügst	genügt	hast genügt	habt genügt
	genügt	genügen	hat genügt	haben genügt
	Past		**Past Perfect**	
	genügte	genügten	hatte genügt	hatten genügt
	genügtest	genügtet	hattest genügt	hattet genügt
	genügte	genügten	hatte genügt	hatten genügt
	Future		**Future Perfect**	
	werde genügen	werden genügen	werde genügt haben	werden genügt haben
	wirst genügen	werdet genügen	wirst genügt haben	werdet genügt haben
	wird genügen	werden genügen	wird genügt haben	werden genügt haben
Subjunctive	**Present**		**Present Perfect**	
	genüge	genügen	habe genügt	haben genügt
	genügest	genüget	habest genügt	habet genügt
	genüge	genügen	habe genügt	haben genügt
	Past		**Past Perfect**	
	genügte	genügten	hätte genügt	hätten genügt
	genügtest	genügtet	hättest genügt	hättet genügt
	genügte	genügten	hätte genügt	hätten genügt
	Future		**Future Perfect**	
	werde genügen	werden genügen	werde genügt haben	werden genügt haben
	werdest genügen	werdet genügen	werdest genügt haben	werdet genügt haben
	werde genügen	werden genügen	werde genügt haben	werden genügt haben
	Present and Future Conditional		**Past Conditional**	
	würde genügen	würden genügen	würde genügt haben	würden genügt haben
	würdest genügen	würdet genügen	würdest genügt haben	würdet genügt haben
	würde genügen	würden genügen	würde genügt haben	würden genügt haben

EXAMPLES

Das genügt für unsere Zwecke.	That's enough for our purposes.
Die Bewerber genügten seinen Ansprüchen nicht.	The applicants didn't fulfill his requirements.

geschehen
to happen, to occur
Auxiliary verb: sein   **Past participle:** geschehen
Imperative: N/A

Mode	Simple Tenses		Compound Tenses	
	Singular	*Plural*	*Singular*	*Plural*
Indicative	**Present**		**Present Perfect**	
	geschieht	geschehen	ist geschehen	sind geschehen
	Past		**Past Perfect**	
	geschah	geschahen	war geschehen	waren geschehen
	Future		**Future Perfect**	
	wird geschehen	werden geschehen	wird geschehen sein	werden geschehen sein
Subjunctive	**Present**		**Present Perfect**	
	geschehe	geschehen	sei geschehen	seien geschehen
	Past		**Past Perfect**	
	geschähe	geschähen	wäre geschehen	wären geschehen
	Future		**Future Perfect**	
	werde geschehen	werden geschehen	werde geschehen sein	werden geschehen sein
	Present and Future Conditional		**Past Conditional**	
	würde geschehen	würden geschehen	würde geschehen sein	würden geschehen sein

Note: This verb is used in the third person.

EXAMPLES

Das wird nicht ohne große Kosten für die Firma geschehen.

That will not happen without great expense to the company.

Das Verbrechen ist am 10. August geschehen.

The crime occurred on the tenth of August.

gestalten
to form, to shape
Auxiliary verb: haben   **Past participle:** gestaltet
Imperative: Gestalte! Gestaltet! Gestalten Sie!

Mode	Simple Tenses		Compound Tenses	
	Singular	*Plural*	*Singular*	*Plural*
Indicative	**Present**		**Present Perfect**	
	gestalte	gestalten	habe gestaltet	haben gestaltet
	gestaltest	gestaltet	hast gestaltet	habt gestaltet
	gestaltet	gestalten	hat gestaltet	haben gestaltet
	Past		**Past Perfect**	
	gestaltete	gestalteten	hatte gestaltet	hatten gestaltet
	gestaltetest	gestaltetet	hattest gestaltet	hattet gestaltet
	gestaltete	gestalteten	hatte gestaltet	hatten gestaltet
	Future		**Future Perfect**	
	werde gestalten	werden gestalten	werde gestaltet haben	werden gestaltet haben
	wirst gestalten	werdet gestalten	wirst gestaltet haben	werdet gestaltet haben
	wird gestalten	werden gestalten	wird gestaltet haben	werden gestaltet haben
Subjunctive	**Present**		**Present Perfect**	
	gestalte	gestalten	habe gestaltet	haben gestaltet
	gestaltest	gestaltet	habest gestaltet	habet gestaltet
	gestalte	gestalten	habe gestaltet	haben gestaltet
	Past		**Past Perfect**	
	gestaltete	gestalteten	hätte gestaltet	hätten gestaltet
	gestaltetest	gestaltetet	hättest gestaltet	hättet gestaltet
	gestaltete	gestalteten	hätte gestaltet	hätten gestaltet
	Future		**Future Perfect**	
	werde gestalten	werden gestalten	werde gestaltet haben	werden gestaltet haben
	werdest gestalten	werdet gestalten	werdest gestaltet haben	werdet gestaltet haben
	werde gestalten	werden gestalten	werde gestaltet haben	werden gestaltet haben
	Present and Future Conditional		**Past Conditional**	
	würde gestalten	würden gestalten	würde gestaltet haben	würden gestaltet haben
	würdest gestalten	würdet gestalten	würdest gestaltet haben	würdet gestaltet haben
	würde gestalten	würden gestalten	würde gestaltet haben	würden gestaltet haben

EXAMPLES

Die Schüler gestalteten ein Poster über die Photosynthese.
The students designed a poster about photosynthesis.

Am Schluss gestaltete es sich zu seinem Besten.
In the end, it turned out to be to his advantage.

gestatten

to permit, to consent to
Auxiliary verb: haben   **Past participle:** gestattet
Imperative: Gestatte! Gestattet! Gestatten Sie!

Mode	Simple Tenses		Compound Tenses	
	Singular	*Plural*	*Singular*	*Plural*
Indicative	**Present**		**Present Perfect**	
	gestatte	gestatten	habe gestattet	haben gestattet
	gestattest	gestattet	hast gestattet	habt gestattet
	gestattet	gestatten	hat gestattet	haben gestattet
	Past		**Past Perfect**	
	gestattete	gestatteten	hatte gestattet	hatten gestattet
	gestattetest	gestattetet	hattest gestattet	hattet gestattet
	gestattete	gestatteten	hatte gestattet	hatten gestattet
	Future		**Future Perfect**	
	werde gestatten	werden gestatten	werde gestattet haben	werden gestattet haben
	wirst gestatten	werdet gestatten	wirst gestattet haben	werdet gestattet haben
	wird gestatten	werden gestatten	wird gestattet haben	werden gestattet haben
Subjunctive	**Present**		**Present Perfect**	
	gestatte	gestatten	habe gestattet	haben gestattet
	gestattest	gestattet	habest gestattet	habet gestattet
	gestatte	gestatten	habe gestattet	haben gestattet
	Past		**Past Perfect**	
	gestattete	gestatteten	hätte gestattet	hätten gestattet
	gestattetest	gestattetet	hättest gestattet	hättet gestattet
	gestattete	gestatteten	hätte gestattet	hätten gestattet
	Future		**Future Perfect**	
	werde gestatten	werden gestatten	werde gestattet haben	werden gestattet haben
	werdest gestatten	werdet gestatten	werdest gestattet haben	werdet gestattet haben
	werde gestatten	werden gestatten	werde gestattet haben	werden gestattet haben
	Present and Future Conditional		**Past Conditional**	
	würde gestatten	würden gestatten	würde gestattet haben	würden gestattet haben
	würdest gestatten	würdet gestatten	würdest gestattet haben	würdet gestattet haben
	würde gestatten	würden gestatten	würde gestattet haben	würden gestattet haben

EXAMPLES

Gestatten Sie!
Der Präsident gestattet nicht, dass wir eintreten.

May I get by? (Pardon me.)
The president doesn't consent to our coming in.

gestehen
to admit

Auxiliary verb: haben   **Past participle:** gestanden
Imperative: Gestehe! Gesteht! Gestehen Sie!

Mode	Simple Tenses		Compound Tenses	
	Singular	*Plural*	*Singular*	*Plural*
Indicative	**Present**		**Present Perfect**	
	gestehe	gestehen	habe gestanden	haben gestanden
	gestehst	gesteht	hast gestanden	habt gestanden
	gesteht	gestehen	hat gestanden	haben gestanden
	Past		**Past Perfect**	
	gestand	gestanden	hatte gestanden	hatten gestanden
	gestandest	gestandet	hattest gestanden	hattet gestanden
	gestand	gestanden	hatte gestanden	hatten gestanden
	Future		**Future Perfect**	
	werde gestehen	werden gestehen	werde gestanden haben	werden gestanden haben
	wirst gestehen	werdet gestehen	wirst gestanden haben	werdet gestanden haben
	wird gestehen	werden gestehen	wird gestanden haben	werden gestanden haben
Subjunctive	**Present**		**Present Perfect**	
	gestehe	gestehen	habe gestanden	haben gestanden
	gestehest	gestehet	habest gestanden	habet gestanden
	gestehe	gestehen	habe gestanden	haben gestanden
	Past		**Past Perfect**	
	gestände	geständen	hätte gestanden	hätten gestanden
	geständest	geständet	hättest gestanden	hättet gestanden
	gestände	geständen	hätte gestanden	hätten gestanden
	Future		**Future Perfect**	
	werde gestehen	werden gestehen	werde gestanden haben	werden gestanden haben
	werdest gestehen	werdet gestehen	werdest gestanden haben	werdet gestanden haben
	werde gestehen	werden gestehen	werde gestanden haben	werden gestanden haben
	Present and Future Conditional		**Past Conditional**	
	würde gestehen	würden gestehen	würde gestanden haben	würden gestanden haben
	würdest gestehen	würdet gestehen	würdest gestanden haben	würdet gestanden haben
	würde gestehen	würden gestehen	würde gestanden haben	würden gestanden haben

EXAMPLES

Sie hat mir gestern gestanden, dass sie jetzt Paul liebt.

She admitted to me yesterday that she now loves Paul.

Gestehen Sie, dass Sie gelogen haben!

Admit that you lied.

gewinnen
to win, to gain
Auxiliary verb: haben   **Past participle:** gewonnen
Imperative: Gewinne! Gewinnt! Gewinnen Sie!

Mode	Simple Tenses		Compound Tenses	
	Singular	*Plural*	*Singular*	*Plural*
Indicative	**Present**		**Present Perfect**	
	gewinne	gewinnen	habe gewonnen	haben gewonnen
	gewinnst	gewinnt	hast gewonnen	habt gewonnen
	gewinnt	gewinnen	hat gewonnen	haben gewonnen
	Past		**Past Perfect**	
	gewann	gewannen	hatte gewonnen	hatten gewonnen
	gewannst	gewannt	hattest gewonnen	hattet gewonnen
	gewann	gewannen	hatte gewonnen	hatten gewonnen
	Future		**Future Perfect**	
	werde gewinnen	werden gewinnen	werde gewonnen haben	werden gewonnen haben
	wirst gewinnen	werdet gewinnen	wirst gewonnen haben	werdet gewonnen haben
	wird gewinnen	werden gewinnen	wird gewonnen haben	werden gewonnen haben
Subjunctive	**Present**		**Present Perfect**	
	gewinne	gewinnen	habe gewonnen	haben gewonnen
	gewinnest	gewinnet	habest gewonnen	habet gewonnen
	gewinne	gewinnen	habe gewonnen	haben gewonnen
	Past		**Past Perfect**	
	gewänne	gewännen	hätte gewonnen	hätten gewonnen
	gewännest	gewännet	hättest gewonnen	hättet gewonnen
	gewänne	gewännen	hätte gewonnen	hätten gewonnen
	Future		**Future Perfect**	
	werde gewinnen	werden gewinnen	werde gewonnen haben	werden gewonnen haben
	werdest gewinnen	werdet gewinnen	werdest gewonnen haben	werdet gewonnen haben
	werde gewinnen	werden gewinnen	werde gewonnen haben	werden gewonnen haben
	Present and Future Conditional		**Past Conditional**	
	würde gewinnen	würden gewinnen	würde gewonnen haben	würden gewonnen haben
	würdest gewinnen	würdet gewinnen	würdest gewonnen haben	würdet gewonnen haben
	würde gewinnen	würden gewinnen	würde gewonnen haben	würden gewonnen haben

Note: The past subjunctive is also said as *gewönne.*

EXAMPLES

Der Feind hat wieder Boden gewonnen. — The enemy has gained ground again.
Sie hat aber ein gewinnendes Lächeln. — She really has a winning smile.
Denkst du, dass unsere Mannschaft gewinnen kann? — Do you think that our team can win?

gewöhnen (sich)
to accustom, to become accustomed
Auxiliary verb: haben **Past participle:** gewöhnt
Imperative: Gewöhne! Gewöhnt! Gewöhnen Sie!

Mode	Simple Tenses		Compound Tenses	
	Singular	*Plural*	*Singular*	*Plural*
Indicative	**Present**		**Present Perfect**	
	gewöhne	gewöhnen	habe gewöhnt	haben gewöhnt
	gewöhnst	gewöhnt	hast gewöhnt	habt gewöhnt
	gewöhnt	gewöhnen	hat gewöhnt	haben gewöhnt
	Past		**Past Perfect**	
	gewöhnte	gewöhnten	hatte gewöhnt	hatten gewöhnt
	gewöhntest	gewöhntet	hattest gewöhnt	hattet gewöhnt
	gewöhnte	gewöhnten	hatte gewöhnt	hatten gewöhnt
	Future		**Future Perfect**	
	werde gewöhnen	werden gewöhnen	werde gewöhnt haben	werden gewöhnt haben
	wirst gewöhnen	werdet gewöhnen	wirst gewöhnt haben	werdet gewöhnt haben
	wird gewöhnen	werden gewöhnen	wird gewöhnt haben	werden gewöhnt haben
Subjunctive	**Present**		**Present Perfect**	
	gewöhne	gewöhnen	habe gewöhnt	haben gewöhnt
	gewöhnest	gewöhnet	habest gewöhnt	habet gewöhnt
	gewöhne	gewöhnen	habe gewöhnt	haben gewöhnt
	Past		**Past Perfect**	
	gewöhnte	gewöhnten	hätte gewöhnt	hätten gewöhnt
	gewöhntest	gewöhntet	hättest gewöhnt	hättet gewöhnt
	gewöhnte	gewöhnten	hätte gewöhnt	hätten gewöhnt
	Future		**Future Perfect**	
	werde gewöhnen	werden gewöhnen	werde gewöhnt haben	werden gewöhnt haben
	werdest gewöhnen	werdet gewöhnen	werdest gewöhnt haben	werdet gewöhnt haben
	werde gewöhnen	werden gewöhnen	werde gewöhnt haben	werden gewöhnt haben
	Present and Future Conditional		**Past Conditional**	
	würde gewöhnen	würden gewöhnen	würde gewöhnt haben	würden gewöhnt haben
	würdest gewöhnen	würdet gewöhnen	würdest gewöhnt haben	würdet gewöhnt haben
	würde gewöhnen	würden gewöhnen	würde gewöhnt haben	würden gewöhnt haben

EXAMPLES

Wir müssen unseren Hund langsam an die Leine gewöhnen.	We have to slowly accustom our dog to being on a leash.
Gudrun hat sich noch nicht an die Großstadt gewöhnt.	Gudrun still hasn't gotten used to life in the big city.

gießen

to water, to pour

Auxiliary verb: haben **Past participle:** gegossen
Imperative: Gieße! Gießt! Gießen Sie!

Mode	Simple Tenses		Compound Tenses	
	Singular	*Plural*	*Singular*	*Plural*
Indicative	**Present**		**Present Perfect**	
	gieße	gießen	habe gegossen	haben gegossen
	gießt	gießt	hast gegossen	habt gegossen
	gießt	gießen	hat gegossen	haben gegossen
	Past		**Past Perfect**	
	goss	gossen	hatte gegossen	hatten gegossen
	gossest	gosst	hattest gegossen	hattet gegossen
	goss	gossen	hatte gegossen	hatten gegossen
	Future		**Future Perfect**	
	werde gießen	werden gießen	werde gegossen haben	werden gegossen haben
	wirst gießen	werdet gießen	wirst gegossen haben	werdet gegossen haben
	wird gießen	werden gießen	wird gegossen haben	werden gegossen haben
Subjunctive	**Present**		**Present Perfect**	
	gieße	gießen	habe gegossen	haben gegossen
	gießest	gießet	habest gegossen	habet gegossen
	gieße	gießen	habe gegossen	haben gegossen
	Past		**Past Perfect**	
	gösse	gössen	hätte gegossen	hätten gegossen
	gössest	gösset	hättest gegossen	hättet gegossen
	gösse	gössen	hätte gegossen	hätten gegossen
	Future		**Future Perfect**	
	werde gießen	werden gießen	werde gegossen haben	werden gegossen haben
	werdest gießen	werdet gießen	werdest gegossen haben	werdet gegossen haben
	werde gießen	werden gießen	werde gegossen haben	werden gegossen haben
	Present and Future Conditional		**Past Conditional**	
	würde gießen	würden gießen	würde gegossen haben	würden gegossen haben
	würdest gießen	würdet gießen	würdest gegossen haben	würdet gegossen haben
	würde gießen	würden gießen	würde gegossen haben	würden gegossen haben

Note: The verb *sprießen* follows the same conjugational pattern as the verb illustrated above, but it requires *sein* as its auxiliary in the perfect tenses.

EXAMPLES

| Der Gärtner hat die Tulpen schon gegossen. | The gardener already watered the tulips. |
| Was für ein Unwetter! Es gießt! | What terrible weather. It's pouring. |

glänzen
to gleam, to glitter, to shine
Auxiliary verb: haben   **Past participle:** geglänzt
Imperative: Glänze! Glänzt! Glänzen Sie!

Mode	Simple Tenses		Compound Tenses	
	Singular	*Plural*	*Singular*	*Plural*
Indicative	**Present**		**Present Perfect**	
	glänze	glänzen	habe geglänzt	haben geglänzt
	glänzt	glänzt	hast geglänzt	habt geglänzt
	glänzt	glänzen	hat geglänzt	haben geglänzt
	Past		**Past Perfect**	
	glänzte	glänzten	hatte geglänzt	hatten geglänzt
	glänztest	glänztet	hattest geglänzt	hattet geglänzt
	glänzte	glänzten	hatte geglänzt	hatten geglänzt
	Future		**Future Perfect**	
	werde glänzen	werden glänzen	werde geglänzt haben	werden geglänzt haben
	wirst glänzen	werdet glänzen	wirst geglänzt haben	werdet geglänzt haben
	wird glänzen	werden glänzen	wird geglänzt haben	werden geglänzt haben
Subjunctive	**Present**		**Present Perfect**	
	glänze	glänzen	habe geglänzt	haben geglänzt
	glänzest	glänzet	habest geglänzt	habet geglänzt
	glänze	glänzen	habe geglänzt	haben geglänzt
	Past		**Past Perfect**	
	glänzte	glänzten	hätte geglänzt	hätten geglänzt
	glänztest	glänztet	hättest geglänzt	hättet geglänzt
	glänzte	glänzten	hätte geglänzt	hätten geglänzt
	Future		**Future Perfect**	
	werde glänzen	werden glänzen	werde geglänzt haben	werden geglänzt haben
	werdest glänzen	werdet glänzen	werdest geglänzt haben	werdet geglänzt haben
	werde glänzen	werden glänzen	werde geglänzt haben	werden geglänzt haben
	Present and Future Conditional		**Past Conditional**	
	würde glänzen	würden glänzen	würde geglänzt haben	würden geglänzt haben
	würdest glänzen	würdet glänzen	würdest geglänzt haben	würdet geglänzt haben
	würde glänzen	würden glänzen	würde geglänzt haben	würden geglänzt haben

EXAMPLES

Die Edelsteine glänzten im Licht.	The gems gleamed in the light.
Ihre Aufführung war glänzend.	Her performance was brilliant.

glauben
to believe
Auxiliary verb: haben   **Past participle:** geglaubt
Imperative: Glaube! Glaubt! Glauben Sie!

Mode	Simple Tenses		Compound Tenses	
	Singular	*Plural*	*Singular*	*Plural*
Indicative	**Present**		**Present Perfect**	
	glaube	glauben	habe geglaubt	haben geglaubt
	glaubst	glaubt	hast geglaubt	habt geglaubt
	glaubt	glauben	hat geglaubt	haben geglaubt
	Past		**Past Perfect**	
	glaubte	glaubten	hatte geglaubt	hatten geglaubt
	glaubtest	glaubtet	hattest geglaubt	hattet geglaubt
	glaubte	glaubten	hatte geglaubt	hatten geglaubt
	Future		**Future Perfect**	
	werde glauben	werden glauben	werde geglaubt haben	werden geglaubt haben
	wirst glauben	werdet glauben	wirst geglaubt haben	werdet geglaubt haben
	wird glauben	werden glauben	wird geglaubt haben	werden geglaubt haben
Subjunctive	**Present**		**Present Perfect**	
	glaube	glauben	habe geglaubt	haben geglaubt
	glaubest	glaubet	habest geglaubt	habet geglaubt
	glaube	glauben	habe geglaubt	haben geglaubt
	Past		**Past Perfect**	
	glaubte	glaubten	hätte geglaubt	hätten geglaubt
	glaubtest	glaubtet	hättest geglaubt	hättet geglaubt
	glaubte	glaubten	hätte geglaubt	hätten geglaubt
	Future		**Future Perfect**	
	werde glauben	werden glauben	werde geglaubt haben	werden geglaubt haben
	werdest glauben	werdet glauben	werdest geglaubt haben	werdet geglaubt haben
	werde glauben	werden glauben	werde geglaubt haben	werden geglaubt haben
	Present and Future Conditional		**Past Conditional**	
	würde glauben	würden glauben	würde geglaubt haben	würden geglaubt haben
	würdest glauben	würdet glauben	würdest geglaubt haben	würdet geglaubt haben
	würde glauben	würden glauben	würde geglaubt haben	würden geglaubt haben

EXAMPLES

Wir glauben dir aufs Wort.   We take your word for it.
Ich kann überhaupt nicht mehr an Sie glauben.   I can't believe in you anymore.

gleichen
to equal, to resemble, to look like
Auxiliary verb: haben   **Past participle:** geglichen
Imperative: N/A

Mode	Simple Tenses		Compound Tenses	
	Singular	*Plural*	*Singular*	*Plural*
Indicative	**Present**		**Present Perfect**	
	gleiche	gleichen	habe geglichen	haben geglichen
	gleichst	gleicht	hast geglichen	habt geglichen
	gleicht	gleichen	hat geglichen	haben geglichen
	Past		**Past Perfect**	
	glich	glichen	hatte geglichen	hatten geglichen
	glichst	glicht	hattest geglichen	hattet geglichen
	glich	glichen	hatte geglichen	hatten geglichen
	Future		**Future Perfect**	
	werde gleichen	werden gleichen	werde geglichen haben	werden geglichen haben
	wirst gleichen	werdet gleichen	wirst geglichen haben	werdet geglichen haben
	wird gleichen	werden gleichen	wird geglichen haben	werden geglichen haben
Subjunctive	**Present**		**Present Perfect**	
	gleiche	gleichen	habe geglichen	haben geglichen
	gleichest	gleichet	habest geglichen	habet geglichen
	gleiche	gleichen	habe geglichen	haben geglichen
	Past		**Past Perfect**	
	gliche	glichen	hätte geglichen	hätten geglichen
	glichest	glichet	hättest geglichen	hättet geglichen
	gliche	glichen	hätte geglichen	hätten geglichen
	Future		**Future Perfect**	
	werde gleichen	werden gleichen	werde geglichen haben	werden geglichen haben
	werdest gleichen	werdet gleichen	werdest geglichen haben	werdet geglichen haben
	werde gleichen	werden gleichen	werde geglichen haben	werden geglichen haben
	Present and Future Conditional		**Past Conditional**	
	würde gleichen	würden gleichen	würde geglichen haben	würden geglichen haben
	würdest gleichen	würdet gleichen	würdest geglichen haben	würdet geglichen haben
	würde gleichen	würden gleichen	würde geglichen haben	würden geglichen haben

EXAMPLES

Man sagt, die Brüder hätten einander wie Zwillinge geglichen.	They say the brothers resemble each other like twins.
Karl gleicht seinem Onkel mehr als seinem Vater.	Karl looks more like his uncle than his father.

graben
to dig
Auxiliary verb: haben **Past participle:** gegraben
Imperative: Grabe! Grabt! Graben Sie!

Mode	Simple Tenses		Compound Tenses	
	Singular	*Plural*	*Singular*	*Plural*
Indicative	**Present**		**Present Perfect**	
	grabe	graben	habe gegraben	haben gegraben
	gräbst	grabt	hast gegraben	habt gegraben
	gräbt	graben	hat gegraben	haben gegraben
	Past		**Past Perfect**	
	grub	gruben	hatte gegraben	hatten gegraben
	grubst	grubt	hattest gegraben	hattet gegraben
	grub	gruben	hatte gegraben	hatten gegraben
	Future		**Future Perfect**	
	werde graben	werden graben	werde gegraben haben	werden gegraben haben
	wirst graben	werdet graben	wirst gegraben haben	werdet gegraben haben
	wird graben	werden graben	wird gegraben haben	werden gegraben haben
Subjunctive	**Present**		**Present Perfect**	
	grabe	graben	habe gegraben	haben gegraben
	grabest	grabet	habest gegraben	habet gegraben
	grabe	graben	habe gegraben	haben gegraben
	Past		**Past Perfect**	
	grübe	grüben	hätte gegraben	hätten gegraben
	grübest	grübet	hättest gegraben	hättet gegraben
	grübe	grüben	hätte gegraben	hätten gegraben
	Future		**Future Perfect**	
	werde graben	werden graben	werde gegraben haben	werden gegraben haben
	werdest graben	werdet graben	werdest gegraben haben	werdet gegraben haben
	werde graben	werden graben	werde gegraben haben	werden gegraben haben
	Present and Future Conditional		**Past Conditional**	
	würde graben	würden graben	würde gegraben haben	würden gegraben haben
	würdest graben	würdet graben	würdest gegraben haben	würdet gegraben haben
	würde graben	würden graben	würde gegraben haben	würden gegraben haben

EXAMPLES

Die Kinder haben am Strand ein tiefes Loch gegraben.

The children dug a deep hole on the beach.

Er weiß nicht, dass er sich sein eigenes Grab gräbt.

He doesn't know that he's digging his own grave.

grauen

to have an aversion to, to dread
Auxiliary verb: haben   **Past participle:** gegraut
Imperative: Graue! Graut! Grauen Sie!

Mode	Simple Tenses		Compound Tenses	
	Singular	*Plural*	*Singular*	*Plural*
Indicative	**Present**		**Present Perfect**	
	graue	grauen	habe gegraut	haben gegraut
	graust	graut	hast gegraut	habt gegraut
	graut	grauen	hat gegraut	haben gegraut
	Past		**Past Perfect**	
	graute	grauten	hatte gegraut	hatten gegraut
	grautest	grautet	hattest gegraut	hattet gegraut
	graute	grauten	hatte gegraut	hatten gegraut
	Future		**Future Perfect**	
	werde grauen	werden grauen	werde gegraut haben	werden gegraut haben
	wirst grauen	werdet grauen	wirst gegraut haben	werdet gegraut haben
	wird grauen	werden grauen	wird gegraut haben	werden gegraut haben
Subjunctive	**Present**		**Present Perfect**	
	graue	grauen	habe gegraut	haben gegraut
	grauest	grauet	habest gegraut	habet gegraut
	graue	grauen	habe gegraut	haben gegraut
	Past		**Past Perfect**	
	graute	grauten	hätte gegraut	hätten gegraut
	grautest	grautet	hättest gegraut	hättet gegraut
	graute	grauten	hätte gegraut	hätten gegraut
	Future		**Future Perfect**	
	werde grauen	werden grauen	werde gegraut haben	werden gegraut haben
	werdest grauen	werdet grauen	werdest gegraut haben	werdet gegraut haben
	werde grauen	werden grauen	werde gegraut haben	werden gegraut haben
	Present and Future Conditional		**Past Conditional**	
	würde grauen	würden grauen	würde gegraut haben	würden gegraut haben
	würdest grauen	würdet grauen	würdest gegraut haben	würdet gegraut haben
	würde grauen	würden grauen	würde gegraut haben	würden gegraut haben

Note: This verb is commonly used as a third-person impersonal expression with the pronoun *es*.

EXAMPLES

Ihm graut vor Gespenstern.	He's afraid of ghosts.
Es graut mir, wenn ich an das Ungeheuer denke.	I feel scared just thinking of that monster.

greifen

to seize, to grasp

Auxiliary verb: haben   **Past participle:** gegriffen
Imperative: Greife! Greift! Greifen Sie!

Mode	Simple Tenses		Compound Tenses	
	Singular	*Plural*	*Singular*	*Plural*
Indicative	**Present**		**Present Perfect**	
	greife	greifen	habe gegriffen	haben gegriffen
	greifst	greift	hast gegriffen	habt gegriffen
	greift	greifen	hat gegriffen	haben gegriffen
	Past		**Past Perfect**	
	griff	griffen	hatte gegriffen	hatten gegriffen
	griffst	grifft	hattest gegriffen	hattet gegriffen
	griff	griffen	hatte gegriffen	hatten gegriffen
	Future		**Future Perfect**	
	werde greifen	werden greifen	werde gegriffen haben	werden gegriffen haben
	wirst greifen	werdet greifen	wirst gegriffen haben	werdet gegriffen haben
	wird greifen	werden greifen	wird gegriffen haben	werden gegriffen haben
Subjunctive	**Present**		**Present Perfect**	
	greife	greifen	habe gegriffen	haben gegriffen
	greifest	greifet	habest gegriffen	habet gegriffen
	greife	greifen	habe gegriffen	haben gegriffen
	Past		**Past Perfect**	
	griffe	griffen	hätte gegriffen	hätten gegriffen
	griffest	griffet	hättest gegriffen	hättet gegriffen
	griffe	griffen	hätte gegriffen	hätten gegriffen
	Future		**Future Perfect**	
	werde greifen	werden greifen	werde gegriffen haben	werden gegriffen haben
	werdest greifen	werdet greifen	werdest gegriffen haben	werdet gegriffen haben
	werde greifen	werden greifen	werde gegriffen haben	werden gegriffen haben
	Present and Future Conditional		**Past Conditional**	
	würde greifen	würden greifen	würde gegriffen haben	würden gegriffen haben
	würdest greifen	würdet greifen	würdest gegriffen haben	würdet gegriffen haben
	würde greifen	würden greifen	würde gegriffen haben	würden gegriffen haben

Note: With inseparable prefixes, the principal parts of this verb are, for example, *begreift, begriff, hat begriffen*. With separable prefixes, the principal parts are, for example, *greift an, griff an, hat angegriffen*.

EXAMPLES

Das ist völlig aus der Luft gegriffen.   You plucked that idea out of thin air.
Die Fotografin griff nach ihrem Fotoapparat.   The photographer reached for her camera.

gründen
to found, to establish
Auxiliary verb: haben   **Past participle:** gegründet
Imperative: Gründe! Gründet! Gründen Sie!

Mode	Simple Tenses		Compound Tenses	
	Singular	*Plural*	*Singular*	*Plural*
Indicative	**Present**		**Present Perfect**	
	gründe	gründen	habe gegründet	haben gegründet
	gründest	gründet	hast gegründet	habt gegründet
	gründet	gründen	hat gegründet	haben gegründet
	Past		**Past Perfect**	
	gründete	gründeten	hatte gegründet	hatten gegründet
	gründetest	gründetet	hattest gegründet	hattet gegründet
	gründete	gründeten	hatte gegründet	hatten gegründet
	Future		**Future Perfect**	
	werde gründen	werden gründen	werde gegründet haben	werden gegründet haben
	wirst gründen	werdet gründen	wirst gegründet haben	werdet gegründet haben
	wird gründen	werden gründen	wird gegründet haben	werden gegründet haben
Subjunctive	**Present**		**Present Perfect**	
	gründe	gründen	habe gegründet	haben gegründet
	gründest	gründet	habest gegründet	habet gegründet
	gründe	gründen	habe gegründet	haben gegründet
	Past		**Past Perfect**	
	gründete	gründeten	hätte gegründet	hätten gegründet
	gründetest	gründetet	hättest gegründet	hättet gegründet
	gründete	gründeten	hätte gegründet	hätten gegründet
	Future		**Future Perfect**	
	werde gründen	werden gründen	werde gegründet haben	werden gegründet haben
	werdest gründen	werdet gründen	werdest gegründet haben	werdet gegründet haben
	werde gründen	werden gründen	werde gegründet haben	werden gegründet haben
	Present and Future Conditional		**Past Conditional**	
	würde gründen	würden gründen	würde gegründet haben	würden gegründet haben
	würdest gründen	würdet gründen	würdest gegründet haben	würdet gegründet haben
	würde gründen	würden gründen	würde gegründet haben	würden gegründet haben

EXAMPLES

Vier Freunde versuchen eine neue Firma zu gründen.

Four friends are trying to start up a new company.

In welchem Jahr ist die Stadt gegründet worden?

In what year was the city founded?

grunzen
to grunt
Auxiliary verb: haben **Past participle:** gegrunzt
Imperative: Grunze! Grunzt! Grunzen Sie!

Mode	Simple Tenses		Compound Tenses	
	Singular	*Plural*	*Singular*	*Plural*
Indicative	**Present**		**Present Perfect**	
	grunze	grunzen	habe gegrunzt	haben gegrunzt
	grunzt	grunzt	hast gegrunzt	habt gegrunzt
	grunzt	grunzen	hat gegrunzt	haben gegrunzt
	Past		**Past Perfect**	
	grunzte	grunzten	hatte gegrunzt	hatten gegrunzt
	grunztest	grunztet	hattest gegrunzt	hattet gegrunzt
	grunzte	grunzten	hatte gegrunzt	hatten gegrunzt
	Future		**Future Perfect**	
	werde grunzen	werden grunzen	werde gegrunzt haben	werden gegrunzt haben
	wirst grunzen	werdet grunzen	wirst gegrunzt haben	werdet gegrunzt haben
	wird grunzen	werden grunzen	wird gegrunzt haben	werden gegrunzt haben
Subjunctive	**Present**		**Present Perfect**	
	grunze	grunzen	habe gegrunzt	haben gegrunzt
	grunzest	grunzet	habest gegrunzt	habet gegrunzt
	grunze	grunzen	habe gegrunzt	haben gegrunzt
	Past		**Past Perfect**	
	grunzte	grunzten	hätte gegrunzt	hätten gegrunzt
	grunztest	grunztet	hättest gegrunzt	hättet gegrunzt
	grunzte	grunzten	hätte gegrunzt	hätten gegrunzt
	Future		**Future Perfect**	
	werde grunzen	werden grunzen	werde gegrunzt haben	werden gegrunzt haben
	werdest grunzen	werdet grunzen	werdest gegrunzt haben	werdet gegrunzt haben
	werde grunzen	werden grunzen	werde gegrunzt haben	werden gegrunzt haben
	Present and Future Conditional		**Past Conditional**	
	würde grunzen	würden grunzen	würde gegrunzt haben	würden gegrunzt haben
	würdest grunzen	würdet grunzen	würdest gegrunzt haben	würdet gegrunzt haben
	würde grunzen	würden grunzen	würde gegrunzt haben	würden gegrunzt haben

EXAMPLES

Die Ferkel grunzten im Schlamm.   The piglets grunted in the mud.
Mensch, hör auf zu grunzen!   Man, stop grunting!

grüßen
to greet
Auxiliary verb: haben   **Past participle:** gegrüßt
Imperative: Grüße! Grüßt! Grüßen Sie!

Mode	Simple Tenses		Compound Tenses	
	Singular	*Plural*	*Singular*	*Plural*
Indicative	**Present**		**Present Perfect**	
	grüße	grüßen	habe gegrüßt	haben gegrüßt
	grüßt	grüßt	hast gegrüßt	habt gegrüßt
	grüßt	grüßen	hat gegrüßt	haben gegrüßt
	Past		**Past Perfect**	
	grüßte	grüßten	hatte gegrüßt	hatten gegrüßt
	grüßtest	grüßtet	hattest gegrüßt	hattet gegrüßt
	grüßte	grüßten	hatte gegrüßt	hatten gegrüßt
	Future		**Future Perfect**	
	werde grüßen	werden grüßen	werde gegrüßt haben	werden gegrüßt haben
	wirst grüßen	werdet grüßen	wirst gegrüßt haben	werdet gegrüßt haben
	wird grüßen	werden grüßen	wird gegrüßt haben	werden gegrüßt haben
Subjunctive	**Present**		**Present Perfect**	
	grüße	grüßen	habe gegrüßt	haben gegrüßt
	grüßest	grüßet	habest gegrüßt	habet gegrüßt
	grüße	grüßen	habe gegrüßt	haben gegrüßt
	Past		**Past Perfect**	
	grüßte	grüßten	hätte gegrüßt	hätten gegrüßt
	grüßtest	grüßtet	hättest gegrüßt	hättet gegrüßt
	grüßte	grüßten	hätte gegrüßt	hätten gegrüßt
	Future		**Future Perfect**	
	werde grüßen	werden grüßen	werde gegrüßt haben	werden gegrüßt haben
	werdest grüßen	werdet grüßen	werdest gegrüßt haben	werdet gegrüßt haben
	werde grüßen	werden grüßen	werde gegrüßt haben	werden gegrüßt haben
	Present and Future Conditional		**Past Conditional**	
	würde grüßen	würden grüßen	würde gegrüßt haben	würden gegrüßt haben
	würdest grüßen	würdet grüßen	würdest gegrüßt haben	würdet gegrüßt haben
	würde grüßen	würden grüßen	würde gegrüßt haben	würden gegrüßt haben

EXAMPLES

Bitte grüßen Sie Ihren Bruder von mir!	Please say hello to your brother from me.
Tante Gerda lässt dich grüßen.	Aunt Gerda gives you her regards.

gucken
to look, to peer
Auxiliary verb: haben   **Past participle:** geguckt
Imperative: Gucke! Guckt! Gucken Sie!

Mode	Simple Tenses		Compound Tenses	
	Singular	*Plural*	*Singular*	*Plural*
	Present		**Present Perfect**	
Indicative	gucke	gucken	habe geguckt	haben geguckt
	guckst	guckt	hast geguckt	habt geguckt
	guckt	gucken	hat geguckt	haben geguckt
	Past		**Past Perfect**	
	guckte	guckten	hatte geguckt	hatten geguckt
	gucktest	gucktet	hattest geguckt	hattet geguckt
	guckte	guckten	hatte geguckt	hatten geguckt
	Future		**Future Perfect**	
	werde gucken	werden gucken	werde geguckt haben	werden geguckt haben
	wirst gucken	werdet gucken	wirst geguckt haben	werdet geguckt haben
	wird gucken	werden gucken	wird geguckt haben	werden geguckt haben
Subjunctive	**Present**		**Present Perfect**	
	gucke	gucken	habe geguckt	haben geguckt
	guckest	gucket	habest geguckt	habet geguckt
	gucke	gucken	habe geguckt	haben geguckt
	Past		**Past Perfect**	
	guckte	guckten	hätte geguckt	hätten geguckt
	gucktest	gucktet	hättest geguckt	hättet geguckt
	guckte	guckten	hätte geguckt	hätten geguckt
	Future		**Future Perfect**	
	werde gucken	werden gucken	werde geguckt haben	werden geguckt haben
	werdest gucken	werdet gucken	werdest geguckt haben	werdet geguckt haben
	werde gucken	werden gucken	werde geguckt haben	werden geguckt haben
	Present and Future Conditional		**Past Conditional**	
	würde gucken	würden gucken	würde geguckt haben	würden geguckt haben
	würdest gucken	würdet gucken	würdest geguckt haben	würdet geguckt haben
	würde gucken	würden gucken	würde geguckt haben	würden geguckt haben

Note: This verb is used colloquially, often in place of *sehen* or *schauen*.

EXAMPLE

Guck mal, was der Mann dort drüben tut!   Look what the man over there is doing.

haben

to have
Auxiliary verb: haben **Past participle:** gehabt
Imperative: Habe! Habt! Haben Sie!

Mode	Simple Tenses		Compound Tenses	
	Singular	*Plural*	*Singular*	*Plural*
Indicative	**Present**		**Present Perfect**	
	habe	haben	habe gehabt	haben gehabt
	hast	habt	hast gehabt	habt gehabt
	hat	haben	hat gehabt	haben gehabt
	Past		**Past Perfect**	
	hatte	hatten	hatte gehabt	hatten gehabt
	hattest	hattet	hattest gehabt	hattet gehabt
	hatte	hatten	hatte gehabt	hatten gehabt
	Future		**Future Perfect**	
	werde haben	werden haben	werde gehabt haben	werden gehabt haben
	wirst haben	werdet haben	wirst gehabt haben	werdet gehabt haben
	wird haben	werden haben	wird gehabt haben	werden gehabt haben
Subjunctive	**Present**		**Present Perfect**	
	habe	haben	habe gehabt	haben gehabt
	habest	habet	habest gehabt	habet gehabt
	habe	haben	habe gehabt	haben gehabt
	Past		**Past Perfect**	
	hätte	hätten	hätte gehabt	hätten gehabt
	hättest	hättet	hättest gehabt	hättet gehabt
	hätte	hätten	hätte gehabt	hätten gehabt
	Future		**Future Perfect**	
	werde haben	werden haben	werde gehabt haben	werden gehabt haben
	werdest haben	werdet haben	werdest gehabt haben	werdet gehabt haben
	werde haben	werden haben	werde gehabt haben	werden gehabt haben
	Present and Future Conditional		**Past Conditional**	
	würde haben	würden haben	würde gehabt haben	würden gehabt haben
	würdest haben	würdet haben	würdest gehabt haben	würdet gehabt haben
	würde haben	würden haben	würde gehabt haben	würden gehabt haben

EXAMPLES

Hast du mein neues Wörterbuch?	Do you have my new dictionary?
Der Geschäftsmann hat keine Zeit dazu gehabt.	The businessman didn't have any time for that.

halten
to hold, to keep, to stop
Auxiliary verb: haben   **Past participle:** gehalten
Imperative: Halte! Haltet! Halten Sie!

Mode	Simple Tenses		Compound Tenses	
	Singular	*Plural*	*Singular*	*Plural*
Indicative	**Present**		**Present Perfect**	
	halte	halten	habe gehalten	haben gehalten
	hältst	haltet	hast gehalten	habt gehalten
	hält	halten	hat gehalten	haben gehalten
	Past		**Past Perfect**	
	hielt	hielten	hatte gehalten	hatten gehalten
	hieltest	hieltet	hattest gehalten	hattet gehalten
	hielt	hielten	hatte gehalten	hatten gehalten
	Future		**Future Perfect**	
	werde halten	werden halten	werde gehalten haben	werden gehalten haben
	wirst halten	werdet halten	wirst gehalten haben	werdet gehalten haben
	wird halten	werden halten	wird gehalten haben	werden gehalten haben
Subjunctive	**Present**		**Present Perfect**	
	halte	halten	habe gehalten	haben gehalten
	haltest	haltet	habest gehalten	habet gehalten
	halte	halten	habe gehalten	haben gehalten
	Past		**Past Perfect**	
	hielte	hielten	hätte gehalten	hätten gehalten
	hieltest	hieltet	hättest gehalten	hättet gehalten
	hielte	hielten	hätte gehalten	hätten gehalten
	Future		**Future Perfect**	
	werde halten	werden halten	werde gehalten haben	werden gehalten haben
	werdest halten	werdet halten	werdest gehalten haben	werdet gehalten haben
	werde halten	werden halten	werde gehalten haben	werden gehalten haben
	Present and Future Conditional		**Past Conditional**	
	würde halten	würden halten	würde gehalten haben	würden gehalten haben
	würdest halten	würdet halten	würdest gehalten haben	würdet gehalten haben
	würde halten	würden halten	würde gehalten haben	würden gehalten haben

Note: With inseparable prefixes, the principal parts of this verb are, for example, *enthält, enthielt, hat enthalten.* With separable prefixes, the principal parts are, for example, *hält aus, hielt aus, hat ausgehalten.*

EXAMPLES

Hält diese Straßenbahn in der Nähe des Rathauses?	Does this streetcar stop near city hall?
In diesem Mietshaus darf man keine Haustiere halten.	In this apartment building you can't have pets.

hämmern
to hammer
Auxiliary verb: haben **Past participle:** gehämmert
Imperative: Hämmere! Hämmert! Hämmern Sie!

Mode	Simple Tenses		Compound Tenses	
	Singular	*Plural*	*Singular*	*Plural*
Indicative	**Present**		**Present Perfect**	
	hämmere	hämmern	habe gehämmert	haben gehämmert
	hämmerst	hämmert	hast gehämmert	habt gehämmert
	hämmert	hämmern	hat gehämmert	haben gehämmert
	Past		**Past Perfect**	
	hämmerte	hämmerten	hatte gehämmert	hatten gehämmert
	hämmertest	hämmertet	hattest gehämmert	hattet gehämmert
	hämmerte	hämmerten	hatte gehämmert	hatten gehämmert
	Future		**Future Perfect**	
	werde hämmern	werden hämmern	werde gehämmert haben	werden gehämmert haben
	wirst hämmern	werdet hämmern	wirst gehämmert haben	werdet gehämmert haben
	wird hämmern	werden hämmern	wird gehämmert haben	werden gehämmert haben
Subjunctive	**Present**		**Present Perfect**	
	hämmere	hämmern	habe gehämmert	haben gehämmert
	hämmerst	hämmert	habest gehämmert	habet gehämmert
	hämmere	hämmern	habe gehämmert	haben gehämmert
	Past		**Past Perfect**	
	hämmerte	hämmerten	hätte gehämmert	hätten gehämmert
	hämmertest	hämmertet	hättest gehämmert	hättet gehämmert
	hämmerte	hämmerten	hätte gehämmert	hätten gehämmert
	Future		**Future Perfect**	
	werde hämmern	werden hämmern	werde gehämmert haben	werden gehämmert haben
	werdest hämmern	werdet hämmern	werdest gehämmert haben	werdet gehämmert haben
	werde hämmern	werden hämmern	werde gehämmert haben	werden gehämmert haben
	Present and Future Conditional		**Past Conditional**	
	würde hämmern	würden hämmern	würde gehämmert haben	würden gehämmert haben
	würdest hämmern	würdet hämmern	würdest gehämmert haben	würdet gehämmert haben
	würde hämmern	würden hämmern	würde gehämmert haben	würden gehämmert haben

EXAMPLES

Er scheint den ganzen Tag zu hämmern, ohne etwas gebaut zu haben.

He seems to hammer all day long without building anything.

Der Nachbar hämmerte mit der Faust gegen die Tür.

The neighbor banged on the door with his fist.

hängen
to hang, to suspend
Auxiliary verb: haben   **Past participle:** gehangen
Imperative: Hänge! Hängt! Hängen Sie!

Mode	Simple Tenses		Compound Tenses	
	Singular	*Plural*	*Singular*	*Plural*
Indicative	**Present**		**Present Perfect**	
	hänge	hängen	habe gehangen	haben gehangen
	hängst	hängt	hast gehangen	habt gehangen
	hängt	hängen	hat gehangen	haben gehangen
	Past		**Past Perfect**	
	hing	hingen	hatte gehangen	hatten gehangen
	hingst	hingt	hattest gehangen	hattet gehangen
	hing	hingen	hatte gehangen	hatten gehangen
	Future		**Future Perfect**	
	werde hängen	werden hängen	werde gehangen haben	werden gehangen haben
	wirst hängen	werdet hängen	wirst gehangen haben	werdet gehangen haben
	wird hängen	werden hängen	wird gehangen haben	werden gehangen haben
Subjunctive	**Present**		**Present Perfect**	
	hänge	hängen	habe gehangen	haben gehangen
	hängest	hänget	habest gehangen	habet gehangen
	hänge	hängen	habe gehangen	haben gehangen
	Past		**Past Perfect**	
	hinge	hingen	hätte gehangen	hätten gehangen
	hingest	hinget	hättest gehangen	hättet gehangen
	hinge	hingen	hätte gehangen	hätten gehangen
	Future		**Future Perfect**	
	werde hängen	werden hängen	werde gehangen haben	werden gehangen haben
	werdest hängen	werdet hängen	werdest gehangen haben	werdet gehangen haben
	werde hängen	werden hängen	werde gehangen haben	werden gehangen haben
	Present and Future Conditional		**Past Conditional**	
	würde hängen	würden hängen	würde gehangen haben	würden gehangen haben
	würdest hängen	würdet hängen	würdest gehangen haben	würdet gehangen haben
	würde hängen	würden hängen	würde gehangen haben	würden gehangen haben

Note: When this verb is used as a transitive verb, its conjugation is regular: *hängt, hängte, hat gehängt.* This is also the case with the verbs *abhängen* and *aufhängen.*

EXAMPLES

Der neue Spiegel hing schief.   The new mirror was hanging crooked.
Vater hängte ein Bild über den Schrank.   Father hung a picture over the cabinet.

hassen
to hate
Auxiliary verb: haben **Past participle:** gehasst
Imperative: Hasse! Hasst! Hassen Sie!

Mode	Simple Tenses		Compound Tenses	
	Singular	*Plural*	*Singular*	*Plural*
Indicative	**Present**		**Present Perfect**	
	hasse	hassen	habe gehasst	haben gehasst
	hasst	hasst	hast gehasst	habt gehasst
	hasst	hassen	hat gehasst	haben gehasst
	Past		**Past Perfect**	
	hasste	hassten	hatte gehasst	hatten gehasst
	hasstest	hasstet	hattest gehasst	hattet gehasst
	hasste	hassten	hatte gehasst	hatten gehasst
	Future		**Future Perfect**	
	werde hassen	werden hassen	werde gehasst haben	werden gehasst haben
	wirst hassen	werdet hassen	wirst gehasst haben	werdet gehasst haben
	wird hassen	werden hassen	wird gehasst haben	werden gehasst haben
Subjunctive	**Present**		**Present Perfect**	
	hasse	hassen	habe gehasst	haben gehasst
	hassest	hasset	habest gehasst	habet gehasst
	hasse	hassen	habe gehasst	haben gehasst
	Past		**Past Perfect**	
	hasste	hassten	hätte gehasst	hätten gehasst
	hasstest	hasstet	hättest gehasst	hättet gehasst
	hasste	hassten	hätte gehasst	hätten gehasst
	Future		**Future Perfect**	
	werde hassen	werden hassen	werde gehasst haben	werden gehasst haben
	werdest hassen	werdet hassen	werdest gehasst haben	werdet gehasst haben
	werde hassen	werden hassen	werde gehasst haben	werden gehasst haben
	Present and Future Conditional		**Past Conditional**	
	würde hassen	würden hassen	würde gehasst haben	würden gehasst haben
	würdest hassen	würdet hassen	würdest gehasst haben	würdet gehasst haben
	würde hassen	würden hassen	würde gehasst haben	würden gehasst haben

EXAMPLES

Wie kannst du deinen eigenen Bruder hassen?	How can you hate your own brother?
Ich hasse Montage.	I hate Mondays.

hauen

to chop, to hew, to hit
Auxiliary verb: haben   **Past participle:** gehauen
Imperative: Haue! Haut! Hauen Sie!

Mode	Simple Tenses		Compound Tenses	
	Singular	*Plural*	*Singular*	*Plural*
Indicative	**Present**		**Present Perfect**	
	haue	hauen	habe gehauen	haben gehauen
	haust	haut	hast gehauen	habt gehauen
	haut	hauen	hat gehauen	haben gehauen
	Past		**Past Perfect**	
	hieb	hieben	hatte gehauen	hatten gehauen
	hiebst	hiebt	hattest gehauen	hattet gehauen
	hieb	hieben	hatte gehauen	hatten gehauen
	Future		**Future Perfect**	
	werde hauen	werden hauen	werde gehauen haben	werden gehauen haben
	wirst hauen	werdet hauen	wirst gehauen haben	werdet gehauen haben
	wird hauen	werden hauen	wird gehauen haben	werden gehauen haben
Subjunctive	**Present**		**Present Perfect**	
	haue	hauen	habe gehauen	haben gehauen
	hauest	hauet	habest gehauen	habet gehauen
	haue	hauen	habe gehauen	haben gehauen
	Past		**Past Perfect**	
	hiebe	hieben	hätte gehauen	hätten gehauen
	hiebest	hiebet	hättest gehauen	hättet gehauen
	hiebe	hieben	hätte gehauen	hätten gehauen
	Future		**Future Perfect**	
	werde hauen	werden hauen	werde gehauen haben	werden gehauen haben
	werdest hauen	werdet hauen	werdest gehauen haben	werdet gehauen haben
	werde hauen	werden hauen	werde gehauen haben	werden gehauen haben
	Present and Future Conditional		**Past Conditional**	
	würde hauen	würden hauen	würde gehauen haben	würden gehauen haben
	würdest hauen	würdet hauen	würdest gehauen haben	würdet gehauen haben
	würde hauen	würden hauen	würde gehauen haben	würden gehauen haben

Note: You will sometimes hear *haute* used in the past tense in place of *hieb*.

EXAMPLES

Oma hat Karl hinter die Ohren gehauen.   Granny slapped Karl over the ears.
Thomas haut immer seinen Bruder.   Thomas always hits his brother.

heben
to lift, to raise
Auxiliary verb: haben **Past participle:** gehoben
Imperative: Hebe! Hebt! Heben Sie!

Mode	Simple Tenses		Compound Tenses	
	Singular	*Plural*	*Singular*	*Plural*
Indicative	**Present**		**Present Perfect**	
	hebe	heben	habe gehoben	haben gehoben
	hebst	hebt	hast gehoben	habt gehoben
	hebt	heben	hat gehoben	haben gehoben
	Past		**Past Perfect**	
	hob	hoben	hatte gehoben	hatten gehoben
	hobst	hobt	hattest gehoben	hattet gehoben
	hob	hoben	hatte gehoben	hatten gehoben
	Future		**Future Perfect**	
	werde heben	werden heben	werde gehoben haben	werden gehoben haben
	wirst heben	werdet heben	wirst gehoben haben	werdet gehoben haben
	wird heben	werden heben	wird gehoben haben	werden gehoben haben
Subjunctive	**Present**		**Present Perfect**	
	hebe	heben	habe gehoben	haben gehoben
	hebest	hebet	habest gehoben	habet gehoben
	hebe	heben	habe gehoben	haben gehoben
	Past		**Past Perfect**	
	höbe	höben	hätte gehoben	hätten gehoben
	höbest	höbet	hättest gehoben	hättet gehoben
	höbe	höben	hätte gehoben	hätten gehoben
	Future		**Future Perfect**	
	werde heben	werden heben	werde gehoben haben	werden gehoben haben
	werdest heben	werdet heben	werdest gehoben haben	werdet gehoben haben
	werde heben	werden heben	werde gehoben haben	werden gehoben haben
	Present and Future Conditional		**Past Conditional**	
	würde heben	würden heben	würde gehoben haben	würden gehoben haben
	würdest heben	würdet heben	würdest gehoben haben	würdet gehoben haben
	würde heben	würden heben	würde gehoben haben	würden gehoben haben

EXAMPLES

Wir müssen die Tür aus den Angeln heben.　We have to take the door off its hinges.
Kannst du mir helfen diesen Sessel zu heben?　Can you help me lift this armchair?

heilen
to heal, to cure
Auxiliary verb: haben   **Past participle:** geheilt
Imperative: Heile! Heilt! Heilen Sie!

Mode	Simple Tenses		Compound Tenses	
	Singular	*Plural*	*Singular*	*Plural*
Indicative	**Present**		**Present Perfect**	
	heile	heilen	habe geheilt	haben geheilt
	heilst	heilt	hast geheilt	habt geheilt
	heilt	heilen	hat geheilt	haben geheilt
	Past		**Past Perfect**	
	heilte	heilten	hatte geheilt	hatten geheilt
	heiltest	heiltet	hattest geheilt	hattet geheilt
	heilte	heilten	hatte geheilt	hatten geheilt
	Future		**Future Perfect**	
	werde heilen	werden heilen	werde geheilt haben	werden geheilt haben
	wirst heilen	werdet heilen	wirst geheilt haben	werdet geheilt haben
	wird heilen	werden heilen	wird geheilt haben	werden geheilt haben
Subjunctive	**Present**		**Present Perfect**	
	heile	heilen	habe geheilt	haben geheilt
	heilest	heilet	habest geheilt	habet geheilt
	heile	heilen	habe geheilt	haben geheilt
	Past		**Past Perfect**	
	heilte	heilten	hätte geheilt	hätten geheilt
	heiltest	heiltet	hättest geheilt	hättet geheilt
	heilte	heilten	hätte geheilt	hätten geheilt
	Future		**Future Perfect**	
	werde heilen	werden heilen	werde geheilt haben	werden geheilt haben
	werdest heilen	werdet heilen	werdest geheilt haben	werdet geheilt haben
	werde heilen	werden heilen	werde geheilt haben	werden geheilt haben
	Present and Future Conditional		**Past Conditional**	
	würde heilen	würden heilen	würde geheilt haben	würden geheilt haben
	würdest heilen	würdet heilen	würdest geheilt haben	würdet geheilt haben
	würde heilen	würden heilen	würde geheilt haben	würden geheilt haben

EXAMPLES

Ihre Wunde wird von selbst heilen.
Diese Krankheit kann in vielen Fällen geheilt werden.

Your wound will heal without treatment.
In many cases, this disease can be cured.

heiraten
to marry, to wed
Auxiliary verb: haben **Past participle:** geheiratet
Imperative: Heirate! Heiratet! Heiraten Sie!

Mode	Simple Tenses		Compound Tenses	
	Singular	*Plural*	*Singular*	*Plural*
Indicative	**Present**		**Present Perfect**	
	heirate	heiraten	habe geheiratet	haben geheiratet
	heiratest	heiratet	hast geheiratet	habt geheiratet
	heiratet	heiraten	hat geheiratet	haben geheiratet
	Past		**Past Perfect**	
	heiratete	heirateten	hatte geheiratet	hatten geheiratet
	heiratetest	heiratetet	hattest geheiratet	hattet geheiratet
	heiratete	heirateten	hatte geheiratet	hatten geheiratet
	Future		**Future Perfect**	
	werde heiraten	werden heiraten	werde geheiratet haben	werden geheiratet haben
	wirst heiraten	werdet heiraten	wirst geheiratet haben	werdet geheiratet haben
	wird heiraten	werden heiraten	wird geheiratet haben	werden geheiratet haben
Subjunctive	**Present**		**Present Perfect**	
	heirate	heiraten	habe geheiratet	haben geheiratet
	heiratest	heiratet	habest geheiratet	habet geheiratet
	heirate	heiraten	habe geheiratet	haben geheiratet
	Past		**Past Perfect**	
	heiratete	heirateten	hätte geheiratet	hätten geheiratet
	heiratetest	heiratetet	hättest geheiratet	hättet geheiratet
	heiratete	heirateten	hätte geheiratet	hätten geheiratet
	Future		**Future Perfect**	
	werde heiraten	werden heiraten	werde geheiratet haben	werden geheiratet haben
	werdest heiraten	werdet heiraten	werdest geheiratet haben	werdet geheiratet haben
	werde heiraten	werden heiraten	werde geheiratet haben	werden geheiratet haben
	Present and Future Conditional		**Past Conditional**	
	würde heiraten	würden heiraten	würde geheiratet haben	würden geheiratet haben
	würdest heiraten	würdet heiraten	würdest geheiratet haben	würdet geheiratet haben
	würde heiraten	würden heiraten	würde geheiratet haben	würden geheiratet haben

EXAMPLES

Meine Tante wird zum vierten Mal heiraten.	My aunt's going to get married for the fourth time.
Wir haben vor sechs Monaten geheiratet.	We got married six months ago.

heißen

to name, to call

Auxiliary verb: haben   **Past participle:** geheißen

Imperative: Heiße! Heißt! Heißen Sie!

Mode	Simple Tenses		Compound Tenses	
	Singular	*Plural*	*Singular*	*Plural*
Indicative	**Present**		**Present Perfect**	
	heiße	heißen	habe geheißen	haben geheißen
	heißt	heißt	hast geheißen	habt geheißen
	heißt	heißen	hat geheißen	haben geheißen
	Past		**Past Perfect**	
	hieß	hießen	hatte geheißen	hatten geheißen
	hießest	hießt	hattest geheißen	hattet geheißen
	hieß	hießen	hatte geheißen	hatten geheißen
	Future		**Future Perfect**	
	werde heißen	werden heißen	werde geheißen haben	werden geheißen haben
	wirst heißen	werdet heißen	wirst geheißen haben	werdet geheißen haben
	wird heißen	werden heißen	wird geheißen haben	werden geheißen haben
Subjunctive	**Present**		**Present Perfect**	
	heiße	heißen	habe geheißen	haben geheißen
	heißest	heißet	habest geheißen	habet geheißen
	heiße	heißen	habe geheißen	haben geheißen
	Past		**Past Perfect**	
	hieße	hießen	hätte geheißen	hätten geheißen
	hießest	hießet	hättest geheißen	hättet geheißen
	hieße	hießen	hätte geheißen	hätten geheißen
	Future		**Future Perfect**	
	werde heißen	werden heißen	werde geheißen haben	werden geheißen haben
	werdest heißen	werdet heißen	werdest geheißen haben	werdet geheißen haben
	werde heißen	werden heißen	werde geheißen haben	werden geheißen haben
	Present and Future Conditional		**Past Conditional**	
	würde heißen	würden heißen	würde geheißen haben	würden geheißen haben
	würdest heißen	würdet heißen	würdest geheißen haben	würdet geheißen haben
	würde heißen	würden heißen	würde geheißen haben	würden geheißen haben

Note: *Es heißt* is sometimes used to express "they say" or "it is known."

EXAMPLES

Wie heißen Ihre Kinder?	What are your children's names?
Es heißt, Sie haben eine Reise um die Welt gemacht.	People say you took a trip around the world.

heizen
to heat
Auxiliary verb: haben **Past participle:** geheizt
Imperative: Heize! Heizt! Heizen Sie!

Mode	Simple Tenses		Compound Tenses	
	Singular	*Plural*	*Singular*	*Plural*
Indicative	**Present**		**Present Perfect**	
	heize	heizen	habe geheizt	haben geheizt
	heizt	heizt	hast geheizt	habt geheizt
	heizt	heizen	hat geheizt	haben geheizt
	Past		**Past Perfect**	
	heizte	heizten	hatte geheizt	hatten geheizt
	heiztest	heiztet	hattest geheizt	hattet geheizt
	heizte	heizten	hatte geheizt	hatten geheizt
	Future		**Future Perfect**	
	werde heizen	werden heizen	werde geheizt haben	werden geheizt haben
	wirst heizen	werdet heizen	wirst geheizt haben	werdet geheizt haben
	wird heizen	werden heizen	wird geheizt haben	werden geheizt haben
Subjunctive	**Present**		**Present Perfect**	
	heize	heizen	habe geheizt	haben geheizt
	heizest	heizet	habest geheizt	habet geheizt
	heize	heizen	habe geheizt	haben geheizt
	Past		**Past Perfect**	
	heizte	heizten	hätte geheizt	hätten geheizt
	heiztest	heiztet	hättest geheizt	hättet geheizt
	heizte	heizten	hätte geheizt	hätten geheizt
	Future		**Future Perfect**	
	werde heizen	werden heizen	werde geheizt haben	werden geheizt haben
	werdest heizen	werdet heizen	werdest geheizt haben	werdet geheizt haben
	werde heizen	werden heizen	werde geheizt haben	werden geheizt haben
	Present and Future Conditional		**Past Conditional**	
	würde heizen	würden heizen	würde geheizt haben	würden geheizt haben
	würdest heizen	würdet heizen	würdest geheizt haben	würdet geheizt haben
	würde heizen	würden heizen	würde geheizt haben	würden geheizt haben

EXAMPLES

In der Berghütte heizen wir mit Holz.

We heat the mountain cabin by burning wood.

Es ist unmöglich so ein großes Haus zu heizen.

It is impossible to heat such a big house.

helfen
to help
Auxiliary verb: haben **Past participle:** geholfen
Imperative: Hilf! Helft! Helfen Sie!

Mode	Simple Tenses		Compound Tenses	
	Singular	*Plural*	*Singular*	*Plural*
Indicative	**Present**		**Present Perfect**	
	helfe	helfen	habe geholfen	haben geholfen
	hilfst	helft	hast geholfen	habt geholfen
	hilft	helfen	hat geholfen	haben geholfen
	Past		**Past Perfect**	
	half	halfen	hatte geholfen	hatten geholfen
	halfst	halft	hattest geholfen	hattet geholfen
	half	halfen	hatte geholfen	hatten geholfen
	Future		**Future Perfect**	
	werde helfen	werden helfen	werde geholfen haben	werden geholfen haben
	wirst helfen	werdet helfen	wirst geholfen haben	werdet geholfen haben
	wird helfen	werden helfen	wird geholfen haben	werden geholfen haben
Subjunctive	**Present**		**Present Perfect**	
	helfe	helfen	habe geholfen	haben geholfen
	helfest	helfet	habest geholfen	habet geholfen
	helfe	helfen	habe geholfen	haben geholfen
	Past		**Past Perfect**	
	hülfe	hülfen	hätte geholfen	hätten geholfen
	hülfest	hülfet	hättest geholfen	hättet geholfen
	hülfe	hülfen	hätte geholfen	hätten geholfen
	Future		**Future Perfect**	
	werde helfen	werden helfen	werde geholfen haben	werden geholfen haben
	werdest helfen	werdet helfen	werdest geholfen haben	werdet geholfen haben
	werde helfen	werden helfen	werde geholfen haben	werden geholfen haben
	Present and Future Conditional		**Past Conditional**	
	würde helfen	würden helfen	würde geholfen haben	würden geholfen haben
	würdest helfen	würdet helfen	würdest geholfen haben	würdet geholfen haben
	würde helfen	würden helfen	würde geholfen haben	würden geholfen haben

Note: With inseparable prefixes, the principal parts of this verb are, for example, *verhilft, verhalf, hat verholfen*. With separable prefixes, the principal parts are, for example, *hilft aus, half aus, hat ausgeholfen*.

EXAMPLES

Er hat mir damit nicht helfen wollen.	He didn't want to help me with it.
In den Ferien half ich auf einem Bauernhof.	During vacation, I helped out on a farm.

herrschen
to rule, to reign
Auxiliary verb: haben   **Past participle:** geherrscht
Imperative: Herrsche! Herrscht! Herrschen Sie!

Mode	Simple Tenses		Compound Tenses	
	Singular	*Plural*	*Singular*	*Plural*
Indicative	**Present**		**Present Perfect**	
	herrsche	herrschen	habe geherrscht	haben geherrscht
	herrschst	herrscht	hast geherrscht	habt geherrscht
	herrscht	herrschen	hat geherrscht	haben geherrscht
	Past		**Past Perfect**	
	herrschte	herrschten	hatte geherrscht	hatten geherrscht
	herrschtest	herrschtet	hattest geherrscht	hattet geherrscht
	herrschte	herrschten	hatte geherrscht	hatten geherrscht
	Future		**Future Perfect**	
	werde herrschen	werden herrschen	werde geherrscht haben	werden geherrscht haben
	wirst herrschen	werdet herrschen	wirst geherrscht haben	werdet geherrscht haben
	wird herrschen	werden herrschen	wird geherrscht haben	werden geherrscht haben
Subjunctive	**Present**		**Present Perfect**	
	herrsche	herrschen	habe geherrscht	haben geherrscht
	herrschest	herrschet	habest geherrscht	habet geherrscht
	herrsche	herrschen	habe geherrscht	haben geherrscht
	Past		**Past Perfect**	
	herrschte	herrschten	hätte geherrscht	hätten geherrscht
	herrschtest	herrschtet	hättest geherrscht	hättet geherrscht
	herrschte	herrschten	hätte geherrscht	hätten geherrscht
	Future		**Future Perfect**	
	werde herrschen	werden herrschen	werde geherrscht haben	werden geherrscht haben
	werdest herrschen	werdet herrschen	werdest geherrscht haben	werdet geherrscht haben
	werde herrschen	werden herrschen	werde geherrscht haben	werden geherrscht haben
	Present and Future Conditional		**Past Conditional**	
	würde herrschen	würden herrschen	würde geherrscht haben	würden geherrscht haben
	würdest herrschen	würdet herrschen	würdest geherrscht haben	würdet geherrscht haben
	würde herrschen	würden herrschen	würde geherrscht haben	würden geherrscht haben

EXAMPLES

Vor der Prüfung herrschte ein ängstliches Schweigen.
Before the test, a fearful silence reigned.

Damals herrschten noch die Hohenzollern.
Back then the Hohenzollerns still reigned.

heulen
to howl, to cry
Auxiliary verb: haben   **Past participle:** geheult
Imperative: Heule! Heult! Heulen Sie!

Mode	Simple Tenses		Compound Tenses	
	Singular	*Plural*	*Singular*	*Plural*
Indicative	**Present**		**Present Perfect**	
	heule	heulen	habe geheult	haben geheult
	heulst	heult	hast geheult	habt geheult
	heult	heulen	hat geheult	haben geheult
	Past		**Past Perfect**	
	heulte	heulten	hatte geheult	hatten geheult
	heultest	heultet	hattest geheult	hattet geheult
	heulte	heulten	hatte geheult	hatten geheult
	Future		**Future Perfect**	
	werde heulen	werden heulen	werde geheult haben	werden geheult haben
	wirst heulen	werdet heulen	wirst geheult haben	werdet geheult haben
	wird heulen	werden heulen	wird geheult haben	werden geheult haben
Subjunctive	**Present**		**Present Perfect**	
	heule	heulen	habe geheult	haben geheult
	heulest	heulet	habest geheult	habet geheult
	heule	heulen	habe geheult	haben geheult
	Past		**Past Perfect**	
	heulte	heulten	hätte geheult	hätten geheult
	heultest	heultet	hättest geheult	hättet geheult
	heulte	heulten	hätte geheult	hätten geheult
	Future		**Future Perfect**	
	werde heulen	werden heulen	werde geheult haben	werden geheult haben
	werdest heulen	werdet heulen	werdest geheult haben	werdet geheult haben
	werde heulen	werden heulen	werde geheult haben	werden geheult haben
	Present and Future Conditional		**Past Conditional**	
	würde heulen	würden heulen	würde geheult haben	würden geheult haben
	würdest heulen	würdet heulen	würdest geheult haben	würdet geheult haben
	würde heulen	würden heulen	würde geheult haben	würden geheult haben

EXAMPLES

Das Nachbarskind heulte gestern pausenlos.

The neighbors' child cried for hours yesterday.

Man muss mit den Wölfen heulen.

When in Rome, do as the Romans do.

hinken
to limp, to hobble
Auxiliary verb: sein **Past participle:** gehinkt
Imperative: Hinke! Hinkt! Hinken Sie!

Mode	Simple Tenses		Compound Tenses	
	Singular	*Plural*	*Singular*	*Plural*
Indicative	**Present**		**Present Perfect**	
	hinke	hinken	bin gehinkt	sind gehinkt
	hinkst	hinkt	bist gehinkt	seid gehinkt
	hinkt	hinken	ist gehinkt	sind gehinkt
	Past		**Past Perfect**	
	hinkte	hinkten	war gehinkt	waren gehinkt
	hinktest	hinktet	warst gehinkt	wart gehinkt
	hinkte	hinkten	war gehinkt	waren gehinkt
	Future		**Future Perfect**	
	werde hinken	werden hinken	werde gehinkt sein	werden gehinkt sein
	wirst hinken	werdet hinken	wirst gehinkt sein	werdet gehinkt sein
	wird hinken	werden hinken	wird gehinkt sein	werden gehinkt sein
Subjunctive	**Present**		**Present Perfect**	
	hinke	hinken	sei gehinkt	seien gehinkt
	hinkest	hinket	seiest gehinkt	seiet gehinkt
	hinke	hinken	sei gehinkt	seien gehinkt
	Past		**Past Perfect**	
	hinkte	hinkten	wäre gehinkt	wären gehinkt
	hinktest	hinktet	wärest gehinkt	wäret gehinkt
	hinkte	hinkten	wäre gehinkt	wären gehinkt
	Future		**Future Perfect**	
	werde hinken	werden hinken	werde gehinkt sein	werden gehinkt sein
	werdest hinken	werdet hinken	werdest gehinkt sein	werdet gehinkt sein
	werde hinken	werden hinken	werde gehinkt sein	werden gehinkt sein
	Present and Future Conditional		**Past Conditional**	
	würde hinken	würden hinken	würde gehinkt sein	würden gehinkt sein
	würdest hinken	würdet hinken	würdest gehinkt sein	würdet gehinkt sein
	würde hinken	würden hinken	würde gehinkt sein	würden gehinkt sein

EXAMPLES

Nach dem Unfall bin ich noch drei Wochen gehinkt.

After the accident, I limped for three weeks.

Ohne einen Stock hinke ich.

Without a cane I limp.

hinzufügen
to add to
Auxiliary verb: haben **Past participle:** hinzugefügt
Imperative: Füge hinzu! Fügt hinzu! Fügen Sie hinzu!

Mode	Simple Tenses		Compound Tenses	
	Singular	*Plural*	*Singular*	*Plural*
Indicative	**Present**		**Present Perfect**	
	füge hinzu	fügen hinzu	habe hinzugefügt	haben hinzugefügt
	fügst hinzu	fügt hinzu	hast hinzugefügt	habt hinzugefügt
	fügt hinzu	fügen hinzu	hat hinzugefügt	haben hinzugefügt
	Past		**Past Perfect**	
	fügte hinzu	fügten hinzu	hatte hinzugefügt	hatten hinzugefügt
	fügtest hinzu	fügtet hinzu	hattest hinzugefügt	hattet hinzugefügt
	fügte hinzu	fügten hinzu	hatte hinzugefügt	hatten hinzugefügt
	Future		**Future Perfect**	
	werde hinzufügen	werden hinzufügen	werde hinzugefügt haben	werden hinzugefügt haben
	wirst hinzufügen	werdet hinzufügen	wirst hinzugefügt haben	werdet hinzugefügt haben
	wird hinzufügen	werden hinzufügen	wird hinzugefügt haben	werden hinzugefügt haben
Subjunctive	**Present**		**Present Perfect**	
	füge hinzu	fügen hinzu	habe hinzugefügt	haben hinzugefügt
	fügest hinzu	füget hinzu	habest hinzugefügt	habet hinzugefügt
	füge hinzu	fügen hinzu	habe hinzugefügt	haben hinzugefügt
	Past		**Past Perfect**	
	fügte hinzu	fügten hinzu	hätte hinzugefügt	hätten hinzugefügt
	fügtest hinzu	fügtet hinzu	hättest hinzugefügt	hättet hinzugefügt
	fügte hinzu	fügten hinzu	hätte hinzugefügt	hätten hinzugefügt
	Future		**Future Perfect**	
	werde hinzufügen	werden hinzufügen	werde hinzugefügt haben	werden hinzugefügt haben
	werdest hinzufügen	werdet hinzufügen	werdest hinzugefügt haben	werdet hinzugefügt haben
	werde hinzufügen	werden hinzufügen	werde hinzugefügt haben	werden hinzugefügt haben
	Present and Future Conditional		**Past Conditional**	
	würde hinzufügen	würden hinzufügen	würde hinzugefügt haben	würden hinzugefügt haben
	würdest hinzufügen	würdet hinzufügen	würdest hinzugefügt haben	würdet hinzugefügt haben
	würde hinzufügen	würden hinzufügen	würde hinzugefügt haben	würden hinzugefügt haben

EXAMPLES

Er fügt hinzu, dass er nie verhaftet worden ist.
He adds that he has never been arrested.

Die meisten Jungen hatten viel zu sagen, aber Christian hat nichts hinzugefügt.
Most of the boys had a lot to say, but Christian added nothing.

hocken
to crouch, to squat
Auxiliary verb: haben   **Past participle:** gehockt
Imperative: Hocke! Hockt! Hocken Sie!

Mode	Simple Tenses		Compound Tenses	
	Singular	*Plural*	*Singular*	*Plural*
Indicative	**Present**		**Present Perfect**	
	hocke	hocken	habe gehockt	haben gehockt
	hockst	hockt	hast gehockt	habt gehockt
	hockt	hocken	hat gehockt	haben gehockt
	Past		**Past Perfect**	
	hockte	hockten	hatte gehockt	hatten gehockt
	hocktest	hocktet	hattest gehockt	hattet gehockt
	hockte	hockten	hatte gehockt	hatten gehockt
	Future		**Future Perfect**	
	werde hocken	werden hocken	werde gehockt haben	werden gehockt haben
	wirst hocken	werdet hocken	wirst gehockt haben	werdet gehockt haben
	wird hocken	werden hocken	wird gehockt haben	werden gehockt haben
Subjunctive	**Present**		**Present Perfect**	
	hocke	hocken	habe gehockt	haben gehockt
	hockest	hocket	habest gehockt	habet gehockt
	hocke	hocken	habe gehockt	haben gehockt
	Past		**Past Perfect**	
	hockte	hockten	hätte gehockt	hätten gehockt
	hocktest	hocktet	hättest gehockt	hättet gehockt
	hockte	hockten	hätte gehockt	hätten gehockt
	Future		**Future Perfect**	
	werde hocken	werden hocken	werde gehockt haben	werden gehockt haben
	werdest hocken	werdet hocken	werdest gehockt haben	werdet gehockt haben
	werde hocken	werden hocken	werde gehockt haben	werden gehockt haben
	Present and Future Conditional		**Past Conditional**	
	würde hocken	würden hocken	würde gehockt haben	würden gehockt haben
	würdest hocken	würdet hocken	würdest gehockt haben	würdet gehockt haben
	würde hocken	würden hocken	würde gehockt haben	würden gehockt haben

EXAMPLES

Karin war immer eine Stubenhockerin.
Der Knabe hockte neben seinem Vater.

Karin was always a real home-body.
The little boy crouched next to his father.

hoffen

to hope

Auxiliary verb: haben **Past participle:** gehofft
Imperative: Hoffe! Hofft! Hoffen Sie!

Mode	Simple Tenses		Compound Tenses	
	Singular	*Plural*	*Singular*	*Plural*
Indicative	**Present**		**Present Perfect**	
	hoffe	hoffen	habe gehofft	haben gehofft
	hoffst	hofft	hast gehofft	habt gehofft
	hofft	hoffen	hat gehofft	haben gehofft
	Past		**Past Perfect**	
	hoffte	hofften	hatte gehofft	hatten gehofft
	hofftest	hofftet	hattest gehofft	hattet gehofft
	hoffte	hofften	hatte gehofft	hatten gehofft
	Future		**Future Perfect**	
	werde hoffen	werden hoffen	werde gehofft haben	werden gehofft haben
	wirst hoffen	werdet hoffen	wirst gehofft haben	werdet gehofft haben
	wird hoffen	werden hoffen	wird gehofft haben	werden gehofft haben
Subjunctive	**Present**		**Present Perfect**	
	hoffe	hoffen	habe gehofft	haben gehofft
	hoffest	hoffet	habest gehofft	habet gehofft
	hoffe	hoffen	habe gehofft	haben gehofft
	Past		**Past Perfect**	
	hoffte	hofften	hätte gehofft	hätten gehofft
	hofftest	hofftet	hättest gehofft	hättet gehofft
	hoffte	hofften	hätte gehofft	hätten gehofft
	Future		**Future Perfect**	
	werde hoffen	werden hoffen	werde gehofft haben	werden gehofft haben
	werdest hoffen	werdet hoffen	werdest gehofft haben	werdet gehofft haben
	werde hoffen	werden hoffen	werde gehofft haben	werden gehofft haben
	Present and Future Conditional		**Past Conditional**	
	würde hoffen	würden hoffen	würde gehofft haben	würden gehofft haben
	würdest hoffen	würdet hoffen	würdest gehofft haben	würdet gehofft haben
	würde hoffen	würden hoffen	würde gehofft haben	würden gehofft haben

EXAMPLES

Ich hoffe, dass wir uns bald wiedersehen.   I hope we see one another again soon.
Der Kranke hofft auf eine baldige Genesung.   The patient is hoping for a speedy recovery.

holen

to fetch, to go for, to get
Auxiliary verb: haben   **Past participle:** geholt
Imperative: Hole! Holt! Holen Sie!

Mode	Simple Tenses		Compound Tenses	
	Singular	*Plural*	*Singular*	*Plural*
Indicative	**Present**		**Present Perfect**	
	hole	holen	habe geholt	haben geholt
	holst	holt	hast geholt	habt geholt
	holt	holen	hat geholt	haben geholt
	Past		**Past Perfect**	
	holte	holten	hatte geholt	hatten geholt
	holtest	holtet	hattest geholt	hattet geholt
	holte	holten	hatte geholt	hatten geholt
	Future		**Future Perfect**	
	werde holen	werden holen	werde geholt haben	werden geholt haben
	wirst holen	werdet holen	wirst geholt haben	werdet geholt haben
	wird holen	werden holen	wird geholt haben	werden geholt haben
Subjunctive	**Present**		**Present Perfect**	
	hole	holen	habe geholt	haben geholt
	holest	holet	habest geholt	habet geholt
	hole	holen	habe geholt	haben geholt
	Past		**Past Perfect**	
	holte	holten	hätte geholt	hätten geholt
	holtest	holtet	hättest geholt	hättet geholt
	holte	holten	hätte geholt	hätten geholt
	Future		**Future Perfect**	
	werde holen	werden holen	werde geholt haben	werden geholt haben
	werdest holen	werdet holen	werdest geholt haben	werdet geholt haben
	werde holen	werden holen	werde geholt haben	werden geholt haben
	Present and Future Conditional		**Past Conditional**	
	würde holen	würden holen	würde geholt haben	würden geholt haben
	würdest holen	würdet holen	würdest geholt haben	würdet geholt haben
	würde holen	würden holen	würde geholt haben	würden geholt haben

EXAMPLES

Martin holte eine Flasche Bier aus dem Kühlschrank.

Martin got a bottle of beer out of the refrigerator.

Holen Sie bitte sofort einen Arzt!

Please get a doctor right away.

horchen

to listen attentively, to eavesdrop

Auxiliary verb: haben   **Past participle:** gehorcht

Imperative: Horche! Horcht! Horchen Sie!

Mode	Simple Tenses		Compound Tenses	
	Singular	*Plural*	*Singular*	*Plural*
Indicative	**Present**		**Present Perfect**	
	horche	horchen	habe gehorcht	haben gehorcht
	horchst	horcht	hast gehorcht	habt gehorcht
	horcht	horchen	hat gehorcht	haben gehorcht
	Past		**Past Perfect**	
	horchte	horchten	hatte gehorcht	hatten gehorcht
	horchtest	horchtet	hattest gehorcht	hattet gehorcht
	horchte	horchten	hatte gehorcht	hatten gehorcht
	Future		**Future Perfect**	
	werde horchen	werden horchen	werde gehorcht haben	werden gehorcht haben
	wirst horchen	werdet horchen	wirst gehorcht haben	werdet gehorcht haben
	wird horchen	werden horchen	wird gehorcht haben	werden gehorcht haben
Subjunctive	**Present**		**Present Perfect**	
	horche	horchen	habe gehorcht	haben gehorcht
	horchest	horchet	habest gehorcht	habet gehorcht
	horche	horchen	habe gehorcht	haben gehorcht
	Past		**Past Perfect**	
	horchte	horchten	hätte gehorcht	hätten gehorcht
	horchtest	horchtet	hättest gehorcht	hättet gehorcht
	horchte	horchten	hätte gehorcht	hätten gehorcht
	Future		**Future Perfect**	
	werde horchen	werden horchen	werde gehorcht haben	werden gehorcht haben
	werdest horchen	werdet horchen	werdest gehorcht haben	werdet gehorcht haben
	werde horchen	werden horchen	werde gehorcht haben	werden gehorcht haben
	Present and Future Conditional		**Past Conditional**	
	würde horchen	würden horchen	würde gehorcht haben	würden gehorcht haben
	würdest horchen	würdet horchen	würdest gehorcht haben	würdet gehorcht haben
	würde horchen	würden horchen	würde gehorcht haben	würden gehorcht haben

EXAMPLES

Jemand horcht an der Tür.	Someone is listening at the door.
Ich horche auf jedes Wort.	I pay attention to every word.

hören
to hear
Auxiliary verb: haben **Past participle:** gehört
Imperative: Höre! Hört! Hören Sie!

Mode	Simple Tenses		Compound Tenses	
	Singular	*Plural*	*Singular*	*Plural*
Indicative	**Present**		**Present Perfect**	
	höre	hören	habe gehört	haben gehört
	hörst	hört	hast gehört	habt gehört
	hört	hören	hat gehört	haben gehört
	Past		**Past Perfect**	
	hörte	hörten	hatte gehört	hatten gehört
	hörtest	hörtet	hattest gehört	hattet gehört
	hörte	hörten	hatte gehört	hatten gehört
	Future		**Future Perfect**	
	werde hören	werden hören	werde gehört haben	werden gehört haben
	wirst hören	werdet hören	wirst gehört haben	werdet gehört haben
	wird hören	werden hören	wird gehört haben	werden gehört haben
Subjunctive	**Present**		**Present Perfect**	
	höre	hören	habe gehört	haben gehört
	hörest	höret	habest gehört	habet gehört
	höre	hören	habe gehört	haben gehört
	Past		**Past Perfect**	
	hörte	hörten	hätte gehört	hätten gehört
	hörtest	hörtet	hättest gehört	hättet gehört
	hörte	hörten	hätte gehört	hätten gehört
	Future		**Future Perfect**	
	werde hören	werden hören	werde gehört haben	werden gehört haben
	werdest hören	werdet hören	werdest gehört haben	werdet gehört haben
	werde hören	werden hören	werde gehört haben	werden gehört haben
	Present and Future Conditional		**Past Conditional**	
	würde hören	würden hören	würde gehört haben	würden gehört haben
	würdest hören	würdet hören	würdest gehört haben	würdet gehört haben
	würde hören	würden hören	würde gehört haben	würden gehört haben

EXAMPLES

Von hier aus kann man die Kirchglocken hören.

From here you can hear the church bells.

Hast du gehört, dass Frau Bauer wieder schwanger ist?

Did you hear that Mrs. Bauer is pregnant again?

husten
to cough
Auxiliary verb: haben   **Past participle:** gehustet
Imperative: Huste! Hustet! Husten Sie!

Mode	Simple Tenses		Compound Tenses	
	Singular	*Plural*	*Singular*	*Plural*
Indicative	**Present**		**Present Perfect**	
	huste	husten	habe gehustet	haben gehustet
	hustest	hustet	hast gehustet	habt gehustet
	hustet	husten	hat gehustet	haben gehustet
	Past		**Past Perfect**	
	hustete	husteten	hatte gehustet	hatten gehustet
	hustetest	hustetet	hattest gehustet	hattet gehustet
	hustete	husteten	hatte gehustet	hatten gehustet
	Future		**Future Perfect**	
	werde husten	werden husten	werde gehustet haben	werden gehustet haben
	wirst husten	werdet husten	wirst gehustet haben	werdet gehustet haben
	wird husten	werden husten	wird gehustet haben	werden gehustet haben
Subjunctive	**Present**		**Present Perfect**	
	huste	husten	habe gehustet	haben gehustet
	hustest	hustet	habest gehustet	habet gehustet
	huste	husten	habe gehustet	haben gehustet
	Past		**Past Perfect**	
	hustete	husteten	hätte gehustet	hätten gehustet
	hustetest	hustetet	hättest gehustet	hättet gehustet
	hustete	husteten	hätte gehustet	hätten gehustet
	Future		**Future Perfect**	
	werde husten	werden husten	werde gehustet haben	werden gehustet haben
	werdest husten	werdet husten	werdest gehustet haben	werdet gehustet haben
	werde husten	werden husten	werde gehustet haben	werden gehustet haben
	Present and Future Conditional		**Past Conditional**	
	würde husten	würden husten	würde gehustet haben	würden gehustet haben
	würdest husten	würdet husten	würdest gehustet haben	würdet gehustet haben
	würde husten	würden husten	würde gehustet haben	würden gehustet haben

EXAMPLE

Der kranke Junge hat die ganze Nacht durch gehustet.   The sick boy coughed throughout the night.

jagen

to chase, to hunt

Auxiliary verb: haben   **Past participle:** gejagt
Imperative: Jage! Jagt! Jagen Sie!

Mode	Simple Tenses		Compound Tenses	
	Singular	*Plural*	*Singular*	*Plural*
Indicative	**Present**		**Present Perfect**	
	jage	jagen	habe gejagt	haben gejagt
	jagst	jagt	hast gejagt	habt gejagt
	jagt	jagen	hat gejagt	haben gejagt
	Past		**Past Perfect**	
	jagte	jagten	hatte gejagt	hatten gejagt
	jagtest	jagtet	hattest gejagt	hattet gejagt
	jagte	jagten	hatte gejagt	hatten gejagt
	Future		**Future Perfect**	
	werde jagen	werden jagen	werde gejagt haben	werden gejagt haben
	wirst jagen	werdet jagen	wirst gejagt haben	werdet gejagt haben
	wird jagen	werden jagen	wird gejagt haben	werden gejagt haben
Subjunctive	**Present**		**Present Perfect**	
	jage	jagen	habe gejagt	haben gejagt
	jagest	jaget	habest gejagt	habet gejagt
	jage	jagen	habe gejagt	haben gejagt
	Past		**Past Perfect**	
	jagte	jagten	hätte gejagt	hätten gejagt
	jagtest	jagtet	hättest gejagt	hättet gejagt
	jagte	jagten	hätte gejagt	hätten gejagt
	Future		**Future Perfect**	
	werde jagen	werden jagen	werde gejagt haben	werden gejagt haben
	werdest jagen	werdet jagen	werdest gejagt haben	werdet gejagt haben
	werde jagen	werden jagen	werde gejagt haben	werden gejagt haben
	Present and Future Conditional		**Past Conditional**	
	würde jagen	würden jagen	würde gejagt haben	würden gejagt haben
	würdest jagen	würdet jagen	würdest gejagt haben	würdet gejagt haben
	würde jagen	würden jagen	würde gejagt haben	würden gejagt haben

EXAMPLES

Die Katze jagte die Maus durch den Garten.
The cat chased the mouse through the garden.

Im Winter gehen die drei Brüder oft jagen.
The three brothers often go hunting in winter.

jodeln

to yodel

Auxiliary verb: haben   **Past participle:** gejodelt
Imperative: Jodele! Jodelt! Jodeln Sie!

Mode	Simple Tenses		Compound Tenses	
	Singular	*Plural*	*Singular*	*Plural*
Indicative	**Present**		**Present Perfect**	
	jodele	jodeln	habe gejodelt	haben gejodelt
	jodelst	jodelt	hast gejodelt	habt gejodelt
	jodelt	jodeln	hat gejodelt	haben gejodelt
	Past		**Past Perfect**	
	jodelte	jodelten	hatte gejodelt	hatten gejodelt
	jodeltest	jodeltet	hattest gejodelt	hattet gejodelt
	jodelte	jodelten	hatte gejodelt	hatten gejodelt
	Future		**Future Perfect**	
	werde jodeln	werden jodeln	werde gejodelt haben	werden gejodelt haben
	wirst jodeln	werdet jodeln	wirst gejodelt haben	werdet gejodelt haben
	wird jodeln	werden jodeln	wird gejodelt haben	werden gejodelt haben
Subjunctive	**Present**		**Present Perfect**	
	jodele	jodeln	habe gejodelt	haben gejodelt
	jodelst	jodelt	habest gejodelt	habet gejodelt
	jodele	jodeln	habe gejodelt	haben gejodelt
	Past		**Past Perfect**	
	jodelte	jodelten	hätte gejodelt	hätten gejodelt
	jodeltest	jodeltet	hättest gejodelt	hättet gejodelt
	jodelte	jodelten	hätte gejodelt	hätten gejodelt
	Future		**Future Perfect**	
	werde jodeln	werden jodeln	werde gejodelt haben	werden gejodelt haben
	werdest jodeln	werdet jodeln	werdest gejodelt haben	werdet gejodelt haben
	werde jodeln	werden jodeln	werde gejodelt haben	werden gejodelt haben
	Present and Future Conditional		**Past Conditional**	
	würde jodeln	würden jodeln	würde gejodelt haben	würden gejodelt haben
	würdest jodeln	würdet jodeln	würdest gejodelt haben	würdet gejodelt haben
	würde jodeln	würden jodeln	würde gejodelt haben	würden gejodelt haben

EXAMPLES

Mein Vetter versucht zu jodeln. Aber er krächzt nur.	My cousin tries to yodel. But he only sounds like a crow.
In der Volksmusik der Alpen hört man oft Jodeln.	You often hear yodeling in folk music from the Alps.

jubeln
to rejoice, to shout with joy
Auxiliary verb: haben   **Past participle:** gejubelt
Imperative: Jubele! Jubelt! Jubeln Sie!

Mode	Simple Tenses		Compound Tenses	
	Singular	*Plural*	*Singular*	*Plural*
Indicative	**Present**		**Present Perfect**	
	jubele	jubeln	habe gejubelt	haben gejubelt
	jubelst	jubelt	hast gejubelt	habt gejubelt
	jubelt	jubeln	hat gejubelt	haben gejubelt
	Past		**Past Perfect**	
	jubelte	jubelten	hatte gejubelt	hatten gejubelt
	jubeltest	jubeltet	hattest gejubelt	hattet gejubelt
	jubelte	jubelten	hatte gejubelt	hatten gejubelt
	Future		**Future Perfect**	
	werde jubeln	werden jubeln	werde gejubelt haben	werden gejubelt haben
	wirst jubeln	werdet jubeln	wirst gejubelt haben	werdet gejubelt haben
	wird jubeln	werden jubeln	wird gejubelt haben	werden gejubelt haben
Subjunctive	**Present**		**Present Perfect**	
	jubele	jubeln	habe gejubelt	haben gejubelt
	jubelst	jubelt	habest gejubelt	habet gejubelt
	jubele	jubeln	habe gejubelt	haben gejubelt
	Past		**Past Perfect**	
	jubelte	jubelten	hätte gejubelt	hätten gejubelt
	jubeltest	jubeltet	hättest gejubelt	hättet gejubelt
	jubelte	jubelten	hätte gejubelt	hätten gejubelt
	Future		**Future Perfect**	
	werde jubeln	werden jubeln	werde gejubelt haben	werden gejubelt haben
	werdest jubeln	werdet jubeln	werdest gejubelt haben	werdet gejubelt haben
	werde jubeln	werden jubeln	werde gejubelt haben	werden gejubelt haben
	Present and Future Conditional		**Past Conditional**	
	würde jubeln	würden jubeln	würde gejubelt haben	würden gejubelt haben
	würdest jubeln	würdet jubeln	würdest gejubelt haben	würdet gejubelt haben
	würde jubeln	würden jubeln	würde gejubelt haben	würden gejubelt haben

EXAMPLES

Die ganze Stadt jubelte, als die siegreiche Armee in die Stadt marschierte.

The whole city rejoiced, when the victorious army marched into the city.

Die Zuschauer jubelten, als Schmidt das entscheidende Tor schoss.

The crowd cheered when Schmidt shot the winning goal.

jucken

to itch, to irritate

Auxiliary verb: haben   **Past participle:** gejuckt
Imperative: Jucke! Juckt! Jucken Sie!

Mode	Simple Tenses		Compound Tenses	
	Singular	*Plural*	*Singular*	*Plural*
Indicative	**Present**		**Present Perfect**	
	jucke	jucken	habe gejuckt	haben gejuckt
	juckst	juckt	hast gejuckt	habt gejuckt
	juckt	jucken	hat gejuckt	haben gejuckt
	Past		**Past Perfect**	
	juckte	juckten	hatte gejuckt	hatten gejuckt
	jucktest	jucktet	hattest gejuckt	hattet gejuckt
	juckte	juckten	hatte gejuckt	hatten gejuckt
	Future		**Future Perfect**	
	werde jucken	werden jucken	werde gejuckt haben	werden gejuckt haben
	wirst jucken	werdet jucken	wirst gejuckt haben	werdet gejuckt haben
	wird jucken	werden jucken	wird gejuckt haben	werden gejuckt haben
Subjunctive	**Present**		**Present Perfect**	
	jucke	jucken	habe gejuckt	haben gejuckt
	juckest	jucket	habest gejuckt	habet gejuckt
	jucke	jucken	habe gejuckt	haben gejuckt
	Past		**Past Perfect**	
	juckte	juckten	hätte gejuckt	hätten gejuckt
	jucktest	jucktet	hättest gejuckt	hättet gejuckt
	juckte	juckten	hätte gejuckt	hätten gejuckt
	Future		**Future Perfect**	
	werde jucken	werden jucken	werde gejuckt haben	werden gejuckt haben
	werdest jucken	werdet jucken	werdest gejuckt haben	werdet gejuckt haben
	werde jucken	werden jucken	werde gejuckt haben	werden gejuckt haben
	Present and Future Conditional		**Past Conditional**	
	würde jucken	würden jucken	würde gejuckt haben	würden gejuckt haben
	würdest jucken	würdet jucken	würdest gejuckt haben	würdet gejuckt haben
	würde jucken	würden jucken	würde gejuckt haben	würden gejuckt haben

EXAMPLE

Mein Bein juckt.   My leg itches.

kämmen (sich)
to comb
Auxiliary verb: haben   **Past participle:** gekämmt
Imperative: Kämme! Kämmt! Kämmen Sie!

Mode	Simple Tenses		Compound Tenses	
	Singular	*Plural*	*Singular*	*Plural*
Indicative	**Present**		**Present Perfect**	
	kämme	kämmen	habe gekämmt	haben gekämmt
	kämmst	kämmt	hast gekämmt	habt gekämmt
	kämmt	kämmen	hat gekämmt	haben gekämmt
	Past		**Past Perfect**	
	kämmte	kämmten	hatte gekämmt	hatten gekämmt
	kämmtest	kämmtet	hattest gekämmt	hattet gekämmt
	kämmte	kämmten	hatte gekämmt	hatten gekämmt
	Future		**Future Perfect**	
	werde kämmen	werden kämmen	werde gekämmt haben	werden gekämmt haben
	wirst kämmen	werdet kämmen	wirst gekämmt haben	werdet gekämmt haben
	wird kämmen	werden kämmen	wird gekämmt haben	werden gekämmt haben
Subjunctive	**Present**		**Present Perfect**	
	kämme	kämmen	habe gekämmt	haben gekämmt
	kämmest	kämmet	habest gekämmt	habet gekämmt
	kämme	kämmen	habe gekämmt	haben gekämmt
	Past		**Past Perfect**	
	kämmte	kämmten	hätte gekämmt	hätten gekämmt
	kämmtest	kämmtet	hättest gekämmt	hättet gekämmt
	kämmte	kämmten	hätte gekämmt	hätten gekämmt
	Future		**Future Perfect**	
	werde kämmen	werden kämmen	werde gekämmt haben	werden gekämmt haben
	werdest kämmen	werdet kämmen	werdest gekämmt haben	werdet gekämmt haben
	werde kämmen	werden kämmen	werde gekämmt haben	werden gekämmt haben
	Present and Future Conditional		**Past Conditional**	
	würde kämmen	würden kämmen	würde gekämmt haben	würden gekämmt haben
	würdest kämmen	würdet kämmen	würdest gekämmt haben	würdet gekämmt haben
	würde kämmen	würden kämmen	würde gekämmt haben	würden gekämmt haben

Note: Use the reflexive when one combs one's own hair: *Der Vierjährige kann sich schon die Haare kämmen* (The four-year-old can already comb his hair).

EXAMPLES

Mutti muss den Kindern die Haare kämmen.	Mom has to comb the children's hair.
Du sollst dich besser kämmen.	You should comb your hair better.

kämpfen
to struggle, to battle
Auxiliary verb: haben   **Past participle:** gekämpft
Imperative: Kämpfe! Kämpft! Kämpfen Sie!

Mode	Simple Tenses		Compound Tenses	
	Singular	*Plural*	*Singular*	*Plural*
Indicative	**Present**		**Present Perfect**	
	kämpfe	kämpfen	habe gekämpft	haben gekämpft
	kämpfst	kämpft	hast gekämpft	habt gekämpft
	kämpft	kämpfen	hat gekämpft	haben gekämpft
	Past		**Past Perfect**	
	kämpfte	kämpften	hatte gekämpft	hatten gekämpft
	kämpftest	kämpftet	hattest gekämpft	hattet gekämpft
	kämpfte	kämpften	hatte gekämpft	hatten gekämpft
	Future		**Future Perfect**	
	werde kämpfen	werden kämpfen	werde gekämpft haben	werden gekämpft haben
	wirst kämpfen	werdet kämpfen	wirst gekämpft haben	werdet gekämpft haben
	wird kämpfen	werden kämpfen	wird gekämpft haben	werden gekämpft haben
Subjunctive	**Present**		**Present Perfect**	
	kämpfe	kämpfen	habe gekämpft	haben gekämpft
	kämpfest	kämpfet	habest gekämpft	habet gekämpft
	kämpfe	kämpfen	habe gekämpft	haben gekämpft
	Past		**Past Perfect**	
	kämpfte	kämpften	hätte gekämpft	hätten gekämpft
	kämpftest	kämpftet	hättest gekämpft	hättet gekämpft
	kämpfte	kämpften	hätte gekämpft	hätten gekämpft
	Future		**Future Perfect**	
	werde kämpfen	werden kämpfen	werde gekämpft haben	werden gekämpft haben
	werdest kämpfen	werdet kämpfen	werdest gekämpft haben	werdet gekämpft haben
	werde kämpfen	werden kämpfen	werde gekämpft haben	werden gekämpft haben
	Present and Future Conditional		**Past Conditional**	
	würde kämpfen	würden kämpfen	würde gekämpft haben	würden gekämpft haben
	würdest kämpfen	würdet kämpfen	würdest gekämpft haben	würdet gekämpft haben
	würde kämpfen	würden kämpfen	würde gekämpft haben	würden gekämpft haben

EXAMPLES

Die Jungen kämpfen wieder um das Spielzeug. The boys are fighting over the toys again.
Der Politiker hat um seine Wiederwahl gekämpft. The politician was fighting for his reelection.

kauen
to chew
Auxiliary verb: haben **Past participle:** gekaut
Imperative: Kaue! Kaut! Kauen Sie!

Mode	Simple Tenses		Compound Tenses	
	Singular	*Plural*	*Singular*	*Plural*
Indicative	**Present**		**Present Perfect**	
	kaue	kauen	habe gekaut	haben gekaut
	kaust	kaut	hast gekaut	habt gekaut
	kaut	kauen	hat gekaut	haben gekaut
	Past		**Past Perfect**	
	kaute	kauten	hatte gekaut	hatten gekaut
	kautest	kautet	hattest gekaut	hattet gekaut
	kaute	kauten	hatte gekaut	hatten gekaut
	Future		**Future Perfect**	
	werde kauen	werden kauen	werde gekaut haben	werden gekaut haben
	wirst kauen	werdet kauen	wirst gekaut haben	werdet gekaut haben
	wird kauen	werden kauen	wird gekaut haben	werden gekaut haben
Subjunctive	**Present**		**Present Perfect**	
	kaue	kauen	habe gekaut	haben gekaut
	kauest	kauet	habest gekaut	habet gekaut
	kaue	kauen	habe gekaut	haben gekaut
	Past		**Past Perfect**	
	kaute	kauten	hätte gekaut	hätten gekaut
	kautest	kautet	hättest gekaut	hättet gekaut
	kaute	kauten	hätte gekaut	hätten gekaut
	Future		**Future Perfect**	
	werde kauen	werden kauen	werde gekaut haben	werden gekaut haben
	werdest kauen	werdet kauen	werdest gekaut haben	werdet gekaut haben
	werde kauen	werden kauen	werde gekaut haben	werden gekaut haben
	Present and Future Conditional		**Past Conditional**	
	würde kauen	würden kauen	würde gekaut haben	würden gekaut haben
	würdest kauen	würdet kauen	würdest gekaut haben	würdet gekaut haben
	würde kauen	würden kauen	würde gekaut haben	würden gekaut haben

EXAMPLES

Lukas, warum kaust du immer an den Nägeln? — Lukas, why are you always chewing on your nails?

Wenn du kaust, sollst du nicht reden. — When you chew, you shouldn't talk.

kauern

to crouch, to cower
Auxiliary verb: sein   **Past participle:** gekauert
Imperative: Kauere! Kauert! Kauern Sie!

Mode	Simple Tenses		Compound Tenses	
	Singular	*Plural*	*Singular*	*Plural*
Indicative	**Present**		**Present Perfect**	
	kauere	kauern	bin gekauert	sind gekauert
	kauerst	kauert	bist gekauert	seid gekauert
	kauert	kauern	ist gekauert	sind gekauert
	Past		**Past Perfect**	
	kauerte	kauerten	war gekauert	waren gekauert
	kauertest	kauertet	warst gekauert	wart gekauert
	kauerte	kauerten	war gekauert	waren gekauert
	Future		**Future Perfect**	
	werde kauern	werden kauern	werde gekauert sein	werden gekauert sein
	wirst kauern	werdet kauern	wirst gekauert sein	werdet gekauert sein
	wird kauern	werden kauern	wird gekauert sein	werden gekauert sein
Subjunctive	**Present**		**Present Perfect**	
	kauere	kauern	sei gekauert	seien gekauert
	kauerst	kauert	seiest gekauert	seiet gekauert
	kauere	kauern	sei gekauert	seien gekauert
	Past		**Past Perfect**	
	kauerte	kauerten	wäre gekauert	wären gekauert
	kauertest	kauertet	wärest gekauert	wäret gekauert
	kauerte	kauerten	wäre gekauert	wären gekauert
	Future		**Future Perfect**	
	werde kauern	werden kauern	werde gekauert sein	werden gekauert sein
	werdest kauern	werdet kauern	werdest gekauert sein	werdet gekauert sein
	werde kauern	werden kauern	werde gekauert sein	werden gekauert sein
	Present and Future Conditional		**Past Conditional**	
	würde kauern	würden kauern	würde gekauert sein	würden gekauert sein
	würdest kauern	würdet kauern	würdest gekauert sein	würdet gekauert sein
	würde kauern	würden kauern	würde gekauert sein	würden gekauert sein

EXAMPLES

Der Gefangene kauert in einer dunklen Ecke. The prisoner is cowering in a dark corner.
Der verängstigte Hund kauerte unter dem The frightened dog cowered under the
Stuhl. chair.

kaufen
to buy
Auxiliary verb: haben   **Past participle:** gekauft
Imperative: Kaufe! Kauft! Kaufen Sie!

Mode	Simple Tenses		Compound Tenses	
	Singular	*Plural*	*Singular*	*Plural*
Indicative	**Present**		**Present Perfect**	
	kaufe	kaufen	habe gekauft	haben gekauft
	kaufst	kauft	hast gekauft	habt gekauft
	kauft	kaufen	hat gekauft	haben gekauft
	Past		**Past Perfect**	
	kaufte	kauften	hatte gekauft	hatten gekauft
	kauftest	kauftet	hattest gekauft	hattet gekauft
	kaufte	kauften	hatte gekauft	hatten gekauft
	Future		**Future Perfect**	
	werde kaufen	werden kaufen	werde gekauft haben	werden gekauft haben
	wirst kaufen	werdet kaufen	wirst gekauft haben	werdet gekauft haben
	wird kaufen	werden kaufen	wird gekauft haben	werden gekauft haben
Subjunctive	**Present**		**Present Perfect**	
	kaufe	kaufen	habe gekauft	haben gekauft
	kaufest	kaufet	habest gekauft	habet gekauft
	kaufe	kaufen	habe gekauft	haben gekauft
	Past		**Past Perfect**	
	kaufte	kauften	hätte gekauft	hätten gekauft
	kauftest	kauftet	hättest gekauft	hättet gekauft
	kaufte	kauften	hätte gekauft	hätten gekauft
	Future		**Future Perfect**	
	werde kaufen	werden kaufen	werde gekauft haben	werden gekauft haben
	werdest kaufen	werdet kaufen	werdest gekauft haben	werdet gekauft haben
	werde kaufen	werden kaufen	werde gekauft haben	werden gekauft haben
	Present and Future Conditional		**Past Conditional**	
	würde kaufen	würden kaufen	würde gekauft haben	würden gekauft haben
	würdest kaufen	würdet kaufen	würdest gekauft haben	würdet gekauft haben
	würde kaufen	würden kaufen	würde gekauft haben	würden gekauft haben

EXAMPLES

Wo kauft ihr gewöhnlich euer Brot?
Ich habe nur Bier und Wurst gekauft.

Where do you usually buy your bread?
I only bought beer and sausage.

kehren

to sweep

Auxiliary verb: haben   **Past participle:** gekehrt
Imperative: Kehre! Kehrt! Kehren Sie!

Mode	Simple Tenses		Compound Tenses	
	Singular	*Plural*	*Singular*	*Plural*
Indicative	**Present**		**Present Perfect**	
	kehre	kehren	habe gekehrt	haben gekehrt
	kehrst	kehrt	hast gekehrt	habt gekehrt
	kehrt	kehren	hat gekehrt	haben gekehrt
	Past		**Past Perfect**	
	kehrte	kehrten	hatte gekehrt	hatten gekehrt
	kehrtest	kehrtet	hattest gekehrt	hattet gekehrt
	kehrte	kehrten	hatte gekehrt	hatten gekehrt
	Future		**Future Perfect**	
	werde kehren	werden kehren	werde gekehrt haben	werden gekehrt haben
	wirst kehren	werdet kehren	wirst gekehrt haben	werdet gekehrt haben
	wird kehren	werden kehren	wird gekehrt haben	werden gekehrt haben
Subjunctive	**Present**		**Present Perfect**	
	kehre	kehren	habe gekehrt	haben gekehrt
	kehrest	kehret	habest gekehrt	habet gekehrt
	kehre	kehren	habe gekehrt	haben gekehrt
	Past		**Past Perfect**	
	kehrte	kehrten	hätte gekehrt	hätten gekehrt
	kehrtest	kehrtet	hättest gekehrt	hättet gekehrt
	kehrte	kehrten	hätte gekehrt	hätten gekehrt
	Future		**Future Perfect**	
	werde kehren	werden kehren	werde gekehrt haben	werden gekehrt haben
	werdest kehren	werdet kehren	werdest gekehrt haben	werdet gekehrt haben
	werde kehren	werden kehren	werde gekehrt haben	werden gekehrt haben
	Present and Future Conditional		**Past Conditional**	
	würde kehren	würden kehren	würde gekehrt haben	würden gekehrt haben
	würdest kehren	würdet kehren	würdest gekehrt haben	würdet gekehrt haben
	würde kehren	würden kehren	würde gekehrt haben	würden gekehrt haben

EXAMPLES

Kehre vor deiner eigenen Tür!
Die Zwillinge wollen helfen die Küche zu kehren.

Mind your own business.
The twins want to help sweep the kitchen.

kennen
to know, to be acquainted
Auxiliary verb: haben   **Past participle:** gekannt
Imperative: Kenne! Kennt! Kennen Sie!

Mode	Simple Tenses		Compound Tenses	
	Singular	*Plural*	*Singular*	*Plural*
Indicative	**Present**		**Present Perfect**	
	kenne	kennen	habe gekannt	haben gekannt
	kennst	kennt	hast gekannt	habt gekannt
	kennt	kennen	hat gekannt	haben gekannt
	Past		**Past Perfect**	
	kannte	kannten	hatte gekannt	hatten gekannt
	kanntest	kanntet	hattest gekannt	hattet gekannt
	kannte	kannten	hatte gekannt	hatten gekannt
	Future		**Future Perfect**	
	werde kennen	werden kennen	werde gekannt haben	werden gekannt haben
	wirst kennen	werdet kennen	wirst gekannt haben	werdet gekannt haben
	wird kennen	werden kennen	wird gekannt haben	werden gekannt haben
Subjunctive	**Present**		**Present Perfect**	
	kenne	kennen	habe gekannt	haben gekannt
	kennest	kennet	habest gekannt	habet gekannt
	kenne	kennen	habe gekannt	haben gekannt
	Past		**Past Perfect**	
	kennte	kennten	hätte gekannt	hätten gekannt
	kenntest	kenntet	hättest gekannt	hättet gekannt
	kennte	kennten	hätte gekannt	hätten gekannt
	Future		**Future Perfect**	
	werde kennen	werden kennen	werde gekannt haben	werden gekannt haben
	werdest kennen	werdet kennen	werdest gekannt haben	werdet gekannt haben
	werde kennen	werden kennen	werde gekannt haben	werden gekannt haben
	Present and Future Conditional		**Past Conditional**	
	würde kennen	würden kennen	würde gekannt haben	würden gekannt haben
	würdest kennen	würdet kennen	würdest gekannt haben	würdet gekannt haben
	würde kennen	würden kennen	würde gekannt haben	würden gekannt haben

EXAMPLES

Wir kennen uns schon.	We already know one another.
Kennen Sie das schöne Mädchen neben Herrn Schmidt?	Do you know the pretty girl next to Mr. Schmidt?

kippen
to tip, to tilt
Auxiliary verb: haben   **Past participle:** gekippt
Imperative: Kippe! Kippt! Kippen Sie!

Mode	Simple Tenses		Compound Tenses	
	Singular	*Plural*	*Singular*	*Plural*
Indicative	**Present**		**Present Perfect**	
	kippe	kippen	habe gekippt	haben gekippt
	kippst	kippt	hast gekippt	habt gekippt
	kippt	kippen	hat gekippt	haben gekippt
	Past		**Past Perfect**	
	kippte	kippten	hatte gekippt	hatten gekippt
	kipptest	kipptet	hattest gekippt	hattet gekippt
	kippte	kippten	hatte gekippt	hatten gekippt
	Future		**Future Perfect**	
	werde kippen	werden kippen	werde gekippt haben	werden gekippt haben
	wirst kippen	werdet kippen	wirst gekippt haben	werdet gekippt haben
	wird kippen	werden kippen	wird gekippt haben	werden gekippt haben
Subjunctive	**Present**		**Present Perfect**	
	kippe	kippen	habe gekippt	haben gekippt
	kippest	kippet	habest gekippt	habet gekippt
	kippe	kippen	habe gekippt	haben gekippt
	Past		**Past Perfect**	
	kippte	kippten	hätte gekippt	hätten gekippt
	kipptest	kippet	hättest gekippt	hättet gekippt
	kippte	kippten	hätte gekippt	hätten gekippt
	Future		**Future Perfect**	
	werde kippen	werden kippen	werde gekippt haben	werden gekippt haben
	werdest kippen	werdet kippen	werdest gekippt haben	werdet gekippt haben
	werde kippen	werden kippen	werde gekippt haben	werden gekippt haben
	Present and Future Conditional		**Past Conditional**	
	würde kippen	würden kippen	würde gekippt haben	würden gekippt haben
	würdest kippen	würdet kippen	würdest gekippt haben	würdet gekippt haben
	würde kippen	würden kippen	würde gekippt haben	würden gekippt haben

Note: With the prefix *um–*, the verb means "to tip over." Its principal parts are *kippt um, kippte um, hat umgekippt.*

EXAMPLES

Vorsicht! Der Tisch kippt gleich.	Careful. The table is about to tip over.
Er hat ein Glas Wasser umgekippt.	He tipped over a glass of water.

klagen
to complain, to bemoan
Auxiliary verb: haben   **Past participle:** geklagt
Imperative: Klage! Klagt! Klagen Sie!

Mode	Simple Tenses		Compound Tenses	
	Singular	*Plural*	*Singular*	*Plural*
Indicative	**Present**		**Present Perfect**	
	klage	klagen	habe geklagt	haben geklagt
	klagst	klagt	hast geklagt	habt geklagt
	klagt	klagen	hat geklagt	haben geklagt
	Past		**Past Perfect**	
	klagte	klagten	hatte geklagt	hatten geklagt
	klagtest	klagtet	hattest geklagt	hattet geklagt
	klagte	klagten	hatte geklagt	hatten geklagt
	Future		**Future Perfect**	
	werde klagen	werden klagen	werde geklagt haben	werden geklagt haben
	wirst klagen	werdet klagen	wirst geklagt haben	werdet geklagt haben
	wird klagen	werden klagen	wird geklagt haben	werden geklagt haben
Subjunctive	**Present**		**Present Perfect**	
	klage	klagen	habe geklagt	haben geklagt
	klagest	klaget	habest geklagt	habet geklagt
	klage	klagen	habe geklagt	haben geklagt
	Past		**Past Perfect**	
	klagte	klagten	hätte geklagt	hätten geklagt
	klagtest	klagtet	hättest geklagt	hättet geklagt
	klagte	klagten	hätte geklagt	hätten geklagt
	Future		**Future Perfect**	
	werde klagen	werden klagen	werde geklagt haben	werden geklagt haben
	werdest klagen	werdet klagen	werdest geklagt haben	werdet geklagt haben
	werde klagen	werden klagen	werde geklagt haben	werden geklagt haben
	Present and Future Conditional		**Past Conditional**	
	würde klagen	würden klagen	würde geklagt haben	würden geklagt haben
	würdest klagen	würdet klagen	würdest geklagt haben	würdet geklagt haben
	würde klagen	würden klagen	würde geklagt haben	würden geklagt haben

EXAMPLES

Ich kann nicht klagen. Mir geht's gut.
I can't complain. I'm fine.

Frau Bauer hat vor Gericht gegen einen ihrer Mieter geklagt.
Mrs. Bauer made a complaint in court against one of her tenants.

klappen

to work out well, to fold, to tilt
Auxiliary verb: haben **Past participle:** geklappt
Imperative: Klappe! Klappt! Klappen Sie!

Mode	Simple Tenses		Compound Tenses	
	Singular	*Plural*	*Singular*	*Plural*
Indicative	**Present**		**Present Perfect**	
	klappe	klappen	habe geklappt	haben geklappt
	klappst	klappt	hast geklappt	habt geklappt
	klappt	klappen	hat geklappt	haben geklappt
	Past		**Past Perfect**	
	klappte	klappten	hatte geklappt	hatten geklappt
	klapptest	klapptet	hattest geklappt	hattet geklappt
	klappte	klappten	hatte geklappt	hatten geklappt
	Future		**Future Perfect**	
	werde klappen	werden klappen	werde geklappt haben	werden geklappt haben
	wirst klappen	werdet klappen	wirst geklappt haben	werdet geklappt haben
	wird klappen	werden klappen	wird geklappt haben	werden geklappt haben
Subjunctive	**Present**		**Present Perfect**	
	klappe	klappen	habe geklappt	haben geklappt
	klappest	klappet	habest geklappt	habet geklappt
	klappe	klappen	habe geklappt	haben geklappt
	Past		**Past Perfect**	
	klappte	klappten	hätte geklappt	hätten geklappt
	klapptest	klapptet	hättest geklappt	hättet geklappt
	klappte	klappten	hätte geklappt	hätten geklappt
	Future		**Future Perfect**	
	werde klappen	werden klappen	werde geklappt haben	werden geklappt haben
	werdest klappen	werdet klappen	werdest geklappt haben	werdet geklappt haben
	werde klappen	werden klappen	werde geklappt haben	werden geklappt haben
	Present and Future Conditional		**Past Conditional**	
	würde klappen	würden klappen	würde geklappt haben	würden geklappt haben
	würdest klappen	würdet klappen	würdest geklappt haben	würdet geklappt haben
	würde klappen	würden klappen	würde geklappt haben	würden geklappt haben

Note: *Klappen* is only used with the third person when it means "to work out well."

EXAMPLES

Der Projekt hat gut geklappt.	The project worked out well.
Alles klappte großartig.	Everything turned out great.
Klapp den Sitz nach vorne!	Tilt the seat forward.

klatschen
to clap, to applaud
Auxiliary verb: haben **Past participle:** geklatscht
Imperative: Klatsche! Klatscht! Klatschen Sie!

Mode	Simple Tenses		Compound Tenses	
	Singular	*Plural*	*Singular*	*Plural*
Indicative	**Present**		**Present Perfect**	
	klatsche	klatschen	habe geklatscht	haben geklatscht
	klatschst	klatscht	hast geklatscht	habt geklatscht
	klatscht	klatschen	hat geklatscht	haben geklatscht
	Past		**Past Perfect**	
	klatschte	klatschten	hatte geklatscht	hatten geklatscht
	klatschtest	klatschtet	hattest geklatscht	hattet geklatscht
	klatschte	klatschten	hatte geklatscht	hatten geklatscht
	Future		**Future Perfect**	
	werde klatschen	werden klatschen	werde geklatscht haben	werden geklatscht haben
	wirst klatschen	werdet klatschen	wirst geklatscht haben	werdet geklatscht haben
	wird klatschen	werden klatschen	wird geklatscht haben	werden geklatscht haben
Subjunctive	**Present**		**Present Perfect**	
	klatsche	klatschen	habe geklatscht	haben geklatscht
	klatschest	klatschet	habest geklatscht	habet geklatscht
	klatsche	klatschen	habe geklatscht	haben geklatscht
	Past		**Past Perfect**	
	klatschte	klatschten	hätte geklatscht	hätten geklatscht
	klatschtest	klatschtet	hättest geklatscht	hättet geklatscht
	klatschte	klatschten	hätte geklatscht	hätten geklatscht
	Future		**Future Perfect**	
	werde klatschen	werden klatschen	werde geklatscht haben	werden geklatscht haben
	werdest klatschen	werdet klatschen	werdest geklatscht haben	werdet geklatscht haben
	werde klatschen	werden klatschen	werde geklatscht haben	werden geklatscht haben
	Present and Future Conditional		**Past Conditional**	
	würde klatschen	würden klatschen	würde geklatscht haben	würden geklatscht haben
	würdest klatschen	würdet klatschen	würdest geklatscht haben	würdet geklatscht haben
	würde klatschen	würden klatschen	würde geklatscht haben	würden geklatscht haben

EXAMPLE

Das Publikum ist vom Schauspiel begeistert und klatscht Beifall.
The audience enjoys the play a lot and applauds.

Die Kinder klatschen in die Hände und singen.
The children clap their hands and sing.

kleben

to glue, to paste, to stick
Auxiliary verb: haben   **Past participle:** geklebt
Imperative: Klebe! Klebt! Kleben Sie!

Mode	Simple Tenses		Compound Tenses	
	Singular	*Plural*	*Singular*	*Plural*
Indicative	**Present**		**Present Perfect**	
	klebe	kleben	habe geklebt	haben geklebt
	klebst	klebt	hast geklebt	habt geklebt
	klebt	kleben	hat geklebt	haben geklebt
	Past		**Past Perfect**	
	klebte	klebten	hatte geklebt	hatten geklebt
	klebtest	klebtet	hattest geklebt	hattet geklebt
	klebte	klebten	hatte geklebt	hatten geklebt
	Future		**Future Perfect**	
	werde kleben	werden kleben	werde geklebt haben	werden geklebt haben
	wirst kleben	werdet kleben	wirst geklebt haben	werdet geklebt haben
	wird kleben	werden kleben	wird geklebt haben	werden geklebt haben
Subjunctive	**Present**		**Present Perfect**	
	klebe	kleben	habe geklebt	haben geklebt
	klebest	klebet	habest geklebt	habet geklebt
	klebe	kleben	habe geklebt	haben geklebt
	Past		**Past Perfect**	
	klebte	klebten	hätte geklebt	hätten geklebt
	klebtest	klebtet	hättest geklebt	hättet geklebt
	klebte	klebten	hätte geklebt	hätten geklebt
	Future		**Future Perfect**	
	werde kleben	werden kleben	werde geklebt haben	werden geklebt haben
	werdest kleben	werdet kleben	werdest geklebt haben	werdet geklebt haben
	werde kleben	werden kleben	werde geklebt haben	werden geklebt haben
	Present and Future Conditional		**Past Conditional**	
	würde kleben	würden kleben	würde geklebt haben	würden geklebt haben
	würdest kleben	würdet kleben	würdest geklebt haben	würdet geklebt haben
	würde kleben	würden kleben	würde geklebt haben	würden geklebt haben

EXAMPLES

Sie haben nicht genug Briefmarken auf diesen Brief geklebt.

You haven't put enough stamps on this letter.

An deiner Jacke klebt Kaugummi.

There's chewing gum stuck on your jacket.

kleiden (sich)
to dress, to get dressed
Auxiliary verb: haben   **Past participle:** gekleidet
Imperative: Kleide! Kleidet! Kleiden Sie!

Mode	Simple Tenses		Compound Tenses	
	Singular	*Plural*	*Singular*	*Plural*
Indicative	**Present**		**Present Perfect**	
	kleide	kleiden	habe gekleidet	haben gekleidet
	kleidest	kleidet	hast gekleidet	habt gekleidet
	kleidet	kleiden	hat gekleidet	haben gekleidet
	Past		**Past Perfect**	
	kleidete	kleideten	hatte gekleidet	hatten gekleidet
	kleidetest	kleidetet	hattest gekleidet	hattet gekleidet
	kleidete	kleideten	hatte gekleidet	hatten gekleidet
	Future		**Future Perfect**	
	werde kleiden	werden kleiden	werde gekleidet haben	werden gekleidet haben
	wirst kleiden	werdet kleiden	wirst gekleidet haben	werdet gekleidet haben
	wird kleiden	werden kleiden	wird gekleidet haben	werden gekleidet haben
Subjunctive	**Present**		**Present Perfect**	
	kleide	kleiden	habe gekleidet	haben gekleidet
	kleidest	kleidet	habest gekleidet	habet gekleidet
	kleide	kleiden	habe gekleidet	haben gekleidet
	Past		**Past Perfect**	
	kleidete	kleideten	hätte gekleidet	hätten gekleidet
	kleidetest	kleidetet	hättest gekleidet	hättet gekleidet
	kleidete	kleideten	hätte gekleidet	hätten gekleidet
	Future		**Future Perfect**	
	werde kleiden	werden kleiden	werde gekleidet haben	werden gekleidet haben
	werdest kleiden	werdet kleiden	werdest gekleidet haben	werdet gekleidet haben
	werde kleiden	werden kleiden	werde gekleidet haben	werden gekleidet haben
	Present and Future Conditional		**Past Conditional**	
	würde kleiden	würden kleiden	würde gekleidet haben	würden gekleidet haben
	würdest kleiden	würdet kleiden	würdest gekleidet haben	würdet gekleidet haben
	würde kleiden	würden kleiden	würde gekleidet haben	würden gekleidet haben

EXAMPLES

Die Braut war traditionell gekleidet. The bride was dressed in traditional garb.
Professor Schäfer kleidet sich immer gut. Professor Schäfer always dresses well.

klettern
to climb
Auxiliary verb: sein   **Past participle:** geklettert
Imperative: Klettere! Klettert! Klettern Sie!

Mode	Simple Tenses		Compound Tenses	
	Singular	*Plural*	*Singular*	*Plural*
Indicative	**Present**		**Present Perfect**	
	klettere	klettern	bin geklettert	sind geklettert
	kletterst	klettert	bist geklettert	seid geklettert
	klettert	klettern	ist geklettert	sind geklettert
	Past		**Past Perfect**	
	kletterte	kletterten	war geklettert	waren geklettert
	klettertest	klettertet	warst geklettert	wart geklettert
	kletterte	kletterten	war geklettert	waren geklettert
	Future		**Future Perfect**	
	werde klettern	werden klettern	werde geklettert sein	werden geklettert sein
	wirst klettern	werdet klettern	wirst geklettert sein	werdet geklettert sein
	wird klettern	werden klettern	wird geklettert sein	werden geklettert sein
Subjunctive	**Present**		**Present Perfect**	
	klettere	klettern	sei geklettert	seien geklettert
	kletterst	klettert	seiest geklettert	seiet geklettert
	klettere	klettern	sei geklettert	seien geklettert
	Past		**Past Perfect**	
	kletterte	kletterten	wäre geklettert	wären geklettert
	klettertest	klettertet	wärest geklettert	wäret geklettert
	kletterte	kletterten	wäre geklettert	wären geklettert
	Future		**Future Perfect**	
	werde klettern	werden klettern	werde geklettert sein	werden geklettert sein
	werdest klettern	werdet klettern	werdest geklettert sein	werdet geklettert sein
	werde klettern	werden klettern	werde geklettert sein	werden geklettert sein
	Present and Future Conditional		**Past Conditional**	
	würde klettern	würden klettern	würde geklettert sein	würden geklettert sein
	würdest klettern	würdet klettern	würdest geklettert sein	würdet geklettert sein
	würde klettern	würden klettern	würde geklettert sein	würden geklettert sein

EXAMPLES

Die alte Katze ist auf einen hohen Baum geklettert.   The old cat climbed up a tall tree.
Ein Freund von mir ist beim Klettern abgestürzt.   A friend of mine fell while climbing.

klingeln
to ring, to tinkle
Auxiliary verb: haben   **Past participle:** geklingelt
Imperative: Klingle! Klingelt! Klingeln Sie!

Mode	Simple Tenses		Compound Tenses	
	Singular	*Plural*	*Singular*	*Plural*
Indicative	**Present**		**Present Perfect**	
	klingle	klingeln	habe geklingelt	haben geklingelt
	klingelst	klingelt	hast geklingelt	habt geklingelt
	klingelt	klingeln	hat geklingelt	haben geklingelt
	Past		**Past Perfect**	
	klingelte	klingelten	hatte geklingelt	hatten geklingelt
	klingeltest	klingeltet	hattest geklingelt	hattet geklingelt
	klingelte	klingelten	hatte geklingelt	hatten geklingelt
	Future		**Future Perfect**	
	werde klingeln	werden klingeln	werde geklingelt haben	werden geklingelt haben
	wirst klingeln	werdet klingeln	wirst geklingelt haben	werdet geklingelt haben
	wird klingeln	werden klingeln	wird geklingelt haben	werden geklingelt haben
Subjunctive	**Present**		**Present Perfect**	
	klingele	klingeln	habe geklingelt	haben geklingelt
	klingelst	klingelt	habest geklingelt	habet geklingelt
	klingele	klingeln	habe geklingelt	haben geklingelt
	Past		**Past Perfect**	
	klingelte	klingelten	hätte geklingelt	hätten geklingelt
	klingeltest	klingeltet	hättest geklingelt	hättet geklingelt
	klingelte	klingelten	hätte geklingelt	hätten geklingelt
	Future		**Future Perfect**	
	werde klingeln	werden klingeln	werde geklingelt haben	werden geklingelt haben
	werdest klingeln	werdet klingeln	werdest geklingelt haben	werdet geklingelt haben
	werde klingeln	werden klingeln	werde geklingelt haben	werden geklingelt haben
	Present and Future Conditional		**Past Conditional**	
	würde klingeln	würden klingeln	würde geklingelt haben	würden geklingelt haben
	würdest klingeln	würdet klingeln	würdest geklingelt haben	würdet geklingelt haben
	würde klingeln	würden klingeln	würde geklingelt haben	würden geklingelt haben

EXAMPLES

Während des Films klingelten ständig die Handys. — Cell phones kept ringing during the movie.

Es klingelt. — The doorbell's ringing.

klingen

to sound, to ring
Auxiliary verb: haben   **Past participle:** geklungen
Imperative: Klinge! Klingt! Klingen Sie!

Mode	Simple Tenses		Compound Tenses	
	Singular	*Plural*	*Singular*	*Plural*
Indicative	**Present**		**Present Perfect**	
	klinge	klingen	habe geklungen	haben geklungen
	klingst	klingt	hast geklungen	habt geklungen
	klingt	klingen	hat geklungen	haben geklungen
	Past		**Past Perfect**	
	klang	klangen	hatte geklungen	hatten geklungen
	klangst	klangt	hattest geklungen	hattet geklungen
	klang	klangen	hatte geklungen	hatten geklungen
	Future		**Future Perfect**	
	werde klingen	werden klingen	werde geklungen haben	werden geklungen haben
	wirst klingen	werdet klingen	wirst geklungen haben	werdet geklungen haben
	wird klingen	werden klingen	wird geklungen haben	werden geklungen haben
Subjunctive	**Present**		**Present Perfect**	
	klinge	klingen	habe geklungen	haben geklungen
	klingest	klinget	habest geklungen	habet geklungen
	klinge	klingen	habe geklungen	haben geklungen
	Past		**Past Perfect**	
	klänge	klängen	hätte geklungen	hätten geklungen
	klängest	klänget	hättest geklungen	hättet geklungen
	klänge	klängen	hätte geklungen	hätten geklungen
	Future		**Future Perfect**	
	werde klingen	werden klingen	werde geklungen haben	werden geklungen haben
	werdest klingen	werdet klingen	werdest geklungen haben	werdet geklungen haben
	werde klingen	werden klingen	werde geklungen haben	werden geklungen haben
	Present and Future Conditional		**Past Conditional**	
	würde klingen	würden klingen	würde geklungen haben	würden geklungen haben
	würdest klingen	würdet klingen	würdest geklungen haben	würdet geklungen haben
	würde klingen	würden klingen	würde geklungen haben	würden geklungen haben

EXAMPLES

Diese Band klingt ziemlich altmodisch. This bands sounds rather old-fashioned.
Ihre Idee klingt merkwürdig. Your idea sounds strange.

klopfen
to knock, to beat, to rap
Auxiliary verb: haben   **Past participle:** geklopft
Imperative: Klopfe! Klopft! Klopfen Sie!

Mode	Simple Tenses		Compound Tenses	
	Singular	*Plural*	*Singular*	*Plural*
Indicative	**Present**		**Present Perfect**	
	klopfe	klopfen	habe geklopft	haben geklopft
	klopfst	klopft	hast geklopft	habt geklopft
	klopft	klopfen	hat geklopft	haben geklopft
	Past		**Past Perfect**	
	klopfte	klopften	hatte geklopft	hatten geklopft
	klopftest	klopftet	hattest geklopft	hattet geklopft
	klopfte	klopften	hatte geklopft	hatten geklopft
	Future		**Future Perfect**	
	werde klopfen	werden klopfen	werde geklopft haben	werden geklopft haben
	wirst klopfen	werdet klopfen	wirst geklopft haben	werdet geklopft haben
	wird klopfen	werden klopfen	wird geklopft haben	werden geklopft haben
Subjunctive	**Present**		**Present Perfect**	
	klopfe	klopfen	habe geklopft	haben geklopft
	klopfest	klopfet	habest geklopft	habet geklopft
	klopfe	klopfen	habe geklopft	haben geklopft
	Past		**Past Perfect**	
	klopfte	klopften	hätte geklopft	hätten geklopft
	klopftest	klopftet	hättest geklopft	hättet geklopft
	klopfte	klopften	hätte geklopft	hätten geklopft
	Future		**Future Perfect**	
	werde klopfen	werden klopfen	werde geklopft haben	werden geklopft haben
	werdest klopfen	werdet klopfen	werdest geklopft haben	werdet geklopft haben
	werde klopfen	werden klopfen	werde geklopft haben	werden geklopft haben
	Present and Future Conditional		**Past Conditional**	
	würde klopfen	würden klopfen	würde geklopft haben	würden geklopft haben
	würdest klopfen	würdet klopfen	würdest geklopft haben	würdet geklopft haben
	würde klopfen	würden klopfen	würde geklopft haben	würden geklopft haben

EXAMPLES

Großmutter hat mir auf die Finger geklopft.
Bitte klopfen!

Grandmother rapped me over the knuckles.
Knock before entering.

knattern
to rattle, to clatter
Auxiliary verb: haben   **Past participle:** geknattert
Imperative: Knattere! Knattert! Knattern Sie!

Mode	Simple Tenses		Compound Tenses	
	Singular	*Plural*	*Singular*	*Plural*
Indicative	**Present**		**Present Perfect**	
	knattere	knattern	habe geknattert	haben geknattert
	knatterst	knattert	hast geknattert	habt geknattert
	knattert	knattern	hat geknattert	haben geknattert
	Past		**Past Perfect**	
	knatterte	knatterten	hatte geknattert	hatten geknattert
	knattertest	knattertet	hattest geknattert	hattet geknattert
	knatterte	knatterten	hatte geknattert	hatten geknattert
	Future		**Future Perfect**	
	werde knattern	werden knattern	werde geknattert haben	werden geknattert haben
	wirst knattern	werdet knattern	wirst geknattert haben	werdet geknattert haben
	wird knattern	werden knattern	wird geknattert haben	werden geknattert haben
Subjunctive	**Present**		**Present Perfect**	
	knattere	knattern	habe geknattert	haben geknattert
	knatterst	knattert	habest geknattert	habet geknattert
	knattere	knattern	habe geknattert	haben geknattert
	Past		**Past Perfect**	
	knatterte	knatterten	hätte geknattert	hätten geknattert
	knattertest	knattertet	hättest geknattert	hättet geknattert
	knatterte	knatterten	hätte geknattert	hätten geknattert
	Future		**Future Perfect**	
	werde knattern	werden knattern	werde geknattert haben	werden geknattert haben
	werdest knattern	werdet knattern	werdest geknattert haben	werdet geknattert haben
	werde knattern	werden knattern	werde geknattert haben	werden geknattert haben
	Present and Future Conditional		**Past Conditional**	
	würde knattern	würden knattern	würde geknattert haben	würden geknattert haben
	würdest knattern	würdet knattern	würdest geknattert haben	würdet geknattert haben
	würde knattern	würden knattern	würde geknattert haben	würden geknattert haben

EXAMPLES

In der Ferne hörten wir das Knattern der Motorräder.

In the distance, we heard the clattering of motorcycles.

Ein alter Wagen knatterte die Hauptstraße entlang.

An old car rattled down Main Street.

knüpfen
to fasten together, to join
Auxiliary verb: haben **Past participle:** geknüpft
Imperative: Knüpfe! Knüpft! Knüpfen Sie!

Mode	Simple Tenses		Compound Tenses	
	Singular	*Plural*	*Singular*	*Plural*
Indicative	**Present**		**Present Perfect**	
	knüpfe	knüpfen	habe geknüpft	haben geknüpft
	knüpfst	knüpft	hast geknüpft	habt geknüpft
	knüpft	knüpfen	hat geknüpft	haben geknüpft
	Past		**Past Perfect**	
	knüpfte	knüpften	hatte geknüpft	hatten geknüpft
	knüpftest	knüpftet	hattest geknüpft	hattet geknüpft
	knüpfte	knüpften	hatte geknüpft	hatten geknüpft
	Future		**Future Perfect**	
	werde knüpfen	werden knüpfen	werde geknüpft haben	werden geknüpft haben
	wirst knüpfen	werdet knüpfen	wirst geknüpft haben	werdet geknüpft haben
	wird knüpfen	werden knüpfen	wird geknüpft haben	werden geknüpft haben
Subjunctive	**Present**		**Present Perfect**	
	knüpfe	knüpfen	habe geknüpft	haben geknüpft
	knüpfest	knüpfet	habest geknüpft	habet geknüpft
	knüpfe	knüpfen	habe geknüpft	haben geknüpft
	Past		**Past Perfect**	
	knüpfte	knüpften	hätte geknüpft	hätten geknüpft
	knüpftest	knüpftet	hättest geknüpft	hättet geknüpft
	knüpfte	knüpften	hätte geknüpft	hätten geknüpft
	Future		**Future Perfect**	
	werde knüpfen	werden knüpfen	werde geknüpft haben	werden geknüpft haben
	werdest knüpfen	werdet knüpfen	werdest geknüpft haben	werdet geknüpft haben
	werde knüpfen	werden knüpfen	werde geknüpft haben	werden geknüpft haben
	Present and Future Conditional		**Past Conditional**	
	würde knüpfen	würden knüpfen	würde geknüpft haben	würden geknüpft haben
	würdest knüpfen	würdet knüpfen	würdest geknüpft haben	würdet geknüpft haben
	würde knüpfen	würden knüpfen	würde geknüpft haben	würden geknüpft haben

EXAMPLES

Viele europäische Länder hatten ein Bündnis gegen Napoleon geknüpft.

Many European countries had formed an alliance against Napoleon.

Bei diesem Geschäftessen hat Herr Bauer viele neue Kontakte geknüpft.

At this business dinner Mr. Bauer made many new contacts.

kochen

to cook, to boil
Auxiliary verb: haben **Past participle:** gekocht
Imperative: Koche! Kocht! Kochen Sie!

Mode	Simple Tenses		Compound Tenses	
	Singular	*Plural*	*Singular*	*Plural*
Indicative	**Present**		**Present Perfect**	
	koche	kochen	habe gekocht	haben gekocht
	kochst	kocht	hast gekocht	habt gekocht
	kocht	kochen	hat gekocht	haben gekocht
	Past		**Past Perfect**	
	kochte	kochten	hatte gekocht	hatten gekocht
	kochtest	kochtet	hattest gekocht	hattet gekocht
	kochte	kochten	hatte gekocht	hatten gekocht
	Future		**Future Perfect**	
	werde kochen	werden kochen	werde gekocht haben	werden gekocht haben
	wirst kochen	werdet kochen	wirst gekocht haben	werdet gekocht haben
	wird kochen	werden kochen	wird gekocht haben	werden gekocht haben
Subjunctive	**Present**		**Present Perfect**	
	koche	kochen	habe gekocht	haben gekocht
	kochest	kochet	habest gekocht	habet gekocht
	koche	kochen	habe gekocht	haben gekocht
	Past		**Past Perfect**	
	kochte	kochten	hätte gekocht	hätten gekocht
	kochtest	kochtet	hättest gekocht	hättet gekocht
	kochte	kochten	hätte gekocht	hätten gekocht
	Future		**Future Perfect**	
	werde kochen	werden kochen	werde gekocht haben	werden gekocht haben
	werdest kochen	werdet kochen	werdest gekocht haben	werdet gekocht haben
	werde kochen	werden kochen	werde gekocht haben	werden gekocht haben
	Present and Future Conditional		**Past Conditional**	
	würde kochen	würden kochen	würde gekocht haben	würden gekocht haben
	würdest kochen	würdet kochen	würdest gekocht haben	würdet gekocht haben
	würde kochen	würden kochen	würde gekocht haben	würden gekocht haben

EXAMPLES

Mein Mann kocht sehr gut.
My husband's a very good cook.

Zum Abendessen hat Simone etwas Besonderes gekocht.
Simone made something special for supper.

kommen

to come
Auxiliary verb: sein **Past participle:** gekommen
Imperative: Komme! Kommt! Kommen Sie!

Mode	Simple Tenses		Compound Tenses	
	Singular	*Plural*	*Singular*	*Plural*
Indicative	**Present**		**Present Perfect**	
	komme	kommen	bin gekommen	sind gekommen
	kommst	kommt	bist gekommen	seid gekommen
	kommt	kommen	ist gekommen	sind gekommen
	Past		**Past Perfect**	
	kam	kamen	war gekommen	waren gekommen
	kamst	kamt	warst gekommen	wart gekommen
	kam	kamen	war gekommen	waren gekommen
	Future		**Future Perfect**	
	werde kommen	werden kommen	werde gekommen sein	werden gekommen sein
	wirst kommen	werdet kommen	wirst gekommen sein	werdet gekommen sein
	wird kommen	werden kommen	wird gekommen sein	werden gekommen sein
Subjunctive	**Present**		**Present Perfect**	
	komme	kommen	sei gekommen	seien gekommen
	kommest	kommet	seiest gekommen	seiet gekommen
	komme	kommen	sei gekommen	seien gekommen
	Past		**Past Perfect**	
	käme	kämen	wäre gekommen	wären gekommen
	kämest	kämet	wärest gekommen	wäret gekommen
	käme	kämen	wäre gekommen	wären gekommen
	Future		**Future Perfect**	
	werde kommen	werden kommen	werde gekommen sein	werden gekommen sein
	werdest kommen	werdet kommen	werdest gekommen sein	werdet gekommen sein
	werde kommen	werden kommen	werde gekommen sein	werden gekommen sein
	Present and Future Conditional		**Past Conditional**	
	würde kommen	würden kommen	würde gekommen sein	würden gekommen sein
	würdest kommen	würdet kommen	würdest gekommen sein	würdet gekommen sein
	würde kommen	würden kommen	würde gekommen sein	würden gekommen sein

Note: With inseparable prefixes, the principal parts of this verb are, for example, *entkommt, entkam, ist entkommen.* With the prefix *be–*, the verb becomes transitive and requires the auxiliary *haben* in the perfect tenses: *Er hat einen Brief bekommen* (He received a letter). With separable prefixes, the principal parts are, for example, *kommt an, kam an, ist angekommen.*

EXAMPLES

Meine Verwandten kommen aus Italien.	My relatives come from Italy.
Um wieviel Uhr sind die Touristen gekommen?	At what time did the tourists come?

können

to be able to, can, to know a language
Auxiliary verb: haben   **Past participle:** gekonnt
Imperative: N/A

Mode	Simple Tenses		Compound Tenses	
	Singular	*Plural*	*Singular*	*Plural*
Indicative	**Present**		**Present Perfect**	
	kann	können	habe gekonnt	haben gekonnt
	kannst	könnt	hast gekonnt	habt gekonnt
	kann	können	hat gekonnt	haben gekonnt
	Past		**Past Perfect**	
	konnte	konnten	hatte gekonnt	hatten gekonnt
	konntest	konntet	hattest gekonnt	hattet gekonnt
	konnte	konnten	hatte gekonnt	hatten gekonnt
	Future		**Future Perfect**	
	werde können	werden können	werde gekonnt haben	werden gekonnt haben
	wirst können	werdet können	wirst gekonnt haben	werdet gekonnt haben
	wird können	werden können	wird gekonnt haben	werden gekonnt haben
Subjunctive	**Present**		**Present Perfect**	
	könne	können	habe gekonnt	haben gekonnt
	könnest	könnet	habest gekonnt	habet gekonnt
	könne	können	habe gekonnt	haben gekonnt
	Past		**Past Perfect**	
	könnte	könnten	hätte gekonnt	hätten gekonnt
	könntest	könntet	hättest gekonnt	hättet gekonnt
	könnte	könnten	hätte gekonnt	hätten gekonnt
	Future		**Future Perfect**	
	werde können	werden können	werde gekonnt haben	werden gekonnt haben
	werdest können	werdet können	werdest gekonnt haben	werdet gekonnt haben
	werde können	werden können	werde gekonnt haben	werden gekonnt haben
	Present and Future Conditional		**Past Conditional**	
	würde können	würden können	würde gekonnt haben	würden gekonnt haben
	würdest können	würdet können	würdest gekonnt haben	würdet gekonnt haben
	würde können	würden können	würde gekonnt haben	würden gekonnt haben

Note: This verb is a modal auxiliary. In the perfect and future tenses, when there is a second verb in the sentence, a double-infinitive structure is required: *Haben Sie mit ihm sprechen können?* (Were you able to speak with him?)

EXAMPLES

Die Studenten können die Vorlesung nicht verstehen.	The students cannot understand the lecture.
Ich kann Englisch und Deutsch.	I know English and German.

kosten

to cost, to taste
Auxiliary verb: haben   **Past participle:** gekostet
Imperative: Koste! Kostet! Kosten Sie!

Mode	Simple Tenses		Compound Tenses	
	Singular	*Plural*	*Singular*	*Plural*
Indicative	**Present**		**Present Perfect**	
	koste	kosten	habe gekostet	haben gekostet
	kostest	kostet	hast gekostet	habt gekostet
	kostet	kosten	hat gekostet	haben gekostet
	Past		**Past Perfect**	
	kostete	kosteten	hatte gekostet	hatten gekostet
	kostetest	kostetet	hattest gekostet	hattet gekostet
	kostete	kosteten	hatte gekostet	hatten gekostet
	Future		**Future Perfect**	
	werde kosten	werden kosten	werde gekostet haben	werden gekostet haben
	wirst kosten	werdet kosten	wirst gekostet haben	werdet gekostet haben
	wird kosten	werden kosten	wird gekostet haben	werden gekostet haben
Subjunctive	**Present**		**Present Perfect**	
	koste	kosten	habe gekostet	haben gekostet
	kostest	kostet	habest gekostet	habet gekostet
	koste	kosten	habe gekostet	haben gekostet
	Past		**Past Perfect**	
	kostete	kosteten	hätte gekostet	hätten gekostet
	kostetest	kostetet	hättest gekostet	hättet gekostet
	kostete	kosteten	hätte gekostet	hätten gekostet
	Future		**Future Perfect**	
	werde kosten	werden kosten	werde gekostet haben	werden gekostet haben
	werdest kosten	werdet kosten	werdest gekostet haben	werdet gekostet haben
	werde kosten	werden kosten	werde gekostet haben	werden gekostet haben
	Present and Future Conditional		**Past Conditional**	
	würde kosten	würden kosten	würde gekostet haben	würden gekostet haben
	würdest kosten	würdet kosten	würdest gekostet haben	würdet gekostet haben
	würde kosten	würden kosten	würde gekostet haben	würden gekostet haben

EXAMPLES

Dieser Wagen kostet zu viel.
Ich will die Soße nicht kosten.

This car costs too much.
I don't want to taste the sauce.

krächzen
to caw, to croak
Auxiliary verb: haben **Past participle:** gekrächzt
Imperative: Krächze! Krächzt! Krächzen Sie!

Mode	Simple Tenses		Compound Tenses	
	Singular	*Plural*	*Singular*	*Plural*
Indicative	**Present**		**Present Perfect**	
	krächze	krächzen	habe gekrächzt	haben gekrächzt
	krächzt	krächzt	hast gekrächzt	habt gekrächzt
	krächzt	krächzen	hat gekrächzt	haben gekrächzt
	Past		**Past Perfect**	
	krächzte	krächzten	hatte gekrächzt	hatten gekrächzt
	krächztest	krächztet	hattest gekrächzt	hattet gekrächzt
	krächzte	krächzten	hatte gekrächzt	hatten gekrächzt
	Future		**Future Perfect**	
	werde krächzen	werden krächzen	werde gekrächzt haben	werden gekrächzt haben
	wirst krächzen	werdet krächzen	wirst gekrächzt haben	werdet gekrächzt haben
	wird krächzen	werden krächzen	wird gekrächzt haben	werden gekrächzt haben
Subjunctive	**Present**		**Present Perfect**	
	krächze	krächzen	habe gekrächzt	haben gekrächzt
	krächzest	krächzet	habest gekrächzt	habet gekrächzt
	krächze	krächzen	habe gekrächzt	haben gekrächzt
	Past		**Past Perfect**	
	krächzte	krächzten	hätte gekrächzt	hätten gekrächzt
	krächztest	krächztet	hättest gekrächzt	hättet gekrächzt
	krächzte	krächzten	hätte gekrächzt	hätten gekrächzt
	Future		**Future Perfect**	
	werde krächzen	werden krächzen	werde gekrächzt haben	werden gekrächzt haben
	werdest krächzen	werdet krächzen	werdest gekrächzt haben	werdet gekrächzt haben
	werde krächzen	werden krächzen	werde gekrächzt haben	werden gekrächzt haben
	Present and Future Conditional		**Past Conditional**	
	würde krächzen	würden krächzen	würde gekrächzt haben	würden gekrächzt haben
	würdest krächzen	würdet krächzen	würdest gekrächzt haben	würdet gekrächzt haben
	würde krächzen	würden krächzen	würde gekrächzt haben	würden gekrächzt haben

EXAMPLES

Warum krächzen die Krähen so?
„Das Kind ist noch nicht fett genug," krächzte
die hungrige Hexe.

Why are the crows cawing like that?
"The child isn't yet fat enough," crowed
the hungry witch.

kränkeln
to be sickly
Auxiliary verb: haben   **Past participle:** gekränkelt
Imperative: Kränkele! Kränkelt! Kränkeln Sie!

Mode	Simple Tenses		Compound Tenses	
	Singular	*Plural*	*Singular*	*Plural*
Indicative	**Present**		**Present Perfect**	
	kränkele	kränkeln	habe gekränkelt	haben gekränkelt
	kränkelst	kränkelt	hast gekränkelt	habt gekränkelt
	kränkelt	kränkeln	hat gekränkelt	haben gekränkelt
	Past		**Past Perfect**	
	kränkelte	kränkelten	hatte gekränkelt	hatten gekränkelt
	kränkeltest	kränkeltet	hattest gekränkelt	hattet gekränkelt
	kränkelte	kränkelten	hatte gekränkelt	hatten gekränkelt
	Future		**Future Perfect**	
	werde kränkeln	werden kränkeln	werde gekränkelt haben	werden gekränkelt haben
	wirst kränkeln	werdet kränkeln	wirst gekränkelt haben	werdet gekränkelt haben
	wird kränkeln	werden kränkeln	wird gekränkelt haben	werden gekränkelt haben
Subjunctive	**Present**		**Present Perfect**	
	kränkele	kränkeln	habe gekränkelt	haben gekränkelt
	kränkelst	kränkelt	habest gekränkelt	habet gekränkelt
	kränkele	kränkeln	habe gekränkelt	haben gekränkelt
	Past		**Past Perfect**	
	kränkelte	kränkelten	hätte gekränkelt	hätten gekränkelt
	kränkeltest	kränkeltet	hättest gekränkelt	hättet gekränkelt
	kränkelte	kränkelten	hätte gekränkelt	hätten gekränkelt
	Future		**Future Perfect**	
	werde kränkeln	werden kränkeln	werde gekränkelt haben	werden gekränkelt haben
	werdest kränkeln	werdet kränkeln	werdest gekränkelt haben	werdet gekränkelt haben
	werde kränkeln	werden kränkeln	werde gekränkelt haben	werden gekränkelt haben
	Present and Future Conditional		**Past Conditional**	
	würde kränkeln	würden kränkeln	würde gekränkelt haben	würden gekränkelt haben
	würdest kränkeln	würdet kränkeln	würdest gekränkelt haben	würdet gekränkelt haben
	würde kränkeln	würden kränkeln	würde gekränkelt haben	würden gekränkelt haben

EXAMPLES

Das arme Kind hat sein ganzes Leben gekränkelt.

The poor child has been sickly his whole life.

Andreas kränkelt noch und muss zu Hause bleiben.

Andreas is still sickly and has to stay home.

kratzen (sich)
to scratch, to scrape
Auxiliary verb: haben   **Past participle:** gekratzt
Imperative: Kratze! Kratzt! Kratzen Sie!

Mode	Simple Tenses		Compound Tenses	
	Singular	*Plural*	*Singular*	*Plural*
Indicative	**Present**		**Present Perfect**	
	kratze	kratzen	habe gekratzt	haben gekratzt
	kratzt	kratzt	hast gekratzt	habt gekratzt
	kratzt	kratzen	hat gekratzt	haben gekratzt
	Past		**Past Perfect**	
	kratzte	kratzten	hatte gekratzt	hatten gekratzt
	kratztest	kratztet	hattest gekratzt	hattet gekratzt
	kratzte	kratzten	hatte gekratzt	hatten gekratzt
	Future		**Future Perfect**	
	werde kratzen	werden kratzen	werde gekratzt haben	werden gekratzt haben
	wirst kratzen	werdet kratzen	wirst gekratzt haben	werdet gekratzt haben
	wird kratzen	werden kratzen	wird gekratzt haben	werden gekratzt haben
Subjunctive	**Present**		**Present Perfect**	
	kratze	kratzen	habe gekratzt	haben gekratzt
	kratzest	kratzet	habest gekratzt	habet gekratzt
	kratze	kratzen	habe gekratzt	haben gekratzt
	Past		**Past Perfect**	
	kratzte	kratzten	hätte gekratzt	hätten gekratzt
	kratztest	kratztet	hättest gekratzt	hättet gekratzt
	kratzte	kratzten	hätte gekratzt	hätten gekratzt
	Future		**Future Perfect**	
	werde kratzen	werden kratzen	werde gekratzt haben	werden gekratzt haben
	werdest kratzen	werdet kratzen	werdest gekratzt haben	werdet gekratzt haben
	werde kratzen	werden kratzen	werde gekratzt haben	werden gekratzt haben
	Present and Future Conditional		**Past Conditional**	
	würde kratzen	würden kratzen	würde gekratzt haben	würden gekratzt haben
	würdest kratzen	würdet kratzen	würdest gekratzt haben	würdet gekratzt haben
	würde kratzen	würden kratzen	würde gekratzt haben	würden gekratzt haben

EXAMPLES

Der Rauch kratzte mir im Halse.
Paul hat sich am rechten Arm gekratzt.

The smoke scratched my throat.
Paul scratched his right arm.

kriechen

to creep, to crawl
Auxiliary verb: sein   **Past participle:** gekrochen
Imperative: Krieche! Kriecht! Kriechen Sie!

Mode	Simple Tenses		Compound Tenses	
	Singular	*Plural*	*Singular*	*Plural*
Indicative	**Present**		**Present Perfect**	
	krieche	kriechen	bin gekrochen	sind gekrochen
	kriechst	kriecht	bist gekrochen	seid gekrochen
	kriecht	kriechen	ist gekrochen	sind gekrochen
	Past		**Past Perfect**	
	kroch	krochen	war gekrochen	waren gekrochen
	krochst	krocht	warst gekrochen	wart gekrochen
	kroch	krochen	war gekrochen	waren gekrochen
	Future		**Future Perfect**	
	werde kriechen	werden kriechen	werde gekrochen sein	werden gekrochen sein
	wirst kriechen	werdet kriechen	wirst gekrochen sein	werdet gekrochen sein
	wird kriechen	werden kriechen	wird gekrochen sein	werden gekrochen sein
Subjunctive	**Present**		**Present Perfect**	
	krieche	kriechen	sei gekrochen	seien gekrochen
	kriechest	kriechet	seiest gekrochen	seiet gekrochen
	krieche	kriechen	sei gekrochen	seien gekrochen
	Past		**Past Perfect**	
	kröche	kröchen	wäre gekrochen	wären gekrochen
	kröchest	kröchet	wärest gekrochen	wäret gekrochen
	kröche	kröchen	wäre gekrochen	wären gekrochen
	Future		**Future Perfect**	
	werde kriechen	werden kriechen	werde gekrochen sein	werden gekrochen sein
	werdest kriechen	werdet kriechen	werdest gekrochen sein	werdet gekrochen sein
	werde kriechen	werden kriechen	werde gekrochen sein	werden gekrochen sein
	Present and Future Conditional		**Past Conditional**	
	würde kriechen	würden kriechen	würde gekrochen sein	würden gekrochen sein
	würdest kriechen	würdet kriechen	würdest gekrochen sein	würdet gekrochen sein
	würde kriechen	würden kriechen	würde gekrochen sein	würden gekrochen sein

EXAMPLES

Aus den Eiern kriechen kleine Schlangen.
Es war ekelhaft, wie die jüngsten Angestellten vor dem Chef krochen.

Little snakes are hatched from the eggs.
It was disgusting how the youngest employees tip-toed around the boss.

kriegen

to get, to receive, to obtain
Auxiliary verb: haben   **Past participle:** gekriegt
Imperative: Kriege! Kriegt! Kriegen Sie!

Mode	Simple Tenses		Compound Tenses	
	Singular	*Plural*	*Singular*	*Plural*
Indicative	**Present**		**Present Perfect**	
	kriege	kriegen	habe gekriegt	haben gekriegt
	kriegst	kriegt	hast gekriegt	habt gekriegt
	kriegt	kriegen	hat gekriegt	haben gekriegt
	Past		**Past Perfect**	
	kriegte	kriegten	hatte gekriegt	hatten gekriegt
	kriegtest	kriegtet	hattest gekriegt	hattet gekriegt
	kriegte	kriegten	hatte gekriegt	hatten gekriegt
	Future		**Future Perfect**	
	werde kriegen	werden kriegen	werde gekriegt haben	werden gekriegt haben
	wirst kriegen	werdet kriegen	wirst gekriegt haben	werdet gekriegt haben
	wird kriegen	werden kriegen	wird gekriegt haben	werden gekriegt haben
Subjunctive	**Present**		**Present Perfect**	
	kriege	kriegen	habe gekriegt	haben gekriegt
	kriegest	krieget	habest gekriegt	habet gekriegt
	kriege	kriegen	habe gekriegt	haben gekriegt
	Past		**Past Perfect**	
	kriegte	kriegten	hätte gekriegt	hätten gekriegt
	kriegtest	kriegtet	hättest gekriegt	hättet gekriegt
	kriegte	kriegten	hätte gekriegt	hätten gekriegt
	Future		**Future Perfect**	
	werde kriegen	werden kriegen	werde gekriegt haben	werden gekriegt haben
	werdest kriegen	werdet kriegen	werdest gekriegt haben	werdet gekriegt haben
	werde kriegen	werden kriegen	werde gekriegt haben	werden gekriegt haben
	Present and Future Conditional		**Past Conditional**	
	würde kriegen	würden kriegen	würde gekriegt haben	würden gekriegt haben
	würdest kriegen	würdet kriegen	würdest gekriegt haben	würdet gekriegt haben
	würde kriegen	würden kriegen	würde gekriegt haben	würden gekriegt haben

EXAMPLES

Ich habe ein bisschen Geld von meiner Tante gekriegt.   I got a little money from my aunt.
Meine Schwester kriegt ein Baby.   My sister is going to have a baby.

kritzeln

to scribble, to scrawl
Auxiliary verb: haben   **Past participle:** gekritzelt
Imperative: Kritzele! Kritzelt! Kritzeln Sie!

Mode	Simple Tenses		Compound Tenses	
	Singular	*Plural*	*Singular*	*Plural*
Indicative	**Present**		**Present Perfect**	
	kritzele	kritzeln	habe gekritzelt	haben gekritzelt
	kritzelst	kritzelt	hast gekritzelt	habt gekritzelt
	kritzelt	kritzeln	hat gekritzelt	haben gekritzelt
	Past		**Past Perfect**	
	kritzelte	kritzelten	hatte gekritzelt	hatten gekritzelt
	kritzeltest	kritzeltet	hattest gekritzelt	hattet gekritzelt
	kritzelte	kritzelten	hatte gekritzelt	hatten gekritzelt
	Future		**Future Perfect**	
	werde kritzeln	werden kritzeln	werde gekritzelt haben	werden gekritzelt haben
	wirst kritzeln	werdet kritzeln	wirst gekritzelt haben	werdet gekritzelt haben
	wird kritzeln	werden kritzeln	wird gekritzelt haben	werden gekritzelt haben
Subjunctive	**Present**		**Present Perfect**	
	kritzele	kritzeln	habe gekritzelt	haben gekritzelt
	kritzelst	kritzelt	habest gekritzelt	habet gekritzelt
	kritzele	kritzeln	habe gekritzelt	haben gekritzelt
	Past		**Past Perfect**	
	kritzelte	kritzelten	hätte gekritzelt	hätten gekritzelt
	kritzeltest	kritzeltet	hättest gekritzelt	hättet gekritzelt
	kritzelte	kritzelten	hätte gekritzelt	hätten gekritzelt
	Future		**Future Perfect**	
	werde kritzeln	werden kritzeln	werde gekritzelt haben	werden gekritzelt haben
	werdest kritzeln	werdet kritzeln	werdest gekritzelt haben	werdet gekritzelt haben
	werde kritzeln	werden kritzeln	werde gekritzelt haben	werden gekritzelt haben
	Present and Future Conditional		**Past Conditional**	
	würde kritzeln	würden kritzeln	würde gekritzelt haben	würden gekritzelt haben
	würdest kritzeln	würdet kritzeln	würdest gekritzelt haben	würdet gekritzelt haben
	würde kritzeln	würden kritzeln	würde gekritzelt haben	würden gekritzelt haben

EXAMPLES

Der betrunkene Mann kritzelte ein paar Worte auf ein Stück Papier.

The drunken man scribbled a few words on a piece of paper.

Der Schüler schreibt nicht. Er kritzelt.

The pupil doesn't write. He scribbles.

krönen

to crown

Auxiliary verb: haben **Past participle:** gekrönt
Imperative: Kröne! Krönt! Krönen Sie!

Mode	Simple Tenses		Compound Tenses	
	Singular	*Plural*	*Singular*	*Plural*
Indicative	**Present**		**Present Perfect**	
	kröne	krönen	habe gekrönt	haben gekrönt
	krönst	krönt	hast gekrönt	habt gekrönt
	krönt	krönen	hat gekrönt	haben gekrönt
	Past		**Past Perfect**	
	krönte	krönten	hatte gekrönt	hatten gekrönt
	kröntest	kröntet	hattest gekrönt	hattet gekrönt
	krönte	krönten	hatte gekrönt	hatten gekrönt
	Future		**Future Perfect**	
	werde krönen	werden krönen	werde gekrönt haben	werden gekrönt haben
	wirst krönen	werdet krönen	wirst gekrönt haben	werdet gekrönt haben
	wird krönen	werden krönen	wird gekrönt haben	werden gekrönt haben
Subjunctive	**Present**		**Present Perfect**	
	kröne	krönen	habe gekrönt	haben gekrönt
	krönest	krönet	habest gekrönt	habet gekrönt
	kröne	krönen	habe gekrönt	haben gekrönt
	Past		**Past Perfect**	
	krönte	krönten	hätte gekrönt	hätten gekrönt
	kröntest	kröntet	hättest gekrönt	hättet gekrönt
	krönte	krönten	hätte gekrönt	hätten gekrönt
	Future		**Future Perfect**	
	werde krönen	werden krönen	werde gekrönt haben	werden gekrönt haben
	werdest krönen	werdet krönen	werdest gekrönt haben	werdet gekrönt haben
	werde krönen	werden krönen	werde gekrönt haben	werden gekrönt haben
	Present and Future Conditional		**Past Conditional**	
	würde krönen	würden krönen	würde gekrönt haben	würden gekrönt haben
	würdest krönen	würdet krönen	würdest gekrönt haben	würdet gekrönt haben
	würde krönen	würden krönen	würde gekrönt haben	würden gekrönt haben

EXAMPLES

Nach dem Tod seines Vaters wollte der Kronprinz nicht gekrönt werden.	After the death of his father, the crown prince did not want to be crowned.
Der krönende Abschluss der Reise war unser Berlinausflug.	The crowning end to our trip was our visit to Berlin.

kuscheln

to snuggle
Auxiliary verb: haben   **Past participle:** gekuschelt
Imperative: Kuschele! Kuschelt! Kuscheln Sie!

Mode	Simple Tenses		Compound Tenses	
	Singular	*Plural*	*Singular*	*Plural*
Indicative	**Present**		**Present Perfect**	
	kuschele	kuscheln	habe gekuschelt	haben gekuschelt
	kuschelst	kuschelt	hast gekuschelt	habt gekuschelt
	kuschelt	kuscheln	hat gekuschelt	haben gekuschelt
	Past		**Past Perfect**	
	kuschelte	kuschelten	hatte gekuschelt	hatten gekuschelt
	kuscheltest	kuscheltet	hattest gekuschelt	hattet gekuschelt
	kuschelte	kuschelten	hatte gekuschelt	hatten gekuschelt
	Future		**Future Perfect**	
	werde kuscheln	werden kuscheln	werde gekuschelt haben	werden gekuschelt haben
	wirst kuscheln	werdet kuscheln	wirst gekuschelt haben	werdet gekuschelt haben
	wird kuscheln	werden kuscheln	wird gekuschelt haben	werden gekuschelt haben
Subjunctive	**Present**		**Present Perfect**	
	kuschele	kuscheln	habe gekuschelt	haben gekuschelt
	kuschelst	kuschelt	habest gekuschelt	habet gekuschelt
	kuschele	kuscheln	habe gekuschelt	haben gekuschelt
	Past		**Past Perfect**	
	kuschelte	kuschelten	hätte gekuschelt	hätten gekuschelt
	kuscheltest	kuscheltet	hättest gekuschelt	hättet gekuschelt
	kuschelte	kuschelten	hätte gekuschelt	hätten gekuschelt
	Future		**Future Perfect**	
	werde kuscheln	werden kuscheln	werde gekuschelt haben	werden gekuschelt haben
	werdest kuscheln	werdet kuscheln	werdest gekuschelt haben	werdet gekuschelt haben
	werde kuscheln	werden kuscheln	werde gekuschelt haben	werden gekuschelt haben
	Present and Future Conditional		**Past Conditional**	
	würde kuscheln	würden kuscheln	würde gekuschelt haben	würden gekuschelt haben
	würdest kuscheln	würdet kuscheln	würdest gekuschelt haben	würdet gekuschelt haben
	würde kuscheln	würden kuscheln	würde gekuschelt haben	würden gekuschelt haben

EXAMPLES

Das junge Paar kuschelt in einer dunklen Ecke.

The young couple is snuggling in a dark corner.

Sie haben sich in der furchtbaren Kälte aneinander gekuschelt.

They snuggled up to one another in the terrible cold.

küssen

to kiss

Auxiliary verb: haben   **Past participle:** geküsst
Imperative: Küsse! Küsst! Küssen Sie!

Mode	Simple Tenses		Compound Tenses	
	Singular	*Plural*	*Singular*	*Plural*
Indicative	**Present**		**Present Perfect**	
	küsse	küssen	habe geküsst	haben geküsst
	küsst	küsst	hast geküsst	habt geküsst
	küsst	küssen	hat geküsst	haben geküsst
	Past		**Past Perfect**	
	küsste	küssten	hatte geküsst	hatten geküsst
	küsstest	küsstet	hattest geküsst	hattet geküsst
	küsste	küssten	hatte geküsst	hatten geküsst
	Future		**Future Perfect**	
	werde küssen	werden küssen	werde geküsst haben	werden geküsst haben
	wirst küssen	werdet küssen	wirst geküsst haben	werdet geküsst haben
	wird küssen	werden küssen	wird geküsst haben	werden geküsst haben
Subjunctive	**Present**		**Present Perfect**	
	küsse	küssen	habe geküsst	haben geküsst
	küssest	küsset	habest geküsst	habet geküsst
	küsse	küssen	habe geküsst	haben geküsst
	Past		**Past Perfect**	
	küsste	küssten	hätte geküsst	hätten geküsst
	küsstest	küsstet	hättest geküsst	hättet geküsst
	küsste	küssten	hätte geküsst	hätten geküsst
	Future		**Future Perfect**	
	werde küssen	werden küssen	werde geküsst haben	werden geküsst haben
	werdest küssen	werdet küssen	werdest geküsst haben	werdet geküsst haben
	werde küssen	werden küssen	werde geküsst haben	werden geküsst haben
	Present and Future Conditional		**Past Conditional**	
	würde küssen	würden küssen	würde geküsst haben	würden geküsst haben
	würdest küssen	würdet küssen	würdest geküsst haben	würdet geküsst haben
	würde küssen	würden küssen	würde geküsst haben	würden geküsst haben

EXAMPLE

Er nimmt sie in den Arm und küsst sie leidenschaftlich.

He takes her in his arms and kisses her passionately.

lächeln
to smile
Auxiliary verb: haben   **Past participle:** gelächelt
Imperative: Lächele! Lächelt! Lächeln Sie!

Mode	Simple Tenses		Compound Tenses	
	Singular	*Plural*	*Singular*	*Plural*
Indicative	**Present**		**Present Perfect**	
	lächele	lächeln	habe gelächelt	haben gelächelt
	lächelst	lächelt	hast gelächelt	habt gelächelt
	lächelt	lächeln	hat gelächelt	haben gelächelt
	Past		**Past Perfect**	
	lächelte	lächelten	hatte gelächelt	hatten gelächelt
	lächeltest	lächeltet	hattest gelächelt	hattet gelächelt
	lächelte	lächelten	hatte gelächelt	hatten gelächelt
	Future		**Future Perfect**	
	werde lächeln	werden lächeln	werde gelächelt haben	werden gelächelt haben
	wirst lächeln	werdet lächeln	wirst gelächelt haben	werdet gelächelt haben
	wird lächeln	werden lächeln	wird gelächelt haben	werden gelächelt haben
Subjunctive	**Present**		**Present Perfect**	
	lächele	lächeln	habe gelächelt	haben gelächelt
	lächelst	lächelt	habest gelächelt	habet gelächelt
	lächele	lächeln	habe gelächelt	haben gelächelt
	Past		**Past Perfect**	
	lächelte	lächelten	hätte gelächelt	hätten gelächelt
	lächeltest	lächeltet	hättest gelächelt	hättet gelächelt
	lächelte	lächelten	hätte gelächelt	hätten gelächelt
	Future		**Future Perfect**	
	werde lächeln	werden lächeln	werde gelächelt haben	werden gelächelt haben
	werdest lächeln	werdet lächeln	werdest gelächelt haben	werdet gelächelt haben
	werde lächeln	werden lächeln	werde gelächelt haben	werden gelächelt haben
	Present and Future Conditional		**Past Conditional**	
	würde lächeln	würden lächeln	würde gelächelt haben	würden gelächelt haben
	würdest lächeln	würdet lächeln	würdest gelächelt haben	würdet gelächelt haben
	würde lächeln	würden lächeln	würde gelächelt haben	würden gelächelt haben

Note: With the prefix *zu–*, the principal parts of this verb are *lächelt zu, lächelte zu, hat zugelächelt.*

EXAMPLES

Warum lächelt der alte Herr so?	Why is the old gentleman smiling that way?
Der hübsche Sportler hat meiner Schwester zugelächelt.	The handsome athlete smiled at my sister.

lachen

to laugh

Auxiliary verb: haben   **Past participle:** gelacht
Imperative: Lache! Lacht! Lachen Sie!

Mode	Simple Tenses		Compound Tenses	
	Singular	*Plural*	*Singular*	*Plural*
Indicative	**Present**		**Present Perfect**	
	lache	lachen	habe gelacht	haben gelacht
	lachst	lacht	hast gelacht	habt gelacht
	lacht	lachen	hat gelacht	haben gelacht
	Past		**Past Perfect**	
	lachte	lachten	hatte gelacht	hatten gelacht
	lachtest	lachtet	hattest gelacht	hattet gelacht
	lachte	lachten	hatte gelacht	hatten gelacht
	Future		**Future Perfect**	
	werde lachen	werden lachen	werde gelacht haben	werden gelacht haben
	wirst lachen	werdet lachen	wirst gelacht haben	werdet gelacht haben
	wird lachen	werden lachen	wird gelacht haben	werden gelacht haben
Subjunctive	**Present**		**Present Perfect**	
	lache	lachen	habe gelacht	haben gelacht
	lachest	lachet	habest gelacht	habet gelacht
	lache	lachen	habe gelacht	haben gelacht
	Past		**Past Perfect**	
	lachte	lachten	hätte gelacht	hätten gelacht
	lachtest	lachtet	hättest gelacht	hättet gelacht
	lachte	lachten	hätte gelacht	hätten gelacht
	Future		**Future Perfect**	
	werde lachen	werden lachen	werde gelacht haben	werden gelacht haben
	werdest lachen	werdet lachen	werdest gelacht haben	werdet gelacht haben
	werde lachen	werden lachen	werde gelacht haben	werden gelacht haben
	Present and Future Conditional		**Past Conditional**	
	würde lachen	würden lachen	würde gelacht haben	würden gelacht haben
	würdest lachen	würdet lachen	würdest gelacht haben	würdet gelacht haben
	würde lachen	würden lachen	würde gelacht haben	würden gelacht haben

EXAMPLES

Ihre Freunde lachten heimlich über ihre Haare.

Her friends were secretly laughing about her hair.

Ihr werdet über diesen Witz sehr lachen.

You're really going to get a good laugh out of this joke.

lähmen
to cripple, to disable
Auxiliary verb: haben   **Past participle:** gelähmt
Imperative: Lähme! Lähmt! Lähmen Sie!

Mode	Simple Tenses		Compound Tenses	
	Singular	*Plural*	*Singular*	*Plural*
Indicative	**Present**		**Present Perfect**	
	lähme	lähmen	habe gelähmt	haben gelähmt
	lähmst	lähmt	hast gelähmt	habt gelähmt
	lähmt	lähmen	hat gelähmt	haben gelähmt
	Past		**Past Perfect**	
	lähmte	lähmten	hatte gelähmt	hatten gelähmt
	lähmtest	lähmtet	hattest gelähmt	hattet gelähmt
	lähmte	lähmten	hatte gelähmt	hatten gelähmt
	Future		**Future Perfect**	
	werde lähmen	werden lähmen	werde gelähmt haben	werden gelähmt haben
	wirst lähmen	werdet lähmen	wirst gelähmt haben	werdet gelähmt haben
	wird lähmen	werden lähmen	wird gelähmt haben	werden gelähmt haben
Subjunctive	**Present**		**Present Perfect**	
	lähme	lähmen	habe gelähmt	haben gelähmt
	lähmest	lähmet	habest gelähmt	habet gelähmt
	lähme	lähmen	habe gelähmt	haben gelähmt
	Past		**Past Perfect**	
	lähmte	lähmten	hätte gelähmt	hätten gelähmt
	lähmtest	lähmtet	hättest gelähmt	hättet gelähmt
	lähmte	lähmten	hätte gelähmt	hätten gelähmt
	Future		**Future Perfect**	
	werde lähmen	werden lähmen	werde gelähmt haben	werden gelähmt haben
	werdest lähmen	werdet lähmen	werdest gelähmt haben	werdet gelähmt haben
	werde lähmen	werden lähmen	werde gelähmt haben	werden gelähmt haben
	Present and Future Conditional		**Past Conditional**	
	würde lähmen	würden lähmen	würde gelähmt haben	würden gelähmt haben
	würdest lähmen	würdet lähmen	würdest gelähmt haben	würdet gelähmt haben
	würde lähmen	würden lähmen	würde gelähmt haben	würden gelähmt haben

EXAMPLES

Mein Cousin ist seit seinem Motorradunfall gelähmt.

Ever since his motorcycle accident, my cousin has been unable to walk.

Ein Wasserrohrbruch lähmte heute den Verkehr in der Innenstadt.

A broken water main crippled traffic in the downtown area today.

lassen

to let, to leave, to have done
Auxiliary verb: haben   **Past participle:** gelassen
Imperative: Lasse! Lasst! Lassen Sie!

Mode	Simple Tenses		Compound Tenses	
	Singular	*Plural*	*Singular*	*Plural*
Indicative	**Present**		**Present Perfect**	
	lasse	lassen	habe gelassen	haben gelassen
	lässt	lasst	hast gelassen	habt gelassen
	lässt	lassen	hat gelassen	haben gelassen
	Past		**Past Perfect**	
	ließ	ließen	hatte gelassen	hatten gelassen
	ließest	ließt	hattest gelassen	hattet gelassen
	ließ	ließen	hatte gelassen	hatten gelassen
	Future		**Future Perfect**	
	werde lassen	werden lassen	werde gelassen haben	werden gelassen haben
	wirst lassen	werdet lassen	wirst gelassen haben	werdet gelassen haben
	wird lassen	werden lassen	wird gelassen haben	werden gelassen haben
Subjunctive	**Present**		**Present Perfect**	
	lasse	lassen	habe gelassen	haben gelassen
	lassest	lasset	habest gelassen	habet gelassen
	lasse	lassen	habe gelassen	haben gelassen
	Past		**Past Perfect**	
	ließe	ließen	hätte gelassen	hätten gelassen
	ließest	ließet	hättest gelassen	hättet gelassen
	ließe	ließen	hätte gelassen	hätten gelassen
	Future		**Future Perfect**	
	werde lassen	werden lassen	werde gelassen haben	werden gelassen haben
	werdest lassen	werdet lassen	werdest gelassen haben	werdet gelassen haben
	werde lassen	werden lassen	werde gelassen haben	werden gelassen haben
	Present and Future Conditional		**Past Conditional**	
	würde lassen	würden lassen	würde gelassen haben	würden gelassen haben
	würdest lassen	würdet lassen	würdest gelassen haben	würdet gelassen haben
	würde lassen	würden lassen	würde gelassen haben	würden gelassen haben

Note: This verb can be used as a reflexive impersonal expression. It means "it can be": *Das lässt sich nicht machen* ("That can't be done").

EXAMPLES

Lass mich in Ruhe!	Leave me alone.
Du hättest die Hände davon lassen sollen.	You shouldn't have been meddling with that.
Er ließ den Wagen reparieren.	He had the car repaired.

lauern
to lurk

Auxiliary verb: haben **Past participle:** gelauert
Imperative: Lauere! Lauert! Lauern Sie!

Mode	Simple Tenses		Compound Tenses	
	Singular	*Plural*	*Singular*	*Plural*
Indicative	**Present**		**Present Perfect**	
	lauere	lauern	habe gelauert	haben gelauert
	lauerst	lauert	hast gelauert	habt gelauert
	lauert	lauern	hat gelauert	haben gelauert
	Past		**Past Perfect**	
	lauerte	lauerten	hatte gelauert	hatten gelauert
	lauertest	lauertet	hattest gelauert	hattet gelauert
	lauerte	lauerten	hatte gelauert	hatten gelauert
	Future		**Future Perfect**	
	werde lauern	werden lauern	werde gelauert haben	werden gelauert haben
	wirst lauern	werdet lauern	wirst gelauert haben	werdet gelauert haben
	wird lauern	werden lauern	wird gelauert haben	werden gelauert haben
Subjunctive	**Present**		**Present Perfect**	
	lauere	lauern	habe gelauert	haben gelauert
	lauerst	lauert	habest gelauert	habet gelauert
	lauere	lauern	habe gelauert	haben gelauert
	Past		**Past Perfect**	
	lauerte	lauerten	hätte gelauert	hätten gelauert
	lauertest	lauertet	hättest gelauert	hättet gelauert
	lauerte	lauerten	hätte gelauert	hätten gelauert
	Future		**Future Perfect**	
	werde lauern	werden lauern	werde gelauert haben	werden gelauert haben
	werdest lauern	werdet lauern	werdest gelauert haben	werdet gelauert haben
	werde lauern	werden lauern	werde gelauert haben	werden gelauert haben
	Present and Future Conditional		**Past Conditional**	
	würde lauern	würden lauern	würde gelauert haben	würden gelauert haben
	würdest lauern	würdet lauern	würdest gelauert haben	würdet gelauert haben
	würde lauern	würden lauern	würde gelauert haben	würden gelauert haben

EXAMPLES

Die Katze lauert seit Stunden vor dem Mauseloch.

The cat has been lurking in front of the mouse hole for hours.

Eine Hexe hat hinter dem Busch gelauert.

A witch was lurking behind the bush.

laufen
to run, to walk
Auxiliary verb: sein **Past participle:** gelaufen
Imperative: Laufe! Lauft! Laufen Sie!

Mode	Simple Tenses		Compound Tenses	
	Singular	*Plural*	*Singular*	*Plural*
Indicative	**Present**		**Present Perfect**	
	laufe	laufen	bin gelaufen	sind gelaufen
	läufst	lauft	bist gelaufen	seid gelaufen
	läuft	laufen	ist gelaufen	sind gelaufen
	Past		**Past Perfect**	
	lief	liefen	war gelaufen	waren gelaufen
	liefst	lieft	warst gelaufen	wart gelaufen
	lief	liefen	war gelaufen	waren gelaufen
	Future		**Future Perfect**	
	werde laufen	werden laufen	werde gelaufen sein	werden gelaufen sein
	wirst laufen	werdet laufen	wirst gelaufen sein	werdet gelaufen sein
	wird laufen	werden laufen	wird gelaufen sein	werden gelaufen sein
Subjunctive	**Present**		**Present Perfect**	
	laufe	laufen	sei gelaufen	seien gelaufen
	laufest	laufet	seiest gelaufen	seiet gelaufen
	laufe	laufen	sei gelaufen	seien gelaufen
	Past		**Past Perfect**	
	liefe	liefen	wäre gelaufen	wären gelaufen
	liefest	liefet	wärest gelaufen	wäret gelaufen
	liefe	liefen	wäre gelaufen	wären gelaufen
	Future		**Future Perfect**	
	werde laufen	werden laufen	werde gelaufen sein	werden gelaufen sein
	werdest laufen	werdet laufen	werdest gelaufen sein	werdet gelaufen sein
	werde laufen	werden laufen	werde gelaufen sein	werden gelaufen sein
	Present and Future Conditional		**Past Conditional**	
	würde laufen	würden laufen	würde gelaufen sein	würden gelaufen sein
	würdest laufen	würdet laufen	würdest gelaufen sein	würdet gelaufen sein
	würde laufen	würden laufen	würde gelaufen sein	würden gelaufen sein

Note: With inseparable prefixes, the principal parts of this verb are, for example, *verläuft, verlief, ist verlaufen.* With separable prefixes, the principal parts are, for example, *läuft weg, lief weg, ist weggelaufen.*

EXAMPLES

Das Theaterstück ist nur zwei Monate gelaufen. The play ran for only two months.
Sie sind im Statdtzentrum viel zu Fuß gelaufen. They did a lot of walking downtown.

leben
to live
Auxiliary verb: haben   **Past participle:** gelebt
Imperative: Lebe! Lebt! Leben Sie!

Mode	Simple Tenses		Compound Tenses	
	Singular	*Plural*	*Singular*	*Plural*
Indicative	**Present**		**Present Perfect**	
	lebe	leben	habe gelebt	haben gelebt
	lebst	lebt	hast gelebt	habt gelebt
	lebt	leben	hat gelebt	haben gelebt
	Past		**Past Perfect**	
	lebte	lebten	hatte gelebt	hatten gelebt
	lebtest	lebtet	hattest gelebt	hattet gelebt
	lebte	lebten	hatte gelebt	hatten gelebt
	Future		**Future Perfect**	
	werde leben	werden leben	werde gelebt haben	werden gelebt haben
	wirst leben	werdet leben	wirst gelebt haben	werdet gelebt haben
	wird leben	werden leben	wird gelebt haben	werden gelebt haben
Subjunctive	**Present**		**Present Perfect**	
	lebe	leben	habe gelebt	haben gelebt
	lebest	lebet	habest gelebt	habet gelebt
	lebe	leben	habe gelebt	haben gelebt
	Past		**Past Perfect**	
	lebte	lebten	hätte gelebt	hätten gelebt
	lebtest	lebtet	hättest gelebt	hättet gelebt
	lebte	lebten	hätte gelebt	hätten gelebt
	Future		**Future Perfect**	
	werde leben	werden leben	werde gelebt haben	werden gelebt haben
	werdest leben	werdet leben	werdest gelebt haben	werdet gelebt haben
	werde leben	werden leben	werde gelebt haben	werden gelebt haben
	Present and Future Conditional		**Past Conditional**	
	würde leben	würden leben	würde gelebt haben	würden gelebt haben
	würdest leben	würdet leben	würdest gelebt haben	würdet gelebt haben
	würde leben	würden leben	würde gelebt haben	würden gelebt haben

EXAMPLES

Leben Sie noch in Leipzig?

Do you still live in Leipzig?

Er lebt in dem Glauben, dass alle Frauen ihn bewundern.

He's convinced that all women admire him.

lecken
to lick, to leak
Auxiliary verb: haben **Past participle:** geleckt
Imperative: Lecke! Leckt! Lecken Sie!

Mode	Simple Tenses		Compound Tenses	
	Singular	*Plural*	*Singular*	*Plural*
Indicative	**Present**		**Present Perfect**	
	lecke	lecken	habe geleckt	haben geleckt
	leckst	leckt	hast geleckt	habt geleckt
	leckt	lecken	hat geleckt	haben geleckt
	Past		**Past Perfect**	
	leckte	leckten	hatte geleckt	hatten geleckt
	lecktest	lecktet	hattest geleckt	hattet geleckt
	leckte	leckten	hatte geleckt	hatten geleckt
	Future		**Future Perfect**	
	werde lecken	werden lecken	werde geleckt haben	werden geleckt haben
	wirst lecken	werdet lecken	wirst geleckt haben	werdet geleckt haben
	wird lecken	werden lecken	wird geleckt haben	werden geleckt haben
Subjunctive	**Present**		**Present Perfect**	
	lecke	lecken	habe geleckt	haben geleckt
	leckest	lecket	habest geleckt	habet geleckt
	lecke	lecken	habe geleckt	haben geleckt
	Past		**Past Perfect**	
	leckte	leckten	hätte geleckt	hätten geleckt
	lecktest	lecktet	hättest geleckt	hättet geleckt
	leckte	leckten	hätte geleckt	hätten geleckt
	Future		**Future Perfect**	
	werde lecken	werden lecken	werde geleckt haben	werden geleckt haben
	werdest lecken	werdet lecken	werdest geleckt haben	werdet geleckt haben
	werde lecken	werden lecken	werde geleckt haben	werden geleckt haben
	Present and Future Conditional		**Past Conditional**	
	würde lecken	würden lecken	würde geleckt haben	würden geleckt haben
	würdest lecken	würdet lecken	würdest geleckt haben	würdet geleckt haben
	würde lecken	würden lecken	würde geleckt haben	würden geleckt haben

EXAMPLES

Nach jedem Abendessen leckt er sich die Finger.   After every supper, he licks his fingers.
Unser Boot fing an zu lecken.   Our boat began to leak.

legen
to lay, to put
Auxiliary verb: haben   **Past participle:** gelegt
Imperative: Lege! Legt! Legen Sie!

Mode	Simple Tenses		Compound Tenses	
	Singular	*Plural*	*Singular*	*Plural*
Indicative	**Present**		**Present Perfect**	
	lege	legen	habe gelegt	haben gelegt
	legst	legt	hast gelegt	habt gelegt
	legt	legen	hat gelegt	haben gelegt
	Past		**Past Perfect**	
	legte	legten	hatte gelegt	hatten gelegt
	legtest	legtet	hattest gelegt	hattet gelegt
	legte	legten	hatte gelegt	hatten gelegt
	Future		**Future Perfect**	
	werde legen	werden legen	werde gelegt haben	werden gelegt haben
	wirst legen	werdet legen	wirst gelegt haben	werdet gelegt haben
	wird legen	werden legen	wird gelegt haben	werden gelegt haben
Subjunctive	**Present**		**Present Perfect**	
	lege	legen	habe gelegt	haben gelegt
	legest	leget	habest gelegt	habet gelegt
	lege	legen	habe gelegt	haben gelegt
	Past		**Past Perfect**	
	legte	legten	hätte gelegt	hätten gelegt
	legtest	legtet	hättest gelegt	hättet gelegt
	legte	legten	hätte gelegt	hätten gelegt
	Future		**Future Perfect**	
	werde legen	werden legen	werde gelegt haben	werden gelegt haben
	werdest legen	werdet legen	werdest gelegt haben	werdet gelegt haben
	werde legen	werden legen	werde gelegt haben	werden gelegt haben
	Present and Future Conditional		**Past Conditional**	
	würde legen	würden legen	würde gelegt haben	würden gelegt haben
	würdest legen	würdet legen	würdest gelegt haben	würdet gelegt haben
	würde legen	würden legen	würde gelegt haben	würden gelegt haben

EXAMPLES

Sie haben großen Wert auf diesen Plan gelegt.

They attached great importance to this plan.

Er legte die Zeitung auf das Klavier.

He laid the newspaper on the piano.

lehren
to teach
Auxiliary verb: haben   **Past participle:** gelehrt
Imperative: Lehre! Lehrt! Lehren Sie!

Mode	Simple Tenses		Compound Tenses	
	Singular	*Plural*	*Singular*	*Plural*
Indicative	**Present**		**Present Perfect**	
	lehre	lehren	habe gelehrt	haben gelehrt
	lehrst	lehrt	hast gelehrt	habt gelehrt
	lehrt	lehren	hat gelehrt	haben gelehrt
	Past		**Past Perfect**	
	lehrte	lehrten	hatte gelehrt	hatten gelehrt
	lehrtest	lehrtet	hattest gelehrt	hattet gelehrt
	lehrte	lehrten	hatte gelehrt	hatten gelehrt
	Future		**Future Perfect**	
	werde lehren	werden lehren	werde gelehrt haben	werden gelehrt haben
	wirst lehren	werdet lehren	wirst gelehrt haben	werdet gelehrt haben
	wird lehren	werden lehren	wird gelehrt haben	werden gelehrt haben
Subjunctive	**Present**		**Present Perfect**	
	lehre	lehren	habe gelehrt	haben gelehrt
	lehrest	lehret	habest gelehrt	habet gelehrt
	lehre	lehren	habe gelehrt	haben gelehrt
	Past		**Past Perfect**	
	lehrte	lehrten	hätte gelehrt	hätten gelehrt
	lehrtest	lehrtet	hättest gelehrt	hättet gelehrt
	lehrte	lehrten	hätte gelehrt	hätten gelehrt
	Future		**Future Perfect**	
	werde lehren	werden lehren	werde gelehrt haben	werden gelehrt haben
	werdest lehren	werdet lehren	werdest gelehrt haben	werdet gelehrt haben
	werde lehren	werden lehren	werde gelehrt haben	werden gelehrt haben
	Present and Future Conditional		**Past Conditional**	
	würde lehren	würden lehren	würde gelehrt haben	würden gelehrt haben
	würdest lehren	würdet lehren	würdest gelehrt haben	würdet gelehrt haben
	würde lehren	würden lehren	würde gelehrt haben	würden gelehrt haben

EXAMPLES

Frau Bauer lehrt Physik und Chemie.   Mrs. Bauer teaches physics and chemistry.
Sein Vater hat ihn die Zeichensprache gelehrt.   His father taught him sign language.

leiden

to suffer, to endure
Auxiliary verb: haben   **Past participle:** gelitten
Imperative: Leide! Leidet! Leiden Sie!

Mode	Simple Tenses		Compound Tenses	
	Singular	*Plural*	*Singular*	*Plural*
Indicative	**Present**		**Present Perfect**	
	leide	leiden	habe gelitten	haben gelitten
	leidest	leidet	hast gelitten	habt gelitten
	leidet	leiden	hat gelitten	haben gelitten
	Past		**Past Perfect**	
	litt	litten	hatte gelitten	hatten gelitten
	littest	littet	hattest gelitten	hattet gelitten
	litt	litten	hatte gelitten	hatten gelitten
	Future		**Future Perfect**	
	werde leiden	werden leiden	werde gelitten haben	werden gelitten haben
	wirst leiden	werdet leiden	wirst gelitten haben	werdet gelitten haben
	wird leiden	werden leiden	wird gelitten haben	werden gelitten haben
Subjunctive	**Present**		**Present Perfect**	
	leide	leiden	habe gelitten	haben gelitten
	leidest	leidet	habest gelitten	habet gelitten
	leide	leiden	habe gelitten	haben gelitten
	Past		**Past Perfect**	
	litte	litten	hätte gelitten	hätten gelitten
	littest	littet	hättest gelitten	hättet gelitten
	litte	litten	hätte gelitten	hätten gelitten
	Future		**Future Perfect**	
	werde leiden	werden leiden	werde gelitten haben	werden gelitten haben
	werdest leiden	werdet leiden	werdest gelitten haben	werdet gelitten haben
	werde leiden	werden leiden	werde gelitten haben	werden gelitten haben
	Present and Future Conditional		**Past Conditional**	
	würde leiden	würden leiden	würde gelitten haben	würden gelitten haben
	würdest leiden	würdet leiden	würdest gelitten haben	würdet gelitten haben
	würde leiden	würden leiden	würde gelitten haben	würden gelitten haben

EXAMPLES

Ich kann den neuen Chef nicht leiden.
Meine Tante leidet schon lange an Krebs.

I can't stand the new boss.
My aunt has suffered from cancer for a long time.

leihen

to lend, to loan

Auxiliary verb: haben   **Past participle:** geliehen

Imperative: Leihe! Leiht! Leihen Sie!

Mode	Simple Tenses		Compound Tenses	
	Singular	*Plural*	*Singular*	*Plural*
Indicative	**Present**		**Present Perfect**	
	leihe	leihen	habe geliehen	haben geliehen
	leihst	leiht	hast geliehen	habt geliehen
	leiht	leihen	hat geliehen	haben geliehen
	Past		**Past Perfect**	
	lieh	liehen	hatte geliehen	hatten geliehen
	liehst	lieht	hattest geliehen	hattet geliehen
	lieh	liehen	hatte geliehen	hatten geliehen
	Future		**Future Perfect**	
	werde leihen	werden leihen	werde geliehen haben	werden geliehen haben
	wirst leihen	werdet leihen	wirst geliehen haben	werdet geliehen haben
	wird leihen	werden leihen	wird geliehen haben	werden geliehen haben
Subjunctive	**Present**		**Present Perfect**	
	leihe	leihen	habe geliehen	haben geliehen
	leihest	leihet	habest geliehen	habet geliehen
	leihe	leihen	habe geliehen	haben geliehen
	Past		**Past Perfect**	
	liehe	liehen	hätte geliehen	hätten geliehen
	liehest	liehet	hättest geliehen	hättet geliehen
	liehe	liehen	hätte geliehen	hätten geliehen
	Future		**Future Perfect**	
	werde leihen	werden leihen	werde geliehen haben	werden geliehen haben
	werdest leihen	werdet leihen	werdest geliehen haben	werdet geliehen haben
	werde leihen	werden leihen	werde geliehen haben	werden geliehen haben
	Present and Future Conditional		**Past Conditional**	
	würde leihen	würden leihen	würde geliehen haben	würden geliehen haben
	würdest leihen	würdet leihen	würdest geliehen haben	würdet geliehen haben
	würde leihen	würden leihen	würde geliehen haben	würden geliehen haben

EXAMPLES

Martin hat mir seinen Regenschirm geliehen.   Martin loaned me his umbrella.

Wenn Sie wollen, kann er Ihnen ein paar Dollar leihen.   If you want, he can lend you a couple of dollars.

leisten (sich)

to fulfill, to accomplish, to afford
Auxiliary verb: haben **Past participle:** geleistet
Imperative: Leiste! Leistet! Leisten Sie!

Mode	Simple Tenses		Compound Tenses	
	Singular	*Plural*	*Singular*	*Plural*
Indicative	**Present**		**Present Perfect**	
	leiste	leisten	habe geleistet	haben geleistet
	leistest	leistet	hast geleistet	habt geleistet
	leistet	leisten	hat geleistet	haben geleistet
	Past		**Past Perfect**	
	leistete	leisteten	hatte geleistet	hatten geleistet
	leistetest	leistetet	hattest geleistet	hattet geleistet
	leistete	leisteten	hatte geleistet	hatten geleistet
	Future		**Future Perfect**	
	werde leisten	werden leisten	werde geleistet haben	werden geleistet haben
	wirst leisten	werdet leisten	wirst geleistet haben	werdet geleistet haben
	wird leisten	werden leisten	wird geleistet haben	werden geleistet haben
Subjunctive	**Present**		**Present Perfect**	
	leiste	leisten	habe geleistet	haben geleistet
	leistest	leistet	habest geleistet	habet geleistet
	leiste	leisten	habe geleistet	haben geleistet
	Past		**Past Perfect**	
	leistete	leisteten	hätte geleistet	hätten geleistet
	leistetest	leistetet	hättest geleistet	hättet geleistet
	leistete	leisteten	hätte geleistet	hätten geleistet
	Future		**Future Perfect**	
	werde leisten	werden leisten	werde geleistet haben	werden geleistet haben
	werdest leisten	werdet leisten	werdest geleistet haben	werdet geleistet haben
	werde leisten	werden leisten	werde geleistet haben	werden geleistet haben
	Present and Future Conditional		**Past Conditional**	
	würde leisten	würden leisten	würde geleistet haben	würden geleistet haben
	würdest leisten	würdet leisten	würdest geleistet haben	würdet geleistet haben
	würde leisten	würden leisten	würde geleistet haben	würden geleistet haben

EXAMPLES

Ich kann es mir nicht leisten so oft ins Kino zu gehen.

I can't afford to go to the movies so often.

Der Wissenschaftler hat in seinem Leben viel geleistet.

The scientist accomplished a lot in his life.

leiten
to lead, to guide, to oversee
Auxiliary verb: haben   **Past participle:** geleitet
Imperative: Leite! Leitet! Leiten Sie!

Mode	Simple Tenses		Compound Tenses	
	Singular	*Plural*	*Singular*	*Plural*
Indicative	**Present**		**Present Perfect**	
	leite	leiten	habe geleitet	haben geleitet
	leitest	leitet	hast geleitet	habt geleitet
	leitet	leiten	hat geleitet	haben geleitet
	Past		**Past Perfect**	
	leitete	leiteten	hatte geleitet	hatten geleitet
	leitetest	leitetet	hattest geleitet	hattet geleitet
	leitete	leiteten	hatte geleitet	hatten geleitet
	Future		**Future Perfect**	
	werde leiten	werden leiten	werde geleitet haben	werden geleitet haben
	wirst leiten	werdet leiten	wirst geleitet haben	werdet geleitet haben
	wird leiten	werden leiten	wird geleitet haben	werden geleitet haben
Subjunctive	**Present**		**Present Perfect**	
	leite	leiten	habe geleitet	haben geleitet
	leitest	leitet	habest geleitet	habet geleitet
	leite	leiten	habe geleitet	haben geleitet
	Past		**Past Perfect**	
	leitete	leiteten	hätte geleitet	hätten geleitet
	leitetest	leitetet	hättest geleitet	hättet geleitet
	leitete	leiteten	hätte geleitet	hätten geleitet
	Future		**Future Perfect**	
	werde leiten	werden leiten	werde geleitet haben	werden geleitet haben
	werdest leiten	werdet leiten	werdest geleitet haben	werdet geleitet haben
	werde leiten	werden leiten	werde geleitet haben	werden geleitet haben
	Present and Future Conditional		**Past Conditional**	
	würde leiten	würden leiten	würde geleitet haben	würden geleitet haben
	würdest leiten	würdet leiten	würdest geleitet haben	würdet geleitet haben
	würde leiten	würden leiten	würde geleitet haben	würden geleitet haben

EXAMPLES

Könntest du heute die Diskussion leiten?
Doktor Schneider leitet diese Abteilung.

Could you lead the discussion today?
Doctor Schneider leads this department.

lenken

to turn, to navigate, to steer
Auxiliary verb: haben   **Past participle:** gelenkt
Imperative: Lenke! Lenkt! Lenken Sie!

Mode	Simple Tenses		Compound Tenses	
	Singular	*Plural*	*Singular*	*Plural*
Indicative	**Present**		**Present Perfect**	
	lenke	lenken	habe gelenkt	haben gelenkt
	lenkst	lenkt	hast gelenkt	habt gelenkt
	lenkt	lenken	hat gelenkt	haben gelenkt
	Past		**Past Perfect**	
	lenkte	lenkten	hatte gelenkt	hatten gelenkt
	lenktest	lenktet	hattest gelenkt	hattet gelenkt
	lenkte	lenkten	hatte gelenkt	hatten gelenkt
	Future		**Future Perfect**	
	werde lenken	werden lenken	werde gelenkt haben	werden gelenkt haben
	wirst lenken	werdet lenken	wirst gelenkt haben	werdet gelenkt haben
	wird lenken	werden lenken	wird gelenkt haben	werden gelenkt haben
Subjunctive	**Present**		**Present Perfect**	
	lenke	lenken	habe gelenkt	haben gelenkt
	lenkest	lenket	habest gelenkt	habet gelenkt
	lenke	lenken	habe gelenkt	haben gelenkt
	Past		**Past Perfect**	
	lenkte	lenkten	hätte gelenkt	hätten gelenkt
	lenktest	lenktet	hättest gelenkt	hättet gelenkt
	lenkte	lenkten	hätte gelenkt	hätten gelenkt
	Future		**Future Perfect**	
	werde lenken	werden lenken	werde gelenkt haben	werden gelenkt haben
	werdest lenken	werdet lenken	werdest gelenkt haben	werdet gelenkt haben
	werde lenken	werden lenken	werde gelenkt haben	werden gelenkt haben
	Present and Future Conditional		**Past Conditional**	
	würde lenken	würden lenken	würde gelenkt haben	würden gelenkt haben
	würdest lenken	würdet lenken	würdest gelenkt haben	würdet gelenkt haben
	würde lenken	würden lenken	würde gelenkt haben	würden gelenkt haben

EXAMPLES

Er versucht das Gespräch auf einen bestimmten Gegenstand zu lenken.	He tries to turn the conversation toward a specific topic.
Ohne meine Brille kann ich den Wagen nicht lenken.	Without my glasses, I can't steer the car.

lernen
to learn
Auxiliary verb: haben **Past participle:** gelernt
Imperative: Lerne! Lernt! Lernen Sie!

Mode	Simple Tenses		Compound Tenses	
	Singular	*Plural*	*Singular*	*Plural*
Indicative	**Present**		**Present Perfect**	
	lerne	lernen	habe gelernt	haben gelernt
	lernst	lernt	hast gelernt	habt gelernt
	lernt	lernen	hat gelernt	haben gelernt
	Past		**Past Perfect**	
	lernte	lernten	hatte gelernt	hatten gelernt
	lerntest	lerntet	hattest gelernt	hattet gelernt
	lernte	lernten	hatte gelernt	hatten gelernt
	Future		**Future Perfect**	
	werde lernen	werden lernen	werde gelernt haben	werden gelernt haben
	wirst lernen	werdet lernen	wirst gelernt haben	werdet gelernt haben
	wird lernen	werden lernen	wird gelernt haben	werden gelernt haben
Subjunctive	**Present**		**Present Perfect**	
	lerne	lernen	habe gelernt	haben gelernt
	lernest	lernet	habest gelernt	habet gelernt
	lerne	lernen	habe gelernt	haben gelernt
	Past		**Past Perfect**	
	lernte	lernten	hätte gelernt	hätten gelernt
	lerntest	lerntet	hättest gelernt	hättet gelernt
	lernte	lernten	hätte gelernt	hätten gelernt
	Future		**Future Perfect**	
	werde lernen	werden lernen	werde gelernt haben	werden gelernt haben
	werdest lernen	werdet lernen	werdest gelernt haben	werdet gelernt haben
	werde lernen	werden lernen	werde gelernt haben	werden gelernt haben
	Present and Future Conditional		**Past Conditional**	
	würde lernen	würden lernen	würde gelernt haben	würden gelernt haben
	würdest lernen	würdet lernen	würdest gelernt haben	würdet gelernt haben
	würde lernen	würden lernen	würde gelernt haben	würden gelernt haben

EXAMPLES

Auf dieser Stufe lernen die Studenten programmieren.

On this level, the students learn programming.

„Was hast du heute gelernt?", fragte Onkel Johannes.

"What did you learn today?", Uncle Johannes asked.

lesen

to read

Auxiliary verb: haben   **Past participle:** gelesen
Imperative: Lies! Lest! Lesen Sie!

Mode	Simple Tenses		Compound Tenses	
	Singular	*Plural*	*Singular*	*Plural*
Indicative	**Present**		**Present Perfect**	
	lese	lesen	habe gelesen	haben gelesen
	liest	lest	hast gelesen	habt gelesen
	liest	lesen	hat gelesen	haben gelesen
	Past		**Past Perfect**	
	las	lasen	hatte gelesen	hatten gelesen
	lasest	last	hattest gelesen	hattet gelesen
	las	lasen	hatte gelesen	hatten gelesen
	Future		**Future Perfect**	
	werde lesen	werden lesen	werde gelesen haben	werden gelesen haben
	wirst lesen	werdet lesen	wirst gelesen haben	werdet gelesen haben
	wird lesen	werden lesen	wird gelesen haben	werden gelesen haben
Subjunctive	**Present**		**Present Perfect**	
	lese	lesen	habe gelesen	haben gelesen
	lesest	leset	habest gelesen	habet gelesen
	lese	lesen	habe gelesen	haben gelesen
	Past		**Past Perfect**	
	läse	läsen	hätte gelesen	hätten gelesen
	läsest	läset	hättest gelesen	hättet gelesen
	läse	läsen	hätte gelesen	hätten gelesen
	Future		**Future Perfect**	
	werde lesen	werden lesen	werde gelesen haben	werden gelesen haben
	werdest lesen	werdet lesen	werdest gelesen haben	werdet gelesen haben
	werde lesen	werden lesen	werde gelesen haben	werden gelesen haben
	Present and Future Conditional		**Past Conditional**	
	würde lesen	würden lesen	würde gelesen haben	würden gelesen haben
	würdest lesen	würdet lesen	würdest gelesen haben	würdet gelesen haben
	würde lesen	würden lesen	würde gelesen haben	würden gelesen haben

Note: With inseparable prefixes, the principal parts of this verb are, for example, *verliest, verlas, hat verlesen*. With separable prefixes, the principal parts are, for example, *liest vor, las vor, hat vorgelesen*.

EXAMPLES

In der ersten Klasse lernen die Kinder lesen und schreiben.

In the first grade, the children learn to read and write.

Ich habe den Text dreimal gelesen, aber ich verstehe ihn nicht.

I read the text three times, but I don't understand it.

lieben

to love, to like

Auxiliary verb: haben   **Past participle:** geliebt
Imperative: Liebe! Liebt! Lieben Sie!

Mode	Simple Tenses		Compound Tenses	
	Singular	*Plural*	*Singular*	*Plural*
Indicative	**Present**		**Present Perfect**	
	liebe	lieben	habe geliebt	haben geliebt
	liebst	liebt	hast geliebt	habt geliebt
	liebt	lieben	hat geliebt	haben geliebt
	Past		**Past Perfect**	
	liebte	liebten	hatte geliebt	hatten geliebt
	liebtest	liebtet	hattest geliebt	hattet geliebt
	liebte	liebten	hatte geliebt	hatten geliebt
	Future		**Future Perfect**	
	werde lieben	werden lieben	werde geliebt haben	werden geliebt haben
	wirst lieben	werdet lieben	wirst geliebt haben	werdet geliebt haben
	wird lieben	werden lieben	wird geliebt haben	werden geliebt haben
Subjunctive	**Present**		**Present Perfect**	
	liebe	lieben	habe geliebt	haben geliebt
	liebest	liebet	habest geliebt	habet geliebt
	liebe	lieben	habe geliebt	haben geliebt
	Past		**Past Perfect**	
	liebte	liebten	hätte geliebt	hätten geliebt
	liebtest	liebtet	hättest geliebt	hättet geliebt
	liebte	liebten	hätte geliebt	hätten geliebt
	Future		**Future Perfect**	
	werde lieben	werden lieben	werde geliebt haben	werden geliebt haben
	werdest lieben	werdet lieben	werdest geliebt haben	werdet geliebt haben
	werde lieben	werden lieben	werde geliebt haben	werden geliebt haben
	Present and Future Conditional		**Past Conditional**	
	würde lieben	würden lieben	würde geliebt haben	würden geliebt haben
	würdest lieben	würdet lieben	würdest geliebt haben	würdet geliebt haben
	würde lieben	würden lieben	würde geliebt haben	würden geliebt haben

EXAMPLES

Großvater liebte seine Enkelkinder über alles.   Grandfather loved his grandchildren more than anything.

„Ich liebe dich," flüsterte er ihr ins Ohr.   "I love you," he whispered in her ear.

liegen

to lie, to recline, to be situated
Auxiliary verb: haben   **Past participle:** gelegen
Imperative: Liege! Liegt! Liegen Sie!

Mode	Simple Tenses		Compound Tenses	
	Singular	*Plural*	*Singular*	*Plural*
Indicative	**Present**		**Present Perfect**	
	liege	liegen	habe gelegen	haben gelegen
	liegst	liegt	hast gelegen	habt gelegen
	liegt	liegen	hat gelegen	haben gelegen
	Past		**Past Perfect**	
	lag	lagen	hatte gelegen	hatten gelegen
	lagst	lagt	hattest gelegen	hattet gelegen
	lag	lagen	hatte gelegen	hatten gelegen
	Future		**Future Perfect**	
	werde liegen	werden liegen	werde gelegen haben	werden gelegen haben
	wirst liegen	werdet liegen	wirst gelegen haben	werdet gelegen haben
	wird liegen	werden liegen	wird gelegen haben	werden gelegen haben
Subjunctive	**Present**		**Present Perfect**	
	liege	liegen	habe gelegen	haben gelegen
	liegest	lieget	habest gelegen	habet gelegen
	liege	liegen	habe gelegen	haben gelegen
	Past		**Past Perfect**	
	läge	lägen	hätte gelegen	hätten gelegen
	lägest	läget	hättest gelegen	hättet gelegen
	läge	lägen	hätte gelegen	hätten gelegen
	Future		**Future Perfect**	
	werde liegen	werden liegen	werde gelegen haben	werden gelegen haben
	werdest liegen	werdet liegen	werdest gelegen haben	werdet gelegen haben
	werde liegen	werden liegen	werde gelegen haben	werden gelegen haben
	Present and Future Conditional		**Past Conditional**	
	würde liegen	würden liegen	würde gelegen haben	würden gelegen haben
	würdest liegen	würdet liegen	würdest gelegen haben	würdet gelegen haben
	würde liegen	würden liegen	würde gelegen haben	würden gelegen haben

EXAMPLES

Die Schuld liegt an dir.
It's your fault.

Wir haben den ganzen Tag neben dem Schwimmbecken in der Sonne gelegen.
We spent the whole day lying out in the sun next to the pool.

Hamburg liegt an der Elbe.
Hamburg is located on the Elbe River.

loben

to praise

Auxiliary verb: haben   **Past participle:** gelobt
Imperative: Lobe! Lobt! Loben Sie!

Mode	Simple Tenses		Compound Tenses	
	Singular	*Plural*	*Singular*	*Plural*
Indicative	**Present**		**Present Perfect**	
	lobe	loben	habe gelobt	haben gelobt
	lobst	lobt	hast gelobt	habt gelobt
	lobt	loben	hat gelobt	haben gelobt
	Past		**Past Perfect**	
	lobte	lobten	hatte gelobt	hatten gelobt
	lobtest	lobtet	hattest gelobt	hattet gelobt
	lobte	lobten	hatte gelobt	hatten gelobt
	Future		**Future Perfect**	
	werde loben	werden loben	werde gelobt haben	werden gelobt haben
	wirst loben	werdet loben	wirst gelobt haben	werdet gelobt haben
	wird loben	werden loben	wird gelobt haben	werden gelobt haben
Subjunctive	**Present**		**Present Perfect**	
	lobe	loben	habe gelobt	haben gelobt
	lobest	lobet	habest gelobt	habet gelobt
	lobe	loben	habe gelobt	haben gelobt
	Past		**Past Perfect**	
	lobte	lobten	hätte gelobt	hätten gelobt
	lobtest	lobtet	hättest gelobt	hättet gelobt
	lobte	lobten	hätte gelobt	hätten gelobt
	Future		**Future Perfect**	
	werde loben	werden loben	werde gelobt haben	werden gelobt haben
	werdest loben	werdet loben	werdest gelobt haben	werdet gelobt haben
	werde loben	werden loben	werde gelobt haben	werden gelobt haben
	Present and Future Conditional		**Past Conditional**	
	würde loben	würden loben	würde gelobt haben	würden gelobt haben
	würdest loben	würdet loben	würdest gelobt haben	würdet gelobt haben
	würde loben	würden loben	würde gelobt haben	würden gelobt haben

EXAMPLES

Du solltest deine Kinder öfter loben.	You should praise your children more often.
Sie ist von ihrem Professor wegen ihrer ausgezeichneten Dissertation gelobt worden.	She was praised by her professor for her excellent disseration.

lohnen (sich)
to be worth, to reward
Auxiliary verb: haben   **Past participle:** gelohnt
Imperative: N/A

Mode	Simple Tenses		Compound Tenses	
	Singular	*Plural*	*Singular*	*Plural*
Indicative	**Present**		**Present Perfect**	
	lohne	lohnen	habe gelohnt	haben gelohnt
	lohnst	lohnt	hast gelohnt	habt gelohnt
	lohnt	lohnen	hat gelohnt	haben gelohnt
	Past		**Past Perfect**	
	lohnte	lohnten	hatte gelohnt	hatten gelohnt
	lohntest	lohntet	hattest gelohnt	hattet gelohnt
	lohnte	lohnten	hatte gelohnt	hatten gelohnt
	Future		**Future Perfect**	
	werde lohnen	werden lohnen	werde gelohnt haben	werden gelohnt haben
	wirst lohnen	werdet lohnen	wirst gelohnt haben	werdet gelohnt haben
	wird lohnen	werden lohnen	wird gelohnt haben	werden gelohnt haben
Subjunctive	**Present**		**Present Perfect**	
	lohne	lohnen	habe gelohnt	haben gelohnt
	lohnest	lohnet	habest gelohnt	habet gelohnt
	lohne	lohnen	habe gelohnt	haben gelohnt
	Past		**Past Perfect**	
	lohnte	lohnten	hätte gelohnt	hätten gelohnt
	lohntest	lohntet	hättest gelohnt	hättet gelohnt
	lohnte	lohnten	hätte gelohnt	hätten gelohnt
	Future		**Future Perfect**	
	werde lohnen	werden lohnen	werde gelohnt haben	werden gelohnt haben
	werdest lohnen	werdet lohnen	werdest gelohnt haben	werdet gelohnt haben
	werde lohnen	werden lohnen	werde gelohnt haben	werden gelohnt haben
	Present and Future Conditional		**Past Conditional**	
	würde lohnen	würden lohnen	würde gelohnt haben	würden gelohnt haben
	würdest lohnen	würdet lohnen	würdest gelohnt haben	würdet gelohnt haben
	würde lohnen	würden lohnen	würde gelohnt haben	würden gelohnt haben

EXAMPLES

Es lohnt sich nicht.

It's not worth it.

Der eigennützige Mann hat seinem Retter mit Undank gelohnt.

The selfish man rewarded his rescuer with ingratitude.

löschen
to extinguish, to quench
Auxiliary verb: haben **Past participle:** gelöscht
Imperative: Lösche! Löscht! Löschen Sie!

Mode	Simple Tenses		Compound Tenses	
	Singular	*Plural*	*Singular*	*Plural*
Indicative	**Present**		**Present Perfect**	
	lösche	löschen	habe gelöscht	haben gelöscht
	löschst	löscht	hast gelöscht	habt gelöscht
	löscht	löschen	hat gelöscht	haben gelöscht
	Past		**Past Perfect**	
	löschte	löschten	hatte gelöscht	hatten gelöscht
	löschtest	löschtet	hattest gelöscht	hattet gelöscht
	löschte	löschten	hatte gelöscht	hatten gelöscht
	Future		**Future Perfect**	
	werde löschen	werden löschen	werde gelöscht haben	werden gelöscht haben
	wirst löschen	werdet löschen	wirst gelöscht haben	werdet gelöscht haben
	wird löschen	werden löschen	wird gelöscht haben	werden gelöscht haben
Subjunctive	**Present**		**Present Perfect**	
	lösche	löschen	habe gelöscht	haben gelöscht
	löschest	löschet	habest gelöscht	habet gelöscht
	lösche	löschen	habe gelöscht	haben gelöscht
	Past		**Past Perfect**	
	löschte	löschten	hätte gelöscht	hätten gelöscht
	löschtest	löschtet	hättest gelöscht	hättet gelöscht
	löschte	löschten	hätte gelöscht	hätten gelöscht
	Future		**Future Perfect**	
	werde löschen	werden löschen	werde gelöscht haben	werden gelöscht haben
	werdest löschen	werdet löschen	werdest gelöscht haben	werdet gelöscht haben
	werde löschen	werden löschen	werde gelöscht haben	werden gelöscht haben
	Present and Future Conditional		**Past Conditional**	
	würde löschen	würden löschen	würde gelöscht haben	würden gelöscht haben
	würdest löschen	würdet löschen	würdest gelöscht haben	würdet gelöscht haben
	würde löschen	würden löschen	würde gelöscht haben	würden gelöscht haben

Note: *Erlöschen* is intransitive. It requires the auxiliary *sein* in the perfect tenses and has the following principal parts: *erlöscht, erlosch, ist erloschen.*

EXAMPLES

Das Mineralwasser löschte meinen Durst sofort.
The mineral water immediately quenched my thirst.

Trotz des starken Windes konnte die Feuerwehr das Feuer löschen.
In spite of the strong wind, the fire department was able to extinguish the fire.

lösen

to loosen, to solve, to dissolve
Auxiliary verb: haben   **Past participle:** gelöst
Imperative: Löse! Löst! Lösen Sie!

Mode	Simple Tenses		Compound Tenses	
	Singular	*Plural*	*Singular*	*Plural*
Indicative	**Present**		**Present Perfect**	
	löse	lösen	habe gelöst	haben gelöst
	löst	löst	hast gelöst	habt gelöst
	löst	lösen	hat gelöst	haben gelöst
	Past		**Past Perfect**	
	löste	lösten	hatte gelöst	hatten gelöst
	löstest	löstet	hattest gelöst	hattet gelöst
	löste	lösten	hatte gelöst	hatten gelöst
	Future		**Future Perfect**	
	werde lösen	werden lösen	werde gelöst haben	werden gelöst haben
	wirst lösen	werdet lösen	wirst gelöst haben	werdet gelöst haben
	wird lösen	werden lösen	wird gelöst haben	werden gelöst haben
Subjunctive	**Present**		**Present Perfect**	
	löse	lösen	habe gelöst	haben gelöst
	lösest	löset	habest gelöst	habet gelöst
	löse	lösen	habe gelöst	haben gelöst
	Past		**Past Perfect**	
	löste	lösten	hätte gelöst	hätten gelöst
	löstest	löstet	hättest gelöst	hättet gelöst
	löste	lösten	hätte gelöst	hätten gelöst
	Future		**Future Perfect**	
	werde lösen	werden lösen	werde gelöst haben	werden gelöst haben
	werdest lösen	werdet lösen	werdest gelöst haben	werdet gelöst haben
	werde lösen	werden lösen	werde gelöst haben	werden gelöst haben
	Present and Future Conditional		**Past Conditional**	
	würde lösen	würden lösen	würde gelöst haben	würden gelöst haben
	würdest lösen	würdet lösen	würdest gelöst haben	würdet gelöst haben
	würde lösen	würden lösen	würde gelöst haben	würden gelöst haben

EXAMPLES

Diese neue Arznei wird seinen Husten lösen.   This new medicine will loosen his cough.
Lisa hat das Rätsel nicht lösen können.   Lisa couldn't solve the riddle.

lügen
to lie, to fib
Auxiliary verb: haben   **Past participle:** gelogen
Imperative: Lüge! Lügt! Lügen Sie!

Mode	Simple Tenses		Compound Tenses	
	Singular	*Plural*	*Singular*	*Plural*
Indicative	**Present**		**Present Perfect**	
	lüge	lügen	habe gelogen	haben gelogen
	lügst	lügt	hast gelogen	habt gelogen
	lügt	lügen	hat gelogen	haben gelogen
	Past		**Past Perfect**	
	log	logen	hatte gelogen	hatten gelogen
	logst	logt	hattest gelogen	hattet gelogen
	log	logen	hatte gelogen	hatten gelogen
	Future		**Future Perfect**	
	werde lügen	werden lügen	werde gelogen haben	werden gelogen haben
	wirst lügen	werdet lügen	wirst gelogen haben	werdet gelogen haben
	wird lügen	werden lügen	wird gelogen haben	werden gelogen haben
Subjunctive	**Present**		**Present Perfect**	
	lüge	lügen	habe gelogen	haben gelogen
	lügest	lüget	habest gelogen	habet gelogen
	lüge	lügen	habe gelogen	haben gelogen
	Past		**Past Perfect**	
	löge	lögen	hätte gelogen	hätten gelogen
	lögest	löget	hättest gelogen	hättet gelogen
	löge	lögen	hätte gelogen	hätten gelogen
	Future		**Future Perfect**	
	werde lügen	werden lügen	werde gelogen haben	werden gelogen haben
	werdest lügen	werdet lügen	werdest gelogen haben	werdet gelogen haben
	werde lügen	werden lügen	werde gelogen haben	werden gelogen haben
	Present and Future Conditional		**Past Conditional**	
	würde lügen	würden lügen	würde gelogen haben	würden gelogen haben
	würdest lügen	würdet lügen	würdest gelogen haben	würdet gelogen haben
	würde lügen	würden lügen	würde gelogen haben	würden gelogen haben

EXAMPLE

Der unverschämte Junge lügt das Blaue vom Himmel herunter.   The shameless boy lies like a rug.

machen

to make, to do

Auxiliary verb: haben   **Past participle:** gemacht
Imperative: Mache! Macht! Machen Sie!

Mode	Simple Tenses		Compound Tenses	
	Singular	*Plural*	*Singular*	*Plural*
Indicative	**Present**		**Present Perfect**	
	mache	machen	habe gemacht	haben gemacht
	machst	macht	hast gemacht	habt gemacht
	macht	machen	hat gemacht	haben gemacht
	Past		**Past Perfect**	
	machte	machten	hatte gemacht	hatten gemacht
	machtest	machtet	hattest gemacht	hattet gemacht
	machte	machten	hatte gemacht	hatten gemacht
	Future		**Future Perfect**	
	werde machen	werden machen	werde gemacht haben	werden gemacht haben
	wirst machen	werdet machen	wirst gemacht haben	werdet gemacht haben
	wird machen	werden machen	wird gemacht haben	werden gemacht haben
Subjunctive	**Present**		**Present Perfect**	
	mache	machen	habe gemacht	haben gemacht
	machest	machet	habest gemacht	habet gemacht
	mache	machen	habe gemacht	haben gemacht
	Past		**Past Perfect**	
	machte	machten	hätte gemacht	hätten gemacht
	machtest	machtet	hättest gemacht	hättet gemacht
	machte	machten	hätte gemacht	hätten gemacht
	Future		**Future Perfect**	
	werde machen	werden machen	werde gemacht haben	werden gemacht haben
	werdest machen	werdet machen	werdest gemacht haben	werdet gemacht haben
	werde machen	werden machen	werde gemacht haben	werden gemacht haben
	Present and Future Conditional		**Past Conditional**	
	würde machen	würden machen	würde gemacht haben	würden gemacht haben
	würdest machen	würdet machen	würdest gemacht haben	würdet gemacht haben
	würde machen	würden machen	würde gemacht haben	würden gemacht haben

EXAMPLES

So macht es jeder.
Everybody does it like that.

Haben Sie diese Röcke selbst gemacht?
Did you make these skirts yourself?

Wir wollten ihm eine kleine Freude machen.
We wanted to do something nice for him.

mähen

to mow, to cut

Auxiliary verb: haben   **Past participle:** gemäht
Imperative: Mähe! Mäht! Mähen Sie!

Mode	Simple Tenses		Compound Tenses	
	Singular	*Plural*	*Singular*	*Plural*
Indicative	**Present**		**Present Perfect**	
	mähe	mähen	habe gemäht	haben gemäht
	mähst	mäht	hast gemäht	habt gemäht
	mäht	mähen	hat gemäht	haben gemäht
	Past		**Past Perfect**	
	mähte	mähten	hatte gemäht	hatten gemäht
	mähtest	mähtet	hattest gemäht	hattet gemäht
	mähte	mähten	hatte gemäht	hatten gemäht
	Future		**Future Perfect**	
	werde mähen	werden mähen	werde gemäht haben	werden gemäht haben
	wirst mähen	werdet mähen	wirst gemäht haben	werdet gemäht haben
	wird mähen	werden mähen	wird gemäht haben	werden gemäht haben
Subjunctive	**Present**		**Present Perfect**	
	mähe	mähen	habe gemäht	haben gemäht
	mähest	mähet	habest gemäht	habet gemäht
	mähe	mähen	habe gemäht	haben gemäht
	Past		**Past Perfect**	
	mähte	mähten	hätte gemäht	hätten gemäht
	mähtest	mähtet	hättest gemäht	hättet gemäht
	mähte	mähten	hätte gemäht	hätten gemäht
	Future		**Future Perfect**	
	werde mähen	werden mähen	werde gemäht haben	werden gemäht haben
	werdest mähen	werdet mähen	werdest gemäht haben	werdet gemäht haben
	werde mähen	werden mähen	werde gemäht haben	werden gemäht haben
	Present and Future Conditional		**Past Conditional**	
	würde mähen	würden mähen	würde gemäht haben	würden gemäht haben
	würdest mähen	würdet mähen	würdest gemäht haben	würdet gemäht haben
	würde mähen	würden mähen	würde gemäht haben	würden gemäht haben

EXAMPLES

Die Wiesen werden morgen gemäht.
Wann mähst du den Rasen?

The meadows will be mowed tomorrow.
When are you going to mow the lawn?

mahlen
to grind, to mill
Auxiliary verb: haben   **Past participle:** gemahlen
Imperative: Mahle! Mahlt! Mahlen Sie!

Mode	Simple Tenses		Compound Tenses	
	Singular	*Plural*	*Singular*	*Plural*
Indicative	**Present**		**Present Perfect**	
	mahle	mahlen	habe gemahlen	haben gemahlen
	mahlst	mahlt	hast gemahlen	habt gemahlen
	mahlt	mahlen	hat gemahlen	haben gemahlen
	Past		**Past Perfect**	
	mahlte	mahlten	hatte gemahlen	hatten gemahlen
	mahltest	mahltet	hattest gemahlen	hattet gemahlen
	mahlte	mahlten	hatte gemahlen	hatten gemahlen
	Future		**Future Perfect**	
	werde mahlen	werden mahlen	werde gemahlen haben	werden gemahlen haben
	wirst mahlen	werdet mahlen	wirst gemahlen haben	werdet gemahlen haben
	wird mahlen	werden mahlen	wird gemahlen haben	werden gemahlen haben
Subjunctive	**Present**		**Present Perfect**	
	mahle	mahlen	habe gemahlen	haben gemahlen
	mahlest	mahlet	habest gemahlen	habet gemahlen
	mahle	mahlen	habe gemahlen	haben gemahlen
	Past		**Past Perfect**	
	mahlte	mahlten	hätte gemahlen	hätten gemahlen
	mahltest	mahltet	hättest gemahlen	hättet gemahlen
	mahlte	mahlten	hätte gemahlen	hätten gemahlen
	Future		**Future Perfect**	
	werde mahlen	werden mahlen	werde gemahlen haben	werden gemahlen haben
	werdest mahlen	werdet mahlen	werdest gemahlen haben	werdet gemahlen haben
	werde mahlen	werden mahlen	werde gemahlen haben	werden gemahlen haben
	Present and Future Conditional		**Past Conditional**	
	würde mahlen	würden mahlen	würde gemahlen haben	würden gemahlen haben
	würdest mahlen	würdet mahlen	würdest gemahlen haben	würdet gemahlen haben
	würde mahlen	würden mahlen	würde gemahlen haben	würden gemahlen haben

EXAMPLES

Wo wird das gemahlene Korn gelagert? — Where will the milled grain be stored?
Die Bauern mahlen das Korn in der Mühle. — The farmers grind the grain at the mill.

mahnen
to remind, to admonish
Auxiliary verb: haben   **Past participle:** gemahnt
Imperative: Mahne! Mahnt! Mahnen Sie!

Mode	Simple Tenses		Compound Tenses	
	Singular	*Plural*	*Singular*	*Plural*
Indicative	**Present**		**Present Perfect**	
	mahne	mahnen	habe gemahnt	haben gemahnt
	mahnst	mahnt	hast gemahnt	habt gemahnt
	mahnt	mahnen	hat gemahnt	haben gemahnt
	Past		**Past Perfect**	
	mahnte	mahnten	hatte gemahnt	hatten gemahnt
	mahntest	mahntet	hattest gemahnt	hattet gemahnt
	mahnte	mahnten	hatte gemahnt	hatten gemahnt
	Future		**Future Perfect**	
	werde mahnen	werden mahnen	werde gemahnt haben	werden gemahnt haben
	wirst mahnen	werdet mahnen	wirst gemahnt haben	werdet gemahnt haben
	wird mahnen	werden mahnen	wird gemahnt haben	werden gemahnt haben
Subjunctive	**Present**		**Present Perfect**	
	mahne	mahnen	habe gemahnt	haben gemahnt
	mahnest	mahnet	habest gemahnt	habet gemahnt
	mahne	mahnen	habe gemahnt	haben gemahnt
	Past		**Past Perfect**	
	mahnte	mahnten	hätte gemahnt	hätten gemahnt
	mahntest	mahntet	hättest gemahnt	hättet gemahnt
	mahnte	mahnten	hätte gemahnt	hätten gemahnt
	Future		**Future Perfect**	
	werde mahnen	werden mahnen	werde gemahnt haben	werden gemahnt haben
	werdest mahnen	werdet mahnen	werdest gemahnt haben	werdet gemahnt haben
	werde mahnen	werden mahnen	werde gemahnt haben	werden gemahnt haben
	Present and Future Conditional		**Past Conditional**	
	würde mahnen	würden mahnen	würde gemahnt haben	würden gemahnt haben
	würdest mahnen	würdet mahnen	würdest gemahnt haben	würdet gemahnt haben
	würde mahnen	würden mahnen	würde gemahnt haben	würden gemahnt haben

EXAMPLES

Nach drei Wochen mahnte ihn die Bibliothek wegen des überfälligen Buches.	After three weeks the library sent him an overdue book notice.
Der geizige Mann hat sie wegen ihrer Schuld gemahnt.	The stingy man reminded her of her debt to him.

malen
to paint, to portray
Auxiliary verb: haben **Past participle:** gemalt
Imperative: Male! Malt! Malen Sie!

Mode	Simple Tenses		Compound Tenses	
	Singular	*Plural*	*Singular*	*Plural*
Indicative	**Present**		**Present Perfect**	
	male	malen	habe gemalt	haben gemalt
	malst	malt	hast gemalt	habt gemalt
	malt	malen	hat gemalt	haben gemalt
	Past		**Past Perfect**	
	malte	malten	hatte gemalt	hatten gemalt
	maltest	maltet	hattest gemalt	hattet gemalt
	malte	malten	hatte gemalt	hatten gemalt
	Future		**Future Perfect**	
	werde malen	werden malen	werde gemalt haben	werden gemalt haben
	wirst malen	werdet malen	wirst gemalt haben	werdet gemalt haben
	wird malen	werden malen	wird gemalt haben	werden gemalt haben
Subjunctive	**Present**		**Present Perfect**	
	male	malen	habe gemalt	haben gemalt
	malest	malet	habest gemalt	habet gemalt
	male	malen	habe gemalt	haben gemalt
	Past		**Past Perfect**	
	malte	malten	hätte gemalt	hätten gemalt
	maltest	maltet	hättest gemalt	hättet gemalt
	malte	malten	hätte gemalt	hätten gemalt
	Future		**Future Perfect**	
	werde malen	werden malen	werde gemalt haben	werden gemalt haben
	werdest malen	werdet malen	werdest gemalt haben	werdet gemalt haben
	werde malen	werden malen	werde gemalt haben	werden gemalt haben
	Present and Future Conditional		**Past Conditional**	
	würde malen	würden malen	würde gemalt haben	würden gemalt haben
	würdest malen	würdet malen	würdest gemalt haben	würdet gemalt haben
	würde malen	würden malen	würde gemalt haben	würden gemalt haben

EXAMPLES

Meine Schwester hat in der Schule ein Selbstporträt gemalt.	My sister painted a self-portrait in school.
Was für Bilder hat der junge Künstler gemalt?	What kind of pictures did the young artist paint?

meiden
to avoid
Auxiliary verb: haben **Past participle:** gemieden
Imperative: Meide! Meidet! Meiden Sie!

Mode	Simple Tenses		Compound Tenses	
	Singular	*Plural*	*Singular*	*Plural*
Indicative	**Present**		**Present Perfect**	
	meide	meiden	habe gemieden	haben gemieden
	meidest	meidet	hast gemieden	habt gemieden
	meidet	meiden	hat gemieden	haben gemieden
	Past		**Past Perfect**	
	mied	mieden	hatte gemieden	hatten gemieden
	miedest	miedet	hattest gemieden	hattet gemieden
	mied	mieden	hatte gemieden	hatten gemieden
	Future		**Future Perfect**	
	werde meiden	werden meiden	werde gemieden haben	werden gemieden haben
	wirst meiden	werdet meiden	wirst gemieden haben	werdet gemieden haben
	wird meiden	werden meiden	wird gemieden haben	werden gemieden haben
Subjunctive	**Present**		**Present Perfect**	
	meide	meiden	habe gemieden	haben gemieden
	meidest	meidet	habest gemieden	habet gemieden
	meide	meiden	habe gemieden	haben gemieden
	Past		**Past Perfect**	
	miede	mieden	hätte gemieden	hätten gemieden
	miedest	miedet	hättest gemieden	hättet gemieden
	miede	mieden	hätte gemieden	hätten gemieden
	Future		**Future Perfect**	
	werde meiden	werden meiden	werde gemieden haben	werden gemieden haben
	werdest meiden	werdet meiden	werdest gemieden haben	werdet gemieden haben
	werde meiden	werden meiden	werde gemieden haben	werden gemieden haben
	Present and Future Conditional		**Past Conditional**	
	würde meiden	würden meiden	würde gemieden haben	würden gemieden haben
	würdest meiden	würdet meiden	würdest gemieden haben	würdet gemieden haben
	würde meiden	würden meiden	würde gemieden haben	würden gemieden haben

EXAMPLES

Man kann nicht alle Probleme meiden.
Die anderen Kinder haben das einsame
Mädchen gemieden.

You can't avoid all problems.
The other children shunned the lonely girl.

meinen

to have the opinion, to mean
Auxiliary verb: haben   **Past participle:** gemeint
Imperative: Meine! Meint! Meinen Sie!

Mode	Simple Tenses		Compound Tenses	
	Singular	*Plural*	*Singular*	*Plural*
Indicative	**Present**		**Present Perfect**	
	meine	meinen	habe gemeint	haben gemeint
	meinst	meint	hast gemeint	habt gemeint
	meint	meinen	hat gemeint	haben gemeint
	Past		**Past Perfect**	
	meinte	meinten	hatte gemeint	hatten gemeint
	meintest	meintet	hattest gemeint	hattet gemeint
	meinte	meinten	hatte gemeint	hatten gemeint
	Future		**Future Perfect**	
	werde meinen	werden meinen	werde gemeint haben	werden gemeint haben
	wirst meinen	werdet meinen	wirst gemeint haben	werdet gemeint haben
	wird meinen	werden meinen	wird gemeint haben	werden gemeint haben
Subjunctive	**Present**		**Present Perfect**	
	meine	meinen	habe gemeint	haben gemeint
	meinest	meinet	habest gemeint	habet gemeint
	meine	meinen	habe gemeint	haben gemeint
	Past		**Past Perfect**	
	meinte	meinten	hätte gemeint	hätten gemeint
	meintest	meintet	hättest gemeint	hättet gemeint
	meinte	meinten	hätte gemeint	hätten gemeint
	Future		**Future Perfect**	
	werde meinen	werden meinen	werde gemeint haben	werden gemeint haben
	werdest meinen	werdet meinen	werdest gemeint haben	werdet gemeint haben
	werde meinen	werden meinen	werde gemeint haben	werden gemeint haben
	Present and Future Conditional		**Past Conditional**	
	würde meinen	würden meinen	würde gemeint haben	würden gemeint haben
	würdest meinen	würdet meinen	würdest gemeint haben	würdet gemeint haben
	würde meinen	würden meinen	würde gemeint haben	würden gemeint haben

EXAMPLES

Was meinst du zu dieser Lage?
Das habe ich nicht so gemeint.

What do you think about this situation?
I didn't mean it like that.

melden (sich)
to inform, to report, to announce
Auxiliary verb: haben   **Past participle:** gemeldet
Imperative: Melde! Meldet! Melden Sie!

Mode	Simple Tenses		Compound Tenses	
	Singular	*Plural*	*Singular*	*Plural*
Indicative	**Present**		**Present Perfect**	
	melde	melden	habe gemeldet	haben gemeldet
	meldest	meldet	hast gemeldet	habt gemeldet
	meldet	melden	hat gemeldet	haben gemeldet
	Past		**Past Perfect**	
	meldete	meldeten	hatte gemeldet	hatten gemeldet
	meldetest	meldetet	hattest gemeldet	hattet gemeldet
	meldete	meldeten	hatte gemeldet	hatten gemeldet
	Future		**Future Perfect**	
	werde melden	werden melden	werde gemeldet haben	werden gemeldet haben
	wirst melden	werdet melden	wirst gemeldet haben	werdet gemeldet haben
	wird melden	werden melden	wird gemeldet haben	werden gemeldet haben
Subjunctive	**Present**		**Present Perfect**	
	melde	melden	habe gemeldet	haben gemeldet
	meldest	meldet	habest gemeldet	habet gemeldet
	melde	melden	habe gemeldet	haben gemeldet
	Past		**Past Perfect**	
	meldete	meldeten	hätte gemeldet	hätten gemeldet
	meldetest	meldetet	hättest gemeldet	hättet gemeldet
	meldete	meldeten	hätte gemeldet	hätten gemeldet
	Future		**Future Perfect**	
	werde melden	werden melden	werde gemeldet haben	werden gemeldet haben
	werdest melden	werdet melden	werdest gemeldet haben	werdet gemeldet haben
	werde melden	werden melden	werde gemeldet haben	werden gemeldet haben
	Present and Future Conditional		**Past Conditional**	
	würde melden	würden melden	würde gemeldet haben	würden gemeldet haben
	würdest melden	würdet melden	würdest gemeldet haben	würdet gemeldet haben
	würde melden	würden melden	würde gemeldet haben	würden gemeldet haben

EXAMPLES

Die alte Frau hat der Polizei den Einbruch gemeldet.
The old woman reported the burglary to the police.

Bitte melden Sie sich, wenn Sie wieder in Darmstadt sind!
Please let us know when you're in Darmstadt again!

melken
to milk
Auxiliary verb: haben **Past participle:** gemelkt
Imperative: Melke! Melkt! Melken Sie!

Mode	Simple Tenses		Compound Tenses	
	Singular	*Plural*	*Singular*	*Plural*
Indicative	**Present**		**Present Perfect**	
	melke	melken	habe gemelkt	haben gemelkt
	melkst	melkt	hast gemelkt	habt gemelkt
	melkt	melken	hat gemelkt	haben gemelkt
	Past		**Past Perfect**	
	melkte	melkten	hatte gemelkt	hatten gemelkt
	melktest	melktet	hattest gemelkt	hattet gemelkt
	melkte	melkten	hatte gemelkt	hatten gemelkt
	Future		**Future Perfect**	
	werde melken	werden melken	werde gemelkt haben	werden gemelkt haben
	wirst melken	werdet melken	wirst gemelkt haben	werdet gemelkt haben
	wird melken	werden melken	wird gemelkt haben	werden gemelkt haben
Subjunctive	**Present**		**Present Perfect**	
	melke	melken	habe gemelkt	haben gemelkt
	melkest	melket	habest gemelkt	habet gemelkt
	melke	melken	habe gemelkt	haben gemelkt
	Past		**Past Perfect**	
	mölke	mölken	hätte gemelkt	hätten gemelkt
	mölkest	mölke	hättest gemelkt	hättet gemelkt
	mölke	mölken	hätte gemelkt	hätten gemelkt
	Future		**Future Perfect**	
	werde melken	werden melken	werde gemelkt haben	werden gemelkt haben
	werdest melken	werdet melken	werdest gemelkt haben	werdet gemelkt haben
	werde melken	werden melken	werde gemelkt haben	werden gemelkt haben
	Present and Future Conditional		**Past Conditional**	
	würde melken	würden melken	würde gemelkt haben	würden gemelkt haben
	würdest melken	würdet melken	würdest gemelkt haben	würdet gemelkt haben
	würde melken	würden melken	würde gemelkt haben	würden gemelkt haben

Note: You will sometimes hear *du milkst* and *er milkt* in the present tense. *Gemelkt* is the past participle in the perfect tenses and *gemolken* serves as a participial adjective. The verb *verhehlen* (to conceal) does something similar. The present- and past-tense forms follow a regular conjugational pattern, but the participle is irregular: *verhehlt, verhehlte, hat verhohlen.*

EXAMPLES

Wo kann man heutzutage frisch gemolkene Milch kaufen?	Where can you buy fresh milk straight from the cow nowadays?
Die Bauern melken früh am Morgen die Kühe.	The farmers milk the cows early in the morning.

merken (sich)
to note, to bear in mind, to remember
Auxiliary verb: haben **Past participle:** gemerkt
Imperative: Merke! Merkt! Merken Sie!

Mode	Simple Tenses		Compound Tenses	
	Singular	*Plural*	*Singular*	*Plural*
Indicative	**Present**		**Present Perfect**	
	merke	merken	habe gemerkt	haben gemerkt
	merkst	merkt	hast gemerkt	habt gemerkt
	merkt	merken	hat gemerkt	haben gemerkt
	Past		**Past Perfect**	
	merkte	merkten	hatte gemerkt	hatten gemerkt
	merktest	merktet	hattest gemerkt	hattet gemerkt
	merkte	merkten	hatte gemerkt	hatten gemerkt
	Future		**Future Perfect**	
	werde merken	werden merken	werde gemerkt haben	werden gemerkt haben
	wirst merken	werdet merken	wirst gemerkt haben	werdet gemerkt haben
	wird merken	werden merken	wird gemerkt haben	werden gemerkt haben
Subjunctive	**Present**		**Present Perfect**	
	merke	merken	habe gemerkt	haben gemerkt
	merkest	merket	habest gemerkt	habet gemerkt
	merke	merken	habe gemerkt	haben gemerkt
	Past		**Past Perfect**	
	merkte	merkten	hätte gemerkt	hätten gemerkt
	merktest	merktet	hättest gemerkt	hättet gemerkt
	merkte	merkten	hätte gemerkt	hätten gemerkt
	Future		**Future Perfect**	
	werde merken	werden merken	werde gemerkt haben	werden gemerkt haben
	werdest merken	werdet merken	werdest gemerkt haben	werdet gemerkt haben
	werde merken	werden merken	werde gemerkt haben	werden gemerkt haben
	Present and Future Conditional		**Past Conditional**	
	würde merken	würden merken	würde gemerkt haben	würden gemerkt haben
	würdest merken	würdet merken	würdest gemerkt haben	würdet gemerkt haben
	würde merken	würden merken	würde gemerkt haben	würden gemerkt haben

EXAMPLES

Ich kann mir einfach keine Zahlen merken.
Hast du gemerkt, dass er sich noch einen neuen Anzug gekauft hat?

I simply can't remember numbers.
Did you notice that he bought another new suit?

messen

to measure

Auxiliary verb: haben   **Past participle:** gemessen
Imperative: Miss! Messt! Messen Sie!

Mode	Simple Tenses		Compound Tenses	
	Singular	*Plural*	*Singular*	*Plural*
Indicative	**Present**		**Present Perfect**	
	messe	messen	habe gemessen	haben gemessen
	misst	messt	hast gemessen	habt gemessen
	misst	messen	hat gemessen	haben gemessen
	Past		**Past Perfect**	
	maß	maßen	hatte gemessen	hatten gemessen
	maßest	maßt	hattest gemessen	hattet gemessen
	maß	maßen	hatte gemessen	hatten gemessen
	Future		**Future Perfect**	
	werde messen	werden messen	werde gemessen haben	werden gemessen haben
	wirst messen	werdet messen	wirst gemessen haben	werdet gemessen haben
	wird messen	werden messen	wird gemessen haben	werden gemessen haben
Subjunctive	**Present**		**Present Perfect**	
	messe	messen	habe gemessen	haben gemessen
	messest	messet	habest gemessen	habet gemessen
	messe	messen	habe gemessen	haben gemessen
	Past		**Past Perfect**	
	mäße	mäßen	hätte gemessen	hätten gemessen
	mäßest	mäßet	hättest gemessen	hättet gemessen
	mäße	mäßen	hätte gemessen	hätten gemessen
	Future		**Future Perfect**	
	werde messen	werden messen	werde gemessen haben	werden gemessen haben
	werdest messen	werdet messen	werdest gemessen haben	werdet gemessen haben
	werde messen	werden messen	werde gemessen haben	werden gemessen haben
	Present and Future Conditional		**Past Conditional**	
	würde messen	würden messen	würde gemessen haben	würden gemessen haben
	würdest messen	würdet messen	würdest gemessen haben	würdet gemessen haben
	würde messen	würden messen	würde gemessen haben	würden gemessen haben

EXAMPLES

An deinem älteren Bruder gemessen bist du noch sehr klein.
Measured against your older brother, you're still very little.

Wir messen die Temperatur des Kranken alle zwanzig Minuten.
We take the patient's temperature every twenty minutes.

mieten

to rent, to hire
Auxiliary verb: haben **Past participle:** gemietet
Imperative: Miete! Mietet! Mieten Sie!

Mode	Simple Tenses		Compound Tenses	
	Singular	*Plural*	*Singular*	*Plural*
Indicative	**Present**		**Present Perfect**	
	miete	mieten	habe gemietet	haben gemietet
	mietest	mietet	hast gemietet	habt gemietet
	mietet	mieten	hat gemietet	haben gemietet
	Past		**Past Perfect**	
	mietete	mieteten	hatte gemietet	hatten gemietet
	mietetest	mietetet	hattest gemietet	hattet gemietet
	mietete	mieteten	hatte gemietet	hatten gemietet
	Future		**Future Perfect**	
	werde mieten	werden mieten	werde gemietet haben	werden gemietet haben
	wirst mieten	werdet mieten	wirst gemietet haben	werdet gemietet haben
	wird mieten	werden mieten	wird gemietet haben	werden gemietet haben
Subjunctive	**Present**		**Present Perfect**	
	miete	mieten	habe gemietet	haben gemietet
	mietest	mietet	habest gemietet	habet gemietet
	miete	mieten	habe gemietet	haben gemietet
	Past		**Past Perfect**	
	mietete	mieteten	hätte gemietet	hätten gemietet
	mietetest	mietetet	hättest gemietet	hättet gemietet
	mietete	mieteten	hätte gemietet	hätten gemietet
	Future		**Future Perfect**	
	werde mieten	werden mieten	werde gemietet haben	werden gemietet haben
	werdest mieten	werdet mieten	werdest gemietet haben	werdet gemietet haben
	werde mieten	werden mieten	werde gemietet haben	werden gemietet haben
	Present and Future Conditional		**Past Conditional**	
	würde mieten	würden mieten	würde gemietet haben	würden gemietet haben
	würdest mieten	würdet mieten	würdest gemietet haben	würdet gemietet haben
	würde mieten	würden mieten	würde gemietet haben	würden gemietet haben

EXAMPLES

Wo kann man in der Nähe einen Wagen mieten?
Der reiche Mann hat ein großes Haus in der
Schillerstraße gemietet.

Where can you rent a car around here?
The rich man rented a big house on
Schiller Street.

mischen
to mix, to combine
Auxiliary verb: haben **Past participle:** gemischt
Imperative: Mische! Mischt! Mischen Sie!

Mode	Simple Tenses		Compound Tenses	
	Singular	*Plural*	*Singular*	*Plural*
Indicative	**Present**		**Present Perfect**	
	mische	mischen	habe gemischt	haben gemischt
	mischst	mischt	hast gemischt	habt gemischt
	mischt	mischen	hat gemischt	haben gemischt
	Past		**Past Perfect**	
	mischte	mischten	hatte gemischt	hatten gemischt
	mischtest	mischtet	hattest gemischt	hattet gemischt
	mischte	mischten	hatte gemischt	hatten gemischt
	Future		**Future Perfect**	
	werde mischen	werden mischen	werde gemischt haben	werden gemischt haben
	wirst mischen	werdet mischen	wirst gemischt haben	werdet gemischt haben
	wird mischen	werden mischen	wird gemischt haben	werden gemischt haben
Subjunctive	**Present**		**Present Perfect**	
	mische	mischen	habe gemischt	haben gemischt
	mischest	mischet	habest gemischt	habet gemischt
	mische	mischen	habe gemischt	haben gemischt
	Past		**Past Perfect**	
	mischte	mischten	hätte gemischt	hätten gemischt
	mischtest	mischtet	hättest gemischt	hättet gemischt
	mischte	mischten	hätte gemischt	hätten gemischt
	Future		**Future Perfect**	
	werde mischen	werden mischen	werde gemischt haben	werden gemischt haben
	werdest mischen	werdet mischen	werdest gemischt haben	werdet gemischt haben
	werde mischen	werden mischen	werde gemischt haben	werden gemischt haben
	Present and Future Conditional		**Past Conditional**	
	würde mischen	würden mischen	würde gemischt haben	würden gemischt haben
	würdest mischen	würdet mischen	würdest gemischt haben	würdet gemischt haben
	würde mischen	würden mischen	würde gemischt haben	würden gemischt haben

EXAMPLES

Du bist jetzt dran, die Karten zu mischen. It's your turn to shuffle the cards.
Diese beiden Lösungen darf man nicht mischen. You mustn't mix these two solutions.

mitteilen
to inform, to communicate
Auxiliary verb: haben   **Past participle:** mitgeteilt
Imperative: Teile mit! Teilt mit! Teilen Sie mit!

Mode	Simple Tenses		Compound Tenses	
	Singular	*Plural*	*Singular*	*Plural*
Indicative	**Present**		**Present Perfect**	
	teile mit	teilen mit	habe mitgeteilt	haben mitgeteilt
	teilst mit	teilt mit	hast mitgeteilt	habt mitgeteilt
	teilt mit	teilen mit	hat mitgeteilt	haben mitgeteilt
	Past		**Past Perfect**	
	teilte mit	teilten mit	hatte mitgeteilt	hatten mitgeteilt
	teiltest mit	teiltet mit	hattest mitgeteilt	hattet mitgeteilt
	teilte mit	teilten mit	hatte mitgeteilt	hatten mitgeteilt
	Future		**Future Perfect**	
	werde mitteilen	werden mitteilen	werde mitgeteilt haben	werden mitgeteilt haben
	wirst mitteilen	werdet mitteilen	wirst mitgeteilt haben	werdet mitgeteilt haben
	wird mitteilen	werden mitteilen	wird mitgeteilt haben	werden mitgeteilt haben
Subjunctive	**Present**		**Present Perfect**	
	teile mit	teilen mit	habe mitgeteilt	haben mitgeteilt
	teilest mit	teilet mit	habest mitgeteilt	habet mitgeteilt
	teile mit	teilen mit	habe mitgeteilt	haben mitgeteilt
	Past		**Past Perfect**	
	teilte mit	teilten mit	hätte mitgeteilt	hätten mitgeteilt
	teiltest mit	teiltet mit	hättest mitgeteilt	hättet mitgeteilt
	teilte mit	teilten mit	hätte mitgeteilt	hätten mitgeteilt
	Future		**Future Perfect**	
	werde mitteilen	werden mitteilen	werde mitgeteilt haben	werden mitgeteilt haben
	werdest mitteilen	werdet mitteilen	werdest mitgeteilt haben	werdet mitgeteilt haben
	werde mitteilen	werden mitteilen	werde mitgeteilt haben	werden mitgeteilt haben
	Present and Future Conditional		**Past Conditional**	
	würde mitteilen	würden mitteilen	würde mitgeteilt haben	würden mitgeteilt haben
	würdest mitteilen	würdet mitteilen	würdest mitgeteilt haben	würdet mitgeteilt haben
	würde mitteilen	würden mitteilen	würde mitgeteilt haben	würden mitgeteilt haben

EXAMPLES

Er hat mir mitgeteilt, dass es einen furchtbaren Unfall gegeben hat.

He informed me that there had been a terrible accident.

Karl wird uns die neuesten Nachrichten mitteilen.

Karl will inform us of the latest news.

möblieren
to furnish
Auxiliary verb: haben   **Past participle:** möbliert
Imperative: Möbliere! Möbliert! Möblieren Sie!

Mode	Simple Tenses		Compound Tenses	
	Singular	*Plural*	*Singular*	*Plural*
Indicative	**Present**		**Present Perfect**	
	möbliere	möblieren	habe möbliert	haben möbliert
	möblierst	möbliert	hast möbliert	habt möbliert
	möbliert	möblieren	hat möbliert	haben möbliert
	Past		**Past Perfect**	
	möblierte	möblierten	hatte möbliert	hatten möbliert
	möbliertest	möbliertet	hattest möbliert	hattet möbliert
	möblierte	möblierten	hatte möbliert	hatten möbliert
	Future		**Future Perfect**	
	werde möblieren	werden möblieren	werde möbliert haben	werden möbliert haben
	wirst möblieren	werdet möblieren	wirst möbliert haben	werdet möbliert haben
	wird möblieren	werden möblieren	wird möbliert haben	werden möbliert haben
Subjunctive	**Present**		**Present Perfect**	
	möbliere	möblieren	habe möbliert	haben möbliert
	möblierest	möblieret	habest möbliert	habet möbliert
	möbliere	möblieren	habe möbliert	haben möbliert
	Past		**Past Perfect**	
	möblierte	möblierten	hätte möbliert	hätten möbliert
	möbliertest	möbliertet	hättest möbliert	hättet möbliert
	möblierte	möblierten	hätte möbliert	hätten möbliert
	Future		**Future Perfect**	
	werde möblieren	werden möblieren	werde möbliert haben	werden möbliert haben
	werdest möblieren	werdet möblieren	werdest möbliert haben	werdet möbliert haben
	werde möblieren	werden möblieren	werde möbliert haben	werden möbliert haben
	Present and Future Conditional		**Past Conditional**	
	würde möblieren	würden möblieren	würde möbliert haben	würden möbliert haben
	würdest möblieren	würdet möblieren	würdest möbliert haben	würdet möbliert haben
	würde möblieren	würden möblieren	würde möbliert haben	würden möbliert haben

EXAMPLE

Ihre neue Wohnung ist sehr schön möbliert.   Your new apartment is very nicely furnished.

mögen
to like, may, might
Auxiliary verb: haben   **Past participle:** gemocht
Imperative: N/A

Mode	Simple Tenses		Compound Tenses	
	Singular	*Plural*	*Singular*	*Plural*
Indicative	**Present**		**Present Perfect**	
	mag	mögen	habe gemocht	haben gemocht
	magst	mögt	hast gemocht	habt gemocht
	mag	mögen	hat gemocht	haben gemocht
	Past		**Past Perfect**	
	mochte	mochten	hatte gemocht	hatten gemocht
	mochtest	mochtet	hattest gemocht	hattet gemocht
	mochte	mochten	hatte gemocht	hatten gemocht
	Future		**Future Perfect**	
	werde mögen	werden mögen	werde gemocht haben	werden gemocht haben
	wirst mögen	werdet mögen	wirst gemocht haben	werdet gemocht haben
	wird mögen	werden mögen	wird gemocht haben	werden gemocht haben
Subjunctive	**Present**		**Present Perfect**	
	möge	mögen	habe gemocht	haben gemocht
	mögest	möget	habest gemocht	habet gemocht
	möge	mögen	habe gemocht	haben gemocht
	Past		**Past Perfect**	
	möchte	möchten	hätte gemocht	hätten gemocht
	möchtest	möchtet	hättest gemocht	hättet gemocht
	möchte	möchten	hätte gemocht	hätten gemocht
	Future		**Future Perfect**	
	werde mögen	werden mögen	werde gemocht haben	werden gemocht haben
	werdest mögen	werdet mögen	werdest gemocht haben	werdet gemocht haben
	werde mögen	werden mögen	werde gemocht haben	werden gemocht haben
	Present and Future Conditional		**Past Conditional**	
	würde mögen	würden mögen	würde gemocht haben	würden gemocht haben
	würdest mögen	würdet mögen	würdest gemocht haben	würdet gemocht haben
	würde mögen	würden mögen	würde gemocht haben	würden gemocht haben

Note: There is frequent use of the subjunctive II *möchte* to mean "would like": *Ich möchte ein Stück Kuchen* (I'd like a piece of cake).

EXAMPLES

Das mag wohl sein.	That may well be.
Die Kinder mögen die Suppe nicht.	The children don't like the soup.
Wir möchten heute abend ins Kino gehen.	We'd like to go to the movies tonight.

münden

to flow, to empty into
Auxiliary verb: haben   **Past participle:** gemündet
Imperative: N/A

Mode	Simple Tenses		Compound Tenses	
	Singular	*Plural*	*Singular*	*Plural*
Indicative	**Present**		**Present Perfect**	
	mündet	münden	hat gemündet	haben gemündet
	Past		**Past Perfect**	
	mündete	mündeten	hatte gemündet	hatten gemündet
	Future		**Future Perfect**	
	wird münden	werden münden	wird gemündet haben	werden gemündet haben
Subjunctive	**Present**		**Present Perfect**	
	münde	münden	habe gemündet	haben gemündet
	Past		**Past Perfect**	
	mündete	mündeten	hätte gemündet	hätten gemündet
	Future		**Future Perfect**	
	werde münden	werden münden	würde münden	würden münden
	Present and Future Conditional		**Past Conditional**	
	werde gemündet haben	werden gemündet haben	würde gemündet haben	würden gemündet haben

Note: This verb is used primarily to describe a body of water that "empties" into another body of water.

EXAMPLES

Die Elbe mündet in die Nordsee.
Welche europäischen Flüsse münden ins
Mittelmeer?

The Elbe empties into the North Sea.
What European rivers flow into the
Mediterranean Sea?

müssen
to have to, must
Auxiliary verb: haben   **Past participle:** gemusst
Imperative: N/A

Mode	Simple Tenses		Compound Tenses	
	Singular	*Plural*	*Singular*	*Plural*
Indicative	**Present**		**Present Perfect**	
	muss	müssen	habe gemusst	haben gemusst
	musst	müsst	hast gemusst	habt gemusst
	muss	müssen	hat gemusst	haben gemusst
	Past		**Past Perfect**	
	musste	mussten	hatte gemusst	hatten gemusst
	musstest	musstet	hattest gemusst	hattet gemusst
	musste	mussten	hatte gemusst	hatten gemusst
	Future		**Future Perfect**	
	werde müssen	werden müssen	werde gemusst haben	werden gemusst haben
	wirst müssen	werdet müssen	wirst gemusst haben	werdet gemusst haben
	wird müssen	werden müssen	wird gemusst haben	werden gemusst haben
Subjunctive	**Present**		**Present Perfect**	
	müsse	müssen	habe gemusst	haben gemusst
	müssest	müsset	habest gemusst	habet gemusst
	müsse	müssen	habe gemusst	haben gemusst
	Past		**Past Perfect**	
	müsste	müssten	hätte gemusst	hätten gemusst
	müsstest	müsstet	hättest gemusst	hättet gemusst
	müsste	müssten	hätte gemusst	hätten gemusst
	Future		**Future Perfect**	
	werde müssen	werden müssen	werde gemusst haben	werden gemusst haben
	werdest müssen	werdet müssen	werdest gemusst haben	werdet gemusst haben
	werde müssen	werden müssen	werde gemusst haben	werden gemusst haben
	Present and Future Conditional		**Past Conditional**	
	würde müssen	würden müssen	würde gemusst haben	würden gemusst haben
	würdest müssen	würdet müssen	würdest gemusst haben	würdet gemusst haben
	würde müssen	würden müssen	würde gemusst haben	würden gemusst haben

Note: This verb is a modal auxiliary. In the perfect and future tenses, when there is a second verb in the sentence, a double-infinitive structure is required: *Haben Sie mit ihm sprechen müssen?* (Did you have to speak with him?)

EXAMPLES

Man muss nichts müssen.	There's nothing that a person has to do.
Es muss schon sehr spät sein.	It must already be very late.

nähen
to sew
Auxiliary verb: haben **Past participle:** genäht
Imperative: Nähe! Näht! Nähen Sie!

Mode	Simple Tenses		Compound Tenses	
	Singular	*Plural*	*Singular*	*Plural*
Indicative	**Present**		**Present Perfect**	
	nähe	nähen	habe genäht	haben genäht
	nähst	näht	hast genäht	habt genäht
	näht	nähen	hat genäht	haben genäht
	Past		**Past Perfect**	
	nähte	nähten	hatte genäht	hatten genäht
	nähtest	nähtet	hattest genäht	hattet genäht
	nähte	nähten	hatte genäht	hatten genäht
	Future		**Future Perfect**	
	werde nähen	werden nähen	werde genäht haben	werden genäht haben
	wirst nähen	werdet nähen	wirst genäht haben	werdet genäht haben
	wird nähen	werden nähen	wird genäht haben	werden genäht haben
Subjunctive	**Present**		**Present Perfect**	
	nähe	nähen	habe genäht	haben genäht
	nähest	nähet	habest genäht	habet genäht
	nähe	nähen	habe genäht	haben genäht
	Past		**Past Perfect**	
	nähte	nähten	hätte genäht	hätten genäht
	nähtest	nähtet	hättest genäht	hättet genäht
	nähte	nähten	hätte genäht	hätten genäht
	Future		**Future Perfect**	
	werde nähen	werden nähen	werde genäht haben	werden genäht haben
	werdest nähen	werdet nähen	werdest genäht haben	werdet genäht haben
	werde nähen	werden nähen	werde genäht haben	werden genäht haben
	Present and Future Conditional		**Past Conditional**	
	würde nähen	würden nähen	würde genäht haben	würden genäht haben
	würdest nähen	würdet nähen	würdest genäht haben	würdet genäht haben
	würde nähen	würden nähen	würde genäht haben	würden genäht haben

EXAMPLES

Kannst du mir diesen Saum nähen? — Can you sew this hem for me?
Sie können sich bei Frau Neumann schöne Röcke und Kleider nähen lassen. — You can have nice skirts and dresses made in Mrs. Neumann's shop.

necken

to tease

Auxiliary verb: haben **Past participle:** geneckt
Imperative: Necke! Neckt! Necken Sie!

Mode	Simple Tenses		Compound Tenses	
	Singular	*Plural*	*Singular*	*Plural*
Indicative	**Present**		**Present Perfect**	
	necke	necken	habe geneckt	haben geneckt
	neckst	neckt	hast geneckt	habt geneckt
	neckt	necken	hat geneckt	haben geneckt
	Past		**Past Perfect**	
	neckte	neckten	hatte geneckt	hatten geneckt
	necktest	necktet	hattest geneckt	hattet geneckt
	neckte	neckten	hatte geneckt	hatten geneckt
	Future		**Future Perfect**	
	werde necken	werden necken	werde geneckt haben	werden geneckt haben
	wirst necken	werdet necken	wirst geneckt haben	werdet geneckt haben
	wird necken	werden necken	wird geneckt haben	werden geneckt haben
Subjunctive	**Present**		**Present Perfect**	
	necke	necken	habe geneckt	haben geneckt
	neckest	necket	habest geneckt	habet geneckt
	necke	necken	habe geneckt	haben geneckt
	Past		**Past Perfect**	
	neckte	neckten	hätte geneckt	hätten geneckt
	necktest	necktet	hättest geneckt	hättet geneckt
	neckte	neckten	hätte geneckt	hätten geneckt
	Future		**Future Perfect**	
	werde necken	werden necken	werde geneckt haben	werden geneckt haben
	werdest necken	werdet necken	werdest geneckt haben	werdet geneckt haben
	werde necken	werden necken	werde geneckt haben	werden geneckt haben
	Present and Future Conditional		**Past Conditional**	
	würde necken	würden necken	würde geneckt haben	würden geneckt haben
	würdest necken	würdet necken	würdest geneckt haben	würdet geneckt haben
	würde necken	würden necken	würde geneckt haben	würden geneckt haben

EXAMPLES

Die Zwillinge necken einander erbarmungslos.
Karsten neckt Daniela, weil er sie gern hat.

The twins tease one another mercilessly.
Karsten teases Daniela, because he likes her.

nehmen
to take
Auxiliary verb: haben **Past participle:** genommen
Imperative: Nimm! Nehmt! Nehmen Sie!

Mode	Simple Tenses		Compound Tenses	
	Singular	*Plural*	*Singular*	*Plural*
Indicative	**Present**		**Present Perfect**	
	nehme	nehmen	habe genommen	haben genommen
	nimmst	nehmt	hast genommen	habt genommen
	nimmt	nehmen	hat genommen	haben genommen
	Past		**Past Perfect**	
	nahm	nahmen	hatte genommen	hatten genommen
	nahmst	nahmt	hattest genommen	hattet genommen
	nahm	nahmen	hatte genommen	hatten genommen
	Future		**Future Perfect**	
	werde nehmen	werden nehmen	werde genommen haben	werden genommen haben
	wirst nehmen	werdet nehmen	wirst genommen haben	werdet genommen haben
	wird nehmen	werden nehmen	wird genommen haben	werden genommen haben
Subjunctive	**Present**		**Present Perfect**	
	nehme	nehmen	habe genommen	haben genommen
	nehmest	nehmet	habest genommen	habet genommen
	nehme	nehmen	habe genommen	haben genommen
	Past		**Past Perfect**	
	nähme	nähmen	hätte genommen	hätten genommen
	nähmest	nähmet	hättest genommen	hättet genommen
	nähme	nähmen	hätte genommen	hätten genommen
	Future		**Future Perfect**	
	werde nehmen	werden nehmen	werde genommen haben	werden genommen haben
	werdest nehmen	werdet nehmen	werdest genommen haben	werdet genommen haben
	werde nehmen	werden nehmen	werde genommen haben	werden genommen haben
	Present and Future Conditional		**Past Conditional**	
	würde nehmen	würden nehmen	würde genommen haben	würden genommen haben
	würdest nehmen	würdet nehmen	würdest genommen haben	würdet genommen haben
	würde nehmen	würden nehmen	würde genommen haben	würden genommen haben

Note: With inseparable prefixes, the principal parts of this verb are, for example, *benimmt, benahm, hat benommen.* With separable prefixes, the principal parts are, for example, *nimmt ab, nahm ab, hat abgenommen.*

EXAMPLES

Meine Eltern haben die Verantwortung auf sich genommen.	My parents took the responsibility.
Er nimmt seinen Hut und Regenschirm und geht.	He takes his hat and umbrella and goes.

neigen (sich)
to incline, to be inclined, to tend
Auxiliary verb: haben   **Past participle:** geneigt
Imperative: Neige! Neigt! Neigen Sie!

Mode	Simple Tenses		Compound Tenses	
	Singular	*Plural*	*Singular*	*Plural*
Indicative	**Present**		**Present Perfect**	
	neige	neigen	habe geneigt	haben geneigt
	neigst	neigt	hast geneigt	habt geneigt
	neigt	neigen	hat geneigt	haben geneigt
	Past		**Past Perfect**	
	neigte	neigten	hatte geneigt	hatten geneigt
	neigtest	neigtet	hattest geneigt	hattet geneigt
	neigte	neigten	hatte geneigt	hatten geneigt
	Future		**Future Perfect**	
	werde neigen	werden neigen	werde geneigt haben	werden geneigt haben
	wirst neigen	werdet neigen	wirst geneigt haben	werdet geneigt haben
	wird neigen	werden neigen	wird geneigt haben	werden geneigt haben
Subjunctive	**Present**		**Present Perfect**	
	neige	neigen	habe geneigt	haben geneigt
	neigest	neiget	habest geneigt	habet geneigt
	neige	neigen	habe geneigt	haben geneigt
	Past		**Past Perfect**	
	neigte	neigten	hätte geneigt	hätten geneigt
	neigtest	neigtet	hättest geneigt	hättet geneigt
	neigte	neigten	hätte geneigt	hätten geneigt
	Future		**Future Perfect**	
	werde neigen	werden neigen	werde geneigt haben	werden geneigt haben
	werdest neigen	werdet neigen	werdest geneigt haben	werdet geneigt haben
	werde neigen	werden neigen	werde geneigt haben	werden geneigt haben
	Present and Future Conditional		**Past Conditional**	
	würde neigen	würden neigen	würde geneigt haben	würden geneigt haben
	würdest neigen	würdet neigen	würdest geneigt haben	würdet geneigt haben
	würde neigen	würden neigen	würde geneigt haben	würden geneigt haben

EXAMPLES

Die Mutter fragt den Arzt, warum ihre Tochter zu Erkältungen neigt.

The mother asks the doctor why her daughter is inclined toward colds.

Er ist dazu geneigt, sich ein neues Auto zu kaufen.

He's leaning toward buying a new car.

nennen
to name, to call
Auxiliary verb: haben   **Past participle:** genannt
Imperative: Nenne! Nennt! Nennen Sie!

Mode	Simple Tenses		Compound Tenses	
	Singular	*Plural*	*Singular*	*Plural*
Indicative	**Present**		**Present Perfect**	
	nenne	nennen	habe genannt	haben genannt
	nennst	nennt	hast genannt	habt genannt
	nennt	nennen	hat genannt	haben genannt
	Past		**Past Perfect**	
	nannte	nannten	hatte genannt	hatten genannt
	nanntest	nanntet	hattest genannt	hattet genannt
	nannte	nannten	hatte genannt	hatten genannt
	Future		**Future Perfect**	
	werde nennen	werden nennen	werde genannt haben	werden genannt haben
	wirst nennen	werdet nennen	wirst genannt haben	werdet genannt haben
	wird nennen	werden nennen	wird genannt haben	werden genannt haben
Subjunctive	**Present**		**Present Perfect**	
	nenne	nennen	habe genannt	haben genannt
	nennest	nennet	habest genannt	habet genannt
	nenne	nennen	habe genannt	haben genannt
	Past		**Past Perfect**	
	nennte	nennten	hätte genannt	hätten genannt
	nenntest	nenntet	hättest genannt	hättet genannt
	nennte	nennten	hätte genannt	hätten genannt
	Future		**Future Perfect**	
	werde nennen	werden nennen	werde genannt haben	werden genannt haben
	werdest nennen	werdet nennen	werdest genannt haben	werdet genannt haben
	werde nennen	werden nennen	werde genannt haben	werden genannt haben
	Present and Future Conditional		**Past Conditional**	
	würde nennen	würden nennen	würde genannt haben	würden genannt haben
	würdest nennen	würdet nennen	würdest genannt haben	würdet genannt haben
	würde nennen	würden nennen	würde genannt haben	würden genannt haben

EXAMPLES

Das nenne ich einfach absurd.
That's what I call absurd.

Sie heißt Angelika, aber alle nennen sie Geli.
Her name is Angelika, but everyone calls her Geli.

niesen

to sneeze

Auxiliary verb: haben   **Past participle:** geniest
Imperative: Niese! Niest! Niesen Sie!

Mode	Simple Tenses		Compound Tenses	
	Singular	*Plural*	*Singular*	*Plural*
Indicative	**Present**		**Present Perfect**	
	niese	niesen	habe geniest	haben geniest
	niest	niest	hast geniest	habt geniest
	niest	niesen	hat geniest	haben geniest
	Past		**Past Perfect**	
	nieste	niesten	hatte geniest	hatten geniest
	niestest	niestet	hattest geniest	hattet geniest
	nieste	niesten	hatte geniest	hatten geniest
	Future		**Future Perfect**	
	werde niesen	werden niesen	werde geniest haben	werden geniest haben
	wirst niesen	werdet niesen	wirst geniest haben	werdet geniest haben
	wird niesen	werden niesen	wird geniest haben	werden geniest haben
Subjunctive	**Present**		**Present Perfect**	
	niese	niesen	habe geniest	haben geniest
	niesest	nieset	habest geniest	habet geniest
	niese	niesen	habe geniest	haben geniest
	Past		**Past Perfect**	
	nieste	niesten	hätte geniest	hätten geniest
	niestest	niestet	hättest geniest	hättet geniest
	nieste	niesten	hätte geniest	hätten geniest
	Future		**Future Perfect**	
	werde niesen	werden niesen	werde geniest haben	werden geniest haben
	werdest niesen	werdet niesen	werdest geniest haben	werdet geniest haben
	werde niesen	werden niesen	werde geniest haben	werden geniest haben
	Present and Future Conditional		**Past Conditional**	
	würde niesen	würden niesen	würde geniest haben	würden geniest haben
	würdest niesen	würdet niesen	würdest geniest haben	würdet geniest haben
	würde niesen	würden niesen	würde geniest haben	würden geniest haben

EXAMPLE

Im Frühling habe ich eine Allergie und niese viel.

In the spring, I have an allergy and sneeze a lot.

öffnen

to open

Auxiliary verb: haben   **Past participle:** geöffnet
Imperative: Öffne! Öffnet! Öffnen Sie!

Mode	Simple Tenses		Compound Tenses	
	Singular	*Plural*	*Singular*	*Plural*
Indicative	**Present**		**Present Perfect**	
	öffne	öffnen	habe geöffnet	haben geöffnet
	öffnest	öffnet	hast geöffnet	habt geöffnet
	öffnet	öffnen	hat geöffnet	haben geöffnet
	Past		**Past Perfect**	
	öffnete	öffneten	hatte geöffnet	hatten geöffnet
	öffnetest	öffnetet	hattest geöffnet	hattet geöffnet
	öffnete	öffneten	hatte geöffnet	hatten geöffnet
	Future		**Future Perfect**	
	werde öffnen	werden öffnen	werde geöffnet haben	werden geöffnet haben
	wirst öffnen	werdet öffnen	wirst geöffnet haben	werdet geöffnet haben
	wird öffnen	werden öffnen	wird geöffnet haben	werden geöffnet haben
Subjunctive	**Present**		**Present Perfect**	
	öffne	öffnen	habe geöffnet	haben geöffnet
	öffnest	öffnet	habest geöffnet	habet geöffnet
	öffne	öffnen	habe geöffnet	haben geöffnet
	Past		**Past Perfect**	
	öffnete	öffneten	hätte geöffnet	hätten geöffnet
	öffnetest	öffnetet	hättest geöffnet	hättet geöffnet
	öffnete	öffneten	hätte geöffnet	hätten geöffnet
	Future		**Future Perfect**	
	werde öffnen	werden öffnen	werde geöffnet haben	werden geöffnet haben
	werdest öffnen	werdet öffnen	werdest geöffnet haben	werdet geöffnet haben
	werde öffnen	werden öffnen	werde geöffnet haben	werden geöffnet haben
	Present and Future Conditional		**Past Conditional**	
	würde öffnen	würden öffnen	würde geöffnet haben	würden geöffnet haben
	würdest öffnen	würdet öffnen	würdest geöffnet haben	würdet geöffnet haben
	würde öffnen	würden öffnen	würde geöffnet haben	würden geöffnet haben

EXAMPLES

Der Tag ist warm und sonnig und sie öffnet alle Fenster.

The day is warm and sunny, and she opens all the windows.

Herr Bauer bekam ein unerwartetes Paket und öffnete es sofort.

Mr. Bauer received an unexpected package and opened it immediately.

ordnen
to arrange, to order
Auxiliary verb: haben   **Past participle:** geordnet
Imperative: Ordne! Ordnet! Ordnen Sie!

Mode	Simple Tenses		Compound Tenses	
	Singular	*Plural*	*Singular*	*Plural*
Indicative	**Present**		**Present Perfect**	
	ordne	ordnen	habe geordnet	haben geordnet
	ordnest	ordnet	hast geordnet	habt geordnet
	ordnet	ordnen	hat geordnet	haben geordnet
	Past		**Past Perfect**	
	ordnete	ordneten	hatte geordnet	hatten geordnet
	ordnetest	ordnetet	hattest geordnet	hattet geordnet
	ordnete	ordneten	hatte geordnet	hatten geordnet
	Future		**Future Perfect**	
	werde ordnen	werden ordnen	werde geordnet haben	werden geordnet haben
	wirst ordnen	werdet ordnen	wirst geordnet haben	werdet geordnet haben
	wird ordnen	werden ordnen	wird geordnet haben	werden geordnet haben
Subjunctive	**Present**		**Present Perfect**	
	ordne	ordnen	habe geordnet	haben geordnet
	ordnest	ordnet	habest geordnet	habet geordnet
	ordne	ordnen	habe geordnet	haben geordnet
	Past		**Past Perfect**	
	ordnete	ordneten	hätte geordnet	hätten geordnet
	ordnetest	ordnetet	hättest geordnet	hättet geordnet
	ordnete	ordneten	hätte geordnet	hätten geordnet
	Future		**Future Perfect**	
	werde ordnen	werden ordnen	werde geordnet haben	werden geordnet haben
	werdest ordnen	werdet ordnen	werdest geordnet haben	werdet geordnet haben
	werde ordnen	werden ordnen	werde geordnet haben	werden geordnet haben
	Present and Future Conditional		**Past Conditional**	
	würde ordnen	würden ordnen	würde geordnet haben	würden geordnet haben
	würdest ordnen	würdet ordnen	würdest geordnet haben	würdet geordnet haben
	würde ordnen	würden ordnen	würde geordnet haben	würden geordnet haben

EXAMPLE

Ich bin jetzt dabei meine Notizen zu ordnen.   I'm working on putting my notes in order.

pachten
to lease, to rent real estate
Auxiliary verb: haben   **Past participle:** gepachtet
Imperative: Pachte! Pachtet! Pachten Sie!

Mode	Simple Tenses		Compound Tenses	
	Singular	*Plural*	*Singular*	*Plural*
Indicative	**Present**		**Present Perfect**	
	pachte	pachten	habe gepachtet	haben gepachtet
	pachtest	pachtet	hast gepachtet	habt gepachtet
	pachtet	pachten	hat gepachtet	haben gepachtet
	Past		**Past Perfect**	
	pachtete	pachteten	hatte gepachtet	hatten gepachtet
	pachtetest	pachtetet	hattest gepachtet	hattet gepachtet
	pachtete	pachteten	hatte gepachtet	hatten gepachtet
	Future		**Future Perfect**	
	werde pachten	werden pachten	werde gepachtet haben	werden gepachtet haben
	wirst pachten	werdet pachten	wirst gepachtet haben	werdet gepachtet haben
	wird pachten	werden pachten	wird gepachtet haben	werden gepachtet haben
Subjunctive	**Present**		**Present Perfect**	
	pachte	pachten	habe gepachtet	haben gepachtet
	pachtest	pachtet	habest gepachtet	habet gepachtet
	pachte	pachten	habe gepachtet	haben gepachtet
	Past		**Past Perfect**	
	pachtete	pachteten	hätte gepachtet	hätten gepachtet
	pachtetest	pachtetet	hättest gepachtet	hättet gepachtet
	pachtete	pachteten	hätte gepachtet	hätten gepachtet
	Future		**Future Perfect**	
	werde pachten	werden pachten	werde gepachtet haben	werden gepachtet haben
	werdest pachten	werdet pachten	werdest gepachtet haben	werdet gepachtet haben
	werde pachten	werden pachten	werde gepachtet haben	werden gepachtet haben
	Present and Future Conditional		**Past Conditional**	
	würde pachten	würden pachten	würde gepachtet haben	würden gepachtet haben
	würdest pachten	würdet pachten	würdest gepachtet haben	würdet gepachtet haben
	würde pachten	würden pachten	würde gepachtet haben	würden gepachtet haben

EXAMPLES

Sie haben einen Bauernhof in der Nähe von Oldenburg gepachtet.

They've leased a farm in the vicinity of Oldenburg.

Der junge Koch wird eine Gaststätte in der Stadt pachten.

The young cook is going to lease a cafe in the city.

paddeln

to paddle, to row

Auxiliary verb: haben   **Past participle:** gepaddelt
Imperative: Paddele! Paddelt! Paddeln Sie!

Mode	Simple Tenses		Compound Tenses	
	Singular	*Plural*	*Singular*	*Plural*
Indicative	**Present**		**Present Perfect**	
	paddele	paddeln	habe gepaddelt	haben gepaddelt
	paddelst	paddelt	hast gepaddelt	habt gepaddelt
	paddelt	paddeln	hat gepaddelt	haben gepaddelt
	Past		**Past Perfect**	
	paddelte	paddelten	hatte gepaddelt	hatten gepaddelt
	paddeltest	paddeltet	hattest gepaddelt	hattet gepaddelt
	paddelte	paddelten	hatte gepaddelt	hatten gepaddelt
	Future		**Future Perfect**	
	werde paddeln	werden paddeln	werde gepaddelt haben	werden gepaddelt haben
	wirst paddeln	werdet paddeln	wirst gepaddelt haben	werdet gepaddelt haben
	wird paddeln	werden paddeln	wird gepaddelt haben	werden gepaddelt haben
Subjunctive	**Present**		**Present Perfect**	
	paddele	paddeln	habe gepaddelt	haben gepaddelt
	paddelst	paddelt	habest gepaddelt	habet gepaddelt
	paddele	paddeln	habe gepaddelt	haben gepaddelt
	Past		**Past Perfect**	
	paddelte	paddelten	hätte gepaddelt	hätten gepaddelt
	paddeltest	paddeltet	hättest gepaddelt	hättet gepaddelt
	paddelte	paddelten	hätte gepaddelt	hätten gepaddelt
	Future		**Future Perfect**	
	werde paddeln	werden paddeln	werde gepaddelt haben	werden gepaddelt haben
	werdest paddeln	werdet paddeln	werdest gepaddelt haben	werdet gepaddelt haben
	werde paddeln	werden paddeln	werde gepaddelt haben	werden gepaddelt haben
	Present and Future Conditional		**Past Conditional**	
	würde paddeln	würden paddeln	würde gepaddelt haben	würden gepaddelt haben
	würdest paddeln	würdet paddeln	würdest gepaddelt haben	würdet gepaddelt haben
	würde paddeln	würden paddeln	würde gepaddelt haben	würden gepaddelt haben

EXAMPLES

Wir haben den ganzen Nachmittag gepaddelt und jetzt sind wir erschöpft.

Kannst du nicht paddeln helfen?

We paddled all afternoon, and now we're exhausted.

Can't you help row?

parken
to park
Auxiliary verb: haben   **Past participle:** geparkt
Imperative: Parke! Parkt! Parken Sie!

Mode	Simple Tenses		Compound Tenses	
	Singular	*Plural*	*Singular*	*Plural*
Indicative	**Present**		**Present Perfect**	
	parke	parken	habe geparkt	haben geparkt
	parkst	parkt	hast geparkt	habt geparkt
	parkt	parken	hat geparkt	haben geparkt
	Past		**Past Perfect**	
	parkte	parkten	hatte geparkt	hatten geparkt
	parktest	parktet	hattest geparkt	hattet geparkt
	parkte	parkten	hatte geparkt	hatten geparkt
	Future		**Future Perfect**	
	werde parken	werden parken	werde geparkt haben	werden geparkt haben
	wirst parken	werdet parken	wirst geparkt haben	werdet geparkt haben
	wird parken	werden parken	wird geparkt haben	werden geparkt haben
Subjunctive	**Present**		**Present Perfect**	
	parke	parken	habe geparkt	haben geparkt
	parkest	parket	habest geparkt	habet geparkt
	parke	parken	habe geparkt	haben geparkt
	Past		**Past Perfect**	
	parkte	parkten	hätte geparkt	hätten geparkt
	parktest	parktet	hättest geparkt	hättet geparkt
	parkte	parkten	hätte geparkt	hätten geparkt
	Future		**Future Perfect**	
	werde parken	werden parken	werde geparkt haben	werden geparkt haben
	werdest parken	werdet parken	werdest geparkt haben	werdet geparkt haben
	werde parken	werden parken	werde geparkt haben	werden geparkt haben
	Present and Future Conditional		**Past Conditional**	
	würde parken	würden parken	würde geparkt haben	würden geparkt haben
	würdest parken	würdet parken	würdest geparkt haben	würdet geparkt haben
	würde parken	würden parken	würde geparkt haben	würden geparkt haben

EXAMPLES

Hast du an einem Parkautomaten geparkt?
Es ist immer sehr schwierig in einer
Großstadt zu parken.

Did you park at a parking meter?
It's always so difficult to park in a big city.

passen

to fit

Auxiliary verb: haben **Past participle:** gepasst

Imperative: Passe! Passt! Passen Sie!

Mode	Simple Tenses		Compound Tenses	
	Singular	*Plural*	*Singular*	*Plural*
Indicative	**Present**		**Present Perfect**	
	passe	passen	habe gepasst	haben gepasst
	passt	passt	hast gepasst	habt gepasst
	passt	passen	hat gepasst	haben gepasst
	Past		**Past Perfect**	
	passte	passten	hatte gepasst	hatten gepasst
	passtest	passtet	hattest gepasst	hattet gepasst
	passte	passten	hatte gepasst	hatten gepasst
	Future		**Future Perfect**	
	werde passen	werden passen	werde gepasst haben	werden gepasst haben
	wirst passen	werdet passen	wirst gepasst haben	werdet gepasst haben
	wird passen	werden passen	wird gepasst haben	werden gepasst haben
Subjunctive	**Present**		**Present Perfect**	
	passe	passen	habe gepasst	haben gepasst
	passest	passet	habest gepasst	habet gepasst
	passe	passen	habe gepasst	haben gepasst
	Past		**Past Perfect**	
	passte	passten	hätte gepasst	hätten gepasst
	passtest	passtet	hättest gepasst	hättet gepasst
	passte	passten	hätte gepasst	hätten gepasst
	Future		**Future Perfect**	
	werde passen	werden passen	werde gepasst haben	werden gepasst haben
	werdest passen	werdet passen	werdest gepasst haben	werdet gepasst haben
	werde passen	werden passen	werde gepasst haben	werden gepasst haben
	Present and Future Conditional		**Past Conditional**	
	würde passen	würden passen	würde gepasst haben	würden gepasst haben
	würdest passen	würdet passen	würdest gepasst haben	würdet gepasst haben
	würde passen	würden passen	würde gepasst haben	würden gepasst haben

EXAMPLES

Das grössere Hemd passt mir besser.
The larger shirt fits me better.

Dieser Termin passt mir leider gar nicht.
Unfortunately, this appointment doesn't fit my schedule.

passieren
to happen, to pass, to travel through
Auxiliary verb: sein   **Past participle:** passiert
Imperative: Passiere! Passiert! Passieren Sie!

Mode	Simple Tenses		Compound Tenses	
	Singular	*Plural*	*Singular*	*Plural*
Indicative	**Present**		**Present Perfect**	
	passiere	passieren	bin passiert	sind passiert
	passierst	passiert	bist passiert	seid passiert
	passiert	passieren	ist passiert	sind passiert
	Past		**Past Perfect**	
	passierte	passierten	war passiert	waren passiert
	passiertest	passiertet	warst passiert	wart passiert
	passierte	passierten	war passiert	waren passiert
	Future		**Future Perfect**	
	werde passieren	werden passieren	werde passiert sein	werden passiert sein
	wirst passieren	werdet passieren	wirst passiert sein	werdet passiert sein
	wird passieren	werden passieren	wird passiert sein	werden passiert sein
Subjunctive	**Present**		**Present Perfect**	
	passiere	passieren	sei passiert	seien passiert
	passierest	passieret	seiest passiert	seiet passiert
	passiere	passieren	sei passiert	seien passiert
	Past		**Past Perfect**	
	passierte	passierten	wäre passiert	wären passiert
	passiertest	passiertet	wärest passiert	wäret passiert
	passierte	passierten	wäre passiert	wären passiert
	Future		**Future Perfect**	
	werde passieren	werden passieren	werde passiert sein	werden passiert sein
	werdest passieren	werdet passieren	werdest passiert sein	werdet passiert sein
	werde passieren	werden passieren	werde passiert sein	werden passiert sein
	Present and Future Conditional		**Past Conditional**	
	würde passieren	würden passieren	würde passiert sein	würden passiert sein
	würdest passieren	würdet passieren	würdest passiert sein	würdet passiert sein
	würde passieren	würden passieren	würde passiert sein	würden passiert sein

Note: When *passieren* means "to pass," it is a transitive verb and requires *haben* as its auxiliary in the perfect tenses.

EXAMPLES

Was ist Ihnen passiert?	What has happened to you?
In der Nähe des Marktplatzes passierte ein schwerer Unfall.	A bad accident happened near the market square.
Der Bus passiert gerade die Kreuzung.	The bus is just now passing the intersection.

pfeifen
to whistle
Auxiliary verb: haben   **Past participle:** gepfiffen
Imperative: Pfeife! Pfeift! Pfeifen Sie!

Mode	Simple Tenses		Compound Tenses	
	Singular	*Plural*	*Singular*	*Plural*
Indicative	**Present**		**Present Perfect**	
	pfeife	pfeifen	habe gepfiffen	haben gepfiffen
	pfeifst	pfeift	hast gepfiffen	habt gepfiffen
	pfeift	pfeifen	hat gepfiffen	haben gepfiffen
	Past		**Past Perfect**	
	pfiff	pfiffen	hatte gepfiffen	hatten gepfiffen
	pfiffst	pfifft	hattest gepfiffen	hattet gepfiffen
	pfiff	pfiffen	hatte gepfiffen	hatten gepfiffen
	Future		**Future Perfect**	
	werde pfeifen	werden pfeifen	werde gepfiffen haben	werden gepfiffen haben
	wirst pfeifen	werdet pfeifen	wirst gepfiffen haben	werdet gepfiffen haben
	wird pfeifen	werden pfeifen	wird gepfiffen haben	werden gepfiffen haben
Subjunctive	**Present**		**Present Perfect**	
	pfeife	pfeifen	habe gepfiffen	haben gepfiffen
	pfeifest	pfeifet	habest gepfiffen	habet gepfiffen
	pfeife	pfeifen	habe gepfiffen	haben gepfiffen
	Past		**Past Perfect**	
	pfiffe	pfiffen	hätte gepfiffen	hätten gepfiffen
	pfiffest	pfiffet	hättest gepfiffen	hättet gepfiffen
	pfiffe	pfiffen	hätte gepfiffen	hätten gepfiffen
	Future		**Future Perfect**	
	werde pfeifen	werden pfeifen	werde gepfiffen haben	werden gepfiffen haben
	werdest pfeifen	werdet pfeifen	werdest gepfiffen haben	werdet gepfiffen haben
	werde pfeifen	werden pfeifen	werde gepfiffen haben	werden gepfiffen haben
	Present and Future Conditional		**Past Conditional**	
	würde pfeifen	würden pfeifen	würde gepfiffen haben	würden gepfiffen haben
	würdest pfeifen	würdet pfeifen	würdest gepfiffen haben	würdet gepfiffen haben
	würde pfeifen	würden pfeifen	würde gepfiffen haben	würden gepfiffen haben

EXAMPLES

Ich fragte den Jungen, ob er pfeifen kann. — I asked the boy whether he could whistle.
Der Maler pfeift beim Arbeiten vor sich hin. — The painter whistles to himself while he works.

pflanzen
to plant
Auxiliary verb: haben **Past participle:** gepflanzt
Imperative: Pflanze! Pflanzt! Pflanzen Sie!

Mode	Simple Tenses		Compound Tenses	
	Singular	*Plural*	*Singular*	*Plural*
Indicative	**Present**		**Present Perfect**	
	pflanze	pflanzen	habe gepflanzt	haben gepflanzt
	pflanzt	pflanzt	hast gepflanzt	habt gepflanzt
	pflanzt	pflanzen	hat gepflanzt	haben gepflanzt
	Past		**Past Perfect**	
	pflanzte	pflanzten	hatte gepflanzt	hatten gepflanzt
	pflanztest	pflanztet	hattest gepflanzt	hattet gepflanzt
	pflanzte	pflanzten	hatte gepflanzt	hatten gepflanzt
	Future		**Future Perfect**	
	werde pflanzen	werden pflanzen	werde gepflanzt haben	werden gepflanzt haben
	wirst pflanzen	werdet pflanzen	wirst gepflanzt haben	werdet gepflanzt haben
	wird pflanzen	werden pflanzen	wird gepflanzt haben	werden gepflanzt haben
Subjunctive	**Present**		**Present Perfect**	
	pflanze	pflanzen	habe gepflanzt	haben gepflanzt
	pflanzest	pflanzet	habest gepflanzt	habet gepflanzt
	pflanze	pflanzen	habe gepflanzt	haben gepflanzt
	Past		**Past Perfect**	
	pflanzte	pflanzten	hätte gepflanzt	hätten gepflanzt
	pflanztest	pflanztet	hättest gepflanzt	hättet gepflanzt
	pflanzte	pflanzten	hätte gepflanzt	hätten gepflanzt
	Future		**Future Perfect**	
	werde pflanzen	werden pflanzen	werde gepflanzt haben	werden gepflanzt haben
	werdest pflanzen	werdet pflanzen	werdest gepflanzt haben	werdet gepflanzt haben
	werde pflanzen	werden pflanzen	werde gepflanzt haben	werden gepflanzt haben
	Present and Future Conditional		**Past Conditional**	
	würde pflanzen	würden pflanzen	würde gepflanzt haben	würden gepflanzt haben
	würdest pflanzen	würdet pflanzen	würdest gepflanzt haben	würdet gepflanzt haben
	würde pflanzen	würden pflanzen	würde gepflanzt haben	würden gepflanzt haben

EXAMPLES

Ich möchte hier hunderte von Rosen pflanzen.
Die Bäuerin hat im Garten Gemüse und ein paar Blumen gepflanzt.

I want to plant hundreds of roses here.
The farm woman planted vegetables and a few flowers in her garden.

pflegen

to care for, to tend

Auxiliary verb: haben   **Past participle:** gepflegt
Imperative: Pflege! Pflegt! Pflegen Sie!

Mode	Simple Tenses		Compound Tenses	
	Singular	*Plural*	*Singular*	*Plural*
Indicative	**Present**		**Present Perfect**	
	pflege	pflegen	habe gepflegt	haben gepflegt
	pflegst	pflegt	hast gepflegt	habt gepflegt
	pflegt	pflegen	hat gepflegt	haben gepflegt
	Past		**Past Perfect**	
	pflegte	pflegten	hatte gepflegt	hatten gepflegt
	pflegtest	pflegtet	hattest gepflegt	hattet gepflegt
	pflegte	pflegten	hatte gepflegt	hatten gepflegt
	Future		**Future Perfect**	
	werde pflegen	werden pflegen	werde gepflegt haben	werden gepflegt haben
	wirst pflegen	werdet pflegen	wirst gepflegt haben	werdet gepflegt haben
	wird pflegen	werden pflegen	wird gepflegt haben	werden gepflegt haben
Subjunctive	**Present**		**Present Perfect**	
	pflege	pflegen	habe gepflegt	haben gepflegt
	pflegest	pfleget	habest gepflegt	habet gepflegt
	pflege	pflegen	habe gepflegt	haben gepflegt
	Past		**Past Perfect**	
	pflegte	pflegten	hätte gepflegt	hätten gepflegt
	pflegtest	pflegtet	hättest gepflegt	hättet gepflegt
	pflegte	pflegten	hätte gepflegt	hätten gepflegt
	Future		**Future Perfect**	
	werde pflegen	werden pflegen	werde gepflegt haben	werden gepflegt haben
	werdest pflegen	werdet pflegen	werdest gepflegt haben	werdet gepflegt haben
	werde pflegen	werden pflegen	werde gepflegt haben	werden gepflegt haben
	Present and Future Conditional		**Past Conditional**	
	würde pflegen	würden pflegen	würde gepflegt haben	würden gepflegt haben
	würdest pflegen	würdet pflegen	würdest gepflegt haben	würdet gepflegt haben
	würde pflegen	würden pflegen	würde gepflegt haben	würden gepflegt haben

EXAMPLES

Ich pflegte eine Freundschaft mit einem alten Schulkameraden.

I cultivated a friendship with an old school friend.

Der verletzte Mann wird von seiner Frau gepflegt.

The injured man is cared for by his wife.

pflücken

to pick, to pluck
Auxiliary verb: haben   **Past participle:** gepflückt
Imperative: Pflücke! Pflückt! Pflücken Sie!

Mode	Simple Tenses		Compound Tenses	
	Singular	*Plural*	*Singular*	*Plural*
Indicative	**Present**		**Present Perfect**	
	pflücke	pflücken	habe gepflückt	haben gepflückt
	pflückst	pflückt	hast gepflückt	habt gepflückt
	pflückt	pflücken	hat gepflückt	haben gepflückt
	Past		**Past Perfect**	
	pflückte	pflückten	hatte gepflückt	hatten gepflückt
	pflücktest	pflücktet	hattest gepflückt	hattet gepflückt
	pflückte	pflückten	hatte gepflückt	hatten gepflückt
	Future		**Future Perfect**	
	werde pflücken	werden pflücken	werde gepflückt haben	werden gepflückt haben
	wirst pflücken	werdet pflücken	wirst gepflückt haben	werdet gepflückt haben
	wird pflücken	werden pflücken	wird gepflückt haben	werden gepflückt haben
Subjunctive	**Present**		**Present Perfect**	
	pflücke	pflücken	habe gepflückt	haben gepflückt
	pflückest	pflücket	habest gepflückt	habet gepflückt
	pflücke	pflücken	habe gepflückt	haben gepflückt
	Past		**Past Perfect**	
	pflückte	pflückten	hätte gepflückt	hätten gepflückt
	pflücktest	pflücktet	hättest gepflückt	hättet gepflückt
	pflückte	pflückten	hätte gepflückt	hätten gepflückt
	Future		**Future Perfect**	
	werde pflücken	werden pflücken	werde gepflückt haben	werden gepflückt haben
	werdest pflücken	werdet pflücken	werdest gepflückt haben	werdet gepflückt haben
	werde pflücken	werden pflücken	werde gepflückt haben	werden gepflückt haben
	Present and Future Conditional		**Past Conditional**	
	würde pflücken	würden pflücken	würde gepflückt haben	würden gepflückt haben
	würdest pflücken	würdet pflücken	würdest gepflückt haben	würdet gepflückt haben
	würde pflücken	würden pflücken	würde gepflückt haben	würden gepflückt haben

EXAMPLES

Tante Luise ist im Garten und pflückt Tulpen.   Aunt Luise is in the garden picking tulips.
Wer hat so viele Blumen gepflückt?   Who picked so many flowers?

plagen
to plague, to annoy
Auxiliary verb: haben   **Past participle:** geplagt
Imperative: Plage! Plagt! Plagen Sie!

Mode	Simple Tenses		Compound Tenses	
	Singular	*Plural*	*Singular*	*Plural*
Indicative	**Present**		**Present Perfect**	
	plage	plagen	habe geplagt	haben geplagt
	plagst	plagt	hast geplagt	habt geplagt
	plagt	plagen	hat geplagt	haben geplagt
	Past		**Past Perfect**	
	plagte	plagten	hatte geplagt	hatten geplagt
	plagtest	plagtet	hattest geplagt	hattet geplagt
	plagte	plagten	hatte geplagt	hatten geplagt
	Future		**Future Perfect**	
	werde plagen	werden plagen	werde geplagt haben	werden geplagt haben
	wirst plagen	werdet plagen	wirst geplagt haben	werdet geplagt haben
	wird plagen	werden plagen	wird geplagt haben	werden geplagt haben
Subjunctive	**Present**		**Present Perfect**	
	plage	plagen	habe geplagt	haben geplagt
	plagest	plaget	habest geplagt	habet geplagt
	plage	plagen	habe geplagt	haben geplagt
	Past		**Past Perfect**	
	plagte	plagten	hätte geplagt	hätten geplagt
	plagtest	plagtet	hättest geplagt	hättet geplagt
	plagte	plagten	hätte geplagt	hätten geplagt
	Future		**Future Perfect**	
	werde plagen	werden plagen	werde geplagt haben	werden geplagt haben
	werdest plagen	werdet plagen	werdest geplagt haben	werdet geplagt haben
	werde plagen	werden plagen	werde geplagt haben	werden geplagt haben
	Present and Future Conditional		**Past Conditional**	
	würde plagen	würden plagen	würde geplagt haben	würden geplagt haben
	würdest plagen	würdet plagen	würdest geplagt haben	würdet geplagt haben
	würde plagen	würden plagen	würde geplagt haben	würden geplagt haben

EXAMPLES

Die Kinder plagen ihn mit Fragen.
Mein Mann ist wieder von Kopfschmerzen geplagt.

The children annoy him with questions.
My husband is plagued by headaches again.

platzen

to burst, to explode

Auxiliary verb: sein   **Past participle:** geplatzt
Imperative: Platze! Platzt! Platzen Sie!

Mode	Simple Tenses		Compound Tenses	
	Singular	*Plural*	*Singular*	*Plural*
Indicative	**Present**		**Present Perfect**	
	platze	platzen	bin geplatzt	sind geplatzt
	platzt	platzt	bist geplatzt	seid geplatzt
	platzt	platzen	ist geplatzt	sind geplatzt
	Past		**Past Perfect**	
	platzte	platzten	war geplatzt	waren geplatzt
	platztest	platztet	warst geplatzt	wart geplatzt
	platzte	platzten	war geplatzt	waren geplatzt
	Future		**Future Perfect**	
	werde platzen	werden platzen	werde geplatzt sein	werden geplatzt sein
	wirst platzen	werdet platzen	wirst geplatzt sein	werdet geplatzt sein
	wird platzen	werden platzen	wird geplatzt sein	werden geplatzt sein
Subjunctive	**Present**		**Present Perfect**	
	platze	platzen	sei geplatzt	seien geplatzt
	platzest	platzet	seiest geplatzt	seiet geplatzt
	platze	platzen	sei geplatzt	seien geplatzt
	Past		**Past Perfect**	
	platzte	platzten	wäre geplatzt	wären geplatzt
	platztest	platztet	wärest geplatzt	wäret geplatzt
	platzte	platzten	wäre geplatzt	wären geplatzt
	Future		**Future Perfect**	
	werde platzen	werden platzen	werde geplatzt sein	werden geplatzt sein
	werdest platzen	werdet platzen	werdest geplatzt sein	werdet geplatzt sein
	werde platzen	werden platzen	werde geplatzt sein	werden geplatzt sein
	Present and Future Conditional		**Past Conditional**	
	würde platzen	würden platzen	würde geplatzt sein	würden geplatzt sein
	würdest platzen	würdet platzen	würdest geplatzt sein	würdet geplatzt sein
	würde platzen	würden platzen	würde geplatzt sein	würden geplatzt sein

EXAMPLES

Mir platzt fast der Kopf von so viel Arbeit!   My head is about to explode from all this work!
Sie schrie, als ihr Ballon platzte.   She screamed when her balloon burst.

plaudern
to chat, to converse
Auxiliary verb: haben   **Past participle:** geplaudert
Imperative: Plaudere! Plaudert! Plaudern Sie!

Mode	Simple Tenses		Compound Tenses	
	Singular	*Plural*	*Singular*	*Plural*
Indicative	**Present**		**Present Perfect**	
	plaudere	plaudern	habe geplaudert	haben geplaudert
	plauderst	plaudert	hast geplaudert	habt geplaudert
	plaudert	plaudern	hat geplaudert	haben geplaudert
	Past		**Past Perfect**	
	plauderte	plauderten	hatte geplaudert	hatten geplaudert
	plaudertest	plaudertet	hattest geplaudert	hattet geplaudert
	plauderte	plauderten	hatte geplaudert	hatten geplaudert
	Future		**Future Perfect**	
	werde plaudern	werden plaudern	werde geplaudert haben	werden geplaudert haben
	wirst plaudern	werdet plaudern	wirst geplaudert haben	werdet geplaudert haben
	wird plaudern	werden plaudern	wird geplaudert haben	werden geplaudert haben
Subjunctive	**Present**		**Present Perfect**	
	plaudere	plaudern	habe geplaudert	haben geplaudert
	plauderst	plaudert	habest geplaudert	habet geplaudert
	plaudere	plaudern	habe geplaudert	haben geplaudert
	Past		**Past Perfect**	
	plauderte	plauderten	hätte geplaudert	hätten geplaudert
	plaudertest	plaudertet	hättest geplaudert	hättet geplaudert
	plauderte	plauderten	hätte geplaudert	hätten geplaudert
	Future		**Future Perfect**	
	werde plaudern	werden plaudern	werde geplaudert haben	werden geplaudert haben
	werdest plaudern	werdet plaudern	werdest geplaudert haben	werdet geplaudert haben
	werde plaudern	werden plaudern	werde geplaudert haben	werden geplaudert haben
	Present and Future Conditional		**Past Conditional**	
	würde plaudern	würden plaudern	würde geplaudert haben	würden geplaudert haben
	würdest plaudern	würdet plaudern	würdest geplaudert haben	würdet geplaudert haben
	würde plaudern	würden plaudern	würde geplaudert haben	würden geplaudert haben

EXAMPLES

Es ist immer schön mit alten Bekannten zu plaudern.
It is always nice to chat with old acquaintances.

Ich habe lange mit einem alten Freund geplaudert.
I chatted with an old friend for a long time.

prägen

to coin, to stamp
Auxiliary verb: haben **Past participle:** geprägt
Imperative: Präge! Prägt! Prägen Sie!

Mode	Simple Tenses		Compound Tenses	
	Singular	*Plural*	*Singular*	*Plural*
Indicative	**Present**		**Present Perfect**	
	präge	prägen	habe geprägt	haben geprägt
	prägst	prägt	hast geprägt	habt geprägt
	prägt	prägen	hat geprägt	haben geprägt
	Past		**Past Perfect**	
	prägte	prägten	hatte geprägt	hatten geprägt
	prägtest	prägtet	hattest geprägt	hattet geprägt
	prägte	prägten	hatte geprägt	hatten geprägt
	Future		**Future Perfect**	
	werde prägen	werden prägen	werde geprägt haben	werden geprägt haben
	wirst prägen	werdet prägen	wirst geprägt haben	werdet geprägt haben
	wird prägen	werden prägen	wird geprägt haben	werden geprägt haben
Subjunctive	**Present**		**Present Perfect**	
	präge	prägen	habe geprägt	haben geprägt
	prägest	präget	habest geprägt	habet geprägt
	präge	prägen	habe geprägt	haben geprägt
	Past		**Past Perfect**	
	prägte	prägten	hätte geprägt	hätten geprägt
	prägtest	prägtet	hättest geprägt	hättet geprägt
	prägte	prägten	hätte geprägt	hätten geprägt
	Future		**Future Perfect**	
	werde prägen	werden prägen	werde geprägt haben	werden geprägt haben
	werdest prägen	werdet prägen	werdest geprägt haben	werdet geprägt haben
	werde prägen	werden prägen	werde geprägt haben	werden geprägt haben
	Present and Future Conditional		**Past Conditional**	
	würde prägen	würden prägen	würde geprägt haben	würden geprägt haben
	würdest prägen	würdet prägen	würdest geprägt haben	würdet geprägt haben
	würde prägen	würden prägen	würde geprägt haben	würden geprägt haben

EXAMPLES

Winston Churchill hat den Ausdruck „der Eiserne Vorhang" geprägt.

Winston Churchill coined the expression "the Iron Curtain."

In Denver werden viele Münzen geprägt.

Many coins are imprinted in Denver.

prahlen

to brag, to boast

Auxiliary verb: haben   **Past participle:** geprahlt
Imperative: Prahle! Prahlt! Prahlen Sie!

Mode	Simple Tenses		Compound Tenses	
	Singular	*Plural*	*Singular*	*Plural*
Indicative	**Present**		**Present Perfect**	
	prahle	prahlen	habe geprahlt	haben geprahlt
	prahlst	prahlt	hast geprahlt	habt geprahlt
	prahlt	prahlen	hat geprahlt	haben geprahlt
	Past		**Past Perfect**	
	prahlte	prahlten	hatte geprahlt	hatten geprahlt
	prahltest	prahltet	hattest geprahlt	hattet geprahlt
	prahlte	prahlten	hatte geprahlt	hatten geprahlt
	Future		**Future Perfect**	
	werde prahlen	werden prahlen	werde geprahlt haben	werden geprahlt haben
	wirst prahlen	werdet prahlen	wirst geprahlt haben	werdet geprahlt haben
	wird prahlen	werden prahlen	wird geprahlt haben	werden geprahlt haben
Subjunctive	**Present**		**Present Perfect**	
	prahle	prahlen	habe geprahlt	haben geprahlt
	prahlest	prahlet	habest geprahlt	habet geprahlt
	prahle	prahlen	habe geprahlt	haben geprahlt
	Past		**Past Perfect**	
	prahlte	prahlten	hätte geprahlt	hätten geprahlt
	prahltest	prahltet	hättest geprahlt	hättet geprahlt
	prahlte	prahlten	hätte geprahlt	hätten geprahlt
	Future		**Future Perfect**	
	werde prahlen	werden prahlen	werde geprahlt haben	werden geprahlt haben
	werdest prahlen	werdet prahlen	werdest geprahlt haben	werdet geprahlt haben
	werde prahlen	werden prahlen	werde geprahlt haben	werden geprahlt haben
	Present and Future Conditional		**Past Conditional**	
	würde prahlen	würden prahlen	würde geprahlt haben	würden geprahlt haben
	würdest prahlen	würdet prahlen	würdest geprahlt haben	würdet geprahlt haben
	würde prahlen	würden prahlen	würde geprahlt haben	würden geprahlt haben

EXAMPLES

Warum muss sie immer mit ihrem Einkommen prahlen?

Why does she always have to brag about her income?

Meine Cousine prahlt, dass sie die beste Studentin an der Uni ist.

My cousin brags that she's the best student at college.

predigen
to preach
Auxiliary verb: haben   **Past participle:** gepredigt
Imperative: Predige! Predigt! Predigen Sie!

Mode	Simple Tenses		Compound Tenses	
	Singular	*Plural*	*Singular*	*Plural*
Indicative	**Present**		**Present Perfect**	
	predige	predigen	habe gepredigt	haben gepredigt
	predigst	predigt	hast gepredigt	habt gepredigt
	predigt	predigen	hat gepredigt	haben gepredigt
	Past		**Past Perfect**	
	predigte	predigten	hatte gepredigt	hatten gepredigt
	predigtest	predigtet	hattest gepredigt	hattet gepredigt
	predigte	predigten	hatte gepredigt	hatten gepredigt
	Future		**Future Perfect**	
	werde predigen	werden predigen	werde gepredigt haben	werden gepredigt haben
	wirst predigen	werdet predigen	wirst gepredigt haben	werdet gepredigt haben
	wird predigen	werden predigen	wird gepredigt haben	werden gepredigt haben
Subjunctive	**Present**		**Present Perfect**	
	predige	predigen	habe gepredigt	haben gepredigt
	predigest	prediget	habest gepredigt	habet gepredigt
	predige	predigen	habe gepredigt	haben gepredigt
	Past		**Past Perfect**	
	predigte	predigten	hätte gepredigt	hätten gepredigt
	predigtest	predigtet	hättest gepredigt	hättet gepredigt
	predigte	predigten	hätte gepredigt	hätten gepredigt
	Future		**Future Perfect**	
	werde predigen	werden predigen	werde gepredigt haben	werden gepredigt haben
	werdest predigen	werdet predigen	werdest gepredigt haben	werdet gepredigt haben
	werde predigen	werden predigen	werde gepredigt haben	werden gepredigt haben
	Present and Future Conditional		**Past Conditional**	
	würde predigen	würden predigen	würde gepredigt haben	würden gepredigt haben
	würdest predigen	würdet predigen	würdest gepredigt haben	würdet gepredigt haben
	würde predigen	würden predigen	würde gepredigt haben	würden gepredigt haben

EXAMPLES

Der Pfarrer fing an mit leisen Worten zu predigen.

The minister began to preach with quiet words.

Der Vater predigte und die Kinder waren stumm.

The father preached, and the children were mute.

prüfen

to test, to inspect

Auxiliary verb: haben **Past participle:** geprüft

Imperative: Prüfe! Prüft! Prüfen Sie!

Mode	Simple Tenses		Compound Tenses	
	Singular	*Plural*	*Singular*	*Plural*
Indicative	**Present**		**Present Perfect**	
	prüfe	prüfen	habe geprüft	haben geprüft
	prüfst	prüft	hast geprüft	habt geprüft
	prüft	prüfen	hat geprüft	haben geprüft
	Past		**Past Perfect**	
	prüfte	prüften	hatte geprüft	hatten geprüft
	prüftest	prüftet	hattest geprüft	hattet geprüft
	prüfte	prüften	hatte geprüft	hatten geprüft
	Future		**Future Perfect**	
	werde prüfen	werden prüfen	werde geprüft haben	werden geprüft haben
	wirst prüfen	werdet prüfen	wirst geprüft haben	werdet geprüft haben
	wird prüfen	werden prüfen	wird geprüft haben	werden geprüft haben
Subjunctive	**Present**		**Present Perfect**	
	prüfe	prüfen	habe geprüft	haben geprüft
	prüfest	prüfet	habest geprüft	habet geprüft
	prüfe	prüfen	habe geprüft	haben geprüft
	Past		**Past Perfect**	
	prüfte	prüften	hätte geprüft	hätten geprüft
	prüftest	prüftet	hättest geprüft	hättet geprüft
	prüfte	prüften	hätte geprüft	hätten geprüft
	Future		**Future Perfect**	
	werde prüfen	werden prüfen	werde geprüft haben	werden geprüft haben
	werdest prüfen	werdet prüfen	werdest geprüft haben	werdet geprüft haben
	werde prüfen	werden prüfen	werde geprüft haben	werden geprüft haben
	Present and Future Conditional		**Past Conditional**	
	würde prüfen	würden prüfen	würde geprüft haben	würden geprüft haben
	würdest prüfen	würdet prüfen	würdest geprüft haben	würdet geprüft haben
	würde prüfen	würden prüfen	würde geprüft haben	würden geprüft haben

EXAMPLES

Jeder Student muss am Ende des Semesters geprüft werden.
Each student has to be tested at the end of the semester.

Prüfen Sie bitte auch den Reifendruck!
Please also check the tire pressure.

pudern

to powder

Auxiliary verb: haben   **Past participle:** gepudert
Imperative: Pudere! Pudert! Pudern Sie!

Mode	Simple Tenses		Compound Tenses	
	Singular	*Plural*	*Singular*	*Plural*
Indicative	**Present**		**Present Perfect**	
	pudere	pudern	habe gepudert	haben gepudert
	puderst	pudert	hast gepudert	habt gepudert
	pudert	pudern	hat gepudert	haben gepudert
	Past		**Past Perfect**	
	puderte	puderten	hatte gepudert	hatten gepudert
	pudertest	pudertet	hattest gepudert	hattet gepudert
	puderte	puderten	hatte gepudert	hatten gepudert
	Future		**Future Perfect**	
	werde pudern	werden pudern	werde gepudert haben	werden gepudert haben
	wirst pudern	werdet pudern	wirst gepudert haben	werdet gepudert haben
	wird pudern	werden pudern	wird gepudert haben	werden gepudert haben
Subjunctive	**Present**		**Present Perfect**	
	pudere	pudern	habe gepudert	haben gepudert
	puderst	pudert	habest gepudert	habet gepudert
	pudere	pudern	habe gepudert	haben gepudert
	Past		**Past Perfect**	
	puderte	puderten	hätte gepudert	hätten gepudert
	pudertest	pudertet	hättest gepudert	hättet gepudert
	puderte	puderten	hätte gepudert	hätten gepudert
	Future		**Future Perfect**	
	werde pudern	werden pudern	werde gepudert haben	werden gepudert haben
	werdest pudern	werdet pudern	werdest gepudert haben	werdet gepudert haben
	werde pudern	werden pudern	werde gepudert haben	werden gepudert haben
	Present and Future Conditional		**Past Conditional**	
	würde pudern	würden pudern	würde gepudert haben	würden gepudert haben
	würdest pudern	würdet pudern	würdest gepudert haben	würdet gepudert haben
	würde pudern	würden pudern	würde gepudert haben	würden gepudert haben

EXAMPLES

Die Schauspielerin hatte sich noch nicht geschminkt und gepudert.

The actress hadn't yet put on her makeup or powder.

Damals trugen auch Männer gepuderte Perücken.

Back then, even men wore powdered wigs.

putzen

to clean, to scour

Auxiliary verb: haben **Past participle:** geputzt
Imperative: Putze! Putzt! Putzen Sie!

Mode	Simple Tenses		Compound Tenses	
	Singular	*Plural*	*Singular*	*Plural*
Indicative	**Present**		**Present Perfect**	
	putze	putzen	habe geputzt	haben geputzt
	putzt	putzt	hast geputzt	habt geputzt
	putzt	putzen	hat geputzt	haben geputzt
	Past		**Past Perfect**	
	putzte	putzten	hatte geputzt	hatten geputzt
	putztest	putztet	hattest geputzt	hattet geputzt
	putzte	putzten	hatte geputzt	hatten geputzt
	Future		**Future Perfect**	
	werde putzen	werden putzen	werde geputzt haben	werden geputzt haben
	wirst putzen	werdet putzen	wirst geputzt haben	werdet geputzt haben
	wird putzen	werden putzen	wird geputzt haben	werden geputzt haben
Subjunctive	**Present**		**Present Perfect**	
	putze	putzen	habe geputzt	haben geputzt
	putzest	putzet	habest geputzt	habet geputzt
	putze	putzen	habe geputzt	haben geputzt
	Past		**Past Perfect**	
	putzte	putzten	hätte geputzt	hätten geputzt
	putztest	putztet	hättest geputzt	hättet geputzt
	putzte	putzten	hätte geputzt	hätten geputzt
	Future		**Future Perfect**	
	werde putzen	werden putzen	werde geputzt haben	werden geputzt haben
	werdest putzen	werdet putzen	werdest geputzt haben	werdet geputzt haben
	werde putzen	werden putzen	werde geputzt haben	werden geputzt haben
	Present and Future Conditional		**Past Conditional**	
	würde putzen	würden putzen	würde geputzt haben	würden geputzt haben
	würdest putzen	würdet putzen	würdest geputzt haben	würdet geputzt haben
	würde putzen	würden putzen	würde geputzt haben	würden geputzt haben

EXAMPLE

Der Küchenboden muss unbedingt geputzt werden.   The kitchen floor definitely has to be washed.

quälen
to torture, to torment
Auxiliary verb: haben **Past participle:** gequält
Imperative: Quäle! Quält! Quälen Sie!

Mode	Simple Tenses		Compound Tenses	
	Singular	*Plural*	*Singular*	*Plural*
Indicative	**Present**		**Present Perfect**	
	quäle	quälen	habe gequält	haben gequält
	quälst	quält	hast gequält	habt gequält
	quält	quälen	hat gequält	haben gequält
	Past		**Past Perfect**	
	quälte	quälten	hatte gequält	hatten gequält
	quältest	quältet	hattest gequält	hattet gequält
	quälte	quälten	hatte gequält	hatten gequält
	Future		**Future Perfect**	
	werde quälen	werden quälen	werde gequält haben	werden gequält haben
	wirst quälen	werdet quälen	wirst gequält haben	werdet gequält haben
	wird quälen	werden quälen	wird gequält haben	werden gequält haben
Subjunctive	**Present**		**Present Perfect**	
	quäle	quälen	habe gequält	haben gequält
	quälest	quälet	habest gequält	habet gequält
	quäle	quälen	habe gequält	haben gequält
	Past		**Past Perfect**	
	quälte	quälten	hätte gequält	hätten gequält
	quältest	quältet	hättest gequält	hättet gequält
	quälte	quälten	hätte gequält	hätten gequält
	Future		**Future Perfect**	
	werde quälen	werden quälen	werde gequält haben	werden gequält haben
	werdest quälen	werdet quälen	werdest gequält haben	werdet gequält haben
	werde quälen	werden quälen	werde gequält haben	werden gequält haben
	Present and Future Conditional		**Past Conditional**	
	würde quälen	würden quälen	würde gequält haben	würden gequält haben
	würdest quälen	würdet quälen	würdest gequält haben	würdet gequält haben
	würde quälen	würden quälen	würde gequält haben	würden gequält haben

EXAMPLES

Warum quälst du ihn ständig mit diesen Geschichten?

Why do you keep torturing him with these stories?

Die Sorgen um meine Gesundheit quälen mich Tag und Nacht.

Worries about my health torment me day and night.

qualifizieren
to qualify
Auxiliary verb: haben   **Past participle:** qualifiziert
Imperative: Qualifiziere! Qualifiziert! Qualifizieren Sie!

Mode	Simple Tenses		Compound Tenses	
	Singular	*Plural*	*Singular*	*Plural*
Indicative	**Present**		**Present Perfect**	
	qualifiziere	qualifizieren	habe qualifiziert	haben qualifiziert
	qualifizierst	qualifiziert	hast qualifiziert	habt qualifiziert
	qualifiziert	qualifizieren	hat qualifiziert	haben qualifiziert
	Past		**Past Perfect**	
	qualifizierte	qualifizierten	hatte qualifiziert	hatten qualifiziert
	qualifiziertest	qualifiziertet	hattest qualifiziert	hattet qualifiziert
	qualifizierte	qualifizierten	hatte qualifiziert	hatten qualifiziert
	Future		**Future Perfect**	
	werde qualifizieren	werden qualifizieren	werde qualifiziert haben	werden qualifiziert haben
	wirst qualifizieren	werdet qualifizieren	wirst qualifiziert haben	werdet qualifiziert haben
	wird qualifizieren	werden qualifizieren	wird qualifiziert haben	werden qualifiziert haben
Subjunctive	**Present**		**Present Perfect**	
	qualifiziere	qualifizieren	habe qualifiziert	haben qualifiziert
	qualifizierest	qualifizieret	habest qualifiziert	habet qualifiziert
	qualifiziere	qualifizieren	habe qualifiziert	haben qualifiziert
	Past		**Past Perfect**	
	qualifizierte	qualifizierten	hätte qualifiziert	hätten qualifiziert
	qualifiziertest	qualifiziertet	hättest qualifiziert	hättet qualifiziert
	qualifizierte	qualifizierten	hätte qualifiziert	hätten qualifiziert
	Future		**Future Perfect**	
	werde qualifizieren	werden qualifizieren	werde qualifiziert haben	werden qualifiziert haben
	werdest qualifizieren	werdet qualifizieren	werdest qualifiziert haben	werdet qualifiziert haben
	werde qualifizieren	werden qualifizieren	werde qualifiziert haben	werden qualifiziert haben
	Present and Future Conditional		**Past Conditional**	
	würde qualifizieren	würden qualifizieren	würde qualifiziert haben	würden qualifiziert haben
	würdest qualifizieren	würdet qualifizieren	würdest qualifiziert haben	würdet qualifiziert haben
	würde qualifizieren	würden qualifizieren	würde qualifiziert haben	würden qualifiziert haben

EXAMPLES

Erik will sich für den Marathonlauf qualifizieren.

Erik wants to qualify for the marathon.

Frau Berger ist für die Stellung höchst qualifiziert.

Ms. Berger is highly qualified for the job.

quatschen
to talk nonsense, to chat
Auxiliary verb: haben   **Past participle:** gequatscht
Imperative: Quatsche! Quatscht! Quatschen Sie!

Mode	Simple Tenses		Compound Tenses	
	Singular	*Plural*	*Singular*	*Plural*
Indicative	**Present**		**Present Perfect**	
	quatsche	quatschen	habe gequatscht	haben gequatscht
	quatschst	quatscht	hast gequatscht	habt gequatscht
	quatscht	quatschen	hat gequatscht	haben gequatscht
	Past		**Past Perfect**	
	quatschte	quatschten	hatte gequatscht	hatten gequatscht
	quatschtest	quatschtet	hattest gequatscht	hattet gequatscht
	quatschte	quatschten	hatte gequatscht	hatten gequatscht
	Future		**Future Perfect**	
	werde quatschen	werden quatschen	werde gequatscht haben	werden gequatscht haben
	wirst quatschen	werdet quatschen	wirst gequatscht haben	werdet gequatscht haben
	wird quatschen	werden quatschen	wird gequatscht haben	werden gequatscht haben
Subjunctive	**Present**		**Present Perfect**	
	quatsche	quatschen	habe gequatscht	haben gequatscht
	quatschest	quatschet	habest gequatscht	habet gequatscht
	quatsche	quatschen	habe gequatscht	haben gequatscht
	Past		**Past Perfect**	
	quatschte	quatschten	hätte gequatscht	hätten gequatscht
	quatschtest	quatschtet	hättest gequatscht	hättet gequatscht
	quatschte	quatschten	hätte gequatscht	hätten gequatscht
	Future		**Future Perfect**	
	werde quatschen	werden quatschen	werde gequatscht haben	werden gequatscht haben
	werdest quatschen	werdet quatschen	werdest gequatscht haben	werdet gequatscht haben
	werde quatschen	werden quatschen	werde gequatscht haben	werden gequatscht haben
	Present and Future Conditional		**Past Conditional**	
	würde quatschen	würden quatschen	würde gequatscht haben	würden gequatscht haben
	würdest quatschen	würdet quatschen	würdest gequatscht haben	würdet gequatscht haben
	würde quatschen	würden quatschen	würde gequatscht haben	würden gequatscht haben

EXAMPLES

Paul hat nichts zu sagen. Er quatscht nur.

Paul has nothing to say. He's just talking nonsense.

Wir haben Karten gespielt und gequatscht.

We played cards and gabbed.

quellen
to gush, to well from, to be the source
Auxiliary verb: sein   **Past participle:** gequollen
Imperative: N/A

Mode	Simple Tenses		Compound Tenses	
	Singular	*Plural*	*Singular*	*Plural*
	Present		**Present Perfect**	
	quelle	quellen	bin gequollen	sind gequollen
	quillst	quellt	bist gequollen	seid gequollen
	quillt	quellen	ist gequollen	sind gequollen
Indicative	**Past**		**Past Perfect**	
	quoll	quollen	war gequollen	waren gequollen
	quollst	quollt	warst gequollen	wart gequollen
	quoll	quollen	war gequollen	waren gequollen
	Future		**Future Perfect**	
	werde quellen	werden quellen	werde gequollen sein	werden gequollen sein
	wirst quellen	werdet quellen	wirst gequollen sein	werdet gequollen sein
	wird quellen	werden quellen	wird gequollen sein	werden gequollen sein
Subjunctive	**Present**		**Present Perfect**	
	quelle	quellen	sei gequollen	seien gequollen
	quellest	quellet	seiest gequollen	seiet gequollen
	quelle	quellen	sei gequollen	seien gequollen
	Past		**Past Perfect**	
	quölle	quöllen	wäre gequollen	wären gequollen
	quöllest	quöllet	wärest gequollen	wäret gequollen
	quölle	quöllen	wäre gequollen	wären gequollen
	Future		**Future Perfect**	
	werde quellen	werden quellen	werde gequollen sein	werden gequollen sein
	werdest quellen	werdet quellen	werdest gequollen sein	werdet gequollen sein
	werde quellen	werden quellen	werde gequollen sein	werden gequollen sein
	Present and Future Conditional		**Past Conditional**	
	würde quellen	würden quellen	würde gequollen sein	würden gequollen sein
	würdest quellen	würdet quellen	würdest gequollen sein	würdet gequollen sein
	würde quellen	würden quellen	würde gequollen sein	würden gequollen sein

EXAMPLE

Dicke Tränen quollen ihr aus den Augen.   Heavy tears welled up in her eyes.

rächen (sich)

to avenge

Auxiliary verb: haben **Past participle:** gerächt
Imperative: Räche! Rächt! Rächen Sie!

Mode	Simple Tenses		Compound Tenses	
	Singular	*Plural*	*Singular*	*Plural*
Indicative	**Present**		**Present Perfect**	
	räche	rächen	habe gerächt	haben gerächt
	rächst	rächt	hast gerächt	habt gerächt
	rächt	rächen	hat gerächt	haben gerächt
	Past		**Past Perfect**	
	rächte	rächten	hatte gerächt	hatten gerächt
	rächtest	rächtet	hattest gerächt	hattet gerächt
	rächte	rächten	hatte gerächt	hatten gerächt
	Future		**Future Perfect**	
	werde rächen	werden rächen	werde gerächt haben	werden gerächt haben
	wirst rächen	werdet rächen	wirst gerächt haben	werdet gerächt haben
	wird rächen	werden rächen	wird gerächt haben	werden gerächt haben
Subjunctive	**Present**		**Present Perfect**	
	räche	rächen	habe gerächt	haben gerächt
	rächest	rächet	habest gerächt	habet gerächt
	räche	rächen	habe gerächt	haben gerächt
	Past		**Past Perfect**	
	rächte	rächten	hätte gerächt	hätten gerächt
	rächtest	rächtet	hättest gerächt	hättet gerächt
	rächte	rächten	hätte gerächt	hätten gerächt
	Future		**Future Perfect**	
	werde rächen	werden rächen	werde gerächt haben	werden gerächt haben
	werdest rächen	werdet rächen	werdest gerächt haben	werdet gerächt haben
	werde rächen	werden rächen	werde gerächt haben	werden gerächt haben
	Present and Future Conditional		**Past Conditional**	
	würde rächen	würden rächen	würde gerächt haben	würden gerächt haben
	würdest rächen	würdet rächen	würdest gerächt haben	würdet gerächt haben
	würde rächen	würden rächen	würde gerächt haben	würden gerächt haben

EXAMPLES

Der Lehrer rächte sich für den Schülerstreich.	The teacher took revenge for the students' prank.
Diese Tat hat sich an ihm gerächt.	This deed has been brought home to him.

rasen

to speed, to rave, to be mad
Auxiliary verb: sein   Past participle: gerast
Imperative: Rase! Rast! Rasen Sie!

Mode	Simple Tenses		Compound Tenses	
	Singular	*Plural*	*Singular*	*Plural*
Indicative	**Present**		**Present Perfect**	
	rase	rasen	bin gerast	sind gerast
	rast	rast	bist gerast	seid gerast
	rast	rasen	ist gerast	sind gerast
	Past		**Past Perfect**	
	raste	rasten	war gerast	waren gerast
	rastest	rastet	warst gerast	wart gerast
	raste	rasten	war gerast	waren gerast
	Future		**Future Perfect**	
	werde rasen	werden rasen	werde gerast sein	werden gerast sein
	wirst rasen	werdet rasen	wirst gerast sein	werdet gerast sein
	wird rasen	werden rasen	wird gerast sein	werden gerast sein
Subjunctive	**Present**		**Present Perfect**	
	rase	rasen	sei gerast	seien gerast
	rasest	raset	seiest gerast	seiet gerast
	rase	rasen	sei gerast	sind gerast
	Past		**Past Perfect**	
	raste	rasten	wäre gerast	wären gerast
	rastest	rastet	wärest gerast	wäret gerast
	raste	rasten	wäre gerast	wären gerast
	Future		**Future Perfect**	
	werde rasen	werden rasen	werde gerast sein	werden gerast sein
	werdest rasen	werdet rasen	werdest gerast sein	werdet gerast sein
	werde rasen	werden rasen	werde gerast sein	werden gerast sein
	Present and Future Conditional		**Past Conditional**	
	würde rasen	würden rasen	würde gerast sein	würden gerast sein
	würdest rasen	würdet rasen	würdest gerast sein	würdet gerast sein
	würde rasen	würden rasen	würde gerast sein	würden gerast sein

Note: *Rasen* is used with the auxiliary verb *sein* when it takes the meaning of "to speed," but it usually takes the auxiliary verb *haben* when it means "to be mad." The meaning "to be mad" is used much less frequently.

EXAMPLES

Warum muss Michael immer so rasen?	Why does Michael always have to speed like that?
Das ist zum Rasendwerden!	That's enough to drive you mad.

raten

to guess, to advise, to counsel
Auxiliary verb: haben   **Past participle:** geraten
Imperative: Rate! Ratet! Raten Sie!

Mode	Simple Tenses		Compound Tenses	
	Singular	*Plural*	*Singular*	*Plural*
Indicative	**Present**		**Present Perfect**	
	rate	raten	habe geraten	haben geraten
	rätst	ratet	hast geraten	habt geraten
	rät	raten	hat geraten	haben geraten
	Past		**Past Perfect**	
	riet	rieten	hatte geraten	hatten geraten
	rietest	rietet	hattest geraten	hattet geraten
	riet	rieten	hatte geraten	hatten geraten
	Future		**Future Perfect**	
	werde raten	werden raten	werde geraten haben	werden geraten haben
	wirst raten	werdet raten	wirst geraten haben	werdet geraten haben
	wird raten	werden raten	wird geraten haben	werden geraten haben
Subjunctive	**Present**		**Present Perfect**	
	rate	raten	habe geraten	haben geraten
	ratest	ratet	habest geraten	habet geraten
	rate	raten	habe geraten	haben geraten
	Past		**Past Perfect**	
	riete	rieten	hätte geraten	hätten geraten
	rietest	rietet	hättest geraten	hättet geraten
	riete	rieten	hätte geraten	hätten geraten
	Future		**Future Perfect**	
	werde raten	werden raten	werde geraten haben	werden geraten haben
	werdest raten	werdet raten	werdest geraten haben	werdet geraten haben
	werde raten	werden raten	werde geraten haben	werden geraten haben
	Present and Future Conditional		**Past Conditional**	
	würde raten	würden raten	würde geraten haben	würden geraten haben
	würdest raten	würdet raten	würdest geraten haben	würdet geraten haben
	würde raten	würden raten	würde geraten haben	würden geraten haben

Note: When the inseparable prefix *ge–* is added to this verb, its auxiliary in the perfect tenses is *sein: gerät, geriet, ist geraten.*

EXAMPLES

Können Sie raten, in welcher Hand der Ring ist? Can you guess which hand the ring is in?
Ich habe meinem Bruder geraten entweder Arzt oder Professor zu werden. I advised my brother to become a doctor or a professor.

rauben

to rob, to steal

Auxiliary verb: haben   **Past participle:** geraubt

Imperative: Raube! Raubt! Rauben Sie!

Mode	Simple Tenses		Compound Tenses	
	Singular	*Plural*	*Singular*	*Plural*
Indicative	**Present**		**Present Perfect**	
	raube	rauben	habe geraubt	haben geraubt
	raubst	raubt	hast geraubt	habt geraubt
	raubt	rauben	hat geraubt	haben geraubt
	Past		**Past Perfect**	
	raubte	raubten	hatte geraubt	hatten geraubt
	raubtest	raubtet	hattest geraubt	hattet geraubt
	raubte	raubten	hatte geraubt	hatten geraubt
	Future		**Future Perfect**	
	werde rauben	werden rauben	werde geraubt haben	werden geraubt haben
	wirst rauben	werdet rauben	wirst geraubt haben	werdet geraubt haben
	wird rauben	werden rauben	wird geraubt haben	werden geraubt haben
Subjunctive	**Present**		**Present Perfect**	
	raube	rauben	habe geraubt	haben geraubt
	raubest	raubet	habest geraubt	habet geraubt
	raube	rauben	habe geraubt	haben geraubt
	Past		**Past Perfect**	
	raubte	raubten	hätte geraubt	hätten geraubt
	raubtest	raubtet	hättest geraubt	hättet geraubt
	raubte	raubten	hätte geraubt	hätten geraubt
	Future		**Future Perfect**	
	werde rauben	werden rauben	werde geraubt haben	werden geraubt haben
	werdest rauben	werdet rauben	werdest geraubt haben	werdet geraubt haben
	werde rauben	werden rauben	werde geraubt haben	werden geraubt haben
	Present and Future Conditional		**Past Conditional**	
	würde rauben	würden rauben	würde geraubt haben	würden geraubt haben
	würdest rauben	würdet rauben	würdest geraubt haben	würdet geraubt haben
	würde rauben	würden rauben	würde geraubt haben	würden geraubt haben

EXAMPLES

Diese Musik raubt mir noch den letzten Nerv!

This music is driving me crazy.

Ein Taschendieb versuchte mir die Armbanduhr zu rauben.

A pickpocket tried to rob me of my wristwatch.

rauchen
to smoke
Auxiliary verb: haben   **Past participle:** geraucht
Imperative: Rauche! Raucht! Rauchen Sie!

Mode	Simple Tenses		Compound Tenses	
	Singular	*Plural*	*Singular*	*Plural*
Indicative	**Present**		**Present Perfect**	
	rauche	rauchen	habe geraucht	haben geraucht
	rauchst	raucht	hast geraucht	habt geraucht
	raucht	rauchen	hat geraucht	haben geraucht
	Past		**Past Perfect**	
	rauchte	rauchten	hatte geraucht	hatten geraucht
	rauchtest	rauchtet	hattest geraucht	hattet geraucht
	rauchte	rauchten	hatte geraucht	hatten geraucht
	Future		**Future Perfect**	
	werde rauchen	werden rauchen	werde geraucht haben	werden geraucht haben
	wirst rauchen	werdet rauchen	wirst geraucht haben	werdet geraucht haben
	wird rauchen	werden rauchen	wird geraucht haben	werden geraucht haben
Subjunctive	**Present**		**Present Perfect**	
	rauche	rauchen	habe geraucht	haben geraucht
	rauchest	rauchet	habest geraucht	habet geraucht
	rauche	rauchen	habe geraucht	haben geraucht
	Past		**Past Perfect**	
	rauchte	rauchten	hätte geraucht	hätten geraucht
	rauchtest	rauchtet	hättest geraucht	hättet geraucht
	rauchte	rauchten	hätte geraucht	hätten geraucht
	Future		**Future Perfect**	
	werde rauchen	werden rauchen	werde geraucht haben	werden geraucht haben
	werdest rauchen	werdet rauchen	werdest geraucht haben	werdet geraucht haben
	werde rauchen	werden rauchen	werde geraucht haben	werden geraucht haben
	Present and Future Conditional		**Past Conditional**	
	würde rauchen	würden rauchen	würde geraucht haben	würden geraucht haben
	würdest rauchen	würdet rauchen	würdest geraucht haben	würdet geraucht haben
	würde rauchen	würden rauchen	würde geraucht haben	würden geraucht haben

EXAMPLES

Rauchen verboten!
Onkel Johannes hat mehr als zwanzig
Zigaretten pro Tag geraucht.

No smoking.
Uncle Johannes smoked more than twenty
cigarettes per day.

rechnen

to count, to compute, to reckon

Auxiliary verb: haben   **Past participle:** gerechnet
Imperative: Rechne! Rechnet! Rechnen Sie!

Mode	Simple Tenses		Compound Tenses	
	Singular	*Plural*	*Singular*	*Plural*
Indicative	**Present**		**Present Perfect**	
	rechne	rechnen	habe gerechnet	haben gerechnet
	rechnest	rechnet	hast gerechnet	habt gerechnet
	rechnet	rechnen	hat gerechnet	haben gerechnet
	Past		**Past Perfect**	
	rechnete	rechneten	hatte gerechnet	hatten gerechnet
	rechnetest	rechnetet	hattest gerechnet	hattet gerechnet
	rechnete	rechneten	hatte gerechnet	hatten gerechnet
	Future		**Future Perfect**	
	werde rechnen	werden rechnen	werde gerechnet haben	werden gerechnet haben
	wirst rechnen	werdet rechnen	wirst gerechnet haben	werdet gerechnet haben
	wird rechnen	werden rechnen	wird gerechnet haben	werden gerechnet haben
Subjunctive	**Present**		**Present Perfect**	
	rechne	rechnen	habe gerechnet	haben gerechnet
	rechnest	rechnet	habest gerechnet	habet gerechnet
	rechne	rechnen	habe gerechnet	haben gerechnet
	Past		**Past Perfect**	
	rechnete	rechneten	hätte gerechnet	hätten gerechnet
	rechnetest	rechnetet	hättest gerechnet	hättet gerechnet
	rechnete	rechneten	hätte gerechnet	hätten gerechnet
	Future		**Future Perfect**	
	werde rechnen	werden rechnen	werde gerechnet haben	werden gerechnet haben
	werdest rechnen	werdet rechnen	werdest gerechnet haben	werdet gerechnet haben
	werde rechnen	werden rechnen	werde gerechnet haben	werden gerechnet haben
	Present and Future Conditional		**Past Conditional**	
	würde rechnen	würden rechnen	würde gerechnet haben	würden gerechnet haben
	würdest rechnen	würdet rechnen	würdest gerechnet haben	würdet gerechnet haben
	würde rechnen	würden rechnen	würde gerechnet haben	würden gerechnet haben

EXAMPLES

In dieser Situation haben Sie leider falsch gerechnet.

Unfortunately, you've calculated wrong in this situation.

Wir rechneten nicht damit, dass es Schnee geben würde.

We didn't count on there being snow.

rechtfertigen (sich)
to justify
Auxiliary verb: haben   **Past participle:** gerechtfertigt
Imperative: Rechtfertige! Rechtfertigt! Rechtfertigen Sie!

Mode	Simple Tenses		Compound Tenses	
	Singular	*Plural*	*Singular*	*Plural*
Indicative	**Present**		**Present Perfect**	
	rechtfertige rechtfertigst rechtfertigt	rechtfertigen rechtfertigt rechtfertigen	habe gerechtfertigt hast gerechtfertigt hat gerechtfertigt	haben gerechtfertigt habt gerechtfertigt haben gerechtfertigt
	Past		**Past Perfect**	
	rechtfertigte rechtfertigtest rechtfertigte	rechtfertigten rechtfertigtet rechtfertigten	hatte gerechtfertigt hattest gerechtfertigt hatte gerechtfertigt	hatten gerechtfertigt hattet gerechtfertigt hatten gerechtfertigt
	Future		**Future Perfect**	
	werde rechtfertigen wirst rechtfertigen wird rechtfertigen	werden rechtfertigen werdet rechtfertigen werden rechtfertigen	werde gerechtfertigt haben wirst gerechtfertigt haben wird gerechtfertigt haben	werden gerechtfertigt haben werdet gerechtfertigt haben werden gerechtfertigt haben
Subjunctive	**Present**		**Present Perfect**	
	rechtfertige rechtfertigest rechtfertige	rechtfertigen rechtfertiget rechtfertigen	habe gerechtfertigt habest gerechtfertigt habe gerechtfertigt	haben gerechtfertigt habet gerechtfertigt haben gerechtfertigt
	Past		**Past Perfect**	
	rechtfertigte rechtfertigtest rechtfertigte	rechtfertigten rechtfertigtet rechtfertigten	hätte gerechtfertigt hättest gerechtfertigt hätte gerechtfertigt	hätten gerechtfertigt hättet gerechtfertigt hätten gerechtfertigt
	Future		**Future Perfect**	
	werde rechtfertigen werdest rechtfertigen werde rechtfertigen	werden rechtfertigen werdet rechtfertigen werden rechtfertigen	werde gerechtfertigt haben werdest gerechtfertigt haben werde gerechtfertigt haben	werden gerechtfertigt haben werdet gerechtfertigt haben werden gerechtfertigt haben
	Present and Future Conditional		**Past Conditional**	
	würde rechtfertigen würdest rechtfertigen würde rechtfertigen	würden rechtfertigen würdet rechtfertigen würden rechtfertigen	würde gerechtfertigt haben würdest gerechtfertigt haben würde gerechtfertigt haben	würden gerechtfertigt haben würdet gerechtfertigt haben würden gerechtfertigt haben

EXAMPLES

Wie kannst du dein schlechtes Benehmen rechtfertigen?	How can you justify your bad behavior?
Der General hat den Angriff mit Lügen und Übertreibungen gerechtfertigt.	The general justified the attack with lies and exaggerations.
Du brauchst dich nicht bei mir zu rechtfertigen.	You don't have to justify yourself to me.

reden
to talk, to converse
Auxiliary verb: haben   **Past participle:** geredet
Imperative: Rede! Redet! Reden Sie!

Mode	Simple Tenses		Compound Tenses	
	Singular	*Plural*	*Singular*	*Plural*
Indicative	**Present**		**Present Perfect**	
	rede	reden	habe geredet	haben geredet
	redest	redet	hast geredet	habt geredet
	redet	reden	hat geredet	haben geredet
	Past		**Past Perfect**	
	redete	redeten	hatte geredet	hatten geredet
	redetest	redetet	hattest geredet	hattet geredet
	redete	redeten	hatte geredet	hatten geredet
	Future		**Future Perfect**	
	werde reden	werden reden	werde geredet haben	werden geredet haben
	wirst reden	werdet reden	wirst geredet haben	werdet geredet haben
	wird reden	werden reden	wird geredet haben	werden geredet haben
Subjunctive	**Present**		**Present Perfect**	
	rede	reden	habe geredet	haben geredet
	redest	redet	habest geredet	habet geredet
	rede	reden	habe geredet	haben geredet
	Past		**Past Perfect**	
	redete	redeten	hätte geredet	hätten geredet
	redetest	redetet	hättest geredet	hättet geredet
	redete	redeten	hätte geredet	hätten geredet
	Future		**Future Perfect**	
	werde reden	werden reden	werde geredet haben	werden geredet haben
	werdest reden	werdet reden	werdest geredet haben	werdet geredet haben
	werde reden	werden reden	werde geredet haben	werden geredet haben
	Present and Future Conditional		**Past Conditional**	
	würde reden	würden reden	würde geredet haben	würden geredet haben
	würdest reden	würdet reden	würdest geredet haben	würdet geredet haben
	würde reden	würden reden	würde geredet haben	würden geredet haben

EXAMPLES

Wir haben lange über ihre Pläne für die Zukunft geredet.

We talked long about her plans for the future.

Die jungen Künstler redeten über die Picasso-Ausstellung.

The young artists conversed about the Picasso exhibition.

regieren
to rule, to regulate
Auxiliary verb: haben **Past participle:** regiert
Imperative: Regiere! Regiert! Regieren Sie!

Mode	Simple Tenses		Compound Tenses	
	Singular	*Plural*	*Singular*	*Plural*
Indicative	**Present**		**Present Perfect**	
	regiere	regieren	habe regiert	haben regiert
	regierst	regiert	hast regiert	habt regiert
	regiert	regieren	hat regiert	haben regiert
	Past		**Past Perfect**	
	regierte	regierten	hatte regiert	hatten regiert
	regiertest	regiertet	hattest regiert	hattet regiert
	regierte	regierten	hatte regiert	hatten regiert
	Future		**Future Perfect**	
	werde regieren	werden regieren	werde regiert haben	werden regiert haben
	wirst regieren	werdet regieren	wirst regiert haben	werdet regiert haben
	wird regieren	werden regieren	wird regiert haben	werden regiert haben
Subjunctive	**Present**		**Present Perfect**	
	regiere	regieren	habe regiert	haben regiert
	regierest	regieret	habest regiert	habet regiert
	regiere	regieren	habe regiert	haben regiert
	Past		**Past Perfect**	
	regierte	regierten	hätte regiert	hätten regiert
	regiertest	regiertet	hättest regiert	hättet regiert
	regierte	regierten	hätte regiert	hätten regiert
	Future		**Future Perfect**	
	werde regieren	werden regieren	werde regiert haben	werden regiert haben
	werdest regieren	werdet regieren	werdest regiert haben	werdet regiert haben
	werde regieren	werden regieren	werde regiert haben	werden regiert haben
	Present and Future Conditional		**Past Conditional**	
	würde regieren	würden regieren	würde regiert haben	würden regiert haben
	würdest regieren	würdet regieren	würdest regiert haben	würdet regiert haben
	würde regieren	würden regieren	würde regiert haben	würden regiert haben

EXAMPLES

Welche politische Partei regiert heute in Deutschland?

What political party is governing in Germany today?

Wann hat Kaiser Wilhelm II. regiert?

When did Kaiser Wilhelm II reign?

regnen
to rain

Auxiliary verb: haben **Past participle:** geregnet
Imperative: N/A

Mode	Simple Tenses		Compound Tenses	
	Singular	*Plural*	*Singular*	*Plural*
Indicative	**Present**		**Present Perfect**	
	regnet		hat geregnet	
	Past		**Past Perfect**	
	regnete		hatte geregnet	
	Future		**Future Perfect**	
	wird regnen		wird geregnet haben	
Subjunctive	**Present**		**Present Perfect**	
	regne		habe geregnet	
	Past		**Past Perfect**	
	regnete		hätte geregnet	
	Future		**Future Perfect**	
	werde regnen		werde geregnet haben	
	Present and Future Conditional		**Past Conditional**	
	würde regnen		würde geregnet haben	

Note: This verb is used as a third-person impersonal expression with the pronoun *es.*

EXAMPLES

Gestern hat es den ganzen Tag geregnet. It rained the whole day yesterday.
Hat es noch nicht aufgehört zu regnen? Hasn't it stopped raining yet?

reiben

to rub, to grate, to chafe
Auxiliary verb: haben **Past participle:** gerieben
Imperative: Reibe! Reibt! Reiben Sie!

Mode	Simple Tenses		Compound Tenses	
	Singular	*Plural*	*Singular*	*Plural*
Indicative	**Present**		**Present Perfect**	
	reibe	reiben	habe gerieben	haben gerieben
	reibst	reibt	hast gerieben	habt gerieben
	reibt	reiben	hat gerieben	haben gerieben
	Past		**Past Perfect**	
	rieb	rieben	hatte gerieben	hatten gerieben
	riebst	riebt	hattest gerieben	hattet gerieben
	rieb	rieben	hatte gerieben	hatten gerieben
	Future		**Future Perfect**	
	werde reiben	werden reiben	werde gerieben haben	werden gerieben haben
	wirst reiben	werdet reiben	wirst gerieben haben	werdet gerieben haben
	wird reiben	werden reiben	wird gerieben haben	werden gerieben haben
Subjunctive	**Present**		**Present Perfect**	
	reibe	reiben	habe gerieben	haben gerieben
	reibest	reibet	habest gerieben	habet gerieben
	reibe	reiben	habe gerieben	haben gerieben
	Past		**Past Perfect**	
	riebe	rieben	hätte gerieben	hätten gerieben
	riebest	riebet	hättest gerieben	hättet gerieben
	riebe	rieben	hätte gerieben	hätten gerieben
	Future		**Future Perfect**	
	werde reiben	werden reiben	werde gerieben haben	werden gerieben haben
	werdest reiben	werdet reiben	werdest gerieben haben	werdet gerieben haben
	werde reiben	werden reiben	werde gerieben haben	werden gerieben haben
	Present and Future Conditional		**Past Conditional**	
	würde reiben	würden reiben	würde gerieben haben	würden gerieben haben
	würdest reiben	würdet reiben	würdest gerieben haben	würdet gerieben haben
	würde reiben	würden reiben	würde gerieben haben	würden gerieben haben

EXAMPLES

Der Junge war müde und rieb sich die Augen.
Kannst du den Käse für die Pizza reiben?

The boy was tired and rubbed his eyes.
Can you grate the cheese for the pizza?

reichen

to reach, to extend, to be enough
Auxiliary verb: haben **Past participle:** gereicht
Imperative: Reiche! Reicht! Reichen Sie!

Mode	Simple Tenses		Compound Tenses	
	Singular	*Plural*	*Singular*	*Plural*
Indicative	**Present**		**Present Perfect**	
	reiche	reichen	habe gereicht	haben gereicht
	reichst	reicht	hast gereicht	habt gereicht
	reicht	reichen	hat gereicht	haben gereicht
	Past		**Past Perfect**	
	reichte	reichten	hatte gereicht	hatten gereicht
	reichtest	reichtet	hattest gereicht	hattet gereicht
	reichte	reichten	hatte gereicht	hatten gereicht
	Future		**Future Perfect**	
	werde reichen	werden reichen	werde gereicht haben	werden gereicht haben
	wirst reichen	werdet reichen	wirst gereicht haben	werdet gereicht haben
	wird reichen	werden reichen	wird gereicht haben	werden gereicht haben
Subjunctive	**Present**		**Present Perfect**	
	reiche	reichen	habe gereicht	haben gereicht
	reichest	reichet	habest gereicht	habet gereicht
	reiche	reichen	habe gereicht	haben gereicht
	Past		**Past Perfect**	
	reichte	reichten	hätte gereicht	hätten gereicht
	reichtest	reichtet	hättest gereicht	hättet gereicht
	reichte	reichten	hätte gereicht	hätten gereicht
	Future		**Future Perfect**	
	werde reichen	werden reichen	werde gereicht haben	werden gereicht haben
	werdest reichen	werdet reichen	werdest gereicht haben	werdet gereicht haben
	werde reichen	werden reichen	werde gereicht haben	werden gereicht haben
	Present and Future Conditional		**Past Conditional**	
	würde reichen	würden reichen	würde gereicht haben	würden gereicht haben
	würdest reichen	würdet reichen	würdest gereicht haben	würdet gereicht haben
	würde reichen	würden reichen	würde gereicht haben	würden gereicht haben

EXAMPLES

Als ich ihn erkannte, reichte ich ihm sofort die Hand.

When I recognized him, I immediately extended my hand to him.

Die Suppe hat nicht für sechs Leute gereicht.

There wasn't enough soup for six people.

reinigen

to clean, to purify, to clarify
Auxiliary verb: haben   **Past participle:** gereinigt
Imperative: Reinige! Reinigt! Reinigen Sie!

Mode	Simple Tenses		Compound Tenses	
	Singular	*Plural*	*Singular*	*Plural*
Indicative	**Present**		**Present Perfect**	
	reinige	reinigen	habe gereinigt	haben gereinigt
	reinigst	reinigt	hast gereinigt	habt gereinigt
	reinigt	reinigen	hat gereinigt	haben gereinigt
	Past		**Past Perfect**	
	reinigte	reinigten	hatte gereinigt	hatten gereinigt
	reinigtest	reinigtet	hattest gereinigt	hattet gereinigt
	reinigte	reinigten	hatte gereinigt	hatten gereinigt
	Future		**Future Perfect**	
	werde reinigen	werden reinigen	werde gereinigt haben	werden gereinigt haben
	wirst reinigen	werdet reinigen	wirst gereinigt haben	werdet gereinigt haben
	wird reinigen	werden reinigen	wird gereinigt haben	werden gereinigt haben
Subjunctive	**Present**		**Present Perfect**	
	reinige	reinigen	habe gereinigt	haben gereinigt
	reinigest	reiniget	habest gereinigt	habet gereinigt
	reinige	reinigen	habe gereinigt	haben gereinigt
	Past		**Past Perfect**	
	reinigte	reinigten	hätte gereinigt	hätten gereinigt
	reinigtest	reinigtet	hättest gereinigt	hättet gereinigt
	reinigte	reinigten	hätte gereinigt	hätten gereinigt
	Future		**Future Perfect**	
	werde reinigen	werden reinigen	werde gereinigt haben	werden gereinigt haben
	werdest reinigen	werdet reinigen	werdest gereinigt haben	werdet gereinigt haben
	werde reinigen	werden reinigen	werde gereinigt haben	werden gereinigt haben
	Present and Future Conditional		**Past Conditional**	
	würde reinigen	würden reinigen	würde gereinigt haben	würden gereinigt haben
	würdest reinigen	würdet reinigen	würdest gereinigt haben	würdet gereinigt haben
	würde reinigen	würden reinigen	würde gereinigt haben	würden gereinigt haben

EXAMPLES

Sie wollte sich von jedem Verdacht reinigen.	She wanted to clear her name of all suspicion.
Diese Anzüge müssen gereinigt werden.	These suits have to be dry-cleaned.

reisen
to travel, to journey
Auxiliary verb: sein **Past participle:** gereist
Imperative: Reise! Reist! Reisen Sie!

Mode	Simple Tenses		Compound Tenses	
	Singular	*Plural*	*Singular*	*Plural*
Indicative	**Present**		**Present Perfect**	
	reise	reisen	bin gereist	sind gereist
	reist	reist	bist gereist	seid gereist
	reist	reisen	ist gereist	sind gereist
	Past		**Past Perfect**	
	reiste	reisteen	war gereist	waren gereist
	reistest	reistet	warst gereist	wart gereist
	reiste	reisteen	war gereist	waren gereist
	Future		**Future Perfect**	
	werde reisen	werden reisen	werde gereist sein	werden gereist sein
	wirst reisen	werdet reisen	wirst gereist sein	werdet gereist sein
	wird reisen	werden reisen	wird gereist sein	werden gereist sein
Subjunctive	**Present**		**Present Perfect**	
	reise	reisen	sei gereist	seien gereist
	reisest	reiset	seiest gereist	seiet gereist
	reise	reisen	sei gereist	seien gereist
	Past		**Past Perfect**	
	reiste	reisten	wäre gereist	wären gereist
	reistest	reistet	wärest gereist	wäret gereist
	reiste	reisten	wäre gereist	wären gereist
	Future		**Future Perfect**	
	werde reisen	werden reisen	werde gereist sein	werden gereist sein
	werdest reisen	werdet reisen	werdest gereist sein	werdet gereist sein
	werde reisen	werden reisen	werde gereist sein	werden gereist sein
	Present and Future Conditional		**Past Conditional**	
	würde reisen	würden reisen	würde gereist sein	würden gereist sein
	würdest reisen	würdet reisen	würdest gereist sein	würdet gereist sein
	würde reisen	würden reisen	würde gereist sein	würden gereist sein

EXAMPLES

Im Winter reisen wir jedes Jahr nach Mexiko.
We travel to Mexico every winter.

Martin ist vor einigen Tagen nach Polen gereist.
Martin traveled to Poland a few days ago.

reißen

to tear, to rip, to snatch
Auxiliary verb: haben **Past participle:** gerissen
Imperative: Reiße! Reißt! Reißen Sie!

Mode	Simple Tenses		Compound Tenses	
	Singular	*Plural*	*Singular*	*Plural*
Indicative	**Present**		**Present Perfect**	
	reiße	reißen	habe gerissen	haben gerissen
	reißt	reißt	hast gerissen	habt gerissen
	reißt	reißen	hat gerissen	haben gerissen
	Past		**Past Perfect**	
	riss	rissen	hatte gerissen	hatten gerissen
	rissest	risst	hattest gerissen	hattet gerissen
	riss	rissen	hatte gerissen	hatten gerissen
	Future		**Future Perfect**	
	werde reißen	werden reißen	werde gerissen haben	werden gerissen haben
	wirst reißen	werdet reißen	wirst gerissen haben	werdet gerissen haben
	wird reißen	werden reißen	wird gerissen haben	werden gerissen haben
Subjunctive	**Present**		**Present Perfect**	
	reiße	reißen	habe gerissen	haben gerissen
	reißest	reißet	habest gerissen	habet gerissen
	reiße	reißen	habe gerissen	haben gerissen
	Past		**Past Perfect**	
	risse	rissen	hätte gerissen	hätten gerissen
	rissest	risset	hättest gerissen	hättet gerissen
	risse	rissen	hätte gerissen	hätten gerissen
	Future		**Future Perfect**	
	werde reißen	werden reißen	werde gerissen haben	werden gerissen haben
	werdest reißen	werdet reißen	werdest gerissen haben	werdet gerissen haben
	werde reißen	werden reißen	werde gerissen haben	werden gerissen haben
	Present and Future Conditional		**Past Conditional**	
	würde reißen	würden reißen	würde gerissen haben	würden gerissen haben
	würdest reißen	würdet reißen	würdest gerissen haben	würdet gerissen haben
	würde reißen	würden reißen	würde gerissen haben	würden gerissen haben

Note: With the separable prefix *zer–*, the principal parts of this verb are: *zerreißt, zerriss, hat zerrissen.*

EXAMPLES

Der erschrockene Vater riss seine Tochter aus der drohenden Gefahr.
The terrified father snatched his daughter from the threat of danger.

Das Seil ist zu dünn, es wird reißen.
The rope is too thin. It will break.

Ach, ich habe meine neue Hose zerrissen.
Oh, I've ripped my new pants.

reiten
to ride, to go horseback riding
Auxiliary verb: sein **Past participle:** geritten
Imperative: Reite! Reitet! Reiten Sie!

Mode	Simple Tenses		Compound Tenses	
	Singular	*Plural*	*Singular*	*Plural*
Indicative	**Present**		**Present Perfect**	
	reite	reiten	bin geritten	sind geritten
	reitest	reitet	bist geritten	seid geritten
	reitet	reiten	ist geritten	sind geritten
	Past		**Past Perfect**	
	ritt	ritten	war geritten	waren geritten
	rittest	rittet	warst geritten	wart geritten
	ritt	ritten	war geritten	waren geritten
	Future		**Future Perfect**	
	werde reiten	werden reiten	werde geritten sein	werden geritten sein
	wirst reiten	werdet reiten	wirst geritten sein	werdet geritten sein
	wird reiten	werden reiten	wird geritten sein	werden geritten sein
Subjunctive	**Present**		**Present Perfect**	
	reite	reiten	sei geritten	seien geritten
	reitest	reitet	seiest geritten	seiet geritten
	reite	reiten	sei geritten	seien geritten
	Past		**Past Perfect**	
	ritte	ritten	wäre geritten	wären geritten
	rittest	rittet	wärest geritten	wäret geritten
	ritte	ritten	wäre geritten	wären geritten
	Future		**Future Perfect**	
	werde reiten	werden reiten	werde geritten sein	werden geritten sein
	werdest reiten	werdet reiten	werdest geritten sein	werdet geritten sein
	werde reiten	werden reiten	werde geritten sein	werden geritten sein
	Present and Future Conditional		**Past Conditional**	
	würde reiten	würden reiten	würde geritten sein	würden geritten sein
	würdest reiten	würdet reiten	würdest geritten sein	würdet geritten sein
	würde reiten	würden reiten	würde geritten sein	würden geritten sein

EXAMPLES

Der verwundete Prinz ist auf seinem Pferd in den Wald geritten.

Könnt ihr reiten?

The wounded prince rode his horse into the woods.

Can you ride a horse?

rennen

to run, to race
Auxiliary verb: sein **Past participle:** gerannt
Imperative: Renne! Rennt! Rennen Sie!

Mode	Simple Tenses		Compound Tenses	
	Singular	*Plural*	*Singular*	*Plural*
Indicative	**Present**		**Present Perfect**	
	renne	rennen	bin gerannt	sind gerannt
	rennst	rennt	bist gerannt	seid gerannt
	rennt	rennen	ist gerannt	sind gerannt
	Past		**Past Perfect**	
	rannte	rannten	war gerannt	waren gerannt
	ranntest	ranntet	warst gerannt	wart gerannt
	rannte	rannten	war gerannt	waren gerannt
	Future		**Future Perfect**	
	werde rennen	werden rennen	werde gerannt sein	werden gerannt sein
	wirst rennen	werdet rennen	wirst gerannt sein	werdet gerannt sein
	wird rennen	werden rennen	wird gerannt sein	werden gerannt sein
Subjunctive	**Present**		**Present Perfect**	
	renne	rennen	sei gerannt	seien gerannt
	rennest	rennet	seiest gerannt	seiet gerannt
	renne	rennen	sei gerannt	seien gerannt
	Past		**Past Perfect**	
	rennte	rennten	wäre gerannt	wären gerannt
	renntest	renntet	wärest gerannt	wäret gerannt
	rennte	rennten	wäre gerannt	wären gerannt
	Future		**Future Perfect**	
	werde rennen	werden rennen	werde gerannt sein	werden gerannt sein
	werdest rennen	werdet rennen	werdest gerannt sein	werdet gerannt sein
	werde rennen	werden rennen	werde gerannt sein	werden gerannt sein
	Present and Future Conditional		**Past Conditional**	
	würde rennen	würden rennen	würde gerannt sein	würden gerannt sein
	würdest rennen	würdet rennen	würdest gerannt sein	würdet gerannt sein
	würde rennen	würden rennen	würde gerannt sein	würden gerannt sein

EXAMPLES

Ich kann viel schneller als mein älterer Bruder rennen.

I can run a lot faster than my older brother.

Sie kamen gleichzeitig ins Ziel. Es war ein unentschiedenes Rennen.

They came to the finish at the same time. It was a dead heat.

retten

to save, to rescue

Auxiliary verb: haben   **Past participle:** gerettet

Imperative: Rette! Rettet! Retten Sie!

Mode	Simple Tenses		Compound Tenses	
	Singular	*Plural*	*Singular*	*Plural*
Indicative	**Present**		**Present Perfect**	
	rette	retten	habe gerettet	haben gerettet
	rettest	rettet	hast gerettet	habt gerettet
	rettet	retten	hat gerettet	haben gerettet
	Past		**Past Perfect**	
	rettete	retteten	hatte gerettet	hatten gerettet
	rettetest	rettetet	hattest gerettet	hattet gerettet
	rettete	retteten	hatte gerettet	hatten gerettet
	Future		**Future Perfect**	
	werde retten	werden retten	werde gerettet haben	werden gerettet haben
	wirst retten	werdet retten	wirst gerettet haben	werdet gerettet haben
	wird retten	werden retten	wird gerettet haben	werden gerettet haben
Subjunctive	**Present**		**Present Perfect**	
	rette	retten	habe gerettet	haben gerettet
	rettest	rettet	habest gerettet	habet gerettet
	rette	retten	habe gerettet	haben gerettet
	Past		**Past Perfect**	
	rettete	retteten	hätte gerettet	hätten gerettet
	rettetest	rettetet	hättest gerettet	hättet gerettet
	rettete	retteten	hätte gerettet	hätten gerettet
	Future		**Future Perfect**	
	werde retten	werden retten	werde gerettet haben	werden gerettet haben
	werdest retten	werdet retten	werdest gerettet haben	werdet gerettet haben
	werde retten	werden retten	werde gerettet haben	werden gerettet haben
	Present and Future Conditional		**Past Conditional**	
	würde retten	würden retten	würde gerettet haben	würden gerettet haben
	würdest retten	würdet retten	würdest gerettet haben	würdet gerettet haben
	würde retten	würden retten	würde gerettet haben	würden gerettet haben

EXAMPLES

Rette sich wer kann!

Every man for himself!

Es konnten nur noch fünf Wale gerettet werden.

Only five more whales were able to be rescued.

richten
to set right, to direct
Auxiliary verb: haben   **Past participle:** gerichtet
Imperative: Richte! Richtet! Richten Sie!

Mode	Simple Tenses		Compound Tenses	
	Singular	*Plural*	*Singular*	*Plural*
Indicative	**Present**		**Present Perfect**	
	richte	richten	habe gerichtet	haben gerichtet
	richtest	richtet	hast gerichtet	habt gerichtet
	richtet	richten	hat gerichtet	haben gerichtet
	Past		**Past Perfect**	
	richtete	richteten	hatte gerichtet	hatten gerichtet
	richtetest	richtetet	hattest gerichtet	hattet gerichtet
	richtete	richteten	hatte gerichtet	hatten gerichtet
	Future		**Future Perfect**	
	werde richten	werden richten	werde gerichtet haben	werden gerichtet haben
	wirst richten	werdet richten	wirst gerichtet haben	werdet gerichtet haben
	wird richten	werden richten	wird gerichtet haben	werden gerichtet haben
Subjunctive	**Present**		**Present Perfect**	
	richte	richten	habe gerichtet	haben gerichtet
	richtest	richtet	habest gerichtet	habet gerichtet
	richte	richten	habe gerichtet	haben gerichtet
	Past		**Past Perfect**	
	richtete	richteten	hätte gerichtet	hätten gerichtet
	richtetest	richtetet	hättest gerichtet	hättet gerichtet
	richtete	richteten	hätte gerichtet	hätten gerichtet
	Future		**Future Perfect**	
	werde richten	werden richten	werde gerichtet haben	werden gerichtet haben
	werdest richten	werdet richten	werdest gerichtet haben	werdet gerichtet haben
	werde richten	werden richten	werde gerichtet haben	werden gerichtet haben
	Present and Future Conditional		**Past Conditional**	
	würde richten	würden richten	würde gerichtet haben	würden gerichtet haben
	würdest richten	würdet richten	würdest gerichtet haben	würdet gerichtet haben
	würde richten	würden richten	würde gerichtet haben	würden gerichtet haben

EXAMPLES

Ihre Vorwürfe richten sich gegen meine Familie.
War das auf meine Frau gerichtet?

Her reproaches are meant for my family.
Was that aimed at my wife?

riechen
to smell

Auxiliary verb: haben **Past participle:** gerochen
Imperative: Rieche! Riecht! Riechen Sie!

Mode	Simple Tenses		Compound Tenses	
	Singular	*Plural*	*Singular*	*Plural*
Indicative	**Present**		**Present Perfect**	
	rieche	riechen	habe gerochen	haben gerochen
	riechst	riecht	hast gerochen	habt gerochen
	riecht	riechen	hat gerochen	haben gerochen
	Past		**Past Perfect**	
	roch	rochen	hatte gerochen	hatten gerochen
	rochst	rocht	hattest gerochen	hattet gerochen
	roch	rochen	hatte gerochen	hatten gerochen
	Future		**Future Perfect**	
	werde riechen	werden riechen	werde gerochen haben	werden gerochen haben
	wirst riechen	werdet riechen	wirst gerochen haben	werdet gerochen haben
	wird riechen	werden riechen	wird gerochen haben	werden gerochen haben
Subjunctive	**Present**		**Present Perfect**	
	rieche	riechen	habe gerochen	haben gerochen
	riechest	riechet	habest gerochen	habet gerochen
	rieche	riechen	habe gerochen	haben gerochen
	Past		**Past Perfect**	
	röche	röchen	hätte gerochen	hätten gerochen
	röchest	röchet	hättest gerochen	hättet gerochen
	röche	röchen	hätte gerochen	hätten gerochen
	Future		**Future Perfect**	
	werde riechen	werden riechen	werde gerochen haben	werden gerochen haben
	werdest riechen	werdet riechen	werdest gerochen haben	werdet gerochen haben
	werde riechen	werden riechen	werde gerochen haben	werden gerochen haben
	Present and Future Conditional		**Past Conditional**	
	würde riechen	würden riechen	würde gerochen haben	würden gerochen haben
	würdest riechen	würdet riechen	würdest gerochen haben	würdet gerochen haben
	würde riechen	würden riechen	würde gerochen haben	würden gerochen haben

EXAMPLES

Dieses Handtuch riecht nach Weichspüler. This towel smells of fabric softener.
Ich habe einen komischen Geruch gerochen. I smelled a strange odor.

rudern

to row

Auxiliary verb: haben   **Past participle:** gerudert
Imperative: Rudere! Rudert! Rudern Sie!

Mode	Simple Tenses		Compound Tenses	
	Singular	*Plural*	*Singular*	*Plural*
Indicative	**Present**		**Present Perfect**	
	rudere	rudern	habe gerudert	haben gerudert
	ruderst	rudert	hast gerudert	habt gerudert
	rudert	rudern	hat gerudert	haben gerudert
	Past		**Past Perfect**	
	ruderte	ruderten	hatte gerudert	hatten gerudert
	rudertest	rudertet	hattest gerudert	hattet gerudert
	ruderte	ruderten	hatte gerudert	hatten gerudert
	Future		**Future Perfect**	
	werde rudern	werden rudern	werde gerudert haben	werden gerudert haben
	wirst rudern	werdet rudern	wirst gerudert haben	werdet gerudert haben
	wird rudern	werden rudern	wird gerudert haben	werden gerudert haben
Subjunctive	**Present**		**Present Perfect**	
	rudere	rudern	habe gerudert	haben gerudert
	ruderst	rudert	habest gerudert	habet gerudert
	rudere	rudern	habe gerudert	haben gerudert
	Past		**Past Perfect**	
	ruderte	ruderten	hätte gerudert	hätten gerudert
	rudertest	rudertet	hättest gerudert	hättet gerudert
	ruderte	ruderten	hätte gerudert	hätten gerudert
	Future		**Future Perfect**	
	werde rudern	werden rudern	werde gerudert haben	werden gerudert haben
	werdest rudern	werdet rudern	werdest gerudert haben	werdet gerudert haben
	werde rudern	werden rudern	werde gerudert haben	werden gerudert haben
	Present and Future Conditional		**Past Conditional**	
	würde rudern	würden rudern	würde gerudert haben	würden gerudert haben
	würdest rudern	würdet rudern	würdest gerudert haben	würdet gerudert haben
	würde rudern	würden rudern	würde gerudert haben	würden gerudert haben

Note: This verb also has a usage as a verb of motion, which requires its auxiliary in the perfect tenses to be *sein: Er ist über den Fluss gerudert* ("He rowed across the river").

EXAMPLES

Wir versuchten über den breiten Fluss zu rudern.
Ich bin früher viel gerudert, aber jetzt spiele ich lieber Tennis.

We tried to row across the wide river.
I used to do a lot of rowing, but now I prefer to play tennis.

rufen
to call
Auxiliary verb: haben   **Past participle:** gerufen
Imperative: Rufe! Ruft! Rufen Sie!

Mode	Simple Tenses		Compound Tenses	
	Singular	*Plural*	*Singular*	*Plural*
Indicative	**Present**		**Present Perfect**	
	rufe	rufen	habe gerufen	haben gerufen
	rufst	ruft	hast gerufen	habt gerufen
	ruft	rufen	hat gerufen	haben gerufen
	Past		**Past Perfect**	
	rief	riefen	hatte gerufen	hatten gerufen
	riefst	rieft	hattest gerufen	hattet gerufen
	rief	riefen	hatte gerufen	hatten gerufen
	Future		**Future Perfect**	
	werde rufen	werden rufen	werde gerufen haben	werden gerufen haben
	wirst rufen	werdet rufen	wirst gerufen haben	werdet gerufen haben
	wird rufen	werden rufen	wird gerufen haben	werden gerufen haben
Subjunctive	**Present**		**Present Perfect**	
	rufe	rufen	habe gerufen	haben gerufen
	rufest	rufet	habest gerufen	habet gerufen
	rufe	rufen	habe gerufen	haben gerufen
	Past		**Past Perfect**	
	riefe	riefen	hätte gerufen	hätten gerufen
	riefest	riefet	hättest gerufen	hättet gerufen
	riefe	riefen	hätte gerufen	hätten gerufen
	Future		**Future Perfect**	
	werde rufen	werden rufen	werde gerufen haben	werden gerufen haben
	werdest rufen	werdet rufen	werdest gerufen haben	werdet gerufen haben
	werde rufen	werden rufen	werde gerufen haben	werden gerufen haben
	Present and Future Conditional		**Past Conditional**	
	würde rufen	würden rufen	würde gerufen haben	würden gerufen haben
	würdest rufen	würdet rufen	würdest gerufen haben	würdet gerufen haben
	würde rufen	würden rufen	würde gerufen haben	würden gerufen haben

Note: With inseparable prefixes, the principal parts of this verb are, for example, *verruft, verrief, hat verrufen*. With separable prefixes, the principal parts are, for example, *ruft an, rief an, hat angerufen*.

EXAMPLES

Ruf mich an, wenn du ein Problem hast. Ich kann dir helfen.	If you have a problem, call me. I can help you.
Er hat sie viermal gerufen.	He called to her four times.

ruhen

to rest, to pause
Auxiliary verb: haben   **Past participle:** geruht
Imperative: Ruhe! Ruht! Ruhen Sie!

Mode	Simple Tenses		Compound Tenses	
	Singular	*Plural*	*Singular*	*Plural*
Indicative	**Present**		**Present Perfect**	
	ruhe	ruhen	habe geruht	haben geruht
	ruhst	ruht	hast geruht	habt geruht
	ruht	ruhen	hat geruht	haben geruht
	Past		**Past Perfect**	
	ruhte	ruhten	hatte geruht	hatten geruht
	ruhtest	ruhtet	hattest geruht	hattet geruht
	ruhte	ruhten	hatte geruht	hatten geruht
	Future		**Future Perfect**	
	werde ruhen	werden ruhen	werde geruht haben	werden geruht haben
	wirst ruhen	werdet ruhen	wirst geruht haben	werdet geruht haben
	wird ruhen	werden ruhen	wird geruht haben	werden geruht haben
Subjunctive	**Present**		**Present Perfect**	
	ruhe	ruhen	habe geruht	haben geruht
	ruhest	ruhet	habest geruht	habet geruht
	ruhe	ruhen	habe geruht	haben geruht
	Past		**Past Perfect**	
	ruhte	ruhten	hätte geruht	hätten geruht
	ruhtest	ruhtet	hättest geruht	hättet geruht
	ruhte	ruhten	hätte geruht	hätten geruht
	Future		**Future Perfect**	
	werde ruhen	werden ruhen	werde geruht haben	werden geruht haben
	werdest ruhen	werdet ruhen	werdest geruht haben	werdet geruht haben
	werde ruhen	werden ruhen	werde geruht haben	werden geruht haben
	Present and Future Conditional		**Past Conditional**	
	würde ruhen	würden ruhen	würde geruht haben	würden geruht haben
	würdest ruhen	würdet ruhen	würdest geruht haben	würdet geruht haben
	würde ruhen	würden ruhen	würde geruht haben	würden geruht haben

EXAMPLES

Ich möchte die ganze Sache endlich ruhen lassen.

I'd finally like to put the whole matter to rest.

Hier ruht Johann Wolfgang von Goethe: Dichter, Denker, Genie.

Here lies Johann Wolfgang von Goethe: Poet, Philosopher, Genius.

rühmen

to praise, to extol
Auxiliary verb: haben   **Past participle:** gerühmt
Imperative: Rühme! Rühmt! Rühmen Sie!

Mode	Simple Tenses		Compound Tenses	
	Singular	*Plural*	*Singular*	*Plural*
Indicative	**Present**		**Present Perfect**	
	rühme	rühmen	habe gerühmt	haben gerühmt
	rühmst	rühmt	hast gerühmt	habt gerühmt
	rühmt	rühmen	hat gerühmt	haben gerühmt
	Past		**Past Perfect**	
	rühmte	rühmten	hatte gerühmt	hatten gerühmt
	rühmtest	rühmtet	hattest gerühmt	hattet gerühmt
	rühmte	rühmten	hatte gerühmt	hatten gerühmt
	Future		**Future Perfect**	
	werde rühmen	werden rühmen	werde gerühmt haben	werden gerühmt haben
	wirst rühmen	werdet rühmen	wirst gerühmt haben	werdet gerühmt haben
	wird rühmen	werden rühmen	wird gerühmt haben	werden gerühmt haben
Subjunctive	**Present**		**Present Perfect**	
	rühme	rühmen	habe gerühmt	haben gerühmt
	rühmest	rühmet	habest gerühmt	habet gerühmt
	rühme	rühmen	habe gerühmt	haben gerühmt
	Past		**Past Perfect**	
	rühmte	rühmten	hätte gerühmt	hätten gerühmt
	rühmtest	rühmtet	hättest gerühmt	hättet gerühmt
	rühmte	rühmten	hätte gerühmt	hätten gerühmt
	Future		**Future Perfect**	
	werde rühmen	werden rühmen	werde gerühmt haben	werden gerühmt haben
	werdest rühmen	werdet rühmen	werdest gerühmt haben	werdet gerühmt haben
	werde rühmen	werden rühmen	werde gerühmt haben	werden gerühmt haben
	Present and Future Conditional		**Past Conditional**	
	würde rühmen	würden rühmen	würde gerühmt haben	würden gerühmt haben
	würdest rühmen	würdet rühmen	würdest gerühmt haben	würdet gerühmt haben
	würde rühmen	würden rühmen	würde gerühmt haben	würden gerühmt haben

EXAMPLES

Alle rühmten ihn als ehrlich und treu.
Man rühmt ihren Schokoladenkuchen auf jeder Familienfeier.

Everyone praised him as honest and loyal.
Her chocolate cake is praised at every family gathering.

rühren

to touch, to stir

Auxiliary verb: haben   **Past participle:** gerührt
Imperative: Rühre! Rührt! Rühren Sie!

Mode	Simple Tenses		Compound Tenses	
	Singular	*Plural*	*Singular*	*Plural*
Indicative	**Present**		**Present Perfect**	
	rühre	rühren	habe gerührt	haben gerührt
	rührst	rührt	hast gerührt	habt gerührt
	rührt	rühren	hat gerührt	haben gerührt
	Past		**Past Perfect**	
	rührte	rührten	hatte gerührt	hatten gerührt
	rührtest	rührtet	hattest gerührt	hattet gerührt
	rührte	rührten	hatte gerührt	hatten gerührt
	Future		**Future Perfect**	
	werde rühren	werden rühren	werde gerührt haben	werden gerührt haben
	wirst rühren	werdet rühren	wirst gerührt haben	werdet gerührt haben
	wird rühren	werden rühren	wird gerührt haben	werden gerührt haben
Subjunctive	**Present**		**Present Perfect**	
	rühre	rühren	habe gerührt	haben gerührt
	rührest	rühret	habest gerührt	habet gerührt
	rühre	rühren	habe gerührt	haben gerührt
	Past		**Past Perfect**	
	rührte	rührten	hätte gerührt	hätten gerührt
	rührtest	rührtet	hättest gerührt	hättet gerührt
	rührte	rührten	hätte gerührt	hätten gerührt
	Future		**Future Perfect**	
	werde rühren	werden rühren	werde gerührt haben	werden gerührt haben
	werdest rühren	werdet rühren	werdest gerührt haben	werdet gerührt haben
	werde rühren	werden rühren	werde gerührt haben	werden gerührt haben
	Present and Future Conditional		**Past Conditional**	
	würde rühren	würden rühren	würde gerührt haben	würden gerührt haben
	würdest rühren	würdet rühren	würdest gerührt haben	würdet gerührt haben
	würde rühren	würden rühren	würde gerührt haben	würden gerührt haben

EXAMPLES

Das traurige Schauspiel hat uns zu Tränen gerührt.
The sad play touched us to the point of tears.

„Rührt euch!" schreit der Feldwebel.
"At ease!" the sergeant shouts.

Man sollte diesen Teig nicht zu viel rühren.
You shouldn't stir this batter too much.

rülpsen
to belch
Auxiliary verb: haben **Past participle:** gerülpst
Imperative: Rülpse! Rülpst! Rülpsen Sie!

Mode	Simple Tenses		Compound Tenses	
	Singular	*Plural*	*Singular*	*Plural*
Indicative	**Present**		**Present Perfect**	
	rülpse	rülpsen	habe gerülpst	haben gerülpst
	rülpst	rülpst	hast gerülpst	habt gerülpst
	rülpst	rülpsen	hat gerülpst	haben gerülpst
	Past		**Past Perfect**	
	rülpste	rülpsten	hatte gerülpst	hatten gerülpst
	rülpstest	rülpstet	hattest gerülpst	hattet gerülpst
	rülpste	rülpsten	hatte gerülpst	hatten gerülpst
	Future		**Future Perfect**	
	werde rülpsen	werden rülpsen	werde gerülpst haben	werden gerülpst haben
	wirst rülpsen	werdet rülpsen	wirst gerülpst haben	werdet gerülpst haben
	wird rülpsen	werden rülpsen	wird gerülpst haben	werden gerülpst haben
Subjunctive	**Present**		**Present Perfect**	
	rülpse	rülpsen	habe gerülpst	haben gerülpst
	rülpsest	rülpset	habest gerülpst	habet gerülpst
	rülpse	rülpsen	habe gerülpst	haben gerülpst
	Past		**Past Perfect**	
	rülpste	rülpsten	hätte gerülpst	hätten gerülpst
	rülpstest	rülpstet	hättest gerülpst	hättet gerülpst
	rülpste	rülpsten	hätte gerülpst	hätten gerülpst
	Future		**Future Perfect**	
	werde rülpsen	werden rülpsen	werde gerülpst haben	werden gerülpst haben
	werdest rülpsen	werdet rülpsen	werdest gerülpst haben	werdet gerülpst haben
	werde rülpsen	werden rülpsen	werde gerülpst haben	werden gerülpst haben
	Present and Future Conditional		**Past Conditional**	
	würde rülpsen	würden rülpsen	würde gerülpst haben	würden gerülpst haben
	würdest rülpsen	würdet rülpsen	würdest gerülpst haben	würdet gerülpst haben
	würde rülpsen	würden rülpsen	würde gerülpst haben	würden gerülpst haben

EXAMPLES

Onkel Heinrich trank sein Bier und rülpste leise. Er war zufrieden.

„Rülpsen gehört zu einem guten Abendessen," hat unser Vater oft gesagt.

Vor Fremden sollte man nicht rülpsen.

Uncle Heinrich drank his beer and belched quietly. He was content.

"Belching is part of a good meal," our father often said.

You shouldn't belch in front of strangers.

rupfen

to pluck, to pull
Auxiliary verb: haben **Past participle:** gerupft
Imperative: Rupfe! Rupft! Rupfen Sie!

Mode	Simple Tenses		Compound Tenses	
	Singular	*Plural*	*Singular*	*Plural*
Indicative	**Present**		**Present Perfect**	
	rupfe	rupfen	habe gerupft	haben gerupft
	rupfst	rupft	hast gerupft	habt gerupft
	rupft	rupfen	hat gerupft	haben gerupft
	Past		**Past Perfect**	
	rupfte	rupften	hatte gerupft	hatten gerupft
	rupftest	rupftet	hattest gerupft	hattet gerupft
	rupfte	rupften	hatte gerupft	hatten gerupft
	Future		**Future Perfect**	
	werde rupfen	werden rupfen	werde gerupft haben	werden gerupft haben
	wirst rupfen	werdet rupfen	wirst gerupft haben	werdet gerupft haben
	wird rupfen	werden rupfen	wird gerupft haben	werden gerupft haben
Subjunctive	**Present**		**Present Perfect**	
	rupfe	rupfen	habe gerupft	haben gerupft
	rupfest	rupfet	habest gerupft	habet gerupft
	rupfe	rupfen	habe gerupft	haben gerupft
	Past		**Past Perfect**	
	rupfte	rupften	hätte gerupft	hätten gerupft
	rupftest	rupftet	hättest gerupft	hättet gerupft
	rupfte	rupften	hätte gerupft	hätten gerupft
	Future		**Future Perfect**	
	werde rupfen	werden rupfen	werde gerupft haben	werden gerupft haben
	werdest rupfen	werdet rupfen	werdest gerupft haben	werdet gerupft haben
	werde rupfen	werden rupfen	werde gerupft haben	werden gerupft haben
	Present and Future Conditional		**Past Conditional**	
	würde rupfen	würden rupfen	würde gerupft haben	würden gerupft haben
	würdest rupfen	würdet rupfen	würdest gerupft haben	würdet gerupft haben
	würde rupfen	würden rupfen	würde gerupft haben	würden gerupft haben

EXAMPLES

Früher musste man seine Hühner selbst rupfen.
In the past people had to pluck their chickens themselves.

Ich habe ein Hühnchen mit dir zu rupfen.
I've got a bone to pick with you.

rutschen
to slide, to slip
Auxiliary verb: sein   **Past participle:** gerutscht
Imperative: Rutsche! Rutscht! Rutschen Sie!

Mode	Simple Tenses		Compound Tenses	
	Singular	*Plural*	*Singular*	*Plural*
Indicative	**Present**		**Present Perfect**	
	rutsche	rutschen	bin gerutscht	sind gerutscht
	rutschst	rutscht	bist gerutscht	seid gerutscht
	rutscht	rutschen	ist gerutscht	sind gerutscht
	Past		**Past Perfect**	
	rutschte	rutschten	war gerutscht	waren gerutscht
	rutschtest	rutschtet	wast gerutscht	wart gerutscht
	rutschte	rutschten	war gerutscht	waren gerutscht
	Future		**Future Perfect**	
	werde rutschen	werden rutschen	werde gerutscht sein	werden gerutscht sein
	wirst rutschen	werdet rutschen	wirst gerutscht sein	werdet gerutscht sein
	wird rutschen	werden rutschen	wird gerutscht sein	werden gerutscht sein
Subjunctive	**Present**		**Present Perfect**	
	rutsche	rutschen	sei gerutscht	seien gerutscht
	rutschest	rutschet	seiest gerutscht	seiet gerutscht
	rutsche	rutschen	sei gerutscht	seien gerutscht
	Past		**Past Perfect**	
	rutschte	rutschten	wäre gerutscht	wären gerutscht
	rutschtest	rutschtet	wärest gerutscht	wäret gerutscht
	rutschte	rutschten	wäre gerutscht	wären gerutscht
	Future		**Future Perfect**	
	werde rutschen	werden rutschen	werde gerutscht sein	werden gerutscht sein
	werdest rutschen	werdet rutschen	werdest gerutscht sein	werdet gerutscht sein
	werde rutschen	werden rutschen	werde gerutscht sein	werden gerutscht sein
	Present and Future Conditional		**Past Conditional**	
	würde rutschen	würden rutschen	würde gerutscht sein	würden gerutscht sein
	würdest rutschen	würdet rutschen	würdest gerutscht sein	würdet gerutscht sein
	würde rutschen	würden rutschen	würde gerutscht sein	würden gerutscht sein

EXAMPLE

Rutsch doch mal ein Stückchen!   Scoot over a bit.

säen

to sow

Auxiliary verb: haben   **Past participle:** gesät
Imperative: Säe! Sät! Säen Sie!

Mode	Simple Tenses		Compound Tenses	
	Singular	*Plural*	*Singular*	*Plural*
Indicative	**Present**		**Present Perfect**	
	säe	säen	habe gesät	haben gesät
	säst	sät	hast gesät	habt gesät
	sät	säen	hat gesät	haben gesät
	Past		**Past Perfect**	
	säte	säten	hatte gesät	hatten gesät
	sätest	sätet	hattest gesät	hattet gesät
	säte	säten	hatte gesät	hatten gesät
	Future		**Future Perfect**	
	werde säen	werden säen	werde gesät haben	werden gesät haben
	wirst säen	werdet säen	wirst gesät haben	werdet gesät haben
	wird säen	werden säen	wird gesät haben	werden gesät haben
Subjunctive	**Present**		**Present Perfect**	
	säe	säen	habe gesät	haben gesät
	säest	säet	habest gesät	habet gesät
	säe	säen	habe gesät	haben gesät
	Past		**Past Perfect**	
	säte	säten	hätte gesät	hätten gesät
	sätest	sätet	hättest gesät	hättet gesät
	säte	säten	hätte gesät	hätten gesät
	Future		**Future Perfect**	
	werde säen	werden säen	werde gesät haben	werden gesät haben
	werdest säen	werdet säen	werdest gesät haben	werdet gesät haben
	werde säen	werden säen	werde gesät haben	werden gesät haben
	Present and Future Conditional		**Past Conditional**	
	würde säen	würden säen	würde gesät haben	würden gesät haben
	würdest säen	würdet säen	würdest gesät haben	würdet gesät haben
	würde säen	würden säen	würde gesät haben	würden gesät haben

EXAMPLES

Das Korn muss Anfang April gesät werden.	The grain has to be sown in the beginning of April.
Man soll Sonnenblumen nicht zu eng säen.	You shouldn't sow sunflowers too closely together.

sagen

to say, to tell

Auxiliary verb: haben   **Past participle:** gesagt

Imperative: Sage! Sagt! Sagen Sie!

Mode	Simple Tenses		Compound Tenses	
	Singular	*Plural*	*Singular*	*Plural*
Indicative	**Present**		**Present Perfect**	
	sage	sagen	habe gesagt	haben gesagt
	sagst	sagt	hast gesagt	habt gesagt
	sagt	sagen	hat gesagt	haben gesagt
	Past		**Past Perfect**	
	sagte	sagten	hatte gesagt	hatten gesagt
	sagtest	sagtet	hattest gesagt	hattet gesagt
	sagte	sagten	hatte gesagt	hatten gesagt
	Future		**Future Perfect**	
	werde sagen	werden sagen	werde gesagt haben	werden gesagt haben
	wirst sagen	werdet sagen	wirst gesagt haben	werdet gesagt haben
	wird sagen	werden sagen	wird gesagt haben	werden gesagt haben
Subjunctive	**Present**		**Present Perfect**	
	sage	sagen	habe gesagt	haben gesagt
	sagest	saget	habest gesagt	habet gesagt
	sage	sagen	habe gesagt	haben gesagt
	Past		**Past Perfect**	
	sagte	sagten	hätte gesagt	hätten gesagt
	sagtest	sagtet	hättest gesagt	hättet gesagt
	sagte	sagten	hätte gesagt	hätten gesagt
	Future		**Future Perfect**	
	werde sagen	werden sagen	werde gesagt haben	werden gesagt haben
	werdest sagen	werdet sagen	werdest gesagt haben	werdet gesagt haben
	werde sagen	werden sagen	werde gesagt haben	werden gesagt haben
	Present and Future Conditional		**Past Conditional**	
	würde sagen	würden sagen	würde gesagt haben	würden gesagt haben
	würdest sagen	würdet sagen	würdest gesagt haben	würdet gesagt haben
	würde sagen	würden sagen	würde gesagt haben	würden gesagt haben

EXAMPLES

Wenn ich etwas zu sagen hätte, würde ich meine Hand heben.	If I had something to say, I'd raise my hand.
Sagen Sie bitte, warum Sie Ihren Wagen verkaufen wollen!	Please tell me why you want to sell your car.

sammeln

to collect, to gather
Auxiliary verb: haben   **Past participle:** gesammelt
Imperative: Sammele! Sammelt! Sammeln Sie!

Mode	Simple Tenses		Compound Tenses	
	Singular	*Plural*	*Singular*	*Plural*
Indicative	**Present**		**Present Perfect**	
	sammele	sammeln	habe gesammelt	haben gesammelt
	sammelst	sammelt	hast gesammelt	habt gesammelt
	sammelt	sammeln	hat gesammelt	haben gesammelt
	Past		**Past Perfect**	
	sammelte	sammelten	hatte gesammelt	hatten gesammelt
	sammeltest	sammeltet	hattest gesammelt	hattet gesammelt
	sammelte	sammelten	hatte gesammelt	hatten gesammelt
	Future		**Future Perfect**	
	werde sammeln	werden sammeln	werde gesammelt haben	werden gesammelt haben
	wirst sammeln	werdet sammeln	wirst gesammelt haben	werdet gesammelt haben
	wird sammeln	werden sammeln	wird gesammelt haben	werden gesammelt haben
Subjunctive	**Present**		**Present Perfect**	
	sammele	sammeln	habe gesammelt	haben gesammelt
	sammelst	sammelt	habest gesammelt	habet gesammelt
	sammele	sammeln	habe gesammelt	haben gesammelt
	Past		**Past Perfect**	
	sammelte	sammelten	hätte gesammelt	hätten gesammelt
	sammeltest	sammeltet	hättest gesammelt	hättet gesammelt
	sammelte	sammelten	hätte gesammelt	hätten gesammelt
	Future		**Future Perfect**	
	werde sammeln	werden sammeln	werde gesammelt haben	werden gesammelt haben
	werdest sammeln	werdet sammeln	werdest gesammelt haben	werdet gesammelt haben
	werde sammeln	werden sammeln	werde gesammelt haben	werden gesammelt haben
	Present and Future Conditional		**Past Conditional**	
	würde sammeln	würden sammeln	würde gesammelt haben	würden gesammelt haben
	würdest sammeln	würdet sammeln	würdest gesammelt haben	würdet gesammelt haben
	würde sammeln	würden sammeln	würde gesammelt haben	würden gesammelt haben

EXAMPLES

Meine Schwester sammelt Briefmarken.   My sister collects stamps.
Karl hat viele römische Münzen gesammelt.   Karl has collected a lot of Roman coins.

sättigen
to fill, to satisfy, to satiate
Auxiliary verb: haben **Past participle:** gesättigt
Imperative: Sättige! Sättigt! Sättigen Sie!

Mode	Simple Tenses		Compound Tenses	
	Singular	*Plural*	*Singular*	*Plural*
Indicative	**Present**		**Present Perfect**	
	sättige	sättigen	habe gesättigt	haben gesättigt
	sättigst	sättigt	hast gesättigt	habt gesättigt
	sättigt	sättigen	hat gesättigt	haben gesättigt
	Past		**Past Perfect**	
	sättigte	sättigten	hatte gesättigt	hatten gesättigt
	sättigtest	sättigtet	hattest gesättigt	hattet gesättigt
	sättigte	sättigten	hatte gesättigt	hatten gesättigt
	Future		**Future Perfect**	
	werde sättigen	werden sättigen	werde gesättigt haben	werden gesättigt haben
	wirst sättigen	werdet sättigen	wirst gesättigt haben	werdet gesättigt haben
	wird sättigen	werden sättigen	wird gesättigt haben	werden gesättigt haben
Subjunctive	**Present**		**Present Perfect**	
	sättige	sättigen	habe gesättigt	haben gesättigt
	sättigest	sättiget	habest gesättigt	habet gesättigt
	sättige	sättigen	habe gesättigt	haben gesättigt
	Past		**Past Perfect**	
	sättigte	sättigten	hätte gesättigt	hätten gesättigt
	sättigtest	sättigtet	hättest gesättigt	hättet gesättigt
	sättigte	sättigten	hätte gesättigt	hätten gesättigt
	Future		**Future Perfect**	
	werde sättigen	werden sättigen	werde gesättigt haben	werden gesättigt haben
	werdest sättigen	werdet sättigen	werdest gesättigt haben	werdet gesättigt haben
	werde sättigen	werden sättigen	werde gesättigt haben	werden gesättigt haben
	Present and Future Conditional		**Past Conditional**	
	würde sättigen	würden sättigen	würde gesättigt haben	würden gesättigt haben
	würdest sättigen	würdet sättigen	würdest gesättigt haben	würdet gesättigt haben
	würde sättigen	würden sättigen	würde gesättigt haben	würden gesättigt haben

EXAMPLES

Die neue Diät sättigt kaum.	The new diet hardly makes you feel full.
Der Handymarkt ist seit einigen Jahren gesättigt.	The cellphone market has been saturated for a few years.

saufen

to drink (as of animals), to tipple, to booze
Auxiliary verb: haben   **Past participle:** gesoffen
Imperative: Saufe! Sauft! Saufen Sie!

Mode	Simple Tenses		Compound Tenses	
	Singular	*Plural*	*Singular*	*Plural*
Indicative	**Present**		**Present Perfect**	
	saufe	saufen	habe gesoffen	haben gesoffen
	säufst	sauft	hast gesoffen	habt gesoffen
	säuft	saufen	hat gesoffen	haben gesoffen
	Past		**Past Perfect**	
	soff	soffen	hatte gesoffen	hatten gesoffen
	soffst	sofft	hattest gesoffen	hattet gesoffen
	soff	soffen	hatte gesoffen	hatten gesoffen
	Future		**Future Perfect**	
	werde saufen	werden saufen	werde gesoffen haben	werden gesoffen haben
	wirst saufen	werdet saufen	wirst gesoffen haben	werdet gesoffen haben
	wird saufen	werden saufen	wird gesoffen haben	werden gesoffen haben
Subjunctive	**Present**		**Present Perfect**	
	saufe	saufen	habe gesoffen	haben gesoffen
	saufest	saufet	habest gesoffen	habet gesoffen
	saufe	saufen	habe gesoffen	haben gesoffen
	Past		**Past Perfect**	
	söffe	söffen	hätte gesoffen	hätten gesoffen
	söffest	söffet	hättest gesoffen	hättet gesoffen
	söffe	söffen	hätte gesoffen	hätten gesoffen
	Future		**Future Perfect**	
	werde saufen	werden saufen	werde gesoffen haben	werden gesoffen haben
	werdest saufen	werdet saufen	werdest gesoffen haben	werdet gesoffen haben
	werde saufen	werden saufen	werde gesoffen haben	werden gesoffen haben
	Present and Future Conditional		**Past Conditional**	
	würde saufen	würden saufen	würde gesoffen haben	würden gesoffen haben
	würdest saufen	würdet saufen	würdest gesoffen haben	würdet gesoffen haben
	würde saufen	würden saufen	würde gesoffen haben	würden gesoffen haben

Note: This verb, when it refers to humans, is considered very colloquial or even rude.

EXAMPLES

Du sollst nicht so viel saufen.
Mein Onkel blieb im Lokal und soff.

You shouldn't drink so much.
My uncle remained at the bar and drank.

saugen

to suck

Auxiliary verb: haben   **Past participle:** gesogen

Imperative: Sauge! Saugt! Saugen Sie!

Mode	Simple Tenses		Compound Tenses	
	Singular	*Plural*	*Singular*	*Plural*
Indicative	**Present**		**Present Perfect**	
	sauge	saugen	habe gesogen	haben gesogen
	saugst	saugt	hast gesogen	habt gesogen
	saugt	saugen	hat gesogen	haben gesogen
	Past		**Past Perfect**	
	sog	sogen	hatte gesogen	hatten gesogen
	sogst	sogt	hattest gesogen	hattet gesogen
	sog	sogen	hatte gesogen	hatten gesogen
	Future		**Future Perfect**	
	werde saugen	werden saugen	werde gesogen haben	werden gesogen haben
	wirst saugen	werdet saugen	wirst gesogen haben	werdet gesogen haben
	wird saugen	werden saugen	wird gesogen haben	werden gesogen haben
Subjunctive	**Present**		**Present Perfect**	
	sauge	saugen	habe gesogen	haben gesogen
	saugest	sauget	habest gesogen	habet gesogen
	sauge	saugen	habe gesogen	haben gesogen
	Past		**Past Perfect**	
	söge	sögen	hätte gesogen	hätten gesogen
	sögest	söget	hättest gesogen	hättet gesogen
	söge	sögen	hätte gesogen	hätten gesogen
	Future		**Future Perfect**	
	werde saugen	werden saugen	werde gesogen haben	werden gesogen haben
	werdest saugen	werdet saugen	werdest gesogen haben	werdet gesogen haben
	werde saugen	werden saugen	werde gesogen haben	werden gesogen haben
	Present and Future Conditional		**Past Conditional**	
	würde saugen	würden saugen	würde gesogen haben	würden gesogen haben
	würdest saugen	würdet saugen	würdest gesogen haben	würdet gesogen haben
	würde saugen	würden saugen	würde gesogen haben	würden gesogen haben

Note: It is common to omit the word *Staub* from *staubsaugen,* which means "to vacuum." See the first example below. *Saugen* is often also used as a regular verb, with its principal parts then being *saugt, saugte, gesaugt.*

EXAMPLES

Ludwig, bitte sauge die Böden im Wohnzimmer und Esszimmer!

Ludwig, please vacuum the floors in the living room and dining room.

Das schlafende Kind saugte an seinem Nuckel.

The sleeping child sucked on her pacifier.

schaden
to harm
Auxiliary verb: haben   **Past participle:** geschadet
Imperative: Schade! Schadet! Schaden Sie!

Mode	Simple Tenses		Compound Tenses	
	Singular	*Plural*	*Singular*	*Plural*
Indicative	**Present**		**Present Perfect**	
	schade	schaden	habe geschadet	haben geschadet
	schadest	schadet	hast geschadet	habt geschadet
	schadet	schaden	hat geschadet	haben geschadet
	Past		**Past Perfect**	
	schadete	schadeten	hatte geschadet	hatten geschadet
	schadetest	schadetet	hattest geschadet	hattet geschadet
	schadete	schadeten	hatte geschadet	hatten geschadet
	Future		**Future Perfect**	
	werde schaden	werden schaden	werde geschadet haben	werden geschadet haben
	wirst schaden	werdet schaden	wirst geschadet haben	werdet geschadet haben
	wird schaden	werden schaden	wird geschadet haben	werden geschadet haben
Subjunctive	**Present**		**Present Perfect**	
	schade	schaden	habe geschadet	haben geschadet
	schadest	schadet	habest geschadet	habet geschadet
	schade	schaden	habe geschadet	haben geschadet
	Past		**Past Perfect**	
	schadete	schadeten	hätte geschadet	hätten geschadet
	schadetest	schadetet	hättest geschadet	hättet geschadet
	schadete	schadeten	hätte geschadet	hätten geschadet
	Future		**Future Perfect**	
	werde schaden	werden schaden	werde geschadet haben	werden geschadet haben
	werdest schaden	werdet schaden	werdest geschadet haben	werdet geschadet haben
	werde schaden	werden schaden	werde geschadet haben	werden geschadet haben
	Present and Future Conditional		**Past Conditional**	
	würde schaden	würden schaden	würde geschadet haben	würden geschadet haben
	würdest schaden	würdet schaden	würdest geschadet haben	würdet geschadet haben
	würde schaden	würden schaden	würde geschadet haben	würden geschadet haben

Note: The word *schade* is used to mean "a pity"—for example, *Schade, dass es heute regnet* ("It's a pity that it's raining today").

EXAMPLES

Zu viel Alkohol schadet dem Gehirn.
Das Rauchen hat ihm sehr geschadet.

Too much alcohol harms the brain.
Smoking has done a lot of harm to him.

schaffen

to create, to produce, to accomplish
Auxiliary verb: haben   **Past participle:** geschaffen
Imperative: Schaffe! Schafft! Schaffen Sie!

Mode	Simple Tenses		Compound Tenses	
	Singular	*Plural*	*Singular*	*Plural*
Indicative	**Present**		**Present Perfect**	
	schaffe	schaffen	habe geschaffen	haben geschaffen
	schaffst	schafft	hast geschaffen	habt geschaffen
	schafft	schaffen	hat geschaffen	haben geschaffen
	Past		**Past Perfect**	
	schuf	schufen	hatte geschaffen	hatten geschaffen
	schufst	schuft	hattest geschaffen	hattet geschaffen
	schuf	schufen	hatte geschaffen	hatten geschaffen
	Future		**Future Perfect**	
	werde schaffen	werden schaffen	werde geschaffen haben	werden geschaffen haben
	wirst schaffen	werdet schaffen	wirst geschaffen haben	werdet geschaffen haben
	wird schaffen	werden schaffen	wird geschaffen haben	werden geschaffen haben
Subjunctive	**Present**		**Present Perfect**	
	schaffe	schaffen	habe geschaffen	haben geschaffen
	schaffest	schaffet	habest geschaffen	habet geschaffen
	schaffe	schaffen	habe geschaffen	haben geschaffen
	Past		**Past Perfect**	
	schüfe	schüfen	hätte geschaffen	hätten geschaffen
	schüfest	schüfet	hättest geschaffen	hättet geschaffen
	schüfe	schüfen	hätte geschaffen	hätten geschaffen
	Future		**Future Perfect**	
	werde schaffen	werden schaffen	werde geschaffen haben	werden geschaffen haben
	werdest schaffen	werdet schaffen	werdest geschaffen haben	werdet geschaffen haben
	werde schaffen	werden schaffen	werde geschaffen haben	werden geschaffen haben
	Present and Future Conditional		**Past Conditional**	
	würde schaffen	würden schaffen	würde geschaffen haben	würden geschaffen haben
	würdest schaffen	würdet schaffen	würdest geschaffen haben	würdet geschaffen haben
	würde schaffen	würden schaffen	würde geschaffen haben	würden geschaffen haben

Note: When this verb means "to accomplish," it has a regular conjugation and its principal parts are *schafft, schaffte, hat geschafft.*

EXAMPLES

Ein unbekannter Dichter hat diese Gedichte geschaffen.

An unknown poet created these poems.

Martin hat das Examen ohne Mühe geschafft.

Martin passed the exam without trying very hard.

schälen

to peel, to pare
Auxiliary verb: haben **Past participle:** geschält
Imperative: Schäle! Schält! Schälen Sie!

Mode	Simple Tenses		Compound Tenses	
	Singular	*Plural*	*Singular*	*Plural*
Indicative	**Present**		**Present Perfect**	
	schäle	schälen	habe geschält	haben geschält
	schälst	schält	hast geschält	habt geschält
	schält	schälen	hat geschält	haben geschält
	Past		**Past Perfect**	
	schälte	schälten	hatte geschält	hatten geschält
	schältest	schältet	hattest geschält	hattet geschält
	schälte	schälten	hatte geschält	hatten geschält
	Future		**Future Perfect**	
	werde schälen	werden schälen	werde geschält haben	werden geschält haben
	wirst schälen	werdet schälen	wirst geschält haben	werdet geschält haben
	wird schälen	werden schälen	wird geschält haben	werden geschält haben
Subjunctive	**Present**		**Present Perfect**	
	schäle	schälen	habe geschält	haben geschält
	schälest	schälet	habest geschält	habet geschält
	schäle	schälen	habe geschält	haben geschält
	Past		**Past Perfect**	
	schälte	schälten	hätte geschält	hätten geschält
	schältest	schältet	hättest geschält	hättet geschält
	schälte	schälten	hätte geschält	hätten geschält
	Future		**Future Perfect**	
	werde schälen	werden schälen	werde geschält haben	werden geschält haben
	werdest schälen	werdet schälen	werdest geschält haben	werdet geschält haben
	werde schälen	werden schälen	werde geschält haben	werden geschält haben
	Present and Future Conditional		**Past Conditional**	
	würde schälen	würden schälen	würde geschält haben	würden geschält haben
	würdest schälen	würdet schälen	würdest geschält haben	würdet geschält haben
	würde schälen	würden schälen	würde geschält haben	würden geschält haben

EXAMPLES

Angelika, kannst du mir Äpfel schälen helfen?
Die Kartoffeln brauchen für dieses Rezept nicht geschält zu werden.

Angelika, can you help me peel apples?
The potatoes don't have to be peeled for this recipe.

schalten
to switch, to change gears
Auxiliary verb: haben   **Past participle:** geschaltet
Imperative: Schalte! Schaltet! Schalten Sie!

Mode	Simple Tenses		Compound Tenses	
	Singular	*Plural*	*Singular*	*Plural*
Indicative	**Present**		**Present Perfect**	
	schalte	schalten	habe geschaltet	haben geschaltet
	schaltest	schaltet	hast geschaltet	habt geschaltet
	schaltet	schalten	hat geschaltet	haben geschaltet
	Past		**Past Perfect**	
	schaltete	schalteten	hatte geschaltet	hatten geschaltet
	schaltetest	schaltetet	hattest geschaltet	hattet geschaltet
	schaltete	schalteten	hatte geschaltet	hatten geschaltet
	Future		**Future Perfect**	
	werde schalten	werden schalten	werde geschaltet haben	werden geschaltet haben
	wirst schalten	werdet schalten	wirst geschaltet haben	werdet geschaltet haben
	wird schalten	werden schalten	wird geschaltet haben	werden geschaltet haben
Subjunctive	**Present**		**Present Perfect**	
	schalte	schalten	habe geschaltet	haben geschaltet
	schaltest	schaltet	habest geschaltet	habet geschaltet
	schalte	schalten	habe geschaltet	haben geschaltet
	Past		**Past Perfect**	
	schaltete	schalteten	hätte geschaltet	hätten geschaltet
	schaltetest	schaltetet	hättest geschaltet	hättet geschaltet
	schaltete	schalteten	hätte geschaltet	hätten geschaltet
	Future		**Future Perfect**	
	werde schalten	werden schalten	werde geschaltet haben	werden geschaltet haben
	werdest schalten	werdet schalten	werdest geschaltet haben	werdet geschaltet haben
	werde schalten	werden schalten	werde geschaltet haben	werden geschaltet haben
	Present and Future Conditional		**Past Conditional**	
	würde schalten	würden schalten	würde geschaltet haben	würden geschaltet haben
	würdest schalten	würdet schalten	würdest geschaltet haben	würdet geschaltet haben
	würde schalten	würden schalten	würde geschaltet haben	würden geschaltet haben

Note: This verb is usually used with prefixes—*abschalten, ausschalten, einschalten* (to disconnect, to switch off, to switch on). See the third example below.

EXAMPLES

Hast du noch nicht vom ersten in den zweiten Gang geschaltet?	Haven't you shifted from first into second gear yet?
Wenn er frei schalten und walten könnte, würde er nach Amerika auswandern.	If he were his own master, he'd emigrate to America.
Hast du den Fernseher ausgeschaltet?	Did you switch off the TV?

sich schämen
to be ashamed
Auxiliary verb: haben **Past participle:** geschämt
Imperative: Schäme dich! Schämt euch! Schämen Sie sich!

Mode	Simple Tenses		Compound Tenses	
	Singular	*Plural*	*Singular*	*Plural*
Indicative	**Present**		**Present Perfect**	
	schäme	schämen	habe geschämt	haben geschämt
	schämst	schämt	hast geschämt	habt geschämt
	schämt	schämen	hat geschämt	haben geschämt
	Past		**Past Perfect**	
	schämte	schämten	hatte geschämt	hatten geschämt
	schämtest	schämtet	hattest geschämt	hattet geschämt
	schämte	schämten	hatte geschämt	hatten geschämt
	Future		**Future Perfect**	
	werde schämen	werden schämen	werde geschämt haben	werden geschämt haben
	wirst schämen	werdet schämen	wirst geschämt haben	werdet geschämt haben
	wird schämen	werden schämen	wird geschämt haben	werden geschämt haben
Subjunctive	**Present**		**Present Perfect**	
	schäme	schämen	habe geschämt	haben geschämt
	schämest	schämet	habest geschämt	habet geschämt
	schäme	schämen	habe geschämt	haben geschämt
	Past		**Past Perfect**	
	schämte	schämten	hätte geschämt	hätten geschämt
	schämtest	schämtet	hättest geschämt	hättet geschämt
	schämte	schämten	hätte geschämt	hätten geschämt
	Future		**Future Perfect**	
	werde schämen	werden schämen	werde geschämt haben	werden geschämt haben
	werdest schämen	werdet schämen	werdest geschämt haben	werdet geschämt haben
	werde schämen	werden schämen	werde geschämt haben	werden geschämt haben
	Present and Future Conditional		**Past Conditional**	
	würde schämen	würden schämen	würde geschämt haben	würden geschämt haben
	würdest schämen	würdet schämen	würdest geschämt haben	würdet geschämt haben
	würde schämen	würden schämen	würde geschämt haben	würden geschämt haben

EXAMPLES

Er schämt sich dafür, dass sein Anzug so alt und schmutzig ist.

He's ashamed that his suit is so old and dirty.

Ich schämte mich für die grausamen Worte meines Sohnes.

I was ashamed of my son's cruel words.

schärfen
to sharpen, to whet
Auxiliary verb: haben   **Past participle:** geschärft
Imperative: Schärfe! Schärft! Schärfen Sie!

Mode	Simple Tenses		Compound Tenses	
	Singular	*Plural*	*Singular*	*Plural*
Indicative	**Present**		**Present Perfect**	
	schärfe	schärfen	habe geschärft	haben geschärft
	schärfst	schärft	hast geschärft	habt geschärft
	schärft	schärfen	hat geschärft	haben geschärft
	Past		**Past Perfect**	
	schärfte	schärften	hatte geschärft	hatten geschärft
	schärftest	schärftet	hattest geschärft	hattet geschärft
	schärfte	schärften	hatte geschärft	hatten geschärft
	Future		**Future Perfect**	
	werde schärfen	werden schärfen	werde geschärft haben	werden geschärft haben
	wirst schärfen	werdet schärfen	wirst geschärft haben	werdet geschärft haben
	wird schärfen	werden schärfen	wird geschärft haben	werden geschärft haben
Subjunctive	**Present**		**Present Perfect**	
	schärfe	schärfen	habe geschärft	haben geschärft
	schärfest	schärfet	habest geschärft	habet geschärft
	schärfe	schärfen	habe geschärft	haben geschärft
	Past		**Past Perfect**	
	schärfte	schärften	hätte geschärft	hätten geschärft
	schärftest	schärftet	hättest geschärft	hättet geschärft
	schärfte	schärften	hätte geschärft	hätten geschärft
	Future		**Future Perfect**	
	werde schärfen	werden schärfen	werde geschärft haben	werden geschärft haben
	werdest schärfen	werdet schärfen	werdest geschärft haben	werdet geschärft haben
	werde schärfen	werden schärfen	werde geschärft haben	werden geschärft haben
	Present and Future Conditional		**Past Conditional**	
	würde schärfen	würden schärfen	würde geschärft haben	würden geschärft haben
	würdest schärfen	würdet schärfen	würdest geschärft haben	würdet geschärft haben
	würde schärfen	würden schärfen	würde geschärft haben	würden geschärft haben

EXAMPLES

Mein Bruder versuchte die alten Klingen zu schärfen.

My brother tried to sharpen the old blades.

Diese Messer müssen geschärft werden.

These knives have to be sharpened.

Diese Kräuter sollen den Verstand schärfen.

These herbs are supposed to sharpen the mind.

schätzen

to value, to esteem

Auxiliary verb: haben   **Past participle:** geschätzt
Imperative: Schätze! Schätzt! Schätzen Sie!

Mode	Simple Tenses		Compound Tenses	
	Singular	*Plural*	*Singular*	*Plural*
Indicative	**Present**		**Present Perfect**	
	schätze	schätzen	habe geschätzt	haben geschätzt
	schätzt	schätzt	hast geschätzt	habt geschätzt
	schätzt	schätzen	hat geschätzt	haben geschätzt
	Past		**Past Perfect**	
	schätzte	schätzten	hatte geschätzt	hatten geschätzt
	schätztest	schätztet	hattest geschätzt	hattet geschätzt
	schätzte	schätzten	hatte geschätzt	hatten geschätzt
	Future		**Future Perfect**	
	werde schätzen	werden schätzen	werde geschätzt haben	werden geschätzt haben
	wirst schätzen	werdet schätzen	wirst geschätzt haben	werdet geschätzt haben
	wird schätzen	werden schätzen	wird geschätzt haben	werden geschätzt haben
Subjunctive	**Present**		**Present Perfect**	
	schätze	schätzen	habe geschätzt	haben geschätzt
	schätzest	schätzet	habest geschätzt	habet geschätzt
	schätze	schätzen	habe geschätzt	haben geschätzt
	Past		**Past Perfect**	
	schätzte	schätzten	hätte geschätzt	hätten geschätzt
	schätztest	schätztet	hättest geschätzt	hättet geschätzt
	schätzte	schätzten	hätte geschätzt	hätten geschätzt
	Future		**Future Perfect**	
	werde schätzen	werden schätzen	werde geschätzt haben	werden geschätzt haben
	werdest schätzen	werdet schätzen	werdest geschätzt haben	werdet geschätzt haben
	werde schätzen	werden schätzen	werde geschätzt haben	werden geschätzt haben
	Present and Future Conditional		**Past Conditional**	
	würde schätzen	würden schätzen	würde geschätzt haben	würden geschätzt haben
	würdest schätzen	würdet schätzen	würdest geschätzt haben	würdet geschätzt haben
	würde schätzen	würden schätzen	würde geschätzt haben	würden geschätzt haben

EXAMPLES

Ich schätze mich glücklich, mit so guten Kollgen zusammen arbeiten zu dürfen.

I consider myself lucky to be able to work with such good colleagues.

Der Schaden vom Tornado wurde auf 10.000 Dollar geschätzt.

The damage from the tornado was estimated at $10,000.

schauen

to see, to look, to gaze

Auxiliary verb: haben   **Past participle:** geschaut

Imperative: Schaue! Schaut! Schauen Sie!

Mode	Simple Tenses		Compound Tenses	
	Singular	*Plural*	*Singular*	*Plural*
Indicative	**Present**		**Present Perfect**	
	schaue	schauen	habe geschaut	haben geschaut
	schaust	schaut	hast geschaut	habt geschaut
	schaut	schauen	hat geschaut	haben geschaut
	Past		**Past Perfect**	
	schaute	schauten	hatte geschaut	hatten geschaut
	schautest	schautet	hattest geschaut	hattet geschaut
	schaute	schauten	hatte geschaut	hatten geschaut
	Future		**Future Perfect**	
	werde schauen	werden schauen	werde geschaut haben	werden geschaut haben
	wirst schauen	werdet schauen	wirst geschaut haben	werdet geschaut haben
	wird schauen	werden schauen	wird geschaut haben	werden geschaut haben
Subjunctive	**Present**		**Present Perfect**	
	schaue	schauen	habe geschaut	haben geschaut
	schauest	schauet	habest geschaut	habet geschaut
	schaue	schauen	habe geschaut	haben geschaut
	Past		**Past Perfect**	
	schaute	schauten	hätte geschaut	hätten geschaut
	schautest	schautet	hättest geschaut	hättet geschaut
	schaute	schauten	hätte geschaut	hätten geschaut
	Future		**Future Perfect**	
	werde schauen	werden schauen	werde geschaut haben	werden geschaut haben
	werdest schauen	werdet schauen	werdest geschaut haben	werdet geschaut haben
	werde schauen	werden schauen	werde geschaut haben	werden geschaut haben
	Present and Future Conditional		**Past Conditional**	
	würde schauen	würden schauen	würde geschaut haben	würden geschaut haben
	würdest schauen	würdet schauen	würdest geschaut haben	würdet geschaut haben
	würde schauen	würden schauen	würde geschaut haben	würden geschaut haben

EXAMPLES

Niemand kann in die Zukunft schauen.
Die Kinder schauten aus dem Fenster, um die Parade zu beobachten.

No one can look into the future.
The children looked out the window to watch the parade.

schaufeln

to shovel, to dig
Auxiliary verb: haben **Past participle:** geschaufelt
Imperative: Schaufele! Schaufelt! Schaufeln Sie!

Mode	Simple Tenses		Compound Tenses	
	Singular	*Plural*	*Singular*	*Plural*
Indicative	**Present**		**Present Perfect**	
	schaufele	schaufeln	habe geschaufelt	haben geschaufelt
	schaufelst	schaufelt	hast geschaufelt	habt geschaufelt
	schaufelt	schaufeln	hat geschaufelt	haben geschaufelt
	Past		**Past Perfect**	
	schaufelte	schaufelten	hatte geschaufelt	hatten geschaufelt
	schaufeltest	schaufeltet	hattest geschaufelt	hattet geschaufelt
	schaufelte	schaufelten	hatte geschaufelt	hatten geschaufelt
	Future		**Future Perfect**	
	werde schaufeln	werden schaufeln	werde geschaufelt haben	werden geschaufelt haben
	wirst schaufeln	werdet schaufeln	wirst geschaufelt haben	werdet geschaufelt haben
	wird schaufeln	werden schaufeln	wird geschaufelt haben	werden geschaufelt haben
Subjunctive	**Present**		**Present Perfect**	
	schaufele	schaufeln	habe geschaufelt	haben geschaufelt
	schaufelst	schaufelt	habest geschaufelt	habet geschaufelt
	schaufele	schaufeln	habe geschaufelt	haben geschaufelt
	Past		**Past Perfect**	
	schaufelte	schaufelten	hätte geschaufelt	hätten geschaufelt
	schaufeltest	schaufeltet	hättest geschaufelt	hättet geschaufelt
	schaufelte	schaufelten	hätte geschaufelt	hätten geschaufelt
	Future		**Future Perfect**	
	werde schaufeln	werden schaufeln	werde geschaufelt haben	werden geschaufelt haben
	werdest schaufeln	werdet schaufeln	werdest geschaufelt haben	werdet geschaufelt haben
	werde schaufeln	werden schaufeln	werde geschaufelt haben	werden geschaufelt haben
	Present and Future Conditional		**Past Conditional**	
	würde schaufeln	würden schaufeln	würde geschaufelt haben	würden geschaufelt haben
	würdest schaufeln	würdet schaufeln	würdest geschaufelt haben	würdet geschaufelt haben
	würde schaufeln	würden schaufeln	würde geschaufelt haben	würden geschaufelt haben

EXAMPLES

Die Kinder haben gern im Sandkasten geschaufelt.

The children liked shoveling in the sandbox.

Könnt ihr mir beim Schaufeln helfen?

Can you help me shovel?

schaukeln

to swing, to rock, to pitch
Auxiliary verb: haben   **Past participle:** geschaukelt
Imperative: Schaukele! Schaukelt! Schaukeln Sie!

Mode	Simple Tenses		Compound Tenses	
	Singular	*Plural*	*Singular*	*Plural*
Indicative	**Present**		**Present Perfect**	
	schaukele	schaukeln	habe geschaukelt	haben geschaukelt
	schaukelst	schaukelt	hast geschaukelt	habt geschaukelt
	schaukelt	schaukeln	hat geschaukelt	haben geschaukelt
	Past		**Past Perfect**	
	schaukelte	schaukelten	hatte geschaukelt	hatten geschaukelt
	schaukeltest	schaukeltet	hattest geschaukelt	hattet geschaukelt
	schaukelte	schaukelten	hatte geschaukelt	hatten geschaukelt
	Future		**Future Perfect**	
	werde schaukeln	werden schaukeln	werde geschaukelt haben	werden geschaukelt haben
	wirst schaukeln	werdet schaukeln	wirst geschaukelt haben	werdet geschaukelt haben
	wird schaukeln	werden schaukeln	wird geschaukelt haben	werden geschaukelt haben
Subjunctive	**Present**		**Present Perfect**	
	schaukele	schaukeln	habe geschaukelt	haben geschaukelt
	schaukelst	schaukelt	habest geschaukelt	habet geschaukelt
	schaukele	schaukeln	habe geschaukelt	haben geschaukelt
	Past		**Past Perfect**	
	schaukelte	schaukelten	hätte geschaukelt	hätten geschaukelt
	schaukeltest	schaukeltet	hättest geschaukelt	hättet geschaukelt
	schaukelte	schaukelten	hätte geschaukelt	hätten geschaukelt
	Future		**Future Perfect**	
	werde schaukeln	werden schaukeln	werde geschaukelt haben	werden geschaukelt haben
	werdest schaukeln	werdet schaukeln	werdest geschaukelt haben	werdet geschaukelt haben
	werde schaukeln	werden schaukeln	werde geschaukelt haben	werden geschaukelt haben
	Present and Future Conditional		**Past Conditional**	
	würde schaukeln	würden schaukeln	würde geschaukelt haben	würden geschaukelt haben
	würdest schaukeln	würdet schaukeln	würdest geschaukelt haben	würdet geschaukelt haben
	würde schaukeln	würden schaukeln	würde geschaukelt haben	würden geschaukelt haben

EXAMPLES

Während des Sturmes hat das Schiff furchtbar geschaukelt.	During the storm, the ship pitched terribly.
Die Kinder wurden von meinem Neffen geschaukelt.	The children were swung by my nephew.

scheiden (sich)

to separate, to part, to divorce
Auxiliary verb: haben **Past participle:** geschieden
Imperative: Scheide! Scheidet! Scheiden Sie!

Mode	Simple Tenses		Compound Tenses	
	Singular	*Plural*	*Singular*	*Plural*
Indicative	**Present**		**Present Perfect**	
	scheide	scheiden	habe geschieden	haben geschieden
	scheidest	scheidet	hast geschieden	habt geschieden
	scheidet	scheiden	hat geschieden	haben geschieden
	Past		**Past Perfect**	
	schied	schieden	hatte geschieden	hatten geschieden
	schiedest	schiedet	hattest geschieden	hattet geschieden
	schied	schieden	hatte geschieden	hatten geschieden
	Future		**Future Perfect**	
	werde scheiden	werden scheiden	werde geschieden haben	werden geschieden haben
	wirst scheiden	werdet scheiden	wirst geschieden haben	werdet geschieden haben
	wird scheiden	werden scheiden	wird geschieden haben	werden geschieden haben
Subjunctive	**Present**		**Present Perfect**	
	scheide	scheiden	habe geschieden	haben geschieden
	scheidest	scheidet	habest geschieden	habet geschieden
	scheide	scheiden	habe geschieden	haben geschieden
	Past		**Past Perfect**	
	schiede	schieden	hätte geschieden	hätten geschieden
	schiedest	schiedet	hättest geschieden	hättet geschieden
	schiede	schieden	hätte geschieden	hätten geschieden
	Future		**Future Perfect**	
	werde scheiden	werden scheiden	werde geschieden haben	werden geschieden haben
	werdest scheiden	werdet scheiden	werdest geschieden haben	werdet geschieden haben
	werde scheiden	werden scheiden	werde geschieden haben	werden geschieden haben
	Present and Future Conditional		**Past Conditional**	
	würde scheiden	würden scheiden	würde geschieden haben	würden geschieden haben
	würdest scheiden	würdet scheiden	würdest geschieden haben	würdet geschieden haben
	würde scheiden	würden scheiden	würde geschieden haben	würden geschieden haben

EXAMPLES

Hier scheiden sich unsere Wege.
Meine Eltern denken daran, sich scheiden zu lassen.

Our paths part here.
My parents are thinking of getting a divorce.

scheinen

to shine, to appear, to seem

Auxiliary verb: haben   **Past participle:** geschienen
Imperative: Scheine! Scheint! Scheinen Sie!

Mode	Simple Tenses		Compound Tenses	
	Singular	*Plural*	*Singular*	*Plural*
Indicative	**Present**		**Present Perfect**	
	scheine	scheinen	habe geschienen	haben geschienen
	scheinst	scheint	hast geschienen	habt geschienen
	scheint	scheinen	hat geschienen	haben geschienen
	Past		**Past Perfect**	
	schien	schienen	hatte geschienen	hatten geschienen
	schienst	schient	hattest geschienen	hattet geschienen
	schien	schienen	hatte geschienen	hatten geschienen
	Future		**Future Perfect**	
	werde scheinen	werden scheinen	werde geschienen haben	werden geschienen haben
	wirst scheinen	werdet scheinen	wirst geschienen haben	werdet geschienen haben
	wird scheinen	werden scheinen	wird geschienen haben	werden geschienen haben
Subjunctive	**Present**		**Present Perfect**	
	scheine	scheinen	habe geschienen	haben geschienen
	scheinest	scheinet	habest geschienen	habet geschienen
	scheine	scheinen	habe geschienen	haben geschienen
	Past		**Past Perfect**	
	schiene	schienen	hätte geschienen	hätten geschienen
	schienest	schienet	hättest geschienen	hättet geschienen
	schiene	schienen	hätte geschienen	hätten geschienen
	Future		**Future Perfect**	
	werde scheinen	werden scheinen	werde geschienen haben	werden geschienen haben
	werdest scheinen	werdet scheinen	werdest geschienen haben	werdet geschienen haben
	werde scheinen	werden scheinen	werde geschienen haben	werden geschienen haben
	Present and Future Conditional		**Past Conditional**	
	würde scheinen	würden scheinen	würde geschienen haben	würden geschienen haben
	würdest scheinen	würdet scheinen	würdest geschienen haben	würdet geschienen haben
	würde scheinen	würden scheinen	würde geschienen haben	würden geschienen haben

EXAMPLES

Heute scheint die Sonne.	The sun is shining today.
Diese Rechnung scheint nicht zu stimmen.	This bill seems to be wrong.
Der Mann schien sehr arm zu sein.	The man appeared to be very poor.

scheitern

to fail, to run aground, to be wrecked
Auxiliary verb: sein   **Past participle:** gescheitert
Imperative: Scheitere! Scheitert! Scheitern Sie!

Mode	Simple Tenses		Compound Tenses	
	Singular	*Plural*	*Singular*	*Plural*
Indicative	**Present**		**Present Perfect**	
	scheitere	scheitern	bin gescheitert	sind gescheitert
	scheiterst	scheitert	bist gescheitert	seid gescheitert
	scheitert	scheitern	ist gescheitert	sind gescheitert
	Past		**Past Perfect**	
	scheiterte	scheiterten	war gescheitert	waren gescheitert
	scheitertest	scheitertet	warst gescheitert	wart gescheitert
	scheiterte	scheiterten	war gescheitert	waren gescheitert
	Future		**Future Perfect**	
	werde scheitern	werden scheitern	werde gescheitert sein	werden gescheitert sein
	wirst scheitern	werdet scheitern	wirst gescheitert sein	werdet gescheitert sein
	wird scheitern	werden scheitern	wird gescheitert sein	werden gescheitert sein
Subjunctive	**Present**		**Present Perfect**	
	scheitere	scheitern	sei gescheitert	seien gescheitert
	scheiterst	scheitert	seiest gescheitert	seiet gescheitert
	scheitere	scheitern	sei gescheitert	seien gescheitert
	Past		**Past Perfect**	
	scheiterte	scheiterten	wäre gescheitert	wären gescheitert
	scheitertest	scheitertet	wärest gescheitert	wäret gescheitert
	scheiterte	scheiterten	wäre gescheitert	wären gescheitert
	Future		**Future Perfect**	
	werde scheitern	werden scheitern	werde gescheitert sein	werden gescheitert sein
	werdest scheitern	werdet scheitern	werdest gescheitert sein	werdet gescheitert sein
	werde scheitern	werden scheitern	werde gescheitert sein	werden gescheitert sein
	Present and Future Conditional		**Past Conditional**	
	würde scheitern	würden scheitern	würde gescheitert sein	würden gescheitert sein
	würdest scheitern	würdet scheitern	würdest gescheitert sein	würdet gescheitert sein
	würde scheitern	würden scheitern	würde gescheitert sein	würden gescheitert sein

EXAMPLES

Erik scheiterte an der Aufnahmeprüfung für die Musikhochschule.

Erik failed the entrance exam for the school of music.

Bei diesem Unwetter wird das kleine Schiff auf jeden Fall scheitern.

The ship will surely be wrecked in such bad weather.

schelten

to scold, to reproach

Auxiliary verb: haben   **Past participle:** gescholten
Imperative: Schilt! Scheltet! Schelten Sie!

Mode	Simple Tenses		Compound Tenses	
	Singular	*Plural*	*Singular*	*Plural*
Indicative	**Present**		**Present Perfect**	
	schelte	schelten	habe gescholten	haben gescholten
	schiltst	scheltet	hast gescholten	habt gescholten
	schilt	schelten	hat gescholten	haben gescholten
	Past		**Past Perfect**	
	schalt	schalten	hatte gescholten	hatten gescholten
	schaltest	schaltet	hattest gescholten	hattet gescholten
	schalt	schalten	hatte gescholten	hatten gescholten
	Future		**Future Perfect**	
	werde schelten	werden schelten	werde gescholten haben	werden gescholten haben
	wirst schelten	werdet schelten	wirst gescholten haben	werdet gescholten haben
	wird schelten	werden schelten	wird gescholten haben	werden gescholten haben
Subjunctive	**Present**		**Present Perfect**	
	schelte	schelten	habe gescholten	haben gescholten
	scheltest	scheltet	habest gescholten	habet gescholten
	schelte	schelten	habe gescholten	haben gescholten
	Past		**Past Perfect**	
	schölte	schölten	hätte gescholten	hätten gescholten
	schöltest	schöltet	hättest gescholten	hättet gescholten
	schölte	schölten	hätte gescholten	hätten gescholten
	Future		**Future Perfect**	
	werde schelten	werden schelten	werde gescholten haben	werden gescholten haben
	werdest schelten	werdet schelten	werdest gescholten haben	werdet gescholten haben
	werde schelten	werden schelten	werde gescholten haben	werden gescholten haben
	Present and Future Conditional		**Past Conditional**	
	würde schelten	würden schelten	würde gescholten haben	würden gescholten haben
	würdest schelten	würdet schelten	würdest gescholten haben	würdet gescholten haben
	würde schelten	würden schelten	würde gescholten haben	würden gescholten haben

EXAMPLES

Als die böse Stiefmutter ihn schalt, fing der kleine Hans an zu weinen.

When the wicked stepmother scolded him, little Hans began to cry.

Der Graf schalt seinen Diener wegen der schmutzigen Kalesche.

The count scolded his servant because of the dirty coach.

schenken

to give, to present
Auxiliary verb: haben **Past participle:** geschenkt
Imperative: Schenke! Schenkt! Schenken Sie!

Mode	Simple Tenses		Compound Tenses	
	Singular	*Plural*	*Singular*	*Plural*
Indicative	**Present**		**Present Perfect**	
	schenke	schenken	habe geschenkt	haben geschenkt
	schenkst	schenkt	hast geschenkt	habt geschenkt
	schenkt	schenken	hat geschenkt	haben geschenkt
	Past		**Past Perfect**	
	schenkte	schenkten	hatte geschenkt	hatten geschenkt
	schenktest	schenktet	hattest geschenkt	hattet geschenkt
	schenkte	schenkten	hatte geschenkt	hatten geschenkt
	Future		**Future Perfect**	
	werde schenken	werden schenken	werde geschenkt haben	werden geschenkt haben
	wirst schenken	werdet schenken	wirst geschenkt haben	werdet geschenkt haben
	wird schenken	werden schenken	wird geschenkt haben	werden geschenkt haben
Subjunctive	**Present**		**Present Perfect**	
	schenke	schenken	habe geschenkt	haben geschenkt
	schenkest	schenket	habest geschenkt	habet geschenkt
	schenke	schenken	habe geschenkt	haben geschenkt
	Past		**Past Perfect**	
	schenkte	schenkten	hätte geschenkt	hätten geschenkt
	schenktest	schenktet	hättest geschenkt	hättet geschenkt
	schenkte	schenkten	hätte geschenkt	hätten geschenkt
	Future		**Future Perfect**	
	werde schenken	werden schenken	werde geschenkt haben	werden geschenkt haben
	werdest schenken	werdet schenken	werdest geschenkt haben	werdet geschenkt haben
	werde schenken	werden schenken	werde geschenkt haben	werden geschenkt haben
	Present and Future Conditional		**Past Conditional**	
	würde schenken	würden schenken	würde geschenkt haben	würden geschenkt haben
	würdest schenken	würdet schenken	würdest geschenkt haben	würdet geschenkt haben
	würde schenken	würden schenken	würde geschenkt haben	würden geschenkt haben

EXAMPLES

Was wirst du Ingrid zum Geburtstag schenken?

What are you going to give Ingrid for her birthday?

Ich habe den Pullover beinahe geschenkt bekommen.

I got the sweater for a real bargain.

scheren
to shear, to shave, to clip
Auxiliary verb: haben **Past participle:** geschoren
Imperative: Schier! Schert! Scheren Sie!

Mode	Simple Tenses		Compound Tenses	
	Singular	*Plural*	*Singular*	*Plural*
Indicative	**Present**		**Present Perfect**	
	schere	scheren	habe geschoren	haben geschoren
	scherst	schert	hast geschoren	habt geschoren
	schert	scheren	hat geschoren	haben geschoren
	Past		**Past Perfect**	
	schor	schoren	hatte geschoren	hatten geschoren
	schorst	schort	hattest geschoren	hattet geschoren
	schor	schoren	hatte geschoren	hatten geschoren
	Future		**Future Perfect**	
	werde scheren	werden scheren	werde geschoren haben	werden geschoren haben
	wirst scheren	werdet scheren	wirst geschoren haben	werdet geschoren haben
	wird scheren	werden scheren	wird geschoren haben	werden geschoren haben
Subjunctive	**Present**		**Present Perfect**	
	schere	scheren	habe geschoren	haben geschoren
	scherest	scheret	habest geschoren	habet geschoren
	schere	scheren	habe geschoren	haben geschoren
	Past		**Past Perfect**	
	schöre	schören	hätte geschoren	hätten geschoren
	schörest	schöret	hättest geschoren	hättet geschoren
	schöre	schören	hätte geschoren	hätten geschoren
	Future		**Future Perfect**	
	werde scheren	werden scheren	werde geschoren haben	werden geschoren haben
	werdest scheren	werdet scheren	werdest geschoren haben	werdet geschoren haben
	werde scheren	werden scheren	werde geschoren haben	werden geschoren haben
	Present and Future Conditional		**Past Conditional**	
	würde scheren	würden scheren	würde geschoren haben	würden geschoren haben
	würdest scheren	würdet scheren	würdest geschoren haben	würdet geschoren haben
	würde scheren	würden scheren	würde geschoren haben	würden geschoren haben

EXAMPLES

Wir werden Herrn Bauer beim Scheren der Schafe helfen.
We're going to help Mr. Bauer with the shearing of the sheep.

Manche Mönche müssen sich die Haare scheren lassen.
Some monks have to have their heads shaved.

scherzen

to joke, to have fun

Auxiliary verb: haben   **Past participle:** gescherzt
Imperative: Scherze! Scherzt! Scherzen Sie!

Mode	Simple Tenses		Compound Tenses	
	Singular	*Plural*	*Singular*	*Plural*
Indicative	**Present**		**Present Perfect**	
	scherze	scherzen	habe gescherzt	haben gescherzt
	scherzt	scherzt	hast gescherzt	habt gescherzt
	scherzt	scherzen	hat gescherzt	haben gescherzt
	Past		**Past Perfect**	
	scherzte	scherzten	hatte gescherzt	hatten gescherzt
	scherztest	scherztet	hattest gescherzt	hattet gescherzt
	scherzte	scherzten	hatte gescherzt	hatten gescherzt
	Future		**Future Perfect**	
	werde scherzen	werden scherzen	werde gescherzt haben	werden gescherzt haben
	wirst scherzen	werdet scherzen	wirst gescherzt haben	werdet gescherzt haben
	wird scherzen	werden scherzen	wird gescherzt haben	werden gescherzt haben
Subjunctive	**Present**		**Present Perfect**	
	scherze	scherzen	habe gescherzt	haben gescherzt
	scherzest	scherzet	habest gescherzt	habet gescherzt
	scherze	scherzen	habe gescherzt	haben gescherzt
	Past		**Past Perfect**	
	scherzte	scherzten	hätte gescherzt	hätten gescherzt
	scherztest	scherztet	hättest gescherzt	hättet gescherzt
	scherzte	scherzten	hätte gescherzt	hätten gescherzt
	Future		**Future Perfect**	
	werde scherzen	werden scherzen	werde gescherzt haben	werden gescherzt haben
	werdest scherzen	werdet scherzen	werdest gescherzt haben	werdet gescherzt haben
	werde scherzen	werden scherzen	werde gescherzt haben	werden gescherzt haben
	Present and Future Conditional		**Past Conditional**	
	würde scherzen	würden scherzen	würde gescherzt haben	würden gescherzt haben
	würdest scherzen	würdet scherzen	würdest gescherzt haben	würdet gescherzt haben
	würde scherzen	würden scherzen	würde gescherzt haben	würden gescherzt haben

EXAMPLES

Das ist aber nicht zum Scherzen.
Tante Gerda verstand nicht, dass er scherzte, und glaubte ihm aufs Wort.

That's really no joking matter.
Aunt Gerda didn't understand that he was joking and took him at his word.

schicken

to send

Auxiliary verb: haben   **Past participle:** geschickt

Imperative: Schicke! Schickt! Schicken Sie!

Mode	Simple Tenses		Compound Tenses	
	Singular	*Plural*	*Singular*	*Plural*
Indicative	**Present**		**Present Perfect**	
	schicke	schicken	habe geschickt	haben geschickt
	schickst	schickt	hast geschickt	habt geschickt
	schickt	schicken	hat geschickt	haben geschickt
	Past		**Past Perfect**	
	schickte	schickten	hatte geschickt	hatten geschickt
	schicktest	schicktet	hattest geschickt	hattet geschickt
	schickte	schickten	hatte geschickt	hatten geschickt
	Future		**Future Perfect**	
	werde schicken	werden schicken	werde geschickt haben	werden geschickt haben
	wirst schicken	werdet schicken	wirst geschickt haben	werdet geschickt haben
	wird schicken	werden schicken	wird geschickt haben	werden geschickt haben
Subjunctive	**Present**		**Present Perfect**	
	schicke	schicken	habe geschickt	haben geschickt
	schickest	schicket	habest geschickt	habet geschickt
	schicke	schicken	habe geschickt	haben geschickt
	Past		**Past Perfect**	
	schickte	schickten	hätte geschickt	hätten geschickt
	schicktest	schicktet	hättest geschickt	hättet geschickt
	schickte	schickten	hätte geschickt	hätten geschickt
	Future		**Future Perfect**	
	werde schicken	werden schicken	werde geschickt haben	werden geschickt haben
	werdest schicken	werdet schicken	werdest geschickt haben	werdet geschickt haben
	werde schicken	werden schicken	werde geschickt haben	werden geschickt haben
	Present and Future Conditional		**Past Conditional**	
	würde schicken	würden schicken	würde geschickt haben	würden geschickt haben
	würdest schicken	würdet schicken	würdest geschickt haben	würdet geschickt haben
	würde schicken	würden schicken	würde geschickt haben	würden geschickt haben

EXAMPLES

Meine Kusine in London hat mir ein Geschenk geschickt.

My cousin in London sent me a gift.

Meine Eltern wollen mich auf eine Privatschule schicken.

My parents want to send me to a private school.

schieben

to shove, to push, to move
Auxiliary verb: haben **Past participle:** geschoben
Imperative: Schiebe! Schiebt! Schieben Sie!

Mode	Simple Tenses		Compound Tenses	
	Singular	*Plural*	*Singular*	*Plural*
Indicative	**Present**		**Present Perfect**	
	schiebe	schieben	habe geschoben	haben geschoben
	schiebst	schiebt	hast geschoben	habt geschoben
	schiebt	schieben	hat geschoben	haben geschoben
	Past		**Past Perfect**	
	schob	schoben	hatte geschoben	hatten geschoben
	schobst	schobt	hattest geschoben	hattet geschoben
	schob	schoben	hatte geschoben	hatten geschoben
	Future		**Future Perfect**	
	werde schieben	werden schieben	werde geschoben haben	werden geschoben haben
	wirst schieben	werdet schieben	wirst geschoben haben	werdet geschoben haben
	wird schieben	werden schieben	wird geschoben haben	werden geschoben haben
Subjunctive	**Present**		**Present Perfect**	
	schiebe	schieben	habe geschoben	haben geschoben
	schiebest	schiebet	habest geschoben	habet geschoben
	schiebe	schieben	habe geschoben	haben geschoben
	Past		**Past Perfect**	
	schöbe	schöben	hätte geschoben	hätten geschoben
	schöbest	schöbet	hättest geschoben	hättet geschoben
	schöbe	schöben	hätte geschoben	hätten geschoben
	Future		**Future Perfect**	
	werde schieben	werden schieben	werde geschoben haben	werden geschoben haben
	werdest schieben	werdet schieben	werdest geschoben haben	werdet geschoben haben
	werde schieben	werden schieben	werde geschoben haben	werden geschoben haben
	Present and Future Conditional		**Past Conditional**	
	würde schieben	würden schieben	würde geschoben haben	würden geschoben haben
	würdest schieben	würdet schieben	würdest geschoben haben	würdet geschoben haben
	würde schieben	würden schieben	würde geschoben haben	würden geschoben haben

Note: With inseparable prefixes, the principal parts of this verb are, for example, *verschiebt, verschob, hat verschoben.* With separable prefixes, the principal parts are, for example, *schiebt vor, schob vor, hat vorgeschoben.*

EXAMPLES

Niemand hilft uns den schweren Tisch an die Wand zu schieben.

No one helps us to push the heavy table against the wall.

Mein ältester Sohn muss immer ein bisschen geschoben werden.

My oldest son always has to be pushed a little (to get things done).

schießen
to shoot, to fire
Auxiliary verb: haben **Past participle:** geschossen
Imperative: Schieße! Schießt! Schießen Sie!

Mode	Simple Tenses		Compound Tenses	
	Singular	*Plural*	*Singular*	*Plural*
Indicative	**Present**		**Present Perfect**	
	schieße	schießen	habe geschossen	haben geschossen
	schießt	schießt	hast geschossen	habt geschossen
	schießt	schießen	hat geschossen	haben geschossen
	Past		**Past Perfect**	
	schoss	schossen	hatte geschossen	hatten geschossen
	schossest	schosst	hattest geschossen	hattet geschossen
	schoss	schossen	hatte geschossen	hatten geschossen
	Future		**Future Perfect**	
	werde schießen	werden schießen	werde geschossen haben	werden geschossen haben
	wirst schießen	werdet schießen	wirst geschossen haben	werdet geschossen haben
	wird schießen	werden schießen	wird geschossen haben	werden geschossen haben
Subjunctive	**Present**		**Present Perfect**	
	schieße	schießen	habe geschossen	haben geschossen
	schießest	schießet	habest geschossen	habet geschossen
	schieße	schießen	habe geschossen	haben geschossen
	Past		**Past Perfect**	
	schösse	schössen	hätte geschossen	hätten geschossen
	schössest	schösset	hättest geschossen	hättet geschossen
	schösse	schössen	hätte geschossen	hätten geschossen
	Future		**Future Perfect**	
	werde schießen	werden schießen	werde geschossen haben	werden geschossen haben
	werdest schießen	werdet schießen	werdest geschossen haben	werdet geschossen haben
	werde schießen	werden schießen	werde geschossen haben	werden geschossen haben
	Present and Future Conditional		**Past Conditional**	
	würde schießen	würden schießen	würde geschossen haben	würden geschossen haben
	würdest schießen	würdet schießen	würdest geschossen haben	würdet geschossen haben
	würde schießen	würden schießen	würde geschossen haben	würden geschossen haben

Note: With inseparable prefixes, the principal parts of this verb are, for example, *beschießt, beschoss, hat beschossen*. With separable prefixes, the principal parts are, for example, *schießt nieder, schoss nieder, hat niedergeschossen*.

EXAMPLES

Der neue Stürmer schoss schon in seinem ersten Spiel ein Tor.

The new forward scored a goal in his very first game.

Als es hell wurde, wurde wieder geschossen.

When it became light, shots were fired once again.

schildern
to delineate, to depict, to portray
Auxiliary verb: haben   **Past participle:** geschildert
Imperative: Schildere! Schildert! Schildern Sie!

Mode	Simple Tenses		Compound Tenses	
	Singular	*Plural*	*Singular*	*Plural*
Indicative	**Present**		**Present Perfect**	
	schildere	schildern	habe geschildert	haben geschildert
	schilderst	schildert	hast geschildert	habt geschildert
	schildert	schildern	hat geschildert	haben geschildert
	Past		**Past Perfect**	
	schilderte	schilderten	hatte geschildert	hatten geschildert
	schildertest	schildertet	hattest geschildert	hattet geschildert
	schilderte	schilderten	hatte geschildert	hatten geschildert
	Future		**Future Perfect**	
	werde schildern	werden schildern	werde geschildert haben	werden geschildert haben
	wirst schildern	werdet schildern	wirst geschildert haben	werdet geschildert haben
	wird schildern	werden schildern	wird geschildert haben	werden geschildert haben
Subjunctive	**Present**		**Present Perfect**	
	schildere	schildern	habe geschildert	haben geschildert
	schilderst	schildert	habest geschildert	habet geschildert
	schildere	schildern	habe geschildert	haben geschildert
	Past		**Past Perfect**	
	schilderte	schilderten	hätte geschildert	hätten geschildert
	schildertest	schildertet	hättest geschildert	hättet geschildert
	schilderte	schilderten	hätte geschildert	hätten geschildert
	Future		**Future Perfect**	
	werde schildern	werden schildern	werde geschildert haben	werden geschildert haben
	werdest schildern	werdet schildern	werdest geschildert haben	werdet geschildert haben
	werde schildern	werden schildern	werde geschildert haben	werden geschildert haben
	Present and Future Conditional		**Past Conditional**	
	würde schildern	würden schildern	würde geschildert haben	würden geschildert haben
	würdest schildern	würdet schildern	würdest geschildert haben	würdet geschildert haben
	würde schildern	würden schildern	würde geschildert haben	würden geschildert haben

EXAMPLES

Er hat Gretchen als eine schwache Frau geschildert.

He portrayed Gretchen as a weak woman.

Der Artikel schilderte den Hergang des Unfalls.

The article described the events that led up to the accident.

schimmern

to glitter, to glisten

Auxiliary verb: haben   **Past participle:** geschimmert

Imperative: Schimmere! Schimmert! Schimmern Sie!

Mode	Simple Tenses		Compound Tenses	
	Singular	*Plural*	*Singular*	*Plural*
Indicative	**Present**		**Present Perfect**	
	schimmere	schimmern	habe geschimmert	haben geschimmert
	schimmerst	schimmert	hast geschimmert	habt geschimmert
	schimmert	schimmern	hat geschimmert	haben geschimmert
	Past		**Past Perfect**	
	schimmerte	schimmerten	hatte geschimmert	hatten geschimmert
	schimmertest	schimmertet	hattest geschimmert	hattet geschimmert
	schimmerte	schimmerten	hatte geschimmert	hatten geschimmert
	Future		**Future Perfect**	
	werde schimmern	werden schimmern	werde geschimmert haben	werden geschimmert haben
	wirst schimmern	werdet schimmern	wirst geschimmert haben	werdet geschimmert haben
	wird schimmern	werden schimmern	wird geschimmert haben	werden geschimmert haben
Subjunctive	**Present**		**Present Perfect**	
	schimmere	schimmern	habe geschimmert	haben geschimmert
	schimmerst	schimmert	habest geschimmert	habet geschimmert
	schimmere	schimmern	habe geschimmert	haben geschimmert
	Past		**Past Perfect**	
	schimmerte	schimmerten	hätte geschimmert	hätten geschimmert
	schimmertest	schimmertet	hättest geschimmert	hättet geschimmert
	schimmerte	schimmerten	hätte geschimmert	hätten geschimmert
	Future		**Future Perfect**	
	werde schimmern	werden schimmern	werde geschimmert haben	werden geschimmert haben
	werdest schimmern	werdet schimmern	werdest geschimmert haben	werdet geschimmert haben
	werde schimmern	werden schimmern	werde geschimmert haben	werden geschimmert haben
	Present and Future Conditional		**Past Conditional**	
	würde schimmern	würden schimmern	würde geschimmert haben	würden geschimmert haben
	würdest schimmern	würdet schimmern	würdest geschimmert haben	würdet geschimmert haben
	würde schimmern	würden schimmern	würde geschimmert haben	würden geschimmert haben

EXAMPLES

Im Mondschein schimmerte der See wie Kristall.	In the moonlight, the lake glistened like crystal.
Oben sehen wir endlose, schimmernde Sterne.	Overhead, we see endless glistening stars.

schimpfen
to scold, to complain
Auxiliary verb: haben **Past participle:** geschimpft
Imperative: Schimpfe! Schimpft! Schimpfen Sie!

Mode	Simple Tenses		Compound Tenses	
	Singular	*Plural*	*Singular*	*Plural*
Indicative	**Present**		**Present Perfect**	
	schimpfe	schimpfen	habe geschimpft	haben geschimpft
	schimpfst	schimpft	hast geschimpft	habt geschimpft
	schimpft	schimpfen	hat geschimpft	haben geschimpft
	Past		**Past Perfect**	
	schimpfte	schimpften	hatte geschimpft	hatten geschimpft
	schimpftest	schimpftet	hattest geschimpft	hattet geschimpft
	schimpfte	schimpften	hatte geschimpft	hatten geschimpft
	Future		**Future Perfect**	
	werde schimpfen	werden schimpfen	werde geschimpft haben	werden geschimpft haben
	wirst schimpfen	werdet schimpfen	wirst geschimpft haben	werdet geschimpft haben
	wird schimpfen	werden schimpfen	wird geschimpft haben	werden geschimpft haben
Subjunctive	**Present**		**Present Perfect**	
	schimpfe	schimpfen	habe geschimpft	haben geschimpft
	schimpfest	schimpfet	habest geschimpft	habet geschimpft
	schimpfe	schimpfen	habe geschimpft	haben geschimpft
	Past		**Past Perfect**	
	schimpfte	schimpften	hätte geschimpft	hätten geschimpft
	schimpftest	schimpftet	hättest geschimpft	hättet geschimpft
	schimpfte	schimpften	hätte geschimpft	hätten geschimpft
	Future		**Future Perfect**	
	werde schimpfen	werden schimpfen	werde geschimpft haben	werden geschimpft haben
	werdest schimpfen	werdet schimpfen	werdest geschimpft haben	werdet geschimpft haben
	werde schimpfen	werden schimpfen	werde geschimpft haben	werden geschimpft haben
	Present and Future Conditional		**Past Conditional**	
	würde schimpfen	würden schimpfen	würde geschimpft haben	würden geschimpft haben
	würdest schimpfen	würdet schimpfen	würdest geschimpft haben	würdet geschimpft haben
	würde schimpfen	würden schimpfen	würde geschimpft haben	würden geschimpft haben

EXAMPLES

Viele Leute schimpften über den neuen Chef. — A lot of people complained about the new boss.

Raffael ist ein artiger Junge und sein Vater muss selten mit ihm schimpfen. — Raffael is a good boy, and his father rarely has to scold him.

schinden (sich)
to flay, to torture, to work extremely hard
Auxiliary verb: haben   **Past participle:** geschunden
Imperative: Schinde! Schindet! Schinden Sie!

Mode	Simple Tenses		Compound Tenses	
	Singular	*Plural*	*Singular*	*Plural*
Indicative	**Present**		**Present Perfect**	
	schinde	schinden	habe geschunden	haben geschunden
	schindest	schindet	hast geschunden	habt geschunden
	schindet	schinden	hat geschunden	haben geschunden
	Past		**Past Perfect**	
	schund	schunden	hatte geschunden	hatten geschunden
	schundest	schundet	hattest geschunden	hattet geschunden
	schund	schunden	hatte geschunden	hatten geschunden
	Future		**Future Perfect**	
	werde schinden	werden schinden	werde geschunden haben	werden geschunden haben
	wirst schinden	werdet schinden	wirst geschunden haben	werdet geschunden haben
	wird schinden	werden schinden	wird geschunden haben	werden geschunden haben
Subjunctive	**Present**		**Present Perfect**	
	schinde	schinden	habe geschunden	haben geschunden
	schindest	schindet	habest geschunden	habet geschunden
	schinde	schinden	habe geschunden	haben geschunden
	Past		**Past Perfect**	
	schünde	schünden	hätte geschunden	hätten geschunden
	schündest	schündet	hättest geschunden	hättet geschunden
	schünde	schünden	hätte geschunden	hätten geschunden
	Future		**Future Perfect**	
	werde schinden	werden schinden	werde geschunden haben	werden geschunden haben
	werdest schinden	werdet schinden	werdest geschunden haben	werdet geschunden haben
	werde schinden	werden schinden	werde geschunden haben	werden geschunden haben
	Present and Future Conditional		**Past Conditional**	
	würde schinden	würden schinden	würde geschunden haben	würden geschunden haben
	würdest schinden	würdet schinden	würdest geschunden haben	würdet geschunden haben
	würde schinden	würden schinden	würde geschunden haben	würden geschunden haben

EXAMPLES

Die Ochsen wurden bis aufs Blut geschunden.
The oxen were made to work until they bled.

Manche Mädchen schinden sich für ihre schlanke Linie.
Some girls go through torture to be thin.

schlachten

to slaughter, to massacre
Auxiliary verb: haben **Past participle:** geschlachtet
Imperative: Schlachte! Schlachtet! Schlachten Sie!

Mode	Simple Tenses		Compound Tenses	
	Singular	*Plural*	*Singular*	*Plural*
Indicative	**Present**		**Present Perfect**	
	schlachte	schlachten	habe geschlachtet	haben geschlachtet
	schlachtest	schlachtet	hast geschlachtet	habt geschlachtet
	schlachtet	schlachten	hat geschlachtet	haben geschlachtet
	Past		**Past Perfect**	
	schlachtete	schlachteten	hatte geschlachtet	hatten geschlachtet
	schlachtetest	schlachtetet	hattest geschlachtet	hattet geschlachtet
	schlachtete	schlachteten	hatte geschlachtet	hatten geschlachtet
	Future		**Future Perfect**	
	werde schlachten	werden schlachten	werde geschlachtet haben	werden geschlachtet haben
	wirst schlachten	werdet schlachten	wirst geschlachtet haben	werdet geschlachtet haben
	wird schlachten	werden schlachten	wird geschlachtet haben	werden geschlachtet haben
Subjunctive	**Present**		**Present Perfect**	
	schlachte	schlachten	habe geschlachtet	haben geschlachtet
	schlachtest	schlachtet	habest geschlachtet	habet geschlachtet
	schlachte	schlachten	habe geschlachtet	haben geschlachtet
	Past		**Past Perfect**	
	schlachtete	schlachteten	hätte geschlachtet	hätten geschlachtet
	schlachtetest	schlachtetet	hättest geschlachtet	hättet geschlachtet
	schlachtete	schlachteten	hätte geschlachtet	hätten geschlachtet
	Future		**Future Perfect**	
	werde schlachten	werden schlachten	werde geschlachtet haben	werden geschlachtet haben
	werdest schlachten	werdet schlachten	werdest geschlachtet haben	werdet geschlachtet haben
	werde schlachten	werden schlachten	werde geschlachtet haben	werden geschlachtet haben
	Present and Future Conditional		**Past Conditional**	
	würde schlachten	würden schlachten	würde geschlachtet haben	würden geschlachtet haben
	würdest schlachten	würdet schlachten	würdest geschlachtet haben	würdet geschlachtet haben
	würde schlachten	würden schlachten	würde geschlachtet haben	würden geschlachtet haben

EXAMPLES

Zu Silvester hat mein Opa immer einen Karpfen geschlachtet und gekocht.

For New Year's Eve my grandpa always killed and cooked a carp.

Herr Bauer wird zwei Schweine und eine Kuh schlachten.

Mr. Bauer is going to slaughter two pigs and a cow.

schlafen
to sleep
Auxiliary verb: haben **Past participle:** geschlafen
Imperative: Schlafe! Schlaft! Schlafen Sie!

Mode	Simple Tenses		Compound Tenses	
	Singular	*Plural*	*Singular*	*Plural*
Indicative	**Present**		**Present Perfect**	
	schlafe	schlafen	habe geschlafen	haben geschlafen
	schläfst	schlaft	hast geschlafen	habt geschlafen
	schläft	schlafen	hat geschlafen	haben geschlafen
	Past		**Past Perfect**	
	schlief	schliefen	hatte geschlafen	hatten geschlafen
	schliefst	schlieft	hattest geschlafen	hattet geschlafen
	schlief	schliefen	hatte geschlafen	hatten geschlafen
	Future		**Future Perfect**	
	werde schlafen	werden schlafen	werde geschlafen haben	werden geschlafen haben
	wirst schlafen	werdet schlafen	wirst geschlafen haben	werdet geschlafen haben
	wird schlafen	werden schlafen	wird geschlafen haben	werden geschlafen haben
Subjunctive	**Present**		**Present Perfect**	
	schlafe	schlafen	habe geschlafen	haben geschlafen
	schlafest	schlafet	habest geschlafen	habet geschlafen
	schlafe	schlafen	habe geschlafen	haben geschlafen
	Past		**Past Perfect**	
	schliefe	schliefen	hätte geschlafen	hätten geschlafen
	schliefest	schliefet	hättest geschlafen	hättet geschlafen
	schliefe	schliefen	hätte geschlafen	hätten geschlafen
	Future		**Future Perfect**	
	werde schlafen	werden schlafen	werde geschlafen haben	werden geschlafen haben
	werdest schlafen	werdet schlafen	werdest geschlafen haben	werdet geschlafen haben
	werde schlafen	werden schlafen	werde geschlafen haben	werden geschlafen haben
	Present and Future Conditional		**Past Conditional**	
	würde schlafen	würden schlafen	würde geschlafen haben	würden geschlafen haben
	würdest schlafen	würdet schlafen	würdest geschlafen haben	würdet geschlafen haben
	würde schlafen	würden schlafen	würde geschlafen haben	würden geschlafen haben

Note: With separable prefixes, the principal parts of this verb are, for example, *schläft aus, schlief aus, hat ausgeschlafen.*

EXAMPLES

Vier Töchter haben in einem kleinen Schlafzimmer geschlafen.	Four daughters slept in a little bedroom.
Es regnet noch. Du kannst bei uns schlafen.	It's still raining. You can sleep at our house.

schlagen
to beat, to strike
Auxiliary verb: haben   **Past participle:** geschlagen
Imperative: Schlage! Schlagt! Schlagen Sie!

Mode	Simple Tenses		Compound Tenses	
	Singular	*Plural*	*Singular*	*Plural*
Indicative	**Present**		**Present Perfect**	
	schlage	schlagen	habe geschlagen	haben geschlagen
	schlägst	schlagt	hast geschlagen	habt geschlagen
	schlägt	schlagen	hat geschlagen	haben geschlagen
	Past		**Past Perfect**	
	schlug	schlugen	hatte geschlagen	hatten geschlagen
	schlugst	schlugt	hattest geschlagen	hattet geschlagen
	schlug	schlugen	hatte geschlagen	hatten geschlagen
	Future		**Future Perfect**	
	werde schlagen	werden schlagen	werde geschlagen haben	werden geschlagen haben
	wirst schlagen	werdet schlagen	wirst geschlagen haben	werdet geschlagen haben
	wird schlagen	werden schlagen	wird geschlagen haben	werden geschlagen haben
Subjunctive	**Present**		**Present Perfect**	
	schlage	schlagen	habe geschlagen	haben geschlagen
	schlagest	schlaget	habest geschlagen	habet geschlagen
	schlage	schlagen	habe geschlagen	haben geschlagen
	Past		**Past Perfect**	
	schlüge	schlügen	hätte geschlagen	hätten geschlagen
	schlügest	schlüget	hättest geschlagen	hättet geschlagen
	schlüge	schlügen	hätte geschlagen	hätten geschlagen
	Future		**Future Perfect**	
	werde schlagen	werden schlagen	werde geschlagen haben	werden geschlagen haben
	werdest schlagen	werdet schlagen	werdest geschlagen haben	werdet geschlagen haben
	werde schlagen	werden schlagen	werde geschlagen haben	werden geschlagen haben
	Present and Future Conditional		**Past Conditional**	
	würde schlagen	würden schlagen	würde geschlagen haben	würden geschlagen haben
	würdest schlagen	würdet schlagen	würdest geschlagen haben	würdet geschlagen haben
	würde schlagen	würden schlagen	würde geschlagen haben	würden geschlagen haben

Note: With inseparable prefixes, the principal parts of this verb are, for example, *erschlägt, erschlug, hat erschlagen.* With separable prefixes, the principal parts are, for example, *schlägt nieder, schlug nieder, hat niedergeschlagen.*

EXAMPLES

Sie hat dem Dieb den Revolver aus der Hand geschlagen.	She knocked the revolver out of the thief's hand.
Herr Keller schlug seine Kinder selten.	Mr. Keller seldom beat his children.

sich schlängeln
to twist, to wind
Auxiliary verb: haben **Past participle:** geschlängelt
Imperative: Schlängele! Schlängelt! Schlängeln Sie!

Mode	Simple Tenses		Compound Tenses	
	Singular	*Plural*	*Singular*	*Plural*
Indicative	**Present**		**Present Perfect**	
	schlängele	schlängeln	habe geschlängelt	haben geschlängelt
	schlängelst	schlängelt	hast geschlängelt	habt geschlängelt
	schlängelt	schlängeln	hat geschlängelt	haben geschlängelt
	Past		**Past Perfect**	
	schlängelte	schlängelten	hatte geschlängelt	hatten geschlängelt
	schlängeltest	schlängeltet	hattest geschlängelt	hattet geschlängelt
	schlängelte	schlängelten	hatte geschlängelt	hatten geschlängelt
	Future		**Future Perfect**	
	werde schlängeln	werden schlängeln	werde geschlängelt haben	werden geschlängelt haben
	wirst schlängeln	werdet schlängeln	wirst geschlängelt haben	werdet geschlängelt haben
	wird schlängeln	werden schlängeln	wird geschlängelt haben	werden geschlängelt haben
Subjunctive	**Present**		**Present Perfect**	
	schlängele	schlängeln	habe geschlängelt	haben geschlängelt
	schlängelst	schlängelt	habest geschlängelt	habet geschlängelt
	schlängele	schlängeln	habe geschlängelt	haben geschlängelt
	Past		**Past Perfect**	
	schlängelte	schlängelten	hätte geschlängelt	hätten geschlängelt
	schlängeltest	schlängeltet	hättest geschlängelt	hättet geschlängelt
	schlängelte	schlängelten	hätte geschlängelt	hätten geschlängelt
	Future		**Future Perfect**	
	werde schlängeln	werden schlängeln	werde geschlängelt haben	werden geschlängelt haben
	werdest schlängeln	werdet schlängeln	werdest geschlängelt haben	werdet geschlängelt haben
	werde schlängeln	werden schlängeln	werde geschlängelt haben	werden geschlängelt haben
	Present and Future Conditional		**Past Conditional**	
	würde schlängeln	würden schlängeln	würde geschlängelt haben	würden geschlängelt haben
	würdest schlängeln	würdet schlängeln	würdest geschlängelt haben	würdet geschlängelt haben
	würde schlängeln	würden schlängeln	würde geschlängelt haben	würden geschlängelt haben

EXAMPLES

Zwischen Neudorf und unserem Bauernhof gibt es nur einen gefährlichen, sich schlängelnden Weg.
Luise schlängelte sich durch die Konzertbesucher.

There's only a dangerous, winding path between Neudorf and our farm.
Luise was weaving her way through the concert-goers.

schleichen

to creep, to sneak, to crawl
Auxiliary verb: sein   **Past participle:** geschlichen
Imperative: Schleiche! Schleicht! Schleichen Sie!

Mode	Simple Tenses		Compound Tenses	
	Singular	*Plural*	*Singular*	*Plural*
Indicative	**Present**		**Present Perfect**	
	schleiche	schleichen	bin geschlichen	sind geschlichen
	schleichst	schleicht	bist geschlichen	seid geschlichen
	schleicht	schleichen	ist geschlichen	sind geschlichen
	Past		**Past Perfect**	
	schlich	schlichen	war geschlichen	waren geschlichen
	schlichst	schlicht	warst geschlichen	wart geschlichen
	schlich	schlichen	war geschlichen	waren geschlichen
	Future		**Future Perfect**	
	werde schleichen	werden schleichen	werde geschlichen sein	werden geschlichen sein
	wirst schleichen	werdet schleichen	wirst geschlichen sein	werdet geschlichen sein
	wird schleichen	werden schleichen	wird geschlichen sein	werden geschlichen sein
Subjunctive	**Present**		**Present Perfect**	
	schleiche	schleichen	sei geschlichen	seien geschlichen
	schleichest	schleichet	seiest geschlichen	seiet geschlichen
	schleiche	schleichen	sei geschlichen	seien geschlichen
	Past		**Past Perfect**	
	schliche	schlichen	wäre geschlichen	wären geschlichen
	schlichest	schlichet	wärest geschlichen	wäret geschlichen
	schliche	schlichen	wäre geschlichen	wären geschlichen
	Future		**Future Perfect**	
	werde schleichen	werden schleichen	werde geschlichen sein	werden geschlichen sein
	werdest schleichen	werdet schleichen	werdest geschlichen sein	werdet geschlichen sein
	werde schleichen	werden schleichen	werde geschlichen sein	werden geschlichen sein
	Present and Future Conditional		**Past Conditional**	
	würde schleichen	würden schleichen	würde geschlichen sein	würden geschlichen sein
	würdest schleichen	würdet schleichen	würdest geschlichen sein	würdet geschlichen sein
	würde schleichen	würden schleichen	würde geschlichen sein	würden geschlichen sein

EXAMPLES

Um Mitternacht ist der Junge aus dem Haus geschlichen.

At midnight, the boy sneaked out of the house.

Er schlich die Treppe hinunter.

He crept down the stairs.

schleifen
to grind, to polish, to drag
Auxiliary verb: haben **Past participle:** geschliffen
Imperative: Schleife! Schleift! Schleifen Sie!

Mode	Simple Tenses		Compound Tenses	
	Singular	*Plural*	*Singular*	*Plural*
Indicative	**Present**		**Present Perfect**	
	schleife	schleifen	habe geschliffen	haben geschliffen
	schleifst	schleift	hast geschliffen	habt geschliffen
	schleift	schleifen	hat geschliffen	haben geschliffen
	Past		**Past Perfect**	
	schliff	schliffen	hatte geschliffen	hatten geschliffen
	schliffst	schlifft	hattest geschliffen	hattet geschliffen
	schliff	schliffen	hatte geschliffen	hatten geschliffen
	Future		**Future Perfect**	
	werde schleifen	werden schleifen	werde geschliffen haben	werden geschliffen haben
	wirst schleifen	werdet schleifen	wirst geschliffen haben	werdet geschliffen haben
	wird schleifen	werden schleifen	wird geschliffen haben	werden geschliffen haben
Subjunctive	**Present**		**Present Perfect**	
	schleife	schleifen	habe geschliffen	haben geschliffen
	schleifest	schleifet	habest geschliffen	habet geschliffen
	schleife	schleifen	habe geschliffen	haben geschliffen
	Past		**Past Perfect**	
	schliffe	schliffen	hätte geschliffen	hätten geschliffen
	schliffest	schliffet	hättest geschliffen	hättet geschliffen
	schliffe	schliffen	hätte geschliffen	hätten geschliffen
	Future		**Future Perfect**	
	werde schleifen	werden schleifen	werde geschliffen haben	werden geschliffen haben
	werdest schleifen	werdet schleifen	werdest geschliffen haben	werdet geschliffen haben
	werde schleifen	werden schleifen	werde geschliffen haben	werden geschliffen haben
	Present and Future Conditional		**Past Conditional**	
	würde schleifen	würden schleifen	würde geschliffen haben	würden geschliffen haben
	würdest schleifen	würdet schleifen	würdest geschliffen haben	würdet geschliffen haben
	würde schleifen	würden schleifen	würde geschliffen haben	würden geschliffen haben

EXAMPLES

Die neue Vase auf dem Klavier ist aus geschliffenem Glas.

The new vase on the piano is made of cut glass.

Meine Schwester schleift mich bestimmt wieder durch die Diskos.

My sister will probably drag me around the clubs again.

schleppen (sich)
to carry, to drag, to trail
Auxiliary verb: haben **Past participle:** geschleppt
Imperative: Schleppe! Schleppt! Schleppen Sie!

Mode	Simple Tenses		Compound Tenses	
	Singular	*Plural*	*Singular*	*Plural*
Indicative	**Present**		**Present Perfect**	
	schleppe	schleppen	habe geschleppt	haben geschleppt
	schleppst	schleppt	hast geschleppt	habt geschleppt
	schleppt	schleppen	hat geschleppt	haben geschleppt
	Past		**Past Perfect**	
	schleppte	schleppten	hatte geschleppt	hatten geschleppt
	schlepptest	schlepptet	hattest geschleppt	hattet geschleppt
	schleppte	schleppten	hatte geschleppt	hatten geschleppt
	Future		**Future Perfect**	
	werde schleppen	werden schleppen	werde geschleppt haben	werden geschleppt haben
	wirst schleppen	werdet schleppen	wirst geschleppt haben	werdet geschleppt haben
	wird schleppen	werden schleppen	wird geschleppt haben	werden geschleppt haben
Subjunctive	**Present**		**Present Perfect**	
	schleppe	schleppen	habe geschleppt	haben geschleppt
	schleppest	schleppet	habest geschleppt	habet geschleppt
	schleppe	schleppen	habe geschleppt	haben geschleppt
	Past		**Past Perfect**	
	schleppte	schleppten	hätte geschleppt	hätten geschleppt
	schlepptest	schlepptet	hättest geschleppt	hättet geschleppt
	schleppte	schleppten	hätte geschleppt	hätten geschleppt
	Future		**Future Perfect**	
	werde schleppen	werden schleppen	werde geschleppt haben	werden geschleppt haben
	werdest schleppen	werdet schleppen	werdest geschleppt haben	werdet geschleppt haben
	werde schleppen	werden schleppen	werde geschleppt haben	werden geschleppt haben
	Present and Future Conditional		**Past Conditional**	
	würde schleppen	würden schleppen	würde geschleppt haben	würden geschleppt haben
	würdest schleppen	würdet schleppen	würdest geschleppt haben	würdet geschleppt haben
	würde schleppen	würden schleppen	würde geschleppt haben	würden geschleppt haben

EXAMPLES

Wie lange müssen wir diese schweren Koffer noch schleppen?

How much longer do we have to lug these heavy suitcases?

Erich hat einen Kater und schleppt sich langsam vom Schlafzimmer in die Küche.

Erich has a hangover and slowly drags himself from the bedroom to the kitchen.

schließen
to shut, to close, to lock
Auxiliary verb: haben   **Past participle:** geschlossen
Imperative: Schließe! Schließt! Schließen Sie!

Mode	Simple Tenses		Compound Tenses	
	Singular	*Plural*	*Singular*	*Plural*
Indicative	**Present**		**Present Perfect**	
	schließe	schließen	habe geschlossen	haben geschlossen
	schließt	schließt	hast geschlossen	habt geschlossen
	schließt	schließen	hat geschlossen	haben geschlossen
	Past		**Past Perfect**	
	schloss	schlossen	hatte geschlossen	hatten geschlossen
	schlossest	schlosst	hattest geschlossen	hattet geschlossen
	schloss	schlossen	hatte geschlossen	hatten geschlossen
	Future		**Future Perfect**	
	werde schließen	werden schließen	werde geschlossen haben	werden geschlossen haben
	wirst schließen	werdet schließen	wirst geschlossen haben	werdet geschlossen haben
	wird schließen	werden schließen	wird geschlossen haben	werden geschlossen haben
Subjunctive	**Present**		**Present Perfect**	
	schließe	schließen	habe geschlossen	haben geschlossen
	schließest	schließet	habest geschlossen	habet geschlossen
	schließe	schließen	habe geschlossen	haben geschlossen
	Past		**Past Perfect**	
	schlösse	schlössen	hätte geschlossen	hätten geschlossen
	schlössest	schlösset	hättest geschlossen	hättet geschlossen
	schlösse	schlössen	hätte geschlossen	hätten geschlossen
	Future		**Future Perfect**	
	werde schließen	werden schließen	werde geschlossen haben	werden geschlossen haben
	werdest schließen	werdet schließen	werdest geschlossen haben	werdet geschlossen haben
	werde schließen	werden schließen	werde geschlossen haben	werden geschlossen haben
	Present and Future Conditional		**Past Conditional**	
	würde schließen	würden schließen	würde geschlossen haben	würden geschlossen haben
	würdest schließen	würdet schließen	würdest geschlossen haben	würdet geschlossen haben
	würde schließen	würden schließen	würde geschlossen haben	würden geschlossen haben

Note: With inseparable prefixes, the principal parts of this verb are, for example, *entschließt, entschloss, hat entschlossen.* With separable prefixes, the principal parts are, for example, *schließt auf, schloss auf, hat aufgeschlossen.*

EXAMPLES

Die zwei Feinde haben endlich Frieden geschlossen.

The two enemies finally made peace.

Herr Schäfer hat eine dritte Ehe geschlossen. Seine neue Frau ist eine reiche Witwe.

Mr. Schäfer has gone into his third marriage. His new wife is a rich widow.

Schließen Sie bitte die Tür!

Close the door please.

schlüpfen

to hatch, to slip, to slide, to glide
Auxiliary verb: sein **Past participle:** geschlüpft
Imperative: Schlüpfe! Schlüpft! Schlüpfen Sie!

Mode	Simple Tenses		Compound Tenses	
	Singular	*Plural*	*Singular*	*Plural*
Indicative	**Present**		**Present Perfect**	
	schlüpfe	schlüpfen	bin geschlüpft	sind geschlüpft
	schlüpfst	schlüpft	bist geschlüpft	seid geschlüpft
	schlüpft	schlüpfen	ist geschlüpft	sind geschlüpft
	Past		**Past Perfect**	
	schlüpfte	schlüpften	war geschlüpft	waren geschlüpft
	schlüpftest	schlüpftet	warst geschlüpft	wart geschlüpft
	schlüpfte	schlüpften	war geschlüpft	waren geschlüpft
	Future		**Future Perfect**	
	werde schlüpfen	werden schlüpfen	werde geschlüpft sein	werden geschlüpft sein
	wirst schlüpfen	werdet schlüpfen	wirst geschlüpft sein	werdet geschlüpft sein
	wird schlüpfen	werden schlüpfen	wird geschlüpft sein	werden geschlüpft sein
Subjunctive	**Present**		**Present Perfect**	
	schlüpfe	schlüpfen	sei geschlüpft	seien geschlüpft
	schlüpfest	schlüpfet	seiest geschlüpft	seiet geschlüpft
	schlüpfe	schlüpfen	sei geschlüpft	seien geschlüpft
	Past		**Past Perfect**	
	schlüpfte	schlüpften	wäre geschlüpft	wären geschlüpft
	schlüpftest	schlüpftet	wärest geschlüpft	wäret geschlüpft
	schlüpfte	schlüpften	wäre geschlüpft	wären geschlüpft
	Future		**Future Perfect**	
	werde schlüpfen	werden schlüpfen	werde geschlüpft sein	werden geschlüpft sein
	werdest schlüpfen	werdet schlüpfen	werdest geschlüpft sein	werdet geschlüpft sein
	werde schlüpfen	werden schlüpfen	werde geschlüpft sein	werden geschlüpft sein
	Present and Future Conditional		**Past Conditional**	
	würde schlüpfen	würden schlüpfen	würde geschlüpft sein	würden geschlüpft sein
	würdest schlüpfen	würdet schlüpfen	würdest geschlüpft sein	würdet geschlüpft sein
	würde schlüpfen	würden schlüpfen	würde geschlüpft sein	würden geschlüpft sein

EXAMPLES

Er kroch leise aus dem Bett und schlüpfte in
seine Kleider.

He crawled quietly out of bed and
slipped into his clothes.

Die Zwillinge schlüpfen unter das Federbett
und schlafen ein.

The twins slip under the featherbed and
fall asleep.

Mama, die Küken sind geschlüpft!

Mom, the chicks have hatched.

schmähen
to abuse, to belittle, to insult
Auxiliary verb: haben   **Past participle:** geschmäht
Imperative: Schmähe! Schmäht! Schmähen Sie!

Mode	Simple Tenses		Compound Tenses	
	Singular	*Plural*	*Singular*	*Plural*
Indicative	**Present**		**Present Perfect**	
	schmähe	schmähen	habe geschmäht	haben geschmäht
	schmähst	schmäht	hast geschmäht	habt geschmäht
	schmäht	schmähen	hat geschmäht	haben geschmäht
	Past		**Past Perfect**	
	schmähte	schmähten	hatte geschmäht	hatten geschmäht
	schmähtest	schmähtet	hattest geschmäht	hattet geschmäht
	schmähte	schmähten	hatte geschmäht	hatten geschmäht
	Future		**Future Perfect**	
	werde schmähen	werden schmähen	werde geschmäht haben	werden geschmäht haben
	wirst schmähen	werdet schmähen	wirst geschmäht haben	werdet geschmäht haben
	wird schmähen	werden schmähen	wird geschmäht haben	werden geschmäht haben
Subjunctive	**Present**		**Present Perfect**	
	schmähe	schmähen	habe geschmäht	haben geschmäht
	schmähest	schmähet	habest geschmäht	habet geschmäht
	schmähe	schmähen	habe geschmäht	haben geschmäht
	Past		**Past Perfect**	
	schmähte	schmähten	hätte geschmäht	hätten geschmäht
	schmähtest	schmähtet	hättest geschmäht	hättet geschmäht
	schmähte	schmähten	hätte geschmäht	hätten geschmäht
	Future		**Future Perfect**	
	werde schmähen	werden schmähen	werde geschmäht haben	werden geschmäht haben
	werdest schmähen	werdet schmähen	werdest geschmäht haben	werdet geschmäht haben
	werde schmähen	werden schmähen	werde geschmäht haben	werden geschmäht haben
	Present and Future Conditional		**Past Conditional**	
	würde schmähen	würden schmähen	würde geschmäht haben	würden geschmäht haben
	würdest schmähen	würdet schmähen	würdest geschmäht haben	würdet geschmäht haben
	würde schmähen	würden schmähen	würde geschmäht haben	würden geschmäht haben

Note: With an inseperable prefix, the principal parts of this verb are, for example, *verschmäht, verschmähte, hat verschmäht.*

EXAMPLES

Die Demonstranten schmähten den Poliker als Mörder und Verbrecher.
The demonstrators vilified the politician as a murderer and criminal.

Man sollte guten Rat nie verschmähen.
You should never scorn good advice.

schmecken

to taste

Auxiliary verb: haben   **Past participle:** geschmeckt
Imperative: Schmecke! Schmeckt! Schmecken Sie!

Mode	Simple Tenses		Compound Tenses	
	Singular	*Plural*	*Singular*	*Plural*
Indicative	**Present**		**Present Perfect**	
	schmecke	schmecken	habe geschmeckt	haben geschmeckt
	schmeckst	schmeckt	hast geschmeckt	habt geschmeckt
	schmeckt	schmecken	hat geschmeckt	haben geschmeckt
	Past		**Past Perfect**	
	schmeckte	schmeckten	hatte geschmeckt	hatten geschmeckt
	schmecktest	schmecktet	hattest geschmeckt	hattet geschmeckt
	schmeckte	schmeckten	hatte geschmeckt	hatten geschmeckt
	Future		**Future Perfect**	
	werde schmecken	werden schmecken	werde geschmeckt haben	werden geschmeckt haben
	wirst schmecken	werdet schmecken	wirst geschmeckt haben	werdet geschmeckt haben
	wird schmecken	werden schmecken	wird geschmeckt haben	werden geschmeckt haben
Subjunctive	**Present**		**Present Perfect**	
	schmecke	schmecken	habe geschmeckt	haben geschmeckt
	schmeckest	schmecket	habest geschmeckt	habet geschmeckt
	schmecke	schmecken	habe geschmeckt	haben geschmeckt
	Past		**Past Perfect**	
	schmeckte	schmeckten	hätte geschmeckt	hätten geschmeckt
	schmecktest	schmecktet	hättest geschmeckt	hättet geschmeckt
	schmeckte	schmeckten	hätte geschmeckt	hätten geschmeckt
	Future		**Future Perfect**	
	werde schmecken	werden schmecken	werde geschmeckt haben	werden geschmeckt haben
	werdest schmecken	werdet schmecken	werdest geschmeckt haben	werdet geschmeckt haben
	werde schmecken	werden schmecken	werde geschmeckt haben	werden geschmeckt haben
	Present and Future Conditional		**Past Conditional**	
	würde schmecken	würden schmecken	würde geschmeckt haben	würden geschmeckt haben
	würdest schmecken	würdet schmecken	würdest geschmeckt haben	würdet geschmeckt haben
	würde schmecken	würden schmecken	würde geschmeckt haben	würden geschmeckt haben

EXAMPLES

Wie hat dir die Hühnersuppe geschmeckt?
Dieser Rotwein schmeckt nach Essig.

How did you like the chicken soup?
This red wine tastes like vinegar.

schmeicheln
to flatter
Auxiliary verb: haben   **Past participle:** geschmeichelt
Imperative: Schmeichele! Schmeichelt! Schmeicheln Sie!

Mode	Simple Tenses		Compound Tenses	
	Singular	*Plural*	*Singular*	*Plural*
Indicative	**Present**		**Present Perfect**	
	schmeichele	schmeicheln	habe geschmeichelt	haben geschmeichelt
	schmeichelst	schmeichelt	hast geschmeichelt	habt geschmeichelt
	schmeichelt	schmeicheln	hat geschmeichelt	haben geschmeichelt
	Past		**Past Perfect**	
	schmeichelte	schmeichelten	hatte geschmeichelt	hatten geschmeichelt
	schmeicheltest	schmeicheltet	hattest geschmeichelt	hattet geschmeichelt
	schmeichelte	schmeichelten	hatte geschmeichelt	hatten geschmeichelt
	Future		**Future Perfect**	
	werde schmeicheln	werden schmeicheln	werde geschmeichelt haben	werden geschmeichelt haben
	wirst schmeicheln	werdet schmeicheln	wirst geschmeichelt haben	werdet geschmeichelt haben
	wird schmeicheln	werden schmeicheln	wird geschmeichelt haben	werden geschmeichelt haben
Subjunctive	**Present**		**Present Perfect**	
	schmeichele	schmeicheln	habe geschmeichelt	haben geschmeichelt
	schmeichelst	schmeichelt	habest geschmeichelt	habet geschmeichelt
	schmeichele	schmeicheln	habe geschmeichelt	haben geschmeichelt
	Past		**Past Perfect**	
	schmeichelte	schmeichelten	hätte geschmeichelt	hätten geschmeichelt
	schmeicheltest	schmeicheltet	hättest geschmeichelt	hättet geschmeichelt
	schmeichelte	schmeichelten	hätte geschmeichelt	hätten geschmeichelt
	Future		**Future Perfect**	
	werde schmeicheln	werden schmeicheln	werde geschmeichelt haben	werden geschmeichelt haben
	werdest schmeicheln	werdet schmeicheln	werdest geschmeichelt haben	werdet geschmeichelt haben
	werde schmeicheln	werden schmeicheln	werde geschmeichelt haben	werden geschmeichelt haben
	Present and Future Conditional		**Past Conditional**	
	würde schmeicheln	würden schmeicheln	würde geschmeichelt haben	würden geschmeichelt haben
	würdest schmeicheln	würdet schmeicheln	würdest geschmeichelt haben	würdet geschmeichelt haben
	würde schmeicheln	würden schmeicheln	würde geschmeichelt haben	würden geschmeichelt haben

EXAMPLES

Der Artikel schmeichelte der Schauspielerin sehr.

The article flattered the actress very much.

Der reiche Herr versuchte dem naiven Mädchen zu schmeicheln.

The rich gentleman tried to flatter the naive girl.

schmeißen
to fling, to dash, to slam
Auxiliary verb: haben **Past participle:** geschmissen
Imperative: Schmeiße! Schmeißt! Schmeißen Sie!

Mode	Simple Tenses		Compound Tenses	
	Singular	*Plural*	*Singular*	*Plural*
Indicative	**Present**		**Present Perfect**	
	schmeiße	schmeißen	habe geschmissen	haben geschmissen
	schmeißt	schmeißt	hast geschmissen	habt geschmissen
	schmeißt	schmeißen	hat geschmissen	haben geschmissen
	Past		**Past Perfect**	
	schmiss	schmissen	hatte geschmissen	hatten geschmissen
	schmissest	schmisst	hattest geschmissen	hattet geschmissen
	schmiss	schmissen	hatte geschmissen	hatten geschmissen
	Future		**Future Perfect**	
	werde schmeißen	werden schmeißen	werde geschmissen haben	werden geschmissen haben
	wirst schmeißen	werdet schmeißen	wirst geschmissen haben	werdet geschmissen haben
	wird schmeißen	werden schmeißen	wird geschmissen haben	werden geschmissen haben
Subjunctive	**Present**		**Present Perfect**	
	schmeiße	schmeißen	habe geschmissen	haben geschmissen
	schmeißest	schmeißet	habest geschmissen	habet geschmissen
	schmeiße	schmeißen	habe geschmissen	haben geschmissen
	Past		**Past Perfect**	
	schmisse	schmissen	hätte geschmissen	hätten geschmissen
	schmissest	schmisset	hättest geschmissen	hättet geschmissen
	schmisse	schmissen	hätte geschmissen	hätten geschmissen
	Future		**Future Perfect**	
	werde schmeißen	werden schmeißen	werde geschmissen haben	werden geschmissen haben
	werdest schmeißen	werdet schmeißen	werdest geschmissen haben	werdet geschmissen haben
	werde schmeißen	werden schmeißen	werde geschmissen haben	werden geschmissen haben
	Present and Future Conditional		**Past Conditional**	
	würde schmeißen	würden schmeißen	würde geschmissen haben	würden geschmissen haben
	würdest schmeißen	würdet schmeißen	würdest geschmissen haben	würdet geschmissen haben
	würde schmeißen	würden schmeißen	würde geschmissen haben	würden geschmissen haben

EXAMPLES

Warum hast du die Vase gegen die Wand geschmissen?

Why did you throw the vase against the wall?

Er schmeißt mit Geld um sich, als ob er reich wäre.

He throws money around as if he were rich.

schmelzen

to melt

Auxiliary verb: sein **Past participle:** geschmolzen
Imperative: Schmilz! Schmelzt! Schmelzen Sie!

Mode	Simple Tenses		Compound Tenses	
	Singular	*Plural*	*Singular*	*Plural*
Indicative	**Present**		**Present Perfect**	
	schmelze	schmelzen	bin geschmolzen	sind geschmolzen
	schmilzt	schmelzt	bist geschmolzen	seid geschmolzen
	schmilzt	schmelzen	ist geschmolzen	sind geschmolzen
	Past		**Past Perfect**	
	schmolz	schmolzen	war geschmolzen	waren geschmolzen
	schmolzest	schmolzt	warst geschmolzen	wart geschmolzen
	schmolz	schmolzen	war geschmolzen	waren geschmolzen
	Future		**Future Perfect**	
	werde schmelzen	werden schmelzen	werde geschmolzen sein	werden geschmolzen sein
	wirst schmelzen	werdet schmelzen	wirst geschmolzen sein	werdet geschmolzen sein
	wird schmelzen	werden schmelzen	wird geschmolzen sein	werden geschmolzen sein
Subjunctive	**Present**		**Present Perfect**	
	schmelze	schmelzen	sei geschmolzen	seien geschmolzen
	schmelzest	schmelzet	seiest geschmolzen	seiet geschmolzen
	schmelze	schmelzen	sei geschmolzen	seien geschmolzen
	Past		**Past Perfect**	
	schmölze	schmölzen	wäre geschmolzen	wären geschmolzen
	schmölzest	schmölzet	wärest geschmolzen	wäret geschmolzen
	schmölze	schmölzen	wäre geschmolzen	wären geschmolzen
	Future		**Future Perfect**	
	werde schmelzen	werden schmelzen	werde geschmolzen sein	werden geschmolzen sein
	werdest schmelzen	werdet schmelzen	werdest geschmolzen sein	werdet geschmolzen sein
	werde schmelzen	werden schmelzen	werde geschmolzen sein	werden geschmolzen sein
	Present and Future Conditional		**Past Conditional**	
	würde schmelzen	würden schmelzen	würde geschmolzen sein	würden geschmolzen sein
	würdest schmelzen	würdet schmelzen	würdest geschmolzen sein	würdet geschmolzen sein
	würde schmelzen	würden schmelzen	würde geschmolzen sein	würden geschmolzen sein

Note: When used as a transitive verb, the auxiliary verb is *haben*.

EXAMPLES

Mein Eis ist schon geschmolzen.	My ice cream has already melted.
Der gefrorene See fängt erst an zu schmelzen.	The frozen lake is just now starting to melt.
Die Köchin hat Schweizer Käse für das Fondue geschmolzen.	The cook melted Swiss cheese for the fondue.

schmerzen

to pain, to hurt

Auxiliary verb: haben   **Past participle:** geschmerzt
Imperative: Schmerze! Schmerzt! Schmerzen Sie!

Mode	Simple Tenses		Compound Tenses	
	Singular	*Plural*	*Singular*	*Plural*
Indicative	**Present**		**Present Perfect**	
	schmerze	schmerzen	habe geschmerzt	haben geschmerzt
	schmerzt	schmerzt	hast geschmerzt	habt geschmerzt
	schmerzt	schmerzen	hat geschmerzt	haben geschmerzt
	Past		**Past Perfect**	
	schmerzte	schmerzten	hatte geschmerzt	hatten geschmerzt
	schmerztest	schmerztet	hattest geschmerzt	hattet geschmerzt
	schmerzte	schmerzten	hatte geschmerzt	hatten geschmerzt
	Future		**Future Perfect**	
	werde schmerzen	werden schmerzen	werde geschmerzt haben	werden geschmerzt haben
	wirst schmerzen	werdet schmerzen	wirst geschmerzt haben	werdet geschmerzt haben
	wird schmerzen	werden schmerzen	wird geschmerzt haben	werden geschmerzt haben
Subjunctive	**Present**		**Present Perfect**	
	schmerze	schmerzen	habe geschmerzt	haben geschmerzt
	schmerzest	schmerzet	habest geschmerzt	habet geschmerzt
	schmerze	schmerzen	habe geschmerzt	haben geschmerzt
	Past		**Past Perfect**	
	schmerzte	schmerzten	hätte geschmerzt	hätten geschmerzt
	schmerztest	schmerztet	hättest geschmerzt	hättet geschmerzt
	schmerzte	schmerzten	hätte geschmerzt	hätten geschmerzt
	Future		**Future Perfect**	
	werde schmerzen	werden schmerzen	werde geschmerzt haben	werden geschmerzt haben
	werdest schmerzen	werdet schmerzen	werdest geschmerzt haben	werdet geschmerzt haben
	werde schmerzen	werden schmerzen	werde geschmerzt haben	werden geschmerzt haben
	Present and Future Conditional		**Past Conditional**	
	würde schmerzen	würden schmerzen	würde geschmerzt haben	würden geschmerzt haben
	würdest schmerzen	würdet schmerzen	würdest geschmerzt haben	würdet geschmerzt haben
	würde schmerzen	würden schmerzen	würde geschmerzt haben	würden geschmerzt haben

EXAMPLES

Es schmerzte mich zu sagen, dass ich eine andere Frau liebte.

It pained me to say that I loved another woman.

Ihm schmerzen die Beine.

His legs hurt.

schmieren
to grease, to lubricate, to smear
Auxiliary verb: haben **Past participle:** geschmiert
Imperative: Schmiere! Schmiert! Schmieren Sie!

Mode	Simple Tenses		Compound Tenses	
	Singular	*Plural*	*Singular*	*Plural*
Indicative	**Present**		**Present Perfect**	
	schmiere	schmieren	habe geschmiert	haben geschmiert
	schmierst	schmiert	hast geschmiert	habt geschmiert
	schmiert	schmieren	hat geschmiert	haben geschmiert
	Past		**Past Perfect**	
	schmierte	schmierten	hatte geschmiert	hatten geschmiert
	schmiertest	schmiertet	hattest geschmiert	hattet geschmiert
	schmierte	schmierten	hatte geschmiert	hatten geschmiert
	Future		**Future Perfect**	
	werde schmieren	werden schmieren	werde geschmiert haben	werden geschmiert haben
	wirst schmieren	werdet schmieren	wirst geschmiert haben	werdet geschmiert haben
	wird schmieren	werden schmieren	wird geschmiert haben	werden geschmiert haben
Subjunctive	**Present**		**Present Perfect**	
	schmiere	schmieren	habe geschmiert	haben geschmiert
	schmierest	schmieret	habest geschmiert	habet geschmiert
	schmiere	schmieren	habe geschmiert	haben geschmiert
	Past		**Past Perfect**	
	schmierte	schmierten	hätte geschmiert	hätten geschmiert
	schmiertest	schmiertet	hättest geschmiert	hättet geschmiert
	schmierte	schmierten	hätte geschmiert	hätten geschmiert
	Future		**Future Perfect**	
	werde schmieren	werden schmieren	werde geschmiert haben	werden geschmiert haben
	werdest schmieren	werdet schmieren	werdest geschmiert haben	werdet geschmiert haben
	werde schmieren	werden schmieren	werde geschmiert haben	werden geschmiert haben
	Present and Future Conditional		**Past Conditional**	
	würde schmieren	würden schmieren	würde geschmiert haben	würden geschmiert haben
	würdest schmieren	würdet schmieren	würdest geschmiert haben	würdet geschmiert haben
	würde schmieren	würden schmieren	würde geschmiert haben	würden geschmiert haben

Note: In the colloquial language *schmieren* can mean "to bribe."

EXAMPLES

Alles in unserer Ehe läuft wie geschmiert.

Everything in our marriage is going smoothly.

Als er versuchte den Beamten zu schmieren, wurde er verhaftet.

When he tried to bribe the official, he was arrested.

Schmier doch nicht so viel Butter auf dein Brot!

Don't put so much butter on your bread.

schminken (sich)

to put on make-up
Auxiliary verb: haben   **Past participle:** geschminkt
Imperative: Schminke! Schminkt! Schminken Sie!

Mode	Simple Tenses		Compound Tenses	
	Singular	*Plural*	*Singular*	*Plural*
Indicative	**Present**		**Present Perfect**	
	schminke	schminken	habe geschminkt	haben geschminkt
	schminkst	schminkt	hast geschminkt	habt geschminkt
	schminkt	schminken	hat geschminkt	haben geschminkt
	Past		**Past Perfect**	
	schminkte	schminkten	hatte geschminkt	hatten geschminkt
	schminktest	schminktet	hattest geschminkt	hattet geschminkt
	schminkte	schminkten	hatte geschminkt	hatten geschminkt
	Future		**Future Perfect**	
	werde schminken	werden schminken	werde geschminkt haben	werden geschminkt haben
	wirst schminken	werdet schminken	wirst geschminkt haben	werdet geschminkt haben
	wird schminken	werden schminken	wird geschminkt haben	werden geschminkt haben
Subjunctive	**Present**		**Present Perfect**	
	schminke	schminken	habe geschminkt	haben geschminkt
	schminkest	schminket	habest geschminkt	habet geschminkt
	schminke	schminken	habe geschminkt	haben geschminkt
	Past		**Past Perfect**	
	schminkte	schminkten	hätte geschminkt	hätten geschminkt
	schminktest	schminktet	hättest geschminkt	hättet geschminkt
	schminkte	schminkten	hätte geschminkt	hätten geschminkt
	Future		**Future Perfect**	
	werde schminken	werden schminken	werde geschminkt haben	werden geschminkt haben
	werdest schminken	werdet schminken	werdest geschminkt haben	werdet geschminkt haben
	werde schminken	werden schminken	werde geschminkt haben	werden geschminkt haben
	Present and Future Conditional		**Past Conditional**	
	würde schminken	würden schminken	würde geschminkt haben	würden geschminkt haben
	würdest schminken	würdet schminken	würdest geschminkt haben	würdet geschminkt haben
	würde schminken	würden schminken	würde geschminkt haben	würden geschminkt haben

EXAMPLES

Meine Mutter schminkt sich nie.
Klaudia, du bist viel zu jung, um dich zu schminken.

My mother never uses make-up.
Klaudia, you're much too young to put on make-up.

schmollen

to pout

Auxiliary verb: haben   **Past participle:** geschmollt
Imperative: Schmolle! Schmollt! Schmollen Sie!

Mode	Simple Tenses		Compound Tenses	
	Singular	*Plural*	*Singular*	*Plural*
Indicative	**Present**		**Present Perfect**	
	schmolle	schmollen	habe geschmollt	haben geschmollt
	schmollst	schmollt	hast geschmollt	habt geschmollt
	schmollt	schmollen	hat geschmollt	haben geschmollt
	Past		**Past Perfect**	
	schmollte	schmollten	hatte geschmollt	hatten geschmollt
	schmolltest	schmolltet	hattest geschmollt	hattet geschmollt
	schmollte	schmollten	hatte geschmollt	hatten geschmollt
	Future		**Future Perfect**	
	werde schmollen	werden schmollen	werde geschmollt haben	werden geschmollt haben
	wirst schmollen	werdet schmollen	wirst geschmollt haben	werdet geschmollt haben
	wird schmollen	werden schmollen	wird geschmollt haben	werden geschmollt haben
Subjunctive	**Present**		**Present Perfect**	
	schmolle	schmollen	habe geschmollt	haben geschmollt
	schmollest	schmollet	habest geschmollt	habet geschmollt
	schmolle	schmollen	habe geschmollt	haben geschmollt
	Past		**Past Perfect**	
	schmollte	schmollten	hätte geschmollt	hätten geschmollt
	schmolltest	schmolltet	hättest geschmollt	hättet geschmollt
	schmollte	schmollten	hätte geschmollt	hätten geschmollt
	Future		**Future Perfect**	
	werde schmollen	werden schmollen	werde geschmollt haben	werden geschmollt haben
	werdest schmollen	werdet schmollen	werdest geschmollt haben	werdet geschmollt haben
	werde schmollen	werden schmollen	werde geschmollt haben	werden geschmollt haben
	Present and Future Conditional		**Past Conditional**	
	würde schmollen	würden schmollen	würde geschmollt haben	würden geschmollt haben
	würdest schmollen	würdet schmollen	würdest geschmollt haben	würdet geschmollt haben
	würde schmollen	würden schmollen	würde geschmollt haben	würden geschmollt haben

EXAMPLES

Manchmal schmollt mein Mann, als ob er ein kleiner Junge wäre.

Sometimes my husband pouts as if he were a little boy.

Viktoria, du bist zu alt, um so viel zu schmollen.

Viktoria, you're too old to pout so much.

schmuggeln
to smuggle

Auxiliary verb: haben   **Past participle:** geschmuggelt
Imperative: Schmuggele! Schmuggelt! Schmuggeln Sie!

Mode	Simple Tenses		Compound Tenses	
	Singular	*Plural*	*Singular*	*Plural*
Indicative	**Present**		**Present Perfect**	
	schmuggele	schmuggeln	habe geschmuggelt	haben geschmuggelt
	schmuggelst	schmuggelt	hast geschmuggelt	habt geschmuggelt
	schmuggelt	schmuggeln	hat geschmuggelt	haben geschmuggelt
	Past		**Past Perfect**	
	schmuggelte	schmuggelten	hatte geschmuggelt	hatten geschmuggelt
	schmuggeltest	schmuggeltet	hattest geschmuggelt	hattet geschmuggelt
	schmuggelte	schmuggelten	hatte geschmuggelt	hatten geschmuggelt
	Future		**Future Perfect**	
	werde schmuggeln	werden schmuggeln	werde geschmuggelt haben	werden geschmuggelt haben
	wirst schmuggeln	werdet schmuggeln	wirst geschmuggelt haben	werdet geschmuggelt haben
	wird schmuggeln	werden schmuggeln	wird geschmuggelt haben	werden geschmuggelt haben
Subjunctive	**Present**		**Present Perfect**	
	schmuggele	schmuggeln	habe geschmuggelt	haben geschmuggelt
	schmuggelst	schmuggelt	habest geschmuggelt	habet geschmuggelt
	schmuggele	schmuggeln	habe geschmuggelt	haben geschmuggelt
	Past		**Past Perfect**	
	schmuggelte	schmuggelten	hätte geschmuggelt	hätten geschmuggelt
	schmuggeltest	schmuggeltet	hättest geschmuggelt	hättet geschmuggelt
	schmuggelte	schmuggelten	hätte geschmuggelt	hätten geschmuggelt
	Future		**Future Perfect**	
	werde schmuggeln	werden schmuggeln	werde geschmuggelt haben	werden geschmuggelt haben
	werdest schmuggeln	werdet schmuggeln	werdest geschmuggelt haben	werdet geschmuggelt haben
	werde schmuggeln	werden schmuggeln	werde geschmuggelt haben	werden geschmuggelt haben
	Present and Future Conditional		**Past Conditional**	
	würde schmuggeln	würden schmuggeln	würde geschmuggelt haben	würden geschmuggelt haben
	würdest schmuggeln	würdet schmuggeln	würdest geschmuggelt haben	würdet geschmuggelt haben
	würde schmuggeln	würden schmuggeln	würde geschmuggelt haben	würden geschmuggelt haben

EXAMPLES

Die Bande hat Drogen nach Europa geschmuggelt.

The gang smuggled drugs to Europe.

Es ist albern, Rotwein nach Frankreich zu schmuggeln.

It's absurd to smuggle red wine into France.

schnarchen

to snore

Auxiliary verb: haben   **Past participle:** geschnarcht
Imperative: Schnarche! Schnarcht! Schnarchen Sie!

Mode	Simple Tenses		Compound Tenses	
	Singular	*Plural*	*Singular*	*Plural*
Indicative	**Present**		**Present Perfect**	
	schnarche	schnarchen	habe geschnarcht	haben geschnarcht
	schnarchst	schnarcht	hast geschnarcht	habt geschnarcht
	schnarcht	schnarchen	hat geschnarcht	haben geschnarcht
	Past		**Past Perfect**	
	schnarchte	schnarchten	hatte geschnarcht	hatten geschnarcht
	schnarchtest	schnarchtet	hattest geschnarcht	hattet geschnarcht
	schnarchte	schnarchten	hatte geschnarcht	hatten geschnarcht
	Future		**Future Perfect**	
	werde schnarchen	werden schnarchen	werde geschnarcht haben	werden geschnarcht haben
	wirst schnarchen	werdet schnarchen	wirst geschnarcht haben	werdet geschnarcht haben
	wird schnarchen	werden schnarchen	wird geschnarcht haben	werden geschnarcht haben
Subjunctive	**Present**		**Present Perfect**	
	schnarche	schnarchen	habe geschnarcht	haben geschnarcht
	schnarchest	schnarchet	habest geschnarcht	habet geschnarcht
	schnarche	schnarchen	habe geschnarcht	haben geschnarcht
	Past		**Past Perfect**	
	schnarchte	schnarchten	hätte geschnarcht	hätten geschnarcht
	schnarchtest	schnarchtet	hättest geschnarcht	hättet geschnarcht
	schnarchte	schnarchten	hätte geschnarcht	hätten geschnarcht
	Future		**Future Perfect**	
	werde schnarchen	werden schnarchen	werde geschnarcht haben	werden geschnarcht haben
	werdest schnarchen	werdet schnarchen	werdest geschnarcht haben	werdet geschnarcht haben
	werde schnarchen	werden schnarchen	werde geschnarcht haben	werden geschnarcht haben
	Present and Future Conditional		**Past Conditional**	
	würde schnarchen	würden schnarchen	würde geschnarcht haben	würden geschnarcht haben
	würdest schnarchen	würdet schnarchen	würdest geschnarcht haben	würdet geschnarcht haben
	würde schnarchen	würden schnarchen	würde geschnarcht haben	würden geschnarcht haben

EXAMPLES

Mein Mann schläft sehr gut, aber er schnarcht.
Wegen meiner Allergie schnarche ich seit meiner Kindheit.

My husband sleeps well, but he snores.
Because of my allergy, I've snored since childhood.

schneiden
to cut

Auxiliary verb: haben   **Past participle:** geschnitten
Imperative: Schneide! Schneidet! Schneiden Sie!

Mode	Simple Tenses		Compound Tenses	
	Singular	*Plural*	*Singular*	*Plural*
Indicative	**Present**		**Present Perfect**	
	schneide	schneiden	habe geschnitten	haben geschnitten
	schneidest	schneidet	hast geschnitten	habt geschnitten
	schneidet	schneiden	hat geschnitten	haben geschnitten
	Past		**Past Perfect**	
	schnitt	schnitten	hatte geschnitten	hatten geschnitten
	schnittest	schnittet	hattest geschnitten	hattet geschnitten
	schnitt	schnitten	hatte geschnitten	hatten geschnitten
	Future		**Future Perfect**	
	werde schneiden	werden schneiden	werde geschnitten haben	werden geschnitten haben
	wirst schneiden	werdet schneiden	wirst geschnitten haben	werdet geschnitten haben
	wird schneiden	werden schneiden	wird geschnitten haben	werden geschnitten haben
Subjunctive	**Present**		**Present Perfect**	
	schneide	schneiden	habe geschnitten	haben geschnitten
	schneidest	schneidet	habest geschnitten	habet geschnitten
	schneide	schneiden	habe geschnitten	haben geschnitten
	Past		**Past Perfect**	
	schnitte	schnitten	hätte geschnitten	hätten geschnitten
	schnittest	schnittet	hättest geschnitten	hättet geschnitten
	schnitte	schnitten	hätte geschnitten	hätten geschnitten
	Future		**Future Perfect**	
	werde schneiden	werden schneiden	werde geschnitten haben	werden geschnitten haben
	werdest schneiden	werdet schneiden	werdest geschnitten haben	werdet geschnitten haben
	werde schneiden	werden schneiden	werde geschnitten haben	werden geschnitten haben
	Present and Future Conditional		**Past Conditional**	
	würde schneiden	würden schneiden	würde geschnitten haben	würden geschnitten haben
	würdest schneiden	würdet schneiden	würdest geschnitten haben	würdet geschnitten haben
	würde schneiden	würden schneiden	würde geschnitten haben	würden geschnitten haben

Note: With separable prefixes, the principal parts of this verb are, for example, *schneidet durch, schnitt durch, hat durchgeschnitten.*

EXAMPLES

Karl, ich habe zu tun. Bitte schneide das Fleisch.	Karl, I have things to do. Please carve the meat.
Er will sich die Haare ein bisschen kürzer schneiden lassen.	He wants to have his hair cut a little shorter.

schneien

to snow

Auxiliary verb: haben **Past participle:** geschneit
Imperative: N/A

Mode	Simple Tenses		Compound Tenses	
	Singular	*Plural*	*Singular*	*Plural*
Indicative	**Present**		**Present Perfect**	
	schneit		hat geschneit	
	Past		**Past Perfect**	
	schneite		hatte geschneit	
	Future		**Future Perfect**	
	wird schneien		wird geschneit haben	
Subjunctive	**Present**		**Present Perfect**	
	schneie		habe geschneit	
	Past		**Past Perfect**	
	schneite		hätte geschneit	
	Future		**Future Perfect**	
	werde schneien		werde geschneit haben	
	Present and Future Conditional		**Past Conditional**	
	würde schneien		würde geschneit haben	

Note: This verb is used primarily as a third-person impersonal expression with the pronoun *es*.

EXAMPLES

Die Kinder freuen sich darüber, dass es schneit.   The children are glad that it's snowing.
Es hat schon angefangen zu schneien.   It's already started to snow.

schnüren

to tie, to tighten up

Auxiliary verb: haben   **Past participle:** geschnürt

Imperative: Schnüre! Schnürt! Schnüren Sie!

Mode	Simple Tenses		Compound Tenses	
	Singular	*Plural*	*Singular*	*Plural*
Indicative	**Present**		**Present Perfect**	
	schnüre	schnüren	habe geschnürt	haben geschnürt
	schnürst	schnürt	hast geschnürt	habt geschnürt
	schnürt	schnüren	hat geschnürt	haben geschnürt
	Past		**Past Perfect**	
	schnürte	schnürten	hatte geschnürt	hatten geschnürt
	schnürtest	schnürtet	hattest geschnürt	hattet geschnürt
	schnürte	schnürten	hatte geschnürt	hatten geschnürt
	Future		**Future Perfect**	
	werde schnüren	werden schnüren	werde geschnürt haben	werden geschnürt haben
	wirst schnüren	werdet schnüren	wirst geschnürt haben	werdet geschnürt haben
	wird schnüren	werden schnüren	wird geschnürt haben	werden geschnürt haben
Subjunctive	**Present**		**Present Perfect**	
	schnüre	schnüren	habe geschnürt	haben geschnürt
	schnürest	schnüret	habest geschnürt	habet geschnürt
	schnüre	schnüren	habe geschnürt	haben geschnürt
	Past		**Past Perfect**	
	schnürte	schnürten	hätte geschnürt	hätten geschnürt
	schnürtest	schnürtet	hättest geschnürt	hättet geschnürt
	schnürte	schnürten	hätte geschnürt	hätten geschnürt
	Future		**Future Perfect**	
	werde schnüren	werden schnüren	werde geschnürt haben	werden geschnürt haben
	werdest schnüren	werdet schnüren	werdest geschnürt haben	werdet geschnürt haben
	werde schnüren	werden schnüren	werde geschnürt haben	werden geschnürt haben
	Present and Future Conditional		**Past Conditional**	
	würde schnüren	würden schnüren	würde geschnürt haben	würden geschnürt haben
	würdest schnüren	würdet schnüren	würdest geschnürt haben	würdet geschnürt haben
	würde schnüren	würden schnüren	würde geschnürt haben	würden geschnürt haben

EXAMPLES

Ich habe endlich das letzte Päckchen geschnürt.

Die kleine Hannah muss noch lernen, sich die Schuhe zu schnüren.

I finally tied up the last package.

Little Hannah still has to learn how to tie her shoes.

schonen
to spare, to show consideration
Auxiliary verb: haben   **Past participle:** geschont
Imperative: Schone! Schont! Schonen Sie!

Mode	Simple Tenses		Compound Tenses	
	Singular	*Plural*	*Singular*	*Plural*
Indicative	**Present**		**Present Perfect**	
	schone	schonen	habe geschont	haben geschont
	schonst	schont	hast geschont	habt geschont
	schont	schonen	hat geschont	haben geschont
	Past		**Past Perfect**	
	schonte	schonten	hatte geschont	hatten geschont
	schontest	schontet	hattest geschont	hattet geschont
	schonte	schonten	hatte geschont	hatten geschont
	Future		**Future Perfect**	
	werde schonen	werden schonen	werde geschont haben	werden geschont haben
	wirst schonen	werdet schonen	wirst geschont haben	werdet geschont haben
	wird schonen	werden schonen	wird geschont haben	werden geschont haben
Subjunctive	**Present**		**Present Perfect**	
	schone	schonen	habe geschont	haben geschont
	schonest	schonet	habest geschont	habet geschont
	schone	schonen	habe geschont	haben geschont
	Past		**Past Perfect**	
	schonte	schonten	hätte geschont	hätten geschont
	schontest	schontet	hättest geschont	hättet geschont
	schonte	schonten	hätte geschont	hätten geschont
	Future		**Future Perfect**	
	werde schonen	werden schonen	werde geschont haben	werden geschont haben
	werdest schonen	werdet schonen	werdest geschont haben	werdet geschont haben
	werde schonen	werden schonen	werde geschont haben	werden geschont haben
	Present and Future Conditional		**Past Conditional**	
	würde schonen	würden schonen	würde geschont haben	würden geschont haben
	würdest schonen	würdet schonen	würdest geschont haben	würdet geschont haben
	würde schonen	würden schonen	würde geschont haben	würden geschont haben

EXAMPLES

Die Lehrerin schont sich nicht, wenn es um ihre Schüler geht.

The teacher doesn't spare herself when it comes to her pupils.

Der König versuchte die armen Familien im Dorf zu schonen.

The king tried to be considerate of the poor families in the village.

schöpfen

to draw, to ladle, to scoop out
Auxiliary verb: haben **Past participle:** geschöpft
Imperative: Schöpfe! Schöpft! Schöpfen Sie!

Mode	Simple Tenses		Compound Tenses	
	Singular	*Plural*	*Singular*	*Plural*
Indicative	**Present**		**Present Perfect**	
	schöpfe	schöpfen	habe geschöpft	haben geschöpft
	schöpfst	schöpft	hast geschöpft	habt geschöpft
	schöpft	schöpfen	hat geschöpft	haben geschöpft
	Past		**Past Perfect**	
	schöpfte	schöpften	hatte geschöpft	hatten geschöpft
	schöpftest	schöpftet	hattest geschöpft	hattet geschöpft
	schöpfte	schöpften	hatte geschöpft	hatten geschöpft
	Future		**Future Perfect**	
	werde schöpfen	werden schöpfen	werde geschöpft haben	werden geschöpft haben
	wirst schöpfen	werdet schöpfen	wirst geschöpft haben	werdet geschöpft haben
	wird schöpfen	werden schöpfen	wird geschöpft haben	werden geschöpft haben
Subjunctive	**Present**		**Present Perfect**	
	schöpfe	schöpfen	habe geschöpft	haben geschöpft
	schöpfest	schöpfet	habest geschöpft	habet geschöpft
	schöpfe	schöpfen	habe geschöpft	haben geschöpft
	Past		**Past Perfect**	
	schöpfte	schöpften	hätte geschöpft	hätten geschöpft
	schöpftest	schöpftet	hättest geschöpft	hättet geschöpft
	schöpfte	schöpften	hätte geschöpft	hätten geschöpft
	Future		**Future Perfect**	
	werde schöpfen	werden schöpfen	werde geschöpft haben	werden geschöpft haben
	werdest schöpfen	werdet schöpfen	werdest geschöpft haben	werdet geschöpft haben
	werde schöpfen	werden schöpfen	werde geschöpft haben	werden geschöpft haben
	Present and Future Conditional		**Past Conditional**	
	würde schöpfen	würden schöpfen	würde geschöpft haben	würden geschöpft haben
	würdest schöpfen	würdet schöpfen	würdest geschöpft haben	würdet geschöpft haben
	würde schöpfen	würden schöpfen	würde geschöpft haben	würden geschöpft haben

Note: With inseparable prefixes, the principal parts of this verb are, for example, *erschöpft, erschöpfte, hat erschöpft.*

EXAMPLES

Das Boot war alt und er musste alle paar Minuten Wasser schöpfen.

The boat was old, and he had to bail out water every few minutes.

Ich kann kaum Atem schöpfen.

I can scarcely take a breath.

schrauben

to screw

Auxiliary verb: haben   **Past participle:** geschraubt
Imperative: Schraube! Schraubt! Schrauben Sie!

Mode	Simple Tenses		Compound Tenses	
	Singular	*Plural*	*Singular*	*Plural*
Indicative	**Present**		**Present Perfect**	
	schraube	schrauben	habe geschraubt	haben geschraubt
	schraubst	schraubt	hast geschraubt	habt geschraubt
	schraubt	schrauben	hat geschraubt	haben geschraubt
	Past		**Past Perfect**	
	schraubte	schraubten	hatte geschraubt	hatten geschraubt
	schraubtest	schraubtet	hattest geschraubt	hattet geschraubt
	schraubte	schraubten	hatte geschraubt	hatten geschraubt
	Future		**Future Perfect**	
	werde schrauben	werden schrauben	werde geschraubt haben	werden geschraubt haben
	wirst schrauben	werdet schrauben	wirst geschraubt haben	werdet geschraubt haben
	wird schrauben	werden schrauben	wird geschraubt haben	werden geschraubt haben
Subjunctive	**Present**		**Present Perfect**	
	schraube	schrauben	habe geschraubt	haben geschraubt
	schraubest	schraubet	habest geschraubt	habet geschraubt
	schraube	schrauben	habe geschraubt	haben geschraubt
	Past		**Past Perfect**	
	schraubte	schraubten	hätte geschraubt	hätten geschraubt
	schraubtest	schraubtet	hättest geschraubt	hättet geschraubt
	schraubte	schraubten	hätte geschraubt	hätten geschraubt
	Future		**Future Perfect**	
	werde schrauben	werden schrauben	werde geschraubt haben	werden geschraubt haben
	werdest schrauben	werdet schrauben	werdest geschraubt haben	werdet geschraubt haben
	werde schrauben	werden schrauben	werde geschraubt haben	werden geschraubt haben
	Present and Future Conditional		**Past Conditional**	
	würde schrauben	würden schrauben	würde geschraubt haben	würden geschraubt haben
	würdest schrauben	würdet schrauben	würdest geschraubt haben	würdet geschraubt haben
	würde schrauben	würden schrauben	würde geschraubt haben	würden geschraubt haben

EXAMPLES

Das ist eines der ersten Schraubenboote. This is one of the first boats with a screw drive.
Kannst du hier einen Haken in die Wand Can you screw a hook into the wall here?
schrauben?

schreiben
to write
Auxiliary verb: haben   **Past participle:** geschrieben
Imperative: Schreibe! Schreibt! Schreiben Sie!

Mode	Simple Tenses		Compound Tenses	
	Singular	*Plural*	*Singular*	*Plural*
Indicative	**Present**		**Present Perfect**	
	schreibe	schreiben	habe geschrieben	haben geschrieben
	schreibst	schreibt	hast geschrieben	habt geschrieben
	schreibt	schreiben	hat geschrieben	haben geschrieben
	Past		**Past Perfect**	
	schrieb	schrieben	hatte geschrieben	hatten geschrieben
	schriebst	schriebt	hattest geschrieben	hattet geschrieben
	schrieb	schrieben	hatte geschrieben	hatten geschrieben
	Future		**Future Perfect**	
	werde schreiben	werden schreiben	werde geschrieben haben	werden geschrieben haben
	wirst schreiben	werdet schreiben	wirst geschrieben haben	werdet geschrieben haben
	wird schreiben	werden schreiben	wird geschrieben haben	werden geschrieben haben
Subjunctive	**Present**		**Present Perfect**	
	schreibe	schreiben	habe geschrieben	haben geschrieben
	schreibest	schreibet	habest geschrieben	habet geschrieben
	schreibe	schreiben	habe geschrieben	haben geschrieben
	Past		**Past Perfect**	
	schriebe	schrieben	hätte geschrieben	hätten geschrieben
	schriebest	schriebet	hättest geschrieben	hättet geschrieben
	schriebe	schrieben	hätte geschrieben	hätten geschrieben
	Future		**Future Perfect**	
	werde schreiben	werden schreiben	werde geschrieben haben	werden geschrieben haben
	werdest schreiben	werdet schreiben	werdest geschrieben haben	werdet geschrieben haben
	werde schreiben	werden schreiben	werde geschrieben haben	werden geschrieben haben
	Present and Future Conditional		**Past Conditional**	
	würde schreiben	würden schreiben	würde geschrieben haben	würden geschrieben haben
	würdest schreiben	würdet schreiben	würdest geschrieben haben	würdet geschrieben haben
	würde schreiben	würden schreiben	würde geschrieben haben	würden geschrieben haben

Note: With inseparable prefixes, the principal parts of this verb are, for example, *beschreibt, beschrieb, hat beschrieben*. With separable prefixes, the principal parts are, for example, *schreibt an, schrieb an, hat angeschrieben*.

EXAMPLES

In der Grundschule lernen die Kinder lesen und schreiben.	In elementary school, the children learn to read and write.
Wer hat dieses schöne Gedicht geschrieben?	Who wrote this beautiful poem?

schreien

to scream, to shout

Auxiliary verb: haben   **Past participle:** geschrien
Imperative: Schreie! Schreit! Schreien Sie!

Mode	Simple Tenses		Compound Tenses	
	Singular	*Plural*	*Singular*	*Plural*
Indicative	**Present**		**Present Perfect**	
	schreie	schreien	habe geschrien	haben geschrien
	schreist	schreit	hast geschrien	habt geschrien
	schreit	schreien	hat geschrien	haben geschrien
	Past		**Past Perfect**	
	schrie	schrien	hatte geschrien	hatten geschrien
	schriest	schriet	hattest geschrien	hattet geschrien
	schrie	schrien	hatte geschrien	hatten geschrien
	Future		**Future Perfect**	
	werde schreien	werden schreien	werde geschrien haben	werden geschrien haben
	wirst schreien	werdet schreien	wirst geschrien haben	werdet geschrien haben
	wird schreien	werden schreien	wird geschrien haben	werden geschrien haben
Subjunctive	**Present**		**Present Perfect**	
	schreie	schreien	habe geschrien	haben geschrien
	schreiest	schreiet	habest geschrien	habet geschrien
	schreie	schreien	habe geschrien	haben geschrien
	Past		**Past Perfect**	
	schriee	schrieen	hätte geschrien	hätten geschrien
	schrieest	schrieet	hättest geschrien	hättet geschrien
	schriee	schrieen	hätte geschrien	hätten geschrien
	Future		**Future Perfect**	
	werde schreien	werden schreien	werde geschrien haben	werden geschrien haben
	werdest schreien	werdet schreien	werdest geschrien haben	werdet geschrien haben
	werde schreien	werden schreien	werde geschrien haben	werden geschrien haben
	Present and Future Conditional		**Past Conditional**	
	würde schreien	würden schreien	würde geschrien haben	würden geschrien haben
	würdest schreien	würdet schreien	würdest geschrien haben	würdet geschrien haben
	würde schreien	würden schreien	würde geschrien haben	würden geschrien haben

EXAMPLES

Schreie nicht so! Ich höre dich schon.   Don't shout like that. I hear you.
Der kleine Junge schreit nach seinen Eltern.   The little boy screams for his parents.

schreiten

to step, to stride
Auxiliary verb: sein   **Past participle:** geschritten
Imperative: Schreite! Schreitet! Schreiten Sie!

Mode	Simple Tenses		Compound Tenses	
	Singular	*Plural*	*Singular*	*Plural*
Indicative	**Present**		**Present Perfect**	
	schreite	schreiten	bin geschritten	sind geschritten
	schreitest	schreitet	bist geschritten	seid geschritten
	schreitet	schreiten	ist geschritten	sind geschritten
	Past		**Past Perfect**	
	schritt	schritten	war geschritten	waren geschritten
	schrittest	schrittet	warst geschritten	wart geschritten
	schritt	schritten	war geschritten	waren geschritten
	Future		**Future Perfect**	
	werde schreiten	werden schreiten	werde geschritten sein	werden geschritten sein
	wirst schreiten	werdet schreiten	wirst geschritten sein	werdet geschritten sein
	wird schreiten	werden schreiten	wird geschritten sein	werden geschritten sein
Subjunctive	**Present**		**Present Perfect**	
	schreite	schreiten	sei geschritten	seien geschritten
	schreitest	schreitet	seiest geschritten	seiet geschritten
	schreite	schreiten	sei geschritten	seien geschritten
	Past		**Past Perfect**	
	schritte	schritten	wäre geschritten	wären geschritten
	schrittest	schrittet	wärest geschritten	wäret geschritten
	schritte	schritten	wäre geschritten	wären geschritten
	Future		**Future Perfect**	
	werde schreiten	werden schreiten	werde geschritten sein	werden geschritten sein
	werdest schreiten	werdet schreiten	werdest geschritten sein	werdet geschritten sein
	werde schreiten	werden schreiten	werde geschritten sein	werden geschritten sein
	Present and Future Conditional		**Past Conditional**	
	würde schreiten	würden schreiten	würde geschritten sein	würden geschritten sein
	würdest schreiten	würdet schreiten	würdest geschritten sein	würdet geschritten sein
	würde schreiten	würden schreiten	würde geschritten sein	würden geschritten sein

EXAMPLES

Die Jungen schreiten nebeneinander und versuchen wie Soldaten zu marschieren.
Die Braut schritt langsam zum Altar.

The boys stride next to one another and try to march like soldiers.
The bride stepped slowly toward the altar.

schulden

to owe, to be indebted

Auxiliary verb: haben   **Past participle:** geschuldet
Imperative: Schulde! Schuldet! Schulden Sie!

Mode	Simple Tenses		Compound Tenses	
	Singular	*Plural*	*Singular*	*Plural*
Indicative	**Present**		**Present Perfect**	
	schulde	schulden	habe geschuldet	haben geschuldet
	schuldest	schuldet	hast geschuldet	habt geschuldet
	schuldet	schulden	hat geschuldet	haben geschuldet
	Past		**Past Perfect**	
	schuldete	schuldeten	hatte geschuldet	hatten geschuldet
	schuldetest	schuldetet	hattest geschuldet	hattet geschuldet
	schuldete	schuldeten	hatte geschuldet	hatten geschuldet
	Future		**Future Perfect**	
	werde schulden	werden schulden	werde geschuldet haben	werden geschuldet haben
	wirst schulden	werdet schulden	wirst geschuldet haben	werdet geschuldet haben
	wird schulden	werden schulden	wird geschuldet haben	werden geschuldet haben
Subjunctive	**Present**		**Present Perfect**	
	schulde	schulden	habe geschuldet	haben geschuldet
	schuldest	schuldet	habest geschuldet	habet geschuldet
	schulde	schulden	habe geschuldet	haben geschuldet
	Past		**Past Perfect**	
	schuldete	schuldeten	hätte geschuldet	hätten geschuldet
	schuldetest	schuldetet	hättest geschuldet	hättet geschuldet
	schuldete	schuldeten	hätte geschuldet	hätten geschuldet
	Future		**Future Perfect**	
	werde schulden	werden schulden	werde geschuldet haben	werden geschuldet haben
	werdest schulden	werdet schulden	werdest geschuldet haben	werdet geschuldet haben
	werde schulden	werden schulden	werde geschuldet haben	werden geschuldet haben
	Present and Future Conditional		**Past Conditional**	
	würde schulden	würden schulden	würde geschuldet haben	würden geschuldet haben
	würdest schulden	würdet schulden	würdest geschuldet haben	würdet geschuldet haben
	würde schulden	würden schulden	würde geschuldet haben	würdne geschuldet haben

EXAMPLES

Heinrich schuldet mir fünfzig Euro.	Heinrich owes me fifty euros.
Ich habe nie jemandem Geld geschuldet.	I have never owed anyone money.

schütteln
to shake, to agitate
Auxiliary verb: haben   **Past participle:** geschüttelt
Imperative: Schüttele! Schüttelt! Schütteln Sie!

Mode	Simple Tenses		Compound Tenses	
	Singular	*Plural*	*Singular*	*Plural*
Indicative	**Present**		**Present Perfect**	
	schüttele	schütteln	habe geschüttelt	haben geschüttelt
	schüttelst	schüttelt	hast geschüttelt	habt geschüttelt
	schüttelt	schütteln	hat geschüttelt	haben geschüttelt
	Past		**Past Perfect**	
	schüttelte	schüttelten	hatte geschüttelt	hatten geschüttelt
	schütteltest	schütteltet	hattest geschüttelt	hattet geschüttelt
	schüttelte	schüttelten	hatte geschüttelt	hatten geschüttelt
	Future		**Future Perfect**	
	werde schütteln	werden schütteln	werde geschüttelt haben	werden geschüttelt haben
	wirst schütteln	werdet schütteln	wirst geschüttelt haben	werdet geschüttelt haben
	wird schütteln	werden schütteln	wird geschüttelt haben	werden geschüttelt haben
Subjunctive	**Present**		**Present Perfect**	
	schüttele	schütteln	habe geschüttelt	haben geschüttelt
	schüttelst	schüttelt	habest geschüttelt	habet geschüttelt
	schüttele	schütteln	habe geschüttelt	haben geschüttelt
	Past		**Past Perfect**	
	schüttelte	schüttelten	hätte geschüttelt	hätten geschüttelt
	schütteltest	schütteltet	hättest geschüttelt	hättet geschüttelt
	schüttelte	schüttelten	hätte geschüttelt	hätten geschüttelt
	Future		**Future Perfect**	
	werde schütteln	werden schütteln	werde geschüttelt haben	werden geschüttelt haben
	werdest schütteln	werdet schütteln	werdest geschüttelt haben	werdet geschüttelt haben
	werde schütteln	werden schütteln	werde geschüttelt haben	werden geschüttelt haben
	Present and Future Conditional		**Past Conditional**	
	würde schütteln	würden schütteln	würde geschüttelt haben	würden geschüttelt haben
	würdest schütteln	würdet schütteln	würdest geschüttelt haben	würdet geschüttelt haben
	würde schütteln	würden schütteln	würde geschüttelt haben	würden geschüttelt haben

EXAMPLES

Er konnte es nicht glauben und schüttelte den Kopf.

He couldn't believe it and shook his head.

Als Gudrun mir ihren Mann vorstellte, schüttelte ich ihm die Hand.

When Gudrun introduced her husband, I shook his hand.

schützen

to protect, to guard
Auxiliary verb: haben **Past participle:** geschützt
Imperative: Schütze! Schützt! Schützen Sie!

Mode	Simple Tenses		Compound Tenses	
	Singular	*Plural*	*Singular*	*Plural*
Indicative	**Present**		**Present Perfect**	
	schütze	schützen	habe geschützt	haben geschützt
	schützt	schützt	hast geschützt	habt geschützt
	schützt	schützen	hat geschützt	haben geschützt
	Past		**Past Perfect**	
	schützte	schützten	hatte geschützt	hatten geschützt
	schütztest	schütztet	hattest geschützt	hattet geschützt
	schützte	schützten	hatte geschützt	hatten geschützt
	Future		**Future Perfect**	
	werde schützen	werden schützen	werde geschützt haben	werden geschützt haben
	wirst schützen	werdet schützen	wirst geschützt haben	werdet geschützt haben
	wird schützen	werden schützen	wird geschützt haben	werden geschützt haben
Subjunctive	**Present**		**Present Perfect**	
	schütze	schützen	habe geschützt	haben geschützt
	schützest	schützet	habest geschützt	habet geschützt
	schütze	schützen	habe geschützt	haben geschützt
	Past		**Past Perfect**	
	schützte	schützten	hätte geschützt	hätten geschützt
	schütztest	schütztet	hättest geschützt	hättet geschützt
	schützte	schützten	hätte geschützt	hätten geschützt
	Future		**Future Perfect**	
	werde schützen	werden schützen	werde geschützt haben	werden geschützt haben
	werdest schützen	werdet schützen	werdest geschützt haben	werdet geschützt haben
	werde schützen	werden schützen	werde geschützt haben	werden geschützt haben
	Present and Future Conditional		**Past Conditional**	
	würde schützen	würden schützen	würde geschützt haben	würden geschützt haben
	würdest schützen	würdet schützen	würdest geschützt haben	würdet geschützt haben
	würde schützen	würden schützen	würde geschützt haben	würdne geschützt haben

EXAMPLES

Der Wind war eiskalt und die Mutter versuchte irh Baby davor zu schützen.
In der U-Bahn muss man sich vor Taschendieben schützen.

The wind was ice-cold and the mother tried to protect her baby from it.
On the subway, you have to guard against pickpockets.

schwänzen

to cut class

Auxiliary verb: haben   **Past participle:** geschwänzt
Imperative: Schwänze! Schwänzt! Schwänzen Sie!

Mode	Simple Tenses		Compound Tenses	
	Singular	*Plural*	*Singular*	*Plural*
Indicative	**Present**		**Present Perfect**	
	schwänze	schwänzen	habe geschwänzt	haben geschwänzt
	schwänzt	schwänzt	hast geschwänzt	habt geschwänzt
	schwänzt	schwänzen	hat geschwänzt	haben geschwänzt
	Past		**Past Perfect**	
	schwänzte	schwänzten	hatte geschwänzt	hatten geschwänzt
	schwänztest	schwänztet	hattest geschwänzt	hattet geschwänzt
	schwänzte	schwänzten	hatte geschwänzt	hatten geschwänzt
	Future		**Future Perfect**	
	werde schwänzen	werden schwänzen	werde geschwänzt haben	werden geschwänzt haben
	wirst schwänzen	werdet schwänzen	wirst geschwänzt haben	werdet geschwänzt haben
	wird schwänzen	werden schwänzen	wird geschwänzt haben	werden geschwänzt haben
Subjunctive	**Present**		**Present Perfect**	
	schwänze	schwänzen	habe geschwänzt	haben geschwänzt
	schwänzest	schwänzet	habest geschwänzt	habet geschwänzt
	schwänze	schwänzen	habe geschwänzt	haben geschwänzt
	Past		**Past Perfect**	
	schwänzte	schwänzten	hätte geschwänzt	hätten geschwänzt
	schwänztest	schwänztet	hättest geschwänzt	hättet geschwänzt
	schwänzte	schwänzten	hätte geschwänzt	hätten geschwänzt
	Future		**Future Perfect**	
	werde schwänzen	werden schwänzen	werde geschwänzt haben	werden geschwänzt haben
	werdest schwänzen	werdet schwänzen	werdest geschwänzt haben	werdet geschwänzt haben
	werde schwänzen	werden schwänzen	werde geschwänzt haben	werden geschwänzt haben
	Present and Future Conditional		**Past Conditional**	
	würde schwänzen	würden schwänzen	würde geschwänzt haben	würden geschwänzt haben
	würdest schwänzen	würdet schwänzen	würdest geschwänzt haben	würdet geschwänzt haben
	würde schwänzen	würden schwänzen	würde geschwänzt haben	würden geschwänzt haben

EXAMPLES

Zwei Jungen und ein Mädchen aus der elften Klasse haben die Schule geschwänzt.

Two boys and a girl from the eleventh grade cut school.

Er schwänzt zu oft und wird bei der Prüfung durchfallen.

He cuts classes too often and will fail the exam.

schweben

to hover, to soar

Auxiliary verb: haben   **Past participle:** geschwebt
Imperative: Schwebe! Schwebt! Schweben Sie!

Mode	Simple Tenses		Compound Tenses	
	Singular	*Plural*	*Singular*	*Plural*
Indicative	**Present**		**Present Perfect**	
	schwebe	schweben	habe geschwebt	haben geschwebt
	schwebst	schwebt	hast geschwebt	habt geschwebt
	schwebt	schweben	hat geschwebt	haben geschwebt
	Past		**Past Perfect**	
	schwebte	schwebten	hatte geschwebt	hatten geschwebt
	schwebtest	schwebtet	hattest geschwebt	hattet geschwebt
	schwebte	schwebten	hatte geschwebt	hatten geschwebt
	Future		**Future Perfect**	
	werde schweben	werden schweben	werde geschwebt haben	werden geschwebt haben
	wirst schweben	werdet schweben	wirst geschwebt haben	werdet geschwebt haben
	wird schweben	werden schweben	wird geschwebt haben	werden geschwebt haben
Subjunctive	**Present**		**Present Perfect**	
	schwebe	schweben	habe geschwebt	haben geschwebt
	schwebest	schwebet	habest geschwebt	habet geschwebt
	schwebe	schweben	habe geschwebt	haben geschwebt
	Past		**Past Perfect**	
	schwebte	schwebten	hätte geschwebt	hätten geschwebt
	schwebtest	schwebtet	hättest geschwebt	hättet geschwebt
	schwebte	schwebten	hätte geschwebt	hätten geschwebt
	Future		**Future Perfect**	
	werde schweben	werden schweben	werde geschwebt haben	werden geschwebt haben
	werdest schweben	werdet schweben	werdest geschwebt haben	werdet geschwebt haben
	werde schweben	werden schweben	werde geschwebt haben	werden geschwebt haben
	Present and Future Conditional		**Past Conditional**	
	würde schweben	würden schweben	würde geschwebt haben	würden geschwebt haben
	würdest schweben	würdet schweben	würdest geschwebt haben	würdet geschwebt haben
	würde schweben	würden schweben	würde geschwebt haben	würden geschwebt haben

Note: *Schweben* is also used with the auxiliary verb *sein*.

EXAMPLES

Onkel Johannes schwebt noch zwischen
Leben und Tod.
Dichter Nebel schwebte über dem Wasser.

Uncle Johannes still hovers between life
and death.
Thick fog hung over the water.

schweigen

to be silent

Auxiliary verb: haben   **Past participle:** geschwiegen
Imperative: Schweige! Schweigt! Schweigen Sie!

Mode	Simple Tenses		Compound Tenses	
	Singular	*Plural*	*Singular*	*Plural*
Indicative	**Present**		**Present Perfect**	
	schweige	schweigen	habe geschwiegen	haben geschwiegen
	schweigst	schweigt	hast geschwiegen	habt geschwiegen
	schweigt	schweigen	hat geschwiegen	haben geschwiegen
	Past		**Past Perfect**	
	schwieg	schwiegen	hatte geschwiegen	hatten geschwiegen
	schwiegst	schwiegt	hattest geschwiegen	hattet geschwiegen
	schwieg	schwiegen	hatte geschwiegen	hatten geschwiegen
	Future		**Future Perfect**	
	werde schweigen	werden schweigen	werde geschwiegen haben	werden geschwiegen haben
	wirst schweigen	werdet schweigen	wirst geschwiegen haben	werdet geschwiegen haben
	wird schweigen	werden schweigen	wird geschwiegen haben	werden geschwiegen haben
Subjunctive	**Present**		**Present Perfect**	
	schweige	schweigen	habe geschwiegen	haben geschwiegen
	schweigest	schweiget	habest geschwiegen	habet geschwiegen
	schweige	schweigen	habe geschwiegen	haben geschwiegen
	Past		**Past Perfect**	
	schwiege	schwiegen	hätte geschwiegen	hätten geschwiegen
	schwiegest	schwieget	hättest geschwiegen	hättet geschwiegen
	schwiege	schwiegen	hätte geschwiegen	hätten geschwiegen
	Future		**Future Perfect**	
	werde schweigen	werden schweigen	werde geschwiegen haben	werden geschwiegen haben
	werdest schweigen	werdet schweigen	werdest geschwiegen haben	werdet geschwiegen haben
	werde schweigen	werden schweigen	werde geschwiegen haben	werden geschwiegen haben
	Present and Future Conditional		**Past Conditional**	
	würde schweigen	würden schweigen	würde geschwiegen haben	würden geschwiegen haben
	würdest schweigen	würdet schweigen	würdest geschwiegen haben	würdet geschwiegen haben
	würde schweigen	würden schweigen	würde geschwiegen haben	würden geschwiegen haben

EXAMPLES

Die Presse konnte nicht länger schweigen.
Der Angeklagte schwieg.

The press could remain silent no longer.
The defendant remained silent.

schwellen
to swell, to rise, to increase
Auxiliary verb: sein **Past participle:** geschwollen
Imperative: Schwill! Schwellt! Schwellen Sie!

Mode	Simple Tenses		Compound Tenses	
	Singular	*Plural*	*Singular*	*Plural*
Indicative	**Present**		**Present Perfect**	
	schwelle	schwellen	bin geschwollen	sind geschwollen
	schwillst	schwellt	bist geschwollen	seid geschwollen
	schwillt	schwellen	ist geschwollen	sind geschwollen
	Past		**Past Perfect**	
	schwoll	schwollen	war geschwollen	waren geschwollen
	schwollst	schwollt	warst geschwollen	wart geschwollen
	schwoll	schwollen	war geschwollen	waren geschwollen
	Future		**Future Perfect**	
	werde schwellen	werden schwellen	werde geschwollen sein	werden geschwollen sein
	wirst schwellen	werdet schwellen	wirst geschwollen sein	werdet geschwollen sein
	wird schwellen	werden schwellen	wird geschwollen sein	werden geschwollen sein
Subjunctive	**Present**		**Present Perfect**	
	schwelle	schwellen	sei geschwollen	seien geschwollen
	schwellest	schwellet	seiest geschwollen	seiet geschwollen
	schwelle	schwellen	sei geschwollen	seien geschwollen
	Past		**Past Perfect**	
	schwölle	schwöllen	wäre geschwollen	wären geschwollen
	schwöllest	schwöllet	wärest geschwollen	wäret geschwollen
	schwölle	schwöllen	wäre geschwollen	wären geschwollen
	Future		**Future Perfect**	
	werde schwellen	werden schwellen	werde geschwollen sein	werden geschwollen sein
	werdest schwellen	werdet schwellen	werdest geschwollen sein	werdet geschwollen sein
	werde schwellen	werden schwellen	werde geschwollen sein	werden geschwollen sein
	Present and Future Conditional		**Past Conditional**	
	würde schwellen	würden schwellen	würde geschwollen sein	würden geschwollen sein
	würdest schwellen	würdet schwellen	würdest geschwollen sein	würdet geschwollen sein
	würde schwellen	würden schwellen	würde geschwollen sein	würden geschwollen sein

EXAMPLES

Der Bienenstich schwoll immer mehr und tat sehr weh.	The bee sting kept swelling and hurt a lot.
Es schwoll ihm der Mut.	His courage increased.
Nach dem Unfall war seine rechte Hand geschwollen.	After the accident, his right hand was swollen.

schwimmen

to swim, to float
Auxiliary verb: sein   **Past participle:** geschwommen
Imperative: Schwimme! Schwimmt! Schwimmen Sie!

Mode	Simple Tenses		Compound Tenses	
	Singular	*Plural*	*Singular*	*Plural*
Indicative	**Present**		**Present Perfect**	
	schwimme	schwimmen	bin geschwommen	sind geschwommen
	schwimmst	schwimmt	bist geschwommen	seid geschwommen
	schwimmt	schwimmen	ist geschwommen	sind geschwommen
	Past		**Past Perfect**	
	schwamm	schwammen	war geschwommen	waren geschwommen
	schwammst	schwammt	warst geschwommen	wart geschwommen
	schwamm	schwammen	war geschwommen	waren geschwommen
	Future		**Future Perfect**	
	werde schwimmen	werden schwimmen	werde geschwommen sein	werden geschwommen sein
	wirst schwimmen	werdet schwimmen	wirst geschwommen sein	werdet geschwommen sein
	wird schwimmen	werden schwimmen	wird geschwommen sein	werden geschwommen sein
Subjunctive	**Present**		**Present Perfect**	
	schwimme	schwimmen	sei geschwommen	seien geschwommen
	schwimmest	schwimmet	seiest geschwommen	seiet geschwommen
	schwimme	schwimmen	sei geschwommen	seien geschwommen
	Past		**Past Perfect**	
	schwömme	schwömmen	wäre geschwommen	wären geschwommen
	schwömmest	schwömmet	wärest geschwommen	wäret geschwommen
	schwömme	schwömmen	wäre geschwommen	wären geschwommen
	Future		**Future Perfect**	
	werde schwimmen	werden schwimmen	werde geschwommen sein	werden geschwommen sein
	werdest schwimmen	werdet schwimmen	werdest geschwommen sein	werdet geschwommen sein
	werde schwimmen	werden schwimmen	werde geschwommen sein	werden geschwommen sein
	Present and Future Conditional		**Past Conditional**	
	würde schwimmen	würden schwimmen	würde geschwommen sein	würden geschwommen sein
	würdest schwimmen	würdet schwimmen	würdest geschwommen sein	würdet geschwommen sein
	würde schwimmen	würden schwimmen	würde geschwommen sein	würden geschwommen sein

EXAMPLES

Mein Vetter wird versuchen über den ganzen See zu schwimmen.

My cousin is going to try to swim across the entire lake.

Als ich in Italien war, bin ich im Mittelmeer geschwommen.

When I was in Italy, I went swimming in the Mediterranean Sea.

schwitzen

to sweat

Auxiliary verb: haben   **Past participle:** geschwitzt

Imperative: Schwitze! Schwitzt! Schwitzen Sie!

Mode	Simple Tenses		Compound Tenses	
	Singular	*Plural*	*Singular*	*Plural*
Indicative	**Present**		**Present Perfect**	
	schwitze	schwitzen	habe geschwitzt	haben geschwitzt
	schwitzt	schwitzt	hast geschwitzt	habt geschwitzt
	schwitzt	schwitzen	hat geschwitzt	haben geschwitzt
	Past		**Past Perfect**	
	schwitzte	schwitzten	hatte geschwitzt	hatten geschwitzt
	schwitztest	schwitztet	hattest geschwitzt	hattet geschwitzt
	schwitzte	schwitzten	hatte geschwitzt	hatten geschwitzt
	Future		**Future Perfect**	
	werde schwitzen	werden schwitzen	werde geschwitzt haben	werden geschwitzt haben
	wirst schwitzen	werdet schwitzen	wirst geschwitzt haben	werdet geschwitzt haben
	wird schwitzen	werden schwitzen	wird geschwitzt haben	werden geschwitzt haben
Subjunctive	**Present**		**Present Perfect**	
	schwitze	schwitzen	habe geschwitzt	haben geschwitzt
	schwitzest	schwitzet	habest geschwitzt	habet geschwitzt
	schwitze	schwitzen	habe geschwitzt	haben geschwitzt
	Past		**Past Perfect**	
	schwitzte	schwitzten	hätte geschwitzt	hätten geschwitzt
	schwitztest	schwitztet	hättest geschwitzt	hättet geschwitzt
	schwitzte	schwitzten	hätte geschwitzt	hätten geschwitzt
	Future		**Future Perfect**	
	werde schwitzen	werden schwitzen	werde geschwitzt haben	werden geschwitzt haben
	werdest schwitzen	werdet schwitzen	werdest geschwitzt haben	werdet geschwitzt haben
	werde schwitzen	werden schwitzen	werde geschwitzt haben	werden geschwitzt haben
	Present and Future Conditional		**Past Conditional**	
	würde schwitzen	würden schwitzen	würde geschwitzt haben	würden geschwitzt haben
	würdest schwitzen	würdet schwitzen	würdest geschwitzt haben	würdet geschwitzt haben
	würde schwitzen	würden schwitzen	würde geschwitzt haben	würden geschwitzt haben

EXAMPLES

Während der Hitzewelle bin ich leicht ins Schwitzen gekommen.

During the heat wave, it was easy for me to break into a sweat.

Wenn wir arbeiten, schwitzen wir viel.

When we work, we sweat a lot.

schwören

to swear, to curse
Auxiliary verb: haben   **Past participle:** geschworen
Imperative: Schwöre! Schwört! Schwören Sie!

Mode	Simple Tenses		Compound Tenses	
	Singular	*Plural*	*Singular*	*Plural*
Indicative	**Present**		**Present Perfect**	
	schwöre	schwören	habe geschworen	haben geschworen
	schwörst	schwört	hast geschworen	habt geschworen
	schwört	schwören	hat geschworen	haben geschworen
	Past		**Past Perfect**	
	schwur	schwuren	hatte geschworen	hatten geschworen
	schwurst	schwurt	hattest geschworen	hattet geschworen
	schwur	schwuren	hatte geschworen	hatten geschworen
	Future		**Future Perfect**	
	werde schwören	werden schwören	werde geschworen haben	werden geschworen haben
	wirst schwören	werdet schwören	wirst geschworen haben	werdet geschworen haben
	wird schwören	werden schwören	wird geschworen haben	werden geschworen haben
Subjunctive	**Present**		**Present Perfect**	
	schwöre	schwören	habe geschworen	haben geschworen
	schwörest	schwöret	habest geschworen	habet geschworen
	schwöre	schwören	habe geschworen	haben geschworen
	Past		**Past Perfect**	
	schwüre	schwüren	hätte geschworen	hätten geschworen
	schwürest	schwüret	hättest geschworen	hättet geschworen
	schwüre	schwüren	hätte geschworen	hätten geschworen
	Future		**Future Perfect**	
	werde schwören	werden schwören	werde geschworen haben	werden geschworen haben
	werdest schwören	werdet schwören	werdest geschworen haben	werdet geschworen haben
	werde schwören	werden schwören	werde geschworen haben	werden geschworen haben
	Present and Future Conditional		**Past Conditional**	
	würde schwören	würden schwören	würde geschworen haben	würden geschworen haben
	würdest schwören	würdet schwören	würdest geschworen haben	würdet geschworen haben
	würde schwören	würden schwören	würde geschworen haben	würden geschworen haben

EXAMPLES

Die Ritter mussten der neuen Königin einen Treueid schwören.

The knights had to swear an oath of loyalty to the new queen.

Ich schwöre auf meinen alten Freund.

I have total confidence in my old friend.

segeln
to sail
Auxiliary verb: sein **Past participle:** gesegelt
Imperative: Segele! Segelt! Segeln Sie!

Mode	Simple Tenses		Compound Tenses	
	Singular	*Plural*	*Singular*	*Plural*
Indicative	**Present**		**Present Perfect**	
	segele	segeln	bin gesegelt	sind gesegelt
	segelst	segelt	bist gesegelt	seid gesegelt
	segelt	segeln	ist gesegelt	sind gesegelt
	Past		**Past Perfect**	
	segelte	segelten	war gesegelt	waren gesegelt
	segeltest	segeltet	warst gesegelt	wart gesegelt
	segelte	segelten	war gesegelt	waren gesegelt
	Future		**Future Perfect**	
	werde segeln	werden segeln	werde gesegelt sein	werden gesegelt sein
	wirst segeln	werdet segeln	wirst gesegelt sein	werdet gesegelt sein
	wird segeln	werden segeln	wird gesegelt sein	werden gesegelt sein
Subjunctive	**Present**		**Present Perfect**	
	segele	segeln	sei gesegelt	seien gesegelt
	segelst	segelt	seiest gesegelt	seiet gesegelt
	segele	segeln	sei gesegelt	seien gesegelt
	Past		**Past Perfect**	
	segelte	segelten	wäre gesegelt	wären gesegelt
	segeltest	segeltet	wärest gesegelt	wäret gesegelt
	segelte	segelten	wäre gesegelt	wären gesegelt
	Future		**Future Perfect**	
	werde segeln	werden segeln	werde gesegelt sein	werden gesegelt sein
	werdest segeln	werdet segeln	werdest gesegelt sein	werdet gesegelt sein
	werde segeln	werden segeln	werde gesegelt sein	werden gesegelt sein
	Present and Future Conditional		**Past Conditional**	
	würde segeln	würden segeln	würde gesegelt sein	würden gesegelt sein
	würdest segeln	würdet segeln	würdest gesegelt sein	würdet gesegelt sein
	würde segeln	würden segeln	würde gesegelt sein	würden gesegelt sein

Note: When the noun form *Segel* is attached to the verb *fliegen,* it means "flying" or "piloting a glider."

EXAMPLES

Im 15. Jahrhundert musste man mutig sein, um übers Meer zu segeln.
In the 15th century, you had to be brave to sail across the sea.

Meine Schwester geht gern Segelfliegen.
My sister likes to go flying on a glider.

segnen
to bless

Auxiliary verb: haben **Past participle:** gesegnet
Imperative: Segne! Segnet! Segnen Sie!

Mode	Simple Tenses		Compound Tenses	
	Singular	*Plural*	*Singular*	*Plural*
Indicative	**Present**		**Present Perfect**	
	segne	segnen	habe gesegnet	haben gesegnet
	segnest	segnet	hast gesegnet	habt gesegnet
	segnet	segnen	hat gesegnet	haben gesegnet
	Past		**Past Perfect**	
	segnete	segneten	hatte gesegnet	hatten gesegnet
	segnetest	segnetet	hattest gesegnet	hattet gesegnet
	segnete	segneten	hatte gesegnet	hatten gesegnet
	Future		**Future Perfect**	
	werde segnen	werden segnen	werde gesegnet haben	werden gesegnet haben
	wirst segnen	werdet segnen	wirst gesegnet haben	werdet gesegnet haben
	wird segnen	werden segnen	wird gesegnet haben	werden gesegnet haben
Subjunctive	**Present**		**Present Perfect**	
	segne	segnen	habe gesegnet	haben gesegnet
	segnest	segnet	habest gesegnet	habet gesegnet
	segne	segnen	habe gesegnet	haben gesegnet
	Past		**Past Perfect**	
	segnete	segneten	hätte gesegnet	hätten gesegnet
	segnetest	segnetet	hättest gesegnet	hättet gesegnet
	segnete	segneten	hätte gesegnet	hätten gesegnet
	Future		**Future Perfect**	
	werde segnen	werden segnen	werde gesegnet haben	werden gesegnet haben
	werdest segnen	werdet segnen	werdest gesegnet haben	werdet gesegnet haben
	werde segnen	werden segnen	werde gesegnet haben	werden gesegnet haben
	Present and Future Conditional		**Past Conditional**	
	würde segnen	würden segnen	würde gesegnet haben	würden gesegnet haben
	würdest segnen	würdet segnen	würdest gesegnet haben	würdet gesegnet haben
	würde segnen	würden segnen	würde gesegnet haben	würden gesegnet haben

EXAMPLES

Der Pfarrer segnete die Gemeinde und fing an zu beten.	The minister blessed the congregation and began to pray.
Der Priester hat den sterbenden Mann gesegnet.	The priest blessed the dying man.

sehen

to see

Auxiliary verb: haben   **Past participle:** gesehen
Imperative: Sieh! Seht! Sehen Sie!

Mode	Simple Tenses		Compound Tenses	
	Singular	*Plural*	*Singular*	*Plural*
Indicative	**Present**		**Present Perfect**	
	sehe	sehen	habe gesehen	haben gesehen
	siehst	seht	hast gesehen	habt gesehen
	sieht	sehen	hat gesehen	haben gesehen
	Past		**Past Perfect**	
	sah	sahen	hatte gesehen	hatten gesehen
	sahst	saht	hattest gesehen	hattet gesehen
	sah	sahen	hatte gesehen	hatten gesehen
	Future		**Future Perfect**	
	werde sehen	werden sehen	werde gesehen haben	werden gesehen haben
	wirst sehen	werdet sehen	wirst gesehen haben	werdet gesehen haben
	wird sehen	werden sehen	wird gesehen haben	werden gesehen haben
Subjunctive	**Present**		**Present Perfect**	
	sehe	sehen	habe gesehen	haben gesehen
	sehest	sehet	habest gesehen	habet gesehen
	sehe	sehen	habe gesehen	haben gesehen
	Past		**Past Perfect**	
	sähe	sähen	hätte gesehen	hätten gesehen
	sähest	sähet	hättest gesehen	hättet gesehen
	sähe	sähen	hätte gesehen	hätten gesehen
	Future		**Future Perfect**	
	werde sehen	werden sehen	werde gesehen haben	werden gesehen haben
	werdest sehen	werdet sehen	werdest gesehen haben	werdet gesehen haben
	werde sehen	werden sehen	werde gesehen haben	werden gesehen haben
	Present and Future Conditional		**Past Conditional**	
	würde sehen	würden sehen	würde gesehen haben	würden gesehen haben
	würdest sehen	würdet sehen	würdest gesehen haben	würdet gesehen haben
	würde sehen	würden sehen	würde gesehen haben	würden gesehen haben

Note: With inseparable prefixes, the principal parts of this verb are, for example, *versieht, versah, hat versehen.* With separable prefixes, the principal parts are, for example, *sieht an, sah an, hat angesehen.*

EXAMPLES

Ich sehe schon, dass Sie keine Zeit haben mich zu besuchen.

I see that you have no time to visit me.

Ohne seine Brille kann er nichts sehen.

He can't see anything without his glasses.

sich sehnen
to yearn, to long for
Auxiliary verb: haben **Past participle:** gesehnt
Imperative: Sehne! Sehnt! Sehnen Sie!

Mode	Simple Tenses		Compound Tenses	
	Singular	*Plural*	*Singular*	*Plural*
Indicative	**Present**		**Present Perfect**	
	sehne	sehnen	habe gesehnt	haben gesehnt
	sehnst	sehnt	hast gesehnt	habt gesehnt
	sehnt	sehnen	hat gesehnt	haben gesehnt
	Past		**Past Perfect**	
	sehnte	sehnten	hatte gesehnt	hatten gesehnt
	sehntest	sehntet	hattest gesehnt	hattet gesehnt
	sehnte	sehnten	hatte gesehnt	hatten gesehnt
	Future		**Future Perfect**	
	werde sehnen	werden sehnen	werde gesehnt haben	werden gesehnt haben
	wirst sehnen	werdet sehnen	wirst gesehnt haben	werdet gesehnt haben
	wird sehnen	werden sehnen	wird gesehnt haben	werden gesehnt haben
Subjunctive	**Present**		**Present Perfect**	
	sehne	sehnen	habe gesehnt	haben gesehnt
	sehnest	sehnet	habest gesehnt	habet gesehnt
	sehne	sehnen	habe gesehnt	haben gesehnt
	Past		**Past Perfect**	
	sehnte	sehnten	hätte gesehnt	hätten gesehnt
	sehntest	sehntet	hättest gesehnt	hättet gesehnt
	sehnte	sehnten	hätte gesehnt	hätten gesehnt
	Future		**Future Perfect**	
	werde sehnen	werden sehnen	werde gesehnt haben	werden gesehnt haben
	werdest sehnen	werdet sehnen	werdest gesehnt haben	werdet gesehnt haben
	werde sehnen	werden sehnen	werde gesehnt haben	werden gesehnt haben
	Present and Future Conditional		**Past Conditional**	
	würde sehnen	würden sehnen	würde gesehnt haben	würden gesehnt haben
	würdest sehnen	würdet sehnen	würdest gesehnt haben	würdet gesehnt haben
	würde sehnen	würden sehnen	würde gesehnt haben	würden gesehnt haben

EXAMPLES

Wir sehnen uns danach noch einmal nach Deutschland zu reisen.

We long to travel to Germany once again.

Ich sehnte mich so nach euch.

I missed you so very much.

sein

to be

Auxiliary verb: sein   **Past participle:** gewesen
Imperative: Sei! Seid! Seien Sie!

Mode	Simple Tenses		Compound Tenses	
	Singular	*Plural*	*Singular*	*Plural*
Indicative	**Present**		**Present Perfect**	
	bin	sind	bin gewesen	sind gewesen
	bist	seid	bist gewesen	seid gewesen
	ist	sind	ist gewesen	sind gewesen
	Past		**Past Perfect**	
	war	waren	war gewesen	waren gewesen
	warst	wart	warst gewesen	wart gewesen
	war	waren	war gewesen	waren gewesen
	Future		**Future Perfect**	
	werde sein	werden sein	werde gewesen sein	werden gewesen sein
	wirst sein	werdet sein	wirst gewesen sein	werdet gewesen sein
	wird sein	werden sein	wird gewesen sein	werden gewesen sein
Subjunctive	**Present**		**Present Perfect**	
	sei	seien	sei gewesen	seien gewesen
	seiest	seiet	seiest gewesen	seiet gewesen
	sei	seien	sei gewesen	seien gewesen
	Past		**Past Perfect**	
	wäre	wären	wäre gewesen	wären gewesen
	wärest	wäret	wärest gewesen	wäret gewesen
	wäre	wären	wäre gewesen	wären gewesen
	Future		**Future Perfect**	
	werde sein	werden sein	werde gewesen sein	werden gewesen sein
	werdest sein	werdet sein	werdest gewesen sein	werdet gewesen sein
	werde sein	werden sein	werde gewesen sein	werden gewesen sein
	Present and Future Conditional		**Past Conditional**	
	würde sein	würden sein	würde gewesen sein	würden gewesen sein
	würdest sein	würdet sein	würdest gewesen sein	würdet gewesen sein
	würde sein	würden sein	würde gewesen sein	würden gewesen sein

EXAMPLES

Klemens ist mein Cousin und mein bester Freund.	Klemens is my cousin and my best friend.
Vor einer Woche waren wir noch in China.	A week ago, we were still in China.

senden

to send, to broadcast
Auxiliary verb: haben **Past participle:** gesandt
Imperative: Sende! Sendet! Senden Sie!

Mode	Simple Tenses		Compound Tenses	
	Singular	*Plural*	*Singular*	*Plural*
Indicative	**Present**		**Present Perfect**	
	sende	senden	habe gesandt	haben gesandt
	sendest	sendet	hast gesandt	habt gesandt
	sendet	senden	hat gesandt	haben gesandt
	Past		**Past Perfect**	
	sandte	sandten	hatte gesandt	hatten gesandt
	sandtest	sandtet	hattest gesandt	hattet gesandt
	sandte	sandten	hatte gesandt	hatten gesandt
	Future		**Future Perfect**	
	werde senden	werden senden	werde gesandt haben	werden gesandt haben
	wirst senden	werdet senden	wirst gesandt haben	werdet gesandt haben
	wird senden	werden senden	wird gesandt haben	werden gesandt haben
Subjunctive	**Present**		**Present Perfect**	
	sende	senden	habe gesandt	haben gesandt
	sendest	sendet	habest gesandt	habet gesandt
	sende	senden	habe gesandt	haben gesandt
	Past		**Past Perfect**	
	sendete	sendeten	hätte gesandt	hätten gesandt
	sendetest	sendetet	hättest gesandt	hättet gesandt
	sendete	sendeten	hätte gesandt	hätten gesandt
	Future		**Future Perfect**	
	werde senden	werden senden	werde gesandt haben	werden gesandt haben
	werdest senden	werdet senden	werdest gesandt haben	werdet gesandt haben
	werde senden	werden senden	werde gesandt haben	werden gesandt haben
	Present and Future Conditional		**Past Conditional**	
	würde senden	würden senden	würde gesandt haben	würden gesandt haben
	würdest senden	würdet senden	würdest gesandt haben	würdet gesandt haben
	würde senden	würden senden	würde gesandt haben	würden gesandt haben

Note: When *senden* means "to broadcast," it is a regular verb: *sendet, sendete, hat gesendet.* With separable prefixes, the principal parts of this verb are, for example, *sendet nach, sandte nach, hat nachgesandt.*

EXAMPLES

Sie bittet ihren Bruder den Brief sofort an ihre Mutter zu senden.
She asks her brother to send the letter to their mother immediately.

Der Bericht über den Unfall wird in den Nachrichten gesendet werden.
The report about the accident will be broadcast on the news.

setzen (sich)
to set, to place, to put, to be seated
Auxiliary verb: haben   **Past participle:** gesetzt
Imperative: Setze! Setzt! Setzen Sie!

Mode	Simple Tenses		Compound Tenses	
	Singular	*Plural*	*Singular*	*Plural*
Indicative	**Present**		**Present Perfect**	
	setze	setzen	habe gesetzt	haben gesetzt
	setzt	setzt	hast gesetzt	habt gesetzt
	setzt	setzen	hat gesetzt	haben gesetzt
	Past		**Past Perfect**	
	setzte	setzten	hatte gesetzt	hatten gesetzt
	setztest	setztet	hattest gesetzt	hattet gesetzt
	setzte	setzten	hatte gesetzt	hatten gesetzt
	Future		**Future Perfect**	
	werde setzen	werden setzen	werde gesetzt haben	werden gesetzt haben
	wirst setzen	werdet setzen	wirst gesetzt haben	werdet gesetzt haben
	wird setzen	werden setzen	wird gesetzt haben	werden gesetzt haben
Subjunctive	**Present**		**Present Perfect**	
	setze	setzen	habe gesetzt	haben gesetzt
	setzest	setzet	habest gesetzt	habet gesetzt
	setze	setzen	habe gesetzt	haben gesetzt
	Past		**Past Perfect**	
	setzte	setzten	hätte gesetzt	hätten gesetzt
	setztest	setztet	hättest gesetzt	hättet gesetzt
	setzte	setzten	hätte gesetzt	hätten gesetzt
	Future		**Future Perfect**	
	werde setzen	werden setzen	werde gesetzt haben	werden gesetzt haben
	werdest setzen	werdet setzen	werdest gesetzt haben	werdet gesetzt haben
	werde setzen	werden setzen	werde gesetzt haben	werden gesetzt haben
	Present and Future Conditional		**Past Conditional**	
	würde setzen	würden setzen	würde gesetzt haben	würden gesetzt haben
	würdest setzen	würdet setzen	würdest gesetzt haben	würdet gesetzt haben
	würde setzen	würden setzen	würde gesetzt haben	würden gesetzt haben

EXAMPLES

Er hat sein ganzes Vermögen auf eine Karte gesetzt.	He placed his entire fortune on one card.
Bitte setzen Sie sich!	Please sit down.

seufzen
to sigh
Auxiliary verb: haben **Past participle:** geseufzt
Imperative: Seufze! Seufzt! Seufzen Sie!

Mode	Simple Tenses		Compound Tenses	
	Singular	*Plural*	*Singular*	*Plural*
Indicative	**Present**		**Present Perfect**	
	seufze	seufzen	habe geseufzt	haben geseufzt
	seufzt	seufzt	hast geseufzt	habt geseufzt
	seufzt	seufzen	hat geseufzt	haben geseufzt
	Past		**Past Perfect**	
	seufzte	seufzten	hatte geseufzt	hatten geseufzt
	seufztest	seufztet	hattest geseufzt	hattet geseufzt
	seufzte	seufzten	hatte geseufzt	hatten geseufzt
	Future		**Future Perfect**	
	werde seufzen	werden seufzen	werde geseufzt haben	werden geseufzt haben
	wirst seufzen	werdet seufzen	wirst geseufzt haben	werdet geseufzt haben
	wird seufzen	werden seufzen	wird geseufzt haben	werden geseufzt haben
Subjunctive	**Present**		**Present Perfect**	
	seufze	seufzen	habe geseufzt	haben geseufzt
	seufzest	seufzet	habest geseufzt	habet geseufzt
	seufze	seufzen	habe geseufzt	haben geseufzt
	Past		**Past Perfect**	
	seufzte	seufzten	hätte geseufzt	hätten geseufzt
	seufztest	seufztet	hättest geseufzt	hättet geseufzt
	seufzte	seufzten	hätte geseufzt	hätten geseufzt
	Future		**Future Perfect**	
	werde seufzen	werden seufzen	werde geseufzt haben	werden geseufzt haben
	werdest seufzen	werdet seufzen	werdest geseufzt haben	werdet geseufzt haben
	werde seufzen	werden seufzen	werde geseufzt haben	werden geseufzt haben
	Present and Future Conditional		**Past Conditional**	
	würde seufzen	würden seufzen	würde geseufzt haben	würden geseufzt haben
	würdest seufzen	würdet seufzen	würdest geseufzt haben	würdet geseufzt haben
	würde seufzen	würden seufzen	würde geseufzt haben	würden geseufzt haben

EXAMPLES

Der alte Graf seufzte leise und starb.
Warum seufzen Sie immer, wenn ich versuche meine Schulden zu erklären?

The old count sighed quietly and died.
Why do you always sigh whenever I try to explain my debts?

siedeln

to settle, to colonize

Auxiliary verb: haben   **Past participle:** gesiedelt
Imperative: Siedele! Siedelt! Siedeln Sie!

Mode	Simple Tenses		Compound Tenses	
	Singular	*Plural*	*Singular*	*Plural*
Indicative	**Present**		**Present Perfect**	
	siedele	siedeln	habe gesiedelt	haben gesiedelt
	siedelst	siedelt	hast gesiedelt	habt gesiedelt
	siedelt	siedeln	hat gesiedelt	haben gesiedelt
	Past		**Past Perfect**	
	siedelte	siedelten	hatte gesiedelt	hatten gesiedelt
	siedeltest	siedeltet	hattest gesiedelt	hattet gesiedelt
	siedelte	siedelten	hatte gesiedelt	hatten gesiedelt
	Future		**Future Perfect**	
	werde siedeln	werden siedeln	werde gesiedelt haben	werden gesiedelt haben
	wirst siedeln	werdet siedeln	wirst gesiedelt haben	werdet gesiedelt haben
	wird siedeln	werden siedeln	wird gesiedelt haben	werden gesiedelt haben
Subjunctive	**Present**		**Present Perfect**	
	siedele	siedeln	habe gesiedelt	haben gesiedelt
	siedelst	siedelt	habest gesiedelt	habet gesiedelt
	siedele	siedeln	habe gesiedelt	haben gesiedelt
	Past		**Past Perfect**	
	siedelte	siedelten	hätte gesiedelt	hätten gesiedelt
	siedeltest	siedeltet	hättest gesiedelt	hättet gesiedelt
	siedelte	siedelten	hätte gesiedelt	hätten gesiedelt
	Future		**Future Perfect**	
	werde siedeln	werden siedeln	werde gesiedelt haben	werden gesiedelt haben
	werdest siedeln	werdet siedeln	werdest gesiedelt haben	werdet gesiedelt haben
	werde siedeln	werden siedeln	werde gesiedelt haben	werden gesiedelt haben
	Present and Future Conditional		**Past Conditional**	
	würde siedeln	würden siedeln	würde gesiedelt haben	würden gesiedelt haben
	würdest siedeln	würdet siedeln	würdest gesiedelt haben	würdet gesiedelt haben
	würde siedeln	würden siedeln	würde gesiedelt haben	würden gesiedelt haben

EXAMPLES

Engländer, Franzosen und Spanier haben in Nordamerika gesiedelt.

People from England, France, and Spain settled in North America.

Wo siedelten die ersten englischen Kolonisten?

Where did the first English colonists settle?

sieden
to boil, to seethe
Auxiliary verb: haben   **Past participle:** gesotten
Imperative: Siede! Siedet! Sieden Sie!

Mode	Simple Tenses		Compound Tenses	
	Singular	*Plural*	*Singular*	*Plural*
Indicative	**Present**		**Present Perfect**	
	siede	sieden	habe gesotten	haben gesotten
	siedest	siedet	hast gesotten	habt gesotten
	siedet	sieden	hat gesotten	haben gesotten
	Past		**Past Perfect**	
	sott	sotten	hatte gesotten	hatten gesotten
	sottest	sottet	hattest gesotten	hattet gesotten
	sott	sotten	hatte gesotten	hatten gesotten
	Future		**Future Perfect**	
	werde sieden	werden sieden	werde gesotten haben	werden gesotten haben
	wirst sieden	werdet sieden	wirst gesotten haben	werdet gesotten haben
	wird sieden	werden sieden	wird gesotten haben	werden gesotten haben
Subjunctive	**Present**		**Present Perfect**	
	siede	sieden	habe gesotten	haben gesotten
	siedest	siedet	habest gesotten	habet gesotten
	siede	sieden	habe gesotten	haben gesotten
	Past		**Past Perfect**	
	sötte	sötten	hätte gesotten	hätten gesotten
	söttest	söttet	hättest gesotten	hättet gesotten
	sötte	sötten	hätte gesotten	hätten gesotten
	Future		**Future Perfect**	
	werde sieden	werden sieden	werde gesotten haben	werden gesotten haben
	werdest sieden	werdet sieden	werdest gesotten haben	werdet gesotten haben
	werde sieden	werden sieden	werde gesotten haben	werden gesotten haben
	Present and Future Conditional		**Past Conditional**	
	würde sieden	würden sieden	würde gesotten haben	würden gesotten haben
	würdest sieden	würdet sieden	würdest gesotten haben	würdet gesotten haben
	würde sieden	würden sieden	würde gesotten haben	würden gesotten haben

Note: This verb is sometimes conjugated regularly: *siedet, siedete, hat gesiedet.*

EXAMPLES

Wasser siedet bei 100 Grad Celsius. — Water boils at 100 degrees Celsius.
Auf der Burg gab es gesottenes Wildschwein. — At the castle they had boiled wild boar.

siegen
to be victorious
Auxiliary verb: haben   **Past participle:** gesiegt
Imperative: Siege! Siegt! Siegen Sie!

Mode	Simple Tenses		Compound Tenses	
	Singular	*Plural*	*Singular*	*Plural*
Indicative	**Present**		**Present Perfect**	
	siege	siegen	habe gesiegt	haben gesiegt
	siegst	siegt	hast gesiegt	habt gesiegt
	siegt	siegen	hat gesiegt	haben gesiegt
	Past		**Past Perfect**	
	siegte	siegten	hatte gesiegt	hatten gesiegt
	siegtest	siegtet	hattest gesiegt	hattet gesiegt
	siegte	siegten	hatte gesiegt	hatten gesiegt
	Future		**Future Perfect**	
	werde siegen	werden siegen	werde gesiegt haben	werden gesiegt haben
	wirst siegen	werdet siegen	wirst gesiegt haben	werdet gesiegt haben
	wird siegen	werden siegen	wird gesiegt haben	werden gesiegt haben
Subjunctive	**Present**		**Present Perfect**	
	siege	siegen	habe gesiegt	haben gesiegt
	siegest	sieget	habest gesiegt	habet gesiegt
	siege	siegen	habe gesiegt	haben gesiegt
	Past		**Past Perfect**	
	siegte	siegten	hätte gesiegt	hätten gesiegt
	siegtest	siegtet	hättest gesiegt	hättet gesiegt
	siegte	siegten	hätte gesiegt	hätten gesiegt
	Future		**Future Perfect**	
	werde siegen	werden siegen	werde gesiegt haben	werden gesiegt haben
	werdest siegen	werdet siegen	werdest gesiegt haben	werdet gesiegt haben
	werde siegen	werden siegen	werde gesiegt haben	werden gesiegt haben
	Present and Future Conditional		**Past Conditional**	
	würde siegen	würden siegen	würde gesiegt haben	würden gesiegt haben
	würdest siegen	würdet siegen	würdest gesiegt haben	würdet gesiegt haben
	würde siegen	würden siegen	würde gesiegt haben	würden gesiegt haben

EXAMPLES

Sie hat mit einer Rekordzeit von 11,3 Sekunden gesiegt.

She won with a record time of 11.3 seconds.

„Wir werden mit einem hölzernen Pferd siegen," erklärte der griechische König.

"We will be victorious with a wooden horse," declared the Greek king.

singen
to sing

Auxiliary verb: haben   **Past participle:** gesungen
Imperative: Singe! Singt! Singen Sie!

Mode	Simple Tenses		Compound Tenses	
	Singular	*Plural*	*Singular*	*Plural*
Indicative	**Present**		**Present Perfect**	
	singe	singen	habe gesungen	haben gesungen
	singst	singt	hast gesungen	habt gesungen
	singt	singen	hat gesungen	haben gesungen
	Past		**Past Perfect**	
	sang	sangen	hatte gesungen	hatten gesungen
	sangst	sangt	hattest gesungen	hattet gesungen
	sang	sangen	hatte gesungen	hatten gesungen
	Future		**Future Perfect**	
	werde singen	werden singen	werde gesungen haben	werden gesungen haben
	wirst singen	werdet singen	wirst gesungen haben	werdet gesungen haben
	wird singen	werden singen	wird gesungen haben	werden gesungen haben
Subjunctive	**Present**		**Present Perfect**	
	singe	singen	habe gesungen	haben gesungen
	singest	singet	habest gesungen	habet gesungen
	singe	singen	habe gesungen	haben gesungen
	Past		**Past Perfect**	
	sänge	sängen	hätte gesungen	hätten gesungen
	sängest	sänget	hättest gesungen	hättet gesungen
	sänge	sängen	hätte gesungen	hätten gesungen
	Future		**Future Perfect**	
	werde singen	werden singen	werde gesungen haben	werden gesungen haben
	werdest singen	werdet singen	werdest gesungen haben	werdet gesungen haben
	werde singen	werden singen	werde gesungen haben	werden gesungen haben
	Present and Future Conditional		**Past Conditional**	
	würde singen	würden singen	würde gesungen haben	würden gesungen haben
	würdest singen	würdet singen	würdest gesungen haben	würdet gesungen haben
	würde singen	würden singen	würde gesungen haben	würden gesungen haben

Note: The verb *bedingen* follows the conjugational pattern illustrated above. However, the past tense can be said as *bedingte* and the past subjunctive is *bedünge*.

EXAMPLES

Ich liebe die Musik, kann aber weder ein Instrument spielen noch singen.	I love music but can neither play an instrument nor sing.
Sie wollen ein paar Volkslieder singen.	They want to sing a few folksongs.

sinken

to sink, to drop
Auxiliary verb: sein   **Past participle:** gesunken
Imperative: Sinke! Sinkt! Sinken Sie!

Mode	Simple Tenses		Compound Tenses	
	Singular	*Plural*	*Singular*	*Plural*
Indicative	**Present**		**Present Perfect**	
	sinke	sinken	bin gesunken	sind gesunken
	sinkst	sinkt	bist gesunken	seid gesunken
	sinkt	sinken	ist gesunken	sind gesunken
	Past		**Past Perfect**	
	sank	sanken	war gesunken	waren gesunken
	sankst	sankt	warst gesunken	wart gesunken
	sank	sanken	war gesunken	waren gesunken
	Future		**Future Perfect**	
	werde sinken	werden sinken	werde gesunken sein	werden gesunken sein
	wirst sinken	werdet sinken	wirst gesunken sein	werdet gesunken sein
	wird sinken	werden sinken	wird gesunken sein	werden gesunken sein
Subjunctive	**Present**		**Present Perfect**	
	sinke	sinken	sei gesunken	seien gesunken
	sinkest	sinket	seiest gesunken	seiet gesunken
	sinke	sinken	sei gesunken	seien gesunken
	Past		**Past Perfect**	
	sänke	sänken	wäre gesunken	wären gesunken
	sänkest	sänket	wärest gesunken	wäret gesunken
	sänke	sänken	wäre gesunken	wären gesunken
	Future		**Future Perfect**	
	werde sinken	werden sinken	werde gesunken sein	werden gesunken sein
	werdest sinken	werdet sinken	werdest gesunken sein	werdet gesunken sein
	werde sinken	werden sinken	werde gesunken sein	werden gesunken sein
	Present and Future Conditional		**Past Conditional**	
	würde sinken	würden sinken	würde gesunken sein	würden gesunken sein
	würdest sinken	würdet sinken	würdest gesunken sein	würdet gesunken sein
	würde sinken	würden sinken	würde gesunken sein	würden gesunken sein

EXAMPLES

Kannst du schwimmen? Das Boot sinkt!
Die Temperaturen sind wieder unter fünf
Grad gesunken.

Can you swim? The boat's sinking!
The temperature has dropped to less than
five degrees again.

sitzen

to sit, to fit
Auxiliary verb: haben **Past participle:** gesessen
Imperative: Sitze! Sitzt! Sitzen Sie!

Mode	Simple Tenses		Compound Tenses	
	Singular	*Plural*	*Singular*	*Plural*
Indicative	**Present**		**Present Perfect**	
	sitze	sitzen	habe gesessen	haben gesessen
	sitzt	sitzt	hast gesessen	habt gesessen
	sitzt	sitzen	hat gesessen	haben gesessen
	Past		**Past Perfect**	
	saß	saßen	hatte gesessen	hatten gesessen
	saßest	saßt	hattest gesessen	hattet gesessen
	saß	saßen	hatte gesessen	hatten gesessen
	Future		**Future Perfect**	
	werde sitzen	werden sitzen	werde gesessen haben	werden gesessen haben
	wirst sitzen	werdet sitzen	wirst gesessen haben	werdet gesessen haben
	wird sitzen	werden sitzen	wird gesessen haben	werden gesessen haben
Subjunctive	**Present**		**Present Perfect**	
	sitze	sitzen	habe gesessen	haben gesessen
	sitzest	sitzet	habest gesessen	habet gesessen
	sitze	sitzen	habe gesessen	haben gesessen
	Past		**Past Perfect**	
	säße	säßen	hätte gesessen	hätten gesessen
	säßest	säßet	hättest gesessen	hättet gesessen
	säße	säßen	hätte gesessen	hätten gesessen
	Future		**Future Perfect**	
	werde sitzen	werden sitzen	werde gesessen haben	werden gesessen haben
	werdest sitzen	werdet sitzen	werdest gesessen haben	werdet gesessen haben
	werde sitzen	werden sitzen	werde gesessen haben	werden gesessen haben
	Present and Future Conditional		**Past Conditional**	
	würde sitzen	würden sitzen	würde gesessen haben	würden gesessen haben
	würdest sitzen	würdet sitzen	würdest gesessen haben	würdet gesessen haben
	würde sitzen	würden sitzen	würde gesessen haben	würden gesessen haben

Note: With inseparable prefixes, the principal parts of this verb are, for example,
besitzt, besaß, hat besessen.

EXAMPLES

Der neue Anzug sitzt gut.
The new suit fits you well.

Lena, wollen wir nicht im Garten sitzen?
Lena, why don't we sit in the garden?

sollen
should, supposed to, ought to
Auxiliary verb: haben   **Past participle:** gesollt
Imperative: N/A

Mode	Simple Tenses		Compound Tenses	
	Singular	*Plural*	*Singular*	*Plural*
Indicative	**Present**		**Present Perfect**	
	soll	sollen	habe gesollt	haben gesollt
	sollst	sollt	hast gesollt	habt gesollt
	soll	sollen	hat gesollt	haben gesollt
	Past		**Past Perfect**	
	sollte	sollten	hatte gesollt	hatten gesollt
	solltest	solltet	hattest gesollt	hattet gesollt
	sollte	sollten	hatte gesollt	hatten gesollt
	Future		**Future Perfect**	
	werde sollen	werden sollen	werde gesollt haben	werden gesollt haben
	wirst sollen	werdet sollen	wirst gesollt haben	werdet gesollt haben
	wird sollen	werden sollen	wird gesollt haben	werden gesollt haben
Subjunctive	**Present**		**Present Perfect**	
	solle	sollen	habe gesollt	haben gesollt
	sollest	sollet	habest gesollt	habet gesollt
	solle	sollen	habe gesollt	haben gesollt
	Past		**Past Perfect**	
	sollte	sollten	hätte gesollt	hätten gesollt
	solltest	solltet	hättest gesollt	hättet gesollt
	sollte	sollten	hätte gesollt	hätten gesollt
	Future		**Future Perfect**	
	werde sollen	werden sollen	werde gesollt haben	werden gesollt haben
	werdest sollen	werdet sollen	werdest gesollt haben	werdet gesollt haben
	werde sollen	werden sollen	werde gesollt haben	werden gesollt haben
	Present and Future Conditional		**Past Conditional**	
	würde sollen	würden sollen	würde gesollt haben	würden gesollt haben
	würdest sollen	würdet sollen	würdest gesollt haben	würdet gesollt haben
	würde sollen	würden sollen	würde gesollt haben	würden gesollt haben

Note: This verb is a modal auxiliary. In the perfect and future tenses, when there is a second verb in the sentence, a double-infinitive structure is required: *Haben Sie mit ihm sprechen sollen?* ("Were you supposed to speak with him?")

EXAMPLES

Du sollst nicht fluchen.
Die Politiker hätten ihre Pflicht tun sollen.
Sie sollte Ärztin werden.

You shouldn't swear.
The politicians should have done their duty.
She should become a doctor.

sorgen (sich)

to be concerned, to provide for
Auxiliary verb: haben **Past participle:** gesorgt
Imperative: Sorge! Sorgt! Sorgen Sie!

Mode	Simple Tenses		Compound Tenses	
	Singular	*Plural*	*Singular*	*Plural*
Indicative	**Present**		**Present Perfect**	
	sorge	sorgen	habe gesorgt	haben gesorgt
	sorgst	sorgt	hast gesorgt	habt gesorgt
	sorgt	sorgen	hat gesorgt	haben gesorgt
	Past		**Past Perfect**	
	sorgte	sorgten	hatte gesorgt	hatten gesorgt
	sorgtest	sorgtet	hattest gesorgt	hattet gesorgt
	sorgte	sorgten	hatte gesorgt	hatten gesorgt
	Future		**Future Perfect**	
	werde sorgen	werden sorgen	werde gesorgt haben	werden gesorgt haben
	wirst sorgen	werdet sorgen	wirst gesorgt haben	werdet gesorgt haben
	wird sorgen	werden sorgen	wird gesorgt haben	werden gesorgt haben
Subjunctive	**Present**		**Present Perfect**	
	sorge	sorgen	habe gesorgt	haben gesorgt
	sorgest	sorget	habest gesorgt	habet gesorgt
	sorge	sorgen	habe gesorgt	haben gesorgt
	Past		**Past Perfect**	
	sorgte	sorgten	hätte gesorgt	hätten gesorgt
	sorgtest	sorgtet	hättest gesorgt	hättet gesorgt
	sorgte	sorgten	hätte gesorgt	hätten gesorgt
	Future		**Future Perfect**	
	werde sorgen	werden sorgen	werde gesorgt haben	werden gesorgt haben
	werdest sorgen	werdet sorgen	werdest gesorgt haben	werdet gesorgt haben
	werde sorgen	werden sorgen	werde gesorgt haben	werden gesorgt haben
	Present and Future Conditional		**Past Conditional**	
	würde sorgen	würden sorgen	würde gesorgt haben	würden gesorgt haben
	würdest sorgen	würdet sorgen	würdest gesorgt haben	würdet gesorgt haben
	würde sorgen	würden sorgen	würde gesorgt haben	würden gesorgt haben

EXAMPLES

Eine nette Krankenschwester sorgte für Peter, als er im Krankenhaus war.

Sorgen Sie sich nicht. Es geht Ihrem Kind schon wieder besser.

A nice nurse took care of Peter when he was in the hospital.

Don't be concerned. Your child is already doing better.

spalten
to split, to cleave, to cut open
Auxiliary verb: haben   **Past participle:** gespalten
Imperative: Spalte! Spaltet! Spalten Sie!

Mode	Simple Tenses		Compound Tenses	
	Singular	*Plural*	*Singular*	*Plural*
Indicative	**Present**		**Present Perfect**	
	spalte	spalten	habe gespalten	haben gespalten
	spaltest	spaltet	hast gespalten	habt gespalten
	spaltet	spalten	hat gespalten	haben gespalten
	Past		**Past Perfect**	
	spaltete	spalteten	hatte gespalten	hatten gespalten
	spaltetest	spaltetet	hattest gespalten	hattet gespalten
	spaltete	spalteten	hatte gespalten	hatten gespalten
	Future		**Future Perfect**	
	werde spalten	werden spalten	werde gespalten haben	werden gespalten haben
	wirst spalten	werdet spalten	wirst gespalten haben	werdet gespalten haben
	wird spalten	werden spalten	wird gespalten haben	werden gespalten haben
Subjunctive	**Present**		**Present Perfect**	
	spalte	spalten	habe gespalten	haben gespalten
	spaltest	spaltet	habest gespalten	habet gespalten
	spalte	spalten	habe gespalten	haben gespalten
	Past		**Past Perfect**	
	spaltete	spalteten	hätte gespalten	hätten gespalten
	spaltetest	spaltetet	hättest gespalten	hättet gespalten
	spaltete	spalteten	hätte gespalten	hätten gespalten
	Future		**Future Perfect**	
	werde spalten	werden spalten	werde gespalten haben	werden gespalten haben
	werdest spalten	werdet spalten	werdest gespalten haben	werdet gespalten haben
	werde spalten	werden spalten	werde gespalten haben	werden gespalten haben
	Present and Future Conditional		**Past Conditional**	
	würde spalten	würden spalten	würde gespalten haben	würden gespalten haben
	würdest spalten	würdet spalten	würdest gespalten haben	würdet gespalten haben
	würde spalten	würden spalten	würde gespalten haben	würden gespalten haben

Note: The past participle *gespaltet* is sometimes used in the perfect tenses.

EXAMPLES

Wir wissen heute, dass man das Atom spalten kann.

Today we know that the atom can be split.

Die Partei ist in der Frage der EU-Mitgliedschaft tief gespalten.

The party is deeply divided on the question of membership in the European Union.

sparen

to save, to be thrifty
Auxiliary verb: haben   **Past participle:** gespart
Imperative: Spare! Spart! Sparen Sie!

Mode	Simple Tenses		Compound Tenses	
	Singular	*Plural*	*Singular*	*Plural*
Indicative	**Present**		**Present Perfect**	
	spare	sparen	habe gespart	haben gespart
	sparst	spart	hast gespart	habt gespart
	spart	sparen	hat gespart	haben gespart
	Past		**Past Perfect**	
	sparte	sparten	hatte gespart	hatten gespart
	spartest	spartet	hattest gespart	hattet gespart
	sparte	sparten	hatte gespart	hatten gespart
	Future		**Future Perfect**	
	werde sparen	werden sparen	werde gespart haben	werden gespart haben
	wirst sparen	werdet sparen	wirst gespart haben	werdet gespart haben
	wird sparen	werden sparen	wird gespart haben	werden gespart haben
Subjunctive	**Present**		**Present Perfect**	
	spare	sparen	habe gespart	haben gespart
	sparest	sparet	habest gespart	habet gespart
	spare	sparen	habe gespart	haben gespart
	Past		**Past Perfect**	
	sparte	sparten	hätte gespart	hätten gespart
	spartest	spartet	hättest gespart	hättet gespart
	sparte	sparten	hätte gespart	hätten gespart
	Future		**Future Perfect**	
	werde sparen	werden sparen	werde gespart haben	werden gespart haben
	werdest sparen	werdet sparen	werdest gespart haben	werdet gespart haben
	werde sparen	werden sparen	werde gespart haben	werden gespart haben
	Present and Future Conditional		**Past Conditional**	
	würde sparen	würden sparen	würde gespart haben	würden gespart haben
	würdest sparen	würdet sparen	würdest gespart haben	würdet gespart haben
	würde sparen	würden sparen	würde gespart haben	würden gespart haben

EXAMPLES

Mein Sohn spart auf ein neues Fahrrad.
My son's saving for a new bike.

Wir haben noch nicht genug gespart, um ein neues Haus in einem Vorort zu kaufen.
We still haven't saved enough to buy a new house in a suburb.

spazieren
to stroll, to walk
Auxiliary verb: sein **Past participle:** spaziert
Imperative: Spaziere! Spaziert! Spazieren Sie!

Mode	Simple Tenses		Compound Tenses	
	Singular	*Plural*	*Singular*	*Plural*
Indicative	**Present**		**Present Perfect**	
	spaziere	spazieren	bin spaziert	sind spaziert
	spazierst	spaziert	bist spaziert	seid spaziert
	spaziert	spazieren	ist spaziert	sind spaziert
	Past		**Past Perfect**	
	spazierte	spazierten	war spaziert	waren spaziert
	spaziertest	spaziertet	warst spaziert	wart spaziert
	spazierte	spazierten	war spaziert	waren spaziert
	Future		**Future Perfect**	
	werde spazieren	werden spazieren	werde spaziert sein	werden spaziert sein
	wirst spazieren	werdet spazieren	wirst spaziert sein	werdet spaziert sein
	wird spazieren	werden spazieren	wird spaziert sein	werden spaziert sein
Subjunctive	**Present**		**Present Perfect**	
	spaziere	spazieren	sei spaziert	seien spaziert
	spazierest	spazieret	seiest spaziert	seiet spaziert
	spaziere	spazieren	sei spaziert	seien spaziert
	Past		**Past Perfect**	
	spazierte	spazierten	wäre spaziert	wären spaziert
	spaziertest	spaziertet	wärest spaziert	wäret spaziert
	spazierte	spazierten	wäre spaziert	wären spaziert
	Future		**Future Perfect**	
	werde spazieren	werden spazieren	werde spaziert sein	werden spaziert sein
	werdest spazieren	werdet spazieren	werdest spaziert sein	werdet spaziert sein
	werde spazieren	werden spazieren	werde spaziert sein	werden spaziert sein
	Present and Future Conditional		**Past Conditional**	
	würde spazieren	würden spazieren	würde spaziert sein	würden spaziert sein
	würdest spazieren	würdet spazieren	würdest spaziert sein	würdet spaziert sein
	würde spazieren	würden spazieren	würde spaziert sein	würden spaziert sein

EXAMPLES

Wir spazieren gerne im Park.
Wollt ihr mit uns spazieren gehen?

We like strolling in the park.
Do you want to go for a walk with us?

speichern

to store, to warehouse, to save
Auxiliary verb: haben **Past participle:** gespeichert
Imperative: Speichere! Speichert! Speichern Sie!

Mode	Simple Tenses		Compound Tenses	
	Singular	*Plural*	*Singular*	*Plural*
Indicative	**Present**		**Present Perfect**	
	speichere	speichern	habe gespeichert	haben gespeichert
	speicherst	speichert	hast gespeichert	habt gespeichert
	speichert	speichern	hat gespeichert	haben gespeichert
	Past		**Past Perfect**	
	speicherte	speicherten	hatte gespeichert	hatten gespeichert
	speichertest	speichertet	hattest gespeichert	hattet gespeichert
	speicherte	speicherten	hatte gespeichert	hatten gespeichert
	Future		**Future Perfect**	
	werde speichern	werden speichern	werde gespeichert haben	werden gespeichert haben
	wirst speichern	werdet speichern	wirst gespeichert haben	werdet gespeichert haben
	wird speichern	werden speichern	wird gespeichert haben	werden gespeichert haben
Subjunctive	**Present**		**Present Perfect**	
	speichere	speichern	habe gespeichert	haben gespeichert
	speicherst	speichert	habest gespeichert	habet gespeichert
	speichere	speichern	habe gespeichert	haben gespeichert
	Past		**Past Perfect**	
	speicherte	speicherten	hätte gespeichert	hätten gespeichert
	speichertest	speichertet	hättest gespeichert	hättet gespeichert
	speicherte	speicherten	hätte gespeichert	hätten gespeichert
	Future		**Future Perfect**	
	werde speichern	werden speichern	werde gespeichert haben	werden gespeichert haben
	werdest speichern	werdet speichern	werdest gespeichert haben	werdet gespeichert haben
	werde speichern	werden speichern	werde gespeichert haben	werden gespeichert haben
	Present and Future Conditional		**Past Conditional**	
	würde speichern	würden speichern	würde gespeichert haben	würden gespeichert haben
	würdest speichern	würdet speichern	würdest gespeichert haben	würdet gespeichert haben
	würde speichern	würden speichern	würde gespeichert haben	würden gespeichert haben

EXAMPLES

Ich habe alle Informationen auf meinem Computer gespeichert.

I've saved all the information on my computer.

Diese Talsperre speichert genug Wasser für eine ganze Stadt.

This dam stores enough water for a whole city.

speisen

to feed, to dine

Auxiliary verb: haben   **Past participle:** gespeist
Imperative: Speise! Speist! Speisen Sie!

Mode	Simple Tenses		Compound Tenses	
	Singular	*Plural*	*Singular*	*Plural*
Indicative	**Present**		**Present Perfect**	
	speise	speisen	habe gespeist	haben gespeist
	speist	speist	hast gespeist	habt gespeist
	speist	speisen	hat gespeist	haben gespeist
	Past		**Past Perfect**	
	speiste	speisten	hatte gespeist	hatten gespeist
	speistest	speistet	hattest gespeist	hattet gespeist
	speiste	speisten	hatte gespeist	hatten gespeist
	Future		**Future Perfect**	
	werde speisen	werden speisen	werde gespeist haben	werden gespeist haben
	wirst speisen	werdet speisen	wirst gespeist haben	werdet gespeist haben
	wird speisen	werden speisen	wird gespeist haben	werden gespeist haben
Subjunctive	**Present**		**Present Perfect**	
	speise	speisen	habe gespeist	haben gespeist
	speisest	speiset	habest gespeist	habet gespeist
	speise	speisen	habe gespeist	haben gespeist
	Past		**Past Perfect**	
	speiste	speisten	hätte gespeist	hätten gespeist
	speistest	speistet	hättest gespeist	hättet gespeist
	speiste	speisten	hätte gespeist	hätten gespeist
	Future		**Future Perfect**	
	werde speisen	werden speisen	werde gespeist haben	werden gespeist haben
	werdest speisen	werdet speisen	werdest gespeist haben	werdet gespeist haben
	werde speisen	werden speisen	werde gespeist haben	werden gespeist haben
	Present and Future Conditional		**Past Conditional**	
	würde speisen	würden speisen	würde gespeist haben	würden gespeist haben
	würdest speisen	würdet speisen	würdest gespeist haben	würdet gespeist haben
	würde speisen	würden speisen	würde gespeist haben	würden gespeist haben

EXAMPLES

Der Fluss wird durch zahlreiche Bäche gespeist.   The river is fed by numerous streams.
Wir haben gespeist wie die Könige.   We ate like kings.

spenden

to donate, to dispense

Auxiliary verb: haben **Past participle:** gespendet
Imperative: Spende! Spendet! Spenden Sie!

Mode	Simple Tenses		Compound Tenses	
	Singular	*Plural*	*Singular*	*Plural*
Indicative	**Present**		**Present Perfect**	
	spende	spenden	habe gespendet	haben gespendet
	spendest	spendet	hast gespendet	habt gespendet
	spendet	spenden	hat gespendet	haben gespendet
	Past		**Past Perfect**	
	spendete	spendeten	hatte gespendet	hatten gespendet
	spendetest	spendetet	hattest gespendet	hattet gespendet
	spendete	spendeten	hatte gespendet	hatten gespendet
	Future		**Future Perfect**	
	werde spenden	werden spenden	werde gespendet haben	werden gespendet haben
	wirst spenden	werdet spenden	wirst gespendet haben	werdet gespendet haben
	wird spenden	werden spenden	wird gespendet haben	werden gespendet haben
Subjunctive	**Present**		**Present Perfect**	
	spende	spenden	habe gespendet	haben gespendet
	spendest	spendet	habest gespendet	habet gespendet
	spende	spenden	habe gespendet	haben gespendet
	Past		**Past Perfect**	
	spendete	spendeten	hätte gespendet	hätten gespendet
	spendetest	spendetet	hättest gespendet	hättet gespendet
	spendete	spendeten	hätte gespendet	hätten gespendet
	Future		**Future Perfect**	
	werde spenden	werden spenden	werde gespendet haben	werden gespendet haben
	werdest spenden	werdet spenden	werdest gespendet haben	werdet gespendet haben
	werde spenden	werden spenden	werde gespendet haben	werden gespendet haben
	Present and Future Conditional		**Past Conditional**	
	würde spenden	würden spenden	würde gespendet haben	würden gespendet haben
	würdest spenden	würdet spenden	würdest gespendet haben	würdet gespendet haben
	würde spenden	würden spenden	würde gespendet haben	würden gespendet haben

EXAMPLES

Wir werden 200 Euro für die Krebsforschung spenden.

We're going to donate 200 euros for cancer research.

Hast du auch für die Erdbebenopfer gespendet?

Did you also donate money for the earthquake victims?

sperren
to obstruct, to barricade, to blockade
Auxiliary verb: haben   **Past participle:** gesperrt
Imperative: Sperre! Sperrt! Sperren Sie!

Mode	Simple Tenses		Compound Tenses	
	Singular	*Plural*	*Singular*	*Plural*
Indicative	**Present**		**Present Perfect**	
	sperre	sperren	habe gesperrt	haben gesperrt
	sperrst	sperrt	hast gesperrt	habt gesperrt
	sperrt	sperren	hat gesperrt	haben gesperrt
	Past		**Past Perfect**	
	sperrte	sperrten	hatte gesperrt	hatten gesperrt
	sperrtest	sperrtet	hattest gesperrt	hattet gesperrt
	sperrte	sperrten	hatte gesperrt	hatten gesperrt
	Future		**Future Perfect**	
	werde sperren	werden sperren	werde gesperrt haben	werden gesperrt haben
	wirst sperren	werdet sperren	wirst gesperrt haben	werdet gesperrt haben
	wird sperren	werden sperren	wird gesperrt haben	werden gesperrt haben
Subjunctive	**Present**		**Present Perfect**	
	sperre	sperren	habe gesperrt	haben gesperrt
	sperrest	sperret	habest gesperrt	habet gesperrt
	sperre	sperren	habe gesperrt	haben gesperrt
	Past		**Past Perfect**	
	sperrte	sperrten	hätte gesperrt	hätten gesperrt
	sperrtest	sperrtet	hättest gesperrt	hättet gesperrt
	sperrte	sperrten	hätte gesperrt	hätten gesperrt
	Future		**Future Perfect**	
	werde sperren	werden sperren	werde gesperrt haben	werden gesperrt haben
	werdest sperren	werdet sperren	werdest gesperrt haben	werdet gesperrt haben
	werde sperren	werden sperren	werde gesperrt haben	werden gesperrt haben
	Present and Future Conditional		**Past Conditional**	
	würde sperren	würden sperren	würde gesperrt haben	würden gesperrt haben
	würdest sperren	würdet sperren	würdest gesperrt haben	würdet gesperrt haben
	würde sperren	würden sperren	würde gesperrt haben	würden gesperrt haben

EXAMPLES

Wegen der Demonstration muss die Hauptstraße gesperrt werden.	Because of the demonstration, Main Street has to be closed.
Der lang gesuchte Verbrecher ist endlich ins Gefängnis gesperrt worden.	The long-sought-after criminal was finally put in jail.

spielen
to play, to act
Auxiliary verb: haben   **Past participle:** gespielt
Imperative: Spiele! Spielt! Spielen Sie!

Mode	Simple Tenses		Compound Tenses	
	Singular	*Plural*	*Singular*	*Plural*
Indicative	**Present**		**Present Perfect**	
	spiele	spielen	habe gespielt	haben gespielt
	spielst	spielt	hast gespielt	habt gespielt
	spielt	spielen	hat gespielt	haben gespielt
	Past		**Past Perfect**	
	spielte	spielten	hatte gespielt	hatten gespielt
	spieltest	spieltet	hattest gespielt	hattet gespielt
	spielte	spielten	hatte gespielt	hatten gespielt
	Future		**Future Perfect**	
	werde spielen	werden spielen	werde gespielt haben	werden gespielt haben
	wirst spielen	werdet spielen	wirst gespielt haben	werdet gespielt haben
	wird spielen	werden spielen	wird gespielt haben	werden gespielt haben
Subjunctive	**Present**		**Present Perfect**	
	spiele	spielen	habe gespielt	haben gespielt
	spielest	spielet	habest gespielt	habet gespielt
	spiele	spielen	habe gespielt	haben gespielt
	Past		**Past Perfect**	
	spielte	spielten	hätte gespielt	hätten gespielt
	spieltest	spieltet	hättest gespielt	hättet gespielt
	spielte	spielten	hätte gespielt	hätten gespielt
	Future		**Future Perfect**	
	werde spielen	werden spielen	werde gespielt haben	werden gespielt haben
	werdest spielen	werdet spielen	werdest gespielt haben	werdet gespielt haben
	werde spielen	werden spielen	werde gespielt haben	werden gespielt haben
	Present and Future Conditional		**Past Conditional**	
	würde spielen	würden spielen	würde gespielt haben	würden gespielt haben
	würdest spielen	würdet spielen	würdest gespielt haben	würdet gespielt haben
	würde spielen	würden spielen	würde gespielt haben	würden gespielt haben

EXAMPLES

Spielst du gern Schach?
Ich habe neulich mit meiner Kusine Tennis gespielt.

Do you like playing chess?
I recently played tennis with my cousin.

spinnen

to spin, to be crazy

Auxiliary verb: haben   **Past participle:** gesponnen
Imperative: Spinne! Spinnt! Spinnen Sie!

Mode	Simple Tenses		Compound Tenses	
	Singular	*Plural*	*Singular*	*Plural*
Indicative	**Present**		**Present Perfect**	
	spinne	spinnen	habe gesponnen	haben gesponnen
	spinnst	spinnt	hast gesponnen	habt gesponnen
	spinnt	spinnen	hat gesponnen	haben gesponnen
	Past		**Past Perfect**	
	spann	spannen	hatte gesponnen	hatten gesponnen
	spannst	spannt	hattest gesponnen	hattet gesponnen
	spann	spannen	hatte gesponnen	hatten gesponnen
	Future		**Future Perfect**	
	werde spinnen	werden spinnen	werde gesponnen haben	werden gesponnen haben
	wirst spinnen	werdet spinnen	wirst gesponnen haben	werdet gesponnen haben
	wird spinnen	werden spinnen	wird gesponnen haben	werden gesponnen haben
Subjunctive	**Present**		**Present Perfect**	
	spinne	spinnen	habe gesponnen	haben gesponnen
	spinnest	spinnet	habest gesponnen	habet gesponnen
	spinne	spinnen	habe gesponnen	haben gesponnen
	Past		**Past Perfect**	
	spönne	spönnen	hätte gesponnen	hätten gesponnen
	spönnest	spönnet	hättest gesponnen	hättet gesponnen
	spönne	spönnen	hätte gesponnen	hätten gesponnen
	Future		**Future Perfect**	
	werde spinnen	werden spinnen	werde gesponnen haben	werden gesponnen haben
	werdest spinnen	werdet spinnen	werdest gesponnen haben	werdet gesponnen haben
	werde spinnen	werden spinnen	werde gesponnen haben	werden gesponnen haben
	Present and Future Conditional		**Past Conditional**	
	würde spinnen	würden spinnen	würde gesponnen haben	würden gesponnen haben
	würdest spinnen	würdet spinnen	würdest gesponnen haben	würdet gesponnen haben
	würde spinnen	würden spinnen	würde gesponnen haben	würden gesponnen haben

EXAMPLES

Die Spinne hat ein feines Netz in der Ecke der Küchentür gesponnen.

Mensch, du spinnst!

The spider spun a fine web in the corner of the kitchen door.

Man, you're nuts!

spotten

to mock, to scoff at

Auxiliary verb: haben   **Past participle:** gespottet
Imperative: Spotte! Spottet! Spotten Sie!

Mode	Simple Tenses		Compound Tenses	
	Singular	*Plural*	*Singular*	*Plural*
Indicative	**Present**		**Present Perfect**	
	spotte	spotten	habe gespottet	haben gespottet
	spottest	spottet	hast gespottet	habt gespottet
	spottet	spotten	hat gespottet	haben gespottet
	Past		**Past Perfect**	
	spottete	spotteten	hatte gespottet	hatten gespottet
	spottetest	spottetet	hattest gespottet	hattet gespottet
	spottete	spotteten	hatte gespottet	hatten gespottet
	Future		**Future Perfect**	
	werde spotten	werden spotten	werde gespottet haben	werden gespottet haben
	wirst spotten	werdet spotten	wirst gespottet haben	werdet gespottet haben
	wird spotten	werden spotten	wird gespottet haben	werden gespottet haben
Subjunctive	**Present**		**Present Perfect**	
	spotte	spotten	habe gespottet	haben gespottet
	spottest	spottet	habest gespottet	habet gespottet
	spotte	spotten	habe gespottet	haben gespottet
	Past		**Past Perfect**	
	spottete	spotteten	hätte gespottet	hätten gespottet
	spottetest	spottetet	hättest gespottet	hättet gespottet
	spottete	spotteten	hätte gespottet	hätten gespottet
	Future		**Future Perfect**	
	werde spotten	werden spotten	werde gespottet haben	werden gespottet haben
	werdest spotten	werdet spotten	werdest gespottet haben	werdet gespottet haben
	werde spotten	werden spotten	werde gespottet haben	werden gespottet haben
	Present and Future Conditional		**Past Conditional**	
	würde spotten	würden spotten	würde gespottet haben	würden gespottet haben
	würdest spotten	würdet spotten	würdest gespottet haben	würdet gespottet haben
	würde spotten	würden spotten	würde gespottet haben	würden gespottet haben

Note: The verb *trotten* has the same conjugation as the one illustrated above, except that it requires *sein* as its auxiliary in the perfect tenses.

EXAMPLES

Warum musst du über mich spotten?	Why do you have to mock me?
Der Gräuel des Unfalls spottet jeder Beschreibung.	The horror of the accident defies description.

sprechen

to speak

Auxiliary verb: haben   **Past participle:** gesprochen
Imperative: Sprich! Sprecht! Sprechen Sie!

Mode	Simple Tenses		Compound Tenses	
	Singular	*Plural*	*Singular*	*Plural*
Indicative	**Present**		**Present Perfect**	
	spreche	sprechen	habe gesprochen	haben gesprochen
	sprichst	sprecht	hast gesprochen	habt gesprochen
	spricht	sprechen	hat gesprochen	haben gesprochen
	Past		**Past Perfect**	
	sprach	sprachen	hatte gesprochen	hatten gesprochen
	sprachst	spracht	hattest gesprochen	hattet gesprochen
	sprach	sprachen	hatte gesprochen	hatten gesprochen
	Future		**Future Perfect**	
	werde sprechen	werden sprechen	werde gesprochen haben	werden gesprochen haben
	wirst sprechen	werdet sprechen	wirst gesprochen haben	werdet gesprochen haben
	wird sprechen	werden sprechen	wird gesprochen haben	werden gesprochen haben
Subjunctive	**Present**		**Present Perfect**	
	spreche	sprechen	habe gesprochen	haben gesprochen
	sprechest	sprechet	habest gesprochen	habet gesprochen
	spreche	sprechen	habe gesprochen	haben gesprochen
	Past		**Past Perfect**	
	spräche	sprächen	hätte gesprochen	hätten gesprochen
	sprächest	sprächet	hättest gesprochen	hättet gesprochen
	spräche	sprächen	hätte gesprochen	hätten gesprochen
	Future		**Future Perfect**	
	werde sprechen	werden sprechen	werde gesprochen haben	werden gesprochen haben
	werdest sprechen	werdet sprechen	werdest gesprochen haben	werdet gesprochen haben
	werde sprechen	werden sprechen	werde gesprochen haben	werden gesprochen haben
	Present and Future Conditional		**Past Conditional**	
	würde sprechen	würden sprechen	würde gesprochen haben	würden gesprochen haben
	würdest sprechen	würdet sprechen	würdest gesprochen haben	würdet gesprochen haben
	würde sprechen	würden sprechen	würde gesprochen haben	würden gesprochen haben

Note: With inseparable prefixes, the principal parts of this verb are, for example, *verspricht, versprach, hat versprochen.* With separable prefixes, the principal parts are, for example, *spricht aus, sprach aus, hat ausgesprochen.*

EXAMPLES

Wir haben gerade über sein neuestes Schauspiel gesprochen.

We were just talking about his newest play.

Der Lehrer möchte mit den Eltern des unartigen Schülers sprechen.

The teacher wants to speak with the parents of the naughty pupil.

springen

to jump, to leap, to bounce
Auxiliary verb: sein   **Past participle:** gesprungen
Imperative: Springe! Springt! Springen Sie!

Mode	Simple Tenses		Compound Tenses	
	Singular	*Plural*	*Singular*	*Plural*
Indicative	**Present**		**Present Perfect**	
	springe	springen	bin gesprungen	sind gesprungen
	springst	springt	bist gesprungen	seid gesprungen
	springt	springen	ist gesprungen	sind gesprungen
	Past		**Past Perfect**	
	sprang	sprangen	war gesprungen	waren gesprungen
	sprangst	sprangt	warst gesprungen	wart gesprungen
	sprang	sprangen	war gesprungen	waren gesprungen
	Future		**Future Perfect**	
	werde springen	werden springen	werde gesprungen sein	werden gesprungen sein
	wirst springen	werdet springen	wirst gesprungen sein	werdet gesprungen sein
	wird springen	werden springen	wird gesprungen sein	werden gesprungen sein
Subjunctive	**Present**		**Present Perfect**	
	springe	springen	sei gesprungen	seien gesprungen
	springest	springet	seiest gesprungen	seiet gesprungen
	springe	springen	sei gesprungen	seien gesprungen
	Past		**Past Perfect**	
	spränge	sprängen	wäre gesprungen	wären gesprungen
	sprängest	spränget	wärest gesprungen	wäret gesprungen
	spränge	sprängen	wäre gesprungen	wären gesprungen
	Future		**Future Perfect**	
	werde springen	werden springen	werde gesprungen sein	werden gesprungen sein
	werdest springen	werdet springen	werdest gesprungen sein	werdet gesprungen sein
	werde springen	werden springen	werde gesprungen sein	werden gesprungen sein
	Present and Future Conditional		**Past Conditional**	
	würde springen	würden springen	würde gesprungen sein	würden gesprungen sein
	würdest springen	würdet springen	würdest gesprungen sein	würdet gesprungen sein
	würde springen	würden springen	würde gesprungen sein	würden gesprungen sein

EXAMPLES

Mir macht es gar keinen Spaß aus solcher Höhe ins Wasser zu springen.

It's no fun at all for me to jump into the water from such a height.

Der Hund ist wieder über den Zaun gesprungen.

The dog jumped over the fence again.

spritzen
to spurt, to squirt, to inject
Auxiliary verb: haben   **Past participle:** gespritzt
Imperative: Spritze! Spritzt! Spritzen Sie!

Mode	Simple Tenses		Compound Tenses	
	Singular	*Plural*	*Singular*	*Plural*
Indicative	**Present**		**Present Perfect**	
	spritze	spritzen	habe gespritzt	haben gespritzt
	spritzt	spritzt	hast gespritzt	habt gespritzt
	spritzt	spritzen	hat gespritzt	haben gespritzt
	Past		**Past Perfect**	
	spritzte	spritzten	hatte gespritzt	hatten gespritzt
	spritztest	spritztet	hattest gespritzt	hattet gespritzt
	spritzte	spritzten	hatte gespritzt	hatten gespritzt
	Future		**Future Perfect**	
	werde spritzen	werden spritzen	werde gespritzt haben	werden gespritzt haben
	wirst spritzen	werdet spritzen	wirst gespritzt haben	werdet gespritzt haben
	wird spritzen	werden spritzen	wird gespritzt haben	werden gespritzt haben
Subjunctive	**Present**		**Present Perfect**	
	spritze	spritzen	habe gespritzt	haben gespritzt
	spritzest	spritzet	habest gespritzt	habet gespritzt
	spritze	spritzen	habe gespritzt	haben gespritzt
	Past		**Past Perfect**	
	spritzte	spritzten	hätte gespritzt	hätten gespritzt
	spritztest	spritztet	hättest gespritzt	hättet gespritzt
	spritzte	spritzten	hätte gespritzt	hätten gespritzt
	Future		**Future Perfect**	
	werde spritzen	werden spritzen	werde gespritzt haben	werden gespritzt haben
	werdest spritzen	werdet spritzen	werdest gespritzt haben	werdet gespritzt haben
	werde spritzen	werden spritzen	werde gespritzt haben	werden gespritzt haben
	Present and Future Conditional		**Past Conditional**	
	würde spritzen	würden spritzen	würde gespritzt haben	würden gespritzt haben
	würdest spritzen	würdet spritzen	würdest gespritzt haben	würdet gespritzt haben
	würde spritzen	würden spritzen	würde gespritzt haben	würden gespritzt haben

EXAMPLES

Meine kleine Schwester hat Wasser auf meine Hausarbeit gespritzt.

My little sister spurted water onto my homework.

Der Bus fuhr durch die Pfütze und das schmutzige Wasser spritzte auf meine Schuhe.

The bus drove through the puddle, and the dirty water splattered my shoes.

spüren

to feel, to perceive
Auxiliary verb: haben   **Past participle:** gespürt
Imperative: Spüre ! Spürt! Spüren Sie!

Mode	Simple Tenses		Compound Tenses	
	Singular	*Plural*	*Singular*	*Plural*
Indicative	**Present**		**Present Perfect**	
	spüre	spüren	habe gespürt	haben gespürt
	spürst	spürt	hast gespürt	habt gespürt
	spürt	spüren	hat gespürt	haben gespürt
	Past		**Past Perfect**	
	spürte	spürten	hatte gespürt	hatten gespürt
	spürtest	spürtet	hattest gespürt	hattet gespürt
	spürte	spürten	hatte gespürt	hatten gespürt
	Future		**Future Perfect**	
	werde spüren	werden spüren	werde gespürt haben	werden gespürt haben
	wirst spüren	werdet spüren	wirst gespürt haben	werdet gespürt haben
	wird spüren	werden spüren	wird gespürt haben	werden gespürt haben
Subjunctive	**Present**		**Present Perfect**	
	spüre	spüren	habe gespürt	haben gespürt
	spürest	spüret	habest gespürt	habet gespürt
	spüre	spüren	habe gespürt	haben gespürt
	Past		**Past Perfect**	
	spürte	spürten	hätte gespürt	hätten gespürt
	spürtest	spürtet	hättest gespürt	hättet gespürt
	spürte	spürten	hätte gespürt	hätten gespürt
	Future		**Future Perfect**	
	werde spüren	werden spüren	werde gespürt haben	werden gespürt haben
	werdest spüren	werdet spüren	werdest gespürt haben	werdet gespürt haben
	werde spüren	werden spüren	werde gespürt haben	werden gespürt haben
	Present and Future Conditional		**Past Conditional**	
	würde spüren	würden spüren	würde gespürt haben	würden gespürt haben
	würdest spüren	würdet spüren	würdest gespürt haben	würdet gespürt haben
	würde spüren	würden spüren	würde gespürt haben	würden gespürt haben

EXAMPLES

Er spürte den Alkohol schon nach einer Flasche Bier.

He felt the effects of the alcohol after only one bottle of beer.

Nach dem Fitnesstraining spürte er alle Knochen.

After the workout, he felt every bone in his body.

stattfinden

to take place

Auxiliary verb: haben   **Past participle:** stattgefunden

Imperative: N/A

Mode	Simple Tenses		Compound Tenses	
	Singular	*Plural*	*Singular*	*Plural*
Indicative	**Present**		**Present Perfect**	
	findet statt	finden statt	hat stattgefunden	haben stattgefunden
	Past		**Past Perfect**	
	fand statt	fanden statt	hatte stattgefunden	hatten stattgefunden
	Future		**Future Perfect**	
	wird stattfinden	werden stattfinden	wird stattgefunden haben	werden stattgefunden haben
Subjunctive	**Present**		**Present Perfect**	
	finde statt	finden statt	habe stattgefunden	haben stattgefunden
	Past		**Past Perfect**	
	fände statt	fänden statt	hätte stattgefunden	hätten stattgefunden
	Future		**Future Perfect**	
	werde stattfinden	werden stattfinden	werde stattgefunden haben	werden stattgefunden haben
	Present and Future Conditional		**Past Conditional**	
	würde stattfinden	würden stattfinden	würde stattgefunden haben	würden stattgefunden haben

Note: This verb is used primarily in the third-person singular and plural.

EXAMPLES

Wann findet das nächste Examen statt?	When does the next examination take place?
Die Beerdigung hat letzte Woche stattgefunden.	The burial took place last week.

stechen

to stab, to sting, to pierce
Auxiliary verb: haben   **Past participle:** gestochen
Imperative: Stich! Stecht! Stechen Sie!

Mode	Simple Tenses		Compound Tenses	
	Singular	*Plural*	*Singular*	*Plural*
Indicative	**Present**		**Present Perfect**	
	steche	stechen	habe gestochen	haben gestochen
	stichst	stecht	hast gestochen	habt gestochen
	sticht	stechen	hat gestochen	haben gestochen
	Past		**Past Perfect**	
	stach	stachen	hatte gestochen	hatten gestochen
	stachst	stacht	hattest gestochen	hattet gestochen
	stach	stachen	hatte gestochen	hatten gestochen
	Future		**Future Perfect**	
	werde stechen	werden stechen	werde gestochen haben	werden gestochen haben
	wirst stechen	werdet stechen	wirst gestochen haben	werdet gestochen haben
	wird stechen	werden stechen	wird gestochen haben	werden gestochen haben
Subjunctive	**Present**		**Present Perfect**	
	steche	stechen	habe gestochen	haben gestochen
	stechest	stechet	habest gestochen	habet gestochen
	steche	stechen	habe gestochen	haben gestochen
	Past		**Past Perfect**	
	stäche	stächen	hätte gestochen	hätten gestochen
	stächest	stächet	hättest gestochen	hättet gestochen
	stäche	stächen	hätte gestochen	hätten gestochen
	Future		**Future Perfect**	
	werde stechen	werden stechen	werde gestochen haben	werden gestochen haben
	werdest stechen	werdet stechen	werdest gestochen haben	werdet gestochen haben
	werde stechen	werden stechen	werde gestochen haben	werden gestochen haben
	Present and Future Conditional		**Past Conditional**	
	würde stechen	würden stechen	würde gestochen haben	würden gestochen haben
	würdest stechen	würdet stechen	würdest gestochen haben	würdet gestochen haben
	würde stechen	würden stechen	würde gestochen haben	würden gestochen haben

EXAMPLES

Das weinende Kind ist von einer Biene gestochen worden.

The crying child was stung by a bee.

Ich stach mir mit der Nadel in den Daumen.

I stuck my thumb with the needle.

stecken

to put, to set, to stick
Auxiliary verb: haben   **Past participle:** gesteckt
Imperative: Stecke! Steckt! Stecken Sie!

Mode	Simple Tenses		Compound Tenses	
	Singular	*Plural*	*Singular*	*Plural*
Indicative	**Present**		**Present Perfect**	
	stecke	stecken	habe gesteckt	haben gesteckt
	steckst	steckt	hast gesteckt	habt gesteckt
	steckt	stecken	hat gesteckt	haben gesteckt
	Past		**Past Perfect**	
	steckte	steckten	hatte gesteckt	hatten gesteckt
	stecktest	stecktet	hattest gesteckt	hattet gesteckt
	steckte	steckten	hatte gesteckt	hatten gesteckt
	Future		**Future Perfect**	
	werde stecken	werden stecken	werde gesteckt haben	werden gesteckt haben
	wirst stecken	werdet stecken	wirst gesteckt haben	werdet gesteckt haben
	wird stecken	werden stecken	wird gesteckt haben	werden gesteckt haben
Subjunctive	**Present**		**Present Perfect**	
	stecke	stecken	habe gesteckt	haben gesteckt
	steckest	stecket	habest gesteckt	habet gesteckt
	stecke	stecken	habe gesteckt	haben gesteckt
	Past		**Past Perfect**	
	steckte	steckten	hätte gesteckt	hätten gesteckt
	stecktest	stecktet	hättest gesteckt	hättet gesteckt
	steckte	steckten	hätte gesteckt	hätten gesteckt
	Future		**Future Perfect**	
	werde stecken	werden stecken	werde gesteckt haben	werden gesteckt haben
	werdest stecken	werdet stecken	werdest gesteckt haben	werdet gesteckt haben
	werde stecken	werden stecken	werde gesteckt haben	werden gesteckt haben
	Present and Future Conditional		**Past Conditional**	
	würde stecken	würden stecken	würde gesteckt haben	würden gesteckt haben
	würdest stecken	würdet stecken	würdest gesteckt haben	würdet gesteckt haben
	würde stecken	würden stecken	würde gesteckt haben	würden gesteckt haben

EXAMPLES

Ich habe das Geld in die Tasche gesteckt. I stuck the money in my pocket.
Herr Mayer steckt bis über beide Ohren in Schulden. Mr. Mayer is up to his ears in debt.

stehen
to stand, to suit
Auxiliary verb: haben   **Past participle:** gestanden
Imperative: Stehe! Steht! Stehen Sie!

Mode	Simple Tenses		Compound Tenses	
	Singular	*Plural*	*Singular*	*Plural*
Indicative	**Present**		**Present Perfect**	
	stehe	stehen	habe gestanden	haben gestanden
	stehst	steht	hast gestanden	habt gestanden
	steht	stehen	hat gestanden	haben gestanden
	Past		**Past Perfect**	
	stand	standen	hatte gestanden	hatten gestanden
	standest	standet	hattest gestanden	hattet gestanden
	stand	standen	hatte gestanden	hatten gestanden
	Future		**Future Perfect**	
	werde stehen	werden stehen	werde gestanden haben	werden gestanden haben
	wirst stehen	werdet stehen	wirst gestanden haben	werdet gestanden haben
	wird stehen	werden stehen	wird gestanden haben	werden gestanden haben
Subjunctive	**Present**		**Present Perfect**	
	stehe	stehen	habe gestanden	haben gestanden
	stehest	stehet	habest gestanden	habet gestanden
	stehe	stehen	habe gestanden	haben gestanden
	Past		**Past Perfect**	
	stände	ständen	hätte gestanden	hätten gestanden
	ständest	ständet	hättest gestanden	hättet gestanden
	stände	ständen	hätte gestanden	hätten gestanden
	Future		**Future Perfect**	
	werde stehen	werden stehen	werde gestanden haben	werden gestanden haben
	werdest stehen	werdet stehen	werdest gestanden haben	werdet gestanden haben
	werde stehen	werden stehen	werde gestanden haben	werden gestanden haben
	Present and Future Conditional		**Past Conditional**	
	würde stehen	würden stehen	würde gestanden haben	würden gestanden haben
	würdest stehen	würdet stehen	würdest gestanden haben	würdet gestanden haben
	würde stehen	würden stehen	würde gestanden haben	würden gestanden haben

Note: In the past subjunctive, you'll frequently encounter *stünde* in place of *stände*. With inseparable prefixes, the principal parts of this verb are, for example, *besteht, bestand, hat bestanden*. With separable prefixes, the principal parts are, for example, *steht auf, stand auf, ist aufgestanden*. Note that *aufstehen* and *entstehen* require *sein* as their auxiliary in the perfect tenses.

EXAMPLES

Warum steht mein Name auf der Liste der durchgefallenen Studenten?
Why is my name on the list of failed students?

Wie steht mir dieser Regenmantel?
How does this raincoat look on me?

Das Mädchen stand hinter ihrem Vater und weinte.
The girl stood behind her father and cried.

stehlen
to steal
Auxiliary verb: haben   **Past participle:** gestohlen
Imperative: Stiehl! Stehlt! Stehlen Sie!

Mode	Simple Tenses		Compound Tenses	
	Singular	*Plural*	*Singular*	*Plural*
Indicative	**Present**		**Present Perfect**	
	stehle	stehlen	habe gestohlen	haben gestohlen
	stiehlst	stehlt	hast gestohlen	habt gestohlen
	stiehlt	stehlen	hat gestohlen	haben gestohlen
	Past		**Past Perfect**	
	stahl	stahlen	hatte gestohlen	hatten gestohlen
	stahlst	stahlt	hattest gestohlen	hattet gestohlen
	stahl	stahlen	hatte gestohlen	hatten gestohlen
	Future		**Future Perfect**	
	werde stehlen	werden stehlen	werde gestohlen haben	werden gestohlen haben
	wirst stehlen	werdet stehlen	wirst gestohlen haben	werdet gestohlen haben
	wird stehlen	werden stehlen	wird gestohlen haben	werden gestohlen haben
Subjunctive	**Present**		**Present Perfect**	
	stehle	stehlen	habe gestohlen	haben gestohlen
	stehlest	stehlet	habest gestohlen	habet gestohlen
	stehle	stehlen	habe gestohlen	haben gestohlen
	Past		**Past Perfect**	
	stöhle	stöhlen	hätte gestohlen	hätten gestohlen
	stöhlest	stöhlet	hättest gestohlen	hättet gestohlen
	stöhle	stöhlen	hätte gestohlen	hätten gestohlen
	Future		**Future Perfect**	
	werde stehlen	werden stehlen	werde gestohlen haben	werden gestohlen haben
	werdest stehlen	werdet stehlen	werdest gestohlen haben	werdet gestohlen haben
	werde stehlen	werden stehlen	werde gestohlen haben	werden gestohlen haben
	Present and Future Conditional		**Past Conditional**	
	würde stehlen	würden stehlen	würde gestohlen haben	würden gestohlen haben
	würdest stehlen	würdet stehlen	würdest gestohlen haben	würdet gestohlen haben
	würde stehlen	würden stehlen	würde gestohlen haben	würden gestohlen haben

EXAMPLES

Ihm wurde gestern Abend in der Bibliothek sein Regenschirm gestohlen.	His umbrella was stolen at the library last night.
Der Dieb stahl mir nicht nur mein Geld, sondern auch meine Zeit.	The thief didn't just steal my money but my time, too.

steigen

to climb, to go up, to increase
Auxiliary verb: sein **Past participle:** gestiegen
Imperative: Steige! Steigt! Steigen Sie!

Mode	Simple Tenses		Compound Tenses	
	Singular	*Plural*	*Singular*	*Plural*
Indicative	**Present**		**Present Perfect**	
	steige	steigen	bin gestiegen	sind gestiegen
	steigst	steigt	bist gestiegen	seid gestiegen
	steigt	steigen	ist gestiegen	sind gestiegen
	Past		**Past Perfect**	
	stieg	stiegen	war gestiegen	waren gestiegen
	stiegst	stiegt	warst gestiegen	wart gestiegen
	stieg	stiegen	war gestiegen	waren gestiegen
	Future		**Future Perfect**	
	werde steigen	werden steigen	werde gestiegen sein	werden gestiegen sein
	wirst steigen	werdet steigen	wirst gestiegen sein	werdet gestiegen sein
	wird steigen	werden steigen	wird gestiegen sein	werden gestiegen sein
Subjunctive	**Present**		**Present Perfect**	
	steige	steigen	sei gestiegen	seien gestiegen
	steigest	steiget	seiest gestiegen	seiet gestiegen
	steige	steigen	sei gestiegen	seien gestiegen
	Past		**Past Perfect**	
	stiege	stiegen	wäre gestiegen	wären gestiegen
	stiegest	stieget	wärest gestiegen	wäret gestiegen
	stiege	stiegen	wäre gestiegen	wären gestiegen
	Future		**Future Perfect**	
	werde steigen	werden steigen	werde gestiegen sein	werden gestiegen sein
	werdest steigen	werdet steigen	werdest gestiegen sein	werdet gestiegen sein
	werde steigen	werden steigen	werde gestiegen sein	werden gestiegen sein
	Present and Future Conditional		**Past Conditional**	
	würde steigen	würden steigen	würde gestiegen sein	würden gestiegen sein
	würdest steigen	würdet steigen	würdest gestiegen sein	würdet gestiegen sein
	würde steigen	würden steigen	würde gestiegen sein	würden gestiegen sein

Note: With separable prefixes, the principal parts of this verb are, for example,
steigt aus, stieg aus, ist ausgestiegen.

EXAMPLES

Sebastian ist über das Skateboard gestiegen.
Sebastian stepped over the skateboard.

In den letzten vier Monaten sind die Benzinpreise um mehr als zehn Prozent gestiegen.
In the last four months, gas prices have increased by more than 10 percent.

stellen

to put, to place, to set

Auxiliary verb: haben   **Past participle:** gestellt

Imperative: Stelle! Stellt! Stellen Sie!

Mode	Simple Tenses		Compound Tenses	
	Singular	*Plural*	*Singular*	*Plural*
Indicative	**Present**		**Present Perfect**	
	stelle	stellen	habe gestellt	haben gestellt
	stellst	stellt	hast gestellt	habt gestellt
	stellt	stellen	hat gestellt	haben gestellt
	Past		**Past Perfect**	
	stellte	stellten	hatte gestellt	hatten gestellt
	stelltest	stelltet	hattest gestellt	hattet gestellt
	stellte	stellten	hatte gestellt	hatten gestellt
	Future		**Future Perfect**	
	werde stellen	werden stellen	werde gestellt haben	werden gestellt haben
	wirst stellen	werdet stellen	wirst gestellt haben	werdet gestellt haben
	wird stellen	werden stellen	wird gestellt haben	werden gestellt haben
Subjunctive	**Present**		**Present Perfect**	
	stelle	stellen	habe gestellt	haben gestellt
	stellest	stellet	habest gestellt	habet gestellt
	stelle	stellen	habe gestellt	haben gestellt
	Past		**Past Perfect**	
	stellte	stellten	hätte gestellt	hätten gestellt
	stelltest	stelltet	hättest gestellt	hättet gestellt
	stellte	stellten	hätte gestellt	hätten gestellt
	Future		**Future Perfect**	
	werde stellen	werden stellen	werde gestellt haben	werden gestellt haben
	werdest stellen	werdet stellen	werdest gestellt haben	werdet gestellt haben
	werde stellen	werden stellen	werde gestellt haben	werden gestellt haben
	Present and Future Conditional		**Past Conditional**	
	würde stellen	würden stellen	würde gestellt haben	würden gestellt haben
	würdest stellen	würdet stellen	würdest gestellt haben	würdet gestellt haben
	würde stellen	würden stellen	würde gestellt haben	würden gestellt haben

Note: With inseparable prefixes, the principal parts of this verb are, for example, *bestellt, bestellte, hat bestellt*. With separable prefixes, the principal parts are, for example, *stellt vor, stellte vor, hat vorgestellt*.

EXAMPLES

Stellen Sie bitte das Radio auf den Schreibtisch. / Please put the radio on the desk.

Er hat die Frage gestellt, ob Erhardt noch in der Hauptstadt sei. / He asked whether Erhardt was still in the capital.

stemmen

to stem, to stand firm, to lift weights
Auxiliary verb: haben   **Past participle:** gestemmt
Imperative: Stemme! Stemmt! Stemmen Sie!

Mode	Simple Tenses		Compound Tenses	
	Singular	*Plural*	*Singular*	*Plural*
Indicative	**Present**		**Present Perfect**	
	stemme	stemmen	habe gestemmt	haben gestemmt
	stemmst	stemmt	hast gestemmt	habt gestemmt
	stemmt	stemmen	hat gestemmt	haben gestemmt
	Past		**Past Perfect**	
	stemmte	stemmten	hatte gestemmt	hatten gestemmt
	stemmtest	stemmtet	hattest gestemmt	hattet gestemmt
	stemmte	stemmten	hatte gestemmt	hatten gestemmt
	Future		**Future Perfect**	
	werde stemmen	werden stemmen	werde gestemmt haben	werden gestemmt haben
	wirst stemmen	werdet stemmen	wirst gestemmt haben	werdet gestemmt haben
	wird stemmen	werden stemmen	wird gestemmt haben	werden gestemmt haben
Subjunctive	**Present**		**Present Perfect**	
	stemme	stemmen	habe gestemmt	haben gestemmt
	stemmest	stemmet	habest gestemmt	habet gestemmt
	stemme	stemmen	habe gestemmt	haben gestemmt
	Past		**Past Perfect**	
	stemmte	stemmten	hätte gestemmt	hätten gestemmt
	stemmtest	stemmtet	hättest gestemmt	hättet gestemmt
	stemmte	stemmten	hätte gestemmt	hätten gestemmt
	Future		**Future Perfect**	
	werde stemmen	werden stemmen	werde gestemmt haben	werden gestemmt haben
	werdest stemmen	werdet stemmen	werdest gestemmt haben	werdet gestemmt haben
	werde stemmen	werden stemmen	werde gestemmt haben	werden gestemmt haben
	Present and Future Conditional		**Past Conditional**	
	würde stemmen	würden stemmen	würde gestemmt haben	würden gestemmt haben
	würdest stemmen	würdet stemmen	würdest gestemmt haben	würdet gestemmt haben
	würde stemmen	würden stemmen	würde gestemmt haben	würden gestemmt haben

EXAMPLES

Sie stemmte die Arme in die Seiten und starrte mich wütend an.

She put her hands on her hips and stared at me angrily.

Der muskulöse Mann stemmt täglich Gewichte.

The muscular man lifts weights every day.

stempeln

to stamp, to mark, to cancel
Auxiliary verb: haben **Past participle:** gestempelt
Imperative: Stempele! Stempelt! Stempeln Sie!

Mode	Simple Tenses		Compound Tenses	
	Singular	*Plural*	*Singular*	*Plural*
Indicative	**Present**		**Present Perfect**	
	stempele	stempeln	habe gestempelt	haben gestempelt
	stempelst	stempelt	hast gestempelt	habt gestempelt
	stempelt	stempeln	hat gestempelt	haben gestempelt
	Past		**Past Perfect**	
	stempelte	stempelten	hatte gestempelt	hatten gestempelt
	stempeltest	stempeltet	hattest gestempelt	hattet gestempelt
	stempelte	stempelten	hatte gestempelt	hatten gestempelt
	Future		**Future Perfect**	
	werde stempeln	werden stempeln	werde gestempelt haben	werden gestempelt haben
	wirst stempeln	werdet stempeln	wirst gestempelt haben	werdet gestempelt haben
	wird stempeln	werden stempeln	wird gestempelt haben	werden gestempelt haben
Subjunctive	**Present**		**Present Perfect**	
	stempele	stempeln	habe gestempelt	haben gestempelt
	stempelst	stempelt	habest gestempelt	habet gestempelt
	stempele	stempeln	habe gestempelt	haben gestempelt
	Past		**Past Perfect**	
	stempelte	stempelten	hätte gestempelt	hätten gestempelt
	stempeltest	stempeltet	hättest gestempelt	hättet gestempelt
	stempelte	stempelten	hätte gestempelt	hätten gestempelt
	Future		**Future Perfect**	
	werde stempeln	werden stempeln	werde gestempelt haben	werden gestempelt haben
	werdest stempeln	werdet stempeln	werdest gestempelt haben	werdet gestempelt haben
	werde stempeln	werden stempeln	werde gestempelt haben	werden gestempelt haben
	Present and Future Conditional		**Past Conditional**	
	würde stempeln	würden stempeln	würde gestempelt haben	würden gestempelt haben
	würdest stempeln	würdet stempeln	würdest gestempelt haben	würdet gestempelt haben
	würde stempeln	würden stempeln	würde gestempelt haben	würden gestempelt haben

EXAMPLES

Bevor Sie abreisen, müssen Sie das Visum stempeln lassen.

Before you depart, you have to have the visa stamped.

Diese Briefmarke ist noch nicht gestempelt worden und ist gültig.

This stamp hasn't been stamped yet and is valid.

sterben
to die
Auxiliary verb: sein   **Past participle:** gestorben
Imperative: Stirb! Sterbt! Sterben Sie!

Mode	Simple Tenses		Compound Tenses	
	Singular	*Plural*	*Singular*	*Plural*
Indicative	**Present**		**Present Perfect**	
	sterbe	sterben	bin gestorben	sind gestorben
	stirbst	sterbt	bist gestorben	seid gestorben
	stirbt	sterben	ist gestorben	sind gestorben
	Past		**Past Perfect**	
	starb	starben	war gestorben	waren gestorben
	starbst	starbt	warst gestorben	wart gestorben
	starb	starben	war gestorben	waren gestorben
	Future		**Future Perfect**	
	werde sterben	werden sterben	werde gestorben sein	werden gestorben sein
	wirst sterben	werdet sterben	wirst gestorben sein	werdet gestorben sein
	wird sterben	werden sterben	wird gestorben sein	werden gestorben sein
Subjunctive	**Present**		**Present Perfect**	
	sterbe	sterben	sei gestorben	seien gestorben
	sterbest	sterbet	seiest gestorben	seiet gestorben
	sterbe	sterben	sei gestorben	seien gestorben
	Past		**Past Perfect**	
	stürbe	stürben	wäre gestorben	wären gestorben
	stürbest	stürbet	wärest gestorben	wäret gestorben
	stürbe	stürben	wäre gestorben	wären gestorben
	Future		**Future Perfect**	
	werde sterben	werden sterben	werde gestorben sein	werden gestorben sein
	werdest sterben	werdet sterben	werdest gestorben sein	werdet gestorben sein
	werde sterben	werden sterben	werde gestorben sein	werden gestorben sein
	Present and Future Conditional		**Past Conditional**	
	würde sterben	würden sterben	würde gestorben sein	würden gestorben sein
	würdest sterben	würdet sterben	würdest gestorben sein	würdet gestorben sein
	würde sterben	würden sterben	würde gestorben sein	würden gestorben sein

Note: With inseparable prefixes, the principal parts of this verb are, for example, *verstirbt, verstarb, ist verstorben*. With separable prefixes, the principal parts are, for example, *stirbt aus, starb aus, ist ausgestorben*.

EXAMPLES

Mein Onkel ist vor sechs Jahren an einer Lungenentzündung gestorben.

My uncle died six years ago from pneumonia.

Wann essen wir? Ich sterbe vor Hunger.

When will we eat? I'm dying of hunger.

steuern

to steer, to pilot, to navigate
Auxiliary verb: haben   **Past participle:** gesteuert
Imperative: Steuere! Steuert! Steuern Sie!

Mode	Simple Tenses		Compound Tenses	
	Singular	*Plural*	*Singular*	*Plural*
Indicative	**Present**		**Present Perfect**	
	steuere	steuern	habe gesteuert	haben gesteuert
	steuerst	steuert	hast gesteuert	habt gesteuert
	steuert	steuern	hat gesteuert	haben gesteuert
	Past		**Past Perfect**	
	steuerte	steuerten	hatte gesteuert	hatten gesteuert
	steuertest	steuertet	hattest gesteuert	hattet gesteuert
	steuerte	steuerten	hatte gesteuert	hatten gesteuert
	Future		**Future Perfect**	
	werde steuern	werden steuern	werde gesteuert haben	werden gesteuert haben
	wirst steuern	werdet steuern	wirst gesteuert haben	werdet gesteuert haben
	wird steuern	werden steuern	wird gesteuert haben	werden gesteuert haben
Subjunctive	**Present**		**Present Perfect**	
	steuere	steuern	habe gesteuert	haben gesteuert
	steuerst	steuert	habest gesteuert	habet gesteuert
	steuere	steuern	habe gesteuert	haben gesteuert
	Past		**Past Perfect**	
	steuerte	steuerten	hätte gesteuert	hätten gesteuert
	steuertest	steuertet	hättest gesteuert	hättet gesteuert
	steuerte	steuerten	hätte gesteuert	hätten gesteuert
	Future		**Future Perfect**	
	werde steuern	werden steuern	werde gesteuert haben	werden gesteuert haben
	werdest steuern	werdet steuern	werdest gesteuert haben	werdet gesteuert haben
	werde steuern	werden steuern	werde gesteuert haben	werden gesteuert haben
	Present and Future Conditional		**Past Conditional**	
	würde steuern	würden steuern	würde gesteuert haben	würden gesteuert haben
	würdest steuern	würdet steuern	würdest gesteuert haben	würdet gesteuert haben
	würde steuern	würden steuern	würde gesteuert haben	würden gesteuert haben

Note: This verb can act as a verb of motion. In such a case, it requires *sein* as its auxiliary in the perfect tenses.

EXAMPLES

Ich verstehe nicht, wie man so ein riesiges Schiff steuern kann.

I don't understand how someone can pilot such a gigantic ship.

Mein Freund steuerte das Auto direkt in den Straßengraben.

My friend steered the car right into the ditch.

stinken

to stink

Auxiliary verb: haben   **Past participle:** gestunken
Imperative: Stinke! Stinkt! Stinken Sie!

Mode	Simple Tenses		Compound Tenses	
	Singular	*Plural*	*Singular*	*Plural*
Indicative	**Present**		**Present Perfect**	
	stinke	stinken	habe gestunken	haben gestunken
	stinkst	stinkt	hast gestunken	habt gestunken
	stinkt	stinken	hat gestunken	haben gestunken
	Past		**Past Perfect**	
	stank	stanken	hatte gestunken	hatten gestunken
	stankst	stankt	hattest gestunken	hattet gestunken
	stank	stanken	hatte gestunken	hatten gestunken
	Future		**Future Perfect**	
	werde stinken	werden stinken	werde gestunken haben	werden gestunken haben
	wirst stinken	werdet stinken	wirst gestunken haben	werdet gestunken haben
	wird stinken	werden stinken	wird gestunken haben	werden gestunken haben
Subjunctive	**Present**		**Present Perfect**	
	stinke	stinken	habe gestunken	haben gestunken
	stinkest	stinket	habest gestunken	habet gestunken
	stinke	stinken	habe gestunken	haben gestunken
	Past		**Past Perfect**	
	stänke	stänken	hätte gestunken	hätten gestunken
	stänkest	stänket	hättest gestunken	hättet gestunken
	stänke	stänken	hätte gestunken	hätten gestunken
	Future		**Future Perfect**	
	werde stinken	werden stinken	werde gestunken haben	werden gestunken haben
	werdest stinken	werdet stinken	werdest gestunken haben	werdet gestunken haben
	werde stinken	werden stinken	werde gestunken haben	werden gestunken haben
	Present and Future Conditional		**Past Conditional**	
	würde stinken	würden stinken	würde gestunken haben	würden gestunken haben
	würdest stinken	würdet stinken	würdest gestunken haben	würdet gestunken haben
	würde stinken	würden stinken	würde gestunken haben	würden gestunken haben

EXAMPLES

Gestern hat es in der Stadt nach Abgasen gestunken.

Yesterday in the city it reeked of automobile exhaust fumes.

In der Küche stinkt es nach Essig.

The kitchen stinks like vinegar.

stören

to disturb, to annoy

Auxiliary verb: haben   **Past participle:** gestört

Imperative: Störe! Stört! Stören Sie!

Mode	Simple Tenses		Compound Tenses	
	Singular	*Plural*	*Singular*	*Plural*
Indicative	**Present**		**Present Perfect**	
	störe	stören	habe gestört	haben gestört
	störst	stört	hast gestört	habt gestört
	stört	stören	hat gestört	haben gestört
	Past		**Past Perfect**	
	störte	störten	hatte gestört	hatten gestört
	störtest	störtet	hattest gestört	hattet gestört
	störte	störten	hatte gestört	hatten gestört
	Future		**Future Perfect**	
	werde stören	werden stören	werde gestört haben	werden gestört haben
	wirst stören	werdet stören	wirst gestört haben	werdet gestört haben
	wird stören	werden stören	wird gestört haben	werden gestört haben
Subjunctive	**Present**		**Present Perfect**	
	störe	stören	habe gestört	haben gestört
	störest	störet	habest gestört	habet gestört
	störe	stören	habe gestört	haben gestört
	Past		**Past Perfect**	
	störte	störten	hätte gestört	hätten gestört
	störtest	störtet	hättest gestört	hättet gestört
	störte	störten	hätte gestört	hätten gestört
	Future		**Future Perfect**	
	werde stören	werden stören	werde gestört haben	werden gestört haben
	werdest stören	werdet stören	werdest gestört haben	werdet gestört haben
	werde stören	werden stören	werde gestört haben	werden gestört haben
	Present and Future Conditional		**Past Conditional**	
	würde stören	würden stören	würde gestört haben	würden gestört haben
	würdest stören	würdet stören	würdest gestört haben	würdet gestört haben
	würde stören	würden stören	würde gestört haben	würden gestört haben

EXAMPLES

Der Mann, der so laut flucht, ist geistig gestört.

The man who is cursing so loudly is mentally disturbed.

Bitte stören Sie mich nicht!

Please, don't interrupt me.

stoßen

to push, to shove, to hit
Auxiliary verb: haben **Past participle:** gestoßen
Imperative: Stoße! Stoßt! Stoßen Sie!

Mode	Simple Tenses		Compound Tenses	
	Singular	*Plural*	*Singular*	*Plural*
Indicative	**Present**		**Present Perfect**	
	stoße	stoßen	habe gestoßen	haben gestoßen
	stößt	stoßt	hast gestoßen	habt gestoßen
	stößt	stoßen	hat gestoßen	haben gestoßen
	Past		**Past Perfect**	
	stieß	stießen	hatte gestoßen	hatten gestoßen
	stießest	stießt	hattest gestoßen	hattet gestoßen
	stieß	stießen	hatte gestoßen	hatten gestoßen
	Future		**Future Perfect**	
	werde stoßen	werden stoßen	werde gestoßen haben	werden gestoßen haben
	wirst stoßen	werdet stoßen	wirst gestoßen haben	werdet gestoßen haben
	wird stoßen	werden stoßen	wird gestoßen haben	werden gestoßen haben
Subjunctive	**Present**		**Present Perfect**	
	stoße	stoßen	habe gestoßen	haben gestoßen
	stoßest	stoßet	habest gestoßen	habet gestoßen
	stoße	stoßen	habe gestoßen	haben gestoßen
	Past		**Past Perfect**	
	stieße	stießen	hätte gestoßen	hätten gestoßen
	stießest	stießet	hättest gestoßen	hättet gestoßen
	stieße	stießen	hätte gestoßen	hätten gestoßen
	Future		**Future Perfect**	
	werde stoßen	werden stoßen	werde gestoßen haben	werden gestoßen haben
	werdest stoßen	werdet stoßen	werdest gestoßen haben	werdet gestoßen haben
	werde stoßen	werden stoßen	werde gestoßen haben	werden gestoßen haben
	Present and Future Conditional		**Past Conditional**	
	würde stoßen	würden stoßen	würde gestoßen haben	würden gestoßen haben
	würdest stoßen	würdet stoßen	würdest gestoßen haben	würdet gestoßen haben
	würde stoßen	würden stoßen	würde gestoßen haben	würden gestoßen haben

EXAMPLES

Er hat sich an dem niedrigen Türrahmen gestoßen.

He bumped his head on the low door frame.

Martin stößt seinen Bruder auf den Boden.

Martin pushes his brother onto the floor.

strafen
to punish, to fine
Auxiliary verb: haben   **Past participle:** gestraft
Imperative: Strafe! Straft! Strafen Sie!

Mode	Simple Tenses		Compound Tenses	
	Singular	*Plural*	*Singular*	*Plural*
Indicative	**Present**		**Present Perfect**	
	strafe	strafen	habe gestraft	haben gestraft
	strafst	straft	hast gestraft	habt gestraft
	straft	strafen	hat gestraft	haben gestraft
	Past		**Past Perfect**	
	strafte	straften	hatte gestraft	hatten gestraft
	straftest	straftet	hattest gestraft	hattet gestraft
	strafte	straften	hatte gestraft	hatten gestraft
	Future		**Future Perfect**	
	werde strafen	werden strafen	werde gestraft haben	werden gestraft haben
	wirst strafen	werdet strafen	wirst gestraft haben	werdet gestraft haben
	wird strafen	werden strafen	wird gestraft haben	werden gestraft haben
Subjunctive	**Present**		**Present Perfect**	
	strafe	strafen	habe gestraft	haben gestraft
	strafest	strafet	habest gestraft	habet gestraft
	strafe	strafen	habe gestraft	haben gestraft
	Past		**Past Perfect**	
	strafte	straften	hätte gestraft	hätten gestraft
	straftest	straftet	hättest gestraft	hättet gestraft
	strafte	straften	hätte gestraft	hätten gestraft
	Future		**Future Perfect**	
	werde strafen	werden strafen	werde gestraft haben	werden gestraft haben
	werdest strafen	werdet strafen	werdest gestraft haben	werdet gestraft haben
	werde strafen	werden strafen	werde gestraft haben	werden gestraft haben
	Present and Future Conditional		**Past Conditional**	
	würde strafen	würden strafen	würde gestraft haben	würden gestraft haben
	würdest strafen	würdet strafen	würdest gestraft haben	würdet gestraft haben
	würde strafen	würden strafen	würde gestraft haben	würden gestraft haben

Note: With inseparable prefixes, the principal parts of this verb are, for example, *bestraft, bestrafte, hat bestraft.*

EXAMPLES

Die Frau strafte ihn mit einem verachtungsvollen Blick.

The woman punished him with a contemptuous look.

Der Lehrer wird den Schüler mit Nachsitzen strafen.

The teacher will punish the student with detention.

streichen

to strike, to erase, to paint
Auxiliary verb: haben   **Past participle:** gestrichen
Imperative: Streiche! Streicht! Streichen Sie!

Mode	Simple Tenses		Compound Tenses	
	Singular	*Plural*	*Singular*	*Plural*
Indicative	**Present**		**Present Perfect**	
	streiche	streichen	habe gestrichen	haben gestrichen
	streichst	streicht	hast gestrichen	habt gestrichen
	streicht	streichen	hat gestrichen	haben gestrichen
	Past		**Past Perfect**	
	strich	strichen	hatte gestrichen	hatten gestrichen
	strichst	stricht	hattest gestrichen	hattet gestrichen
	strich	strichen	hatte gestrichen	hatten gestrichen
	Future		**Future Perfect**	
	werde streichen	werden streichen	werde gestrichen haben	werden gestrichen haben
	wirst streichen	werdet streichen	wirst gestrichen haben	werdet gestrichen haben
	wird streichen	werden streichen	wird gestrichen haben	werden gestrichen haben
Subjunctive	**Present**		**Present Perfect**	
	streiche	streichen	habe gestrichen	haben gestrichen
	streichest	streichet	habest gestrichen	habet gestrichen
	streiche	streichen	habe gestrichen	haben gestrichen
	Past		**Past Perfect**	
	striche	strichen	hätte gestrichen	hätten gestrichen
	strichest	strichet	hättest gestrichen	hättet gestrichen
	striche	strichen	hätte gestrichen	hätten gestrichen
	Future		**Future Perfect**	
	werde streichen	werden streichen	werde gestrichen haben	werden gestrichen haben
	werdest streichen	werdet streichen	werdest gestrichen haben	werdet gestrichen haben
	werde streichen	werden streichen	werde gestrichen haben	werden gestrichen haben
	Present and Future Conditional		**Past Conditional**	
	würde streichen	würden streichen	würde gestrichen haben	würden gestrichen haben
	würdest streichen	würdet streichen	würdest gestrichen haben	würdet gestrichen haben
	würde streichen	würden streichen	würde gestrichen haben	würden gestrichen haben

EXAMPLES

Vorsicht! Frisch gestrichen!
Ich werde das letzte Wort in diesem Satz streichen.

Careful! Fresh paint!
I'm going to erase the last word in this sentence.

streiten (sich)
to dispute, to quarrel
Auxiliary verb: haben   **Past participle:** gestritten
Imperative: Streite! Streitet! Streiten Sie!

Mode	Simple Tenses		Compound Tenses	
	Singular	*Plural*	*Singular*	*Plural*
Indicative	**Present**		**Present Perfect**	
	streite	streiten	habe gestritten	haben gestritten
	streitest	streitet	hast gestritten	habt gestritten
	streitet	streiten	hat gestritten	haben gestritten
	Past		**Past Perfect**	
	stritt	stritten	hatte gestritten	hatten gestritten
	strittst	strittet	hattest gestritten	hattet gestritten
	stritt	stritten	hatte gestritten	hatten gestritten
	Future		**Future Perfect**	
	werde streiten	werden streiten	werde gestritten haben	werden gestritten haben
	wirst streiten	werdet streiten	wirst gestritten haben	werdet gestritten haben
	wird streiten	werden streiten	wird gestritten haben	werden gestritten haben
Subjunctive	**Present**		**Present Perfect**	
	streite	streiten	habe gestritten	haben gestritten
	streitest	streitet	habest gestritten	habet gestritten
	streite	streiten	habe gestritten	haben gestritten
	Past		**Past Perfect**	
	stritte	stritten	hätte gestritten	hätten gestritten
	strittest	strittet	hättest gestritten	hättet gestritten
	stritte	stritten	hätte gestritten	hätten gestritten
	Future		**Future Perfect**	
	werde streiten	werden streiten	werde gestritten haben	werden gestritten haben
	werdest streiten	werdet streiten	werdest gestritten haben	werdet gestritten haben
	werde streiten	werden streiten	werde gestritten haben	werden gestritten haben
	Present and Future Conditional		**Past Conditional**	
	würde streiten	würden streiten	würde gestritten haben	würden gestritten haben
	würdest streiten	würdet streiten	würdest gestritten haben	würdet gestritten haben
	würde streiten	würden streiten	würde gestritten haben	würden gestritten haben

EXAMPLES

Sie streiten sich immer über Politik und Religion.
They always argue about politics and religion.

Es lohnt sich nicht, darüber zu streiten.
It's not worth quarreling about.

stricken
to knit
Auxiliary verb: haben   **Past participle:** gestrickt
Imperative: Stricke! Strickt! Stricken Sie!

Mode	Simple Tenses		Compound Tenses	
	Singular	*Plural*	*Singular*	*Plural*
Indicative	**Present**		**Present Perfect**	
	stricke	stricken	habe gestrickt	haben gestrickt
	strickst	strickt	hast gestrickt	habt gestrickt
	strickt	stricken	hat gestrickt	haben gestrickt
	Past		**Past Perfect**	
	strickte	strickten	hatte gestrickt	hatten gestrickt
	stricktest	stricktet	hattest gestrickt	hattet gestrickt
	strickte	strickten	hatte gestrickt	hatten gestrickt
	Future		**Future Perfect**	
	werde stricken	werden stricken	werde gestrickt haben	werden gestrickt haben
	wirst stricken	werdet stricken	wirst gestrickt haben	werdet gestrickt haben
	wird stricken	werden stricken	wird gestrickt haben	werden gestrickt haben
Subjunctive	**Present**		**Present Perfect**	
	stricke	stricken	habe gestrickt	haben gestrickt
	strickest	stricket	habest gestrickt	habet gestrickt
	stricke	stricken	habe gestrickt	haben gestrickt
	Past		**Past Perfect**	
	strickte	strickten	hätte gestrickt	hätten gestrickt
	stricktest	stricktet	hättest gestrickt	hättet gestrickt
	strickte	strickten	hätte gestrickt	hätten gestrickt
	Future		**Future Perfect**	
	werde stricken	werden stricken	werde gestrickt haben	werden gestrickt haben
	werdest stricken	werdet stricken	werdest gestrickt haben	werdet gestrickt haben
	werde stricken	werden stricken	werde gestrickt haben	werden gestrickt haben
	Present and Future Conditional		**Past Conditional**	
	würde stricken	würden stricken	würde gestrickt haben	würden gestrickt haben
	würdest stricken	würdet stricken	würdest gestrickt haben	würdet gestrickt haben
	würde stricken	würden stricken	würde gestrickt haben	würden gestrickt haben

EXAMPLES

Mein Bruder strickt besser als meine Mutter.
Ist dieser Pullover handgestrickt?

My brother knits better than my mother.
Is this sweater hand-knit?

stürmen
to storm, to be stormy
Auxiliary verb: haben **Past participle:** gestürmt
Imperative: Stürme! Stürmt! Stürmen Sie!

Mode	Simple Tenses		Compound Tenses	
	Singular	*Plural*	*Singular*	*Plural*
Indicative	**Present**		**Present Perfect**	
	stürme	stürmen	habe gestürmt	haben gestürmt
	stürmst	stürmt	hast gestürmt	habt gestürmt
	stürmt	stürmen	hat gestürmt	haben gestürmt
	Past		**Past Perfect**	
	stürmte	stürmten	hatte gestürmt	hatten gestürmt
	stürmtest	stürmtet	hattest gestürmt	hattet gestürmt
	stürmte	stürmten	hatte gestürmt	hatten gestürmt
	Future		**Future Perfect**	
	werde stürmen	werden stürmen	werde gestürmt haben	werden gestürmt haben
	wirst stürmen	werdet stürmen	wirst gestürmt haben	werdet gestürmt haben
	wird stürmen	werden stürmen	wird gestürmt haben	werden gestürmt haben
Subjunctive	**Present**		**Present Perfect**	
	stürme	stürmen	habe gestürmt	haben gestürmt
	stürmest	stürmet	habest gestürmt	habet gestürmt
	stürme	stürmen	habe gestürmt	haben gestürmt
	Past		**Past Perfect**	
	stürmte	stürmten	hätte gestürmt	hätten gestürmt
	stürmtest	stürmtet	hättest gestürmt	hättet gestürmt
	stürmte	stürmten	hätte gestürmt	hätten gestürmt
	Future		**Future Perfect**	
	werde stürmen	werden stürmen	werde gestürmt haben	werden gestürmt haben
	werdest stürmen	werdet stürmen	werdest gestürmt haben	werdet gestürmt haben
	werde stürmen	werden stürmen	werde gestürmt haben	werden gestürmt haben
	Present and Future Conditional		**Past Conditional**	
	würde stürmen	würden stürmen	würde gestürmt haben	würden gestürmt haben
	würdest stürmen	würdet stürmen	würdest gestürmt haben	würdet gestürmt haben
	würde stürmen	würden stürmen	würde gestürmt haben	würden gestürmt haben

Note: When this verb means "to dash" or "to hurry along," it becomes a verb of motion and requires the auxiliary *sein* in the perfect tenses.

EXAMPLES

Als es anfing hell zu werden, stürmten die Ritter die Burg.
Es hat die ganze Nacht durch gestürmt.

When it began to grow light, the knights stormed the castle.
It stormed through the whole night.

stürzen

to plunge, to fall, to overthrow
Auxiliary verb: sein   **Past participle:** gestürzt
Imperative: Stürze! Stürzt! Stürzen Sie!

Mode	Simple Tenses		Compound Tenses	
	Singular	*Plural*	*Singular*	*Plural*
Indicative	**Present**		**Present Perfect**	
	stürze	stürzen	bin gestürzt	sind gestürzt
	stürzt	stürzt	bist gestürzt	seid gestürzt
	stürzt	stürzen	ist gestürzt	sind gestürzt
	Past		**Past Perfect**	
	stürzte	stürzten	war gestürzt	waren gestürzt
	stürztest	stürztet	warst gestürzt	wart gestürzt
	stürzte	stürzten	war gestürzt	waren gestürzt
	Future		**Future Perfect**	
	werde stürzen	werden stürzen	werde gestürzt sein	werden gestürzt sein
	wirst stürzen	werdet stürzen	wirst gestürzt sein	werdet gestürzt sein
	wird stürzen	werden stürzen	wird gestürzt sein	werden gestürzt sein
Subjunctive	**Present**		**Present Perfect**	
	stürze	stürzen	sei gestürzt	seien gestürzt
	stürzest	stürzet	seiest gestürzt	seiet gestürzt
	stürze	stürzen	sei gestürzt	seien gestürzt
	Past		**Past Perfect**	
	stürzte	stürzten	wäre gestürzt	wären gestürzt
	stürztest	stürztet	wärest gestürzt	wäret gestürzt
	stürzte	stürzten	wäre gestürzt	wären gestürzt
	Future		**Future Perfect**	
	werde stürzen	werden stürzen	werde gestürzt sein	werden gestürzt sein
	werdest stürzen	werdet stürzen	werdest gestürzt sein	werdet gestürzt sein
	werde stürzen	werden stürzen	werde gestürzt sein	werden gestürzt sein
	Present and Future Conditional		**Past Conditional**	
	würde stürzen	würden stürzen	würde gestürzt sein	würden gestürzt sein
	würdest stürzen	würdet stürzen	würdest gestürzt sein	würdet gestürzt sein
	würde stürzen	würden stürzen	würde gestürzt sein	würden gestürzt sein

Note: With the meaning "to overthrow," *stürzen* becomes transitive and the auxiliary verb is *haben*.

EXAMPLES

Als der Krieg zu Ende ging, stürzten die Preise.   When the war ended, prices fell.
Die Revolutionäre versuchten die neue Regierung zu stürzen.   The revolutionaries tried to overthrow the new government.

stützen (sich)
to prop, to support, to rely on
Auxiliary verb: haben   **Past participle:** gestützt
Imperative: Stütze! Stützt! Stützen Sie!

Mode	Simple Tenses		Compound Tenses	
	Singular	*Plural*	*Singular*	*Plural*
Indicative	**Present**		**Present Perfect**	
	stütze	stützen	habe gestützt	haben gestützt
	stützt	stützt	hast gestützt	habt gestützt
	stützt	stützen	hat gestützt	haben gestützt
	Past		**Past Perfect**	
	stützte	stützten	hatte gestützt	hatten gestützt
	stütztest	stütztet	hattest gestützt	hattet gestützt
	stützte	stützten	hatte gestützt	hatten gestützt
	Future		**Future Perfect**	
	werde stützen	werden stützen	werde gestützt haben	werden gestützt haben
	wirst stützen	werdet stützen	wirst gestützt haben	werdet gestützt haben
	wird stützen	werden stützen	wird gestützt haben	werden gestützt haben
Subjunctive	**Present**		**Present Perfect**	
	stütze	stützen	habe gestützt	haben gestützt
	stützest	stützet	habest gestützt	habet gestützt
	stütze	stützen	habe gestützt	haben gestützt
	Past		**Past Perfect**	
	stützte	stützten	hätte gestützt	hätten gestützt
	stütztest	stütztet	hättest gestützt	hättet gestützt
	stützte	stützten	hätte gestützt	hätten gestützt
	Future		**Future Perfect**	
	werde stützen	werden stützen	werde gestützt haben	werden gestützt haben
	werdest stützen	werdet stützen	werdest gestützt haben	werdet gestützt haben
	werde stützen	werden stützen	werde gestützt haben	werden gestützt haben
	Present and Future Conditional		**Past Conditional**	
	würde stützen	würden stützen	würde gestützt haben	würden gestützt haben
	würdest stützen	würdet stützen	würdest gestützt haben	würdet gestützt haben
	würde stützen	würden stützen	würde gestützt haben	würden gestützt haben

EXAMPLES

Die alte Dame musste von ihrer Pflegerin gestützt werden.

The old lady had to be supported by her nurse.

Die Theorie des Professors stützt sich auf die neueste Forschung.

The professor's theory is based on the newest research.

suchen

to seek, to look for
Auxiliary verb: haben   **Past participle:** gesucht
Imperative: Suche! Sucht! Suchen Sie!

Mode	Simple Tenses		Compound Tenses	
	Singular	*Plural*	*Singular*	*Plural*
Indicative	**Present**		**Present Perfect**	
	suche	suchen	habe gesucht	haben gesucht
	suchst	sucht	hast gesucht	habt gesucht
	sucht	suchen	hat gesucht	haben gesucht
	Past		**Past Perfect**	
	suchte	suchten	hatte gesucht	hatten gesucht
	suchtest	suchtet	hattest gesucht	hattet gesucht
	suchte	suchten	hatte gesucht	hatten gesucht
	Future		**Future Perfect**	
	werde suchen	werden suchen	werde gesucht haben	werden gesucht haben
	wirst suchen	werdet suchen	wirst gesucht haben	werdet gesucht haben
	wird suchen	werden suchen	wird gesucht haben	werden gesucht haben
Subjunctive	**Present**		**Present Perfect**	
	suche	suchen	habe gesucht	haben gesucht
	suchest	suchet	habest gesucht	habet gesucht
	suche	suchen	habe gesucht	haben gesucht
	Past		**Past Perfect**	
	suchte	suchten	hätte gesucht	hätten gesucht
	suchtest	suchtet	hättest gesucht	hättet gesucht
	suchte	suchten	hätte gesucht	hätten gesucht
	Future		**Future Perfect**	
	werde suchen	werden suchen	werde gesucht haben	werden gesucht haben
	werdest suchen	werdet suchen	werdest gesucht haben	werdet gesucht haben
	werde suchen	werden suchen	werde gesucht haben	werden gesucht haben
	Present and Future Conditional		**Past Conditional**	
	würde suchen	würden suchen	würde gesucht haben	würden gesucht haben
	würdest suchen	würdet suchen	würdest gesucht haben	würdet gesucht haben
	würde suchen	würden suchen	würde gesucht haben	würden gesucht haben

Note: With inseparable prefixes, the principal parts of this verb are, for example, *besucht, besuchte, hat besucht*. With separable prefixes, the principal parts are, for example, *sucht aus, suchte aus, hat ausgesucht*.

EXAMPLES

Ich suche die Bahnhofstraße. Ist sie weit von hier?	I'm looking for Bahnhof Street. Is it far from here?
Sie hat eine neue Wohnung in diesem Stadtviertel gesucht.	She looked for a new apartment in this area of the city.

summen
to hum, to buzz
Auxiliary verb: haben **Past participle:** gesummt
Imperative: Summe! Summt! Summen Sie!

Mode	Simple Tenses		Compound Tenses	
	Singular	*Plural*	*Singular*	*Plural*
Indicative	**Present**		**Present Perfect**	
	summe	summen	habe gesummt	haben gesummt
	summst	summt	hast gesummt	habt gesummt
	summt	summen	hat gesummt	haben gesummt
	Past		**Past Perfect**	
	summte	summten	hatte gesummt	hatten gesummt
	summtest	summtet	hattest gesummt	hattet gesummt
	summte	summten	hatte gesummt	hatten gesummt
	Future		**Future Perfect**	
	werde summen	werden summen	werde gesummt haben	werden gesummt haben
	wirst summen	werdet summen	wirst gesummt haben	werdet gesummt haben
	wird summen	werden summen	wird gesummt haben	werden gesummt haben
Subjunctive	**Present**		**Present Perfect**	
	summe	summen	habe gesummt	haben gesummt
	summest	summet	habest gesummt	habet gesummt
	summe	summen	habe gesummt	haben gesummt
	Past		**Past Perfect**	
	summte	summten	hätte gesummt	hätten gesummt
	summtest	summtet	hättest gesummt	hättet gesummt
	summte	summten	hätte gesummt	hätten gesummt
	Future		**Future Perfect**	
	werde summen	werden summen	werde gesummt haben	werden gesummt haben
	werdest summen	werdet summen	werdest gesummt haben	werdet gesummt haben
	werde summen	werden summen	werde gesummt haben	werden gesummt haben
	Present and Future Conditional		**Past Conditional**	
	würde summen	würden summen	würde gesummt haben	würden gesummt haben
	würdest summen	würdet summen	würdest gesummt haben	würdet gesummt haben
	würde summen	würden summen	würde gesummt haben	würden gesummt haben

EXAMPLES

Es summt dem kleinen Jungen in den Ohren.	The little boy's ears are buzzing.
Hörst du dieses Summen?	Do you hear that buzzing?

tanken

to put gas in the tank, to refuel
Auxiliary verb: haben **Past participle:** getankt
Imperative: Tanke! Tankt! Tanken Sie!

Mode	Simple Tenses		Compound Tenses	
	Singular	*Plural*	*Singular*	*Plural*
Indicative	**Present**		**Present Perfect**	
	tanke	tanken	habe getankt	haben getankt
	tankst	tankt	hast getankt	habt getankt
	tankt	tanken	hat getankt	haben getankt
	Past		**Past Perfect**	
	tankte	tankten	hatte getankt	hatten getankt
	tanktest	tanktet	hattest getankt	hattet getankt
	tankte	tankten	hatte getankt	hatten getankt
	Future		**Future Perfect**	
	werde tanken	werden tanken	werde getankt haben	werden getankt haben
	wirst tanken	werdet tanken	wirst getankt haben	werdet getankt haben
	wird tanken	werden tanken	wird getankt haben	werden getankt haben
Subjunctive	**Present**		**Present Perfect**	
	tanke	tanken	habe getankt	haben getankt
	tankest	tanket	habest getankt	habet getankt
	tanke	tanken	habe getankt	haben getankt
	Past		**Past Perfect**	
	tankte	tankten	hätte getankt	hätten getankt
	tanktest	tanktet	hättest getankt	hättet getankt
	tankte	tankten	hätte getankt	hätten getankt
	Future		**Future Perfect**	
	werde tanken	werden tanken	werde getankt haben	werden getankt haben
	werdest tanken	werdet tanken	werdest getankt haben	werdet getankt haben
	werde tanken	werden tanken	werde getankt haben	werden getankt haben
	Present and Future Conditional		**Past Conditional**	
	würde tanken	würden tanken	würde getankt haben	würden getankt haben
	würdest tanken	würdet tanken	würdest getankt haben	würdet getankt haben
	würde tanken	würden tanken	würde getankt haben	würden getankt haben

EXAMPLES

Siehst du eine Tankstelle? Ich muss tanken. — Do you see a gas station? I have to get gas.
Sein alter Wagen verbrauchte viel Benzin. Er hat oft tanken müssen. — His old car used a lot of gas. He had to refuel often.

tanzen

to dance

Auxiliary verb: haben   **Past participle:** getanzt
Imperative: Tanze! Tanzt! Tanzen Sie!

Mode	Simple Tenses		Compound Tenses	
	Singular	*Plural*	*Singular*	*Plural*
Indicative	**Present**		**Present Perfect**	
	tanze	tanzen	habe getanzt	haben getanzt
	tanzt	tanzt	hast getanzt	habt getanzt
	tanzt	tanzen	hat getanzt	haben getanzt
	Past		**Past Perfect**	
	tanzte	tanzten	hatte getanzt	hatten getanzt
	tanztest	tanztet	hattest getanzt	hattet getanzt
	tanzte	tanzten	hatte getanzt	hatten getanzt
	Future		**Future Perfect**	
	werde tanzen	werden tanzen	werde getanzt haben	werden getanzt haben
	wirst tanzen	werdet tanzen	wirst getanzt haben	werdet getanzt haben
	wird tanzen	werden tanzen	wird getanzt haben	werden getanzt haben
Subjunctive	**Present**		**Present Perfect**	
	tanze	tanzen	habe getanzt	haben getanzt
	tanzest	tanzet	habest getanzt	habet getanzt
	tanze	tanzen	habe getanzt	haben getanzt
	Past		**Past Perfect**	
	tanzte	tanzten	hätte getanzt	hätten getanzt
	tanztest	tanztet	hättest getanzt	hättet getanzt
	tanzte	tanzten	hätte getanzt	hätten getanzt
	Future		**Future Perfect**	
	werde tanzen	werden tanzen	werde getanzt haben	werden getanzt haben
	werdest tanzen	werdet tanzen	werdest getanzt haben	werdet getanzt haben
	werde tanzen	werden tanzen	werde getanzt haben	werden getanzt haben
	Present and Future Conditional		**Past Conditional**	
	würde tanzen	würden tanzen	würde getanzt haben	würden getanzt haben
	würdest tanzen	würdet tanzen	würdest getanzt haben	würdet getanzt haben
	würde tanzen	würden tanzen	würde getanzt haben	würden getanzt haben

EXAMPLES

Alex hat schon zum vierten Mal mit der Französin getanzt.

Alex already danced with the French girl four times.

Sie sagte, dass sie sehr gut tanzen könnte.

She said she could dance very well.

tauchen
to plunge, to dive, to stay underwater
Auxiliary verb: haben   **Past participle:** getaucht
Imperative: Tauche! Taucht! Tauchen Sie!

Mode	Simple Tenses		Compound Tenses	
	Singular	*Plural*	*Singular*	*Plural*
Indicative	**Present**		**Present Perfect**	
	tauche	tauchen	habe getaucht	haben getaucht
	tauchst	taucht	hast getaucht	habt getaucht
	taucht	tauchen	hat getaucht	haben getaucht
	Past		**Past Perfect**	
	tauchte	tauchten	hatte getaucht	hatten getaucht
	tauchtest	tauchtet	hattest getaucht	hattet getaucht
	tauchte	tauchten	hatte getaucht	hatten getaucht
	Future		**Future Perfect**	
	werde tauchen	werden tauchen	werde getaucht haben	werden getaucht haben
	wirst tauchen	werdet tauchen	wirst getaucht haben	werdet getaucht haben
	wird tauchen	werden tauchen	wird getaucht haben	werden getaucht haben
Subjunctive	**Present**		**Present Perfect**	
	tauche	tauchen	habe getaucht	haben getaucht
	tauchest	tauchet	habest getaucht	habet getaucht
	tauche	tauchen	habe getaucht	haben getaucht
	Past		**Past Perfect**	
	tauchte	tauchten	hätte getaucht	hätten getaucht
	tauchtest	tauchtet	hättest getaucht	hättet getaucht
	tauchte	tauchten	hätte getaucht	hätten getaucht
	Future		**Future Perfect**	
	werde tauchen	werden tauchen	werde getaucht haben	werden getaucht haben
	werdest tauchen	werdet tauchen	werdest getaucht haben	werdet getaucht haben
	werde tauchen	werden tauchen	werde getaucht haben	werden getaucht haben
	Present and Future Conditional		**Past Conditional**	
	würde tauchen	würden tauchen	würde getaucht haben	würden getaucht haben
	würdest tauchen	würdet tauchen	würdest getaucht haben	würdet getaucht haben
	würde tauchen	würden tauchen	würde getaucht haben	würden getaucht haben

Note: When used as a verb of motion, this verb requires *sein* as its auxiliary in the perfect tenses.

EXAMPLES

Das riesige U-Boot taucht wieder auf.
The gigantic submarine returns to the surface.

Ich kann weder schwimmen noch tauchen.
I can neither swim nor dive.

tauen
to thaw
Auxiliary verb: haben   **Past participle:** getaut
Imperative: Taue! Taut! Tauen Sie!

Mode	Simple Tenses		Compound Tenses	
	Singular	*Plural*	*Singular*	*Plural*
Indicative	**Present**		**Present Perfect**	
	taue	tauen	habe getaut	haben getaut
	taust	taut	hast getaut	habt getaut
	taut	tauen	hat getaut	haben getaut
	Past		**Past Perfect**	
	taute	tauten	hatte getaut	hatten getaut
	tautest	tautet	hattest getaut	hattet getaut
	taute	tauten	hatte getaut	hatten getaut
	Future		**Future Perfect**	
	werde tauen	werden tauen	werde getaut haben	werden getaut haben
	wirst tauen	werdet tauen	wirst getaut haben	werdet getaut haben
	wird tauen	werden tauen	wird getaut haben	werden getaut haben
Subjunctive	**Present**		**Present Perfect**	
	taue	tauen	habe getaut	haben getaut
	tauest	tauet	habest getaut	habet getaut
	taue	tauen	habe getaut	haben getaut
	Past		**Past Perfect**	
	taute	tauten	hätte getaut	hätten getaut
	tautest	tautet	hättest getaut	hättet getaut
	taute	tauten	hätte getaut	hätten getaut
	Future		**Future Perfect**	
	werde tauen	werden tauen	werde getaut haben	werden getaut haben
	werdest tauen	werdet tauen	werdest getaut haben	werdet getaut haben
	werde tauen	werden tauen	werde getaut haben	werden getaut haben
	Present and Future Conditional		**Past Conditional**	
	würde tauen	würden tauen	würde getaut haben	würden getaut haben
	würdest tauen	würdet tauen	würdest getaut haben	würdet getaut haben
	würde tauen	würden tauen	würde getaut haben	würden getaut haben

EXAMPLES

Es taut.
It's thawing.

Wenn die Temperaturen nicht steigen, wird der Schnee nie tauen.
If the temperature doesn't rise, the snow will never melt.

taufen

to baptize

Auxiliary verb: haben **Past participle:** getauft
Imperative: Taufe! Tauft! Taufen Sie!

Mode	Simple Tenses		Compound Tenses	
	Singular	*Plural*	*Singular*	*Plural*
Indicative	**Present**		**Present Perfect**	
	taufe	taufen	habe getauft	haben getauft
	taufst	tauft	hast getauft	habt getauft
	tauft	taufen	hat getauft	haben getauft
	Past		**Past Perfect**	
	taufte	tauften	hatte getauft	hatten getauft
	tauftest	tauftet	hattest getauft	hattet getauft
	taufte	tauften	hatte getauft	hatten getauft
	Future		**Future Perfect**	
	werde taufen	werden taufen	werde getauft haben	werden getauft haben
	wirst taufen	werdet taufen	wirst getauft haben	werdet getauft haben
	wird taufen	werden taufen	wird getauft haben	werden getauft haben
Subjunctive	**Present**		**Present Perfect**	
	taufe	taufen	habe getauft	haben getauft
	taufest	taufet	habest getauft	habet getauft
	taufe	taufen	habe getauft	haben getauft
	Past		**Past Perfect**	
	taufte	tauften	hätte getauft	hätten getauft
	tauftest	tauftet	hättest getauft	hättet getauft
	taufte	tauften	hätte getauft	hätten getauft
	Future		**Future Perfect**	
	werde taufen	werden taufen	werde getauft haben	werden getauft haben
	werdest taufen	werdet taufen	werdest getauft haben	werdet getauft haben
	werde taufen	werden taufen	werde getauft haben	werden getauft haben
	Present and Future Conditional		**Past Conditional**	
	würde taufen	würden taufen	würde getauft haben	würden getauft haben
	würdest taufen	würdet taufen	würdest getauft haben	würdet getauft haben
	würde taufen	würden taufen	würde getauft haben	würden getauft haben

EXAMPLES

Ich taufe dieses Kind auf den Namen Niklas.
Mit achtzig Jahren will er sich endlich taufen lassen.

I baptize this child Niklas.
At 80 years of age, he finally wants to get baptized.

teilen (sich)
to divide, to share
Auxiliary verb: haben **Past participle:** geteilt
Imperative: Teile! Teilt! Teilen Sie!

Mode	Simple Tenses		Compound Tenses	
	Singular	*Plural*	*Singular*	*Plural*
Indicative	**Present**		**Present Perfect**	
	teile	teilen	habe geteilt	haben geteilt
	teilst	teilt	hast geteilt	habt geteilt
	teilt	teilen	hat geteilt	haben geteilt
	Past		**Past Perfect**	
	teilte	teilten	hatte geteilt	hatten geteilt
	teiltest	teiltet	hattest geteilt	hattet geteilt
	teilte	teilten	hatte geteilt	hatten geteilt
	Future		**Future Perfect**	
	werde teilen	werden teilen	werde geteilt haben	werden geteilt haben
	wirst teilen	werdet teilen	wirst geteilt haben	werdet geteilt haben
	wird teilen	werden teilen	wird geteilt haben	werden geteilt haben
Subjunctive	**Present**		**Present Perfect**	
	teile	teilen	habe geteilt	haben geteilt
	teilest	teilet	habest geteilt	habet geteilt
	teile	teilen	habe geteilt	haben geteilt
	Past		**Past Perfect**	
	teilte	teilten	hätte geteilt	hätten geteilt
	teiltest	teiltet	hättest geteilt	hättet geteilt
	teilte	teilten	hätte geteilt	hätten geteilt
	Future		**Future Perfect**	
	werde teilen	werden teilen	werde geteilt haben	werden geteilt haben
	werdest teilen	werdet teilen	werdest geteilt haben	werdet geteilt haben
	werde teilen	werden teilen	werde geteilt haben	werden geteilt haben
	Present and Future Conditional		**Past Conditional**	
	würde teilen	würden teilen	würde geteilt haben	würden geteilt haben
	würdest teilen	würdet teilen	würdest geteilt haben	würdet geteilt haben
	würde teilen	würden teilen	würde geteilt haben	würden geteilt haben

EXAMPLES

Teile die Summe durch vier.
Divide the sum by four.

Jan muss sich das Schlafzimmer und das Badezimmer mit seinen vier Brüdern teilen.
Jan has to share the bedroom and bathroom with his four brothers.

tippen

to type

Auxiliary verb: haben   **Past participle:** getippt
Imperative: Tippe! Tippt! Tippen Sie!

Mode	Simple Tenses		Compound Tenses	
	Singular	*Plural*	*Singular*	*Plural*
Indicative	**Present**		**Present Perfect**	
	tippe	tippen	habe getippt	haben getippt
	tippst	tippt	hast getippt	habt getippt
	tippt	tippen	hat getippt	haben getippt
	Past		**Past Perfect**	
	tippte	tippten	hatte getippt	hatten getippt
	tipptest	tipptet	hattest getippt	hattet getippt
	tippte	tippten	hatte getippt	hatten getippt
	Future		**Future Perfect**	
	werde tippen	werden tippen	werde getippt haben	werden getippt haben
	wirst tippen	werdet tippen	wirst getippt haben	werdet getippt haben
	wird tippen	werden tippen	wird getippt haben	werden getippt haben
Subjunctive	**Present**		**Present Perfect**	
	tippe	tippen	habe getippt	haben getippt
	tippest	tippet	habest getippt	habet getippt
	tippe	tippen	habe getippt	haben getippt
	Past		**Past Perfect**	
	tippte	tippten	hätte getippt	hätten getippt
	tipptest	tipptet	hättest getippt	hättet getippt
	tippte	tippten	hätte getippt	hätten getippt
	Future		**Future Perfect**	
	werde tippen	werden tippen	werde getippt haben	werden getippt haben
	werdest tippen	werdet tippen	werdest getippt haben	werdet getippt haben
	werde tippen	werden tippen	werde getippt haben	werden getippt haben
	Present and Future Conditional		**Past Conditional**	
	würde tippen	würden tippen	würde getippt haben	würden getippt haben
	würdest tippen	würdet tippen	würdest getippt haben	würdet getippt haben
	würde tippen	würden tippen	würde getippt haben	würden getippt haben

EXAMPLES

Können Sie tippen?
Er setzte sich an eine altmodische
Schreibmaschine und fing an zu tippen.

Can you type?
He sat down at an old-fashioned typewriter
and began to type.

toben

to rave, to rage
Auxiliary verb: haben **Past participle:** getobt
Imperative: Tobe! Tobt! Toben Sie!

Mode	Simple Tenses		Compound Tenses	
	Singular	*Plural*	*Singular*	*Plural*
Indicative	**Present**		**Present Perfect**	
	tobe	toben	habe getobt	haben getobt
	tobst	tobt	hast getobt	habt getobt
	tobt	toben	hat getobt	haben getobt
	Past		**Past Perfect**	
	tobte	tobten	hatte getobt	hatten getobt
	tobtest	tobtet	hattest getobt	hattet getobt
	tobte	tobten	hatte getobt	hatten getobt
	Future		**Future Perfect**	
	werde toben	werden toben	werde getobt haben	werden getobt haben
	wirst toben	werdet toben	wirst getobt haben	werdet getobt haben
	wird toben	werden toben	wird getobt haben	werden getobt haben
Subjunctive	**Present**		**Present Perfect**	
	tobe	toben	habe getobt	haben getobt
	tobest	tobet	habest getobt	habet getobt
	tobe	toben	habe getobt	haben getobt
	Past		**Past Perfect**	
	tobte	tobten	hätte getobt	hätten getobt
	tobtest	tobtet	hättest getobt	hättet getobt
	tobte	tobten	hätte getobt	hätten getobt
	Future		**Future Perfect**	
	werde toben	werden toben	werde getobt haben	werden getobt haben
	werdest toben	werdet toben	werdest getobt haben	werdet getobt haben
	werde toben	werden toben	werde getobt haben	werden getobt haben
	Present and Future Conditional		**Past Conditional**	
	würde toben	würden toben	würde getobt haben	würden getobt haben
	würdest toben	würdet toben	würdest getobt haben	würdet getobt haben
	würde toben	würden toben	würde getobt haben	würden getobt haben

EXAMPLES

Der Sturm tobte die ganze Nacht hindurch. The storm raged through the whole night.
Das verwöhnte Kind hat wie ein Wahnsinniger The spoiled child raved like a lunatic.
getobt.

töten
to kill
Auxiliary verb: haben   **Past participle:** getötet
Imperative: Töte! Tötet! Töten Sie!

Mode	Simple Tenses		Compound Tenses	
	Singular	*Plural*	*Singular*	*Plural*
Indicative	**Present**		**Present Perfect**	
	töte	töten	habe getötet	haben getötet
	tötest	tötet	hast getötet	habt getötet
	tötet	töten	hat getötet	haben getötet
	Past		**Past Perfect**	
	tötete	töteten	hatte getötet	hatten getötet
	tötetest	tötetet	hattest getötet	hattet getötet
	tötete	töteten	hatte getötet	hatten getötet
	Future		**Future Perfect**	
	werde töten	werden töten	werde getötet haben	werden getötet haben
	wirst töten	werdet töten	wirst getötet haben	werdet getötet haben
	wird töten	werden töten	wird getötet haben	werden getötet haben
Subjunctive	**Present**		**Present Perfect**	
	töte	töten	habe getötet	haben getötet
	tötest	tötet	habest getötet	habet getötet
	töte	töten	habe getötet	haben getötet
	Past		**Past Perfect**	
	tötete	töteten	hätte getötet	hätten getötet
	tötetest	tötetet	hättest getötet	hättet getötet
	tötete	töteten	hätte getötet	hätten getötet
	Future		**Future Perfect**	
	werde töten	werden töten	werde getötet haben	werden getötet haben
	werdest töten	werdet töten	werdest getötet haben	werdet getötet haben
	werde töten	werden töten	werde getötet haben	werden getötet haben
	Present and Future Conditional		**Past Conditional**	
	würde töten	würden töten	würde getötet haben	würden getötet haben
	würdest töten	würdet töten	würdest getötet haben	würdet getötet haben
	würde töten	würden töten	würde getötet haben	würden getötet haben

EXAMPLES

Der Jäger hat einen großen Bären getötet.
The hunter killed a large bear.

Das Kind schrie, als ob ich es töten würde.
The child screamed as if I were killing him.

tragen

to carry, to wear

Auxiliary verb: haben **Past participle:** getragen

Imperative: Trage! Tragt! Tragen Sie!

Mode	Simple Tenses		Compound Tenses	
	Singular	*Plural*	*Singular*	*Plural*
Indicative	**Present**		**Present Perfect**	
	trage	tragen	habe getragen	haben getragen
	trägst	tragt	hast getragen	habt getragen
	trägt	tragen	hat getragen	haben getragen
	Past		**Past Perfect**	
	trug	trugen	hatte getragen	hatten getragen
	trugst	trugt	hattest getragen	hattet getragen
	trug	trugen	hatte getragen	hatten getragen
	Future		**Future Perfect**	
	werde tragen	werden tragen	werde getragen haben	werden getragen haben
	wirst tragen	werdet tragen	wirst getragen haben	werdet getragen haben
	wird tragen	werden tragen	wird getragen haben	werden getragen haben
Subjunctive	**Present**		**Present Perfect**	
	trage	tragen	habe getragen	haben getragen
	tragest	traget	habest getragen	habet getragen
	trage	tragen	habe getragen	haben getragen
	Past		**Past Perfect**	
	trüge	trügen	hätte getragen	hätten getragen
	trügest	trüget	hättest getragen	hättet getragen
	trüge	trügen	hätte getragen	hätten getragen
	Future		**Future Perfect**	
	werde tragen	werden tragen	werde getragen haben	werden getragen haben
	werdest tragen	werdet tragen	werdest getragen haben	werdet getragen haben
	werde tragen	werden tragen	werde getragen haben	werden getragen haben
	Present and Future Conditional		**Past Conditional**	
	würde tragen	würden tragen	würde getragen haben	würden getragen haben
	würdest tragen	würdet tragen	würdest getragen haben	würdet getragen haben
	würde tragen	würden tragen	würde getragen haben	würden getragen haben

Note: With inseparable prefixes, the principal parts of this verb are, for example, *verträgt, vertrug, hat vertragen*. With separable prefixes, the principal parts are, for example, *trägt bei, trug bei, hat beigetragen*.

EXAMPLES

Du sollst nicht versuchen den schweren Koffer zu tragen.

You shouldn't try to carry the heavy suitcase.

Karin trägt eine blaue Bluse und einen schwarzen Rock.

Karin is wearing a blue blouse and a black skirt.

trauen

to trust, to believe in
Auxiliary verb: haben **Past participle:** getraut
Imperative: Traue! Traut! Trauen Sie!

Mode	Simple Tenses		Compound Tenses	
	Singular	*Plural*	*Singular*	*Plural*
	Present		**Present Perfect**	
	traue	trauen	habe getraut	haben getraut
	traust	traut	hast getraut	habt getraut
	traut	trauen	hat getraut	haben getraut
Indicative	**Past**		**Past Perfect**	
	traute	trauten	hatte getraut	hatten getraut
	trautest	trautet	hattest getraut	hattet getraut
	traute	trauten	hatte getraut	hatten getraut
	Future		**Future Perfect**	
	werde trauen	werden trauen	werde getraut haben	werden getraut haben
	wirst trauen	werdet trauen	wirst getraut haben	werdet getraut haben
	wird trauen	werden trauen	wird getraut haben	werden getraut haben
Subjunctive	**Present**		**Present Perfect**	
	traue	trauen	habe getraut	haben getraut
	trauest	trauet	habest getraut	habet getraut
	traue	trauen	habe getraut	haben getraut
	Past		**Past Perfect**	
	traute	trauten	hätte getraut	hätten getraut
	trautest	trautet	hättest getraut	hättet getraut
	traute	trauten	hätte getraut	hätten getraut
	Future		**Future Perfect**	
	werde trauen	werden trauen	werde getraut haben	werden getraut haben
	werdest trauen	werdet trauen	werdest getraut haben	werdet getraut haben
	werde trauen	werden trauen	werde getraut haben	werden getraut haben
	Present and Future Conditional		**Past Conditional**	
	würde trauen	würden trauen	würde getraut haben	würden getraut haben
	würdest trauen	würdet trauen	würdest getraut haben	würdet getraut haben
	würde trauen	würden trauen	würde getraut haben	würden getraut haben

EXAMPLES

Glaubst du, dass wir ihnen trauen können? Do you think we can trust them?
Ich traue kaum meinen Augen. I can hardly believe my eyes.

trauern

to grieve, to mourn

Auxiliary verb: haben   **Past participle:** getrauert
Imperative: Trauere! Trauert! Trauern Sie!

Mode	Simple Tenses		Compound Tenses	
	Singular	*Plural*	*Singular*	*Plural*
Indicative	**Present**		**Present Perfect**	
	trauere	trauern	habe getrauert	haben getrauert
	trauerst	trauert	hast getrauert	habt getrauert
	trauert	trauern	hat getrauert	haben getrauert
	Past		**Past Perfect**	
	trauerte	trauerten	hatte getrauert	hatten getrauert
	trauertest	trauertet	hattest getrauert	hattet getrauert
	trauerte	trauerten	hatte getrauert	hatten getrauert
	Future		**Future Perfect**	
	werde trauern	werden trauern	werde getrauert haben	werden getrauert haben
	wirst trauern	werdet trauern	wirst getrauert haben	werdet getrauert haben
	wird trauern	werden trauern	wird getrauert haben	werden getrauert haben
Subjunctive	**Present**		**Present Perfect**	
	trauere	trauern	habe getrauert	haben getrauert
	trauerst	trauert	habest getrauert	habet getrauert
	trauere	trauern	habe getrauert	haben getrauert
	Past		**Past Perfect**	
	trauerte	trauerten	hätte getrauert	hätten getrauert
	trauertest	trauertet	hättest getrauert	hättet getrauert
	trauerte	trauerten	hätte getrauert	hätten getrauert
	Future		**Future Perfect**	
	werde trauern	werden trauern	werde getrauert haben	werden getrauert haben
	werdest trauern	werdet trauern	werdest getrauert haben	werdet getrauert haben
	werde trauern	werden trauern	werde getrauert haben	werden getrauert haben
	Present and Future Conditional		**Past Conditional**	
	würde trauern	würden trauern	würde getrauert haben	würden getrauert haben
	würdest trauern	würdet trauern	würdest getrauert haben	würdet getrauert haben
	würde trauern	würden trauern	würde getrauert haben	würden getrauert haben

EXAMPLES

Sie trauern schon wochenlang.
Die Eltern trauern um ihr gestorbene Kind.

They have been in mourning for weeks.
The parents grieve for their dead child.

träumen
to dream
Auxiliary verb: haben   **Past participle:** geträumt
Imperative: Träume! Träumt! Träumen Sie!

Mode	Simple Tenses		Compound Tenses	
	Singular	*Plural*	*Singular*	*Plural*
Indicative	**Present**		**Present Perfect**	
	träume	träumen	habe geträumt	haben geträumt
	träumst	träumt	hast geträumt	habt geträumt
	träumt	träumen	hat geträumt	haben geträumt
	Past		**Past Perfect**	
	träumte	träumten	hatte geträumt	hatten geträumt
	träumtest	träumtet	hattest geträumt	hattet geträumt
	träumte	träumten	hatte geträumt	hatten geträumt
	Future		**Future Perfect**	
	werde träumen	werden träumen	werde geträumt haben	werden geträumt haben
	wirst träumen	werdet träumen	wirst geträumt haben	werdet geträumt haben
	wird träumen	werden träumen	wird geträumt haben	werden geträumt haben
Subjunctive	**Present**		**Present Perfect**	
	träume	träumen	habe geträumt	haben geträumt
	träumest	träumet	habest geträumt	habet geträumt
	träume	träumen	habe geträumt	haben geträumt
	Past		**Past Perfect**	
	träumte	träumten	hätte geträumt	hätten geträumt
	träumtest	träumtet	hättest geträumt	hättet geträumt
	träumte	träumten	hätte geträumt	hätten geträumt
	Future		**Future Perfect**	
	werde träumen	werden träumen	werde geträumt haben	werden geträumt haben
	werdest träumen	werdet träumen	werdest geträumt haben	werdet geträumt haben
	werde träumen	werden träumen	werde geträumt haben	werden geträumt haben
	Present and Future Conditional		**Past Conditional**	
	würde träumen	würden träumen	würde geträumt haben	würden geträumt haben
	würdest träumen	würdet träumen	würdest geträumt haben	würdet geträumt haben
	würde träumen	würden träumen	würde geträumt haben	würden geträumt haben

EXAMPLES

Ich träume vom Wildwasserfahren in Österreich.

I dream of white-water rafting in Austria.

Er hat geträumt, dass er ein reicher Mann geworden ist.

He dreamed that he had become a rich man.

508 / treffen

treffen

to meet, to strike

Auxiliary verb: haben   **Past participle:** getroffen
Imperative: Triff! Trefft! Treffen Sie!

Mode	Simple Tenses		Compound Tenses	
	Singular	*Plural*	*Singular*	*Plural*
Indicative	**Present**		**Present Perfect**	
	treffe	treffen	habe getroffen	haben getroffen
	triffst	trefft	hast getroffen	habt getroffen
	trifft	treffen	hat getroffen	haben getroffen
	Past		**Past Perfect**	
	traf	trafen	hatte getroffen	hatten getroffen
	trafst	traft	hattest getroffen	hattet getroffen
	traf	trafen	hatte getroffen	hatten getroffen
	Future		**Future Perfect**	
	werde treffen	werden treffen	werde getroffen haben	werden getroffen haben
	wirst treffen	werdet treffen	wirst getroffen haben	werdet getroffen haben
	wird treffen	werden treffen	wird getroffen haben	werden getroffen haben
Subjunctive	**Present**		**Present Perfect**	
	treffe	treffen	habe getroffen	haben getroffen
	treffest	treffet	habest getroffen	habet getroffen
	treffe	treffen	habe getroffen	haben getroffen
	Past		**Past Perfect**	
	träfe	träfen	hätte getroffen	hätten getroffen
	träfest	träfet	hättest getroffen	hättet getroffen
	träfe	träfen	hätte getroffen	hätten getroffen
	Future		**Future Perfect**	
	werde treffen	werden treffen	werde getroffen haben	werden getroffen haben
	werdest treffen	werdet treffen	werdest getroffen haben	werdet getroffen haben
	werde treffen	werden treffen	werde getroffen haben	werden getroffen haben
	Present and Future Conditional		**Past Conditional**	
	würde treffen	würden treffen	würde getroffen haben	würden getroffen haben
	würdest treffen	würdet treffen	würdest getroffen haben	würdet getroffen haben
	würde treffen	würden treffen	würde getroffen haben	würden getroffen haben

EXAMPLES

Der Wolkenkratzer ist mehr als zwanzig mal vom Blitz getroffen worden.
The skyscraper has been struck by lightning more than 20 times.

Wir treffen uns jeden Freitag im Restaurant.
We meet every Friday at the restaurant.

treiben

to drive, to pursue
Auxiliary verb: haben   **Past participle:** getrieben
Imperative: Treibe! Treibt! Treiben Sie!

Mode	Simple Tenses		Compound Tenses	
	Singular	*Plural*	*Singular*	*Plural*
	Present		**Present Perfect**	
Indicative	treibe	treiben	habe getrieben	haben getrieben
	treibst	treibt	hast getrieben	habt getrieben
	treibt	treiben	hat getrieben	haben getrieben
	Past		**Past Perfect**	
	trieb	trieben	hatte getrieben	hatten getrieben
	triebst	triebt	hattest getrieben	hattet getrieben
	trieb	trieben	hatte getrieben	hatten getrieben
	Future		**Future Perfect**	
	werde treiben	werden treiben	werde getrieben haben	werden getrieben haben
	wirst treiben	werdet treiben	wirst getrieben haben	werdet getrieben haben
	wird treiben	werden treiben	wird getrieben haben	werden getrieben haben
Subjunctive	**Present**		**Present Perfect**	
	treibe	treiben	habe getrieben	haben getrieben
	treibest	treibet	habest getrieben	habet getrieben
	treibe	treiben	habe getrieben	haben getrieben
	Past		**Past Perfect**	
	triebe	trieben	hätte getrieben	hätten getrieben
	triebest	triebet	hättest getrieben	hättet getrieben
	triebe	trieben	hätte getrieben	hätten getrieben
	Future		**Future Perfect**	
	werde treiben	werden treiben	werde getrieben haben	werden getrieben haben
	werdest treiben	werdet treiben	werdest getrieben haben	werdet getrieben haben
	werde treiben	werden treiben	werde getrieben haben	werden getrieben haben
	Present and Future Conditional		**Past Conditional**	
	würde treiben	würden treiben	würde getrieben haben	würden getrieben haben
	würdest treiben	würdet treiben	würdest getrieben haben	würdet getrieben haben
	würde treiben	würden treiben	würde getrieben haben	würden getrieben haben

EXAMPLES

Karl und Martin treiben viel Sport.
Sie haben den korrupten Präsidenten aus dem Amt getrieben.

Karl and Martin go in for a lot of sports.
They drove the corrupt president out of office.

trennen (sich)

to separate, to part
Auxiliary verb: haben   **Past participle:** getrennt
Imperative: Trenne! Trennt! Trennen Sie!

Mode	Simple Tenses		Compound Tenses	
	Singular	*Plural*	*Singular*	*Plural*
Indicative	**Present**		**Present Perfect**	
	trenne	trennen	habe getrennt	haben getrennt
	trennst	trennt	hast getrennt	habt getrennt
	trennt	trennen	hat getrennt	haben getrennt
	Past		**Past Perfect**	
	trennte	trennten	hatte getrennt	hatten getrennt
	trenntest	trenntet	hattest getrennt	hattet getrennt
	trennte	trennten	hatte getrennt	hatten getrennt
	Future		**Future Perfect**	
	werde trennen	werden trennen	werde getrennt haben	werden getrennt haben
	wirst trennen	werdet trennen	wirst getrennt haben	werdet getrennt haben
	wird trennen	werden trennen	wird getrennt haben	werden getrennt haben
Subjunctive	**Present**		**Present Perfect**	
	trenne	trennen	habe getrennt	haben getrennt
	trennest	trennet	habest getrennt	habet getrennt
	trenne	trennen	habe getrennt	haben getrennt
	Past		**Past Perfect**	
	trennte	trennten	hätte getrennt	hätten getrennt
	trenntest	trenntet	hättest getrennt	hättet getrennt
	trennte	trennten	hätte getrennt	hätten getrennt
	Future		**Future Perfect**	
	werde trennen	werden trennen	werde getrennt haben	werden getrennt haben
	werdest trennen	werdet trennen	werdest getrennt haben	werdet getrennt haben
	werde trennen	werden trennen	werde getrennt haben	werden getrennt haben
	Present and Future Conditional		**Past Conditional**	
	würde trennen	würden trennen	würde getrennt haben	würden getrennt haben
	würdest trennen	würdet trennen	würdest getrennt haben	würdet getrennt haben
	würde trennen	würden trennen	würde getrennt haben	würden getrennt haben

EXAMPLES

Die Brüder raufen oft und müssen dann getrennt werden.

The brothers often fight and have to be separated.

Frau Behmann sagt, dass sie sich von ihrem Mann trennen will.

Ms. Behmann says that she wants to separate from her husband.

treten

to step, to tread
Auxiliary verb: sein   **Past participle:** getreten
Imperative: Tritt! Tretet! Treten Sie!

Mode	Simple Tenses		Compound Tenses	
	Singular	*Plural*	*Singular*	*Plural*
Indicative	**Present**		**Present Perfect**	
	trete	treten	bin getreten	sind getreten
	trittst	tretet	bist getreten	seid getreten
	tritt	treten	ist getreten	sind getreten
	Past		**Past Perfect**	
	trat	traten	war getreten	waren getreten
	tratest	tratet	warst getreten	wart getreten
	trat	traten	war getreten	waren getreten
	Future		**Future Perfect**	
	werde treten	werden treten	werde getreten sein	werden getreten sein
	wirst treten	werdet treten	wirst getreten sein	werdet getreten sein
	wird treten	werden treten	wird getreten sein	werden getreten sein
Subjunctive	**Present**		**Present Perfect**	
	trete	treten	sei getreten	seien getreten
	tretest	tretet	seiest getreten	seiet getreten
	trete	treten	sei getreten	seien getreten
	Past		**Past Perfect**	
	träte	träten	wäre getreten	wären getreten
	trätest	trätet	wärest getreten	wäret getreten
	träte	träten	wäre getreten	wären getreten
	Future		**Future Perfect**	
	werde treten	werden treten	werde getreten sein	werden getreten sein
	werdest treten	werdet treten	werdest getreten sein	werdet getreten sein
	werde treten	werden treten	werde getreten sein	werden getreten sein
	Present and Future Conditional		**Past Conditional**	
	würde treten	würden treten	würde getreten sein	würden getreten sein
	würdest treten	würdet treten	würdest getreten sein	würdet getreten sein
	würde treten	würden treten	würde getreten sein	würden getreten sein

Note: With inseparable prefixes, the principal parts of this verb are, for example, *vertritt, vertrat, hat vertreten.* With separable prefixes, the principal parts are, for example, *tritt auf, trat auf, ist aufgetreten.*

EXAMPLES

Sie sind mir auf den Fuß getreten!   You stepped on my foot!
Der Chef hat sich entschieden in den   The boss decided to step into the background.
Hintergrund zu treten. Ein anderer kann   Someone else can run the company.
die Firma leiten.

trinken
to drink
Auxiliary verb: haben   **Past participle:** getrunken
Imperative: Trinke! Trinkt! Trinken Sie!

Mode	Simple Tenses		Compound Tenses	
	Singular	*Plural*	*Singular*	*Plural*
Indicative	**Present**		**Present Perfect**	
	trinke	trinken	habe getrunken	haben getrunken
	trinkst	trinkt	hast getrunken	habt getrunken
	trinkt	trinken	hat getrunken	haben getrunken
	Past		**Past Perfect**	
	trank	tranken	hatte getrunken	hatten getrunken
	trankst	trankt	hattest getrunken	hattet getrunken
	trank	tranken	hatte getrunken	hatten getrunken
	Future		**Future Perfect**	
	werde trinken	werden trinken	werde getrunken haben	werden getrunken haben
	wirst trinken	werdet trinken	wirst getrunken haben	werdet getrunken haben
	wird trinken	werden trinken	wird getrunken haben	werden getrunken haben
Subjunctive	**Present**		**Present Perfect**	
	trinke	trinken	habe getrunken	haben getrunken
	trinkest	trinket	habest getrunken	habet getrunken
	trinke	trinken	habe getrunken	haben getrunken
	Past		**Past Perfect**	
	tränke	tränken	hätte getrunken	hätten getrunken
	tränkest	tränket	hättest getrunken	hättet getrunken
	tränke	tränken	hätte getrunken	hätten getrunken
	Future		**Future Perfect**	
	werde trinken	werden trinken	werde getrunken haben	werden getrunken haben
	werdest trinken	werdet trinken	werdest getrunken haben	werdet getrunken haben
	werde trinken	werden trinken	werde getrunken haben	werden getrunken haben
	Present and Future Conditional		**Past Conditional**	
	würde trinken	würden trinken	würde getrunken haben	würden getrunken haben
	würdest trinken	würdet trinken	würdest getrunken haben	würdet getrunken haben
	würde trinken	würden trinken	würde getrunken haben	würden getrunken haben

Note: With inseparable prefixes, the principal parts of this verb are, for example, *ertrinkt, ertrank, ist ertrunken*. With separable prefixes, the principal parts are, for example, *trinkt aus, trank aus, hat ausgetrunken*.

EXAMPLES

Ich habe gestern Abend mit Erich Brüderschaft getrunken.

Last night, Erich and I drank to our friendship (and now address one another with *du*).

Er möchte gerne ein Bier trinken.

He'd like to drink a beer.

trocknen

to dry

Auxiliary verb: haben   **Past participle:** getrocknet
Imperative: Trockne! Trocknet! Trocknen Sie!

Mode	Simple Tenses		Compound Tenses	
	Singular	*Plural*	*Singular*	*Plural*
Indicative	**Present**		**Present Perfect**	
	trockne	trocknen	habe getrocknet	haben getrocknet
	trocknest	trocknet	hast getrocknet	habt getrocknet
	trocknet	trocknen	hat getrocknet	haben getrocknet
	Past		**Past Perfect**	
	trocknete	trockneten	hatte getrocknet	hatten getrocknet
	trocknetest	trocknetet	hattest getrocknet	hattet getrocknet
	trocknete	trockneten	hatte getrocknet	hatten getrocknet
	Future		**Future Perfect**	
	werde trocknen	werden trocknen	werde getrocknet haben	werden getrocknet haben
	wirst trocknen	werdet trocknen	wirst getrocknet haben	werdet getrocknet haben
	wird trocknen	werden trocknen	wird getrocknet haben	werden getrocknet haben
Subjunctive	**Present**		**Present Perfect**	
	trockne	trocknen	habe getrocknet	haben getrocknet
	trocknest	trocknet	habest getrocknet	habet getrocknet
	trockne	trocknen	habe getrocknet	haben getrocknet
	Past		**Past Perfect**	
	trocknete	trockneten	hätte getrocknet	hätten getrocknet
	trocknetest	trocknetet	hättest getrocknet	hättet getrocknet
	trocknete	trockneten	hätte getrocknet	hätten getrocknet
	Future		**Future Perfect**	
	werde trocknen	werden trocknen	werde getrocknet haben	werden getrocknet haben
	werdest trocknen	werdet trocknen	werdest getrocknet haben	werdet getrocknet haben
	werde trocknen	werden trocknen	werde getrocknet haben	werden getrocknet haben
	Present and Future Conditional		**Past Conditional**	
	würde trocknen	würden trocknen	würde getrocknet haben	würden getrocknet haben
	würdest trocknen	würdet trocknen	würdest getrocknet haben	würdet getrocknet haben
	würde trocknen	würden trocknen	würde getrocknet haben	würden getrocknet haben

Examples

Bei diesem regnerischen Wetter trocknet die Wäsche langsam.	The wash dries slowly in this rainy weather.
Wo kann ich dieses nasse Hemd trocknen?	Where can I dry this wet shirt?

trösten (sich)
to console, to comfort
Auxiliary verb: haben   **Past participle:** getröstet
Imperative: Tröste! Tröstet! Trösten Sie!

Mode	Simple Tenses		Compound Tenses	
	Singular	*Plural*	*Singular*	*Plural*
Indicative	**Present**		**Present Perfect**	
	tröste	trösten	habe getröstet	haben getröstet
	tröstest	tröstet	hast getröstet	habt getröstet
	tröstet	trösten	hat getröstet	haben getröstet
	Past		**Past Perfect**	
	tröstete	trösteten	hatte getröstet	hatten getröstet
	tröstetest	tröstetet	hattest getröstet	hattet getröstet
	tröstete	trösteten	hatte getröstet	hatten getröstet
	Future		**Future Perfect**	
	werde trösten	werden trösten	werde getröstet haben	werden getröstet haben
	wirst trösten	werdet trösten	wirst getröstet haben	werdet getröstet haben
	wird trösten	werden trösten	wird getröstet haben	werden getröstet haben
Subjunctive	**Present**		**Present Perfect**	
	tröste	trösten	habe getröstet	haben getröstet
	tröstest	tröstet	habest getröstet	habet getröstet
	tröste	trösten	habe getröstet	haben getröstet
	Past		**Past Perfect**	
	tröstete	trösteten	hätte getröstet	hätten getröstet
	tröstetest	tröstetet	hättest getröstet	hättet getröstet
	tröstete	trösteten	hätte getröstet	hätten getröstet
	Future		**Future Perfect**	
	werde trösten	werden trösten	werde getröstet haben	werden getröstet haben
	werdest trösten	werdet trösten	werdest getröstet haben	werdet getröstet haben
	werde trösten	werden trösten	werde getröstet haben	werden getröstet haben
	Present and Future Conditional		**Past Conditional**	
	würde trösten	würden trösten	würde getröstet haben	würden getröstet haben
	würdest trösten	würdet trösten	würdest getröstet haben	würdet getröstet haben
	würde trösten	würden trösten	würde getröstet haben	würden getröstet haben

EXAMPLES

Ich wünschte, ich könnte ihn an diesem traurigen Tag trösten.	I wish I could comfort him on this sad day.
Der arme Mann hat sich mit Schnaps getröstet.	The poor man consoled himself with schnapps.
Die Mutter tröstet das weinende Kind mit einem Kuss.	The mother comforts the crying child with a kiss.

tun

to do, to make, to put

Auxiliary verb: haben **Past participle:** getan
Imperative: Tue! Tut! Tun Sie!

Mode	Simple Tenses		Compound Tenses	
	Singular	*Plural*	*Singular*	*Plural*
Indicative	**Present**		**Present Perfect**	
	tue	tun	habe getan	haben getan
	tust	tut	hast getan	habt getan
	tut	tun	hat getan	haben getan
	Past		**Past Perfect**	
	tat	taten	hatte getan	hatten getan
	tatest	tatet	hattest getan	hattet getan
	tat	taten	hatte getan	hatten getan
	Future		**Future Perfect**	
	werde tun	werden tun	werde getan haben	werden getan haben
	wirst tun	werdet tun	wirst getan haben	werdet getan haben
	wird tun	werden tun	wird getan haben	werden getan haben
Subjunctive	**Present**		**Present Perfect**	
	tue	tuen	habe getan	haben getan
	tuest	tuet	habest getan	habet getan
	tue	tuen	habe getan	haben getan
	Past		**Past Perfect**	
	täte	täten	hätte getan	hätten getan
	tätest	tätet	hättest getan	hättet getan
	täte	täten	hätte getan	hätten getan
	Future		**Future Perfect**	
	werde tun	werden tun	werde getan haben	werden getan haben
	werdest tun	werdet tun	werdest getan haben	werdet getan haben
	werde tun	werden tun	werde getan haben	werden getan haben
	Present and Future Conditional		**Past Conditional**	
	würde tun	würden tun	würde getan haben	würden getan haben
	würdest tun	würdet tun	würdest getan haben	würdet getan haben
	würde tun	würden tun	würde getan haben	würden getan haben

EXAMPLES

Wer hat so viel Salz in die Suppe getan?
Ich habe jeden Tag viel zu tun.

Who put so much salt in the soup?
I have a lot to do every day.

turnen

to do gymnastics
Auxiliary verb: haben   **Past participle:** geturnt
Imperative: Turne! Turnt! Turnen Sie!

Mode	Simple Tenses		Compound Tenses	
	Singular	*Plural*	*Singular*	*Plural*
Indicative	**Present**		**Present Perfect**	
	turne	turnen	habe geturnt	haben geturnt
	turnst	turnt	hast geturnt	habt geturnt
	turnt	turnen	hat geturnt	haben geturnt
	Past		**Past Perfect**	
	turnte	turnten	hatte geturnt	hatten geturnt
	turntest	turntet	hattest geturnt	hattet geturnt
	turnte	turnten	hatte geturnt	hatten geturnt
	Future		**Future Perfect**	
	werde turnen	werden turnen	werde geturnt haben	werden geturnt haben
	wirst turnen	werdet turnen	wirst geturnt haben	werdet geturnt haben
	wird turnen	werden turnen	wird geturnt haben	werden geturnt haben
Subjunctive	**Present**		**Present Perfect**	
	turne	turnen	habe geturnt	haben geturnt
	turnest	turnet	habest geturnt	habet geturnt
	turne	turnen	habe geturnt	haben geturnt
	Past		**Past Perfect**	
	turnte	turnten	hätte geturnt	hätten geturnt
	turntest	turntet	hättest geturnt	hättet geturnt
	turnte	turnten	hätte geturnt	hätten geturnt
	Future		**Future Perfect**	
	werde turnen	werden turnen	werde geturnt haben	werden geturnt haben
	werdest turnen	werdet turnen	werdest geturnt haben	werdet geturnt haben
	werde turnen	werden turnen	werde geturnt haben	werden geturnt haben
	Present and Future Conditional		**Past Conditional**	
	würde turnen	würden turnen	würde geturnt haben	würden geturnt haben
	würdest turnen	würdet turnen	würdest geturnt haben	würdet geturnt haben
	würde turnen	würden turnen	würde geturnt haben	würden geturnt haben

EXAMPLE

Die junge Sportlerin turnt sehr gut.   The young athlete is a very good gymnast.

üben

to practice, to exercise
Auxiliary verb: haben   **Past participle:** geübt
Imperative: Übe! Übt! Üben Sie!

Mode	Simple Tenses		Compound Tenses	
	Singular	*Plural*	*Singular*	*Plural*
Indicative	**Present**		**Present Perfect**	
	übe	üben	habe geübt	haben geübt
	übst	übt	hast geübt	habt geübt
	übt	üben	hat geübt	haben geübt
	Past		**Past Perfect**	
	übte	übten	hatte geübt	hatten geübt
	übtest	übtet	hattest geübt	hattet geübt
	übte	übten	hatte geübt	hatten geübt
	Future		**Future Perfect**	
	werde üben	werden üben	werde geübt haben	werden geübt haben
	wirst üben	werdet üben	wirst geübt haben	werdet geübt haben
	wird üben	werden üben	wird geübt haben	werden geübt haben
Subjunctive	**Present**		**Present Perfect**	
	übe	üben	habe geübt	haben geübt
	übest	übet	habest geübt	habet geübt
	übe	üben	habe geübt	haben geübt
	Past		**Past Perfect**	
	übte	übten	hätte geübt	hätten geübt
	übtest	übtet	hättest geübt	hättet geübt
	übte	übten	hätte geübt	hätten geübt
	Future		**Future Perfect**	
	werde üben	werden üben	werde geübt haben	werden geübt haben
	werdest üben	werdet üben	werdest geübt haben	werdet geübt haben
	werde üben	werden üben	werde geübt haben	werden geübt haben
	Present and Future Conditional		**Past Conditional**	
	würde üben	würden üben	würde geübt haben	würden geübt haben
	würdest üben	würdet üben	würdest geübt haben	würdet geübt haben
	würde üben	würden üben	würde geübt haben	würden geübt haben

EXAMPLES

Ich spiele gern Klavier, aber ich übe nicht gern.

I like playing the piano, but I don't like to practice.

Sie hat täglich drei Stunden geübt, aber jonglieren kann sie immer noch nicht.

She practiced three hours a day, but she still can't juggle.

überlégen (sich)
to consider, to reflect on
Auxiliary verb: haben **Past participle:** überlegt
Imperative: Überlege! Überlegt! Überlegen Sie!

Mode	Simple Tenses		Compound Tenses	
	Singular	*Plural*	*Singular*	*Plural*
Indicative	**Present**		**Present Perfect**	
	überlege	überlegen	habe überlegt	haben überlegt
	überlegst	überlegt	hast überlegt	habt überlegt
	überlegt	überlegen	hat überlegt	haben überlegt
	Past		**Past Perfect**	
	überlegte	überlegten	hatte überlegt	hatten überlegt
	überlegtest	überlegtet	hattest überlegt	hattet überlegt
	überlegte	überlegten	hatte überlegt	hatten überlegt
	Future		**Future Perfect**	
	werde überlegen	werden überlegen	werde überlegt haben	werden überlegt haben
	wirst überlegen	werdet überlegen	wirst überlegt haben	werdet überlegt haben
	wird überlegen	werden überlegen	wird überlegt haben	werden überlegt haben
Subjunctive	**Present**		**Present Perfect**	
	überlege	überlegen	habe überlegt	haben überlegt
	überlegest	überleget	habest überlegt	habet überlegt
	überlege	überlegen	habe überlegt	haben überlegt
	Past		**Past Perfect**	
	überlegte	überlegten	hätte überlegt	hätten überlegt
	überlegtest	überlegtet	hättest überlegt	hättet überlegt
	überlegte	überlegten	hätte überlegt	hätten überlegt
	Future		**Future Perfect**	
	werde überlegen	werden überlegen	werde überlegt haben	werden überlegt haben
	werdest überlegen	werdet überlegen	werdest überlegt haben	werdet überlegt haben
	werde überlegen	werden überlegen	werde überlegt haben	werden überlegt haben
	Present and Future Conditional		**Past Conditional**	
	würde überlegen	würden überlegen	würde überlegt haben	würden überlegt haben
	würdest überlegen	würdet überlegen	würdest überlegt haben	würdet überlegt haben
	würde überlegen	würden überlegen	würde überlegt haben	würden überlegt haben

EXAMPLES

Ich werde mir die Sache überlegen.
Hanno überlegte sich, ob er Angela zum Tanz einladen soll oder nicht.

I'll consider the matter.
Hanno thought about whether or not he should invite Angela to the dance.

überráschen
to surprise
Auxiliary verb: haben **Past participle:** überrascht
Imperative: Überrasche! Überrascht! Überraschen Sie!

Mode	Simple Tenses		Compound Tenses	
	Singular	*Plural*	*Singular*	*Plural*
Indicative	**Present**		**Present Perfect**	
	überrasche	überraschen	habe überrascht	haben überrascht
	überraschst	überrascht	hast überrascht	habt überrascht
	überrascht	überraschen	hat überrascht	haben überrascht
	Past		**Past Perfect**	
	überraschte	überraschten	hatte überrascht	hatten überrascht
	überraschtest	überraschtet	hattest überrascht	hattet überrascht
	überraschte	überraschten	hatte überrascht	hatten überrascht
	Future		**Future Perfect**	
	werde überraschen	werden überraschen	werde überrascht haben	werden überrascht haben
	wirst überraschen	werdet überraschen	wirst überrascht haben	werdet überrascht haben
	wird überraschen	werden überraschen	wird überrascht haben	werden überrascht haben
Subjunctive	**Present**		**Present Perfect**	
	überrasche	überraschen	habe überrascht	haben überrascht
	überraschest	überraschet	habest überrascht	habet überrascht
	überrasche	überraschen	habe überrascht	haben überrascht
	Past		**Past Perfect**	
	überraschte	überraschten	hätte überrascht	hätten überrascht
	überraschtest	überraschtet	hättest überrascht	hättet überrascht
	überraschte	überraschten	hätte überrascht	hätten überrascht
	Future		**Future Perfect**	
	werde überraschen	werden überraschen	werde überrascht haben	werden überrascht haben
	werdest überraschen	werdet überraschen	werdest überrascht haben	werdet überrascht haben
	werde überraschen	werden überraschen	werde überrascht haben	werden überrascht haben
	Present and Future Conditional		**Past Conditional**	
	würde überraschen	würden überraschen	würde überrascht haben	würden überrascht haben
	würdest überraschen	würdet überraschen	würdest überrascht haben	würdet überrascht haben
	würde überraschen	würden überraschen	würde überrascht haben	würden überrascht haben

EXAMPLES

Ich überraschte meine Freundin mit einem Blumenstrauß.

I surprised my girlfriend with a bouquet of flowers.

Das kleine Mädchen ist überraschend schnell gelaufen.

The little girl ran surprisingly fast.

übersétzen
to translate
Auxiliary verb: haben   **Past participle:** übersetzt
Imperative: Übersetze! Übersetzt! Übersetzen Sie!

Mode	Simple Tenses		Compound Tenses	
	Singular	*Plural*	*Singular*	*Plural*
Indicative	**Present**		**Present Perfect**	
	übersetze	übersetzen	habe übersetzt	haben übersetzt
	übersetzt	übersetzt	hast übersetzt	habt übersetzt
	übersetzt	übersetzen	hat übersetzt	haben übersetzt
	Past		**Past Perfect**	
	übersetzte	übersetzten	hatte übersetzt	hatten übersetzt
	übersetztest	übersetztet	hattest übersetzt	hattet übersetzt
	übersetzte	übersetzten	hatte übersetzt	hatten übersetzt
	Future		**Future Perfect**	
	werde übersetzen	werden übersetzen	werde übersetzt haben	werden übersetzt haben
	wirst übersetzen	werdet übersetzen	wirst übersetzt haben	werdet übersetzt haben
	wird übersetzen	werden übersetzen	wird übersetzt haben	werden übersetzt haben
Subjunctive	**Present**		**Present Perfect**	
	übersetze	übersetzen	habe übersetzt	haben übersetzt
	übersetzest	übersetzet	habest übersetzt	habet übersetzt
	übersetze	übersetzen	habe übersetzt	haben übersetzt
	Past		**Past Perfect**	
	übersetzte	übersetzten	hätte übersetzt	hätten übersetzt
	übersetztest	übersetztet	hättest übersetzt	hättet übersetzt
	übersetzte	übersetzten	hätte übersetzt	hätten übersetzt
	Future		**Future Perfect**	
	werde übersetzen	werden übersetzen	werde übersetzt haben	werden übersetzt haben
	werdest übersetzen	werdet übersetzen	werdest übersetzt haben	werdet übersetzt haben
	werde übersetzen	werden übersetzen	werde übersetzt haben	werden übersetzt haben
	Present and Future Conditional		**Past Conditional**	
	würde übersetzen	würden übersetzen	würde übersetzt haben	würden übersetzt haben
	würdest übersetzen	würdet übersetzen	würdest übersetzt haben	würdet übersetzt haben
	würde übersetzen	würden übersetzen	würde übersetzt haben	würden übersetzt haben

EXAMPLES

Sie versuchte den Text wortgetreu zu übersetzen.
Wir haben mehrere Sätze ins Deutsche übersetzen müssen.

She tried translating the text literally.
We had to translate several sentences into German.

übertrágen

to transfer, to transmit, to broadcast
Auxiliary verb: haben   **Past participle:** übertragen
Imperative: Übertrage! Übertragt! Übertragen Sie!

Mode	Simple Tenses		Compound Tenses	
	Singular	*Plural*	*Singular*	*Plural*
Indicative	**Present**		**Present Perfect**	
	übertrage	übertragen	habe übertragen	haben übertragen
	überträgst	übertragt	hast übertragen	habt übertragen
	überträgt	übertragen	hat übertragen	haben übertragen
	Past		**Past Perfect**	
	übertrug	übertrugen	hatte übertragen	hatten übertragen
	übertrugst	übertrugt	hattest übertragen	hattet übertragen
	übertrug	übertrugen	hatte übertragen	hatten übertragen
	Future		**Future Perfect**	
	werde übertragen	werden übertragen	werde übertragen haben	werden übertragen haben
	wirst übertragen	werdet übertragen	wirst übertragen haben	werdet übertragen haben
	wird übertragen	werden übertragen	wird übertragen haben	werden übertragen haben
Subjunctive	**Present**		**Present Perfect**	
	übertrage	übertragen	habe übertragen	haben übertragen
	übertragest	übertraget	habest übertragen	habet übertragen
	übertrage	übertragen	habe übertragen	haben übertragen
	Past		**Past Perfect**	
	übertrüge	übertrügen	hätte übertragen	hätten übertragen
	übertrügest	übertrüget	hättest übertragen	hättet übertragen
	übertrüge	übertrügen	hätte übertragen	hätten übertragen
	Future		**Future Perfect**	
	werde übertragen	werden übertragen	werde übertragen haben	werden übertragen haben
	werdest übertragen	werdet übertragen	werdest übertragen haben	werdet übertragen haben
	werde übertragen	werden übertragen	werde übertragen haben	werden übertragen haben
	Present and Future Conditional		**Past Conditional**	
	würde übertragen	würden übertragen	würde übertragen haben	würden übertragen haben
	würdest übertragen	würdet übertragen	würdest übertragen haben	würdet übertragen haben
	würde übertragen	würden übertragen	würde übertragen haben	würden übertragen haben

EXAMPLES

Das Konzert ist im Radio übertragen worden.
Die Krankheit kann nur durch Hautkontakt übertragen werden.

The concert was broadcast over the radio.
The disease can only be transmitted by contact with the skin.

übertréiben

to carry too far, to exaggerate
Auxiliary verb: haben   **Past participle:** übertrieben
Imperative: Übertreibe! Übertreibt! Übertreiben Sie!

Mode	Simple Tenses		Compound Tenses	
	Singular	*Plural*	*Singular*	*Plural*
Indicative	**Present**		**Present Perfect**	
	übertreibe	übertreiben	habe übertrieben	haben übertrieben
	übertreibst	übertreibt	hast übertrieben	habt übertrieben
	übertreibt	übertreiben	hat übertrieben	haben übertrieben
	Past		**Past Perfect**	
	übertrieb	übertrieben	hatte übertrieben	hatten übertrieben
	übertriebst	übertriebt	hattest übertrieben	hattet übertrieben
	übertrieb	übertrieben	hatte übertrieben	hatten übertrieben
	Future		**Future Perfect**	
	werde übertreiben	werden übertreiben	werde übertrieben haben	werden übertrieben haben
	wirst übertreiben	werdet übertreiben	wirst übertrieben haben	werdet übertrieben haben
	wird übertreiben	werden übertreiben	wird übertrieben haben	werden übertrieben haben
Subjunctive	**Present**		**Present Perfect**	
	übertreibe	übertreiben	habe übertrieben	haben übertrieben
	übertreibest	übertreibet	habest übertrieben	habet übertrieben
	übertreibe	übertreiben	habe übertrieben	haben übertrieben
	Past		**Past Perfect**	
	übertriebe	übertrieben	hätte übertrieben	hätten übertrieben
	übertriebest	übertriebet	hättest übertrieben	hättet übertrieben
	übertriebe	übertrieben	hätte übertrieben	hätten übertrieben
	Future		**Future Perfect**	
	werde übertreiben	werden übertreiben	werde übertrieben haben	werden übertrieben haben
	werdest übertreiben	werdet übertreiben	werdest übertrieben haben	werdet übertrieben haben
	werde übertreiben	werden übertreiben	werde übertrieben haben	werden übertrieben haben
	Present and Future Conditional		**Past Conditional**	
	würde übertreiben	würden übertreiben	würde übertrieben haben	würden übertrieben haben
	würdest übertreiben	würdet übertreiben	würdest übertrieben haben	würdet übertrieben haben
	würde übertreiben	würden übertreiben	würde übertrieben haben	würden übertrieben haben

EXAMPLES

Er kann nicht reden, ohne zu übertreiben.	He can't talk without exaggerating.
Der Schauspieler sprach mit einem übertriebenen Akzent.	The actor spoke with an exaggerated accent.

überzéugen
to convince
Auxiliary verb: haben **Past participle:** überzeugt
Imperative: Überzeuge! Überzeugt! Überzeugen Sie!

Mode	Simple Tenses		Compound Tenses	
	Singular	*Plural*	*Singular*	*Plural*
Indicative	**Present**		**Present Perfect**	
	überzeuge	überzeugen	habe überzeugt	haben überzeugt
	überzeugst	überzeugt	hast überzeugt	habt überzeugt
	überzeugt	überzeugen	hat überzeugt	haben überzeugt
	Past		**Past Perfect**	
	überzeugte	überzeugten	hatte überzeugt	hatten überzeugt
	überzeugtest	überzeugtet	hattest überzeugt	hattet überzeugt
	überzeugte	überzeugten	hatte überzeugt	hatten überzeugt
	Future		**Future Perfect**	
	werde überzeugen	werden überzeugen	werde überzeugt haben	werden überzeugt haben
	wirst überzeugen	werdet überzeugen	wirst überzeugt haben	werdet überzeugt haben
	wird überzeugen	werden überzeugen	wird überzeugt haben	werden überzeugt haben
Subjunctive	**Present**		**Present Perfect**	
	überzeuge	überzeugen	habe überzeugt	haben überzeugt
	überzeugest	überzeuget	habest überzeugt	habet überzeugt
	überzeuge	überzeugen	habe überzeugt	haben überzeugt
	Past		**Past Perfect**	
	überzeugte	überzeugten	hätte überzeugt	hätten überzeugt
	überzeugtest	überzeugtet	hättest überzeugt	hättet überzeugt
	überzeugte	überzeugten	hätte überzeugt	hätten überzeugt
	Future		**Future Perfect**	
	werde überzeugen	werden überzeugen	werde überzeugt haben	werden überzeugt haben
	werdest überzeugen	werdet überzeugen	werdest überzeugt haben	werdet überzeugt haben
	werde überzeugen	werden überzeugen	werde überzeugt haben	werden überzeugt haben
	Present and Future Conditional		**Past Conditional**	
	würde überzeugen	würden überzeugen	würde überzeugt haben	würden überzeugt haben
	würdest überzeugen	würdet überzeugen	würdest überzeugt haben	würdet überzeugt haben
	würde überzeugen	würden überzeugen	würde überzeugt haben	würden überzeugt haben

EXAMPLES

Du wirst mich nie von dieser Idee überzeugen.
Wenn Sie wollen, können Sie sich selbst davon überzeugen.

You'll never convince me of this idea.
If you want, you can convince yourself of it.

umármen (sich)
to embrace
Auxiliary verb: haben **Past participle:** umarmt
Imperative: Umarme! Umarmt! Umarmen Sie!

Mode	Simple Tenses		Compound Tenses	
	Singular	*Plural*	*Singular*	*Plural*
Indicative	**Present**		**Present Perfect**	
	umarme	umarmen	habe umarmt	haben umarmt
	umarmst	umarmt	hast umarmt	habt umarmt
	umarmt	umarmen	hat umarmt	haben umarmt
	Past		**Past Perfect**	
	umarmte	umarmten	hatte umarmt	hatten umarmt
	umarmtest	umarmtet	hattest umarmt	hattet umarmt
	umarmte	umarmten	hatte umarmt	hatten umarmt
	Future		**Future Perfect**	
	werde umarmen	werden umarmen	werde umarmt haben	werden umarmt haben
	wirst umarmen	werdet umarmen	wirst umarmt haben	werdet umarmt haben
	wird umarmen	werden umarmen	wird umarmt haben	werden umarmt haben
Subjunctive	**Present**		**Present Perfect**	
	umarme	umarmen	habe umarmt	haben umarmt
	umarmest	umarmet	habest umarmt	habet umarmt
	umarme	umarmen	habe umarmt	haben umarmt
	Past		**Past Perfect**	
	umarmte	umarmten	hätte umarmt	hätten umarmt
	umarmtest	umarmtet	hättest umarmt	hättet umarmt
	umarmte	umarmten	hätte umarmt	hätten umarmt
	Future		**Future Perfect**	
	werde umarmen	werden umarmen	werde umarmt haben	werden umarmt haben
	werdest umarmen	werdet umarmen	werdest umarmt haben	werdet umarmt haben
	werde umarmen	werden umarmen	werde umarmt haben	werden umarmt haben
	Present and Future Conditional		**Past Conditional**	
	würde umarmen	würden umarmen	würde umarmt haben	würden umarmt haben
	würdest umarmen	würdet umarmen	würdest umarmt haben	würdet umarmt haben
	würde umarmen	würden umarmen	würde umarmt haben	würden umarmt haben

EXAMPLES

Sie sitzen im Dunklen und umarmen sich.
Kinder, lasst euch umarmen!

They sit in the dark and embrace.
Children, let me give you all a hug.

umdrehen (sich)
to turn, to rotate
Auxiliary verb: haben **Past participle:** umgedreht
Imperative: Drehe um! Dreht um! Drehen Sie um!

Mode	Simple Tenses		Compound Tenses	
	Singular	*Plural*	*Singular*	*Plural*
Indicative	**Present**		**Present Perfect**	
	drehe um	drehen um	habe umgedreht	haben umgedreht
	drehst um	dreht um	hast umgedreht	habt umgedreht
	dreht um	drehen um	hat umgedreht	haben umgedreht
	Past		**Past Perfect**	
	drehte um	drehten um	hatte umgedreht	hatten umgedreht
	drehtest um	drehtet um	hattest umgedreht	hattet umgedreht
	drehte um	drehten um	hatte umgedreht	hatten umgedreht
	Future		**Future Perfect**	
	werde umdrehen	werden umdrehen	werde umgedreht haben	werden umgedreht haben
	wirst umdrehen	werdet umdrehen	wirst umgedreht haben	werdet umgedreht haben
	wird umdrehen	werden umdrehen	wird umgedreht haben	werden umgedreht haben
Subjunctive	**Present**		**Present Perfect**	
	drehe um	drehen um	habe umgedreht	haben umgedreht
	drehest um	drehet um	habest umgedreht	habet umgedreht
	drehe um	drehen um	habe umgedreht	haben umgedreht
	Past		**Past Perfect**	
	drehte um	drehten um	hätte umgedreht	hätten umgedreht
	drehtest um	drehtet um	hättest umgedreht	hättet umgedreht
	drehte um	drehten um	hätte umgedreht	hätten umgedreht
	Future		**Future Perfect**	
	werde umdrehen	werden umdrehen	werde umgedreht haben	werden umgedreht haben
	werdest umdrehen	werdet umdrehen	werdest umgedreht haben	werdet umgedreht haben
	werde umdrehen	werden umdrehen	werde umgedreht haben	werden umgedreht haben
	Present and Future Conditional		**Past Conditional**	
	würde umdrehen	würden umdrehen	würde umgedreht haben	würden umgedreht haben
	würdest umdrehen	würdet umdrehen	würdest umgedreht haben	würdet umgedreht haben
	würde umdrehen	würden umdrehen	würde umgedreht haben	würden umgedreht haben

EXAMPLES

Was für ein hässliches Bild. Drehe es um! What an ugly picture. Turn it over.
Als ich mich umdrehte, sah ich ihr Gesicht. When I turned around, I saw her face.

umkippen

to tip over

Auxiliary verb: haben   **Past participle:** umgekippt
Imperative: Kippe um! Kippt um! Kippen Sie um!

Mode	Simple Tenses		Compound Tenses	
	Singular	*Plural*	*Singular*	*Plural*
Indicative	**Present**		**Present Perfect**	
	kippe um	kippen um	habe umgekippt	haben umgekippt
	kippst um	kippt um	hast umgekippt	habt umgekippt
	kippt um	kippen um	hat umgekippt	haben umgekippt
	Past		**Past Perfect**	
	kippte um	kippten um	hatte umgekippt	hatten umgekippt
	kipptest um	kipptet um	hattest umgekippt	hattet umgekippt
	kippte um	kippten um	hatte umgekippt	hatten umgekippt
	Future		**Future Perfect**	
	werde umkippen	werden umkippen	werde umgekippt haben	werden umgekippt haben
	wirst umkippen	werdet umkippen	wirst umgekippt haben	werdet umgekippt haben
	wird umkippen	werden umkippen	wird umgekippt haben	werden umgekippt haben
Subjunctive	**Present**		**Present Perfect**	
	kippe um	kippen um	habe umgekippt	haben umgekippt
	kippest um	kippet um	habest umgekippt	habet umgekippt
	kippe um	kippen um	habe umgekippt	haben umgekippt
	Past		**Past Perfect**	
	kippte um	kippten um	hätte umgekippt	hätten umgekippt
	kipptest um	kipptet um	hättest umgekippt	hättet umgekippt
	kippte um	kippten um	hätte umgekippt	hätten umgekippt
	Future		**Future Perfect**	
	werde umkippen	werden umkippen	werde umgekippt haben	werden umgekippt haben
	werdest umkippen	werdet umkippen	werdest umgekippt haben	werdet umgekippt haben
	werde umkippen	werden umkippen	werde umgekippt haben	werden umgekippt haben
	Present and Future Conditional		**Past Conditional**	
	würde umkippen	würden umkippen	würde umgekippt haben	würden umgekippt haben
	würdest umkippen	würdet umkippen	würdest umgekippt haben	würdet umgekippt haben
	würde umkippen	würden umkippen	würde umgekippt haben	würden umgekippt haben

Note: When used as a verb of motion, this verb requires *sein* as its auxiliary in the perfect tenses.

EXAMPLES

Johannes hat den Stuhl umgekippt.	Johannes tipped over the chair.
Der betrunkene Mann kippte zweimal um.	The drunken man fell over twice.

umkommen
to die, to perish
Auxiliary verb: sein **Past participle:** umgekommen
Imperative: Komme um! Kommt um! Kommen Sie um!

Mode	Simple Tenses		Compound Tenses	
	Singular	*Plural*	*Singular*	*Plural*
Indicative	**Present**		**Present Perfect**	
	komme um	kommen um	bin umgekommen	sind umgekommen
	kommst um	kommt um	bist umgekommen	seid umgekommen
	kommt um	kommen um	ist umgekommen	sind umgekommen
	Past		**Past Perfect**	
	kam um	kamen um	war umgekommen	waren umgekommen
	kamst um	kamt um	warst umgekommen	wart umgekommen
	kam um	kamen um	war umgekommen	waren umgekommen
	Future		**Future Perfect**	
	werde umkommen	werden umkommen	werde umgekommen sein	werden umgekommen sein
	wirst umkommen	werdet umkommen	wirst umgekommen sein	werdet umgekommen sein
	wird umkommen	werden umkommen	wird umgekommen sein	werden umgekommen sein
Subjunctive	**Present**		**Present Perfect**	
	komme um	kommen um	sei umgekommen	seien umgekommen
	kommest um	kommet um	seiest umgekommen	seiet umgekommen
	komme um	kommen um	sei umgekommen	seien umgekommen
	Past		**Past Perfect**	
	käme um	kämen um	wäre umgekommen	wären umgekommen
	kämest um	kämet um	wärest umgekommen	wäret umgekommen
	käme um	kämen um	wäre umgekommen	wären umgekommen
	Future		**Future Perfect**	
	werde umkommen	werden umkommen	werde umgekommen sein	werden umgekommen sein
	werdest umkommen	werdet umkommen	werdest umgekommen sein	werdet umgekommen sein
	werde umkommen	werden umkommen	werde umgekommen sein	werden umgekommen sein
	Present and Future Conditional		**Past Conditional**	
	würde umkommen	würden umkommen	würde umgekommen sein	würden umgekommen sein
	würdest umkommen	würdet umkommen	würdest umgekommen sein	würdet umgekommen sein
	würde umkommen	würden umkommen	würde umgekommen sein	würden umgekommen sein

Note: With inseparable prefixes, the principal parts of this verb are, for example, *verkommt, verkam, ist verkommen.* With separable prefixes, the principal parts are, for example, *kommt an, kam an, ist angekommen.*

EXAMPLES

Ach, ich komme vor Langeweile um.
Oh, I'm dying of boredom.
Der junge Offizier ist auf dem Schlachtfeld umgekommen.
The young officer died on the battlefield.

umsteigen

to change (transportation), to transfer
Auxiliary verb: sein **Past participle:** umgestiegen
Imperative: Steige um! Steigt um! Steigen Sie um!

Mode	Simple Tenses		Compound Tenses	
	Singular	*Plural*	*Singular*	*Plural*
Indicative	**Present**		**Present Perfect**	
	steige um	steigen um	bin umgestiegen	sind umgestiegen
	steigst um	steigt um	bist umgestiegen	seid umgestiegen
	steigt um	steigen um	ist umgestiegen	sind umgestiegen
	Past		**Past Perfect**	
	stieg um	stiegen um	war umgestiegen	waren umgestiegen
	stiegst um	stiegt um	warst umgestiegen	wart umgestiegen
	stieg um	stiegen um	war umgestiegen	waren umgestiegen
	Future		**Future Perfect**	
	werde umsteigen	werden umsteigen	werde umgestiegen sein	werden umgestiegen sein
	wirst umsteigen	werdet umsteigen	wirst umgestiegen sein	werdet umgestiegen sein
	wird umsteigen	werden umsteigen	wird umgestiegen sein	werden umgestiegen sein
Subjunctive	**Present**		**Present Perfect**	
	steige um	steigen um	sei umgestiegen	seien umgestiegen
	steigest um	steiget um	seiest umgestiegen	seiet umgestiegen
	steige um	steigen um	sei umgestiegen	seien umgestiegen
	Past		**Past Perfect**	
	stiege um	stiegen um	wäre umgestiegen	wären umgestiegen
	stiegest um	stieget um	wärest umgestiegen	wäret umgestiegen
	stiege um	stiegen um	wäre umgestiegen	wären umgestiegen
	Future		**Future Perfect**	
	werde umsteigen	werden umsteigen	werde umgestiegen sein	werden umgestiegen sein
	werdest umsteigen	werdet umsteigen	werdest umgestiegen sein	werdet umgestiegen sein
	werde umsteigen	werden umsteigen	werde umgestiegen sein	werden umgestiegen sein
	Present and Future Conditional		**Past Conditional**	
	würde umsteigen	würden umsteigen	würde umgestiegen sein	würden umgestiegen sein
	würdest umsteigen	würdet umsteigen	würdest umgestiegen sein	würdet umgestiegen sein
	würde umsteigen	würden umsteigen	würde umgestiegen sein	würden umgestiegen sein

EXAMPLES

An der nächsten Haltestelle müssen wir umsteigen.	We have to transfer at the next stop.
Wir sind in München umgestiegen.	We changed trains/planes/buses in Munich.

unterdrücken

to suppress, to oppress
Auxiliary verb: haben **Past participle:** unterdrückt
Imperative: Unterdrücke! Unterdrückt! Unterdrücken Sie!

Mode	Simple Tenses		Compound Tenses	
	Singular	*Plural*	*Singular*	*Plural*
Indicative	**Present**		**Present Perfect**	
	unterdrücke	unterdrücken	habe unterdrückt	haben unterdrückt
	unterdrückst	unterdrückt	hast unterdrückt	habt unterdrückt
	unterdrückt	unterdrücken	hat unterdrückt	haben unterdrückt
	Past		**Past Perfect**	
	unterdrückte	unterdrückten	hatte unterdrückt	hatten unterdrückt
	unterdrücktest	unterdrücktet	hattest unterdrückt	hattet unterdrückt
	unterdrückte	unterdrückten	hatte unterdrückt	hatten unterdrückt
	Future		**Future Perfect**	
	werde unterdrücken	werden unterdrücken	werde unterdrückt haben	werden unterdrückt haben
	wirst unterdrücken	werdet unterdrücken	wirst unterdrückt haben	werdet unterdrückt haben
	wird unterdrücken	werden unterdrücken	wird unterdrückt haben	werden unterdrückt haben
Subjunctive	**Present**		**Present Perfect**	
	unterdrücke	unterdrücken	habe unterdrückt	haben unterdrückt
	unterdrückest	unterdrücket	habest unterdrückt	habet unterdrückt
	unterdrücke	unterdrücken	habe unterdrückt	haben unterdrückt
	Past		**Past Perfect**	
	unterdrückte	unterdrückten	hätte unterdrückt	hätten unterdrückt
	unterdrücktest	unterdrücktet	hättest unterdrückt	hättet unterdrückt
	unterdrückte	unterdrückten	hätte unterdrückt	hätten unterdrückt
	Future		**Future Perfect**	
	werde unterdrücken	werden unterdrücken	werde unterdrückt haben	werden unterdrückt haben
	werdest unter-drücken	werdet unterdrücken	werdest unterdrückt haben	werdet unterdrückt haben
	werde unterdrücken	werden unterdrücken	werde unterdrückt haben	werden unterdrückt haben
	Present and Future Conditional		**Past Conditional**	
	würde unterdrücken	würden unterdrücken	würde unterdrückt haben	würden unterdrückt haben
	würdest unter-drücken	würdet unterdrücken	würdest unterdrückt haben	würdet unterdrückt haben
	würde unterdrücken	würden unterdrücken	würde unterdrückt haben	würden unterdrückt haben

EXAMPLES

Die unterdrückte Bevölkerung rebellierte und stürzte die Regierung.
The oppressed population rose up and overthrew the government.

Sie haben die Sklaven unterdrückt.
They suppressed the slaves.

Ich unterdrückte ein Kichern.
I suppressed a giggle.

unternéhmen
to undertake, to attempt
Auxiliary verb: haben   **Past participle:** unternommen
Imperative: Unternimm! Unternehmt! Unternehmen Sie!

Mode	Simple Tenses		Compound Tenses	
	Singular	*Plural*	*Singular*	*Plural*
Indicative	**Present**		**Present Perfect**	
	unternehme	unternehmen	habe unternommen	haben unternommen
	unternimmst	unternehmt	hast unternommen	habt unternommen
	unternimmt	unternehmen	hat unternommen	haben unternommen
	Past		**Past Perfect**	
	unternahm	unternahmen	hatte unternommen	hatten unternommen
	unternahmst	unternahmt	hattest unternommen	hattet unternommen
	unternahm	unternahmen	hatte unternommen	hatten unternommen
	Future		**Future Perfect**	
	werde unternehmen	werden unternehmen	werde unternommen haben	werden unternommen haben
	wirst unternehmen	werdet unternehmen	wirst unternommen haben	werdet unternommen haben
	wird unternehmen	werden unternehmen	wird unternommen haben	werden unternommen haben
Subjunctive	**Present**		**Present Perfect**	
	unternehme	unternehmen	habe unternommen	haben unternommen
	unternehmest	unternehmet	habest unternommen	habet unternommen
	unternehme	unternehmen	habe unternommen	haben unternommen
	Past		**Past Perfect**	
	unternähme	unternähmen	hätte unternommen	hätten unternommen
	unternähmest	unternähmet	hättest unternommen	hättet unternommen
	unternähme	unternähmen	hätte unternommen	hätten unternommen
	Future		**Future Perfect**	
	werde unternehmen	werden unternehmen	werde unternommen haben	werden unternommen haben
	werdest unternehmen	werdet unternehmen	werdest unternommen haben	werdet unternommen haben
	werde unternehmen	werden unternehmen	werde unternommen haben	werden unternommen haben
	Present and Future Conditional		**Past Conditional**	
	würde unternehmen	würden unternehmen	würde unternommen haben	würden unternommen haben
	würdest unternehmen	würdet unternehmen	würdest unternommen haben	würdet unternommen haben
	würde unternehmen	würden unternehmen	würde unternommen haben	würden unternommen haben

Note: Without a prefix, the principal parts of this verb are *nimmt, nahm, hat genommen.* With separable prefixes, the principal parts are, for example, *nimmt zu, nahm zu, hat zugenommen.*

EXAMPLES

Die Regierung hat nichts gegen das wachsende Drogenproblem unternommen.

The government hasn't done anything about the mounting drug problem.

Sie werden endlich etwas gegen die Arbeitslosigkeit unternehmen.

They're finally going to do something about unemployment.

Wollen wir am Wochenende etwas zusammen unternehmen?

Would you like to do something together this weekend?

verabschieden (sich)
to say goodbye
Auxiliary verb: haben   **Past participle:** verabschiedet
Imperative: Verabschiede! Verabschiedet! Verabschieden Sie!

Mode	Simple Tenses		Compound Tenses	
	Singular	*Plural*	*Singular*	*Plural*
Indicative	**Present**		**Present Perfect**	
	verabschiede	verabschieden	habe verabschiedet	haben verabschiedet
	verabschiedest	verabschiedet	hast verabschiedet	habt verabschiedet
	verabschiedet	verabschieden	hat verabschiedet	haben verabschiedet
	Past		**Past Perfect**	
	verabschiedete	verabschiedeten	hatte verabschiedet	hatten verabschiedet
	verabschiedetest	verabschiedetet	hattest verabschiedet	hattet verabschiedet
	verabschiedete	verabschiedeten	hatte verabschiedet	hatten verabschiedet
	Future		**Future Perfect**	
	werde verabschieden	werden verabschieden	werde verabschiedet haben	werden verabschiedet haben
	wirst verabschieden	werdet verabschieden	wirst verabschiedet haben	werdet verabschiedet haben
	wird verabschieden	werden verabschieden	wird verabschiedet haben	werden verabschiedet haben
Subjunctive	**Present**		**Present Perfect**	
	verabschiede	verabschieden	habe verabschiedet	haben verabschiedet
	verabschiedest	verabschiedet	habest verabschiedet	habet verabschiedet
	verabschiede	verabschieden	habe verabschiedet	haben verabschiedet
	Past		**Past Perfect**	
	verabschiedete	verabschiedeten	hätte verabschiedet	hätten verabschiedet
	verabschiedetest	verabschiedetet	hättest verabschiedet	hättet verabschiedet
	verabschiedete	verabschiedeten	hätte verabschiedet	hätten verabschiedet
	Future		**Future Perfect**	
	werde verabschieden	werden verabschieden	werde verabschiedet haben	werden verabschiedet haben
	werdest verabschieden	werdet verabschieden	werdest verabschiedet haben	werdet verabschiedet haben
	werde verabschieden	werden verabschieden	werde verabschiedet haben	werden verabschiedet haben
	Present and Future Conditional		**Past Conditional**	
	würde verabschieden	würden verabschieden	würde verabschiedet haben	würden verabschiedet haben
	würdest verabschieden	würdet verabschieden	würdest verabschiedet haben	würdet verabschiedet haben
	würde verabschieden	würden verabschieden	würde verabschiedet haben	würden verabschiedet haben

EXAMPLES

Die Schule verabschiedete ihre Abschlussklasse.

The school said goodbye to its graduating class.

Sie haben sich noch nicht verabschiedet.

They still haven't said goodbye.

verbieten

to forbid, to prohibit
Auxiliary verb: haben **Past participle:** verboten
Imperative: Verbiete! Verbietet! Verbieten Sie!

Mode	Simple Tenses		Compound Tenses	
	Singular	*Plural*	*Singular*	*Plural*
Indicative	**Present**		**Present Perfect**	
	verbiete	verbieten	habe verboten	haben verboten
	verbietest	verbietet	hast verboten	habt verboten
	verbietet	verbieten	hat verboten	haben verboten
	Past		**Past Perfect**	
	verbot	verboten	hatte verboten	hatten verboten
	verbotest	verbotet	hattest verboten	hattet verboten
	verbot	verboten	hatte verboten	hatten verboten
	Future		**Future Perfect**	
	werde verbieten	werden verbieten	werde verboten haben	werden verboten haben
	wirst verbieten	werdet verbieten	wirst verboten haben	werdet verboten haben
	wird verbieten	werden verbieten	wird verboten haben	werden verboten haben
Subjunctive	**Present**		**Present Perfect**	
	verbiete	verbieten	habe verboten	haben verboten
	verbietest	verbietet	habest verboten	habet verboten
	verbiete	verbieten	habe verboten	haben verboten
	Past		**Past Perfect**	
	verböte	verböten	hätte verboten	hätten verboten
	verbötest	verbötet	hättest verboten	hättet verboten
	verböte	verböten	hätte verboten	hätten verboten
	Future		**Future Perfect**	
	werde verbieten	werden verbieten	werde verboten haben	werden verboten haben
	werdest verbieten	werdet verbieten	werdest verboten haben	werdet verboten haben
	werde verbieten	werden verbieten	werde verboten haben	werden verboten haben
	Present and Future Conditional		**Past Conditional**	
	würde verbieten	würden verbieten	würde verboten haben	würden verboten haben
	würdest verbieten	würdet verbieten	würdest verboten haben	würdet verboten haben
	würde verbieten	würden verbieten	würde verboten haben	würden verboten haben

Note: Without a prefix, the principal parts of this verb are *bietet, bot, hat geboten*.
With separable prefixes, the principal parts are, for example, *bietet an, bot an, hat angeboten*.

EXAMPLES

Die Eltern haben den Kindern verboten mit
dem alten Hund zu spielen.

The parents have forbidden the children
from playing with the old dog.

Rauchen verboten!

No smoking.

verderben

to spoil, to ruin, to drag down
Auxiliary verb: haben **Past participle:** verdorben
Imperative: Verdirb! Verderbt! Verderben Sie!

Mode	Simple Tenses		Compound Tenses	
	Singular	*Plural*	*Singular*	*Plural*
Indicative	**Present**		**Present Perfect**	
	verderbe	verderben	habe verdorben	haben verdorben
	verdirbst	verderbt	hast verdorben	habt verdorben
	verdirbt	verderben	hat verdorben	haben verdorben
	Past		**Past Perfect**	
	verdarb	verdarben	hatte verdorben	hatten verdorben
	verdarbst	verdarbt	hattest verdorben	hattet verdorben
	verdarb	verdarben	hatte verdorben	hatten verdorben
	Future		**Future Perfect**	
	werde verderben	werden verderben	werde verdorben haben	werden verdorben haben
	wirst verderben	werdet verderben	wirst verdorben haben	werdet verdorben haben
	wird verderben	werden verderben	wird verdorben haben	werden verdorben haben
Subjunctive	**Present**		**Present Perfect**	
	verderbe	verderben	habe verdorben	haben verdorben
	verderbest	verderbet	habest verdorben	habet verdorben
	verderbe	verderben	habe verdorben	haben verdorben
	Past		**Past Perfect**	
	verdürbe	verdürben	hätte verdorben	hätten verdorben
	verdürbest	verdürbet	hättest verdorben	hättet verdorben
	verdürbe	verdürben	hätte verdorben	hätten verdorben
	Future		**Future Perfect**	
	werde verderben	werden verderben	werde verdorben haben	werden verdorben haben
	werdest verderben	werdet verderben	werdest verdorben haben	werdet verdorben haben
	werde verderben	werden verderben	werde verdorben haben	werden verdorben haben
	Present and Future Conditional		**Past Conditional**	
	würde verderben	würden verderben	würde verdorben haben	würden verdorben haben
	würdest verderben	würdet verderben	würdest verdorben haben	würdet verdorben haben
	würde verderben	würden verderben	würde verdorben haben	würden verdorben haben

EXAMPLES

Die Krankheit meiner Frau hat unsere Ferienreise verdorben.

My wife's illness ruined our vacation trip.

Seine Anwesenheit verdirbt mir die ganze Party.

His presence spoils the whole party for me.

vergessen
to forget
Auxiliary verb: haben   **Past participle:** vergessen
Imperative: Vergiss! Vergesst! Vergessen Sie!

Mode	Simple Tenses		Compound Tenses	
	Singular	*Plural*	*Singular*	*Plural*
Indicative	**Present**		**Present Perfect**	
	vergesse	vergessen	habe vergessen	haben vergessen
	vergisst	vergesst	hast vergessen	habt vergessen
	vergisst	vergessen	hat vergessen	haben vergessen
	Past		**Past Perfect**	
	vergaß	vergaßen	hatte vergessen	hatten vergessen
	vergaßest	vergaßt	hattest vergessen	hattet vergessen
	vergaß	vergaßen	hatte vergessen	hatten vergessen
	Future		**Future Perfect**	
	werde vergessen	werden vergessen	werde vergessen haben	werden vergessen haben
	wirst vergessen	werdet vergessen	wirst vergessen haben	werdet vergessen haben
	wird vergessen	werden vergessen	wird vergessen haben	werden vergessen haben
Subjunctive	**Present**		**Present Perfect**	
	vergesse	vergessen	habe vergessen	haben vergessen
	vergessest	vergesset	habest vergessen	habet vergessen
	vergesse	vergessen	habe vergessen	haben vergessen
	Past		**Past Perfect**	
	vergäße	vergäßen	hätte vergessen	hätten vergessen
	vergäßest	vergäßet	hättest vergessen	hättet vergessen
	vergäße	vergäßen	hätte vergessen	hätten vergessen
	Future		**Future Perfect**	
	werde vergessen	werden vergessen	werde vergessen haben	werden vergessen haben
	werdest vergessen	werdet vergessen	werdest vergessen haben	werdet vergessen haben
	werde vergessen	werden vergessen	werde vergessen haben	werden vergessen haben
	Present and Future Conditional		**Past Conditional**	
	würde vergessen	würden vergessen	würde vergessen haben	würden vergessen haben
	würdest vergessen	würdet vergessen	würdest vergessen haben	würdet vergessen haben
	würde vergessen	würden vergessen	würde vergessen haben	würden vergessen haben

EXAMPLES

Ich erkenne Ihr Gesicht, aber Ihren Namen habe ich vergessen.
Ich werde dich nie vergessen.

I recognize your face, but I've forgotten your name.
I'll never forget you.

verhaften

to arrest

Auxiliary verb: haben   **Past participle:** verhaftet
Imperative: Verhafte! Verhaftet! Verhaften Sie!

Mode	Simple Tenses		Compound Tenses	
	Singular	*Plural*	*Singular*	*Plural*
Indicative	**Present**		**Present Perfect**	
	verhafte	verhaften	habe verhaftet	haben verhaftet
	verhaftest	verhaftet	hast verhaftet	habt verhaftet
	verhaftet	verhaften	hat verhaftet	haben verhaftet
	Past		**Past Perfect**	
	verhaftete	verhafteten	hatte verhaftet	hatten verhaftet
	verhaftetest	verhaftetet	hattest verhaftet	hattet verhaftet
	verhaftete	verhafteten	hatte verhaftet	hatten verhaftet
	Future		**Future Perfect**	
	werde verhaften	werden verhaften	werde verhaftet haben	werden verhaftet haben
	wirst verhaften	werdet verhaften	wirst verhaftet haben	werdet verhaftet haben
	wird verhaften	werden verhaften	wird verhaftet haben	werden verhaftet haben
Subjunctive	**Present**		**Present Perfect**	
	verhafte	verhaften	habe verhaftet	haben verhaftet
	verhaftest	verhaftet	habest verhaftet	habet verhaftet
	verhafte	verhaften	habe verhaftet	haben verhaftet
	Past		**Past Perfect**	
	verhaftete	verhafteten	hätte verhaftet	hätten verhaftet
	verhaftetest	verhaftetet	hättest verhaftet	hättet verhaftet
	verhaftete	verhafteten	hätte verhaftet	hätten verhaftet
	Future		**Future Perfect**	
	werde verhaften	werden verhaften	werde verhaftet haben	werden verhaftet haben
	werdest verhaften	werdet verhaften	werdest verhaftet haben	werdet verhaftet haben
	werde verhaften	werden verhaften	werde verhaftet haben	werden verhaftet haben
	Present and Future Conditional		**Past Conditional**	
	würde verhaften	würden verhaften	würde verhaftet haben	würden verhaftet haben
	würdest verhaften	würdet verhaften	würdest verhaftet haben	würdet verhaftet haben
	würde verhaften	würden verhaften	würde verhaftet haben	würden verhaftet haben

EXAMPLES

Zwei verdächtige Männer wurden an der Grenze verhaftet.

Two suspicious men were arrested at the border.

Der Polizist verhaftet einen Taschendieb.

The policeman is arresting a pickpocket.

verheiraten

to marry, to give in marriage

Auxiliary verb: haben   **Past participle:** verheiratet
Imperative: Verheirate! Verheiratet! Verheiraten Sie!

Mode	Simple Tenses		Compound Tenses	
	Singular	*Plural*	*Singular*	*Plural*
Indicative	**Present**		**Present Perfect**	
	verheirate	verheiraten	habe verheiratet	haben verheiratet
	verheiratest	verheiratet	hast verheiratet	habt verheiratet
	verheiratet	verheiraten	hat verheiratet	haben verheiratet
	Past		**Past Perfect**	
	verheiratete	verheirateten	hatte verheiratet	hatten verheiratet
	verheiratetest	verheiratetet	hattest verheiratet	hattet verheiratet
	verheiratete	verheirateten	hatte verheiratet	hatten verheiratet
	Future		**Future Perfect**	
	werde verheiraten	werden verheiraten	werde verheiratet haben	werden verheiratet haben
	wirst verheiraten	werdet verheiraten	wirst verheiratet haben	werdet verheiratet haben
	wird verheiraten	werden verheiraten	wird verheiratet haben	werden verheiratet haben
Subjunctive	**Present**		**Present Perfect**	
	verheirate	verheiraten	habe verheiratet	haben verheiratet
	verheiratest	verheiratet	habest verheiratet	habet verheiratet
	verheirate	verheiraten	habe verheiratet	haben verheiratet
	Past		**Past Perfect**	
	verheiratete	verheirateten	hätte verheiratet	hätten verheiratet
	verheiratetest	verheiratetet	hättest verheiratet	hättet verheiratet
	verheiratete	verheirateten	hätte verheiratet	hätten verheiratet
	Future		**Future Perfect**	
	werde verheiraten	werden verheiraten	werde verheiratet haben	werden verheiratet haben
	werdest verheiraten	werdet verheiraten	werdest verheiratet haben	werdet verheiratet haben
	werde verheiraten	werden verheiraten	werde verheiratet haben	werden verheiratet haben
	Present and Future Conditional		**Past Conditional**	
	würde verheiraten	würden verheiraten	würde verheiratet haben	würden verheiratet haben
	würdest verheiraten	würdet verheiraten	würdest verheiratet haben	würdet verheiratet haben
	würde verheiraten	würden verheiraten	würde verheiratet haben	würden verheiratet haben

Note: The verb *heiraten* is used to say that someone "is getting married." After the marriage ceremony, someone is *verheiratet*.

EXAMPLES

Wie lange seid ihr schon verheiratet?	How long have you two been married?
Erik will sie heiraten.	Erik wants to marry her.

verhungern

to starve, to die from hunger
Auxiliary verb: sein   **Past participle:** verhungert
Imperative: Verhungere! Verhungert! Verhungern Sie!

Mode	Simple Tenses		Compound Tenses	
	Singular	*Plural*	*Singular*	*Plural*
Indicative	**Present**		**Present Perfect**	
	verhungere	verhungern	bin verhungert	sind verhungert
	verhungerst	verhungert	bist verhungert	seid verhungert
	verhungert	verhungern	ist verhungert	sind verhungert
	Past		**Past Perfect**	
	verhungerte	verhungerten	war verhungert	waren verhungert
	verhungertest	verhungertet	warst verhungert	wart verhungert
	verhungerte	verhungerten	war verhungert	waren verhungert
	Future		**Future Perfect**	
	werde verhungern	werden verhungern	werde verhungert sein	werden verhungert sein
	wirst verhungern	werdet verhungern	wirst verhungert sein	werdet verhungert sein
	wird verhungern	werden verhungern	wird verhungert sein	werden verhungert sein
Subjunctive	**Present**		**Present Perfect**	
	verhungere	verhungern	sei verhungert	seien verhungert
	verhungerst	verhungert	seiest verhungert	seiet verhungert
	verhungere	verhungern	sei verhungert	seien verhungert
	Past		**Past Perfect**	
	verhungerte	verhungerten	wäre verhungert	wären verhungert
	verhungertest	verhungertet	wärest verhungert	wäret verhungert
	verhungerte	verhungerten	wäre verhungert	wären verhungert
	Future		**Future Perfect**	
	werde verhungern	werden verhungern	werde verhungert sein	werden verhungert sein
	werdest verhungern	werdet verhungern	werdest verhungert sein	werdet verhungert sein
	werde verhungern	werden verhungern	werde verhungert sein	werden verhungert sein
	Present and Future Conditional		**Past Conditional**	
	würde verhungern	würden verhungern	würde verhungert sein	würden verhungert sein
	würdest verhungern	würdet verhungern	würdest verhungert sein	würdet verhungert sein
	würde verhungern	würden verhungern	würde verhungert sein	würden verhungert sein

EXAMPLES

Ohne Lebensmittelvorräte fingen die Soldaten an zu verhungern.

Without provisions, the soldiers began to starve.

In Afrika verhungern noch viele Menschen.

Many people still starve to death in Africa.

verlangen
to demand, to ask for
Auxiliary verb: haben   **Past participle:** verlangt
Imperative: Verlange! Verlangt! Verlangen Sie!

Mode	Simple Tenses		Compound Tenses	
	Singular	*Plural*	*Singular*	*Plural*
Indicative	**Present**		**Present Perfect**	
	verlange	verlangen	habe verlangt	haben verlangt
	verlangst	verlangt	hast verlangt	habt verlangt
	verlangt	verlangen	hat verlangt	haben verlangt
	Past		**Past Perfect**	
	verlangte	verlangten	hatte verlangt	hatten verlangt
	verlangtest	verlangtet	hattest verlangt	hattet verlangt
	verlangte	verlangten	hatte verlangt	hatten verlangt
	Future		**Future Perfect**	
	werde verlangen	werden verlangen	werde verlangt haben	werden verlangt haben
	wirst verlangen	werdet verlangen	wirst verlangt haben	werdet verlangt haben
	wird verlangen	werden verlangen	wird verlangt haben	werden verlangt haben
Subjunctive	**Present**		**Present Perfect**	
	verlange	verlangen	habe verlangt	haben verlangt
	verlangest	verlanget	habest verlangt	habet verlangt
	verlange	verlangen	habe verlangt	haben verlangt
	Past		**Past Perfect**	
	verlangte	verlangten	hätte verlangt	hätten verlangt
	verlangtest	verlangtet	hättest verlangt	hättet verlangt
	verlangte	verlangten	hätte verlangt	hätten verlangt
	Future		**Future Perfect**	
	werde verlangen	werden verlangen	werde verlangt haben	werden verlangt haben
	werdest verlangen	werdet verlangen	werdest verlangt haben	werdet verlangt haben
	werde verlangen	werden verlangen	werde verlangt haben	werden verlangt haben
	Present and Future Conditional		**Past Conditional**	
	würde verlangen	würden verlangen	würde verlangt haben	würden verlangt haben
	würdest verlangen	würdet verlangen	würdest verlangt haben	würdet verlangt haben
	würde verlangen	würden verlangen	würde verlangt haben	würden verlangt haben

EXAMPLES

Mein Vater verlangt von mir, mein Studium fortzusetzen.

My father demands that I continue my studies.

Wie viel verlangen Sie für den Wagen?

How much are you asking for the car?

verletzen
to hurt, to injure
Auxiliary verb: haben   **Past participle:** verletzt
Imperative: Verletze! Verletzt! Verletzen Sie!

Mode	Simple Tenses		Compound Tenses	
	Singular	*Plural*	*Singular*	*Plural*
	Present		**Present Perfect**	
Indicative	verletze	verletzen	habe verletzt	haben verletzt
	verletzt	verletzt	hast verletzt	habt verletzt
	verletzt	verletzen	hat verletzt	haben verletzt
	Past		**Past Perfect**	
	verletzte	verletzten	hatte verletzt	hatten verletzt
	verletztest	verletztet	hattest verletzt	hattet verletzt
	verletzte	verletzten	hatte verletzt	hatten verletzt
	Future		**Future Perfect**	
	werde verletzen	werden verletzen	werde verletzt haben	werden verletzt haben
	wirst verletzen	werdet verletzen	wirst verletzt haben	werdet verletzt haben
	wird verletzen	werden verletzen	wird verletzt haben	werden verletzt haben
Subjunctive	**Present**		**Present Perfect**	
	verletze	verletzen	habe verletzt	haben verletzt
	verletzest	verletzet	habest verletzt	habet verletzt
	verletze	verletzen	habe verletzt	haben verletzt
	Past		**Past Perfect**	
	verletzte	verletzten	hätte verletzt	hätten verletzt
	verletztest	verletztet	hättest verletzt	hättet verletzt
	verletzte	verletzten	hätte verletzt	hätten verletzt
	Future		**Future Perfect**	
	werde verletzen	werden verletzen	werde verletzt haben	werden verletzt haben
	werdest verletzen	werdet verletzen	werdest verletzt haben	werdet verletzt haben
	werde verletzen	werden verletzen	werde verletzt haben	werden verletzt haben
	Present and Future Conditional		**Past Conditional**	
	würde verletzen	würden verletzen	würde verletzt haben	würden verletzt haben
	würdest verletzen	würdet verletzen	würdest verletzt haben	würdet verletzt haben
	würde verletzen	würden verletzen	würde verletzt haben	würden verletzt haben

EXAMPLES

Die Frau scheint schwer verletzt zu sein. — The woman appears to be badly injured.
Sie haben den guten Namen des Richters verletzt. — They have damaged the judge's good name.

verlieren

to lose

Auxiliary verb: haben   **Past participle:** verloren
Imperative: Verliere! Verliert! Verlieren Sie!

Mode	Simple Tenses		Compound Tenses	
	Singular	*Plural*	*Singular*	*Plural*
Indicative	**Present**		**Present Perfect**	
	verliere	verlieren	habe verloren	haben verloren
	verlierst	verliert	hast verloren	habt verloren
	verliert	verlieren	hat verloren	haben verloren
	Past		**Past Perfect**	
	verlor	verloren	hatte verloren	hatten verloren
	verlorst	verlort	hattest verloren	hattet verloren
	verlor	verloren	hatte verloren	hatten verloren
	Future		**Future Perfect**	
	werde verlieren	werden verlieren	werde verloren haben	werden verloren haben
	wirst verlieren	werdet verlieren	wirst verloren haben	werdet verloren haben
	wird verlieren	werden verlieren	wird verloren haben	werden verloren haben
Subjunctive	**Present**		**Present Perfect**	
	verliere	verlieren	habe verloren	haben verloren
	verlierest	verlieret	habest verloren	habet verloren
	verliere	verlieren	habe verloren	haben verloren
	Past		**Past Perfect**	
	verlöre	verlören	hätte verloren	hätten verloren
	verlörest	verlöret	hättest verloren	hättet verloren
	verlöre	verlören	hätte verloren	hätten verloren
	Future		**Future Perfect**	
	werde verlieren	werden verlieren	werde verloren haben	werden verloren haben
	werdest verlieren	werdet verlieren	werdest verloren haben	werdet verloren haben
	werde verlieren	werden verlieren	werde verloren haben	werden verloren haben
	Present and Future Conditional		**Past Conditional**	
	würde verlieren	würden verlieren	würde verloren haben	würden verloren haben
	würdest verlieren	würdet verlieren	würdest verloren haben	würdet verloren haben
	würde verlieren	würden verlieren	würde verloren haben	würden verloren haben

EXAMPLES

Die beste Mannschaft hat überraschend verloren.   Surprisingly, the best team lost.
Er verliert andauernd seine Brille.   He loses his glasses all the time.

vermehren

to increase, to multiply
Auxiliary verb: haben   **Past participle:** vermehrt
Imperative: Vermehre! Vermehrt! Vermehren Sie!

Mode	Simple Tenses		Compound Tenses	
	Singular	*Plural*	*Singular*	*Plural*
Indicative	**Present**		**Present Perfect**	
	vermehre	vermehren	habe vermehrt	haben vermehrt
	vermehrst	vermehrt	hast vermehrt	habt vermehrt
	vermehrt	vermehren	hat vermehrt	haben vermehrt
	Past		**Past Perfect**	
	vermehrte	vermehrten	hatte vermehrt	hatten vermehrt
	vermehrtest	vermehrtet	hattest vermehrt	hattet vermehrt
	vermehrte	vermehrten	hatte vermehrt	hatten vermehrt
	Future		**Future Perfect**	
	werde vermehren	werden vermehren	werde vermehrt haben	werden vermehrt haben
	wirst vermehren	werdet vermehren	wirst vermehrt haben	werdet vermehrt haben
	wird vermehren	werden vermehren	wird vermehrt haben	werden vermehrt haben
Subjunctive	**Present**		**Present Perfect**	
	vermehre	vermehren	habe vermehrt	haben vermehrt
	vermehrest	vermehret	habest vermehrt	habet vermehrt
	vermehre	vermehren	habe vermehrt	haben vermehrt
	Past		**Past Perfect**	
	vermehrte	vermehrten	hätte vermehrt	hätten vermehrt
	vermehrtest	vermehrtet	hättest vermehrt	hättet vermehrt
	vermehrte	vermehrten	hätte vermehrt	hätten vermehrt
	Future		**Future Perfect**	
	werde vermehren	werden vermehren	werde vermehrt haben	werden vermehrt haben
	werdest vermehren	werdet vermehren	werdest vermehrt haben	werdet vermehrt haben
	werde vermehren	werden vermehren	werde vermehrt haben	werden vermehrt haben
	Present and Future Conditional		**Past Conditional**	
	würde vermehren	würden vermehren	würde vermehrt haben	würden vermehrt haben
	würdest vermehren	würdet vermehren	würdest vermehrt haben	würdet vermehrt haben
	würde vermehren	würden vermehren	würde vermehrt haben	würden vermehrt haben

EXAMPLES

Diese Tiere vermehren sich rasch.

These animals breed rapidly.

Anstatt Geld zu sparen, hat er seine Schulden vermehrt.

Instead of saving money, he increased his debts.

vermieten
to let, to rent out
Auxiliary verb: haben   **Past participle:** vermietet
Imperative: Vermiete! Vermietet! Vermieten Sie!

Mode	Simple Tenses		Compound Tenses	
	Singular	*Plural*	*Singular*	*Plural*
Indicative	**Present**		**Present Perfect**	
	vermiete	vermieten	habe vermietet	haben vermietet
	vermietest	vermietet	hast vermietet	habt vermietet
	vermietet	vermieten	hat vermietet	haben vermietet
	Past		**Past Perfect**	
	vermietete	vermieteten	hatte vermietet	hatten vermietet
	vermietetest	vermietetet	hattest vermietet	hattet vermietet
	vermietete	vermieteten	hatte vermietet	hatten vermietet
	Future		**Future Perfect**	
	werde vermieten	werden vermieten	werde vermietet haben	werden vermietet haben
	wirst vermieten	werdet vermieten	wirst vermietet haben	werdet vermietet haben
	wird vermieten	werden vermieten	wird vermietet haben	werden vermietet haben
Subjunctive	**Present**		**Present Perfect**	
	vermiete	vermieten	habe vermietet	haben vermietet
	vermietest	vermietet	habest vermietet	habet vermietet
	vermiete	vermieten	habe vermietet	haben vermietet
	Past		**Past Perfect**	
	vermietete	vermieteten	hätte vermietet	hätten vermietet
	vermietetest	vermietetet	hättest vermietet	hättet vermietet
	vermietete	vermieteten	hätte vermietet	hätten vermietet
	Future		**Future Perfect**	
	werde vermieten	werden vermieten	werde vermietet haben	werden vermietet haben
	werdest vermieten	werdet vermieten	werdest vermietet haben	werdet vermietet haben
	werde vermieten	werden vermieten	werde vermietet haben	werden vermietet haben
	Present and Future Conditional		**Past Conditional**	
	würde vermieten	würden vermieten	würde vermietet haben	würden vermietet haben
	würdest vermieten	würdet vermieten	würdest vermietet haben	würdet vermietet haben
	würde vermieten	würden vermieten	würde vermietet haben	würden vermietet haben

EXAMPLES

Es tut mir leid, aber das letzte Zimmer ist bereits vermietet.

I'm sorry, but the last room is already rented.

Solche große Häuser lassen sich nicht leicht vermieten.

Such large houses aren't rented easily.

vernichten

to annihilate, to destroy
Auxiliary verb: haben   **Past participle:** vernichtet
Imperative: Vernichte! Vernichtet! Vernichten Sie!

Mode	Simple Tenses		Compound Tenses	
	Singular	*Plural*	*Singular*	*Plural*
Indicative	**Present**		**Present Perfect**	
	vernichte	vernichten	habe vernichtet	haben vernichtet
	vernichtest	vernichtet	hast vernichtet	habt vernichtet
	vernichtet	vernichten	hat vernichtet	haben vernichtet
	Past		**Past Perfect**	
	vernichtete	vernichteten	hatte vernichtet	hatten vernichtet
	vernichtetest	vernichtetet	hattest vernichtet	hattet vernichtet
	vernichtete	vernichteten	hatte vernichtet	hatten vernichtet
	Future		**Future Perfect**	
	werde vernichten	werden vernichten	werde vernichtet haben	werden vernichtet haben
	wirst vernichten	werdet vernichten	wirst vernichtet haben	werdet vernichtet haben
	wird vernichten	werden vernichten	wird vernichtet haben	werden vernichtet haben
Subjunctive	**Present**		**Present Perfect**	
	vernichte	vernichten	habe vernichtet	haben vernichtet
	vernichtest	vernichtet	habest vernichtet	habet vernichtet
	vernichte	vernichten	habe vernichtet	haben vernichtet
	Past		**Past Perfect**	
	vernichtete	vernichteten	hätte vernichtet	hätten vernichtet
	vernichtetest	vernichtetet	hättest vernichtet	hättet vernichtet
	vernichtete	vernichteten	hätte vernichtet	hätten vernichtet
	Future		**Future Perfect**	
	werde vernichten	werden vernichten	werde vernichtet haben	werden vernichtet haben
	werdest vernichten	werdet vernichten	werdest vernichtet haben	werdet vernichtet haben
	werde vernichten	werden vernichten	werde vernichtet haben	werden vernichtet haben
	Present and Future Conditional		**Past Conditional**	
	würde vernichten	würden vernichten	würde vernichtet haben	würden vernichtet haben
	würdest vernichten	würdet vernichten	würdest vernichtet haben	würdet vernichtet haben
	würde vernichten	würden vernichten	würde vernichtet haben	würden vernichtet haben

EXAMPLES

Der Hagel hat die gesamte Ernte vernichtet.
The hail destroyed the entire crop.

Sie haben keine Hoffnung mehr, dass sie den Feind vernichten können.
They don't have any more hope that they can annihilate the enemy.

Das Feuer vernichtete alle Spuren des Verbrechens.
The fire destroyed all traces of the crime.

verprügeln

to thrash, to beat

Auxiliary verb: haben **Past participle:** verprügelt
Imperative: Verprügele! Verprügelt! Verprügeln Sie!

Mode	Simple Tenses		Compound Tenses	
	Singular	*Plural*	*Singular*	*Plural*
Indicative	**Present**		**Present Perfect**	
	verprügele	verprügeln	habe verprügelt	haben verprügelt
	verprügelst	verprügelt	hast verprügelt	habt verprügelt
	verprügelt	verprügeln	hat verprügelt	haben verprügelt
	Past		**Past Perfect**	
	verprügelte	verprügelten	hatte verprügelt	hatten verprügelt
	verprügeltest	verprügeltet	hattest verprügelt	hattet verprügelt
	verprügelte	verprügelten	hatte verprügelt	hatten verprügelt
	Future		**Future Perfect**	
	werde verprügeln	werden verprügeln	werde verprügelt haben	werden verprügelt haben
	wirst verprügeln	werdet verprügeln	wirst verprügelt haben	werdet verprügelt haben
	wird verprügeln	werden verprügeln	wird verprügelt haben	werden verprügelt haben
Subjunctive	**Present**		**Present Perfect**	
	verprügele	verprügeln	habe verprügelt	haben verprügelt
	verprügelst	verprügelt	habest verprügelt	habet verprügelt
	verprügele	verprügeln	habe verprügelt	haben verprügelt
	Past		**Past Perfect**	
	verprügelte	verprügelten	hätte verprügelt	hätten verprügelt
	verprügeltest	verprügeltet	hättest verprügelt	hättet verprügelt
	verprügelte	verprügelten	hätte verprügelt	hätten verprügelt
	Future		**Future Perfect**	
	werde verprügeln	werden verprügeln	werde verprügelt haben	werden verprügelt haben
	werdest verprügeln	werdet verprügeln	werdest verprügelt haben	werdet verprügelt haben
	werde verprügeln	werden verprügeln	werde verprügelt haben	werden verprügelt haben
	Present and Future Conditional		**Past Conditional**	
	würde verprügeln	würden verprügeln	würde verprügelt haben	würden verprügelt haben
	würdest verprügeln	würdet verprügeln	würdest verprügelt haben	würdet verprügelt haben
	würde verprügeln	würden verprügeln	würde verprügelt haben	würden verprügelt haben

EXAMPLES

Die Räuber haben ihm das Geld gestohlen und ihn verprügelt.

The robbers stole his money and beat him up.

Der Vater war wütend und verprügelte den unartigen Jungen.

The father was furious and thrashed the naughty boy.

verraten
to betray
Auxiliary verb: haben   **Past participle:** verraten
Imperative: Verrate! Verratet! Verraten Sie!

Mode	Simple Tenses		Compound Tenses	
	Singular	*Plural*	*Singular*	*Plural*
Indicative	**Present**		**Present Perfect**	
	verrate	verraten	habe verraten	haben verraten
	verrätst	verratet	hast verraten	habt verraten
	verrät	verraten	hat verraten	haben verraten
	Past		**Past Perfect**	
	verriet	verrieten	hatte verraten	hatten verraten
	verrietest	verrrietet	hattest verraten	hattet verraten
	verriet	verrieten	hatte verraten	hatten verraten
	Future		**Future Perfect**	
	werde verraten	werden verraten	werde verraten haben	werden verraten haben
	wirst verraten	werdet verraten	wirst verraten haben	werdet verraten haben
	wird verraten	werden verraten	wird verraten haben	werden verraten haben
Subjunctive	**Present**		**Present Perfect**	
	verrate	verraten	habe verraten	haben verraten
	verratest	verratet	habest verraten	habet verraten
	verrate	verraten	habe verraten	haben verraten
	Past		**Past Perfect**	
	verriete	verrieten	hätte verraten	hätten verraten
	verrietest	verrrietet	hättest verraten	hättet verraten
	verriete	verrieten	hätte verraten	hätten verraten
	Future		**Future Perfect**	
	werde verraten	werden verraten	werde verraten haben	werden verraten haben
	werdest verraten	werdet verraten	werdest verraten haben	werdet verraten haben
	werde verraten	werden verraten	werde verraten haben	werden verraten haben
	Present and Future Conditional		**Past Conditional**	
	würde verraten	würden verraten	würde verraten haben	würden verraten haben
	würdest verraten	würdet verraten	würdest verraten haben	würdet verraten haben
	würde verraten	würden verraten	würde verraten haben	würden verraten haben

EXAMPLES

Christoph hat seinem Freund verraten, wo er das Geld versteckt hat.

Christoph told his friend where he hid the money.

Der Verräter verriet die Geheimnisse an eine feindliche Regierung.

The traitor betrayed the secrets to an enemy government.

versäumen

to neglect, to miss

Auxiliary verb: haben   **Past participle:** versäumt
Imperative: Versäume! Versäumt! Versäumen Sie!

Mode	Simple Tenses		Compound Tenses	
	Singular	*Plural*	*Singular*	*Plural*
Indicative	**Present**		**Present Perfect**	
	versäume	versäumen	habe versäumt	haben versäumt
	versäumst	versäumt	hast versäumt	habt versäumt
	versäumt	versäumen	hat versäumt	haben versäumt
	Past		**Past Perfect**	
	versäumte	versäumten	hatte versäumt	hatten versäumt
	versäumtest	versäumtet	hattest versäumt	hattet versäumt
	versäumte	versäumten	hatte versäumt	hatten versäumt
	Future		**Future Perfect**	
	werde versäumen	werden versäumen	werde versäumt haben	werden versäumt haben
	wirst versäumen	werdet versäumen	wirst versäumt haben	werdet versäumt haben
	wird versäumen	werden versäumen	wird versäumt haben	werden versäumt haben
Subjunctive	**Present**		**Present Perfect**	
	versäume	versäumen	habe versäumt	haben versäumt
	versäumest	versäumet	habest versäumt	habet versäumt
	versäume	versäumen	habe versäumt	haben versäumt
	Past		**Past Perfect**	
	versäumte	versäumten	hätte versäumt	hätten versäumt
	versäumtest	versäumtet	hättest versäumt	hättet versäumt
	versäumte	versäumten	hätte versäumt	hätten versäumt
	Future		**Future Perfect**	
	werde versäumen	werden versäumen	werde versäumt haben	werden versäumt haben
	werdest versäumen	werdet versäumen	werdest versäumt haben	werdet versäumt haben
	werde versäumen	werden versäumen	werde versäumt haben	werden versäumt haben
	Present and Future Conditional		**Past Conditional**	
	würde versäumen	würden versäumen	würde versäumt haben	würden versäumt haben
	würdest versäumen	würdet versäumen	würdest versäumt haben	würdet versäumt haben
	würde versäumen	würden versäumen	würde versäumt haben	würden versäumt haben

EXAMPLES

Karl hat es versäumt, Abschied von seinen Gastgebern zu nehmen.

Karl neglected to say goodbye to his hosts.

Wegen seiner Krankheit hat der Schwimmer zwei Wettkämpfe versäumen müssen.

Because of his illness, the swimmer had to miss two competitions.

verschwenden

to waste, to squander
Auxiliary verb: haben   **Past participle:** verschwendet
Imperative: Verschwende! Verschwendet! Verschwenden Sie!

Mode	Simple Tenses		Compound Tenses	
	Singular	*Plural*	*Singular*	*Plural*
Indicative	**Present**		**Present Perfect**	
	verschwende	verschwenden	habe verschwendet	haben verschwendet
	verschwendest	verschwendet	hast verschwendet	habt verschwendet
	verschwendet	verschwenden	hat verschwendet	haben verschwendet
	Past		**Past Perfect**	
	verschwendete	verschwendeten	hatte verschwendet	hatten verschwendet
	verschwendetest	verschwendetet	hattest verschwendet	hattet verschwendet
	verschwendete	verschwendeten	hatte verschwendet	hatten verschwendet
	Future		**Future Perfect**	
	werde verschwenden	werden verschwenden	werde verschwendet haben	werden verschwendet haben
	wirst verschwenden	werdet verschwenden	wirst verschwendet haben	werdet verschwendet haben
	wird verschwenden	werden verschwenden	wird verschwendet haben	werden verschwendet haben
Subjunctive	**Present**		**Present Perfect**	
	verschwende	verschwenden	habe verschwendet	haben verschwendet
	verschwendest	verschwendet	habest verschwendet	habet verschwendet
	verschwende	verschwenden	habe verschwendet	haben verschwendet
	Past		**Past Perfect**	
	verschwendete	verschwendeten	hätte verschwendet	hätten verschwendet
	verschwendetest	verschwendetet	hättest verschwendet	hättet verschwendet
	verschwendete	verschwendeten	hätte verschwendet	hätten verschwendet
	Future		**Future Perfect**	
	werde verschwenden	werden verschwenden	werde verschwendet haben	werden verschwendet haben
	werdest verschwenden	werdet verschwenden	werdest verschwendet haben	werdet verschwendet haben
	werde verschwenden	werden verschwenden	werde verschwendet haben	werden verschwendet haben
	Present and Future Conditional		**Past Conditional**	
	würde verschwenden	würden verschwenden	würde verschwendet haben	würden verschwendet haben
	würdest verschwenden	würdet verschwenden	würdest verschwendet haben	würdet verschwendet haben
	würde verschwenden	würden verschwenden	würde verschwendet haben	würden verschwendet haben

EXAMPLES

Benzin ist sehr teuer und sollte nicht
verschwendet werden.

Ich verschwende an dich keine Mühe mehr.

Gas is expensive and shouldn't be wasted.

I'm not wasting any more effort on you.

verschwinden

to disappear, to vanish

Auxiliary verb: sein   **Past participle:** verschwunden

Imperative: Verschwinde! Verschwindet! Verschwinden Sie!

Mode	Simple Tenses		Compound Tenses	
	Singular	*Plural*	*Singular*	*Plural*
Indicative	**Present**		**Present Perfect**	
	verschwinde	verschwinden	bin verschwunden	sind verschwunden
	verschwindest	verschwindet	bist verschwunden	seid verschwunden
	verschwindet	verschwinden	ist verschwunden	sind verschwunden
	Past		**Past Perfect**	
	verschwand	verschwanden	war verschwunden	waren verschwunden
	verschwandest	verschwandet	warst verschwunden	wart verschwunden
	verschwand	verschwanden	war verschwunden	waren verschwunden
	Future		**Future Perfect**	
	werde verschwinden	werden verschwinden	werde verschwunden sein	werden verschwunden sein
	wirst verschwinden	werdet verschwinden	wirst verschwunden sein	werdet verschwunden sein
	wird verschwinden	werden verschwinden	wird verschwunden sein	werden verschwunden sein
Subjunctive	**Present**		**Present Perfect**	
	verschwinde	verschwinden	sei verschwunden	seien verschwunden
	verschwindest	verschwindet	seiest verschwunden	seiet verschwunden
	verschwinde	verschwinden	sei verschwunden	seien verschwunden
	Past		**Past Perfect**	
	verschwände	verschwänden	wäre verschwunden	wären verschwunden
	verschwändest	verschwändet	wärest verschwunden	wäret verschwunden
	verschwände	verschwänden	wäre verschwunden	wären verschwunden
	Future		**Future Perfect**	
	werde verschwinden	werden verschwinden	werde verschwunden sein	werden verschwunden sein
	werdest verschwinden	werdet verschwinden	werdest verschwunden sein	werdet verschwunden sein
	werde verschwinden	werden verschwinden	werde verschwunden sein	werden verschwunden sein
	Present and Future Conditional		**Past Conditional**	
	würde verschwinden	würden verschwinden	würde verschwunden sein	würden verschwunden sein
	würdest verschwinden	würdet verschwinden	würdest verschwunden sein	würdet verschwunden sein
	würde verschwinden	würden verschwinden	würde verschwunden sein	würden verschwunden sein

EXAMPLES

Vor einer Minute hat sie an der Ecke gestanden. Jetzt ist sie verschwunden.

Verschwinde! Die Polizei kommt!

A minute ago, she was standing on the corner. Now she's vanished.

Get out of here. The police are coming.

versichern

to insure, to assure
Auxiliary verb: haben **Past participle:** versichert
Imperative: Versichere! Versichert! Versichern Sie!

Mode	Simple Tenses		Compound Tenses	
	Singular	*Plural*	*Singular*	*Plural*
Indicative	**Present**		**Present Perfect**	
	versichere	versichern	habe versichert	haben versichert
	versicherst	versichert	hast versichert	habt versichert
	versichert	versichern	hat versichert	haben versichert
	Past		**Past Perfect**	
	versicherte	versicherten	hatte versichert	hatten versichert
	versichertest	versichertet	hattest versichert	hattet versichert
	versicherte	versicherten	hatte versichert	hatten versichert
	Future		**Future Perfect**	
	werde versichern	werden versichern	werde versichert haben	werden versichert haben
	wirst versichern	werdet versichern	wirst versichert haben	werdet versichert haben
	wird versichern	werden versichern	wird versichert haben	werden versichert haben
Subjunctive	**Present**		**Present Perfect**	
	versichere	versichern	habe versichert	haben versichert
	versicherst	versichert	habest versichert	habet versichert
	versichere	versichern	habe versichert	haben versichert
	Past		**Past Perfect**	
	versicherte	versicherten	hätte versichert	hätten versichert
	versichertest	versichertet	hättest versichert	hättet versichert
	versicherte	versicherten	hätte versichert	hätten versichert
	Future		**Future Perfect**	
	werde versichern	werden versichern	werde versichert haben	werden versichert haben
	werdest versichern	werdet versichern	werdest versichert haben	werdet versichert haben
	werde versichern	werden versichern	werde versichert haben	werden versichert haben
	Present and Future Conditional		**Past Conditional**	
	würde versichern	würden versichern	würde versichert haben	würden versichert haben
	würdest versichern	würdet versichern	würdest versichert haben	würdet versichert haben
	würde versichern	würden versichern	würde versichert haben	würden versichert haben

EXAMPLES

Er fährt einen neuen Wagen, ist aber nicht versichert.

He's driving a new car but isn't insured.

Ich versichere euch, dass ich mich gut um euer Kind kümmern werde.

I assure you that I'll take good care of your child.

versprechen

to promise

Auxiliary verb: haben   **Past participle:** versprochen

Imperative: Versprich! Versprecht! Versprechen Sie!

Mode	Simple Tenses		Compound Tenses	
	Singular	*Plural*	*Singular*	*Plural*
Indicative	**Present**		**Present Perfect**	
	verspreche	versprechen	habe versprochen	haben versprochen
	versprichst	versprecht	hast versprochen	habt versprochen
	verspricht	versprechen	hat versprochen	haben versprochen
	Past		**Past Perfect**	
	versprach	versprachen	hatte versprochen	hatten versprochen
	versprachst	verspracht	hattest versprochen	hattet versprochen
	versprach	versprachen	hatte versprochen	hatten versprochen
	Future		**Future Perfect**	
	werde versprechen	werden versprechen	werde versprochen haben	werden versprochen haben
	wirst versprechen	werdet versprechen	wirst versprochen haben	werdet versprochen haben
	wird versprechen	werden versprechen	wird versprochen haben	werden versprochen haben
Subjunctive	**Present**		**Present Perfect**	
	verspreche	versprechen	habe versprochen	haben versprochen
	versprechest	versprechet	habest versprochen	habet versprochen
	verspreche	versprechen	habe versprochen	haben versprochen
	Past		**Past Perfect**	
	verspräche	versprächen	hätte versprochen	hätten versprochen
	versprächest	versprächet	hättest versprochen	hättet versprochen
	verspräche	versprächen	hätte versprochen	hätten versprochen
	Future		**Future Perfect**	
	werde versprechen	werden versprechen	werde versprochen haben	werden versprochen haben
	werdest versprechen	werdet versprechen	werdest versprochen haben	werdet versprochen haben
	werde versprechen	werden versprechen	werde versprochen haben	werden versprochen haben
	Present and Future Conditional		**Past Conditional**	
	würde versprechen	würden versprechen	würde versprochen haben	würden versprochen haben
	würdest versprechen	würdet versprechen	würdest versprochen haben	würdet versprochen haben
	würde versprechen	würden versprechen	würde versprochen haben	würden versprochen haben

Note: Without a prefix, the principal parts of this verb are *spricht, sprach, hat gesprochen*. With separable prefixes, the principal parts are, for example, *spricht aus, sprach aus, hat ausgesprochen*.

EXAMPLES

Ich kann dir nicht versprechen, dass ich dein Haus kaufe.

I can't promise you that I'm going to buy your house.

Sie verspricht eine große Politikerin zu werden.

She promises to be a great politician.

verstehen
to understand
Auxiliary verb: haben   **Past participle:** verstanden
Imperative: Verstehe! Versteht! Verstehen Sie!

Mode	Simple Tenses		Compound Tenses	
	Singular	*Plural*	*Singular*	*Plural*
Indicative	**Present**		**Present Perfect**	
	verstehe	verstehen	habe verstanden	haben verstanden
	verstehst	versteht	hast verstanden	habt verstanden
	versteht	verstehen	hat verstanden	haben verstanden
	Past		**Past Perfect**	
	verstand	verstanden	hatte verstanden	hatten verstanden
	verstandest	verstandet	hattest verstanden	hattet verstanden
	verstand	verstanden	hatte verstanden	hatten verstanden
	Future		**Future Perfect**	
	werde verstehen	werden verstehen	werde verstanden haben	werden verstanden haben
	wirst verstehen	werdet verstehen	wirst verstanden haben	werdet verstanden haben
	wird verstehen	werden verstehen	wird verstanden haben	werden verstanden haben
Subjunctive	**Present**		**Present Perfect**	
	verstehe	verstehen	habe verstanden	haben verstanden
	verstehest	verstehet	habest verstanden	habet verstanden
	verstehe	verstehen	habe verstanden	haben verstanden
	Past		**Past Perfect**	
	verstände	verständen	hätte verstanden	hätten verstanden
	verständest	verständet	hättest verstanden	hättet verstanden
	verstände	verständen	hätte verstanden	hätten verstanden
	Future		**Future Perfect**	
	werde verstehen	werden verstehen	werde verstanden haben	werden verstanden haben
	werdest verstehen	werdet verstehen	werdest verstanden haben	werdet verstanden haben
	werde verstehen	werden verstehen	werde verstanden haben	werden verstanden haben
	Present and Future Conditional		**Past Conditional**	
	würde verstehen	würden verstehen	würde verstanden haben	würden verstanden haben
	würdest verstehen	würdet verstehen	würdest verstanden haben	würdet verstanden haben
	würde verstehen	würden verstehen	würde verstanden haben	würden verstanden haben

Note: In the past subjunctive, this verb is also conjugated as *verstünde*. Without a prefix, the principal parts of this verb are *steht, stand, hat gestanden*. With separable prefixes, the principal parts are, for example, *steht auf, stand auf, ist aufgestanden.*

EXAMPLES

Ich verstehe sie nicht, wenn sie Russisch sprechen.

I don't understand them when they speak Russian.

Ingrid hat gut zugehört, aber sie hat nichts verstanden.

Ingrid listened closely, but she didn't understand anything.

verteidigen
to defend
Auxiliary verb: haben   **Past participle:** verteidigt
Imperative: Verteidige! Verteidigt! Verteidigen Sie!

Mode	Simple Tenses		Compound Tenses	
	Singular	*Plural*	*Singular*	*Plural*
Indicative	**Present**		**Present Perfect**	
	verteidige	verteidigen	habe verteidigt	haben verteidigt
	verteidigst	verteidigt	hast verteidigt	habt verteidigt
	verteidigt	verteidigen	hat verteidigt	haben verteidigt
	Past		**Past Perfect**	
	verteidigte	verteidigten	hatte verteidigt	hatten verteidigt
	verteidigtest	verteidigtet	hattest verteidigt	hattet verteidigt
	verteidigte	verteidigten	hatte verteidigt	hatten verteidigt
	Future		**Future Perfect**	
	werde verteidigen	werden verteidigen	werde verteidigt haben	werden verteidigt haben
	wirst verteidigen	werdet verteidigen	wirst verteidigt haben	werdet verteidigt haben
	wird verteidigen	werden verteidigen	wird verteidigt haben	werden verteidigt haben
Subjunctive	**Present**		**Present Perfect**	
	verteidige	verteidigen	habe verteidigt	haben verteidigt
	verteidigest	verteidiget	habest verteidigt	habet verteidigt
	verteidige	verteidigen	habe verteidigt	haben verteidigt
	Past		**Past Perfect**	
	verteidigte	verteidigten	hätte verteidigt	hätten verteidigt
	verteidigtest	verteidigtet	hättest verteidigt	hättet verteidigt
	verteidigte	verteidigten	hätte verteidigt	hätten verteidigt
	Future		**Future Perfect**	
	werde verteidigen	werden verteidigen	werde verteidigt haben	werden verteidigt haben
	werdest verteidigen	werdet verteidigen	werdest verteidigt haben	werdet verteidigt haben
	werde verteidigen	werden verteidigen	werde verteidigt haben	werden verteidigt haben
	Present and Future Conditional		**Past Conditional**	
	würde verteidigen	würden verteidigen	würde verteidigt haben	würden verteidigt haben
	würdest verteidigen	würdet verteidigen	würdest verteidigt haben	würdet verteidigt haben
	würde verteidigen	würden verteidigen	würde verteidigt haben	würden verteidigt haben

EXAMPLES

Ein paar Soldaten versuchen eine Brücke zu verteidigen.	A few soldiers are trying to defend a bridge.
Er verteidigt seine Schwester gegen die Vorwürfe ihres Freundes.	He defends his sister against her boyfriend's accusations.

vertragen (sich)

to tolerate, to get along with
Auxiliary verb: haben   **Past participle:** vertragen
Imperative: Vertrage! Vertragt! Vertragen Sie!

Mode	Simple Tenses		Compound Tenses	
	Singular	*Plural*	*Singular*	*Plural*
Indicative	**Present**		**Present Perfect**	
	vertrage	vertragen	habe vertragen	haben vertragen
	verträgst	vertragt	hast vertragen	habt vertragen
	verträgt	vertragen	hat vertragen	haben vertragen
	Past		**Past Perfect**	
	vertrug	vertrugen	hatte vertragen	hatten vertragen
	vertrugst	vertrugt	hattest vertragen	hattet vertragen
	vertrug	vertrugen	hatte vertragen	hatten vertragen
	Future		**Future Perfect**	
	werde vertragen	werden vertragen	werde vertragen haben	werden vertragen haben
	wirst vertragen	werdet vertragen	wirst vertragen haben	werdet vertragen haben
	wird vertragen	werden vertragen	wird vertragen haben	werden vertragen haben
Subjunctive	**Present**		**Present Perfect**	
	vertrage	vertragen	habe vertragen	haben vertragen
	vertragest	vertraget	habest vertragen	habet vertragen
	vertrage	vertragen	habe vertragen	haben vertragen
	Past		**Past Perfect**	
	vertrüge	vertrügen	hätte vertragen	hätten vertragen
	vertrügest	vertrüget	hättest vertragen	hättet vertragen
	vertrüge	vertrügen	hätte vertragen	hätten vertragen
	Future		**Future Perfect**	
	werde vertragen	werden vertragen	werde vertragen haben	werden vertragen haben
	werdest vertragen	werdet vertragen	werdest vertragen haben	werdet vertragen haben
	werde vertragen	werden vertragen	werde vertragen haben	werden vertragen haben
	Present and Future Conditional		**Past Conditional**	
	würde vertragen	würden vertragen	würde vertragen haben	würden vertragen haben
	würdest vertragen	würdet vertragen	würdest vertragen haben	würdet vertragen haben
	würde vertragen	würden vertragen	würde vertragen haben	würden vertragen haben

Note: Without a prefix, the principal parts of this verb are *trägt, trug, hat getragen*. With separable prefixes, the principal parts are, for example, *trägt bei, trug bei, hat beigetragen*.

EXAMPLES

Dieses fette Fleisch können die Kinder nicht vertragen.	The children will get sick from this greasy meat.
Ich vertrage es nicht, wenn du so viel rauchst.	I feel sick when you smoke so much.
Die Kinder vertragen sich neuerdings sehr gut.	The children have been getting along very well lately.

vertrauen (sich)

to confide, to trust in

Auxiliary verb: haben   **Past participle:** vertraut

Imperative: Vertraue! Vertraut! Vertrauen Sie!

Mode	Simple Tenses		Compound Tenses	
	Singular	*Plural*	*Singular*	*Plural*
Indicative	**Present**		**Present Perfect**	
	vertraue	vertrauen	habe vertraut	haben vertraut
	vertraust	vertraut	hast vertraut	habt vertraut
	vertraut	vertrauen	hat vertraut	haben vertraut
	Past		**Past Perfect**	
	vertraute	vertrauten	hatte vertraut	hatten vertraut
	vertrautest	vertrautet	hattest vertraut	hattet vertraut
	vertraute	vertrauten	hatte vertraut	hatten vertraut
	Future		**Future Perfect**	
	werde vertrauen	werden vertrauen	werde vertraut haben	werden vertraut haben
	wirst vertrauen	werdet vertrauen	wirst vertraut haben	werdet vertraut haben
	wird vertrauen	werden vertrauen	wird vertraut haben	werden vertraut haben
Subjunctive	**Present**		**Present Perfect**	
	vertraue	vertrauen	habe vertraut	haben vertraut
	vertrauest	vertrauet	habest vertraut	habet vertraut
	vertraue	vertrauen	habe vertraut	haben vertraut
	Past		**Past Perfect**	
	vertraute	vertrauten	hätte vertraut	hätten vertraut
	vertrautest	vertrautet	hättest vertraut	hättet vertraut
	vertraute	vertrauten	hätte vertraut	hätten vertraut
	Future		**Future Perfect**	
	werde vertrauen	werden vertrauen	werde vertraut haben	werden vertraut haben
	werdest vertrauen	werdet vertrauen	werdest vertraut haben	werdet vertraut haben
	werde vertrauen	werden vertrauen	werde vertraut haben	werden vertraut haben
	Present and Future Conditional		**Past Conditional**	
	würde vertrauen	würden vertrauen	würde vertraut haben	würden vertraut haben
	würdest vertrauen	würdet vertrauen	würdest vertraut haben	würdet vertraut haben
	würde vertrauen	würden vertrauen	würde vertraut haben	würden vertraut haben

EXAMPLES

Vertraue mir! Ich weiß, wo Onkel Peter das Geld verborgen hat.

Trust me. I know where Uncle Peter hid the money.

Man kann Herrn Bauer leider nicht vertrauen.

Unfortunately, Mr. Bauer can't be trusted.

vertreten

to represent, to replace
Auxiliary verb: haben   **Past participle:** vertreten
Imperative: Vertritt! Vertretet! Vertreten Sie!

Mode	Simple Tenses		Compound Tenses	
	Singular	*Plural*	*Singular*	*Plural*
Indicative	**Present**		**Present Perfect**	
	vertrete	vertreten	habe vertreten	haben vertreten
	vertrittst	vertretet	hast vertreten	habt vertreten
	vertritt	vertreten	hat vertreten	haben vertreten
	Past		**Past Perfect**	
	vertrat	vertraten	hatte vertreten	hatten vertreten
	vertratest	vertratet	hattest vertreten	hattet vertreten
	vertrat	vertraten	hatte vertreten	hatten vertreten
	Future		**Future Perfect**	
	werde vertreten	werden vertreten	werde vertreten haben	werden vertreten haben
	wirst vertreten	werdet vertreten	wirst vertreten haben	werdet vertreten haben
	wird vertreten	werden vertreten	wird vertreten haben	werden vertreten haben
Subjunctive	**Present**		**Present Perfect**	
	vertrete	vertreten	habe vertreten	haben vertreten
	vertretest	vertretet	habest vertreten	habet vertreten
	vertrete	vertreten	habe vertreten	haben vertreten
	Past		**Past Perfect**	
	verträte	verträten	hätte vertreten	hätten vertreten
	verträtest	verträtet	hättest vertreten	hättet vertreten
	verträte	verträten	hätte vertreten	hätten vertreten
	Future		**Future Perfect**	
	werde vertreten	werden vertreten	werde vertreten haben	werden vertreten haben
	werdest vertreten	werdet vertreten	werdest vertreten haben	werdet vertreten haben
	werde vertreten	werden vertreten	werde vertreten haben	werden vertreten haben
	Present and Future Conditional		**Past Conditional**	
	würde vertreten	würden vertreten	würde vertreten haben	würden vertreten haben
	würdest vertreten	würdet vertreten	würdest vertreten haben	würdet vertreten haben
	würde vertreten	würden vertreten	würde vertreten haben	würden vertreten haben

Note: Without a prefix, the principal parts of this verb are *tritt, trat, ist getreten.* With separable prefixes, the principal parts are, for example, *tritt ein, trat ein, ist eingetreten.*

EXAMPLES

Glaubst du wirklich, dass du meine Meinung vertreten kannst?

Do you really believe that you can represent my opinion?

Herr Bauer wird die Firma in den USA vertreten.

Mr. Bauer is going to represent the company in the United States.

verzeihen
to pardon, to forgive
Auxiliary verb: haben   **Past participle:** verziehen
Imperative: Verzeihe! Verzeiht! Verzeihen Sie!

Mode	Simple Tenses		Compound Tenses	
	Singular	*Plural*	*Singular*	*Plural*
Indicative	**Present**		**Present Perfect**	
	verzeihe	verzeihen	habe verziehen	haben verziehen
	verzeihst	verzeiht	hast verziehen	habt verziehen
	verzeiht	verzeihen	hat verziehen	haben verziehen
	Past		**Past Perfect**	
	verzieh	verziehen	hatte verziehen	hatten verziehen
	verziehst	verzieht	hattest verziehen	hattet verziehen
	verzieh	verziehen	hatte verziehen	hatten verziehen
	Future		**Future Perfect**	
	werde verzeihen	werden verzeihen	werde verziehen haben	werden verziehen haben
	wirst verzeihen	werdet verzeihen	wirst verziehen haben	werdet verziehen haben
	wird verzeihen	werden verzeihen	wird verziehen haben	werden verziehen haben
Subjunctive	**Present**		**Present Perfect**	
	verzeihe	verzeihen	habe verziehen	haben verziehen
	verzeihest	verzeihet	habest verziehen	habet verziehen
	verzeihe	verzeihen	habe verziehen	haben verziehen
	Past		**Past Perfect**	
	verziehe	verziehen	hätte verziehen	hätten verziehen
	verziehest	verziehet	hättest verziehen	hättet verziehen
	verziehe	verziehen	hätte verziehen	hätten verziehen
	Future		**Future Perfect**	
	werde verzeihen	werden verzeihen	werde verziehen haben	werden verziehen haben
	werdest verzeihen	werdet verzeihen	werdest verziehen haben	werdet verziehen haben
	werde verzeihen	werden verzeihen	werde verziehen haben	werden verziehen haben
	Present and Future Conditional		**Past Conditional**	
	würde verzeihen	würden verzeihen	würde verziehen haben	würden verziehen haben
	würdest verzeihen	würdet verzeihen	würdest verziehen haben	würdet verziehen haben
	würde verzeihen	würden verzeihen	würde verziehen haben	würden verziehen haben

EXAMPLES

Verzeihen Sie, dass ich Ihre Familie gestört habe.

Excuse me for having disturbed your family.

Wir werden euch nie wieder verzeihen.

We'll never forgive you again.

verzichten

to renounce, to give up claim to
Auxiliary verb: haben **Past participle:** verzichtet
Imperative: Verzichte! Verzichtet! Verzichten Sie!

Mode	Simple Tenses		Compound Tenses	
	Singular	*Plural*	*Singular*	*Plural*
Indicative	**Present**		**Present Perfect**	
	verzichte	verzichten	habe verzichtet	haben verzichtet
	verzichtest	verzichtet	hast verzichtet	habt verzichtet
	verzichtet	verzichten	hat verzichtet	haben verzichtet
	Past		**Past Perfect**	
	verzichtete	verzichteten	hatte verzichtet	hatten verzichtet
	verzichtetest	verzichtetet	hattest verzichtet	hattet verzichtet
	verzichtete	verzichteten	hatte verzichtet	hatten verzichtet
	Future		**Future Perfect**	
	werde verzichten	werden verzichten	werde verzichtet haben	werden verzichtet haben
	wirst verzichten	werdet verzichten	wirst verzichtet haben	werdet verzichtet haben
	wird verzichten	werden verzichten	wird verzichtet haben	werden verzichtet haben
Subjunctive	**Present**		**Present Perfect**	
	verzichte	verzichten	habe verzichtet	haben verzichtet
	verzichtest	verzichtet	habest verzichtet	habet verzichtet
	verzichte	verzichten	habe verzichtet	haben verzichtet
	Past		**Past Perfect**	
	verzichtete	verzichteten	hätte verzichtet	hätten verzichtet
	verzichtetest	verzichtetet	hättest verzichtet	hättet verzichtet
	verzichtete	verzichteten	hätte verzichtet	hätten verzichtet
	Future		**Future Perfect**	
	werde verzichten	werden verzichten	werde verzichtet haben	werden verzichtet haben
	werdest verzichten	werdet verzichten	werdest verzichtet haben	werdet verzichtet haben
	werde verzichten	werden verzichten	werde verzichtet haben	werden verzichtet haben
	Present and Future Conditional		**Past Conditional**	
	würde verzichten	würden verzichten	würde verzichtet haben	würden verzichtet haben
	würdest verzichten	würdet verzichten	würdest verzichtet haben	würdet verzichtet haben
	würde verzichten	würden verzichten	würde verzichtet haben	würden verzichtet haben

EXAMPLES

Ein armer Student muss auf vieles verzichten.
A poor student has to give up a lot.

Wie kann ich auf das Haus meines eigenen Vaters verzichten?
How can I give up claim to my own father's house?

vorbereiten

to prepare, to make ready
Auxiliary verb: haben **Past participle:** vorbereitet
Imperative: Bereite vor! Bereitet vor! Bereiten Sie vor!

Mode	Simple Tenses		Compound Tenses	
	Singular	*Plural*	*Singular*	*Plural*
Indicative	**Present**		**Present Perfect**	
	bereite vor	bereiten vor	habe vorbereitet	haben vorbereitet
	bereitest vor	bereitet vor	hast vorbereitet	habt vorbereitet
	bereitet vor	bereiten vor	hat vorbereitet	haben vorbereitet
	Past		**Past Perfect**	
	bereitete vor	bereiteten vor	hatte vorbereitet	hatten vorbereitet
	bereitetest vor	bereitetet vor	hattest vorbereitet	hattet vorbereitet
	bereitete vor	bereiteten vor	hatte vorbereitet	hatten vorbereitet
	Future		**Future Perfect**	
	werde vorbereiten	werden vorbereiten	werde vorbereitet haben	werden vorbereitet haben
	wirst vorbereiten	werdet vorbereiten	wirst vorbereitet haben	werdet vorbereitet haben
	wird vorbereiten	werden vorbereiten	wird vorbereitet haben	werden vorbereitet haben
Subjunctive	**Present**		**Present Perfect**	
	bereite vor	bereiten vor	habe vorbereitet	haben vorbereitet
	bereitest vor	bereitet vor	habest vorbereitet	habet vorbereitet
	bereite vor	bereiten vor	habe vorbereitet	haben vorbereitet
	Past		**Past Perfect**	
	bereitete vor	bereiteten vor	hätte vorbereitet	hätten vorbereitet
	bereitetest vor	bereitetet vor	hättest vorbereitet	hättet vorbereitet
	bereitete vor	bereiteten vor	hätte vorbereitet	hätten vorbereitet
	Future		**Future Perfect**	
	werde vorbereiten	werden vorbereiten	werde vorbereitet haben	werden vorbereitet haben
	werdest vorbereiten	werdet vorbereiten	werdest vorbereitet haben	werdet vorbereitet haben
	werde vorbereiten	werden vorbereiten	werde vorbereitet haben	werden vorbereitet haben
	Present and Future Conditional		**Past Conditional**	
	würde vorbereiten	würden vorbereiten	würde vorbereitet haben	würden vorbereitet haben
	würdest vorbereiten	würdet vorbereiten	würdest vorbereitet haben	würdet vorbereitet haben
	würde vorbereiten	würden vorbereiten	würde vorbereitet haben	würden vorbereitet haben

EXAMPLES

Ich habe heute keine Zeit die Party vorzubereiten.

I don't have time today to get ready for the party.

Die Studenten bereiten sich auf das Staatsexamen vor.

The students are getting ready for the state examination.

vornehmen (sich)
to undertake, to intend to do
Auxiliary verb: haben   **Past participle:** vorgenommen
Imperative: Nimm vor! Nehmt vor! Nehmen Sie vor!

Mode	Simple Tenses		Compound Tenses	
	Singular	*Plural*	*Singular*	*Plural*
Indicative	**Present**		**Present Perfect**	
	nehme vor	nehmen vor	habe vorgenommen	haben vorgenommen
	nimmst vor	nehmt vor	hast vorgenommen	habt vorgenommen
	nimmt vor	nehmen vor	hat vorgenommen	haben vorgenommen
	Past		**Past Perfect**	
	nahm vor	nahmen vor	hatte vorgenommen	hatten vorgenommen
	nahmst vor	nahmt vor	hattest vorgenommen	hattet vorgenommen
	nahm vor	nahmen vor	hatte vorgenommen	hatten vorgenommen
	Future		**Future Perfect**	
	werde vornehmen	werden vornehmen	werde vorgenommen haben	werden vorgenommen haben
	wirst vornehmen	werdet vornehmen	wirst vorgenommen haben	werdet vorgenommen haben
	wird vornehmen	werden vornehmen	wird vorgenommen haben	werden vorgenommen haben
Subjunctive	**Present**		**Present Perfect**	
	nehme vor	nehmen vor	habe vorgenommen	haben vorgenommen
	nehmest vor	nehmet vor	habest vorgenommen	habet vorgenommen
	nehme vor	nehmen vor	habe vorgenommen	haben vorgenommen
	Past		**Past Perfect**	
	nähme vor	nähmen vor	hätte vorgenommen	hätten vorgenommen
	nähmest vor	nähmet vor	hättest vorgenommen	hättet vorgenommen
	nähme vor	nähmen vor	hätte vorgenommen	hätten vorgenommen
	Future		**Future Perfect**	
	werde vornehmen	werden vornehmen	werde vorgenommen haben	werden vorgenommen haben
	werdest vornehmen	werdet vornehmen	werdest vorgenommen haben	werdet vorgenommen haben
	werde vornehmen	werden vornehmen	werde vorgenommen haben	werden vorgenommen haben
	Present and Future Conditional		**Past Conditional**	
	würde vornehmen	würden vornehmen	würde vorgenommen haben	würden vorgenommen haben
	würdest vornehmen	würdet vornehmen	würdest vorgenommen haben	würdet vorgenommen haben
	würde vornehmen	würden vornehmen	würde vorgenommen haben	würden vorgenommen haben

Note: With inseparable prefixes, the principal parts of this verb are, for example, *unternimmt, unternahm, hat unternommen*. With separable prefixes, the principal parts are, for example, *nimmt zu, nahm zu, hat zugenommen*.

EXAMPLES

Sie hat sich vorgenommen Englisch zu lernen.	She intends to learn English.
Hattest du dir nicht vorgenommen weniger zu trinken und zu rauchen?	Didn't you make up your mind to drink and smoke less?

vorstellen (sich)
to introduce, to imagine
Auxiliary verb: haben **Past participle:** vorgestellt
Imperative: Stelle vor! Stellt vor! Stellen Sie vor!

Mode	Simple Tenses		Compound Tenses	
	Singular	*Plural*	*Singular*	*Plural*
Indicative	**Present**		**Present Perfect**	
	stelle vor	stellen vor	habe vorgestellt	haben vorgestellt
	stellst vor	stellt vor	hast vorgestellt	habt vorgestellt
	stellt vor	stellen vor	hat vorgestellt	haben vorgestellt
	Past		**Past Perfect**	
	stellte vor	stellten vor	hatte vorgestellt	hatten vorgestellt
	stelltest vor	stelltet vor	hattest vorgestellt	hattet vorgestellt
	stellte vor	stellten vor	hatte vorgestellt	hatten vorgestellt
	Future		**Future Perfect**	
	werde vorstellen	werden vorstellen	werde vorgestellt haben	werden vorgestellt haben
	wirst vorstellen	werdet vorstellen	wirst vorgestellt haben	werdet vorgestellt haben
	wird vorstellen	werden vorstellen	wird vorgestellt haben	werden vorgestellt haben
Subjunctive	**Present**		**Present Perfect**	
	stelle vor	stellen vor	habe vorgestellt	haben vorgestellt
	stellest vor	stellet vor	habest vorgestellt	habet vorgestellt
	stelle vor	stellen vor	habe vorgestellt	haben vorgestellt
	Past		**Past Perfect**	
	stellte vor	stellten vor	hätte vorgestellt	hätten vorgestellt
	stelltest vor	stelltet vor	hättest vorgestellt	hättet vorgestellt
	stellte vor	stellten vor	hätte vorgestellt	hätten vorgestellt
	Future		**Future Perfect**	
	werde vorstellen	werden vorstellen	werde vorgestellt haben	werden vorgestellt haben
	werdest vorstellen	werdet vorstellen	werdest vorgestellt haben	werdet vorgestellt haben
	werde vorstellen	werden vorstellen	werde vorgestellt haben	werden vorgestellt haben
	Present and Future Conditional		**Past Conditional**	
	würde vorstellen	würden vorstellen	würde vorgestellt haben	würden vorgestellt haben
	würdest vorstellen	würdet vorstellen	würdest vorgestellt haben	würdet vorgestellt haben
	würde vorstellen	würden vorstellen	würde vorgestellt haben	würden vorgestellt haben

EXAMPLES

Ich möchte euch meine Kinder vorstellen.
Kannst du dir vorstellen, wie anders das
Leben in Asien ist?

I'd like to introduce my children to you.
Can you imagine how different life is in
Asia?

wachsen

to grow

Auxiliary verb: sein **Past participle:** gewachsen
Imperative: Wachse! Wachst! Wachsen Sie!

Mode	Simple Tenses		Compound Tenses	
	Singular	*Plural*	*Singular*	*Plural*
Indicative	**Present**		**Present Perfect**	
	wachse	wachsen	bin gewachsen	sind gewachsen
	wächst	wachst	bist gewachsen	seid gewachsen
	wächst	wachsen	ist gewachsen	sind gewachsen
	Past		**Past Perfect**	
	wuchs	wuchsen	war gewachsen	waren gewachsen
	wuchsest	wuchst	warst gewachsen	wart gewachsen
	wuchs	wuchsen	war gewachsen	waren gewachsen
	Future		**Future Perfect**	
	werde wachsen	werden wachsen	werde gewachsen sein	werden gewachsen sein
	wirst wachsen	werdet wachsen	wirst gewachsen sein	werdet gewachsen sein
	wird wachsen	werden wachsen	wird gewachsen sein	werden gewachsen sein
Subjunctive	**Present**		**Present Perfect**	
	wachse	wachsen	sei gewachsen	seien gewachsen
	wachsest	wachset	seiest gewachsen	seiet gewachsen
	wachse	wachsen	sei gewachsen	seien gewachsen
	Past		**Past Perfect**	
	wüchse	wüchsen	wäre gewachsen	wären gewachsen
	wüchsest	wüchset	wärest gewachsen	wäret gewachsen
	wüchse	wüchsen	wäre gewachsen	wären gewachsen
	Future		**Future Perfect**	
	werde wachsen	werden wachsen	werde gewachsen sein	werden gewachsen sein
	werdest wachsen	werdet wachsen	werdest gewachsen sein	werdet gewachsen sein
	werde wachsen	werden wachsen	werde gewachsen sein	werden gewachsen sein
	Present and Future Conditional		**Past Conditional**	
	würde wachsen	würden wachsen	würde gewachsen sein	würden gewachsen sein
	würdest wachsen	würdet wachsen	würdest gewachsen sein	würdet gewachsen sein
	würde wachsen	würden wachsen	würde gewachsen sein	würden gewachsen sein

EXAMPLES

Warum wachsen in Ihrem Garten keine Blumen?

Why don't flowers grow in your garden?

In den letzten sechs Monaten ist Sven acht Zentimeter gewachsen.

Sven has grown 8 centimeters in the last six months.

wählen

to choose, to elect, to vote
Auxiliary verb: haben   **Past participle:** gewählt
Imperative: Wähle! Wählt! Wählen Sie!

Mode	Simple Tenses		Compound Tenses	
	Singular	*Plural*	*Singular*	*Plural*
Indicative	**Present**		**Present Perfect**	
	wähle	wählen	habe gewählt	haben gewählt
	wählst	wählt	hast gewählt	habt gewählt
	wählt	wählen	hat gewählt	haben gewählt
	Past		**Past Perfect**	
	wählte	wählten	hatte gewählt	hatten gewählt
	wähltest	wähltet	hattest gewählt	hattet gewählt
	wählte	wählten	hatte gewählt	hatten gewählt
	Future		**Future Perfect**	
	werde wählen	werden wählen	werde gewählt haben	werden gewählt haben
	wirst wählen	werdet wählen	wirst gewählt haben	werdet gewählt haben
	wird wählen	werden wählen	wird gewählt haben	werden gewählt haben
Subjunctive	**Present**		**Present Perfect**	
	wähle	wählen	habe gewählt	haben gewählt
	wählest	wählet	habest gewählt	habet gewählt
	wähle	wählen	habe gewählt	haben gewählt
	Past		**Past Perfect**	
	wählte	wählten	hätte gewählt	hätten gewählt
	wähltest	wähltet	hättest gewählt	hättet gewählt
	wählte	wählten	hätte gewählt	hätten gewählt
	Future		**Future Perfect**	
	werde wählen	werden wählen	werde gewählt haben	werden gewählt haben
	werdest wählen	werdet wählen	werdest gewählt haben	werdet gewählt haben
	werde wählen	werden wählen	werde gewählt haben	werden gewählt haben
	Present and Future Conditional		**Past Conditional**	
	würde wählen	würden wählen	würde gewählt haben	würden gewählt haben
	würdest wählen	würdet wählen	würdest gewählt haben	würdet gewählt haben
	würde wählen	würden wählen	würde gewählt haben	würden gewählt haben

EXAMPLES

Welche Telefonnummer soll ich wählen?
Mein Vater hat die Sozialdemokraten gewählt.

What telephone number should I dial?
My father voted for the Social Democrats.

wandern
to roam, to wander, to hike
Auxiliary verb: sein **Past participle:** gewandert
Imperative: Wandere! Wandert! Wandern Sie!

Mode	Simple Tenses		Compound Tenses	
	Singular	*Plural*	*Singular*	*Plural*
Indicative	**Present**		**Present Perfect**	
	wandere	wandern	bin gewandert	sind gewandert
	wanderst	wandert	bist gewandert	seid gewandert
	wandert	wandern	ist gewandert	sind gewandert
	Past		**Past Perfect**	
	wanderte	wanderten	war gewandert	waren gewandert
	wandertest	wandertet	warst gewandert	wart gewandert
	wanderte	wanderten	war gewandert	waren gewandert
	Future		**Future Perfect**	
	werde wandern	werden wandern	werde gewandert sein	werden gewandert sein
	wirst wandern	werdet wandern	wirst gewandert sein	werdet gewandert sein
	wird wandern	werden wandern	wird gewandert sein	werden gewandert sein
Subjunctive	**Present**		**Present Perfect**	
	wandere	wandern	sei gewandert	seien gewandert
	wanderst	wandert	seiest gewandert	seiet gewandert
	wandere	wandern	sei gewandert	seien gewandert
	Past		**Past Perfect**	
	wanderte	wanderten	wäre gewandert	wären gewandert
	wandertest	wandertet	wärest gewandert	wäret gewandert
	wanderte	wanderten	wäre gewandert	wären gewandert
	Future		**Future Perfect**	
	werde wandern	werden wandern	werde gewandert sein	werden gewandert sein
	werdest wandern	werdet wandern	werdest gewandert sein	werdet gewandert sein
	werde wandern	werden wandern	werde gewandert sein	werden gewandert sein
	Present and Future Conditional		**Past Conditional**	
	würde wandern	würden wandern	würde gewandert sein	würden gewandert sein
	würdest wandern	würdet wandern	würdest gewandert sein	würdet gewandert sein
	würde wandern	würden wandern	würde gewandert sein	würden gewandert sein

EXAMPLES

Wir sind in diesem Tal oft gewandert. / We often went hiking in this valley.
Beim Wandern hat er sich das Bein gebrochen. / He broke his leg while hiking.

warnen

to warn

Auxiliary verb: haben   **Past participle:** gewarnt
Imperative: Warne! Warnt! Warnen Sie!

Mode	Simple Tenses		Compound Tenses	
	Singular	*Plural*	*Singular*	*Plural*
Indicative	**Present**		**Present Perfect**	
	warne	warnen	habe gewarnt	haben gewarnt
	warnst	warnt	hast gewarnt	habt gewarnt
	warnt	warnen	hat gewarnt	haben gewarnt
	Past		**Past Perfect**	
	warnte	warnten	hatte gewarnt	hatten gewarnt
	warntest	warntet	hattest gewarnt	hattet gewarnt
	warnte	warnten	hatte gewarnt	hatten gewarnt
	Future		**Future Perfect**	
	werde warnen	werden warnen	werde gewarnt haben	werden gewarnt haben
	wirst warnen	werdet warnen	wirst gewarnt haben	werdet gewarnt haben
	wird warnen	werden warnen	wird gewarnt haben	werden gewarnt haben
Subjunctive	**Present**		**Present Perfect**	
	warne	warnen	habe gewarnt	haben gewarnt
	warnest	warnet	habest gewarnt	habet gewarnt
	warne	warnen	habe gewarnt	haben gewarnt
	Past		**Past Perfect**	
	warnte	warnten	hätte gewarnt	hätten gewarnt
	warntest	warntet	hättest gewarnt	hättet gewarnt
	warnte	warnten	hätte gewarnt	hätten gewarnt
	Future		**Future Perfect**	
	werde warnen	werden warnen	werde gewarnt haben	werden gewarnt haben
	werdest warnen	werdet warnen	werdest gewarnt haben	werdet gewarnt haben
	werde warnen	werden warnen	werde gewarnt haben	werden gewarnt haben
	Present and Future Conditional		**Past Conditional**	
	würde warnen	würden warnen	würde gewarnt haben	würden gewarnt haben
	würdest warnen	würdet warnen	würdest gewarnt haben	würdet gewarnt haben
	würde warnen	würden warnen	würde gewarnt haben	würden gewarnt haben

EXAMPLES

In seiner Rede hat der Außenminister vor einer drohenden Gefahr gewarnt.

The foreign minister warned against a threat of danger in his speech.

Ich warne dich. Solchen Leuten ist nicht zu trauen.

I'm warning you. Such people can't be trusted.

warten

to wait

Auxiliary verb: haben **Past participle:** gewartet
Imperative: Warte! Wartet! Warten Sie!

Mode	Simple Tenses		Compound Tenses	
	Singular	*Plural*	*Singular*	*Plural*
Indicative	**Present**		**Present Perfect**	
	warte	warten	habe gewartet	haben gewartet
	wartest	wartet	hast gewartet	habt gewartet
	wartet	warten	hat gewartet	haben gewartet
	Past		**Past Perfect**	
	wartete	warteten	hatte gewartet	hatten gewartet
	wartetest	wartetet	hattest gewartet	hattet gewartet
	wartete	warteten	hatte gewartet	hatten gewartet
	Future		**Future Perfect**	
	werde warten	werden warten	werde gewartet haben	werden gewartet haben
	wirst warten	werdet warten	wirst gewartet haben	werdet gewartet haben
	wird warten	werden warten	wird gewartet haben	werden gewartet haben
Subjunctive	**Present**		**Present Perfect**	
	warte	warten	habe gewartet	haben gewartet
	wartest	wartet	habest gewartet	habet gewartet
	warte	warten	habe gewartet	haben gewartet
	Past		**Past Perfect**	
	wartete	warteten	hätte gewartet	hätten gewartet
	wartetest	wartetet	hättest gewartet	hättet gewartet
	wartete	warteten	hätte gewartet	hätten gewartet
	Future		**Future Perfect**	
	werde warten	werden warten	werde gewartet haben	werden gewartet haben
	werdest warten	werdet warten	werdest gewartet haben	werdet gewartet haben
	werde warten	werden warten	werde gewartet haben	werden gewartet haben
	Present and Future Conditional		**Past Conditional**	
	würde warten	würden warten	würde gewartet haben	würden gewartet haben
	würdest warten	würdet warten	würdest gewartet haben	würdet gewartet haben
	würde warten	würden warten	würde gewartet haben	würden gewartet haben

EXAMPLES

Wie lange muss ich noch warten?
How much longer do I have to wait?

Wir haben zwei Stunden auf Herrn Bauer gewartet.
We waited two hours for Mr. Bauer.

waschen

to wash

Auxiliary verb: haben   **Past participle:** gewaschen

Imperative: Wasche! Wascht! Waschen Sie!

Mode	Simple Tenses		Compound Tenses	
	Singular	*Plural*	*Singular*	*Plural*
Indicative	**Present**		**Present Perfect**	
	wasche	waschen	habe gewaschen	haben gewaschen
	wäschst	wascht	hast gewaschen	habt gewaschen
	wäscht	waschen	hat gewaschen	haben gewaschen
	Past		**Past Perfect**	
	wusch	wuschen	hatte gewaschen	hatten gewaschen
	wuschest	wuscht	hattest gewaschen	hattet gewaschen
	wusch	wuschen	hatte gewaschen	hatten gewaschen
	Future		**Future Perfect**	
	werde waschen	werden waschen	werde gewaschen haben	werden gewaschen haben
	wirst waschen	werdet waschen	wirst gewaschen haben	werdet gewaschen haben
	wird waschen	werden waschen	wird gewaschen haben	werden gewaschen haben
Subjunctive	**Present**		**Present Perfect**	
	wasche	waschen	habe gewaschen	haben gewaschen
	waschest	waschet	habest gewaschen	habet gewaschen
	wasche	waschen	habe gewaschen	haben gewaschen
	Past		**Past Perfect**	
	wüsche	wüschen	hätte gewaschen	hätten gewaschen
	wüschest	wüschet	hättest gewaschen	hättet gewaschen
	wüsche	wüschen	hätte gewaschen	hätten gewaschen
	Future		**Future Perfect**	
	werde waschen	werden waschen	werde gewaschen haben	werden gewaschen haben
	werdest waschen	werdet waschen	werdest gewaschen haben	werdet gewaschen haben
	werde waschen	werden waschen	werde gewaschen haben	werden gewaschen haben
	Present and Future Conditional		**Past Conditional**	
	würde waschen	würden waschen	würde gewaschen haben	würden gewaschen haben
	würdest waschen	würdet waschen	würdest gewaschen haben	würdet gewaschen haben
	würde waschen	würden waschen	würde gewaschen haben	würden gewaschen haben

EXAMPLES

Wo kann ich mir die Hände waschen?   Where can I wash my hands?

Dienstags waschen wir Wäsche.   On Tuesdays, we do the laundry.

weben

to weave

Auxiliary verb: haben   **Past participle:** gewebt
Imperative: Webe! Webt! Weben Sie!

Mode	Simple Tenses		Compound Tenses	
	Singular	*Plural*	*Singular*	*Plural*
Indicative	**Present**		**Present Perfect**	
	webe	weben	habe gewebt	haben gewebt
	webst	webt	hast gewebt	habt gewebt
	webt	weben	hat gewebt	haben gewebt
	Past		**Past Perfect**	
	webte	webten	hatte gewebt	hatten gewebt
	webtest	webtet	hattest gewebt	hattet gewebt
	webte	webten	hatte gewebt	hatten gewebt
	Future		**Future Perfect**	
	werde weben	werden weben	werde gewebt haben	werden gewebt haben
	wirst weben	werdet weben	wirst gewebt haben	werdet gewebt haben
	wird weben	werden weben	wird gewebt haben	werden gewebt haben
Subjunctive	**Present**		**Present Perfect**	
	webe	weben	habe gewebt	haben gewebt
	webest	webet	habest gewebt	habet gewebt
	webe	weben	habe gewebt	haben gewebt
	Past		**Past Perfect**	
	webte	webten	hätte gewebt	hätten gewebt
	webtest	webtet	hättest gewebt	hättet gewebt
	webte	webten	hätte gewebt	hätten gewebt
	Future		**Future Perfect**	
	werde weben	werden weben	werde gewebt haben	werden gewebt haben
	werdest weben	werdet weben	werdest gewebt haben	werdet gewebt haben
	werde weben	werden weben	werde gewebt haben	werden gewebt haben
	Present and Future Conditional		**Past Conditional**	
	würde weben	würden weben	würde gewebt haben	würden gewebt haben
	würdest weben	würdet weben	würdest gewebt haben	würdet gewebt haben
	würde weben	würden weben	würde gewebt haben	würden gewebt haben

EXAMPLES

In diesem Dorf wird der feinste Stoff gewebt.   They weave the finest fabrics in this village.
Sein Hobby ist Weben.   His hobby is weaving.

wechseln

to change, to exchange
Auxiliary verb: haben   **Past participle:** gewechselt
Imperative: Wechs(e)le! Wechselt! Wechseln Sie!

Mode	Simple Tenses		Compound Tenses	
	Singular	*Plural*	*Singular*	*Plural*
Indicative	**Present**		**Present Perfect**	
	wechsele	wechseln	habe gewechselt	haben gewechselt
	wechselst	wechselt	hast gewechselt	habt gewechselt
	wechselt	wechseln	hat gewechselt	haben gewechselt
	Past		**Past Perfect**	
	wechselte	wechselten	hatte gewechselt	hatten gewechselt
	wechseltest	wechseltet	hattest gewechselt	hattet gewechselt
	wechselte	wechselten	hatte gewechselt	hatten gewechselt
	Future		**Future Perfect**	
	werde wechseln	werden wechseln	werde gewechselt haben	werden gewechselt haben
	wirst wechseln	werdet wechseln	wirst gewechselt haben	werdet gewechselt haben
	wird wechseln	werden wechseln	wird gewechselt haben	werden gewechselt haben
Subjunctive	**Present**		**Present Perfect**	
	wechsele	wechseln	habe gewechselt	haben gewechselt
	wechselst	wechselt	habest gewechselt	habet gewechselt
	wechsele	wechseln	habe gewechselt	haben gewechselt
	Past		**Past Perfect**	
	wechselte	wechselten	hätte gewechselt	hätten gewechselt
	wechseltest	wechseltet	hättest gewechselt	hättet gewechselt
	wechselte	wechselten	hätte gewechselt	hätten gewechselt
	Future		**Future Perfect**	
	werde wechseln	werden wechseln	werde gewechselt haben	werden gewechselt haben
	werdest wechseln	werdet wechseln	werdest gewechselt haben	werdet gewechselt haben
	werde wechseln	werden wechseln	werde gewechselt haben	werden gewechselt haben
	Present and Future Conditional		**Past Conditional**	
	würde wechseln	würden wechseln	würde gewechselt haben	würden gewechselt haben
	würdest wechseln	würdet wechseln	würdest gewechselt haben	würdet gewechselt haben
	würde wechseln	würden wechseln	würde gewechselt haben	würden gewechselt haben

EXAMPLES

Die Touristen müssen mehr Geld wechseln.   The tourists have to exchange more money.
Warum hast du Schlösser gewechselt?   Why did you change the locks?

wecken

to waken, to rouse someone
Auxiliary verb: haben   **Past participle:** geweckt
Imperative: Wecke! Weckt! Wecken Sie!

Mode	Simple Tenses		Compound Tenses	
	Singular	*Plural*	*Singular*	*Plural*
Indicative	**Present**		**Present Perfect**	
	wecke	wecken	habe geweckt	haben geweckt
	weckst	weckt	hast geweckt	habt geweckt
	weckt	wecken	hat geweckt	haben geweckt
	Past		**Past Perfect**	
	weckte	weckten	hatte geweckt	hatten geweckt
	wecktest	wecktet	hattest geweckt	hattet geweckt
	weckte	weckten	hatte geweckt	hatten geweckt
	Future		**Future Perfect**	
	werde wecken	werden wecken	werde geweckt haben	werden geweckt haben
	wirst wecken	werdet wecken	wirst geweckt haben	werdet geweckt haben
	wird wecken	werden wecken	wird geweckt haben	werden geweckt haben
Subjunctive	**Present**		**Present Perfect**	
	wecke	wecken	habe geweckt	haben geweckt
	weckest	wecket	habest geweckt	habet geweckt
	wecke	wecken	habe geweckt	haben geweckt
	Past		**Past Perfect**	
	weckte	weckten	hätte geweckt	hätten geweckt
	wecktest	wecktet	hättest geweckt	hättet geweckt
	weckte	weckten	hätte geweckt	hätten geweckt
	Future		**Future Perfect**	
	werde wecken	werden wecken	werde geweckt haben	werden geweckt haben
	werdest wecken	werdet wecken	werdest geweckt haben	werdet geweckt haben
	werde wecken	werden wecken	werde geweckt haben	werden geweckt haben
	Present and Future Conditional		**Past Conditional**	
	würde wecken	würden wecken	würde geweckt haben	würden geweckt haben
	würdest wecken	würdet wecken	würdest geweckt haben	würdet geweckt haben
	würde wecken	würden wecken	würde geweckt haben	würden geweckt haben

EXAMPLES

Es ist schon zehn Uhr. Wecke deinen Vater!
Ich versuchte ihn zu wecken, aber der arme Kerl war bewusstlos.

It's ten o'clock. Wake your father.
I tried to waken him, but the poor fellow was unconscious.

weinen
to cry, to weep
Auxiliary verb: haben   **Past participle:** geweint
Imperative: Weine! Weint! Weinen Sie!

Mode	Simple Tenses		Compound Tenses	
	Singular	*Plural*	*Singular*	*Plural*
Indicative	**Present**		**Present Perfect**	
	weine	weinen	habe geweint	haben geweint
	weinst	weint	hast geweint	habt geweint
	weint	weinen	hat geweint	haben geweint
	Past		**Past Perfect**	
	weinte	weinten	hatte geweint	hatten geweint
	weintest	weintet	hattest geweint	hattet geweint
	weinte	weinten	hatte geweint	hatten geweint
	Future		**Future Perfect**	
	werde weinen	werden weinen	werde geweint haben	werden geweint haben
	wirst weinen	werdet weinen	wirst geweint haben	werdet geweint haben
	wird weinen	werden weinen	wird geweint haben	werden geweint haben
Subjunctive	**Present**		**Present Perfect**	
	weine	weinen	habe geweint	haben geweint
	weinest	weinet	habest geweint	habet geweint
	weine	weinen	habe geweint	haben geweint
	Past		**Past Perfect**	
	weinte	weinten	hätte geweint	hätten geweint
	weintest	weintet	hättest geweint	hättet geweint
	weinte	weinten	hätte geweint	hätten geweint
	Future		**Future Perfect**	
	werde weinen	werden weinen	werde geweint haben	werden geweint haben
	werdest weinen	werdet weinen	werdest geweint haben	werdet geweint haben
	werde weinen	werden weinen	werde geweint haben	werden geweint haben
	Present and Future Conditional		**Past Conditional**	
	würde weinen	würden weinen	würde geweint haben	würden geweint haben
	würdest weinen	würdet weinen	würdest geweint haben	würdet geweint haben
	würde weinen	würden weinen	würde geweint haben	würden geweint haben

EXAMPLES

Sie weinte die ganze Nacht und konnte nicht schlafen.

She cried all night long and couldn't sleep.

Unser Vater hat vor Freude geweint.

Our father cried with joy.

weisen

to show, to direct, to point
Auxiliary verb: haben   **Past participle:** gewiesen
Imperative: Weise! Weist! Weisen Sie!

Mode	Simple Tenses		Compound Tenses	
	Singular	*Plural*	*Singular*	*Plural*
Indicative	**Present**		**Present Perfect**	
	weise	weisen	habe gewiesen	haben gewiesen
	weist	weist	hast gewiesen	habt gewiesen
	weist	weisen	hat gewiesen	haben gewiesen
	Past		**Past Perfect**	
	wies	wiesen	hatte gewiesen	hatten gewiesen
	wiesest	wiest	hattest gewiesen	hattet gewiesen
	wies	wiesen	hatte gewiesen	hatten gewiesen
	Future		**Future Perfect**	
	werde weisen	werden weisen	werde gewiesen haben	werden gewiesen haben
	wirst weisen	werdet weisen	wirst gewiesen haben	werdet gewiesen haben
	wird weisen	werden weisen	wird gewiesen haben	werden gewiesen haben
Subjunctive	**Present**		**Present Perfect**	
	weise	weisen	habe gewiesen	haben gewiesen
	weisest	weiset	habest gewiesen	habet gewiesen
	weise	weisen	habe gewiesen	haben gewiesen
	Past		**Past Perfect**	
	wiese	wiesen	hätte gewiesen	hätten gewiesen
	wiesest	wieset	hättest gewiesen	hättet gewiesen
	wiese	wiesen	hätte gewiesen	hätten gewiesen
	Future		**Future Perfect**	
	werde weisen	werden weisen	werde gewiesen haben	werden gewiesen haben
	werdest weisen	werdet weisen	werdest gewiesen haben	werdet gewiesen haben
	werde weisen	werden weisen	werde gewiesen haben	werden gewiesen haben
	Present and Future Conditional		**Past Conditional**	
	würde weisen	würden weisen	würde gewiesen haben	würden gewiesen haben
	würdest weisen	würdet weisen	würdest gewiesen haben	würdet gewiesen haben
	würde weisen	würden weisen	würde gewiesen haben	würden gewiesen haben

EXAMPLES

Können Sie mir den Weg in die Berge weisen?
Can you show me the way to the mountains?

Onkel Heinrich hat dem unverschämten Mann die Tür gewiesen.
Uncle Heinrich showed the rude man the door.

wenden (sich)

to turn

Auxiliary verb: haben   **Past participle:** gewandt
Imperative: Wende! Wendet! Wenden Sie!

Mode	Simple Tenses		Compound Tenses	
	Singular	*Plural*	*Singular*	*Plural*
Indicative	**Present**		**Present Perfect**	
	wende	wenden	habe gewandt	haben gewandt
	wendest	wendet	hast gewandt	habt gewandt
	wendet	wenden	hat gewandt	haben gewandt
	Past		**Past Perfect**	
	wandte	wandten	hatte gewandt	hatten gewandt
	wandtest	wandtet	hattest gewandt	hattet gewandt
	wandte	wandten	hatte gewandt	hatten gewandt
	Future		**Future Perfect**	
	werde wenden	werden wenden	werde gewandt haben	werden gewandt haben
	wirst wenden	werdet wenden	wirst gewandt haben	werdet gewandt haben
	wird wenden	werden wenden	wird gewandt haben	werden gewandt haben
Subjunctive	**Present**		**Present Perfect**	
	wende	wenden	habe gewandt	haben gewandt
	wendest	wendet	habest gewandt	habet gewandt
	wende	wenden	habe gewandt	haben gewandt
	Past		**Past Perfect**	
	wendete	wendeten	hätte gewandt	hätten gewandt
	wendetest	wendetet	hättest gewandt	hättet gewandt
	wendete	wendeten	hätte gewandt	hätten gewandt
	Future		**Future Perfect**	
	werde wenden	werden wenden	werde gewandt haben	werden gewandt haben
	werdest wenden	werdet wenden	werdest gewandt haben	werdet gewandt haben
	werde wenden	werden wenden	werde gewandt haben	werden gewandt haben
	Present and Future Conditional		**Past Conditional**	
	würde wenden	würden wenden	würde gewandt haben	würden gewandt haben
	würdest wenden	würdet wenden	würdest gewandt haben	würdet gewandt haben
	würde wenden	würden wenden	würde gewandt haben	würden gewandt haben

Note: This verb is sometimes treated as a regular verb with the following principal parts: *wendet, wendete, hat gewendet.*

EXAMPLES

Bitte wenden Sie sich an die Verwaltung!	Please contact the management.
Das Gespräch wandte sich endlich auf den wichtigen Gegenstand.	The conversation finally turned to the important subject.

werden

to become, to get

Auxiliary verb: sein   **Past participle:** geworden
Imperative: Werde! Werdet! Werden Sie!

Mode	Simple Tenses		Compound Tenses	
	Singular	*Plural*	*Singular*	*Plural*
Indicative	**Present**		**Present Perfect**	
	werde	werden	bin geworden	sind geworden
	wirst	werdet	bist geworden	seid geworden
	wird	werden	ist geworden	sind geworden
	Past		**Past Perfect**	
	wurde	wurden	war geworden	waren geworden
	wurdest	wurdet	warst geworden	wart geworden
	wurde	wurden	war geworden	waren geworden
	Future		**Future Perfect**	
	werde werden	werden werden	werde geworden sein	werden geworden sein
	wirst werden	werdet werden	wirst geworden sein	werdet geworden sein
	wird werden	werden werden	wird geworden sein	werden geworden sein
Subjunctive	**Present**		**Present Perfect**	
	werde	werden	sei geworden	seien geworden
	werdest	werdet	seiest geworden	seiet geworden
	werde	werden	sei geworden	seien geworden
	Past		**Past Perfect**	
	würde	würden	wäre geworden	wären geworden
	würdest	würdet	wärest geworden	wäret geworden
	würde	würden	wäre geworden	wären geworden
	Future		**Future Perfect**	
	werde werden	werden werden	werde geworden sein	werden geworden sein
	werdest werden	werdet werden	werdest geworden sein	werdet geworden sein
	werde werden	werden werden	werde geworden sein	werden geworden sein
	Present and Future Conditional		**Past Conditional**	
	würde werden	würden werden	würde geworden sein	würden geworden sein
	würdest werden	würdet werden	würdest geworden sein	würdet geworden sein
	würde werden	würden werden	würde geworden sein	würden geworden sein

EXAMPLES

Meine Schwester ist Ärztin geworden.
Der alte Mann wird allmählich blind.

My sister became a doctor.
The old man is gradually going blind.

werfen

to throw

Auxiliary verb: haben   **Past participle:** geworfen
Imperative: Wirf! Werft! Werfen Sie!

Mode	Simple Tenses		Compound Tenses	
	Singular	*Plural*	*Singular*	*Plural*
	Present		**Present Perfect**	
Indicative	werfe	werfen	habe geworfen	haben geworfen
	wirfst	werft	hast geworfen	habt geworfen
	wirft	werfen	hat geworfen	haben geworfen
	Past		**Past Perfect**	
	warf	warfen	hatte geworfen	hatten geworfen
	warfst	warft	hattest geworfen	hattet geworfen
	warf	warfen	hatte geworfen	hatten geworfen
	Future		**Future Perfect**	
	werde werfen	werden werfen	werde geworfen haben	werden geworfen haben
	wirst werfen	werdet werfen	wirst geworfen haben	werdet geworfen haben
	wird werfen	werden werfen	wird geworfen haben	werden geworfen haben
	Present		**Present Perfect**	
Subjunctive	werfe	werfen	habe geworfen	haben geworfen
	werfest	werfet	habest geworfen	habet geworfen
	werfe	werfen	habe geworfen	haben geworfen
	Past		**Past Perfect**	
	würfe	würfen	hätte geworfen	hätten geworfen
	würfest	würfet	hättest geworfen	hättet geworfen
	würfe	würfen	hätte geworfen	hätten geworfen
	Future		**Future Perfect**	
	werde werfen	werden werfen	werde geworfen haben	werden geworfen haben
	werdest werfen	werdet werfen	werdest geworfen haben	werdet geworfen haben
	werde werfen	werden werfen	werde geworfen haben	werden geworfen haben
	Present and Future Conditional		**Past Conditional**	
	würde werfen	würden werfen	würde geworfen haben	würden geworfen haben
	würdest werfen	würdet werfen	würdest geworfen haben	würdet geworfen haben
	würde werfen	würden werfen	würde geworfen haben	würden geworfen haben

EXAMPLES

Marco hat den Ball über den Zaun geworfen.   Marco threw the ball over the fence.
Sie hat den langweiligen Roman beiseite geworfen.   She threw the boring novel aside.

widerspiegeln (sich)
to mirror, to reflect
Auxiliary verb: haben **Past participle:** widergespiegelt
Imperative: Spiegele wider! Spiegelt wider! Spiegeln Sie wider!

Mode	Simple Tenses		Compound Tenses	
	Singular	*Plural*	*Singular*	*Plural*
Indicative	**Present**		**Present Perfect**	
	spiegele wider	spiegeln wider	habe widergespiegelt	haben widergespiegelt
	spiegelst wider	spiegelt wider	hast widergespiegelt	habt widergespiegelt
	spiegelt wider	spiegeln wider	hat widergespiegelt	haben widergespiegelt
	Past		**Past Perfect**	
	spiegelte wider	spiegelten wider	hatte widergespiegelt	hatten widergespiegelt
	spiegeltest wider	spiegeltet wider	hattest widergespiegelt	hattet widergespiegelt
	spiegelte wider	spiegelten wider	hatte widergespiegelt	hatten widergespiegelt
	Future		**Future Perfect**	
	werde widerspiegeln	werden widerspiegeln	werde widergespiegelt haben	werden widergespiegelt haben
	wirst widerspiegeln	werdet widerspiegeln	wirst widergespiegelt haben	werdet widergespiegelt haben
	wird widerspiegeln	werden widerspiegeln	wird widergespiegelt haben	werden widergespiegelt haben
Subjunctive	**Present**		**Present Perfect**	
	spiegele wider	spiegeln wider	habe widergespiegelt	haben widergespiegelt
	spiegelst wider	spiegelt wider	habest widergespiegelt	habet widergespiegelt
	spiegele wider	spiegeln wider	habe widergespiegelt	haben widergespiegelt
	Past		**Past Perfect**	
	spiegelte wider	spiegelten wider	hätte widergespiegelt	hätten widergespiegelt
	spiegeltest wider	spiegeltet wider	hättest widergespiegelt	hättet widergespiegelt
	spiegelte wider	spiegelten wider	hätte widergespiegelt	hätten widergespiegelt
	Future		**Future Perfect**	
	werde widerspiegeln	werden widerspiegeln	werde widergespiegelt haben	werden widergespiegelt haben
	werdest widerspiegeln	werdet widerspiegeln	werdest widergespiegelt haben	werdet widergespiegelt haben
	werde widerspiegeln	werden widerspiegeln	werde widergespiegelt haben	werden widergespiegelt haben
	Present and Future Conditional		**Past Conditional**	
	würde widerspiegeln	würden widerspiegeln	würde widergespiegelt haben	würden widergespiegelt haben
	würdest widerspiegeln	würdet widerspiegeln	würdest widergespiegelt haben	würdet widergespiegelt haben
	würde widerspiegeln	würden widerspiegeln	würde widergespiegelt haben	würden widergespiegelt haben

EXAMPLES

Seine harte Arbeit hat sich in guten Noten widergespiegelt.

His hard work was reflected in good grades.

Ihr Gesicht spiegelt sich im Wasser wider.

Her face is reflected in the water.

wiederholen
to bring back, to fetch
Auxiliary verb: haben   **Past participle:** wiedergeholt
Imperative: Hole wieder! Holt wieder! Holen Sie wieder!

Mode	Simple Tenses		Compound Tenses	
	Singular	*Plural*	*Singular*	*Plural*
Indicative	**Present**		**Present Perfect**	
	hole wieder	holen wieder	habe wiedergeholt	haben wiedergeholt
	holst wieder	holt wieder	hast wiedergeholt	habt wiedergeholt
	holt wieder	holen wieder	hat wiedergeholt	haben wiedergeholt
	Past		**Past Perfect**	
	holte wieder	holten wieder	hatte wiedergeholt	hatten wiedergeholt
	holtest wieder	holtet wieder	hattest wiedergeholt	hattet wiedergeholt
	holte wieder	holten wieder	hatte wiedergeholt	hatten wiedergeholt
	Future		**Future Perfect**	
	werde wiederholen	werden wiederholen	werde wiedergeholt haben	werden wiedergeholt haben
	wirst wiederholen	werdet wiederholen	wirst wiedergeholt haben	werdet wiedergeholt haben
	wird wiederholen	werden wiederholen	wird wiedergeholt haben	werden wiedergeholt haben
Subjunctive	**Present**		**Present Perfect**	
	hole wieder	holen wieder	habe wiedergeholt	haben wiedergeholt
	holest wieder	holet wieder	habest wiedergeholt	habet wiedergeholt
	hole wieder	holen wieder	habe wiedergeholt	haben wiedergeholt
	Past		**Past Perfect**	
	holte wieder	holten wieder	hätte wiedergeholt	hätten wiedergeholt
	holtest wieder	holtet wieder	hättest wiedergeholt	hättet wiedergeholt
	holte wieder	holten wieder	hätte wiedergeholt	hätten wiedergeholt
	Future		**Future Perfect**	
	werde wiederholen	werden wiederholen	werde wiedergeholt haben	werden wiedergeholt haben
	werdest wiederholen	werdet wiederholen	werdest wiedergeholt haben	werdet wiedergeholt haben
	werde wiederholen	werden wiederholen	werde wiedergeholt haben	werden wiedergeholt haben
	Present and Future Conditional		**Past Conditional**	
	würde wiederholen	würden wiederholen	würde wiedergeholt haben	würden wiedergeholt haben
	würdest wiederholen	würdet wiederholen	würdest wiedergeholt haben	würdet wiedergeholt haben
	würde wiederholen	würden wiederholen	würde wiedergeholt haben	würden wiedergeholt haben

Note: This verb and the one that follows are spelled identically. This verb, however, has the accent on the prefix *wieder–*, which makes it a separable prefix.

EXAMPLES

Der Hund holte den Ball wieder.
Ich habe mir dieses Buch wiedergeholt.

The dog fetched the ball.
I got this book back.

wiederhólen

to repeat

Auxiliary verb: haben **Past participle:** wiederholt
Imperative: Wiederhole! Wiederholt! Wiederholen Sie!

Mode	Simple Tenses		Compound Tenses	
	Singular	*Plural*	*Singular*	*Plural*
Indicative	**Present**		**Present Perfect**	
	wiederhole	wiederholen	habe wiederholt	haben wiederholt
	wiederholst	wiederholt	hast wiederholt	habt wiederholt
	wiederholt	wiederholen	hat wiederholt	haben wiederholt
	Past		**Past Perfect**	
	wiederholte	wiederholten	hatte wiederholt	hatten wiederholt
	wiederholtest	wiederholtet	hattest wiederholt	hattet wiederholt
	wiederholte	wiederholten	hatte wiederholt	hatten wiederholt
	Future		**Future Perfect**	
	werde wiederholen	werden wiederholen	werde wiederholt haben	werden wiederholt haben
	wirst wiederholen	werdet wiederholen	wirst wiederholt haben	werdet wiederholt haben
	wird wiederholen	werden wiederholen	wird wiederholt haben	werden wiederholt haben
Subjunctive	**Present**		**Present Perfect**	
	wiederhole	wiederholen	habe wiederholt	haben wiederholt
	wiederholest	wiederholet	habest wiederholt	habet wiederholt
	wiederhole	wiederholen	habe wiederholt	haben wiederholt
	Past		**Past Perfect**	
	wiederholte	wiederholten	hätte wiederholt	hätten wiederholt
	wiederholtest	wiederholtet	hättest wiederholt	hättet wiederholt
	wiederholte	wiederholten	hätte wiederholt	hätten wiederholt
	Future		**Future Perfect**	
	werde wiederholen	werden wiederholen	werde wiederholt haben	werden wiederholt haben
	werdest wiederholen	werdet wiederholen	werdest wiederholt haben	werdet wiederholt haben
	werde wiederholen	werden wiederholen	werde wiederholt haben	werden wiederholt haben
	Present and Future Conditional		**Past Conditional**	
	würde wiederholen	würden wiederholen	würde wiederholt haben	würden wiederholt haben
	würdest wiederholen	würdet wiederholen	würdest wiederholt haben	würdet wiederholt haben
	würde wiederholen	würden wiederholen	würde wiederholt haben	würden wiederholt haben

Note: This verb and the one that precedes it are spelled identically. This verb, however, has the accent on the stem of the verb, which makes the prefix *wieder–* an inseparable prefix.

EXAMPLES

Bitte wiederholen Sie den letzten Satz!	Please repeat the last sentence.
Diese Klasse hat dieselbe Übung dreimal wiederholt.	This class repeated the same exercise three times.

wirken
to produce an effect, to work, to operate
Auxiliary verb: haben   **Past participle:** gewirkt
Imperative: Wirke! Wirkt! Wirken Sie!

Mode	Simple Tenses		Compound Tenses	
	Singular	*Plural*	*Singular*	*Plural*
Indicative	**Present**		**Present Perfect**	
	wirke	wirken	habe gewirkt	haben gewirkt
	wirkst	wirkt	hast gewirkt	habt gewirkt
	wirkt	wirken	hat gewirkt	haben gewirkt
	Past		**Past Perfect**	
	wirkte	wirkten	hatte gewirkt	hatten gewirkt
	wirktest	wirktet	hattest gewirkt	hattet gewirkt
	wirkte	wirkten	hatte gewirkt	hatten gewirkt
	Future		**Future Perfect**	
	werde wirken	werden wirken	werde gewirkt haben	werden gewirkt haben
	wirst wirken	werdet wirken	wirst gewirkt haben	werdet gewirkt haben
	wird wirken	werden wirken	wird gewirkt haben	werden gewirkt haben
Subjunctive	**Present**		**Present Perfect**	
	wirke	wirken	habe gewirkt	haben gewirkt
	wirkest	wirket	habest gewirkt	habet gewirkt
	wirke	wirken	habe gewirkt	haben gewirkt
	Past		**Past Perfect**	
	wirkte	wirkten	hätte gewirkt	hätten gewirkt
	wirktest	wirktet	hättest gewirkt	hättet gewirkt
	wirkte	wirkten	hätte gewirkt	hätten gewirkt
	Future		**Future Perfect**	
	werde wirken	werden wirken	werde gewirkt haben	werden gewirkt haben
	werdest wirken	werdet wirken	werdest gewirkt haben	werdet gewirkt haben
	werde wirken	werden wirken	werde gewirkt haben	werden gewirkt haben
	Present and Future Conditional		**Past Conditional**	
	würde wirken	würden wirken	würde gewirkt haben	würden gewirkt haben
	würdest wirken	würdet wirken	würdest gewirkt haben	würdet gewirkt haben
	würde wirken	würden wirken	würde gewirkt haben	würden gewirkt haben

EXAMPLES

Diese Tabletten wirken nicht mehr bei mir.	These pills aren't working on me anymore.
Jedes Wort, das er aussprach, wirkte.	Every word that he pronounced had an effect.

wissen

to know, to have knowledge
Auxiliary verb: haben **Past participle:** gewusst
Imperative: Wisse! Wisst! Wissen Sie!

Mode	Simple Tenses		Compound Tenses	
	Singular	*Plural*	*Singular*	*Plural*
Indicative	**Present**		**Present Perfect**	
	weiß	wissen	habe gewusst	haben gewusst
	weißt	wisst	hast gewusst	habt gewusst
	weiß	wissen	hat gewusst	haben gewusst
	Past		**Past Perfect**	
	wusste	wussten	hatte gewusst	hatten gewusst
	wusstest	wusstet	hattest gewusst	hattet gewusst
	wusste	wussten	hatte gewusst	hatten gewusst
	Future		**Future Perfect**	
	werde wissen	werden wissen	werde gewusst haben	werden gewusst haben
	wirst wissen	werdet wissen	wirst gewusst haben	werdet gewusst haben
	wird wissen	werden wissen	wird gewusst haben	werden gewusst haben
Subjunctive	**Present**		**Present Perfect**	
	wisse	wissen	habe gewusst	haben gewusst
	wissest	wisset	habest gewusst	habet gewusst
	wisse	wissen	habe gewusst	haben gewusst
	Past		**Past Perfect**	
	wüsste	wüssten	hätte gewusst	hätten gewusst
	wüsstest	wüsstet	hättest gewusst	hättet gewusst
	wüsste	wüssten	hätte gewusst	hätten gewusst
	Future		**Future Perfect**	
	werde wissen	werden wissen	werde gewusst haben	werden gewusst haben
	werdest wissen	werdet wissen	werdest gewusst haben	werdet gewusst haben
	werde wissen	werden wissen	werde gewusst haben	werden gewusst haben
	Present and Future Conditional		**Past Conditional**	
	würde wissen	würden wissen	würde gewusst haben	würden gewusst haben
	würdest wissen	würdet wissen	würdest gewusst haben	würdet gewusst haben
	würde wissen	würden wissen	würde gewusst haben	würden gewusst haben

EXAMPLES

Wissen Sie, wo Herr Schneider wohnt?
Do you know where Mr. Schneider lives?

So viel ich weiß, wird Nils in der Hauptstadt bleiben.
As far as I know, Nils is going to stay in the capital.

wohnen
to live, to reside
Auxiliary verb: haben   **Past participle:** gewohnt
Imperative: Wohne! Wohnt! Wohnen Sie!

Mode	Simple Tenses		Compound Tenses	
	Singular	*Plural*	*Singular*	*Plural*
Indicative	**Present**		**Present Perfect**	
	wohne	wohnen	habe gewohnt	haben gewohnt
	wohnst	wohnt	hast gewohnt	habt gewohnt
	wohnt	wohnen	hat gewohnt	haben gewohnt
	Past		**Past Perfect**	
	wohnte	wohnten	hatte gewohnt	hatten gewohnt
	wohntest	wohntet	hattest gewohnt	hattet gewohnt
	wohnte	wohnten	hatte gewohnt	hatten gewohnt
	Future		**Future Perfect**	
	werde wohnen	werden wohnen	werde gewohnt haben	werden gewohnt haben
	wirst wohnen	werdet wohnen	wirst gewohnt haben	werdet gewohnt haben
	wird wohnen	werden wohnen	wird gewohnt haben	werden gewohnt haben
Subjunctive	**Present**		**Present Perfect**	
	wohne	wohnen	habe gewohnt	haben gewohnt
	wohnest	wohnet	habest gewohnt	habet gewohnt
	wohne	wohnen	habe gewohnt	haben gewohnt
	Past		**Past Perfect**	
	wohnte	wohnten	hätte gewohnt	hätten gewohnt
	wohntest	wohntet	hättest gewohnt	hättet gewohnt
	wohnte	wohnten	hätte gewohnt	hätten gewohnt
	Future		**Future Perfect**	
	werde wohnen	werden wohnen	werde gewohnt haben	werden gewohnt haben
	werdest wohnen	werdet wohnen	werdest gewohnt haben	werdet gewohnt haben
	werde wohnen	werden wohnen	werde gewohnt haben	werden gewohnt haben
	Present and Future Conditional		**Past Conditional**	
	würde wohnen	würden wohnen	würde gewohnt haben	würden gewohnt haben
	würdest wohnen	würdet wohnen	würdest gewohnt haben	würdet gewohnt haben
	würde wohnen	würden wohnen	würde gewohnt haben	würden gewohnt haben

EXAMPLES

Wie lange habt ihr in Oldenburg gewohnt?   How long did you live in Oldenburg?
Mein Neffe wohnt nicht weit von hier.   My nephew doesn't live far from here.

wollen

to want
Auxiliary verb: haben **Past participle:** gewollt
Imperative: Wolle! Wollt! Wollen Sie!

Mode	Simple Tenses		Compound Tenses	
	Singular	*Plural*	*Singular*	*Plural*
Indicative	**Present**		**Present Perfect**	
	will	wollen	habe gewollt	haben gewollt
	willst	wollt	hast gewollt	habt gewollt
	will	wollen	hat gewollt	haben gewollt
	Past		**Past Perfect**	
	wollte	wollten	hatte gewollt	hatten gewollt
	wolltest	wolltet	hattest gewollt	hattet gewollt
	wollte	wollten	hatte gewollt	hatten gewollt
	Future		**Future Perfect**	
	werde wollen	werden wollen	werde gewollt haben	werden gewollt haben
	wirst wollen	werdet wollen	wirst gewollt haben	werdet gewollt haben
	wird wollen	werden wollen	wird gewollt haben	werden gewollt haben
Subjunctive	**Present**		**Present Perfect**	
	wolle	wollen	habe gewollt	haben gewollt
	wollest	wollet	habest gewollt	habet gewollt
	wolle	wollen	habe gewollt	haben gewollt
	Past		**Past Perfect**	
	wollte	wollten	hätte gewollt	hätten gewollt
	wolltest	wolltet	hättest gewollt	hättet gewollt
	wollte	wollten	hätte gewollt	hätten gewollt
	Future		**Future Perfect**	
	werde wollen	werden wollen	werde gewollt haben	werden gewollt haben
	werdest wollen	werdet wollen	werdest gewollt haben	werdet gewollt haben
	werde wollen	werden wollen	werde gewollt haben	werden gewollt haben
	Present and Future Conditional		**Past Conditional**	
	würde wollen	würden wollen	würde gewollt haben	würden gewollt haben
	würdest wollen	würdet wollen	würdest gewollt haben	würdet gewollt haben
	würde wollen	würden wollen	würde gewollt haben	würden gewollt haben

Note: This verb is a modal auxiliary. In the perfect and future tenses, when there is a second verb in the sentence, a double-infinitive structure is required: *Haben Sie mit ihm sprechen wollen?* ("Did you want to speak with him?")

EXAMPLES

Er will, dass sein Sohn Professor wird.	He wants his son to become a professor.
Was wollen Sie hier?	What do you want here?

wünschen
to wish, to desire
Auxiliary verb: haben   **Past participle:** gewünscht
Imperative: Wünsche! Wünscht! Wünschen Sie!

Mode	Simple Tenses		Compound Tenses	
	Singular	*Plural*	*Singular*	*Plural*
Indicative	**Present**		**Present Perfect**	
	wünsche	wünschen	habe gewünscht	haben gewünscht
	wünschst	wünscht	hast gewünscht	habt gewünscht
	wünscht	wünschen	hat gewünscht	haben gewünscht
	Past		**Past Perfect**	
	wünschte	wünschten	hatte gewünscht	hatten gewünscht
	wünschtest	wünschtet	hattest gewünscht	hattet gewünscht
	wünschte	wünschten	hatte gewünscht	hatten gewünscht
	Future		**Future Perfect**	
	werde wünschen	werden wünschen	werde gewünscht haben	werden gewünscht haben
	wirst wünschen	werdet wünschen	wirst gewünscht haben	werdet gewünscht haben
	wird wünschen	werden wünschen	wird gewünscht haben	werden gewünscht haben
Subjunctive	**Present**		**Present Perfect**	
	wünsche	wünschen	habe gewünscht	haben gewünscht
	wünschest	wünschet	habest gewünscht	habet gewünscht
	wünsche	wünschen	habe gewünscht	haben gewünscht
	Past		**Past Perfect**	
	wünschte	wünschten	hätte gewünscht	hätten gewünscht
	wünschtest	wünschtet	hättest gewünscht	hättet gewünscht
	wünschte	wünschten	hätte gewünscht	hätten gewünscht
	Future		**Future Perfect**	
	werde wünschen	werden wünschen	werde gewünscht haben	werden gewünscht haben
	werdest wünschen	werdet wünschen	werdest gewünscht haben	werdet gewünscht haben
	werde wünschen	werden wünschen	werde gewünscht haben	werden gewünscht haben
	Present and Future Conditional		**Past Conditional**	
	würde wünschen	würden wünschen	würde gewünscht haben	würden gewünscht haben
	würdest wünschen	würdet wünschen	würdest gewünscht haben	würdet gewünscht haben
	würde wünschen	würden wünschen	würde gewünscht haben	würden gewünscht haben

EXAMPLE

Ich wünschte, ich könnte einen nagelneuen Wagen kaufen.

I wish I could buy a brand-new car.

zahlen
to pay
Auxiliary verb: haben **Past participle:** gezahlt
Imperative: Zahle! Zahlt! Zahlen Sie!

Mode	Simple Tenses		Compound Tenses	
	Singular	*Plural*	*Singular*	*Plural*
Indicative	**Present**		**Present Perfect**	
	zahle	zahlen	habe gezahlt	haben gezahlt
	zahlst	zahlt	hast gezahlt	habt gezahlt
	zahlt	zahlen	hat gezahlt	haben gezahlt
	Past		**Past Perfect**	
	zahlte	zahlten	hatte gezahlt	hatten gezahlt
	zahltest	zahltet	hattest gezahlt	hattet gezahlt
	zahlte	zahlten	hatte gezahlt	hatten gezahlt
	Future		**Future Perfect**	
	werde zahlen	werden zahlen	werde gezahlt haben	werden gezahlt haben
	wirst zahlen	werdet zahlen	wirst gezahlt haben	werdet gezahlt haben
	wird zahlen	werden zahlen	wird gezahlt haben	werden gezahlt haben
Subjunctive	**Present**		**Present Perfect**	
	zahle	zahlen	habe gezahlt	haben gezahlt
	zahlest	zahlet	habest gezahlt	habet gezahlt
	zahle	zahlen	habe gezahlt	haben gezahlt
	Past		**Past Perfect**	
	zahlte	zahlten	hätte gezahlt	hätten gezahlt
	zahltest	zahltet	hättest gezahlt	hättet gezahlt
	zahlte	zahlten	hätte gezahlt	hätten gezahlt
	Future		**Future Perfect**	
	werde zahlen	werden zahlen	werde gezahlt haben	werden gezahlt haben
	werdest zahlen	werdet zahlen	werdest gezahlt haben	werdet gezahlt haben
	werde zahlen	werden zahlen	werde gezahlt haben	werden gezahlt haben
	Present and Future Conditional		**Past Conditional**	
	würde zahlen	würden zahlen	würde gezahlt haben	würden gezahlt haben
	würdest zahlen	würdet zahlen	würdest gezahlt haben	würdet gezahlt haben
	würde zahlen	würden zahlen	würde gezahlt haben	würden gezahlt haben

EXAMPLES

Kann ich mit Kreditkarte zahlen? May I pay by credit card?
Zahlen, bitte! Check, please.

zählen
to count, to reckon
Auxiliary verb: haben   **Past participle:** gezählt
Imperative: Zähle! Zählt! Zählen Sie!

Mode	Simple Tenses		Compound Tenses	
	Singular	*Plural*	*Singular*	*Plural*
Indicative	**Present**		**Present Perfect**	
	zähle	zählen	habe gezählt	haben gezählt
	zählst	zählt	hast gezählt	habt gezählt
	zählt	zählen	hat gezählt	haben gezählt
	Past		**Past Perfect**	
	zählte	zählten	hatte gezählt	hatten gezählt
	zähltest	zähltet	hattest gezählt	hattet gezählt
	zählte	zählten	hatte gezählt	hatten gezählt
	Future		**Future Perfect**	
	werde zählen	werden zählen	werde gezählt haben	werden gezählt haben
	wirst zählen	werdet zählen	wirst gezählt haben	werdet gezählt haben
	wird zählen	werden zählen	wird gezählt haben	werden gezählt haben
Subjunctive	**Present**		**Present Perfect**	
	zähle	zählen	habe gezählt	haben gezählt
	zählest	zählet	habest gezählt	habet gezählt
	zähle	zählen	habe gezählt	haben gezählt
	Past		**Past Perfect**	
	zählte	zählten	hätte gezählt	hätten gezählt
	zähltest	zähltet	hättest gezählt	hättet gezählt
	zählte	zählten	hätte gezählt	hätten gezählt
	Future		**Future Perfect**	
	werde zählen	werden zählen	werde gezählt haben	werden gezählt haben
	werdest zählen	werdet zählen	werdest gezählt haben	werdet gezählt haben
	werde zählen	werden zählen	werde gezählt haben	werden gezählt haben
	Present and Future Conditional		**Past Conditional**	
	würde zählen	würden zählen	würde gezählt haben	würden gezählt haben
	würdest zählen	würdet zählen	würdest gezählt haben	würdet gezählt haben
	würde zählen	würden zählen	würde gezählt haben	würden gezählt haben

EXAMPLES

Der Dreijährige kann schon von eins bis zehn zählen.

The 3-year-old can already count from one to ten.

Der Kranke ist schwach. Seine Tage sind gezählt.

The patient is weak. His days are numbered.

zeigen

to show, to point out
Auxiliary verb: haben   **Past participle:** gezeigt
Imperative: Zeige! Zeigt! Zeigen Sie!

Mode	Simple Tenses		Compound Tenses	
	Singular	*Plural*	*Singular*	*Plural*
Indicative	**Present**		**Present Perfect**	
	zeige	zeigen	habe gezeigt	haben gezeigt
	zeigst	zeigt	hast gezeigt	habt gezeigt
	zeigt	zeigen	hat gezeigt	haben gezeigt
	Past		**Past Perfect**	
	zeigte	zeigten	hatte gezeigt	hatten gezeigt
	zeigtest	zeigtet	hattest gezeigt	hattet gezeigt
	zeigte	zeigten	hatte gezeigt	hatten gezeigt
	Future		**Future Perfect**	
	werde zeigen	werden zeigen	werde gezeigt haben	werden gezeigt haben
	wirst zeigen	werdet zeigen	wirst gezeigt haben	werdet gezeigt haben
	wird zeigen	werden zeigen	wird gezeigt haben	werden gezeigt haben
Subjunctive	**Present**		**Present Perfect**	
	zeige	zeigen	habe gezeigt	haben gezeigt
	zeigest	zeiget	habest gezeigt	habet gezeigt
	zeige	zeigen	habe gezeigt	haben gezeigt
	Past		**Past Perfect**	
	zeigte	zeigten	hätte gezeigt	hätten gezeigt
	zeigtest	zeigtet	hättest gezeigt	hättet gezeigt
	zeigte	zeigten	hätte gezeigt	hätten gezeigt
	Future		**Future Perfect**	
	werde zeigen	werden zeigen	werde gezeigt haben	werden gezeigt haben
	werdest zeigen	werdet zeigen	werdest gezeigt haben	werdet gezeigt haben
	werde zeigen	werden zeigen	werde gezeigt haben	werden gezeigt haben
	Present and Future Conditional		**Past Conditional**	
	würde zeigen	würden zeigen	würde gezeigt haben	würden gezeigt haben
	würdest zeigen	würdet zeigen	würdest gezeigt haben	würdet gezeigt haben
	würde zeigen	würden zeigen	würde gezeigt haben	würden gezeigt haben

EXAMPLES

Ich habe den Kindern auf der Landkarte gezeigt, wo Deutschland liegt.

I showed the children on the map where Germany is located.

Zeige uns, was du geschrieben hast!

Show us what you wrote.

zerreißen
to tear up, to rip to pieces
Auxiliary verb: haben   **Past participle:** zerrissen
Imperative: Zerreiße! Zerreißt! Zerreißen Sie!

Mode	Simple Tenses		Compound Tenses	
	Singular	*Plural*	*Singular*	*Plural*
Indicative	**Present**		**Present Perfect**	
	zerreiße	zerreißen	habe zerrissen	haben zerrissen
	zerreißt	zerreißt	hast zerrissen	habt zerrissen
	zerreißt	zerreißen	hat zerrissen	haben zerrissen
	Past		**Past Perfect**	
	zerriss	zerrissen	hatte zerrissen	hatten zerrissen
	zerrissest	zerrisst	hattest zerrissen	hattet zerrissen
	zerriss	zerrissen	hatte zerrissen	hatten zerrissen
	Future		**Future Perfect**	
	werde zerreißen	werden zerreißen	werde zerrissen haben	werden zerrissen haben
	wirst zerreißen	werdet zerreißen	wirst zerrissen haben	werdet zerrissen haben
	wird zerreißen	werden zerreißen	wird zerrissen haben	werden zerrissen haben
Subjunctive	**Present**		**Present Perfect**	
	zerreiße	zerreißen	habe zerrissen	haben zerrissen
	zerreißest	zerreißet	habest zerrissen	habet zerrissen
	zerreiße	zerreißen	habe zerrissen	haben zerrissen
	Past		**Past Perfect**	
	zerrisse	zerrissen	hätte zerrissen	hätten zerrissen
	zerrissest	zerrisset	hättest zerrissen	hättet zerrissen
	zerrisse	zerrissen	hätte zerrissen	hätten zerrissen
	Future		**Future Perfect**	
	werde zerreißen	werden zerreißen	werde zerrissen haben	werden zerrissen haben
	werdest zerreißen	werdet zerreißen	werdest zerrissen haben	werdet zerrissen haben
	werde zerreißen	werden zerreißen	werde zerrissen haben	werden zerrissen haben
	Present and Future Conditional		**Past Conditional**	
	würde zerreißen	würden zerreißen	würde zerrissen haben	würden zerrissen haben
	würdest zerreißen	würdet zerreißen	würdest zerrissen haben	würdet zerrissen haben
	würde zerreißen	würden zerreißen	würde zerrissen haben	würden zerrissen haben

Note: Without a prefix, the principal parts of this verb are *reißt, riss, hat gerissen.* With separable prefixes, the principal parts are, for example, *reißt aus, riss aus, hat* or *ist ausgerissen.*

EXAMPLES

Er schrieb ihr elf Liebesbriefe. Langsam zerriss sie sie.

He wrote her 11 love letters. She slowly tore them up.

Hilf mir! Ich kann mich schließlich nicht zerreißen.

Help me. I can't be in two places at one time, after all.

zerschmettern

to smash, to shatter

Auxiliary verb: haben **Past participle:** zerschmettert

Imperative: Zerschmettere! Zerschmettert! Zerschmettern Sie!

Mode	Simple Tenses		Compound Tenses	
	Singular	*Plural*	*Singular*	*Plural*
Indicative	**Present**		**Present Perfect**	
	zerschmettere	zerschmettern	habe zerschmettert	haben zerschmettert
	zerschmetterst	zerschmettert	hast zerschmettert	habt zerschmettert
	zerschmettert	zerschmettern	hat zerschmettert	haben zerschmettert
	Past		**Past Perfect**	
	zerschmetterte	zerschmetterten	hatte zerschmettert	hatten zerschmettert
	zerschmettertest	zerschmettertet	hattest zerschmettert	hattet zerschmettert
	zerschmetterte	zerschmetterten	hatte zerschmettert	hatten zerschmettert
	Future		**Future Perfect**	
	werde zerschmettern	werden zerschmettern	werde zerschmettert haben	werden zerschmettert haben
	wirst zerschmettern	werdet zerschmettern	wirst zerschmettert haben	werdet zerschmettert haben
	wird zerschmettern	werden zerschmettern	wird zerschmettert haben	werden zerschmettert haben
Subjunctive	**Present**		**Present Perfect**	
	zerschmettere	zerschmettern	habe zerschmettert	haben zerschmettert
	zerschmetterst	zerschmettert	habest zerschmettert	habet zerschmettert
	zerschmettere	zerschmettern	habe zerschmettert	haben zerschmettert
	Past		**Past Perfect**	
	zerschmetterte	zerschmetterten	hätte zerschmettert	hätten zerschmettert
	zerschmettertest	zerschmettertet	hättest zerschmettert	hättet zerschmettert
	zerschmetterte	zerschmetterten	hätte zerschmettert	hätten zerschmettert
	Future		**Future Perfect**	
	werde zerschmettern	werden zerschmettern	werde zerschmettert haben	werden zerschmettert haben
	werdest zerschmet-tern	werdet zerschmettern	werdest zerschmettert haben	werdet zerschmettert haben
	werde zerschmettern	werden zerschmettern	werde zerschmettert haben	werden zerschmettert haben
	Present and Future Conditional		**Past Conditional**	
	würde zerschmettern	würden zerschmettern	würde zerschmettert haben	würden zerschmettert haben
	würdest zerschmet-tern	würdet zerschmettern	würdest zerschmettert haben	würdet zerschmettert haben
	würde zerschmettern	würden zerschmettern	würde zerschmettert haben	würden zerschmettert haben

EXAMPLES

Der zornige Riese zerschmetterte den Felsen.

The angry giant smashed the rock to pieces.

Überall auf dem Boden liegt zerschmettertes Glas.

There's shattered glass all over the floor.

zerstören
to destroy
Auxiliary verb: haben **Past participle:** zerstört
Imperative: Zerstöre! Zerstört! Zerstören Sie!

Mode	Simple Tenses		Compound Tenses	
	Singular	*Plural*	*Singular*	*Plural*
Indicative	**Present**		**Present Perfect**	
	zerstöre	zerstören	habe zerstört	haben zerstört
	zerstörst	zerstört	hast zerstört	habt zerstört
	zerstört	zerstören	hat zerstört	haben zerstört
	Past		**Past Perfect**	
	zerstörte	zerstörten	hatte zerstört	hatten zerstört
	zerstörtest	zerstörtet	hattest zerstört	hattet zerstört
	zerstörte	zerstörten	hatte zerstört	hatten zerstört
	Future		**Future Perfect**	
	werde zerstören	werden zerstören	werde zerstört haben	werden zerstört haben
	wirst zerstören	werdet zerstören	wirst zerstört haben	werdet zerstört haben
	wird zerstören	werden zerstören	wird zerstört haben	werden zerstört haben
Subjunctive	**Present**		**Present Perfect**	
	zerstöre	zerstören	habe zerstört	haben zerstört
	zerstörest	zerstöret	habest zerstört	habet zerstört
	zerstöre	zerstören	habe zerstört	haben zerstört
	Past		**Past Perfect**	
	zerstörte	zerstörten	hätte zerstört	hätten zerstört
	zerstörtest	zerstörtet	hättest zerstört	hättet zerstört
	zerstörte	zerstörten	hätte zerstört	hätten zerstört
	Future		**Future Perfect**	
	werde zerstören	werden zerstören	werde zerstört haben	werden zerstört haben
	werdest zerstören	werdet zerstören	werdest zerstört haben	werdet zerstört haben
	werde zerstören	werden zerstören	werde zerstört haben	werden zerstört haben
	Present and Future Conditional		**Past Conditional**	
	würde zerstören	würden zerstören	würde zerstört haben	würden zerstört haben
	würdest zerstören	würdet zerstören	würdest zerstört haben	würdet zerstört haben
	würde zerstören	würden zerstören	würde zerstört haben	würden zerstört haben

EXAMPLES

Die Schule ist von einem Erdbeben zerstört worden.

The school was destroyed by an earthquake.

Das Feuer zerstörte ein Haus nach dem anderen.

The fire destroyed one house after another.

ziehen

to pull, to tow, to draw
Auxiliary verb: haben   **Past participle:** gezogen
Imperative: Ziehe! Zieht! Ziehen Sie!

Mode	Simple Tenses		Compound Tenses	
	Singular	*Plural*	*Singular*	*Plural*
Indicative	**Present**		**Present Perfect**	
	ziehe	ziehen	habe gezogen	haben gezogen
	ziehst	zieht	hast gezogen	habt gezogen
	zieht	ziehen	hat gezogen	haben gezogen
	Past		**Past Perfect**	
	zog	zogen	hatte gezogen	hatten gezogen
	zogst	zogt	hattest gezogen	hattet gezogen
	zog	zogen	hatte gezogen	hatten gezogen
	Future		**Future Perfect**	
	werde ziehen	werden ziehen	werde gezogen haben	werden gezogen haben
	wirst ziehen	werdet ziehen	wirst gezogen haben	werdet gezogen haben
	wird ziehen	werden ziehen	wird gezogen haben	werden gezogen haben
Subjunctive	**Present**		**Present Perfect**	
	ziehe	ziehen	habe gezogen	haben gezogen
	ziehest	ziehet	habest gezogen	habet gezogen
	ziehe	ziehen	habe gezogen	haben gezogen
	Past		**Past Perfect**	
	zöge	zögen	hätte gezogen	hätten gezogen
	zögest	zöget	hättest gezogen	hättet gezogen
	zöge	zöge	hätte gezogen	hätten gezogen
	Future		**Future Perfect**	
	werde ziehen	werden ziehen	werde gezogen haben	werden gezogen haben
	werdest ziehen	werdet ziehen	werdest gezogen haben	werdet gezogen haben
	werde ziehen	werden ziehen	werde gezogen haben	werden gezogen haben
	Present and Future Conditional		**Past Conditional**	
	würde ziehen	würden ziehen	würde gezogen haben	würden gezogen haben
	würdest ziehen	würdet ziehen	würdest gezogen haben	würdet gezogen haben
	würde ziehen	würden ziehen	würde gezogen haben	würden gezogen haben

Note: With inseparable prefixes, the principal parts of this verb are, for example, *erzieht, erzog, hat erzogen*. With separable prefixes, the principal parts are, for example, *zieht zurück, zog zurück, hat zurückgezogen*.

EXAMPLES

Der kleine Junge zog seine Schwester immer am Pferdeschwanz.

The little boy always pulled his sister's ponytail.

Vor einer Woche hat Opa seine letzten vier Zähne ziehen lassen.

A week ago, grandpa had his last four teeth pulled out.

zugeben

to add, to give into, to admit

Auxiliary verb: haben   **Past participle:** zugegeben

Imperative: Gib zu! Gebt zu! Geben Sie zu!

Mode	Simple Tenses		Compound Tenses	
	Singular	*Plural*	*Singular*	*Plural*
Indicative	**Present**		**Present Perfect**	
	gebe zu	geben zu	habe zugegeben	haben zugegeben
	gibst zu	gebt zu	hast zugegeben	habt zugegeben
	gibt zu	geben zu	hat zugegeben	haben zugegeben
	Past		**Past Perfect**	
	gab zu	gaben zu	hatte zugegeben	hatten zugegeben
	gabst zu	gabt zu	hattest zugegeben	hattet zugegeben
	gab zu	gaben zu	hatte zugegeben	hatten zugegeben
	Future		**Future Perfect**	
	werde zugeben	werden zugeben	werde zugegeben haben	werden zugegeben haben
	wirst zugeben	werdet zugeben	wirst zugegeben haben	werdet zugegeben haben
	wird zugeben	werden zugeben	wird zugegeben haben	werden zugegeben haben
Subjunctive	**Present**		**Present Perfect**	
	gebe zu	geben zu	habe zugegeben	haben zugegeben
	gebest zu	gebet zu	habest zugegeben	habet zugegeben
	gebe zu	geben zu	habe zugegeben	haben zugegeben
	Past		**Past Perfect**	
	gäbe zu	gäben zu	hätte zugegeben	hätten zugegeben
	gäbest zu	gäbet zu	hättest zugegeben	hättet zugegeben
	gäbe zu	gäben zu	hätte zugegeben	hätten zugegeben
	Future		**Future Perfect**	
	werde zugeben	werden zugeben	werde zugegeben haben	werden zugegeben haben
	werdest zugeben	werdet zugeben	werdest zugegeben haben	werdet zugegeben haben
	werde zugeben	werden zugeben	werde zugegeben haben	werden zugegeben haben
	Present and Future Conditional		**Past Conditional**	
	würde zugeben	würden zugeben	würde zugegeben haben	würden zugegeben haben
	würdest zugeben	würdet zugeben	würdest zugegeben haben	würdet zugegeben haben
	würde zugeben	würden zugeben	würde zugegeben haben	würden zugegeben haben

Note: With inseparable prefixes, the principal parts of this verb are, for example, *vergibt, vergab, hat vergeben*. Without a prefix, the principal parts are *gibt, gab, hat gegeben*.

EXAMPLES

Wir mussten zugeben, dass Anke und Martin viel mehr als wir gearbeitet hatten.	We had to admit that Anke and Martin worked a lot more than we did.
Ich gebe zu, du hast wie immer Recht.	I admit it—you're right as usual.

zuhören
to listen to, to pay attention to
Auxiliary verb: haben   **Past participle:** zugehört
Imperative: Höre zu! Hört zu! Hören Sie zu!

Mode	Simple Tenses		Compound Tenses	
	Singular	*Plural*	*Singular*	*Plural*
Indicative	**Present**		**Present Perfect**	
	höre zu	hören zu	habe zugehört	haben zugehört
	hörst zu	hört zu	hast zugehört	habt zugehört
	hört zu	hören zu	hat zugehört	haben zugehört
	Past		**Past Perfect**	
	hörte zu	hörten zu	hatte zugehört	hatten zugehört
	hörtest zu	hörtet zu	hattest zugehört	hattet zugehört
	hörte zu	hörten zu	hatte zugehört	hatten zugehört
	Future		**Future Perfect**	
	werde zuhören	werden zuhören	werde zugehört haben	werden zugehört haben
	wirst zuhören	werdet zuhören	wirst zugehört haben	werdet zugehört haben
	wird zuhören	werden zuhören	wird zugehört haben	werden zugehört haben
Subjunctive	**Present**		**Present Perfect**	
	höre zu	hören zu	habe zugehört	haben zugehört
	hörest zu	höret zu	habest zugehört	habet zugehört
	höre zu	hören zu	habe zugehört	haben zugehört
	Past		**Past Perfect**	
	hörte zu	hörten zu	hätte zugehört	hätten zugehört
	hörtest zu	hörtet zu	hättest zugehört	hättet zugehört
	hörte zu	hörten zu	hätte zugehört	hätten zugehört
	Future		**Future Perfect**	
	werde zuhören	werden zuhören	werde zugehört haben	werden zugehört haben
	werdest zuhören	werdet zuhören	werdest zugehört haben	werdet zugehört haben
	werde zuhören	werden zuhören	werde zugehört haben	werden zugehört haben
	Present and Future Conditional		**Past Conditional**	
	würde zuhören	würden zuhören	würde zugehört haben	würden zugehört haben
	würdest zuhören	würdet zuhören	würdest zugehört haben	würdet zugehört haben
	würde zuhören	würden zuhören	würde zugehört haben	würden zugehört haben

EXAMPLES

Kinder, hört genau zu!
Ich habe dem Redner zugehört, ohne ein
einziges Wort verstanden zu haben.

Children, listen carefully.
I listened to the speaker without
understanding a single word.

zunehmen

to take on, to increase, to put on weight

Auxiliary verb: haben   **Past participle:** zugenommen
Imperative: Nimm zu! Nehmt zu! Nehmen Sie zu!

Mode	Simple Tenses		Compound Tenses	
	Singular	*Plural*	*Singular*	*Plural*
Indicative	**Present**		**Present Perfect**	
	nehme zu	nehmen zu	habe zugenommen	haben zugenommen
	nimmst zu	nehmt zu	hast zugenommen	habt zugenommen
	nimmt zu	nehmen zu	hat zugenommen	haben zugenommen
	Past		**Past Perfect**	
	nahm zu	nahmen zu	hatte zugenommen	hatten zugenommen
	nahmst zu	nahmt zu	hattest zugenommen	hattet zugenommen
	nahm zu	nahmen zu	hatte zugenommen	hatten zugenommen
	Future		**Future Perfect**	
	werde zunehmen	werden zunehmen	werde zugenommen haben	werden zugenommen haben
	wirst zunehmen	werdet zunehmen	wirst zugenommen haben	werdet zugenommen haben
	wird zunehmen	werden zunehmen	wird zugenommen haben	werden zugenommen haben
Subjunctive	**Present**		**Present Perfect**	
	nehme zu	nehmen zu	habe zugenommen	haben zugenommen
	nehmest zu	nehmet zu	habest zugenommen	habet zugenommen
	nehme zu	nehmen zu	habe zugenommen	haben zugenommen
	Past		**Past Perfect**	
	nähme zu	nähmen zu	hätte zugenommen	hätten zugenommen
	nähmest zu	nähmet zu	hättest zugenommen	hättet zugenommen
	nähme zu	nähmen zu	hätte zugenommen	hätten zugenommen
	Future		**Future Perfect**	
	werde zunehmen	werden zunehmen	werde zugenommen haben	werden zugenommen haben
	werdest zunehmen	werdet zunehmen	werdest zugenommen haben	werdet zugenommen haben
	werde zunehmen	werden zunehmen	werde zugenommen haben	werden zugenommen haben
	Present and Future Conditional		**Past Conditional**	
	würde zunehmen	würden zunehmen	würde zugenommen haben	würden zugenommen haben
	würdest zunehmen	würdet zunehmen	würdest zugenommen haben	würdet zugenommen haben
	würde zunehmen	würden zunehmen	würde zugenommen haben	würden zugenommen haben

Note: Without a prefix, the principal parts of this verb are *nimmt, nahm, hat genommen*. With inseparable prefixes, the principal parts of this verb are, for example, *benimmt, benahm, hat benommen*.

EXAMPLES

Frau Bauer sieht aus, als ob sie mehr als fünfzehn Kilo zugenommen hätte.	Mrs. Bauer looks like she's put on more than 15 kilos.
Die Angriffe durch Computerviren nehmen in letzter Zeit zu.	Computer virus attacks have become more frequent recently.

zurückgehen
to go back, to return
Auxiliary verb: sein **Past participle:** zurückgegangen
Imperative: Gehe zurück! Geht zurück! Gehen Sie zurück!

Mode	Simple Tenses		Compound Tenses	
	Singular	*Plural*	*Singular*	*Plural*
Indicative	**Present**		**Present Perfect**	
	gehe zurück	gehen zurück	bin zurückgegangen	sind zurückgegangen
	gehst zurück	geht zurück	bist zurückgegangen	seid zurückgegangen
	geht zurück	gehen zurück	ist zurückgegangen	sind zurückgegangen
	Past		**Past Perfect**	
	ging zurück	gingen zurück	war zurückgegangen	waren zurückgegangen
	gingst zurück	gingt zurück	warst zurückgegangen	wart zurückgegangen
	ging zurück	gingen zurück	war zurückgegangen	waren zurückgegangen
	Future		**Future Perfect**	
	werde zurückgehen	werden zurückgehen	werde zurückgegangen sein	werden zurückgegangen sein
	wirst zurückgehen	werdet zurückgehen	wirst zurückgegangen sein	werdet zurückgegangen sein
	wird zurückgehen	werden zurückgehen	wird zurückgegangen sein	werden zurückgegangen sein
Subjunctive	**Present**		**Present Perfect**	
	gehe zurück	gehen zurück	sei zurückgegangen	seien zurückgegangen
	gehest zurück	gehet zurück	seiest zurückgegangen	seiet zurückgegangen
	gehe zurück	gehen zurück	sei zurückgegangen	seien zurückgegangen
	Past		**Past Perfect**	
	ginge zurück	gingen zurück	wäre zurückgegangen	wären zurückgegangen
	gingest zurück	ginget zurück	wärest zurückgegangen	wäret zurückgegangen
	ginge zurück	gingen zurück	wäre zurückgegangen	wären zurückgegangen
	Future		**Future Perfect**	
	werde zurückgehen	werden zurückgehen	werde zurückgegangen sein	werden zurückgegangen sein
	werdest zurückgehen	werdet zurückgehen	werdest zurückgegangen sein	werdet zurückgegangen sein
	werde zurückgehen	werden zurückgehen	werde zurückgegangen sein	werden zurückgegangen sein
	Present and Future Conditional		**Past Conditional**	
	würde zurückgehen	würden zurückgehen	würde zurückgegangen sein	würden zurückgegangen sein
	würdest zurückgehen	würdet zurückgehen	würdest zurückgegangen sein	würdet zurückgegangen sein
	würde zurückgehen	würden zurückgehen	würde zurückgegangen sein	würden zurückgegangen sein

Note: With inseparable prefixes, the principal parts of this verb are, for example, *begeht, beging, hat begangen.* Without a prefix, the principal parts are *geht, ging, ist gegangen.*

EXAMPLES

Nach einem ganzen Jahr in Hamburg ging sie nach Bremen zurück. — After a whole year in Hamburg, she went back to Bremen.

Gehen wir den Fluss entlang zurück. — Let's go back along the river.

zurückkehren

to return

Auxiliary verb: sein   **Past participle:** zurückgekehrt
Imperative: Kehre zurück! Kehrt zurück! Kehren Sie zurück!

Mode	Simple Tenses		Compound Tenses	
	Singular	*Plural*	*Singular*	*Plural*
Indicative	**Present**		**Present Perfect**	
	kehre zurück	kehren zurück	bin zurückgekehrt	sind zurückgekehrt
	kehrst zurück	kehrt zurück	bist zurückgekehrt	seid zurückgekehrt
	kehrt zurück	kehren zurück	ist zurückgekehrt	sind zurückgekehrt
	Past		**Past Perfect**	
	kehrte zurück	kehrten zurück	war zurückgekehrt	waren zurückgekehrt
	kehrtest zurück	kehrtet zurück	warst zurückgekehrt	wart zurückgekehrt
	kehrte zurück	kehrten zurück	war zurückgekehrt	waren zurückgekehrt
	Future		**Future Perfect**	
	werde zurückkehren	werden zurückkehren	werde zurückgekehrt sein	werden zurückgekehrt sein
	wirst zurückkehren	werdet zurückkehren	wirst zurückgekehrt sein	werdet zurückgekehrt sein
	wird zurückkehren	werden zurückkehren	wird zurückgekehrt sein	werden zurückgekehrt sein
Subjunctive	**Present**		**Present Perfect**	
	kehre zurück	kehren zurück	sei zurückgekehrt	seien zurückgekehrt
	kehrest zurück	kehret zurück	seiest zurückgekehrt	seiet zurückgekehrt
	kehre zurück	kehren zurück	sei zurückgekehrt	seien zurückgekehrt
	Past		**Past Perfect**	
	kehrte zurück	kehrten zurück	wäre zurückgekehrt	wären zurückgekehrt
	kehrtest zurück	kehrtet zurück	wärest zurückgekehrt	wäret zurückgekehrt
	kehrte zurück	kehrten zurück	wäre zurückgekehrt	wären zurückgekehrt
	Future		**Future Perfect**	
	werde zurückkehren	werden zurückkehren	werde zurückgekehrt sein	werden zurückgekehrt sein
	werdest zurückkehren	werdet zurückkehren	werdest zurückgekehrt sein	werdet zurückgekehrt sein
	werde zurückkehren	werden zurückkehren	werde zurückgekehrt sein	werden zurückgekehrt sein
	Present and Future Conditional		**Past Conditional**	
	würde zurückkehren	würden zurückkehren	würde zurückgekehrt sein	würden zurückgekehrt sein
	würdest zurückkehren	würdet zurückkehren	würdest zurückgekehrt sein	würdet zurückgekehrt sein
	würde zurückkehren	würden zurückkehren	würde zurückgekehrt sein	würden zurückgekehrt sein

EXAMPLES

Ich möchte irgendwann nach Europa zurückkehren.

Someday I'd like to return to Europe.

Nach vier Wochen sind sie nach Hause zurückgekehrt.

After four weeks, they returned home.

zurückziehen (sich)
to withdraw, to retire, to retreat
Auxiliary verb: haben **Past participle:** zurückgezogen
Imperative: Ziehe zurück! Zieht zurück! Ziehen Sie zurück!

Mode	Simple Tenses		Compound Tenses	
	Singular	*Plural*	*Singular*	*Plural*
Indicative	**Present**		**Present Perfect**	
	ziehe zurück	ziehen zurück	habe zurückgezogen	haben zurückgezogen
	ziehst zurück	zieht zurück	hast zurückgezogen	habt zurückgezogen
	zieht zurück	ziehen zurück	hat zurückgezogen	haben zurückgezogen
	Past		**Past Perfect**	
	zog zurück	zogen zurück	hatte zurückgezogen	hatten zurückgezogen
	zogst zurück	zogt zurück	hattest zurückgezogen	hattet zurückgezogen
	zog zurück	zogen zurück	hatte zurückgezogen	hatten zurückgezogen
	Future		**Future Perfect**	
	werde zurückziehen	werden zurückziehen	werde zurückgezogen haben	werden zurückgezogen haben
	wirst zurückziehen	werdet zurückziehen	wirst zurückgezogen haben	werdet zurückgezogen haben
	wird zurückziehen	werden zurückziehen	wird zurückgezogen haben	werden zurückgezogen haben
Subjunctive	**Present**		**Present Perfect**	
	ziehe zurück	ziehen zurück	habe zurückgezogen	haben zurückgezogen
	ziehest zurück	ziehet zurück	habest zurückgezogen	habet zurückgezogen
	ziehe zurück	ziehen zurück	habe zurückgezogen	haben zurückgezogen
	Past		**Past Perfect**	
	zöge zurück	zögen zurück	hätte zurückgezen	hätten zurückgezogen
	zögest zurück	zöget zurück	hättest zurückgezogen	hättet zurückgezogen
	zöge zurück	zögen zurück	hätte zurückgezogen	hätten zurückgezogen
	Future		**Future Perfect**	
	werde zurückziehen	werden zurückziehen	werde zurückgezogen haben	werden zurückgezogen haben
	werdest zurückziehen	werdet zurückziehen	werdest zurückgezogen haben	werdet zurückgezogen haben
	werde zurückziehen	werden zurückziehen	werde zurückgezogen haben	werden zurückgezogen haben
	Present and Future Conditional		**Past Conditional**	
	würde zurückziehen	würden zurückziehen	würde zurückgezogen haben	würden zurückgezogen haben
	würdest zurückziehen	würdet zurückziehen	würdest zurückgezogen haben	würdet zurückgezogen haben
	würde zurückziehen	würden zurückziehen	würde zurückgezogen haben	würden zurückgezogen haben

Note: When this verb is used as a verb of motion, it requires *sein* as its auxiliary in the perfect tenses.

EXAMPLES

Der Käufer hat sein Angebot zurückgezogen.   The buyer withdrew his offer.
Ihnen wurde befohlen sich zurückzuziehen.   They were given the order to pull back.

zuschauen

to watch, to look on

Auxiliary verb: haben   **Past participle:** zugeschaut

Imperative: Schaue zu! Schaut zu! Schauen Sie zu!

Mode	Simple Tenses		Compound Tenses	
	Singular	*Plural*	*Singular*	*Plural*
Indicative	**Present**		**Present Perfect**	
	schaue zu	schauen zu	habe zugeschaut	haben zugeschaut
	schaust zu	schaut zu	hast zugeschaut	habt zugeschaut
	schaut zu	schauen zu	hat zugeschaut	haben zugeschaut
	Past		**Past Perfect**	
	schaute zu	schauten zu	hatte zugeschaut	hatten zugeschaut
	schautest zu	schautet zu	hattest zugeschaut	hattet zugeschaut
	schaute zu	schauten zu	hatte zugeschaut	hatten zugeschaut
	Future		**Future Perfect**	
	werde zuschauen	werden zuschauen	werde zugeschaut haben	werden zugeschaut haben
	wirst zuschauen	werdet zuschauen	wirst zugeschaut haben	werdet zugeschaut haben
	wird zuschauen	werden zuschauen	wird zugeschaut haben	werden zugeschaut haben
Subjunctive	**Present**		**Present Perfect**	
	schaue zu	schauen zu	habe zugeschaut	haben zugeschaut
	schauest zu	schauet zu	habest zugeschaut	habet zugeschaut
	schaue zu	schauen zu	habe zugeschaut	haben zugeschaut
	Past		**Past Perfect**	
	schaute zu	schauten zu	hätte zugeschaut	hätten zugeschaut
	schautest zu	schautet zu	hättest zugeschaut	hättet zugeschaut
	schaute zu	schauten zu	hätte zugeschaut	hätten zugeschaut
	Future		**Future Perfect**	
	werde zuschauen	werden zuschauen	werde zugeschaut haben	werden zugeschaut haben
	werdest zuschauen	werdet zuschauen	werdest zugeschaut haben	werdet zugeschaut haben
	werde zuschauen	werden zuschauen	werde zugeschaut haben	werden zugeschaut haben
	Present and Future Conditional		**Past Conditional**	
	würde zuschauen	würden zuschauen	würde zugeschaut haben	würden zugeschaut haben
	würdest zuschauen	würdet zuschauen	würdest zugeschaut haben	würdet zugeschaut haben
	würde zuschauen	würden zuschauen	würde zugeschaut haben	würden zugeschaut haben

EXAMPLES

Ich habe meinen Neffen beim Schwimmen zugeschaut.

I looked on as my nephews swam.

Schaut mir zu, wenn ich laufe.

Watch me when I run the race.

zwingen
to force, to compel
Auxiliary verb: haben **Past participle:** gezwungen
Imperative: Zwinge! Zwingt! Zwingen Sie!

Mode	Simple Tenses		Compound Tenses	
	Singular	*Plural*	*Singular*	*Plural*
Indicative	**Present**		**Present Perfect**	
	zwinge	zwingen	habe gezwungen	haben gezwungen
	zwingst	zwingt	hast gezwungen	habt gezwungen
	zwingt	zwingen	hat gezwungen	haben gezwungen
	Past		**Past Perfect**	
	zwang	zwangen	hatte gezwungen	hatten gezwungen
	zwangst	zwangt	hattest gezwungen	hattet gezwungen
	zwang	zwangen	hatte gezwungen	hatten gezwungen
	Future		**Future Perfect**	
	werde zwingen	werden zwingen	werde gezwungen haben	werden gezwungen haben
	wirst zwingen	werdet zwingen	wirst gezwungen haben	werdet gezwungen haben
	wird zwingen	werden zwingen	wird gezwungen haben	werden gezwungen haben
Subjunctive	**Present**		**Present Perfect**	
	zwinge	zwingen	habe gezwungen	haben gezwungen
	zwingest	zwinget	habest gezwungen	habet gezwungen
	zwinge	zwingen	habe gezwungen	haben gezwungen
	Past		**Past Perfect**	
	zwänge	zwängen	hätte gezwungen	hätten gezwungen
	zwängest	zwänget	hättest gezwungen	hättet gezwungen
	zwänge	zwängen	hätte gezwungen	hätten gezwungen
	Future		**Future Perfect**	
	werde zwingen	werden zwingen	werde gezwungen haben	werden gezwungen haben
	werdest zwingen	werdet zwingen	werdest gezwungen haben	werdet gezwungen haben
	werde zwingen	werden zwingen	werde gezwungen haben	werden gezwungen haben
	Present and Future Conditional		**Past Conditional**	
	würde zwingen	würden zwingen	würde gezwungen haben	würden gezwungen haben
	würdest zwingen	würdet zwingen	würdest gezwungen haben	würdet gezwungen haben
	würde zwingen	würden zwingen	würde gezwungen haben	würden gezwungen haben

EXAMPLES

Ich wurde gezwungen das Gemälde zu stehlen.   I was forced to steal the painting.
Niemand wird dich dazu zwingen.   No one's going to force you to do it.

APPENDIX OF ADDITIONAL VERBS

This appendix consists of over 1,500 additional verbs. Each verb in this appendix has a reference to a fully conjugated verb with a matching conjugation. For example, *abfahren* (to depart) will point you to page 173, where you'll find *fahren* (to drive), because both verbs are identically conjugated. This appendix provides many verbs with either separable or inseparable prefixes. Just as the preceding example illustrated, you may be directed from a verb with a prefix to one that has no prefix—from *abfahren* to *fahren*. Or you may be directed from a verb with a separable prefix to one with an inseparable prefix. This occurs, because prefixes are a matter of position with a verb and do not affect the conjugation.

GERMAN VERB	ENGLISH VERB	PAGE NUMBER
abbiegen	to bend off, to turn off	106
abfahren	to depart by transport	173
abfertigen	to finish, to dispatch	89
abfinden	to settle	184
abführen	to lead away, to take into police custody	203
abgewöhnen (sich)	to break or give up a habit	223
abhalten	to hold off, to restrain	236
abhängen von	to depend on	238
abholen	to fetch, to call for, to pick up	253
abhören	to listen in, to wiretap	255
ablassen	to drain, to empty	296
ablaufen	to run down, to run off, to expire	298
ablegen	to put away, to take off	301
ablehnen	to decline	43
abliefern	to deliver, to drop off	47
abmachen	to undo, to detach, to settle	317
abmelden	to check out, to sign off, to announce a withdrawal	324
abnehmen	to take off, to decrease, to reduce	612
abonnieren	to subscribe	57

abräumen	to clear, to remove	59
abreisen	to depart on a journey	378
absagen	to call off, to cancel	394
abschaffen	to abolish, to repeal	43
abschalten	to disconnect	402
abschleppen	to tow away, to drag away	429
abschließen	to lock up	430
absehen	to anticipate	66
absieden	to boil off	471
absondern (sich)	to isolate, to segregate	354
abspannen	to slacken, to relax	43
absperren	to shut off, to barricade	43
absprengen	to blow off	43
abstammen	to descend, to come from	43
abstehen	to stand off	495
abstellen	to put away, to turn off	580
abstimmen	to tune, to lower the sound, to take a vote	95
abstöpseln	to uncork, to unplug	588
abstreichen	to wipe off	507
abstreifen	to strip off	43
abstreiten	to dispute, to deny	508
abstufen	to terrace, to grade	43
abstumpfen	to dull, to blunt	43
abstürzen	to precipitate, to plunge	511
abteilen	to divide	520
abtönen	to tone down	43
abtreiben	to carry away, to have an abortion	529
abtrocknen	to wipe dry	533
abwaschen	to wash up	586
abwechseln	to exchange, to alternate	588
ächzen	to moan, to groan	232
adoptieren	to adopt	57
ähneln	to resemble, to take after	71
akzeptieren	to accept	57
alarmieren	to alarm	57
alliieren	to ally	57

amüsieren	to amuse, to enjoy oneself	57
analysieren	to analyze	57
anbauen	to cultivate, to add to by building	72
anbeißen	to bite at	82
anbeten	to worship	97
anbrennen	to kindle, to scorch, to burn (food)	119
andauern	to continue, to last	123
androhen	to menace, to threaten	131
anerkennen	to acknowledge, to recognize	267
anfahren	to start moving (a car), to drive up to, to collide with	173
anfallen	to attack	209
anfassen	to take hold of, to seize	178
anfeuchten	to moisten, to dampen	585
anfordern	to demand, to claim	193
anfressen	to gnaw, to corrode	198
anfühlen (sich)	to feel	202
angeben	to declare, to indicate, to pretend, to boast	63
angehören	to belong to, to pertain to	212
angeln	to fish	71
angewöhnen	to accustom	223
angreifen	to attack	230
angrenzen	to border, to adjoin	232
ängstigen	to frighten, to alarm	357
anhaben	to have on, to wear	235
anhalten	to check, to restrain, to stop	236
anhängen	to hang on, to attach, to append	238
anhören	to listen	255
animieren	to animate	57
anklagen	to accuse	269
ankleben	to adhere, to stick to	272
ankleiden	to put clothes on	273
anklicken	to click on (a Web site icon)	416
anklopfen	to knock, to rap on	277
ankündigen	to announce, to proclaim	357

anlasten	to accuse of a crime	51
anlegen	to lay on, to apply	301
anlehnen	to lean against	43
anlocken	to lure	59
anmachen	to fasten, to attach, to switch on	317
anmalen	to paint	321
anmelden (sich)	to announce, to report, to register	324
anmerken	to perceive, to remark, to write down	326
annehmen	to take, to accept, to suppose	612
anordnen	to order, to direct, to put in order	342
anpassen	to try on, to make fit	346
anprobieren	to try on	57
anreden	to speak to, to address	372
anregen	to stir up, to stimulate	60
anreizen	to incite, to induce	88
anrichten	to regulate, to prepare, to dish up	383
anrühren	to touch, to mix	389
ansagen	to announce, to notify	394
anschalten	to switch on	402
anschauen	to look at	616
anschlagen	to strike against, to ring	425
anschnallen (sich)	to buckle up	580
anschreiben	to write on a board, to note, to run a tab	449
anschwärzen	to slander, to blacken someone's name	196
ansehen	to look at	66
ansein	to be on	466
anspannen	to hitch, to harness	149
ansprechen	to speak to, to address	488
ansteigen	to rise, to ascend, to increase	548
anstellen	to place near, to arrange, to employ	580
anstrengen (sich)	to exert oneself	60
antragen	to propose, to offer	524
anvertrauen	to confide, to entrust to	574
anweisen	to direct, to point out, to assign	591

anzahlen	to make a down payment	603
anzeigen	to announce, to advertise	605
anzünden	to kindle, to light	231
aufatmen	to breathe freely	58
aufbauen	to build up, to erect	72
aufbessern	to improve, to repair	155
aufbewahren	to store, to preserve	59
aufbleiben	to remain open, to remain up, to stay awake	112
aufbrechen	to break open	118
aufbürden	to burden, to impose upon	134
aufdecken	to uncover, to reveal	124
aufeinander folgen	to follow one another	192
auffallen	to attract attention, to strike	137
auffassen	to perceive, to comprehend	178
auffordern	to call upon, to summon, to ask to dance	193
aufführen	to perform	203
aufgeben	to give up, to surrender	63
aufgehen	to rise, to swell	613
aufhaben	to have on, to be open	235
aufhalten	to hold up, to delay, to hold open	236
aufhängen	to hang up, to suspend	238
aufheben	to lift, to raise, to pick up	241
aufhellen	to clear, to brighten	580
aufhören	to stop, to cease	255
aufklappen	to open, to unfold	270
aufklären	to clear up, to enlighten	59
aufkleben	to stick on, to affix	272
aufladen	to load, to charge up	138
auflegen	to lay on, to apply	301
aufmachen	to open, to unlock	317
aufnehmen	to take in, to take a picture, to record	612
aufopfern	to sacrifice	354
aufpassen	to pay attention to, to watch	346
aufprobieren	to try on	57
aufrichten	to set up, to erect	383

aufrufen	to summon, to call up	50
aufsagen	to recite	394
aufschlagen	to break open, to open (a book)	425
aufschließen	to unlock	430
aufschreiben	to write down, to note, to enter	449
aufsein	to be awake, to be open	466
aufsetzen	to put on, to draw up	196
aufsparen	to save up	479
aufsperren	to open wide, to unlock	59
aufspüren	to track down	59
aufstehen	to get up, to stand up	495
aufstellen	to install, to set up	580
aufsuchen	to seek out, to search for	513
auftauchen	to emerge, to appear	517
auftreffen	to impact on, to strike	528
auftreten	to tread, to appear	531
aufwecken	to waken, to rouse	589
aufweichen	to soften	61
aufwickeln	to roll up, to wind up	150
aufziehen	to draw up, to bring up	609
ausatmen	to exhale	58
ausbeuten	to exploit	51
ausbilden	to educate, to develop	108
ausblasen	to blow out	111
ausbleiben	to stay away, to be absent	112
ausblühen	to stop blooming	114
ausbrennen	to burn out, to cease burning	119
ausdehnen	to extend	59
ausdrücken	to express	132
auseinander bringen	to separate	120
auseinander fallen	to fall to pieces	137
auseinander falten	to unfold	175

auseinander gehen	to separate	613
auseinander halten	to distinguish between	236
auserwählen	to choose, to select	582
ausfallen	to drop out, to be omitted, to be cancelled	137
ausfertigen	to draw up, to execute	572
ausfliegen	to fly out, to escape	186
ausfragen	to interrogate	197
ausführen	to execute, to carry out, to walk a dog	203
ausgleichen	to make even, to equalize	227
ausgraben	to dig out	228
aushalten	to hold out, to endure	236
aushelfen	to help out, to aid	246
auskaufen	to buy out	265
auskennen (sich)	to know one's way around	267
auskleiden	to undress	273
auskommen	to come out, to get by with	49
ausladen	to unload, to disembark	138
ausleihen	to lend out	304
auslernen	to finish learning, to finish an apprenticeship	308
auslesen	to select, to finish reading	309
auslöschen	to put out, to extinguish	314
ausmachen	to open, to make up, to settle, to turn/switch off	317
ausmessen	to measure out	327
ausnehmen	to take out, to exclude	612
ausnutzen	to wear out, to utilize, to take advantage of	88
auspacken	to unpack	345
ausprobieren	to try out, to taste	57
ausradieren	to erase, to rub out	57
ausreden	to finish speaking	372
ausreichen	to suffice	376
ausreißen	to tear out	379
ausrotten	to exterminate	51
ausruhen	to rest	62
ausrutschen	to slip, to skid	392

ausschalten	to eliminate, to switch off	402
ausschenken	to pour out	413
ausschlafen	to have a good night's sleep	424
ausschließen	to exclude, to lock out	430
ausschreiben	to write to the end, to advertise a job opening	449
aussein	to be out	466
äußern (sich)	to express an opinion	56
aussetzen	to expose, to pause, to take a break	196
ausspielen	to play out	485
aussprechen	to pronounce	488
ausspülen	to rinse out	43
ausstatten	to equip, to outfit	51
ausstehen	to be outstanding	495
ausstellen	to exhibit	580
aussterben	to die out, to become extinct	501
ausstrecken	to reach out, to extend	494
aussuchen	to search, to seek out	513
austeilen	to distribute	520
austreiben	to drive out, to expel	529
austrinken	to finish drinking	532
ausüben	to practice (a profession)	537
ausverkaufen	to sell off, to sell on sale	265
auswählen	to choose, to select	582
auswandern	to emigrate	583
ausweichen	to make way	380
ausweinen	to have a good cry	590
ausweisen	to turn out, to expel, to deport	591
auswickeln	to unroll, to unwrap	150
auszahlen	to pay out	603
auszeichnen	to mark out, to distinguish, to reward	370
ausziehen	to undress	609
baumeln	to dangle	71
beabsichtigen	to intend	91
beachten	to notice, to heed, to regard	44

beängstigen	to alarm, to make anxious	76
beanspruchen	to lay claim to, to demand	96
beantragen	to propose, to move	96
beantworten	to answer a question	52
bearbeiten	to cultivate, to work, to treat	55
bebauen	to build on, to cultivate	72
beben	to quake, to shake, to tremble	127
bedanken (sich)	to thank	86
bedauern	to regret	123
bedecken	to cover, to protect	124
bedeuten	to mean	87
bedingen	to imply, to stipulate	269
bedrohen	to endanger, to threaten	131
bedürfen	to need, to be in want	135
beeindrucken	to impress	86
beeinflussen	to influence	88
beendigen	to end, to finish	76
beerdigen	to bury, to inter	76
befallen	to befall, to happen	209
befeuchten	to moisten, to dampen	44
befinden (sich)	to be located	184
beflecken	to spot, to stain	141
befreien	to free	199
befreunden	to befriend	74
befürworten	to recommend, to advocate	52
begeben (sich)	to proceed, to set out for	207
begehen	to commit, to celebrate	210
begehren	to desire, to long for	557
begeistern	to inspire	557
beglücken	to make happy	86
beglückwünschen	to congratulate	602
begraben	to bury	228
begreifen	to comprehend, to grasp	230
begrenzen	to border on, to limit	154
begründen	to found, to establish	231
begrüßen	to greet	233

behaupten	to maintain	145
beherrschen	to rule, to control	247
beherzigen	to take to heart	76
behüten	to guard, to preserve	97
beibringen	to teach	120
beistehen	to stand by, to aid	495
beitragen	to contribute	524
beiwohnen	to be present at	600
bejahen	to assent to, to give consent	96
bekannt geben	to make known	63
bekehren	to convert, to change one's ways	266
bekennen	to confess, to own up	267
beklagen (sich)	to complain	269
bekräftigen	to strengthen, to confirm	76
belasten	to load, to burden	219
belästigen	to trouble, to bother, to harass	76
beleben	to enliven, to animate	299
belegen	to cover, to lay down, to prove	301
beleidigen	to insult, to offend	572
belügen	to lie to	316
bemühen (sich)	to take the trouble, to strive	131
benachrichtigen	to inform, to send word	76
benehmen (sich)	to behave	337
benetzen	to moisten, wet	540
benötigen	to require, to need	76
beobachten	to observe	44
bereuen	to regret	199
bergen	to save, to secure	214
bergsteigen	to go mountain climbing	548
berichten	to report	383
bersten	to burst, to explode	214
beruhigen	to quiet, to pacify	76
beschießen	to fire at, to bombard	418
beschimpfen	to insult, to abuse	421
beschlagnahmen	to seize, to confiscate	95
beschließen	to close, to conclude	430

beschränken	to limit, to restrict	141
beschuldigen	to accuse, to charge with	148
beschützen	to guard, to protect	454
beschweren (sich)	to load, to burden, to complain	94
beseelen	to inspire, to animate	94
besichtigen	to view, to go sightseeing	76
besitzen	to own	475
besorgen	to get, to procure	477
bestätigen	to confirm	76
bestehen	to undergo, to get through, to pass an exam	495
bestrafen	to punish	506
beteiligen	to give a share, to participate in	76
betonen	to emphasize, to stress	96
betrachten	to consider, to observe	44
betragen	to amount to	524
betreffen	to befall, to affect, to concern	528
betreiben	to practice, to pursue (studies)	529
bevölkern	to populate	557
bevorstehen	to be imminent, to impend	495
bevorzugen	to favor, to prefer	217
bewässern	to water, to irrigate	557
bewundern	to admire	557
bezeichnen	to signify, to designate	370
beziehen (sich)	to refer, to relate	609
bezweifeln	to doubt, to question	564
blättern	to leaf through a book	191
blenden	to blind, to dazzle	70
blicken	to look, to glance	124
bluten	to bleed	256
brauen	to brew	72
brausen	to storm, to rage, to bluster	315
bremsen	to brake	315
brühen	to blanch, to brew	318
brüllen	to roar, to yell	498
brummen	to growl, to buzz	499
brüsten (sich)	to put on airs, to brag	534

buchstabieren	to spell	57
bücken (sich)	to stoop, to bow	416
bügeln	to iron	71
bummeln	to loiter, to saunter, to stroll	71
bürsten	to brush	534
büßen	to atone for, to make amends	233
chatten	to chat (in an Internet chat room)	44
dämmern	to dawn, to become light	237
dämpfen	to damp, to smother, muffle	421
darbieten	to present, to offer	46
datieren	to date	57
demonstrieren	to demonstrate	57
demütigen	to humble, to humiliate	76
desinfizieren	to disinfect	57
deuten	to point, to indicate	44
diktieren	to dictate	57
dirigieren	to direct (an orchestra)	57
diskriminieren	to discriminate	57
diskutieren	to discuss	57
dolmetschen	to translate	185
dosieren	to measure a dose	57
drängeln	to urge, to press forward	71
dreschen	to thresh	214
dressieren	to train, to break in	57
driften	to float, to drift	378
ducken (sich)	to duck, to stoop	416
duften	to be fragrant	555
düngen	to fertilize	394
durchblättern	to turn pages, to skim through a book	191
durchbóhren	to bore through, to penetrate	203
durchbrechen	to break through	118
durchdríngen	to penetrate, to pierce	130
durchfahren	to drive through	173
durchfallen	to fall through, to fail	137
durchführen	to accomplish, to carry out	203
durchgehen	to go through, to be transmitted	210

durchhalten	to hold out, to endure	236
durchhelfen	help through, to give support	246
durchkämpfen (sich)	to fight to the end	262
durchkommen	to get through, to succeed	49
durchreisen	to travel through, to traverse	378
durchschláfen	to sleep through	424
durchschneiden	to cut through	443
durchsehen	to see through, to see clearly, to understand	66
durchsetzen (sich)	to enforce, to push through, to prevail	196
durchsickern	to leak, to drip through	47
durchsieben	to sift, to sieve	310
durchsprechen	to discuss thoroughly	488
durchstechen	to pierce through, to stab	493
durchstoßen	to break through	505
durchstreichen	to cross out, to erase	507
durchströmen	to flow through, to perfuse	510
durchsúchen	to search thoroughly	513
durchtreiben	to force through, to effect	529
durchwáchen	to watch through, to lie awake	294
durchwében	to interweave	587
durchwinden	to wind through	109
durchziehen	to draw through	609
dursten	to be thirsty	256
duschen	to shower	329
ebben	to ebb	115
ehren	to honor	203
eignen (sich)	to be useful	341
eilen	to make haste, to hurry	192
einatmen	to inhale	58
einbauen	to install	72
einbilden (sich)	to imagine, to be conceited	108
eindeutschen	to translate into German	602
eindringen	to invade, to break in	130
einheften	to sew in, to file (papers)	555

einheiraten	to marry into (a business)	243
einigen (sich)	to agree, to come to terms	572
einkremen	to use suntan cream	43
einleiten	to initiate, to introduce	51
einlösen	to ransom, to redeem	315
einmischen (sich)	to interfere, to meddle	329
einnehmen	to take in, to accept, to occupy	612
einpacken	to pack, to wrap up	416
einquartieren	to billet, to quarter	57
einrichten	to set right, to arrange, to adjust	383
einschließen	to include, to lock in	430
einschränken	to limit, to check, to reduce	326
einschreiben (sich)	to enroll, to matriculate	449
einsetzen (sich)	to insert, to place, to install, to promote, to support	196
einstellen	to tune in, to focus, to hire	580
eintragen	to introduce, to enter, to record	524
eintreten	to enter, to commence	531
einwandern	to immigrate	583
einweichen	to soak	61
einwerfen	to throw in, to smash	594
einziehen	to draw in, to retract, to move in	609
elektrifizieren	to electrify	57
emigrieren	to emigrate	480
empfangen	to receive, to welcome	176
empfehlen	to recommend	75
empfinden	to feel, to perceive	152
empören	to shock, to make indignant	504
engagieren	to engage	57
entbehren	to do without, to dispense with	561
entbinden	to set free, to release, to give birth	109
entführen	to abduct	203
entgegenkommen	to come to meet, to advance, to compromise	49
entgegnen	to answer, to respond	463
entgiften	to decontaminate	562

enthalten	to contain	80
enthüllen	to expose, to reveal	86
entkommen	to escape	281
entkräften	to weaken, to debilitate	156
entladen	to unload	138
entlassen	to release, to fire	296
entlaufen	to run away	298
entlausen	to delouse	315
entmutigen	to discourage	159
entreißen	to tear away	379
entscheiden (sich)	to decide	409
entschließen (sich)	to make up one's mind	430
entschulden	to free from debts	87
entsetzen	to terrify	468
entsprechen	to correspond	570
entstammen	to originate	142
entstehen	to originate, to develop	495
entstellen	to disfigure, to deform	94
entwaffnen	to disarm	162
entwässern	to drain, to distill	557
entweichen	to leak	380
entwerfen	to sketch, to draft, to design	594
entwerten	to depreciate	74
entzücken	to charm, to delight	416
entzünden	to set fire to, to inflame	74
erarbeiten	to earn, to achieve through work	55
erbarmen (sich)	to be moved to pity	95
erbauen	to build up, to construct	72
erbittern	to embitter, to enrage	557
erblicken	to catch sight of	416
erblinden	to become blind	74
erbosen	to make angry	315
erdulden	to endure, to put up with	134
ereignen (sich)	to occur, to happen	162

erfahren	to learn, to experience	173
erfrieren	to freeze to death	200
erfüllen	to fulfill	62
ergeben	to yield, to result in	207
ergrauen	to get gray hair	378
ergreifen	to take hold of, to seize	230
erhalten	to obtain, to receive	236
erheben	to elevate, to raise up	241
erheitern	to cheer up, to brighten	557
erhöhen	to heighten, to elevate	114
erholen (sich)	to recover, to get better	253
erkennen	to recognize	267
erkranken	to become ill	413
erkundigen	to inquire	76
erleben	to experience, to witness	299
erlegen	to slay, to hunt and kill an animal	301
erleuchten	to illuminate	97
erlöschen	to go out, to be extinguished	314
ermächtigen	to empower, to authorize	76
ermäßigen	to moderate, to reduce	76
ermorden	to murder	70
ernennen	to nominate, to call into office	339
erneuern	to renew, to renovate	557
erniedrigen	to lower, to humble, to degrade	572
ernten	to harvest	44
erörtern	to discuss, to debate	557
erpressen	to extort, to blackmail	178
erraten	to guess, to solve	565
erregen	to excite, to stir up	60
errichten	to erect, to set upright	383
erschießen	to shoot dead	418
erschlagen	to strike dead, to slay	425
ersetzen	to replace	468
ersparen	to economize, to save, to spare	479
erstaunen	to astonish	142
ersticken	to stifle, to suffocate	509

erwachsen	to grow from, accrue	581
erwägen	to consider, to ponder	106
erwählen	to choose, to elect	582
erwähnen	to mention	142
erweisen	to prove, to show	104
erweitern	to expand, to widen	160
erwidern	to reply, to retort	155
erwürgen	to strangle, to choke	217
erzeugen	to beget, to breed, to cause	543
erzielen	to achieve, to attain	520
evakuieren	to evacuate	57
existieren	to exist	57
experimentieren	to experiment	57
explodieren	to explode	57
exportieren	to export	57
fabrizieren	to manufacture	57
faulenzen	to be lazy, to lounge	516
fegen	to sweep	301
fernsehen	to watch television	66
festhalten	to detain	236
festmachen	to fasten, to tighten	317
festschnallen	to tie to	580
feuern	to fire, to sack	502
filtrieren	to filter	57
finanzieren	to finance	57
fischen	to fish	329
fixieren	to fix, to stare	57
flicken	to mend, to patch	509
flimmern	to glitter, to glisten	237
flirten	to flirt	44
fluten	to flood, to flow, to surge	44
foltern	to torture, to torment	502
fortarbeiten	to continue working	55
fortbewegen (sich)	to propel, to continue moving	102
fortbilden (sich)	to continue one's education	108

fortbleiben	to stay away	112
fortbringen	to take away	120
fortfahren	to drive off, to depart, to continue	173
fortführen	to lead forth, to go on with	203
fortgehen	to go away, to depart	210
fortjagen	to chase away	257
fortkommen	to get away, to prosper	49
fortlaufen	to run away, to run on	298
fortleben	to live on, to survive	299
fortnehmen	to take from, to remove from	612
fortpflanzen (sich)	to propagate, to spread	349
fortreisen	to set out on a journey	378
fortreißen	to tear away	379
fortschaffen	to get rid of, to dismiss	43
fortschreiten	to step forward, to advance	451
fortschwemmen	to wash away	59
forttreiben	to drive away, to force away	529
fortwähren	to last, to persist	266
fortziehen	to draw away, to move away	615
frankieren	to pay the postage	57
freihaben	to have time off	235
freilassen	to release, to liberate	296
frömmeln	to affect piety	293
frösteln	to feel chilled	293
funkeln	to sparkle, to twinkle	71
funktionieren	to function	57
fürchten (sich)	to be afraid	44
galvanisieren	to galvanize	57
gären	to ferment, to effervesce	255
garnieren	to trim, to garnish	57
gebieten	to command, to bid	107
gedeihen	to increase, to develop, to flourish	112
gedenken	to bear in mind, to remember	125
gefährden	to endanger	70
Geige spielen	to play the violin	485

gelangen	to reach, to get to	192
gellen	to sound shrill	498
geloben	to vow, to promise solemnly	312
genehmigen	to approve of, to sanction	76
genieren (sich)	to be embarrassed	389
geraten	to get, to come upon, to manage	367
gern haben	to like	235
geziemen	to be suitable, to befit	95
glattlegen	to smooth out a fold	301
gleiten	to glide, to skid	227
glotzen	to gape, to stare	353
glühen	to glow	114
gönnen	to not to envy, to not to grudge	499
gratulieren	to congratulate	57
grenzen	to border	232
grillen	to grill, to barbeque	498
grollen	to resent, to rumble	498
grübeln	to ponder	71
gruppieren	to group, to classify	57
gutmachen	to make amends for	317
hallen	to resound, to echo	242
hantieren	to handle, to manipulate	57
haschen	to snatch, to seize	329
heimbringen	to bring home	120
heimfahren	to drive home	173
heimgehen	to go home	613
heimkehren	to return home	614
heimkommen	to come home	49
hemmen	to hem in, to inhibit, to check	499
heraufblicken	to glance up	416
heraufkommen	to come up	49
heraufsteigen	to mount, to ascend	548
herausbringen	to bring out, to issue	120
herausfinden	to find out, to discover	184
herausfordern	to challenge, to provoke	193
herausgeben	to publish	63

herauskommen	to come out, to be issued	49
herausstellen (sich)	to turn out, to appear	580
hereinfallen	to fall into	137
hereinlassen	to let in	296
herstellen	to put here, to manufacture	580
herumdrehen	to turn around	545
herumfragen	to ask around	197
herumkommen	to travel about, to become known	49
herumtasten	to feel around	51
herunterkommen	to come down, to alight	49
herunterschlucken	to swallow, to gulp down	416
herzen	to embrace, to press to one's heart	245
hetzen	to pursue, to sic, to drive	245
hinausgehen	to go out	613
hindeuten	to point, to show	44
hinfallen	to fall down	137
hinlegen (sich)	to lay down, to lie down	301
hinsetzen (sich)	to sit down, to seat oneself	196
hochgehen	to rise, to soar, to go upstairs	613
hochhalten	to think highly of, hold up high	236
hochschätzen	to esteem highly	405
höhnen	to scoff, to sneer	320
huldigen	to pay one's respects, to pay homage to	76
hüllen	to wrap up, to envelop	498
humpeln	to hobble	462
hüpfen	to hop, to leap	378
hüsteln	to clear one's throat	71
hüten (sich)	be on one's guard	44
hypnotisieren	to hypnotize	57
identifizieren	to identify	57
illustrieren	to illustrate	57
imitieren	to imitate	57
immatrikulieren (sich)	to matriculate	57
impfen	to inoculate	421

imponieren	to impress	57
importieren	to import	57
imstande sein	to be in a position	466
industrialisieren	to industrialize	57
ineinander fügen	to join	250
ineinander greifen	to mesh, to cooperate	230
informieren	to inform	57
innehaben	to occupy, to possess	235
innewerden	to perceive, to become aware	593
installieren	to install	57
instandhalten	to maintain, to keep repaired	236
instandsetzen	to make ready, to repair	196
integrieren	to integrate	57
interessieren (sich)	to interest	57
interpretieren	to interpret	57
interpunktieren	to punctuate	57
interviewen	to interview	57
irren (sich)	to go astray, to err	255
isolieren	to isolate, to insulate	57
jäten	to weed	44
jaulen	to whine, to howl	253
jonglieren	to juggle	57
kalibrieren	to calibrate	57
kanten	to edge as in skiing	44
kaputt gehen	to get broken (on its own)	613
kaputt machen	to break	317
kaputt sein	to be broken	466
kassieren	to cash, to receive money	57
kauterisieren	to cauterize	57
kegeln	to bowl	71
keifen	to scold, to chide	265
keimen	to germinate	261
kennen lernen	to become acquainted	308
kerben	to indent, to notch	151
ketten	to chain	44

kichern	to giggle	354
kitzeln	to tickle	71
kläffen	to bark, to yelp	265
klaffen	to gape, to yawn	265
klären	to clear, to clarify	157
klassifizieren	to classify	57
klauben	to pick out, to sort	226
klauen	to steal, to pilfer	406
kleben	to adhere to	44
klecksen	to make a stain	315
klemmen	to squeeze, to pinch, to be stuck	499
klimpern	to jingle, to clink	354
klirren	to clink	255
klittern	to cheat, to change details	191
klumpen	to cake, to get lumpy	521
knabbern	to nibble, to gnaw	47
knacken	to crack	416
knallen	to burst, to pop	253
knechten	to subjugate, to enslave	44
kneifen	to pinch, to squeeze	508
kneten	to knead	44
knicken	to bend, to break	416
knickern	to be mean, to be stingy	204
knien	to kneel, to genuflect	253
knipsen	to punch (a hole), to take a picture	390
knirschen	to grind, to creak	247
knistern	to crackle	191
knospen	to bud, to sprout	521
knuffen	to cuff, to pommel	265
knuspern	to crunch	191
ködern	to bait, to lure	193
kombinieren	to combine	57
kommandieren	to command	57
kompilieren	to compile	57
komponieren	to compose	57
konkurrieren	to compete	57

kontrollieren	to control	57
konzentrieren	to concentrate	57
kooperieren	to cooperate	57
köpfen	to behead	421
kopieren	to copy	57
koppeln	to tie together	71
korrigieren	to correct	57
kotzen	to vomit (colloquial)	468
krachen	to crack, to crash	294
krallen	to claw, to pilfer	253
krampfen	to cramp	262
kränken	to offend, to hurt	598
kräuseln	to curl	191
kreischen	to shriek	443
kreisen	to circle	315
kreuzen	to cross	468
kreuzigen	to crucify	76
kritisieren	to criticize	57
kritteln	to find fault	289
kröpfen	to bend at a right angle	421
krümeln	to crumble	71
krümmen	to bend, to curve	514
kühlen	to cool, to chill	202
kultivieren	to cultivate	57
kümmern (sich)	to take care of	47
kundgeben	to make known, to announce	63
kündigen	to give notice	159
künsteln	to elaborate, to overrefine	71
kuppeln	to couple, to connect	71
küren	to select, to inspect	255
kurven	to curve	310
kürzen	to shorten	468
laben	to refresh	310
lackieren	to lacquer, to varnish	57
lallen	to stammer	498
landen	to land	189

langen	to hand, to reach, to be enough	558
lärmen	to make noise	295
lästern	to slander	297
lauschen	to listen in, to eavesdrop	247
läuten	to ring, to toll	97
lauten	to sound, to read as	97
läutern	to refine, to purify	297
leeren	to empty	302
lehnen	to lean	308
Leid tun	to be sorry	535
leuchten	to shine, to illuminate	44
leugnen	to deny	463
liberalisieren	to liberalize, to relax	57
lichten	to thin out	383
liebäugeln	to ogle	71
liebhaben	to love, to be fond of	235
liefern	to deliver	481
lispeln	to lisp	71
locken	to attract, to entice	124
lodern	to blaze, to flare up	47
löhnen	to pay	313
losarbeiten	to loosen, to work free	55
losbinden	to untie, to loosen	109
losbrechen	to break loose	118
losfahren	to set off, to leave	173
losgehen	to set out, to leave, to start	613
loshaken	to unhook	43
loshauen	to cut loose	406
loslassen	to let loose, to let go	296
löten	to solder	97
lotsen	to pilot	315
lullen	to lull, to sing	498
lüsten	to covet	256
lutschen	to suck	271
magnetisieren	to magnetize	57
maischen	to mash (as in beer production)	329

mäkeln	to find fault with	71
mampfen	to eat with the mouth full	421
mangeln	to lack, to be deficient	275
maniküren	to manicure	480
manipulieren	to manipulate	57
manövrieren	to manoeuver	57
marmorieren	to marble, to grain	57
marschieren	to march	347
martern	to torment, to inflict martyrdom	481
massieren	to massage	57
maßregeln	to reprimand	564
mästen	to fatten, to cram	283
mauen	to mew	518
meckern	to bleat, to grumble	47
mehren	to increase, to augment	561
mengen	to mix, to mingle	394
meutern	to mutiny	481
miauen	to mew	518
mimen	to act, to pretend	45
missachten	to disregard, to slight	44
missen	to do without, to miss	292
misshandeln	to abuse, to mistreat	81
missstimmen	to put in bad temper, to upset	95
misstönen	to be out of tune	162
misstrauen	to mistrust	574
missverstehen	to misunderstand	571
mitarbeiten	to cooperate	55
mitbringen	to bring along	120
miterben	to inherit jointly	151
miterleben	to experience firsthand	299
mitessen	to dine with	172
mitführen	to bring along	203
mitgeben	to give to a departing guest, to impart	63
mithalten	to share, to hold jointly	236
mithelfen	to cooperate with, to help	246
mitkommen	to come along	49

mitnehmen	to take along	612
mitreisen	to travel with	378
mitschreiben	to take notes	449
mitspielen	to play with	485
mitsprechen	to join in a conversation	488
mitstimmen	to add one's vote	95
mobilisieren	to mobilize	57
monieren	to criticize	57
moralisieren	to moralize	57
murmeln	to mumble, to mutter	71
murren	to murmur, to grumble	255
nachäffen	to mimic	252
nachahmen	to imitate	59
nachbestellen	to order anew, to reorder	94
nachbezahlen	to pay later, to pay extra (later) charges	105
nachbilden	to reproduce, to copy	108
nachbleiben	to remain behind	112
nachdenken	to reflect, to ponder	125
nachdrängen	to crowd, to push	129
nachdringen	to be in hot pursuit	130
nachdrucken	to reprint, to republish	132
nacheifern	to emulate	481
nachempfinden	to empathize	492
nacherzählen	to retell	170
nachfolgen	to follow, to pursue	192
nachforschen	to search after, to investigate	195
nachfragen	to inquire about	197
nachgeben	to give in, to yield	63
nachgehen	to be behind, to follow, to investigate	613
nachhallen	to echo	580
nachhalten	to hold out	236
nachholen	to retrieve, to recover	253
nachjagen	to chase after	257
nachkommen	to come after	49
nachleuchten	to be luminous	44
nachliefern	to deliver subsequently	481

nachprüfen	to verify	358
nachschauen	to gaze after, to check	616
nachschieben	to push along	417
nachschlagen	to consult a book, to look up in a book	425
nachsehen	to look after, to follow with the eyes, to check	66
nachsenden	to send after, to forward	467
nachsetzen	to set behind, to add	196
nachstellen	to lie in wait	580
nachsuchen	to search for	513
nachweinen	to mourn, to lament	590
nachwirken	to produce an after-effect	598
nageln	to nail	71
nagen	to gnaw	338
nähern (sich)	to approach, to draw near	47
narren	to make a fool of someone	480
naschen	to eat sweets	247
neiden	to envy	87
nesteln	to fiddle with	71
neutralisieren	to neutralize	57
nicken	to nod	124
niederbeugen	to bend down	100
niederbrechen	to break down	118
niederbrennen	to burn down	119
niederhalten	to hold down	236
niederkämpfen	to overpower	262
niederlegen	to lay down	301
niedermetzeln	to cut down, to massacre	71
niederrollen	to roll down	192
niederschießen	to shoot down	418
niederschlagen	to knock down	425
niederschmettern	to strike down	607
niederschreien	to shout down	450
niedersinken	to sink down	474
niedertreten	to trample down	531
niederwerfen	to throw down	594
nieseln	to drizzle	71

nieten	to rivet	97
nisten	to nest	44
nötigen	to necessitate, to oblige	159
nullifizieren	to nullify	57
numerieren	to number	57
offenhalten	to keep open	236
offenlassen	to leave open	296
offenstehen	to be at liberty, to remain unsettled	495
operieren	to operate	57
opfern	to sacrifice	47
organisieren	to organize	57
packen	to pack, to seize, to grasp	345
patschen	to clap, to smack	271
pauken	to beat a drum	124
peitschen	to whip	271
pendeln	to swing, to oscillate	71
pfänden	to seize, to take in pledge	44
pflügen	to plow	350
pfuschen	to cheat on an exam	247
photographieren	to photograph	57
pinseln	to brush, to paint	71
planen	to plan	308
platschen	to splash	271
plombieren	to seal with lead, to plug, to put in a tooth filling	57
prangen	to be resplendent	394
preisen	to praise, to extol	409
produzieren	to produce	57
programmieren	to program	57
protestieren	to protest	57
Rad fahren	to go bike riding	173
rasieren (sich)	to shave	57
räuchern	to smoke, to cure	481
raufen (sich)	to scuffle	265
räumen	to clear away, to forcibly remove	59
raunen	to whisper	308
rauschen	to rustle, to roar	247

reagieren	to react	373
realisieren	to realize	57
Rechte verletzen	to violate the law	559
reduzieren	to reduce	57
regeln	to regulate	71
regen	to move, to stir	60
reimen	to rhyme	295
reinmachen	to clean	317
renovieren	to renovate	57
reparieren	to repair	57
reservieren	to reserve	57
restaurieren	to restore	57
ringen	to wrestle, to grapple, to wring	473
rinnen	to drip, to trickle	486
riskieren	to risk	57
rollen	to roll	498
röntgen	to x-ray	394
rösten	to roast	44
rücken	to move, to shove	336
ruinieren	to ruin	57
rüsten	to equip, to fit out	65
sägen	to saw	301
saubermachen	to clean	317
säubern	to cleanse, to purge	481
säumen	to hem, to linger	566
sausen	to bluster, to howl	394
schallen	to sound, to peal	498
schäumen	to foam, to froth	403
schelten	to scold, to reproach	214
schichten	to layer	383
schlendern	to saunter	583
schlichten	to arbitrate	383
schlingen	to wind, to twist, to entwine	473
Schlittschuh laufen	to go iceskating	298
schlitzen	to slit	468

schlurfen	to drag one's feet	277
Schluß machen	to end, to stop	317
schmachten	to pine, to long for	44
schnallen	to buckle, to fasten	498
schockieren	to shock	57
schrecken	to be frightened, to be startled	598
schwächen	to weaken	294
schwanken	to shake, to roll, to sway	598
schwänzen	to play hooky	468
schwarzfahren	to travel without a ticket	173
schwatzen	to chat, to chatter	468
schwenken	to swing, to swivel	326
schwerfallen	to be difficult or burdensome	137
schwindeln	to swindle	71
schwinden	to become less, to shrink, to fade	568
schwingen	to swing, to brandish	473
seekrank sein	to be seasick	466
seekrank werden	to become seasick	593
servieren	to serve	57
sichten	to sight (in the distance)	383
siezen	to address with *Sie*	245
sitzen bleiben	to remain sitting, to repeat a year (in school)	112
Ski fahren	to go skiing	173
sondern	to separate	47
sonnen (sich)	to sunbathe, to bask in the sun	308
sortieren	to sort	57
spazieren gehen	to go for a stroll	613
spazieren	to stroll	347
spekulieren	to speculate	57
spendieren	to treat, to pay for	57
spiegeln	to sparkle, to reflect	71
spionieren	to spy	57
sprengen	to burst, to explode	394
sprießen	to sprout, to bud	188
sprühen	to spray, to sprinkle	114
spucken	to spit, to vomit	124

spülen	to wash, to rinse	43
stammen	to originate	499
starten	to start	44
Staub saugen	to vacuum	398
staunen	to be astonished	308
stehen bleiben	to remain standing	112
stehen lassen	to leave behind, to leave in place	296
steigern	to raise, to heighten	481
stiften	to found, to establish	44
stöhnen	to groan	45
stolpern	to stumble	583
stopfen	to cram, to fill, to mend	277
stoppen	to stop	521
stornieren	to annul, to cancel	57
strahlen	to beam, to shine	253
strecken	to stretch, to extend	494
streicheln	to stroke, to caress	71
streiken	to strike	124
streuen	to strew, to spread	525
strömen	to stream, to flow	378
strotzen	to be puffed up	468
studieren	to study	57
stutzen	to stop short, to hesitate, to crop	512
surfen	to surf	277
tänzeln	to skip, to hop	462
taugen	to be of value, to be worth	301
täuschen (sich)	to deceive, to be mistaken	247
teilnehmen	to participate	612
telefonieren	to telephone	57
telegrafieren	to telegraph	57
tilgen	to extinguish, to erase	472
tönen	to resound, to ring	308
töpfern	to make pottery	277
trachten	to strive for	44
trainieren	to train	57
transportieren	to transport	57

trappeln	to trot, to patter	462
triefen	to drip, to secrete	107
trillern	to trill, to warble	481
trommeln	to drum	71
tröpfeln	to drip	71
trotten	to jog along	189
trotzen	to defy, to be obstinate	468
trüben	to make muddy, to cloud	310
trügen	to deceive, to delude	98
überfáhren	to pass over, to run over	173
überfállen	to fall upon, to attack	209
überfórdern	to overcharge	193
übergében	to deliver, to hand over	207
überhólen	to overhaul, to overtake	253
überhören	to ignore, to miss	86
überlaufen	to run, to flow over	298
überlében	to outlive, to survive	299
übermüden	to overtire	144
übernáchten	to spend the night	44
übernéhmen	to take possession of, to take charge	550
überquéren	to cross	538
überréden	to persuade	372
überréichen	to hand over	376
überschätzen	to overestimate	405
überséhen	to miss, to overlook	464
überwéisen	to remit, to transfer, to give a referral	591
überwínden	to overcome, to prevail	109
überziehen	to cover, to spread over	615
umändern	to alter, to transform	47
umbiegen	to bend back, to turn back	106
umbringen	to kill	120
umfáhren	to drive round	173
úmfahren	to run over	173
umfassen	to embrace, to clasp	178
umgestalten	to transform	219
umleiten	to divert	306

umrühren	to stir, to agitate	389
umschalten	to switch over, to switch channels	402
umschauen (sich)	to look around	616
umschnallen	to strap on	580
umstellen (sich)	to rearrange, to adapt	580
umtauschen	to exchange	68
umwandeln	to change, to alter	395
umziehen (sich)	to change clothes	615
unterbréchen	to interrupt	118
unterbringen	to shelter, to quarter	120
untergehen	to set (as of the sun), to founder	613
unterhálten (sich)	to converse	80
unterkommen	to find shelter	49
unterordnen	to subordinate	342
unterríchten	to teach, to instruct	383
unterschätzen	to undervalue	88
unterschréiben	to sign	90
untersúchen	to investigate, to analyze, to examine	96
untervermieten	to sublet	328
urteilen	to judge, to form an opinion	520
verabreden (sich)	to make a date	372
verabreichen	to hand over, to give medicine	376
verabscheuen	to abhor	574
verachten	to despise	44
veralbern	to ridicule	569
veralten	to grow old, to turn stale	189
verändern	to alter, to change	47
verankern	to anchor, to moor	569
veranlassen	to cause	315
veranstalten	to arrange, to organize	562
verantworten	to answer for, to be responsible	52
verarbeiten	to use as a material, to process	55
verarmen	to become poor	544
verbauen	to obstruct, to block out	72
verbergen	to hide	214
verbessern	to improve	569

verbinden	to bind, to connect, to put on a bandage	109
verbleiben	to remain	112
verbleichen	to grow pale, to fade	380
verbleien	to coat with lead	574
verblenden	to blind	567
verblüffen	to startle, to bewilder	558
verblühen	to fade, to wither	378
verbluten	to bleed to death	562
verbrauchen	to use up, to consume	208
verbrechen	to commit a crime	118
verbrennen	to burn, to scorch	119
verbringen	to spend time	120
verdächtigen	to be suspicious	89
verdeutschen	to translate into German	539
verdichten	to thicken, to condense	126
verdicken	to thicken, to swell	558
verdienen	to earn, to deserve	127
verdunkeln	to darken	150
verdünnen	to thin	558
verdunsten	to evaporate	146
verdüstern (sich)	to darken	569
verdutzen	to bewilder, to startle	559
verebben	to die down	558
verehelichen (sich)	to marry	96
verehren	to honor, to revere	561
vereidigen	to swear in	572
vereinbaren	to come to an understanding	608
vereinfachen	to simplify	558
vereinheitlichen	to standardize	96
vereinigen	to unite	558
vereinsamen	to grow lonely	558
vereinzeln	to isolate	564
vereiteln	to frustrate, to thwart	564
verelenden	to fall into poverty	189

verenden	to die	74
verengen	to narrow	569
vererben	to bequeath	151
verewigen	to immortalize	558
verfahren	to act, to handle, to manage	173
verfallen	to decay, to deteriorate	174
verfälschen	to adulterate, to counterfeit	539
verfärben	to discolor	177
verfassen	to compose	178
verfaulen	to rot	566
verfeinden (sich)	to make an enemy of	74
verfließen	to flow away, to blend	188
verfluchen	to curse, to damn	189
verfolgen	to persecute	558
verfrühen (sich)	to come early	574
verfügen	to order, to arrange	250
verführen	to lead astray	203
verfüttern	to use as fodder	204
vergasen	to vaporize, to gas	315
vergattern	to enclose with grating	569
vergeben	to award, to forgive	207
vergegenwärtigen	to bring to mind	572
vergehen	to pass, to elapse, to vanish	210
vergelten	to pay back	214
vergeuden	to squander	74
vergewaltigen	to rape	76
vergewissern	to confirm	569
vergießen	to spill	224
vergiften	to poison	562
verglasen	to glaze	88
vergleichen	to compare	227
verglühen	to burn out, to stop glowing	192
vergnügen (sich)	to amuse	217
vergolden	to gild	74
vergönnen	to permit, to grant	566
vergöttern	to idolize	569

vergraben	to bury, to hide	228
vergreifen (sich)	to make a mistake, to assault	230
vergreisen	to age, to become old	232
vergrößern (sich)	to enlarge, to increase	569
vergüten	to make amends, to pay	562
verhallen	to fade away	378
verhalten (sich)	to behave, to have a relation to	236
verhalten	to hold back	80
verhandeln	to negotiate	81
verhärten	to harden	74
verhauen	to beat, to beat up	240
verheeren	to ravage	561
verhehlen	to conceal from	325
verheilen	to heal up	378
verheimlichen	to conceal	96
verherrlichen	to glorify	96
verhindern	to hinder, to prevent	569
verhöhnen	to mock	85
verhören	to examine, to question	255
verhüllen	to veil, to wrap up	94
verhüten	to prevent, to use contraception	74
verkalken	to calcify	141
verkaufen	to sell	265
verkehren	to frequent, to transform into the opposite	266
verkennen	to fail to recognize	267
verklagen	to accuse, to sue	269
verklären	to make radiant	157
verkleiden	to cover, to disguise	273
verkommen	to decay, to go bad	281
verkörpern	to embody	569
verkürzen	to shorten	154
verlachen	to deride	294
verlängern	to lengthen	569
verlaufen (sich)	to elapse, to turn out, to get lost	298
verlegen	to transfer, to put off, to reschedule	538
verlesen	to read out, to call off	309

verleugnen	to deny	463
verlieben (sich)	to fall in love	310
verloben (sich)	to become engaged	312
vermeiden	to avoid	322
vermischen	to mix, to blend	329
vermissen	to miss	559
vermitteln	to mediate, to adjust	150
vermummen	to wrap up	514
vermurchsen	to mess up, to bungle	247
vermuten	to suppose	562
vernehmen	to perceive, to question a witness/suspect	550
verneinen	to deny, to disavow	566
veröffentlichen	to publish	96
verpachten	to lease, to farm out	343
verpassen	to miss	346
verpesten	to pollute, to contaminate	146
verpflegen	to feed, to provide for	350
verpflichten	to oblige, to bind	44
verpfuschen	to blunder, to bungle	558
verrecken	to kick the bucket	192
verreißen	to criticize harshly	379
verrichten	to perform, to execute	383
verriegeln	to bolt	81
verringern	to diminish	155
versagen	to deny, to refuse, to fail	394
versammeln (sich)	to assemble, to convene	395
verschärfen	to sharpen, to intensify	404
verschieben	to move out of place, to reschedule	417
verschießen	to discharge, to fire	418
verschlechtern	to make worse	160
verschonen	to spare	558
verschreiben (sich)	to prescribe, to write wrong, to make a typo	90
verschweigen	to keep secret	457
versehen	to furnish, to supply with	464

versetzen	to transfer, to (double) promote	468
versilbern	to silver-plate	569
versklaven	to enslave	558
versorgen	to provide, to attend to	477
verspäten (sich)	to be delayed	74
verspotten	to mock	487
verständigen (sich)	to come to an understanding, to communicate	76
versterben	to expire	501
verstimmen	to put in a bad mood	95
verstricken	to entangle	509
versuchen	to try	96
verteilen	to distribute	520
vertilgen	to annihilate	558
verunglücken	to have an accident	141
verursachen	to cause	96
verwahren	to keep, to secure	558
verwalten	to administer	74
verwandeln	to transform	150
verwässern	to water down, to dilute	160
verwechseln	to confuse, to mix up	588
verwehren	to deny somebody something	558
verweigern	to refuse, to reject	354
verweilen	to linger	520
verweisen	to reprimand	104
verwelken	to wilt	192
verwesen	to decompose	192
verwickeln	to implicate	150
verwirklichen	to realize	96
verwirren	to tangle, to confuse	161
verzehren	to consume	161
verzieren	to adorn	161
verzollen	to pay duty	94
verzweifeln	to despair	81
vollbríngen	to accomplish	120
vollmachen	to fill up, to complete	317

vollpfropfen	to stuff	421
vollzíehen (sich)	to accomplish, to take place	615
vorangehen	to precede, to progress	613
vorankommen	to make progress	49
voranschicken	to send ahead	416
vorarbeiten	to prepare work, to work ahead	55
vorausbedingen	to stipulate	473
vorausbestellen	to order in advance	94
vorausbezahlen	to prepay	105
vorausdatieren	to antedate	57
vorauseilen	to hurry ahead	192
vorausgehen	to go on ahead	613
voraushaben	to have an advantage	235
vorausnehmen	to anticipate	612
voraussagen	to predict	394
vorausschauen	to look forward	616
vorausschicken	to send in advance	416
voraussehen	to foresee	66
voraussetzen	to assume	196
vorbedingen	to stipulate in advance	473
vorbehalten	to withhold, to reserve	236
vorbeifahren	to drive by	173
vorbeigehen	to go by	613
vorbeikommen	to come by	49
vorbeimarschieren	to march by	347
vorbeischießen	to shoot past	418
vorbeten	to recite in prayer	97
vorbeugen (sich)	to bend forward	100
vorbringen	to bring forward	120
vordatieren	to antedate	57
vordrängen	to push forward	129
vordringen	to push on	489
vorenthalten	to withhold	80
vorfahren	to drive up to	173
vorfallen	to happen	137
vorfinden	to come upon	184

vorfühlen	to have a foreboding	202
vorführen	to bring to the front, to parade, to show	203
vorgaukeln	to lead someone to believe something	293
vorgeben	to give a handicap, to pretend	63
vorgehen	to go before, to proceed	613
vorgreifen	to forestall	230
vorhaben	to intend	235
vorhalten	to hold before, to reproach	236
vorherbestimmen	to settle beforehand, to preordain	95
vorhergeschehen	to happen previously	218
vorherrschen	to prevail	247
vorhersehen	to foresee	464
vorherwissen	to know beforehand	599
vorknöpfen	to take to task	421
vorkommen	to come forth, to occur	49
vorlassen	to let come forward	296
vorlegen	to lay before, to present	301
vorlesen	to read to	309
vorliegen	to be in front of, to be present	311
vorlügen	to tell lies to someone	316
vornehmen (sich)	to put on, to undertake, to plan	612
vorragen	to jut out, to project	394
vorrechnen	to demonstrate a calculation	370
vorrichten	to prepare	383
vorrücken	to move forward	124
vorsagen	to prompt	394
vorschicken	to send forward	416
vorschieben	to push forward	417
vorschlagen	to suggest	425
vorschreiben	to prescribe, to order	449
vorschreiten	to step forward	451
vorsetzen	to set before	196
vorsingen	to sing to	473
vorspielen	to play to	485
vorspringen	to leap forward	489
vorstehen	to jut out, to lead	495

vorstrecken	to stretch forward, to loan money	509
vorübergehen	to pass by	613
vorwärmen	to preheat	59
vorwärtsgehen	to go forward	613
vorwärtskommen	to come forward	49
vorweisen	to display	591
vorwerfen	to cast before, to accuse of	594
vorziehen	to draw forward	615
wabern	to flicker	193
wachsen	to coat with wax	315
wägen	to ponder	106
wagen	to wager, to bet	301
währen	to last	302
wahrnehmen	to perceive, to be aware of	612
walten	to rule	44
wälzen (sich)	to roll, to rotate	245
wegbleiben	to stay away	112
wegbrennen	to burn away	119
wegbringen	to take away	120
wegeilen	to hurry off	192
wegfahren	to drive away	173
wegfallen	to fall off, to disappear	137
wegführen	to lead away	203
weggeben	to give away	63
weggehen	to go away	613
weghaben	to have the knack of	235
weghelfen	to help get away	246
wegjagen	to chase away	257
wegkommen	to get away	49
weglassen	to leave out	296
weglegen	to put aside	301
wegnehmen	to take away	612
wegpacken	to pack away, to put away	124
wegreisen	to depart	378
wegreißen	to tear down, to tear away	379
wegschicken	to send away	416

wegsehen	to look away	66
wegsetzen (sich)	to put aside, to change seats	196
wegtreiben	to drive away	529
wegtun	to set aside	535
wegwerfen	to throw away	594
wegwischen	to wipe away	329
wegziehen	to pull away, to move away	615
wehen	to blow, to flutter	114
wehren (sich)	to defend	203
weichen	to yield	380
weigern (sich)	to refuse	47
weihen	to dedicate	114
weilen	to stay, to tarry	520
weismachen	to make believe, to pull a hoax	317
weiten	to widen	44
weiterbefördern	to send on	193
weiterbestehen	to go on	495
weiterbewegen	to move forward	102
weiterbringen	to promote	120
weiterführen	to continue	203
weitergeben	to pass on	63
weitergehen	to walk on	613
weiterhelfen	to help to continue	246
weiterlesen	to read on	309
weitersagen	to tell others	394
weiterschicken	to send on	416
weiterspielen	to continue playing	485
welken	to wilt	192
werben	to recruit, to solicit, to advertise	214
wetten	to bet, to wager	97
wetzen	to grind, to sharpen	245
wickeln	to wind	71
widerlégen	to refute	538
widerspréchen	to contradict	570
widerstéhen	to resist, to oppose	571
widmen	to dedicate, to devote	58

wiederkommen	to come back	49
wiederverkaufen	to resell	265
wiegen	to weigh	106
winken	to wave	598
wühlen	to dig, to burrow	202
wundern (sich)	to astonish, to wonder	354
würzen	to spice	468
zanken (sich)	to quarrel	124
zelten	to camp out	44
zerbrechen	to break to pieces	118
zerfallen	to fall apart	174
zerlegen	to take apart	538
zerplatzen	to burst into pieces	353
zerquetschen	to crush	271
zerren	to pull, to tug	302
zerschießen	to shoot to pieces	418
zerstampfen	to mash, to trample	262
zerstreuen	to disperse	85
zeugen	to beget	100
zielen	to aim	520
zitieren	to quote	57
zittern	to tremble	47
zögern	to hesitate	47
zubereiten	to prepare, to cook	578
zubinden	to tie up	109
züchten	to breed	44
zudecken	to cover up	124
zuhaben	to be closed, to stay closed	235
zuheilen	to heal up	378
zuknöpfen	to button up	277
zukommen	to come up to, to approach	49
zulächeln	to smile at	293
zulassen	to leave closed	296
zumachen	to close	317
zureden	to advise, to urge	372
zureichen	to suffice, to pass to	376

zusein	to be closed	466
zusprechen	to impart by word of mouth	488
zussammnbinden	to tie together	109
zustimmen	to agree to	95
zuwerfen	to throw to	594
zuwinken	to wave to	616
zuziehen	to draw together, to draw tight	615
zweifeln	to doubt	71
zwicken	to pinch	336
zwirbeln	to twirl	71
zwitschern	to chirp	419

APPENDIX OF IRREGULAR VERB FORMS

If a verb has an irregularity in the present tense, in the past tense, or as a past participle, those forms are shown here in the third-person singular (*er, sie, es*). I've provided the infinitive of the irregular verb, as well as the page number where you can find the equivalent conjugation of the verb.

B

bäckt, buk or backte, gebacken **backen 69**

band, gebunden **binden 109**

band los, losgebunden **binden 109**

band zu, zugebunden **binden 109**

bat, gebeten **bitten 110**

bedarf, bedurfte, bedurft **dürfen 135**

befällt, befiel, befallen **befallen 80**

befand, befunden **befinden 184**

befiehlt, befahl, befohlen **befehlen 75**

begann, begonnen **beginnen 78**

begibt, begab, begeben **begeben 207**

beging, begangen **begehen 210**

begriff, begriffen **begreifen 230**

behält, behielt, behalten **behalten 80**

behält vor, behielt vor, vorbehalten **vorbehalten 80**

bekam, bekommen **bekommen 83**

bekam zurück, zurückbekommen **zurückbekommen 83**

bekannte, bekannt **bekennen 267**

belog, belogen **belügen 316**

benimmt, benahm, benommen **benehmen 550**

berggestiegen **bergsteigen 548**

besaß, besessen **besitzen 475**

beschloss, beschlossen **beschließen 430**

beschoss, beschossen **beschießen 418**

beschrieb, beschrieben **beschreiben 90**

bestand, bestanden **bestehen 571**

bestand weiter, weiterbestanden **weiterbestehen 571**

beträgt, betrug, betragen **betragen 573**

betrieb, betrieben **betreiben 529**

betrifft, betraf, betroffen **betreffen 528**

betrog, betrogen **betrügen 98**

bewies, bewiesen **beweisen 104**

bewog, bewogen **bewegen 103**

bezog, bezogen **beziehen 171**

birst, barst, geborsten **bersten 488**

biss, gebissen **beißen 82**

biss an, angebissen **anbeißen 82**

biss zusammen, zusammenge- bissen **zusammenbeißen 82**

bläst, blies, geblasen **blasen 111**

bläst auf, blies auf, aufgeblasen **aufblasen 111**

blieb, geblieben **bleiben 112**

blieb auf, aufgeblieben **aufbleiben 112**

blieb aus, ausgeblieben **ausbleiben 112**

blieb fort, fortgeblieben **fortbleiben 112**

blieb sitzen, sitzen geblieben **sitzen bleiben 112**

blieb stehen, stehen geblieben **stehen bleiben 112**

blieb zurück, zurückgeblieben **zurückbleiben 112**

bog, gebogen **biegen 106**

bog ab, abgebogen **abbiegen 106**

bog um, umgebogen **umbiegen 106**

bot, geboten **bieten 46**

bot an, angeboten **anbieten 46**

bot dar, dargeboten **darbieten 46**

brachte, gebracht **bringen 120**

brachte auseinander, auseinander gebracht **auseinander bringen 120**

brachte bei, beigebracht **beibringen 120**

brachte fort, fortgebracht **fortbringen 120**

brachte heim, heimgebracht **heimbringen 120**

brachte heraus, herausgebracht **herausbringen 120**

brachte mit, mitgebracht **mitbringen 120**

brachte um, umgebracht **umbringen 120**

brachte unter, untergebracht **unterbringen 120**

brachte vor, vorgebracht **vorbringen 120**

brachte vorwärts, vorwärts gebracht **vorwärts bringen 120**

brachte weiter, weitergebracht **weiterbringen 120**

brachte zurück, zurückgebracht **zurückbringen 120**

brannte, gebrannt **brennen 119**

brannte an, angebrannt **anbrennen 119**

brannte aus, ausgebrannt **ausbrennen 119**

brannte nieder, niedergebrannt **niederbrennen 119**

brät, briet, gebraten **braten 116**

bricht, brach, gebrochen **brechen 118**

bricht auf, brach auf, aufgebrochen **aufbrechen 118**

bricht durch, brach durch, durch- gebrochen **durchbrechen 118**

bricht los, brach los, losgebrochen **losbrechen 118**

bricht nieder, brach nieder, nie- dergebrochen **niederbrechen 118**

bricht zusammen, brach zusam- men, zusammengebrochen **zusammenbrechen 118**

D

dachte, gedacht **denken 125**

dachte nach, nachgedacht **nachdenken 125**

darf, durfte, gedurft **dürfen 135**

drang, gedrungen **dringen 130**

drang durch, durchgedrungen **durchdringen 130**

drang ein, eingedrungen
eindringen 489

drischt, drosch, gedroschen
dreschen 214

durchschläft, durchschlief,
durchschlafen **durchschlafen 424**

E

empfand, empfunden
empfinden 152

empfand nach, nachempfunden
nachempfinden 492

empfängt, empfing, empfangen
empfangen 176

empfiehlt, empfahl, empfohlen
empfehlen 75

entfloh, entflohen **entfliehen 143**

enthält, enthielt, enthalten
enthalten 80

entkam, entkommen
entkommen 281

entlädt, entlud, entladen
entladen 138

entlässt, entließ, entlassen
entlassen 296

entläuft, entlief, entlaufen
entlaufen 298

entriss, entrissen **entreißen 379**

entschied, entschieden
entscheiden 147

entschloss, entschlossen
entschließen 430

entstand, entstanden
entstehen 495

entwirft, entwarf, entworfen
entwerfen 594

erfährt, erfuhr, erfahren
erfahren 173

erfand, erfunden **erfinden 152**

erfror, erfroren **erfrieren 200**

ergibt, ergab, ergeben **ergeben 207**

ergriff, ergriffen **ergreifen 230**

erhält, erhielt, erhalten **erhalten 80**

erhob, erhoben **erheben 241**

erkannte, erkannt **erkennen 267**

erkannte an, anerkannt
anerkennen 267

erlosch, erloschen **erlöschen 314**

ernannte, ernannt **ernennen 339**

errät, erriet, erraten **erraten 565**

erschien, erschienen
erscheinen 164

erschlägt, erschlug, erschlagen
erschlagen 425

erschoss, erschossen
erschießen 418

erschrickt, erschrak, erschrocken
erschrecken 166

erträgt, ertrug, ertragen
ertragen 167

ertrank, ertrunken **ertrinken 168**

erwächst, erwuchs, erwachsen
erwachsen 581

erwies, erwiesen **erweisen 104**

erzog, erzogen **erziehen 171**

F

fährt, fuhr, gefahren **fahren 173**

fährt ab, fuhr ab, abgefahren
abfahren 173

fährt an, fuhr an, angefahren
anfahren 173

fährt durch, fuhr durch, durch-
gefahren **durchfahren 173**

fährt fort, fuhr fort, fortgefahren
fortfahren 173

fährt heim, fuhr heim, heimge-
fahren **heimfahren 173**

fährt los, fuhr los, losgefahren
losfahren 173

fährt Rad, fuhr Rad, Rad gefahren
Rad fahren 173

fährt schwarz, fuhr schwarz, schwarzgefahren **schwarzfahren 173**

fährt Ski, fuhr Ski, Ski gefahren **Ski fahren 173**

fährt um, fuhr um, umgefahren **umfahren 173**

fährt vor, fuhr vor, vorgefahren **vorfahren 173**

fährt vorbei, fuhr vorbei, vorbeigefahren **vorbeifahren 173**

fährt weg, fuhr weg, weggefahren **wegfahren 173**

fährt weiter, fuhr weiter, weitergefahren **weiterfahren 173**

fährt zurück, fuhr zurück, zurückgefahren **zurückfahren 173**

fällt, fiel, gefallen **fallen 174**

fällt an, fiel an, angefallen **anfallen 137**

fällt auf, fiel auf, aufgefallen **auffallen 137**

fällt aus, fiel aus, ausgefallen **ausfallen 137**

fällt durch, fiel durch, durchgefallen **durchfallen 137**

fällt ein, fiel ein, eingefallen **einfallen 137**

fällt herein, fiel herein, hereingefallen **hereinfallen 137**

fällt hin, fiel hin, hingefallen **hinfallen 137**

fällt leicht, fiel leicht, leichtgefallen **leichtfallen 137**

fällt schwer, fiel schwer, schwergefallen **schwerfallen 137**

fällt vor, fiel vor, vorgefallen **vorfallen 137**

fällt zurück, fiel zurück, zurückgefallen **zurückfallen 137**

fand, gefunden **finden 184**

fand ab, abgefunden **abfinden 492**

fand heraus, herausgefunden **herausfinden 492**

fand statt, stattgefunden **stattfinden 492**

fand vor, vorgefunden **vorfinden 492**

fand zurück, zurückgefunden **zurückfinden 492**

fängt, fing, gefangen **fangen 176**

fängt an, fing an, angefangen **anfangen 48**

ficht, focht, gefochten **fechten 180**

flog, geflogen **fliegen 186**

flog aus, ausgeflogen **ausfliegen 186**

floh, geflohen **fliehen 187**

floss, geflossen **fließen 188**

frisst, fraß, gefressen **fressen 198**

frisst an, fraß an, angefressen **anfressen 198**

fror, gefroren **frieren 200**

G

gebärt or gebiert, gebar, geboren **gebären 206**

gebot, geboten **gebieten 107**

gedachte, gedacht **gedenken 125**

gedieh, gediehen **gedeihen 112**

gefällt, gefiel, gefallen **gefallen 209**

gelang, gelungen **gelingen 213**

gemahlen **mahlen 319**

genoss, genossen **genießen 216**

gerät, geriet, geraten **geraten 367**

geschieht, geschah, geschehen **geschehen 218**

gespalten **spalten 478**

gestand, gestanden **gestehen 221**

gewann, gewonnen **gewinnen 222**

gibt, gab, gegeben **geben 207**

gibt an, gab an, angegeben **angeben 63**

gibt auf, gab auf, aufgegeben **aufgeben 63**

gibt aus, gab aus, ausgegeben **ausgeben 63**

gibt bekannt, gab bekannt, bekannt gegeben **bekannt geben 63**

gibt heraus, gab heraus, herausgegeben **herausgeben 63**

gibt kund, gab kund, kundgegeben **kundgeben 63**

gibt mit, gab mit, mitgegeben **mitgeben 63**

gibt nach, gab nach, nachgegeben **nachgeben 63**

gibt vor, gab vor, vorgegeben **vorgeben 63**

gibt weiter, gab weiter, weitergegeben **weitergeben 63**

gibt zu, gab zu, zugegeben **zugeben 63**

gibt zurück, gab zurück, zurückgegeben **zurückgeben 63**

gilt, galt, gegolten **gelten 214**

ging, gegangen **gehen 210**

ging auf, aufgegangen **aufgehen 613**

ging auseinander, auseinander gegangen **auseinander gehen 613**

ging durch, durchgegangen **durchgehen 613**

ging fort, fortgegangen **fortgehen 613**

ging heim, heimgegangen **heimgehen 613**

ging hinaus, hinausgegangen **hinausgehen 613**

ging hoch, hochgegangen **hochgehen 613**

ging kaputt, kaputt gegangen **kaputt gehen 613**

ging los, losgegangen **losgehen 613**

ging nach, nachgegangen **nachgehen 613**

ging spazieren, spazieren gegangen **spazieren gehen 613**

ging unter, untergegangen **untergehen 613**

ging vor, vorgegangen **vorgehen 613**

ging voran, vorangegangen **vorangehen 613**

ging voraus, vorausgegangen **vorausgehen 613**

ging vorbei, vorbeigegangen **vorbeigehen 613**

ging vorüber, vorübergegangen **vorübergehen 613**

ging vorwärts, vorwärts gegangen **vorwärts gehen 613**

ging weiter, weitergegangen **weitergehen 613**

ging zurück, zurückgegangen **zurückgehen 613**

glich, geglichen **gleichen 227**

glitt, geglitten **gleiten 380**

goss, gegossen **gießen 224**

gräbt, grub, gegraben **graben 228**

gräbt aus, grub aus, ausgegraben **ausgraben 228**

griff, gegriffen **greifen 230**

griff an, angegriffen **angreifen 230**

griff ineinander, ineinander gegriffen **ineinander greifen 230**

griff vor, vorgegriffen **vorgreifen 230**

H

hält, hielt, gehalten **halten 236**

hält ab, hielt ab, abgehalten **abhalten 236**

hält an, hielt an, angehalten **anhalten 236**

hält auf, hielt auf, aufgehalten **aufhalten 236**

hält aus, hielt aus, ausgehalten **aushalten 236**

hält auseinander, hielt auseinander, auseinander gehalten **auseinander halten 236**

hält durch, hielt durch, durchgehalten **durchhalten 236**

hält fest, hielt fest, festgehalten **festhalten 236**

hält hoch, hielt hoch, hochgehalten **hochhalten 236**

hält instand, hielt instand, instandgehalten **instandhalten 236**

hält mit, hielt mit, mitgehalten **mithalten 236**

hält nieder, hielt nieder, niedergehalten **niederhalten 236**

hält offen, hielt offen, offengehalten **offenhalten 236**

hält vor, hielt vor, vorgehalten **vorhalten 236**

hält zurück, hielt zurück, zurückgehalten **zurückhalten 236**

hängt an, hing an, angehangen **anhängen 238**

hat, hatte, gehabt **haben 235**

hat an, hatte an, angehabt **anhaben 235**

hat auf, hatte auf, aufgehabt **aufhaben 235**

hat frei, hatte frei, freigehabt **freihaben 235**

hat gern, hatte gern, gern gehabt **gern haben 235**

hat inne, hatte inne, innegehabt **innehaben 235**

hat lieb, hatte lieb, lieb gehabt **lieb haben 235**

hat vor, hatte vor, vorgehabt **vorhaben 235**

hat voraus, hatte voraus, vorausgehabt **voraushaben 235**

hat zu, hatte zu, zugehabt **zuhaben 235**

hieb, gehauen **hauen 240**

hieß, geheißen **heißen 244**

hilft, half, geholfen **helfen 246**

hilft aus, half aus, ausgeholfen **aushelfen 246**

hilft durch, half durch, durchgeholfen **durchhelfen 246**

hilft mit, half mit, mitgeholfen **mithelfen 246**

hilft weiter, half weiter, weitergeholfen **weiterhelfen 246**

hob, gehoben **heben 241**

hob auf, aufgehoben **aufheben 241**

I

isst, aß, gegessen **essen 172**

isst auf, aß auf, aufgegessen **aufessen 172**

isst mit, aß mit, mitgegessen **mitessen 172**

ist, war, gewesen **sein 466**

ist an, war an, angewesen **ansein 466**

ist auf, war auf, aufgewesen **aufsein 466**

ist aus, war aus, ausgewesen **aussein 466**

ist imstande, war imstande, imstande gewesen **imstande sein 466**

ist seekrank, war seekrank, seekrank gewesen **seekrank sein 466** ist zu, war zu, zugewesen **zusein** **466**

K

kam, gekommen **kommen 281**

kam an, angekommen **ankommen 49**

kam aus, ausgekommen **auskommen 49**

kam durch, durchgekommen **durchkommen 49**

kam entgegen, entgegengekommen **entgegenkommen 49**

kam fort, fortgekommen **fortkommen 49**

kam heim, heimgekommen **heimkommen 49**

kam herauf, heraufgekommen **heraufkommen 49**

kam heraus, herausgekommen **herauskommen 49**

kam herum, herumgekommen **herumkommen 49**

kam herunter, heruntergekommen **herunterkommen 49**

kam mit, mitgekommen **mitkommen 49**

kam nach, nachgekommen **nachkommen 49**

kam um, umgekommen **umkommen 547**

kam unter, untergekommen **unterkommen 49**

kam vor, vorgekommen **vorkommen 49**

kam voran, vorangekommen **vorankommen 49**

kam vorbei, vorbeigekommen **vorbeikommen 49**

kam vorwärts, vorwärts gekommen **vorwärts kommen 49**

kam wieder, wiedergekommen **wiederkommen 49**

kam zu, zugekommen **zukommen 49**

kam zurück, zurückgekommen **zurückkommen 49**

kann, konnte, gekonnt **können 282**

kannte, gekannt **kennen 267**

kannte aus, ausgekannt **auskennen 267**

klang, geklungen **klingen 276**

kroch, gekrochen **kriechen 287**

L

lädt aus, lud aus, ausgeladen **ausladen 138**

lädt ein, lud ein, eingeladen **einladen 138**

lag, gelegen **liegen 311**

lag nebeneinander, nebeneinander gelegen **nebeneinander liegen 311**

lag vor, vorgelegen **vorliegen 311**

lässt, ließ, gelassen **lassen 296**

lässt ab, ließ ab, abgelassen **ablassen 296**

lässt frei, ließ frei, freigelassen **freilassen 296**

lässt herein, ließ herein, hereingelassen **hereinlassen 296**

lässt los, ließ los, losgelassen **loslassen 296**

lässt nach, ließ nach, nachgelassen **nachlassen 296**

lässt offen, ließ offen, offengelassen **offenlassen 296**

lässt stehen, ließ stehen, stehen gelassen **stehen lassen 296**

lässt vor, ließ vor, vorgelassen **vorlassen 296**

lässt zu, ließ zu, zugelassen **zulassen 296**

läuft ab, lief ab, abgelaufen
ablaufen 298

läuft fort, lief fort, fortgelaufen
fortlaufen 298

läuft Schlittschuh, lief Schlittschuh,
Schlittschuh gelaufen **Schlittschuh
laufen 298**

läuft über, lief über, übergelaufen
überlaufen 298

läuft zurück, lief zurück,
zurückgelaufen **zurücklaufen 298**

lieh, geliehen **leihen 304**

lieh aus, ausgeliehen
ausleihen 304

liest, las, gelesen **lesen 309**

liest aus, las aus, ausgelesen
auslesen 309

liest vor, las vor, vorgelesen
vorlesen 309

liest weiter, las weiter,
weitergelesen **weiterlesen 309**

litt, gelitten **leiden 303**

log, gelogen **lügen 316**

log vor, vorgelogen **vorlügen 316**

M

mag, mochte, gemocht **mögen 332**

melkte or molk, gemelkt or gemolken **melken 325**

mied, gemieden **meiden 322**

misst, maß, gemessen **messen 327**

misst aus, maß aus, ausgemessen
ausmessen 327

missverstand, missverstanden
missverstehen 571

muss, musste, gemusst
müssen 334

N

nannte, genannt **nennen 339**

nimmt, nahm, genommen
nehmen 337

nimmt ab, nahm ab, abgenommen
abnehmen 612

nimmt an, nahm an, angenommen
annehmen 612

nimmt auf, nahm auf, aufgenom-
men **aufnehmen 612**

nimmt aus, nahm aus,
ausgenommen **ausnehmen 612**

nimmt ein, nahm ein,
eingenommen **einnehmen 612**

nimmt fort, nahm fort,
fortgenommen **fortnehmen 612**

nimmt mit, nahm mit,
mitgenommen **mitnehmen 612**

nimmt teil, nahm teil,
teilgenommen **teilnehmen 612**

nimmt vor, nahm vor,
vorgenommen **vornehmen 612**

nimmt voraus, nahm voraus,
vorausgenommen
vorausnehmen 612

nimmt weg, nahm weg,
weggenommen **wegnehmen 612**

nimmt zu, nahm zu, zugenommen
zunehmen 612

P

pfiff, gepfiffen **pfeifen 348**

pries, gepriesen **preisen 409**

Q

quillt, quoll, gequollen **quellen 364**

R

rang, gerungen **ringen 473**

rann, geronnen **rinnen 501**

rannte, gerannt **rennen 381**

rät, riet, geraten **raten 367**

rieb, gerieben **reiben 375**

rief, gerufen **rufen 386**

rief an, angerufen **anrufen 50**

rief auf, aufgerufen **aufrufen 50**

rief zurück, zurückgerufen **zurück-rufen 50**

riss, gerissen **reißen 379**

riss aus, ausgerissen **ausreißen 379**

riss fort, fortgerissen **fortreißen 379**

ritt, geritten **reiten 380**

roch, gerochen **riechen 384**

s

sandte, gesandt **senden 467**

sandte nach, nachgesandt **nachsenden 467**

sang, gesungen **singen 473**

sang vor, vorgesungen **vorsingen 473**

sank, gesunken **sinken 474**

sank nieder, niedergesunken **niedersinken 474**

saß, gesessen **sitzen 475**

säuft, soff, gesoffen **saufen 397**

schied, geschieden **scheiden 409**

schien, geschienen **scheinen 410**

schilt, schalt, gescholten **schelten 412**

schläft, schlief, geschlafen **schlafen 424**

schläft aus, schlief aus, ausgeschlafen **ausschlafen 424**

schläft ein, schlief ein, eingeschlafen **einschlafen 139**

schlägt, schlug, geschlagen **schlagen 425**

schlägt an, schlug an, angeschlagen **anschlagen 425**

schlägt auf, schlug auf, aufgeschlagen **aufschlagen 425**

schlägt nach, schlug nach, nachgeschlagen **nachschlagen 425**

schlägt nieder, schlug nieder, niedergeschlagen **niederschlagen 425**

schlägt vor, schlug vor, vorgeschlagen **vorschlagen 425**

schlägt zurück, schlug zurück, zurückgeschlagen **zurückschlagen 425**

schlang, geschlungen **schlingen 473**

schlich, geschlichen **schleichen 380**

schliff, geschliffen **schleifen 428**

schloss, geschlossen **schließen 430**

schloss ab, abgeschlossen **abschließen 430**

schloss auf, aufgeschlossen **aufschließen 430**

schloss aus, ausgeschlossen **ausschließen 430**

schloss ein, eingeschlossen **einschließen 430**

schmilzt, schmolz, geschmolzen **schmelzen 436**

schmiss, geschmissen **schmeißen 435**

schnitt, geschnitten **schneiden 443**

schnitt durch, durchgeschnitten **durchschneiden 443**

schob, geschoben **schieben 417**

schob nach, nachgeschoben **nachschieben 417**

schob vor, vorgeschoben **vorschieben 417**

schor, geschoren **scheren 414**

schoss, geschossen **schießen 418**

schoss nieder, niedergeschossen **niederschießen 418**

schoss vorbei, vorbeigeschossen
vorbeischießen 418

schrie, geschrien **schreien 450**

schrie nieder, niedergeschrien
niederschreien 450

schrieb, geschrieben
schreiben 449

schrieb an, angeschrieben
anschreiben 449

schrieb auf, aufgeschrieben
aufschreiben 449

schrieb aus, ausgeschrieben
ausschreiben 449

schrieb ein, eingeschrieben
einschreiben 449

schrieb nach, nachgeschrieben
nachschreiben 449

schrieb vor, vorgeschrieben
vorschreiben 449

schrieb zu, zugeschrieben **zuschreiben 449**

schritt, geschritten **schreiten 451**

schritt fort, fortgeschritten
fortschreiten 451

schritt voran, vorangeschritten
voranschreiten 451

schuf, geschaffen **schaffen 400**

schund, geschunden **schinden 422**

schwamm, geschwommen
schwimmen 459

schwand, geschwunden
schwinden 568

schwang, geschwungen
schwingen 473

schwieg, geschwiegen
schweigen 457

schwillt, schwoll, geschwollen
schwellen 458

schwor, geschworen **schwören 461**

sieht, sah, gesehen **sehen 464**

sieht an, sah an, angesehen
ansehen 66

sieht aus, sah aus, ausgesehen
aussehen 66

sieht durch, sah durch,
durchgesehen **durchsehen 66**

sieht fern, sah fern, fern gesehen
fern sehen 66

sieht nach, sah nach, nachgesehen
nachsehen 66

sieht voraus, sah voraus,
vorausgesehen **voraussehen 66**

sieht vorher, sah vorher,
vorhergesehen **vorhersehen 66**

sog, gesogen **saugen 398**

soll, sollte, gesollt **sollen 476**

sott, gesotten **sieden 471**

spann, gesponnen **spinnen 486**

sprang, gesprungen **springen 489**

sprang vor, vorgesprungen
vorspringen 489

sprang zurück, zurückgesprungen
zurückspringen 489

spricht, sprach, gesprochen
sprechen 488

spricht an, sprach an, an-
gesprochen **ansprechen 488**

spricht aus, sprach aus, ausgesprochen **aussprechen 488**

spricht durch, sprach durch,
durchgesprochen
durchsprechen 488

spricht mit, sprach mit, mit-
gesprochen **mitsprechen 488**

spross, gesprossen **sprießen 188**

stand, gestanden **stehen 495**

stand auf, aufgestanden
aufstehen 495

stand aus, ausgestanden
ausstehen 495

stand bei, beigestanden **beistehen 495**

stand bevor, bevorgestanden **bevorstehen 495**

stand nebeneinander, nebeneinander gestanden **nebeneinander stehen 495**

stand offen, offengestanden **offenstehen 495**

stand vor, vorgestanden **vorstehen 495**

stank, gestunken **stinken 503**

sticht, stach, gestochen **stechen 493**

sticht durch, stach durch, durchgestochen **durchstechen 493**

stieg, gestiegen **steigen 497**

stieg an, angestiegen **ansteigen 548**

stieg aus, ausgestiegen **aussteigen 67**

stieg ein, eingestiegen **einsteigen 140**

stieg heraus, herausgestiegen **heraussteigen 548**

stieg um, umgestiegen **umsteigen 548**

stiehlt, stahl, gestohlen **stehlen 496**

stirbt, starb, gestorben **sterben 501**

stirbt aus, starb aus, ausgestorben **aussterben 501**

stößt, stieß, gestoßen **stoßen 505**

stößt durch, stieß durch, durchgestoßen **durchstoßen 505**

stößt zurück, stieß zurück, zurückgestoßen **zurückstoßen 505**

strich, gestrichen **streichen 507**

strich durch, durchgestrichen **durchstreichen 507**

stritt, gestritten **streiten 508**

T

tat, getan **tun 535**

tat Leid, Leid getan **Leid tun 535**

trägt, trug, getragen **tragen 524**

trägt auf, trug auf, aufgetragen **auftragen 524**

trägt bei, trug bei, beigetragen **beitragen 524**

trägt ein, trug ein, eingetragen **eintragen 524**

trank, getrunken **trinken 532**

trank aus, ausgetrunken **austrinken 532**

trieb, getrieben **treiben 529**

trieb ab, abgetrieben **abtreiben 529**

trieb aus, ausgetrieben **austreiben 529**

trieb durch, durchgetrieben **durchtreiben 529**

trieb fort, fortgetrieben **forttreiben 529**

trieb vorwärts, vorwärts getrieben **vorwärts treiben 529**

trieb zurück, zurückgetrieben **zurücktreiben 529**

trifft, traf, getroffen **treffen 528**

tritt, trat, getreten **treten 531**

tritt auf, trat auf, aufgetreten **auftreten 531**

tritt ein, trat ein, eingetreten **eintreten 531**

tritt in Kraft, trat in Kraft, in Kraft getreten **in Kraft treten 531**

tritt nieder, trat nieder, niedergetreten **niedertreten 531**

tritt zurück, trat zurück, zurückgetreten **zurücktreten 531**

troff, getroffen **triefen 188**

U

überfährt, überfuhr, überfahren
überfahren 173

überfällt, überfiel, überfallen
überfallen 174

übergibt, übergab, übergeben
übergeben 207

übernimmt, übernahm,
übernommen **übernehmen 550**

übersieht, übersah, übersehen
übersehen 464

überträgt, übertrug, übertragen
übertragen 573

übertrieb, übertrieben
übertreiben 542

überwand, überwunden
überwinden 109

überwies, überwiesen **überweisen 104**

unterbricht, unterbrach,
unterbrochen **unterbrechen 118**

unterhält, unterhielt, unterhalten
unterhalten 80

unternimmt, unternahm,
unternommen **unternehmen 550**

unterschrieb, unterschrieben
unterschreiben 90

V

verband, verbunden **verbinden 109**

verbirgt, verbarg, verborgen
verbergen 214

verblich, verblichen
verbleichen 380

verblieb, verblieben
verbleiben 112

verbot, verboten **verbieten 552**

verbrachte, verbracht **v erbringen 120**

verbrannte, verbrannt
verbrennen 119

verbricht, verbrach, verbrochen
verbrechen 118

verdirbt, verdarb, verdorben
verderben 553

verfährt, verfuhr, verfahren
verfahren 173

verfällt, verfiel, verfallen **verfallen 174**

verfloss, verflossen **verfließen 188**

vergibt, vergab, vergeben **vergeben 207**

verging, vergangen **vergehen 210**

vergisst, vergaß, vergessen
vergessen 554

verglich, verglichen **vergleichen 227**

vergoss, vergossen **vergießen 224**

vergräbt, vergrub, vergraben
vergraben 228

vergriff, vergriffen **vergreifen 230**

verhält, verhielt, verhalten
verhalten 80

verhohlen **verhehlen 325**

verkam, verkommen **verkommen 281**

verläuft, verlief, verlaufen
verlaufen 298

verlor, verloren **verlieren 560**

vermied, vermieden **vermeiden 322**

verrät, verriet, verraten **verraten 565**

verriss, verrissen **verreißen 606**

verschob, verschoben **verschieben 417**

verschoss, verschossen
verschießen 418

verschrieb, verschrieben
verschreiben 90

verschwand, verschwunden
verschwinden 568

verschwieg, verschwiegen
verschweigen 457

versieht, versah, versehen
versehen 464

verspricht, versprach, versprochen
versprechen 570

verstand, verstanden
verstehen 571

verstirbt, verstarb, verstorben
versterben 501

verträgt, vertrug, vertragen
vertragen 573

vertritt, vertrat, vertreten
vertreten 575

verwies, verwiesen **verweisen 104**

verzieh, verziehen **verzeihen 576**

vollbrachte, vollbracht
vollbringen 120

vollzog, vollzogen **vollziehen 609**

W

wächst, wuchs, gewachsen
wachsen 581

wächst auf, wuchs auf, auf-
gewachsen **aufwachsen 581**

wand, gewunden **winden 184**

wand durch, durchgewunden
durchwinden 109

wandte an, angewandt **anwenden
592**

wäscht, wusch, gewaschen
waschen 586

wäscht ab, wusch ab, abgewaschen
abwaschen 586

weiß, wusste, gewusst **wissen 599**

weiß vorher, wusste vorher,
vorhergewusst **vorherwissen 599**

wich, gewichen **weichen 303**

wich zurück, zurückgewichen
zurückweichen 303

widerspricht, widersprach,
widersprochen **widersprechen 570**

widerstand, widerstanden
widerstehen 571

wies, gewiesen **weisen 591**

wies an, angewiesen **anweisen 591**

wies aus, ausgewiesen
ausweisen 591

wies ein, eingewiesen
einweisen 591

wies vor, vorgewiesen
vorweisen 591

wies zurück, zurückgewiesen
zurückweisen 591

will, wollte, gewollt **wollen 601**

wirbt, warb, geworben **werben 214**

wird, wurde, geworden
werden 593

wird inne, wurde inne,
innegeworden **innewerden 593**

wird seekrank, wurde seekrank,
seekrank geworden **seekrank
werden 593**

wirft, warf, geworfen **werfen 594**

wirft nieder, warf nieder,
niedergeworfen **niederwerfen 594**

wirft vor, warf vor, vorgeworfen
vorwerfen 594

wirft weg, warf weg, weggeworfen
wegwerfen 594

wirft zurück, warf zurück, zurück-
geworfen **zurückwerfen 594**

wog, gewogen **wiegen 106**

Z

zerbricht, zerbrach, zerbrochen
zerbrechen 118

zerfällt, zerfiel, zerfallen **zerfallen
174**

zerriss, zerrissen **zerreißen 606**

zerschoss, zerschossen
zerschießen 418

zog, gezogen **ziehen 609**

zog auf, aufgezogen **aufziehen 615**

zog aus, ausgezogen **ausziehen
615**

zog durch, durchgezogen
durchziehen 615

zog ein, eingezogen
einziehen 615

zog fort, fortgezogen
fortziehen 615

zog über, übergezogen
überziehen 615

zog um, umgezogen **umziehen 615**

zog vor, vorgezogen **vorziehen 615**

zog zu, zugezogen **zuziehen 615**

zog zurück, zurückgezogen
zurückziehen 615

zwang, gezwungen **zwingen 617**

ENGLISH-GERMAN VERB INDEX

This appendix consists of the verbs illustrated in the verb charts as well as the verbs found in the Appendix of Additional Verbs. They are listed by their English meaning. The German translation follows the English verb, and the translation is followed by the page number where the equivalent verb can be found.

age, become old **vergreisen 468**

agree, come to terms **einigen (sich) 357**

agree to **zustimmen 95**

aid, stand by **beistehen 495**

aim **zielen 520**

air out, ventilate **auslüften 64**

alarm **alarmieren 57**

alarm, frighten **ängstigen 357**

alarm, make anxious **beängstigen 159**

alienate, estrange **entfremden 144**

alleviate, lighten **erleichtern 160**

allow **erlauben 158**

allow, permit **gestatten 220**

ally **alliieren 57**

alter, change **verändern 47**

alter, transform **umändern 47**

amount to **betragen 573**

amuse **vergnügen 217**

amuse, enjoy oneself **amüsieren (sich) 57**

analyze **analysieren 57**

anchor, moor **verankern 569**

animate **animieren 57**

animate, enliven **beleben 299**

annihilate **vertilgen 558**

announce **ankündigen 159**

announce **ansagen 394**

announce, advertise **anzeigen 605**

annoy, vex **ärgern 56**

annul, cancel **stornieren 57**

answer **beantworten 52**

answer, reply **antworten 52**

answer, respond **entgegnen 463**

answer for, be responsible **verantworten 52**

antedate **vorausdatieren 57**

antedate **vordatieren 57**

anticipate **absehen 66**

anticipate **vorausnehmen 612**

appear **erscheinen 164**

apply, lay on **anlegen 301, auflegen 301**

approach, draw near **nähern (sich) 47**

approve of, sanction **genehmigen 159**

arbitrate **schlichten 423**

argue **streiten 508**

arrange **arrangieren 57**

arrange, order **ordnen 342**

arrange, organize **veranstalten 562**

arrest **verhaften 555**

arrive **ankommen 49**

ask **fragen 197**

ask, call upon, request **auffordern 193**

ask, request **bitten 110**

ask around **herumfragen 197**

assemble **versammeln (sich) 395**

assent to, give consent **bejahen 157**

assign, attribute **zuschreiben 449**

assume **voraussetzen 468**

astonish **erstaunen 158**

astonish, wonder **wundern (sich) 354**

atone for, make amends **büßen 292**

attach, fasten **anmachen 317**

attach, fasten, fix **befestigen 76**

attract attention, strike **auffallen 137**

attract, entice **locken 124**

attract, lure **anlocken 124**

avenge, revenge **rächen 365**

avoid **vermeiden 322**

avoid, shun **meiden 322**

bait, lure **ködern 193**

bake **backen 69**

baptize **taufen 519**

bar, barricade **sperren 484**

bark **bellen 485**

bark, yelp **kläffen 252**

bathe **baden 70**

battle, struggle **kämpfen 262**

be **sein 466**

be afraid **fürchten (sich) 44**

be annoyed **zürnen 308**

be ashamed **schämen (sich) 403**

be astonished **staunen 308**

be at liberty, remain unsettled **offenstehen 495**

be behind, follow **nachgehen 613**

be broken **kaputt sein 466**

be closed **zusein 466**

be descended, originate **stammen 499**

be difficult or burdensome **schwerfallen 137**

be embarrassed **genieren (sich) 57**

be fragrant **duften 134**

be imminent, impend **bevorstehen 495**

be in a position **imstande sein 466**

be in front of **vorliegen 311**

be lazy, lounge **faulenzen 468**

be luminous **nachleuchten 44**

be mean, be stingy **knickern 354**

be moved to pity **erbarmen (sich) 158**

be of value, be worth **taugen 301**

be on **ansein 466**

be on one's guard **hüten (sich) 44**

be open, be awake **aufsein 466**

be out **aussein 466**

be out of tune **misstönen 162**

be outstanding, stand out **ausstehen 495**

be parched with thirst **lechzen 284**

be present at **beiwohnen 600**

be puffed up **strotzen 512**

be resentful **grollen 498**

be seasick **seekrank sein 466**

be sickly **kränkeln 285**

be silent **schweigen 457**

be sorry **Leid tun 535**

be suitable, befit **geziemen (sich) 208**

be suspicious **verdächtigen 89**

be thirsty **dursten 283**

be useful **eignen (sich) 463**

be valid, be current **gelten 214**

be worried **sorgen (sich) 477**

be wrecked **scheitern 411**

beam, shine **strahlen 253**

bear (young) **gebären 206**

bear, endure **dulden 134, ertragen 573**

bear, tolerate **vertragen 573**

bear in mind **gedenken 125**

beat a drum **pauken 124**

beat back **zurückschlagen 425**

become, get **werden 593**

become acquainted **kennen lernen 308**

become blind **erblinden 169**

become engaged **verloben (sich) 561**

become ill **erkranken 141**

become less, shrink, fade **schwinden 568**

become poor **verarmen 544**

become seasick **seekrank werden 593**

befall, affect, concern **betreffen 528**

befall, happen **befallen 209**

befriend **befreunden 74**

beg **betteln 99**

beget **zeugen 301**

beget, breed **erzeugen 301**

begin, start **beginnen 78**

behave **benehmen (sich) 550**

behave, have a relation to **verhalten (sich) 80**

behead **enthaupten 145, köpfen 421**

belch **rülpsen 390**

believe **glauben 226**

belong to **gehören 212**

belong to, pertain to **angehören 212**

bend, break **knicken 124**

bend, curve **biegen 106, krümmen 527**

bend at a right angle **kröpfen 421**

bend back, turn back **umbiegen 106**

bend down **niederbeugen 100**

bend forward **vorbeugen 100**

bequeath **vererben 151**

bet, wager **wetten 44**

betray **verraten 565**

bewilder, startle **verdutzen 559**

bid, command **gebieten 107**

bid farewell **verabschieden (sich) 562**

billet, quarter **einquartieren 57**

bind, connect **verbinden 109**

bind, tie **binden 109**

bite **beißen 82**

bite at, take a bite **anbeißen 82**

blanch, brew **brühen 114**

blaze, flare up **lodern 47**

bleat, grumble **meckern 47**

bleed **bluten 44**

bleed to death **verbluten 189**

bless **segnen 463**

blind **blenden 483, verblenden 567**

bloom, flower **blühen 114**

blow **blasen 111**

blow, flutter **wehen 335**

blow out **ausblasen 111**

blunder, bungle **verpfuschen 558**

blush, turn red **erröten 163**

bluster, howl **sausen 315**

bolt **verriegeln 564**

border **grenzen 468**

border on **begrenzen 468**

bore through, penetrate **durchbohren 161**

borrow, lend **borgen 115**

bowl **kegeln 99**

brag **prahlen 356**

brake **bremsen 315**

break **brechen 118**

break **kaputt machen 317**

break down **niederbrechen 118**

catch sight of **erblicken 416**

cause **veranlassen 315, verursachen 294**

cauterize **kauterisieren 57**

celebrate **feiern 182**

chain **ketten 97**

challenge, provoke **herausfordern 193**

change **ändern 47, wechseln 588**

change, alter **umwandeln 395**

change, exchange **austauschen 68**

change clothes **umziehen 615**

change details, cheat **klittern 191**

charm, delight **entzücken 141**

chase after **nachjagen 257**

chase away **wegjagen 257**

chase away, dismiss **fortjagen 257**

chat **plaudern 354**

chat (in an Internet chat room) **chatten 382**

chatter, chat **schwatzen 468**

check out, sign off, announce a withdrawal **abmelden 324**

cheer up, brighten **erheitern 160**

chew **kauen 72**

chill, cause to shiver **frösteln 293**

chirp **zwitschern 481**

choke, strangle **erwürgen 217**

choose, elect **erwählen 582**

choose, select **auserwählen 582, auswählen 582, wählen 582**

circle, revolve **kreisen 378**

claim, demand, exact **anfordern 193**

clap **klatschen 271**

clap, smack **platschen 271**

classify **klassifizieren 57**

claw, pilfer **krallen 253**

clean **reinmachen 317, saubermachen 317**

clean, purge **säubern 47**

clean, purify **reinigen 377**

clean, remove, clear away **abräumen 59**

clean, scour **putzen 360**

clean up, tidy up **aufräumen 59**

clear, clarify **klären 157**

clear away **räumen 527**

clear one's throat **hüsteln 71**

clear up, enlighten **aufklären 157**

clench the teeth **zusammenbeißen 82**

click on (Web site icon) **anklicken 416**

climb **klettern 274**

climb, go up **steigen 497**

clink **klirren 255**

clip, shear **scheren 414**

close **schließen 430, zumachen 317**

close, conclude **beschließen 430**

clothe **kleiden 273**

coat with lead **verbleien 450**

coat with wax **wächsen 581**

coin, stamp **prägen 355**

collapse **zusammenbrechen (sein) 118**

collect **sammeln 395**

comb **kämmen 261**

combine **kombinieren 57**

come **kommen 281**

come after **nachkommen 49**

come along **mitkommen 49**

corrode, gnaw at **anfressen 198**

cost **kosten 283**

cough **husten 256**

count **zählen 604**

count, reckon **rechnen 370**

couple **kuppeln 71**

cover **decken 124**

cover, conceal **verdecken 141**

cover, disguise **verkleiden 273**

cover, lay down **belegen 301**

cover, protect **bedecken 141**

cover, spread over **überziehen 615**

cover up **zudecken 124**

covet **lüsten 256**

crack **knacken 416**

crack, crash **krachen 294**

crackle **knistern 191**

cram, fill, mend **stopfen 277**

cramp **krampfen 262**

crawl, creep, sneak **schleichen 427**

create, accomplish **schaffen 400**

create, scoop up **schöpfen 447**

creep, crawl **kriechen 287**

criticize **kritisieren 57, monieren 57**

criticize harshly **verreißen 379**

croak, caw **krächzen 284**

cross **kreuzen 468, überquéren 538**

cross out, erase **d urchstreichen 507**

crouch, squat **hocken 251**

crowd, push **nachdrängen 129**

crown **krönen 290**

crucify **kreuzigen 76**

crumble **krümeln 71**

crunch **knuspern 47**

crush **zerquetschen 539**

cry **weinen 590**

cuff, pommel **knuffen 279**

cultivate **kultivieren 57**

cultivate, add on by building **anbauen 72**

cultivate, work, treat **bearbeiten 55**

curl **kräuseln 191**

curse **verfluchen 189**

curse, swear **fluchen 189**

curve **kurven 310**

cut **schneiden 443**

cut down, massacre **niedermetzeln 71**

cut loose **loshauen 406**

cut out, eliminate **ausschalten 402**

cut through **durchschneiden 443**

damp, smother, muffle **dämpfen 262**

dampen, moisten **anfeuchten 51**

dance **tanzen (tanzen)**

dangle **baumeln 71**

darken **verdunkeln 569, verdüstern 569**

date **datieren 57**

dawn, grow light **dämmern 47**

decay, deteriorate **verfallen 174**

decay, go bad **verkommen 281**

deceive **betrügen 98, täuschen (sich) 247, trügen 98**

decide **entscheiden (sich) 147**

decline, refuse **ablehnen 43**

decompose **verwesen 192**

decontaminate **entgiften 144**

dedicate **weihen 590**

dedicate, devote **widmen 58**

distinguish **auseinander halten 236**

distribute **austeilen 520, verteilen 101**

disturb **stören 504**

dive, dip **tauchen 517**

divert **umleiten 306**

do **tun 535**

do gymnastics **turnen 536**

do handicrafts, tinker **basteln 71**

do without, dispense with **entbehren 302**

do without, miss **missen 292**

doubt **zweifeln 71**

doubt, question **bezweifeln 564**

drag, haul **schleppen 429**

drag off, tow away **abschleppen 429**

drag one's feet **schlurfen 277**

drain, distill **entwässern 569**

draw, pull **ziehen 609**

draw away, move away **fortziehen 615**

draw forward **vorziehen 615**

draw in, retract, move in **einziehen 615**

draw through **durchziehen 615**

draw together, draw tight **zuziehen 615**

draw up **ausfertigen 76**

dream **träumen 527**

drink **trinken 532**

drink, tipple **saufen 397**

drink up, finish drinking **austrinken 532**

drip **tröpfeln 71**

drip, secrete **triefen 397**

drip, trickle **rinnen 486**

drive, push **treiben 529**

drive, travel **fahren 173**

drive away **wegtreiben 529**

drive away, force away **forttreiben 529**

drive back **zurückfahren 173, zurücktreiben 529**

drive by **vorbeifahren 173**

drive home **heimfahren 173**

drive off, depart **fortfahren 173**

drive out, eject **austreiben 529**

drive round **úmfáhren 173**

drive through **durchfahren 173**

drive up to **vorfahren 173**

drizzle **nieseln 71**

drop out, be omitted **ausfallen 137**

drown **ertrinken 168**

dry **trocknen 533**

dry, wipe dry **abtrocknen 533**

duck, stoop **ducken (sich) 124**

dye, color **färben 177**

earn, achieve through work **erarbeiten 55**

earn, deserve **verdienen 127**

eat **essen 172**

eat, take a meal **speisen 482**

eat (of animals) **fressen 198**

eat sweets **naschen 247**

eat with the mouth full **mampfen 262**

ebb **ebben 299**

echo **nachhallen 580**

economize, save **ersparen 479**

edge, border **kanten 44**

educate **ausbilden 108**

elaborate, overrefine **künsteln 71**

get gray hair **ergrauen 229**

get on, get in **einsteigen 67**

get out, get off **aussteigen 67**

get rid of, dismiss **fortschaffen 43**

get through, succeed **durchkommen 49**

get well, recover **genesen 215**

giggle **kichern 481**

gild **vergolden 74**

give **geben 207**

give, present **schenken 416**

give a handicap **vorgeben 63**

give a share, participate in **beteiligen 76**

give away **weggeben 63**

give back **zurückgeben 63**

give notice **kündigen 159**

give to a departing guest, impart **mitgeben 63**

give up, hand in **aufgeben 63**

give way **zurückweichen 380**

give way, yield **nachgeben 63**

glance up **heraufblicken 59**

glaze **verglasen 559**

gleam, shine **glänzen 225**

glitter, gleam **schimmern 420**

glitter, glisten **flimmern 420**

glorify **verherrlichen 208**

glow **glühen 114**

glue, stick **kleben 272**

gnaw **nagen 338**

go **gehen 210**

go astray, err **irren (sich) 504**

go away **weggehen 613**

go away, depart **fortgehen 613**

go back **zurückgehen 613**

go before **vorgehen 613**

go bike riding **Rad fahren 173**

go by **vorbeigehen 613**

go forward **vorwärtsgehen 613**

go home **heimgehen 613**

go iceskating **Schlittschuh laufen 298**

go mountain climbing **bergsteigen 497**

go on **weiterbestehen 495**

go on ahead **voranschreiten 451, vorausgehen 613**

go out **hinausgehen 613**

go out, be extinguished **erlöschen 314**

go skiing **Ski fahren 173**

go strolling **spazieren gehen 613**

go through, be transmitted **durchgehen 613**

go well together **zusammenpassen 346**

grasp, seize **fassen 178, greifen 230**

grease, lubricate **schmieren 438**

greet **begrüßen 233, grüßen 233**

grieve **trauern 526**

grill, barbeque **grillen 498**

grind, creak **knirschen 247**

grind, sharpen **wetzen 468**

groan **stöhnen 45**

group, classify **gruppieren 57**

grow **wachsen 581**

grow from, accrue **erwachsen 581**

grow lonely **vereinsamen 566**

grow old, stale **veralten 189**

grow pale **verbleichen 380**

grow up **aufwachsen 581**

honor **ehren 302**

honor, revere **verehren 302**

hop, leap **hüpfen 378**

hope **hoffen 252**

hover, soar **schweben 456**

howl **heulen 248**

hum **summen 514**

humble, humiliate **demütigen 159**

hunt, chase **jagen 257**

hunt, seek out **aufsuchen 513**

hurl, plunge **stürzen 511**

hurry ahead **vorauseilen 192**

hurry **beeilen (sich) 73, eilen 192**

hurry off **wegeilen 192**

hurt **verletzen 559**

hypnotize **hypnotisieren 57**

identify **identifizieren 57**

idolize **vergöttern 569**

ignore, miss **überhören 538**

illuminate **erleuchten 74**

illustrate **illustrieren 57**

imagine, be conceited **einbilden (sich) 108**

imitate **imitieren 57, nachahmen 59**

immigrate **einwandern 583**

immortalize **verewigen 572**

impart by word of mouth **zusprechen 488**

impinge **auftreffen (sein) 528**

implicate **verwickeln 150**

imply, stipulate **bedingen 269**

import **importieren 57**

impose **auferlegen 301**

impress **beeindrucken 141, imponieren 57**

improve **verbessern 569**

improve, repair, increase **aufbessern 569**

incite, instigate **anreizen 245**

incite, stir up **anregen 60**

include, lock in **einschließen 430**

increase **zunehmen 612**

increase, augment **mehren 561**

increase, develop, flourish **gedeihen 112**

increase, multiply **vermehren 561**

indent, notch **kerben 151**

induce, persuade **bewegen (2) 103**

industrialize **industrialisieren 57**

influence **beeinflussen 292**

inform **informieren 57, mitteilen 330**

inform, notify **melden 324**

inform, send word **benachrichtigen 558**

inhale **einatmen 58**

inherit **erben 151**

inherit jointly **miterben 151**

initiate, introduce **einleiten 306**

inoculate **impfen 421**

inquire **erkundigen 159**

inquire about **nachfragen 197**

insert, place, install **einsetzen (sich) 196**

inspire **begeistern 569**

inspire, animate **beseelen 73**

install **installieren 57**

install, fit **einbauen 72**

install, set up **aufstellen 580**

instruct, point out **anweisen 591**

insult, abuse **beschimpfen 421**

insult, offend **beleidigen 159**

lead away **wegführen 203**

lead away, take into police custody
abführen 203

lead back **zurückführen 203,
zurückleiten 306**

lead forth, go on with
fortführen 203

lead someone to believe
vorgaukeln 293

leak **entweichen 380**

leak, drip through
durchsickern 583

lean **lehnen 308**

lean against **anlehnen 308**

leap forward **vorspringen 489**

learn **lernen 308**

learn, experience **erfahren 173**

lease, farm out **verpachten 343**

leave behind **zurücklassen 296**

leave behind, in place
stehen lassen 296

leave closed **zulassen 296**

leave open **offenlassen 296**

leave out **weglassen 296**

lend **leihen 304**

lend out, hire out **ausleihen 304**

lengthen **verlängern 569**

let, allow **lassen 296**

let come forward **vorlassen 296**

let loose **loslassen 296**

liberalize, relax **liberalisieren 57**

lick, leak **lecken 300**

lie down, crouch
kuschen (sich) 247

lie in wait **nachstellen 580**

lie, fib **lügen 316**

lie, recline **liegen 311**

lie to **belügen 316**

lift, raise **heben 241**

light, kindle **anzünden 65**

light up, brighten up **aufhellen
580**

lightning **blitzen 113**

like **gern haben 235**

limit, check, reduce
einschränken 413

limit, restrict **beschränken 413**

limp **hinken 598**

linger **verweilen 558**

lisp **lispeln 71**

listen **anhören 611, horchen 254**

listen, eavesdrop **lauschen 247**

listen to **zuhören 611**

live **leben 299**

live, reside **wohnen 600**

live on, survive **fortleben 299**

live together **zusammenleben 299**

load, burden **belasten 146**

load, burden with **aufladen 138**

load, burden, complain **be-
schweren (sich) 86**

lock up, seclude **abschließen 430**

loiter, saunter, stroll **bummeln 71**

long, yearn **sehnen 465**

look **blicken 416, gucken 234,
schauen 406**

look after, follow with the eyes
nachsehen 66

look around **umschauen 616**

look at **anschauen 616,
ansehen 66**

look at, watch **zuschauen 616**

look away **wegsehen 66**

look back **zurückblicken 416**

look for, seek **suchen 513**

menace, threaten **androhen 131**

mend, patch **flicken 509**

mention **erwähnen 158**

mesh, cooperate **ineinander greifen 230**

mew **mauen 518**

milk **melken 325**

mill, grind **mahlen 319**

mimic **nachäffen 252**

miss **vermissen 559, verpassen 346**

miss, overlook **überséhen 464**

miss out **versäumen 566**

mistrust **misstrauen 574**

misunderstand **missverstehen 571**

mix **mischen 329**

mix, blend **vermischen 329**

mix, mingle **mengen 558**

moan, groan **ächzen 468**

mobilize **mobilisieren 57**

mock **spotten 487, verhöhnen 85, verspotten 487**

moderate, reduce **ermäßigen 159**

moisten, dampen **befeuchten 87**

moralize **moralisieren 57**

mount, ascend **heraufsteigen 67**

mourn, lament **nachweinen 590**

move **bewegen (1) 102**

move, shove **rücken 336**

move, stir **regen 60**

move forward **vorrücken 336, weiterbewegen 102**

move out of place **verschieben 417**

move quickly, sweep over **streichen 507**

mumble, mutter **murmeln 71**

murder **ermorden 74**

murmur **murmeln 71**

murmur, grumble **murren 255**

mutilate **verhauen 240**

mutiny **meutern 481**

nail **nageln 71**

name **nennen 339**

narrow **verengern 569**

necessitate, oblige **nötigen 159**

need **brauchen 117**

need, be in want **bedürfen 135**

negotiate **verhandeln 81**

nest **nisten 44**

neutralize **neutralisieren 57**

nibble, crunch **knuspern 47**

nibble, gnaw **knabbern 191**

nod **nicken 336**

nominate **ernennen 339**

not envy, not grudge **gönnen 308**

note, mark **merken 326**

notice, heed, regard **beachten 44**

notice, remark **bemerken 86**

nourish, feed **ernähren 161**

nullify **nullifizieren 57**

number **numerieren 57**

obey **gehorchen (gehorchen)**

oblige, bind **verpflichten 577**

observe **beobachten 577**

observe, remark, note **anmerken 326**

obstruct, block out **verbauen 72**

obtain, receive **erhalten 80**

occupy, make busy **beschäftigen 89**

occupy, possess **innehaben 235**

occur, happen **ereignen (sich) 162**

pierce through, stab **durchstechen 493**

pilot **lotsen 315**

pinch **zwicken 416**

pinch, squeeze **kneifen 508**

pine, long for **schmachten 423**

place, put **stellen 498**

place before **vorsetzen 196**

place before, introduce **vorstellen 580**

plague **plagen 352**

plan **planen 308**

plant **pflanzen 349**

play **spielen 485**

play a drum **trommeln 71**

play hooky **schwänzen 455**

play out, play to the end **ausspielen 485**

play the violin **Geige spielen 485**

play to **vorspielen 485**

play with **mitspielen 485**

please, like **gefallen 209**

plow **pflügen 350**

pluck, pull **rupfen 391**

point, indicate **deuten 97**

point, show **hindeuten 51**

poison **vergiften 562**

pollute, contaminate **verpesten 562**

ponder **grübeln 71, wägen 106**

populate **bevölkern 160**

portray **schildern 419**

pour **gießen 224**

pour out **ausschenken 413**

pout, sulk **schmollen 440**

powder **pudern 385**

practice **üben 537**

practice, pursue studies **betreiben 529**

practice (a profession) **ausüben 537**

praise **loben 312**

praise, extol **preisen 409, rühmen 295**

pray **beten 97**

preach **predigen 357**

precede **vorangehen 613**

precipitate, plunge, crash **abstürzen 511**

predict **voraussagen 394**

preheat **vorwärmen 59**

prepare **vorbereiten 578, vorrichten 383**

prepare, cook **zubereiten 578**

prepare work **vorarbeiten 55**

prepay **vorausbezahlen 105**

prescribe **verschreiben 90**

present, offer **darbieten 46**

press **drücken 132**

prevail **vorherrschen 247**

prevent **verhindern 47**

print **drucken 132**

proceed, set out for **begeben (sich) 207**

process **verarbeiten 55**

procure **besorgen 477**

produce **produzieren 57**

produce an after-effect **nachwirken 598**

program **programmieren 57**

promise **versprechen 570**

promote **weiterbringen 120**

pronounce **aussprechen 488**

prop, support **stützen 512**

recite **aufsagen 394, vorsagen 394**

recite in prayer **vorbeten 97**

recognize **erkennen 267**

recommend **empfehlen 75**

recommend, advocate **befür-worten 52**

recover, get better **erholen (sich) 253**

recruit, solicit **werben 214**

reduce **reduzieren 57**

refer, relate **beziehen (sich) 171**

refine, purify **läutern 297**

reflect **widerspiegeln 595**

reflect, ponder **nachdenken 125**

reflect on, consider **überlégen 538**

refresh **erfrischen 153, laben 312**

refuse **weigern (sich) 47, 481**

refuse, reject **verweigern 569**

refute **widerlégen 538**

regard, respect **achten 44**

regret **bedauern 569, bereuen 574**

regulate **regeln 395**

regulate, prepare, dish up **anrichten 383**

reject **zurückweisen 591**

relax **entspannen 149**

release, fire **entlassen 296**

release, liberate **freilassen 296**

remain **verbleiben 112**

remain, stay **bleiben 112**

remain behind **nachbleiben 112, zurückbleiben 112**

remain open, remain up **aufbleiben 112**

remain sitting **sitzen bleiben 112**

remain standing **stehen bleiben 112**

remember **erinnern (sich) 155**

remind, warn **mahnen 320**

remit **überwéisen 591**

remove **entfernen 142**

renew, renovate **erneuern 155**

renounce **verzichten 577**

renovate **renovieren 57**

rent **mieten (mieten), pachten 343, vermieten (vermieten)**

repair **reparieren 57**

repeat **wiederhólen 596**

repeat what was heard, retell **nacherzählen 170**

replace **ersetzen 540**

reply, retort **erwidern 155**

report **berichten 383**

report, notify **anmelden (sich) 324**

represent **vertreten 575**

represent, state **darstellen 580**

reprimand **maßregeln 564, verweisen 104**

reprint, republish **nachdrücken 132**

reproduce, copy **nachbilden 108**

require, need **benötigen 89**

resell **wiederverkaufen 265**

resemble, take after **ähneln 71**

reserve **reservieren 57, vorbehalten 80**

resound, echo **hallen 498**

resound, peal **schallen 498**

rest **ausruhen 59, ruhen 114**

restore **restaurieren 57**

restrain, prevent, deter **abhalten 236**

retrieve, recover **nachholen 253**

return home **heimkehren 614**

reward **belohnen 85**

reward, be worth **lohnen 85**

sell **verkaufen 265**

sell off, sell on sale
ausverkaufen 265

send **schicken 416, senden 467**

send after, forward
nachsenden 467

send away **wegschicken 416**

send back **zurückschicken 416**

send forward **vorschicken 416**

send in advance
vorausschicken 416

send on **weiterbefördern 193,
weiterschicken 416**

send on ahead **voranschicken 416**

separate **auseinander bringen
120, sondern 47, trennen 530**

separate, divorce **scheiden
(sich) 409**

serve **dienen 127, servieren 57**

set, put **setzen 468**

set (as of the sun), founder
untergehen 613

set aside **wegtun 535**

set behind **nachsetzen 196**

set fire to, inflame **entzünden 144**

set fire to, kindle **anbrennen 119**

set free, release **entbinden 109**

set off **losfahren 173**

set out **losgehen 613**

set out on a journey **fortreisen 378**

set right, arrange, adjust
einrichten 383

settle, bring to a close
erledigen 159

settle, colonize **siedeln 71**

settle beforehand
vorherbestimmen 95

sew **nähen 335**

sew in, file (papers) **einheften 51**

shake **schütteln 453**

shake, roll, sway **schwanken 598**

share, divide **teilen 520**

share, hold jointly **mithalten 236**

sharpen **schärfen 404**

sharpen, intensify **verschärfen 404**

shave **rasieren 57**

shelter, quarter **unterbringen 120**

shine, illuminate **leuchten 44**

shine through **durchstrahlen 43**

shock **schockieren 57**

shock, make indignant
empören 142
shoot schießen 418

shoot dead **erschießen 418**

shoot down **niederschießen 418**

shoot past **vorbeischießen 418**

shoot to pieces **zerschießen 418**

shorten **kürzen 468,
verkürzen 540**

should **sollen 476**

shout **schreien 450**

shout down **niederschreien 450**

shout with joy **jubeln 259**

shove **schieben 417**

shove or push forward
vorschieben 417

shovel **schaufeln 407**

show, point out **zeigen 605**

shower **duschen 247**

shriek **kreischen 443**

shut off, barricade **absperren 484**

sift, sieve **durchsieben 43**

sigh **seufzen 469**

sight (in the distance) **sichten 383**

sign **unterschréiben 90**

signify, designate **bezeichnen 85**

sprout, bud **sprießen 188**

spy **spionieren 57**

squander **vergeuden 74, verschwenden 567**

squat, crouch **kauern 291**

squeeze, pinch **klemmen 514**

squirt, splash **spritzen 490**

stab, pierce **stechen 493**

stammer **lallen 498**

stamp **stempeln 500**

stand **stehen 495**

stand up, get up **aufstehen 495**

standardize **vereinheitlichen 96**

start **starten 44**

start, begin **anfangen 48**

start moving a car **anfahren 173**

startle, bewilder **verblüffen 558**

starve **verhungern 557**

state, indicate, give in advance **angeben 63**

stay, tarry **weilen 520**

stay away **fortbleiben 112, wegbleiben 112**

stay away, be absent **ausbleiben 112**

stay shut **zuhaben 235**

steal **stehlen 496**

steal, pilfer **klauen 72**

steal, plunder **rauben 368**

steal away **wegstehlen 496**

steer **steuern 502**

stem, lift weights **stemmen 499**

step, proceed **schreiten 451**

step, walk **treten 531**

step back **zurücktreten 531**

step forward **vorschreiten 451**

step forward, advance **fortschreiten 451**

stifle, suffocate **ersticken 156**

stink **stinken 503**

stipulate **vorausbedingen 473**

stipulate in advance **vorbedingen 473**

stir, agitate **umrühren 389**

stir, touch **rühren 389**

stoop, bow **bücken (sich) 494**

stop **stoppen 252**

stop, cease **aufhören 611**

stop, check, restrain **anhalten 236**

stop short, hesitate **stutzen 512**

store **speichern 481**

store away, preserve **aufbewahren 105**

storm **stürmen 510**

storm, rage, bluster **brausen 315**

strap on **umschnallen 580**

stream, flow **strömen 378**

strengthen, confirm **bekräftigen 89**

stretch, extend **strecken 494**

stretch forward **vorstrecken 59**

strew, spread **streuen 525**

strike **streiken 124**

strike against, ring **anschlagen 425**

strike dead, slay **erschlagen 425**

strike down **niederschmettern 607**

strive for **trachten 383**

stroke, caress **streicheln 71**

stroll **spazieren 347**

study **studieren 57**

stuff **vollpfropfen 262**

stumble **stolpern 583**

subjugate, enslave **knechten 44**

tear out **ausreißen 379**

tease **necken 336**

telegraph **telegrafieren 57**

telephone **telefonieren 57**

tell, relate, narrate **erzählen 170**

tell lies to someone **vorlügen 316**

tell others **weitersagen 394**

tend, care for **pflegen 350**

terrify **entsetzen 468**

test **prüfen 358**

thank **bedanken (sich) 141, danken 121**

thaw **tauen 518**

thicken, condense **verdichten 126**

thicken, swell **verdicken 558**

thin **verdünnen 558**

thin out **lichten 383**

think **denken 125**

think highly of **hochhalten 236**

thrash **verprügeln 564**

threaten **drohen 131**

thresh **dreschen 214**

throw **werfen 594**

throw away **wegwerfen 594**

throw back **zurückwerfen 594**

throw down **niederwerfen 594**

throw in, smash **einwerfen 594**

throw to **zuwerfen 594**

thunder **donnern 128**

tickle **kitzeln 289**

tie to **festschnallen 580**

tie together **koppeln 71, zusammenbinden 109**

tie up **zubinden 109**

tie up with string **schnüren 445**

tilt, bend **neigen 338**

tinkle, ring **klingeln 275**

tip **kippen 268**

tip over **umkippen 546**

torment, inflict martyrdom **martern 481**

torture **quälen 361**

torture, torment **foltern 191**

touch, handle, attack **antasten 51**

touch, mix, stir **anrühren 389**

track down **aufspüren 59**

train **trainieren 57**

train, break in **dressieren 57**

trample down **niedertreten 531**

transfer **versetzen 540**

transfer, change transportation **umsteigen 67**

transfer, put off **verlegen 301**

transfer, transmit **übertrágen 573**

transform **verwandeln 150**

translate **dolmetschen 271, übersétzen 540**

translate into German **verdeutschen 539**

transport **transportieren 57**

travel **reisen 378**

travel about, become known **herumkommen 49**

travel through, traverse **durchreisen 378**

travel with **mitreisen 378**

travel without a ticket **schwarzfahren 173**

treat, handle **behandeln 81**

treat, pay for **spendieren 57**

tremble **zittern 481**

trim, garnish **garnieren 57**

trot, patter **trappeln 462**

trouble, bother **belästigen 89**

warn **warnen 584**

wash **waschen 586**

wash, rinse **spülen 43**

wash away **fortschwemmen 43**

wash off, rinse **abspülen 43**

wash up **abwaschen 586**

watch over, pay attention **auf passen 346**

watch television **fernsehen 66**

watch through, lie awake **durchwáchen 538**

water, irrigate **bewässern 569**

water down, dilute **verwässern 569**

wave **winken 598**

wave to **zuwinken 598**

weaken **schwächen 294**

weaken, debilitate **entkräften 562**

weave **weben 587**

weed **jäten 97**

weep, have a good cry **ausweinen 590**

weigh **wiegen 106**

wet, moisten **benetzen 468**

whine, howl **jaulen 253**

whip **peitschen 271**

whisper **flüstern 191, raunen 465**

whistle **pfeifen 348**

widen **weiten 585**

wilt **verwelken 192, welken 192**

win **gewinnen 222**

wind **wickeln 71**

wind, twist **schlängeln 426**

wind, twist, entwine **schlingen 473**

wind through **durchwinden 184**

wipe away **wegwischen 329**

wiretap **abhören 255**

wish, desire **wünschen 602**

withdraw **zurückziehen 615**

withhold **vorenthalten 80**

work **arbeiten 55**

work, operate, function **wirken 598**

wrap up **vermummen 514**

wrap up, envelop **hüllen 498**

wrestle, grapple **ringen 473**

write **schreiben 449**

write down, ascribe to **anschreiben 449**

write down, enter **aufschreiben 449**

write out, finish writing **ausschreiben 449**

x-ray **röntgen 558**

yawn **gähnen 205**

yield **weichen 380**

yield, result in **ergeben 207**

yodel **jodeln 258**